HEYNE <

Arkadi und Boris Strugatzki

Werkausgabe – Dritter Band

Herausgegeben von
Sascha Mamczak und Erik Simon

Arkadi und Boris

STRUGATZKI

Die Schnecke am Hang

Die zweite Invasion
der Marsmenschen

Die Last des Bösen

Aus dem Leben des
Nikita Woronzow

Ein Teufel unter
den Menschen

WILHELM HEYNE VERLAG
MÜNCHEN

Titel der Originalausgaben
Улитка на склоне
Второе нашествие марсиан
Отягощенные Злом
Подробности жизни Никиты Воронцова
Дьявол среди людей

Deutsche Übersetzung von Hans Földeak (Die Schnecke am Hang), Thomas Reschke (Die zweite Invasion der Marsmenschen), Kurt Baudisch (Die Last des Bösen), Edda Werfel (Aus dem Leben des Nikita Woronzow) und Erik Simon (Ein Teufel unter den Menschen)

Ergänzung anhand der ungekürzten und unzensierten Originalversionen, Übersetzung der Kommentare von Boris Strugatzki sowie Nachdichtungen (außer in der Übersetzung von Hans Földeak): Erik Simon

Textbearbeitung und Redaktion (außer: Ein Teufel unter den Menschen): Anna Doris Schüller

Verlagsgruppe Random House FSC-DEU-0100
Das für dieses Buch verwendete FSC®-zertifizierte Papier *Holmen Book Cream* liefert Holmen Paper, Hallstavik, Schweden.

2. Auflage
Deutsche Erstausgabe 7/2011

www.heyne.de
Printed in Germany 2013
Umschlaggestaltung: Nele Schütz Design, München
Satz: C. Schaber Datentechnik, Wels
Druck und Bindung: GGP Media GmbH, Pößneck

ISBN 978-3-453-52685-3

INHALT

DIE SCHNECKE AM HANG

Tief drinnen biegt der Wald hinein
Zum Schluchtentiegel.
Dort harrt die Zukunft sichrer mein
Als Brief und Siegel.

Sie zwingt nicht Zweifel noch Gewalt,
Noch Schmeichelhoffen,
Sie liegt genauso wie der Wald
Ganz tief, ganz offen.

Boris Pasternak

Ganz langsam krieche,
Schnecke, am Hang des Fuji
zum Gipfel hinan!

Issa, Sohn des Bauern

1
Pfeffer

Von so weit oben sah der Wald aus wie ein riesengroßer, mürber Schwamm oder wie gefleckter dicker Schaum. Der Wald hockte da wie ein Tier, das sich irgendwann einmal versteckt und auf die Lauer gelegt hatte, dann eingeschlafen war und im Schlaf von struppigem Moos überwuchert wurde. Er wirkte wie eine unförmige Maske, die ein Gesicht verdeckt, das bisher noch niemand gesehen hat.

Pfeffer streifte seine Sandalen ab, setzte sich hin und ließ die nackten Füße über dem Abgrund baumeln. Sofort, so schien es ihm, wurden seine Fußsohlen feucht – als hätte er sie in den warmen lila Nebel getaucht, der dicht unter dem Felsvorsprung hing. Er griff in seine Jacke, zog die kleinen Kieselsteine heraus, die er aufgelesen hatte, und legte sie fein säuberlich neben sich. Dann suchte er sich den kleinsten heraus und ließ ihn sacht nach unten fallen – hinein in das Lebendige, Schweigende, Gleichgültige und alles für immer Verschlingende … Der weiße Funke erlosch, und nichts geschah. Kein Zweig zitterte, und kein Auge öffnete sich, sei es auch nur einen Spaltbreit, um ihn anzublicken. Da warf Pfeffer das zweite Steinchen.

Wenn er alle anderthalb Minuten ein Steinchen warf, dachte er, und wenn es richtig war, was die einbeinige Köchin mit Spitznamen Casalunia erzählte, und auch Madame Bardot, die Leiterin der Gruppe »Hilfe für die Einheimischen«; wenn nicht stimmte, was Kraftfahrer Trumpf und der Unbekannte aus der Gruppe »Technische Erschließung« einander zuraunten; wenn die menschliche Eingebung etwas wert war und sich nur ein einziges Mal im Leben Erwartungen bestätigten, dann würde sich beim siebten Steinchen knackend das Gestrüpp hinter ihm öffnen. Und heraus, auf das zertrampelte, vom Morgentau silbrige Gras der Lichtung, träte der Direktor – mit nacktem, schweißglänzendem, behaartem Oberkörper. Er trüge eine graue Gabardinehose mit lila Seitenstreifen, würde kräftig und geräuschvoll einatmen und sich dann, ohne auf irgendetwas anderes zu achten – weder auf den Wald unter sich, noch auf den Himmel über sich –, vornüberbeugen und die breiten Handflächen ins Gras tauchen. Wenn er sich anschließend wieder aufrichtete, würde man den Windstoß spüren, den seine breiten Hände bei der Bewegung entfachten. Bei jedem Hinunterbeugen würde sich die dicke Speckfalte über den Hosenbund wälzen und mit Kohlendioxid und Nikotin angereicherte Luft unter Zischen und Gurgeln aus seinem aufgerissenen Mund entweichen. Wie ein U-Boot, das die Wassertanks durchbläst. Wie der Schwefelgeysir auf Paramuschir …

Und nun bog sich das Gestrüpp hinter ihm knackend auseinander … Pfeffer blickte sich vorsichtig um, sah anstelle des Direktors jedoch nur einen guten Bekannten: Claudius Octavian Heymbacken aus der Gruppe »Ausrottung«. Er kam langsam näher, blieb zwei Schritte hinter ihm stehen und musterte ihn mit seinen durchdringenden, dunklen Augen. Er wusste oder ahnte etwas, irgendetwas Wichtiges – das konnte Pfeffer in seinem langen, starren Gesicht lesen. Es war das versteinerte Gesicht eines Menschen, der eine ebenso sonderbare wie beunruhigende Nachricht zu überbringen hatte: Noch kannte niemand auf der Welt diese Nachricht, aber es war klar, dass sie alles verändern würde, alles bisher Gewesene von nun an bedeutungslos wäre und jeder bis an seine Grenzen gefordert sein würde …

»Wem gehören diese Schuhe?«, fragte Heymbacken und blickte sich um.

»Das sind keine Schuhe«, sagte Pfeffer. »Das sind Sandalen.«

»Ach so?« Heymbacken lachte kurz auf und zog einen großen Notizblock aus der Hosentasche. »Sandalen. Aha. Sehr-r gut. Und wem gehören diese Sandalen?«

Er näherte sich der Schlucht, blickte vorsichtig in die Tiefe hinab und tat sogleich einen Schritt zurück.

»Da sitzt ein Mensch am Abgrund«, sagte Heymbacken. »Neben ihm liegen Sandalen. Da stellt sich unweigerlich die Frage: Wessen Sandalen sind das, und wo ist ihr Besitzer?«

»Das sind meine Sandalen«, sagte Pfeffer.

»Ihre?« Heymbacken warf einen zweifelnden Blick auf seinen Notizblock. »Sie sitzen barfuß hier? Warum?« Er steckte den großen Notizblock schwungvoll zurück in die Tasche und zog nun einen kleinen heraus.

»Weil es nicht anders geht«, erklärte Pfeffer. »Gestern ist mir der rechte Schuh hinuntergefallen, und da habe ich beschlossen, in Zukunft nur noch barfuß hier zu sitzen.« Er beugte sich vor und blickte zwischen seinen Knien hindurch hinab. »Dort liegt er. Ich werde ihn jetzt mit einem Steinchen …«

»Moment!« Geschickt griff Heymbacken nach Pfeffers vorschnellender Hand und nahm ihm das Steinchen weg.

»Tatsächlich, ein gewöhnlicher Stein«, sagte er. »Aber das ändert vorläufig nichts … Pfeffer, ich verstehe nicht, warum Sie mich belügen. Der Schuh ist doch von hier aus unmöglich zu sehen, selbst wenn er wirklich da unten liegen sollte. Ob er sich aber dort befindet oder nicht, ist eine andere Frage; wir werden uns später damit beschäftigen. Da Sie den Schuh von hier aus aber nicht sehen, können Sie auch nicht davon ausgehen, ihn mit einem Stein zu treffen – nicht einmal dann, wenn Sie über die entsprechende Zielsicherheit verfügten und sich nur darauf, ich meine auf das Treffen, konzentrierten … Aber wir werden das sofort klären.«

Er steckte den kleinen Notizblock in die Brusttasche und holte den großen wieder hervor. Dann zog er seine Hose ein Stück weit nach oben und ging in die Hocke.

»Aha, Sie waren gestern also auch hier?«, fragte er. »Weshalb? Warum sind Sie schon zum zweiten Mal hier an der Schlucht, während die anderen Mitarbeiter der ›Verwaltung‹, ganz zu schweigen von den nicht angestellten Fachleuten, höchstens dann hierherkommen, wenn sie ihre Notdurft verrichten müssen?«

Pfeffer erschrak. Dann aber dachte er: Das ist nur die Dummheit. Nein, nein, es ist keine Provokation, es geschieht nicht aus Bosheit. Man darf das nicht ernst nehmen. Das ist einzig und allein die Dummheit. Und der Dummheit darf man keine Bedeutung beimessen, niemand tut das. Die Dummheit findet immer etwas, worauf sie ihr Geschäft verrichten kann, und achtet für gewöhnlich nicht einmal darauf. Die Dummheit hat noch nie auf die Dummheit geachtet …

»Ihnen gefällt es wohl, hier zu sitzen«, biederte sich Heymbacken an. »Sie lieben wahrscheinlich den Wald. Lieben Sie ihn? Antworten Sie!«

»Und Sie?«, fragte Pfeffer.

»Vergessen Sie sich nicht«, antwortete Heymbacken beleidigt und schlug den Notizblock auf. »Sie wissen sehr gut, wo ich arbeite: Ich gehöre der ›Gruppe für Ausrottung‹ an. Und deshalb ist Ihre Frage, das heißt Ihre Gegenfrage, ohne Sinn und Bedeutung. Sie wissen, dass mein Verhältnis zum Wald durch meine dienstlichen Pflichten bestimmt wird. Wie es sich aber mit Ihrer Beziehung zum Wald verhält, weiß ich nicht. Und das ist nicht gut, Pfeffer. Denken Sie unbedingt darüber nach; das rate ich Ihnen. Es liegt in Ihrem Interesse, nicht in meinem. Wie kann man nur so eigensinnig sein? Sitzt barfuß über der Schlucht, wirft mit Steinchen … Wozu das alles, fragt man sich. An Ihrer Stelle würde ich jetzt alles erzählen und Klarheit in die Sache bringen. Es könnte doch sein, dass mildernde Umstände vorliegen und Sie letztlich nichts zu befürchten haben? Na, Pfeffer? Sie sind doch ein erwachsener Mann und sollten wissen, dass Zweideutigkeit nicht hinnehmbar ist.« Er klappte den Notizblock zu und dachte nach. »Der Stein hier zum Beispiel. Solange er still daliegt, ist er in seinem natürlichen Zustand und erweckt keinen Zweifel. Aber dann wird er von einer Hand ergriffen und irgendwohin geworfen. Merken Sie den Unterschied?«

»Nein«, sagte Pfeffer. »Das heißt: natürlich, ja.«

»Sehen Sie … Mit einem Mal ist die Natürlichkeit dahin, und sie kehrt nicht wieder zurück. Wessen Hand? – fragen wir. Wohin wirft die Hand? Wem wirft sie den Stein zu? Oder: Auf wen? Wozu? … Ebenso stellt sich die Frage: Wie können Sie am Rand dieses Abgrunds sitzen? Können Sie es von Natur aus, oder haben Sie sich das antrainiert? Ich zum Beispiel könnte es nicht. Und mir wird angst und bange, wenn ich nur darüber nachdenke, zu welchem Zweck ich es mir antrainieren könnte … Mir wird schwindlig. Und das ist ganz natürlich. Der Mensch hat am Rand einer Schlucht nichts zu suchen. Besonders dann nicht, wenn er keinen Passierschein für den Wald hat. Zeigen Sie mir doch bitte Ihren Passierschein, Pfeffer.«

»Ich habe keinen.«

»Soso. Sie haben keinen. Und warum nicht?«

»Das weiß ich nicht … Man gibt mir keinen.«

»Richtig, man gibt Ihnen keinen. Das ist bekannt. Aber warum gibt man Ihnen keinen? Mir hat man einen gegeben, vielen anderen ebenfalls, aber Ihnen, warum auch immer, gibt man keinen.«

Pfeffer schielte vorsichtig zu ihm hinüber. Heymbackens lange dünne Nase zuckte, und seine Augen blinzelten ununterbrochen.

»Wahrscheinlich deswegen, weil mir keiner zusteht«, gab Pfeffer zurück. »Wahrscheinlich deshalb.«

»Pfeffer, ich bin nicht der Einzige, der sich für Sie interessiert«, fuhr Heymbacken in vertraulichem Ton fort. »Wenn nur ich es wäre … Es gibt aber noch viel wichtigere Leute, die sich für Sie interessieren. Hören Sie, Pfeffer, vielleicht setzen Sie sich etwas von der Schlucht weg, damit wir uns besser unterhalten können? Mir wird ganz schwindlig, wenn ich Sie anschaue.«

Pfeffer stand auf. »Das liegt daran, dass Sie nervös sind«, sagte er. »Aber lassen wir das. Es ist Zeit, in die Kantine zu gehen, sonst kommen wir noch zu spät.«

Heymbacken sah auf die Uhr. »Ja, es ist wirklich Zeit«, sagte er. »Ich habe mich ein wenig ablenken lassen. Weil Sie, Pfeffer, mich ständig … Ach, ich weiß gar nicht, wie ich sagen soll.«

Pfeffer hüpfte auf einem Bein und zog sich dabei die Sandale an.

»Jetzt gehen Sie doch um Himmels willen von der Schlucht weg!«, rief Heymbacken gequält und fuchtelte mit seinem Notizblock vor Pfeffers Nase herum. »Sie bringen mich noch ins Grab mit Ihren Dummheiten!«

»Bin schon fertig«, sagte Pfeffer und stampfte mit den Sandalen auf. »Ich tu's nie wieder. Gehen wir?«

»Gehen wir«, sagte Heymbacken. »Aber ich möchte festhalten, dass Sie bisher auf keine meiner Fragen geantwortet haben. Sie machen mir wirklich Kummer, Pfeffer. So kann es nicht weitergehen.« Er warf einen Blick auf den großen Notizblock, zuckte dann mit den Achseln und klemmte ihn unter den Arm. »Es ist sogar ziemlich merkwürdig … Man erhält keinerlei Eindrücke, geschweige denn Informationen. Nichts als Unklarheiten.«

»Welche Fragen soll ich denn beantworten?«, fragte Pfeffer. »Ich musste mit dem Direktor sprechen. Deshalb war ich hier.«

Heymbacken erstarrte so abrupt, als hätte er sich im Gestrüpp verfangen.

»Ach ... *So* wird das bei euch gemacht«, sagte er mit völlig veränderter Stimme.

»Was wird gemacht? Nichts wird gemacht ...«

»Nein, nein«, flüsterte Heymbacken und blickte sich ängstlich um. »Schweigen Sie. Sie brauchen gar nichts zu sagen. Ich habe schon verstanden. Sie hatten Recht.«

»Was haben Sie verstanden? Womit hatte ich Recht?«

»Nein, nein, ich habe nichts verstanden. Gar nichts. Und jetzt genug davon. Sie können ganz beruhigt sein. Ich habe nichts verstanden; ich war gar nicht hier und habe Sie nicht gesehen. Wenn Sie es genau wissen wollen: Ich habe den ganzen Morgen auf diesem Bänkchen hier gesessen. Das können viele bestätigen; ich rede mit ihnen, werde sie bitten ...«

Sie gingen am Bänkchen vorbei, stiegen die abgebröckelten Stufen hinauf und bogen in die Allee ein, die mit feinem, rotem Sand bestreut war. Dann betraten sie das Gelände der »Verwaltung«.

»Völlige Klarheit kann es nur auf einem bestimmten Niveau geben«, führte Heymbacken aus. »Und jeder sollte wissen, worauf er Anspruch erheben kann. Ich wollte Klarheit auf meinem Niveau; das ist mein Recht, und ich habe es genutzt. Aber dort, wo die Rechte aufhören, beginnen die Pflichten, und ich kann Ihnen versichern, dass ich meine Pflichten genauso gut kenne wie meine Rechte ...«

Am Weg sahen sie Mehrfamilienhäuser mit etwa zehn Wohnungen pro Haus; hinter den Fenstern hingen Tüllgardinen. Sie gingen an der Garage mit dem Wellblechdach vorbei, überquerten den Sportplatz, sahen an zwei Pfosten ein einsames, löchriges Volleyballnetz hängen und kamen dann zu den Depots, wo Arbeiter gerade einen riesigen roten Container von einem Lkw hievten. Als sie am Hotel vorbeigingen, sahen sie den Verwalter mit einer Aktentasche in der

Tür stehen; seine Augen waren hervorgequollen und blickten starr aus dem krankhaft blassen Gesicht. Dann marschierten sie an einem hohen Zaun entlang, hinter dem Motorenlärm zu hören war. Die Zeit drängte. Sie beschleunigten ihre Schritte, verfielen in Trab, und als sie schließlich in die Kantine stürzten, kamen sie dennoch zu spät. Alle Plätze waren besetzt, nur am Aufsichtstischchen in der hintersten Ecke waren noch zwei Stühle frei. Auf dem dritten saß der Kraftfahrer Trumpf, und als er bemerkte, dass die beiden an der Schwelle unschlüssig von einem Bein aufs andere traten, winkte er ihnen mit der Gabel zu und lud sie an seinen Tisch ein.

In der Kantine tranken alle Kefir. Auch Pfeffer nahm sich welchen, so dass auf der schmutzstarren Tischdecke nun sechs Flaschen nebeneinander standen. Als Pfeffer seine Füße unter den Tisch streckte, um es sich auf dem harten Stuhl etwas bequemer zu machen, klirrte plötzlich Glas, und auf den Gang hinaus rollte eine leere Flasche Brandy. Kraftfahrer Trumpf hob sie schnell auf und stellte sie zurück unter den Tisch; wieder hörte man Glas klirren.

»Passen Sie auf Ihre Füße auf«, zischte er.

»War keine Absicht«, sagte Pfeffer. »Ich wusste ja nichts davon.«

»Ich vielleicht?«, erwiderte Kraftfahrer Trumpf. »Da unten stehen vier Flaschen – wie willst du beweisen, dass du nichts damit zu tun hast?«

»Ich zum Beispiel trinke nie«, meinte Heymbacken erhaben. »Daher betrifft mich das Ganze auch nicht.«

»Wir wissen, wie Sie ›nie‹ trinken«, sagte Trumpf. »Und genauso ›nie‹ wie Sie, trinken wir auch …«

»Aber ich habe eine kranke Leber«, wandte Heymbacken beunruhigt ein. »Hier ist das Attest, bitte …«

Er zog eine zerknitterte Heftseite mit dreieckigem Stempel hervor und hielt sie Pfeffer unter die Nase. Es war tatsächlich ein Attest; die unleserliche Handschrift verriet den Mediziner. Pfeffer konnte nur ein Wort entziffern: »Antabus«. Als er das Papier in die Hand nehmen wollte, um es genauer anzusehen, zog Heymbacken die Hand zurück und hielt es Kraftfahrer Trumpf unter die Nase.

»Das ist das neueste«, sagte er. »Ich habe auch eins von vorigem und von vorvorigem Jahr, aber die liegen im Safe.«

Kraftfahrer Trumpf sah das Attest nicht einmal an. Er leerte ein Glas mit Kefir, schüttelte den Kopf und roch am Gelenk seines Zeigefingers. Dabei traten ihm Tränen in die Augen, und er sagte mit heiserer Stimme: »Was gibt es denn noch alles im Wald? – Bäume.« Er wischte sich mit dem Ärmel über die Augen. »Die Bäume aber bleiben nicht auf einer Stelle stehen: Sie springen! Versteht ihr das?«

»Wie?!«, fragte Pfeffer neugierig. »Was soll das heißen – sie springen?«

»Was das heißt? – Da steht ein Baum und rührt sich nicht. Ein richtiger Baum eben. Dann aber fängt er an, sich zu krümmen, streckt und spreizt sich. Und wie! Einen Krach macht das – unvorstellbar! Sie springen bis zu zehn Metern. Mein Fahrerhaus wurde davon eingedrückt. Aber dann stehen sie wieder still.«

»Warum?«, fragte Pfeffer.

Er konnte sich das mühelos vorstellen – obwohl sich der Baum natürlich nicht krümmte und spreizte, sondern eher zu zittern anfing, wenn man sich ihm näherte. Der Baum versuchte davonzulaufen. Vielleicht ekelte er sich. Vielleicht hatte er aber auch Angst.

»Und warum springt der Baum?«, fragte er noch einmal.

»Weil es ein ›springender Baum‹ ist; er heißt so«, erklärte Trumpf und schenkte sich Kefir nach.

»Gestern ist eine Lieferung von neuen Elektrosägen eingetroffen«, meldete Heymbacken und fuhr sich mit der Zunge über die Lippen. »Ungeheuer leistungsstark sind die. Ich würde sogar sagen, es sind gar keine Sägen, sondern Sägemähdrescher – unsere Sägemähdrescher für die Ausrottung.«

Alle ringsum tranken Kefir. Die einen aus geschliffenen Gläsern, die anderen aus Blechkrügen, Kaffeetassen, selbstgedrehten Papiertüten oder direkt aus der Flasche. Sie hielten ihre Beine fest unter die Stühle geklemmt und konnten bestimmt alle ein Attest über Leber-, Magen- oder Zwölffingerdarmerkrankungen vorweisen. Für dieses Jahr ebenso wie für die vergangenen Jahre.

»Ich wurde zum Manager gerufen«, fuhr Trumpf nun lauter fort. »Und der fragt mich, wieso mein Fahrerhaus eingedellt ist. Du Aas, sagt er, hast du schon wieder Schwarzfahrten gemacht? … Bitte, Herr Pfeffer, spielen Sie doch mal mit ihm Schach; Sie könnten ein gutes Wort für mich einlegen, er schätzt Sie und spricht oft von Ihnen … Pfeffer, sagt er, das ist ein kluger Kopf. Dem stelle ich keinen Wagen, ihr braucht gar nicht erst zu fragen. So einen darf man nicht fortlassen. Versteht das doch endlich, ihr Trottel: Ohne ihn wäre es zum Kotzen hier … Bitte, legen Sie ein gutes Wort für mich ein, ja?«

»Schon gut«, sagte Pfeffer matt. »Ich werde es versuchen. Aber was heißt – einen Wagen …?«

»Mit dem Manager kann ich sprechen«, sagte Heymbacken. »Wir waren zusammen bei der Armee. Ich war Hauptmann und er Leutnant unter mir. Bis heute hebt er die Hand an die Mütze, wenn er mich grüßt.«

»Und dann sind da noch die Nixen«, sagte Trumpf und ließ das Kefirglas in seiner Hand hin und her pendeln. »Sie leben in den großen klaren Seen. Liegen einfach da, versteht ihr? Völlig nackt …«

»Diese Fantasie hat Ihnen wohl Ihr Kefir eingegeben«, sagte Heymbacken.

»Ich habe die Nixen mit eigenen Augen gesehen«, widersprach Trumpf und setzte das Glas an die Lippen. »Und das Wasser aus den Seen darf man nicht trinken.«

»Sie können gar keine Nixen gesehen haben, weil es nämlich keine gibt«, sagte Heymbacken. »Nixen gibt es nur im Märchen.«

»Bist selber ein Märchen«, sagte Trumpf und wischte sich mit dem Ärmel über die Augen.

»Moment«, sagte Pfeffer. »Moment. Trumpf, Sie sagen, dass die Nixen bloß daliegen. Und was passiert sonst noch? Sie können doch nicht einfach nur daliegen – und weiter nichts?!«

… Vielleicht leben sie unter Wasser und kommen ab und zu an die Oberfläche. So wie wir aus einem verrauchten Zimmer auf den Balkon hinaustreten und mit geschlossenen Augen das Gesicht in die kühle Mondnacht tauchen. Und dann liegen die Nixen einfach nur da. Einfach so, nichts weiter. Ruhen sich aus. Führen leise Gespräche, lächeln sich zu …

»Fang keine Diskussion mit mir an«, sagte Trumpf und sah Heymbacken mit strengem Blick an. »Wann warst du denn schon im Wald? Du bist kein einziges Mal dort gewesen und willst immer mitreden.«

»Ist sowieso alles Unsinn«, sagte Heymbacken. »Was sollte ich auch in eurem Wald? … Dabei habe ich einen Passierschein und Sie, Trumpf, haben keinen. Zeigen Sie ihn doch bitte mal her, Trumpf.«

»Ich selbst habe die Nixen nicht gesehen«, wandte sich Trumpf an Pfeffer. »Aber ich glaube fest daran, dass es sie gibt. Die Kumpel erzählen es. Sogar Kandid sprach davon, und Kandid wusste alles über den Wald. In den Wald ging er wie zu einem Weib, da fand er sich auch im Dunkeln zurecht. Und im Wald ist er auch umgekommen.«

»Wenn es stimmt, dass er umgekommen ist«, bemerkte Heymbacken vielsagend.

»Was heißt hier ›wenn‹?! Er ist mit dem Hubschrauber weggeflogen und seitdem spurlos verschwunden. Das war vor drei Jahren. Es gab eine Todesanzeige in der Zeitung und einen

Leichenschmaus – was willst du denn noch? Kandid ist abgestürzt, das ist sicher.«

»Wir wissen viel zu wenig«, sagte Heymbacken, »um irgendetwas mit Sicherheit behaupten zu können.«

Trumpf spuckte aus und ging zur Theke, um sich noch eine Flasche Kefir zu holen. Sofort beugte sich Heymbacken zu Pfeffers Ohr und flüsterte: »Bedenken Sie, dass es zu diesem Kandid eine vertrauliche Anordnung gibt … Ich halte mich für befugt, Sie als Außenstehenden davon in Kenntnis zu setzen.«

»Was für eine Anordnung?«

»Davon auszugehen, dass er lebt«, flüsterte Heymbacken tonlos und wandte sich wieder ab. »Ein guter, frischer Kefir ist das heute«, rief er unvermittelt.

In der Kantine wurde es laut. Die, die schon gefrühstückt hatten, standen auf, rückten mit den Stühlen und marschierten zum Ausgang. Dabei unterhielten sie sich laut, zündeten sich Zigaretten an und warfen die Zündhölzer auf den Boden. Heymbacken drehte sich empört um und sagte zu jedem, der vorbeiging: »Aber meine Herren, Sie sehen doch, wir führen hier ein Gespräch …«

Als Trumpf mit der Flasche Kefir zurückkam, fragte ihn Pfeffer: »Der Manager hat das doch sicher nicht ernst gemeint – ich meine, dass er mir keinen Wagen gibt? Wahrscheinlich hat er nur Spaß gemacht?«

»Warum sollte er Spaß machen? Er schätzt Sie wirklich sehr, Pfeffer, und ohne Sie ginge es ihm lausig hier. Deswegen wäre es für ihn ein großer Verlust, wenn Sie fortgingen … Nehmen wir an, er ließe Sie gehen, was hätte er davon? Darüber macht man keine Späße.«

Pfeffer biss sich auf die Lippen.

»Aber wie soll ich dann wegkommen? Ich habe hier nichts mehr zu tun, und mein Visum läuft ab. Ich will jetzt einfach weg von hier.«

»Normalerweise«, sagte Trumpf, »fliegt man nach drei strengen Verweisen hochkant raus. Man schickt sogar extra einen Bus, holt den Fahrer aus dem Bett; da bleibt Ihnen nicht einmal die Zeit zum Packen … Erster Verweis – der Mann wird degradiert. Zweiter Verweis – er wird zur Bewährung in den Wald geschickt. Dritter Verweis – gute Nacht und auf Wiedersehen. Wenn ich will, dass man mir kündigt, saufe ich eine Flasche Schnaps und schlage dem da eins in die Fresse.« Er zeigte auf Heymbacken. »Dann streichen sie mir die Zulagen und versetzen mich zu den Scheißefahrern. Und was mache ich dann? Ich saufe nochmal dasselbe, und der da kriegt wieder die Fresse voll, verstehst du? Dann werde ich auch bei den Scheißefahrern entlassen und raus zur Biostation geschickt. Da kann ich dann Mikroben fangen. Ich aber denke gar nicht dran, zur Biostation zu fahren, sondern saufe noch eine Flasche und haue ihm das dritte Mal in die Fresse. Das genügt dann. Ich werde wegen Randalierens entlassen und innerhalb von 24 Stunden ausgewiesen.«

Heymbacken drohte Trumpf mit dem Finger. »Das sind doch alles falsche Informationen, Trumpf. Zum einen muss zwischen den Vorfällen mindestens ein Monat vergehen, sonst zählen die Vergehen als eins, und der Betreffende kommt in den Bau. In dem Fall aber wird seine Akte innerhalb der ›Verwaltung‹ gar nicht weitergereicht. Zum anderen bringt man den Schuldigen nach seinem zweiten Vergehen in Begleitung eines Aufsehers unverzüglich in den Wald, wo er kein drittes Vergehen nach seinem Belieben mehr verüben kann. Hören Sie nicht auf ihn, Pfeffer, bei diesen Dingen kennt er sich nicht aus.«

Trumpf schlürfte von seinem Kefir, verzog das Gesicht und gab einen grunzenden Laut von sich. »Ja, stimmt«, gab er zu. »Von diesen Sachen habe ich wirklich … Also … Entschuldigen Sie bitte, Herr Pfeffer.«

»Aber nicht doch, Trumpf«, sagte Pfeffer bekümmert. »Ich kann sowieso niemandem einfach so, ganz ohne Grund, in die Fresse schlagen.«

»Sie müssen ihm ja nicht unbedingt paar aufs Maul geben«, sagte Trumpf. »Man kann ihm zum Beispiel auch den Hintern versohlen. Oder ihm die Klamotten vom Leib reißen.«

»Nein, ich kann das nicht«, sagte Pfeffer.

»Das ist schlecht«, sagte Trumpf. »Dann sieht es nicht gut aus für Sie. Aber vielleicht machen wir es so: Kommen Sie morgen früh um sieben Uhr in die Garage, setzen Sie sich in meinen Wagen und warten Sie. Ich bringe Sie weg.«

»Wirklich?«, rief Pfeffer froh.

»Ja. Ich muss morgen aufs Festland, Schrott wegfahren. Da können wir zusammen los.«

Auf einmal schrie jemand in der Ecke laut auf: »Was hast du gemacht, he! Du hast meine Suppe verschüttet!«

»Der Mensch muss in seinem Wesen einfach und klar sein«, sagte Heymbacken. »Ich verstehe nicht, warum Sie von hier wegwollen, Pfeffer. Niemand will weg, nur Sie.«

»Bei mir ist das immer so«, sagte Pfeffer. »Ich mache immer das Gegenteil von dem, was andere machen. Und warum sollte der Mensch einfach und klar sein?«

»Der Mensch sollte kein Trinker sein«, verkündete Trumpf und roch am Gelenk seines Zeigefingers. »Oder etwa nicht?«

»Ich trinke nicht«, sagte Heymbacken. »Und zwar aus dem einfachen, jedermann verständlichen Grund: Ich habe eine kranke Leber. Beim Trinken werden Sie mich also nicht erwischen, Trumpf.«

»Was mich jedes Mal im Wald erstaunt«, sagte Trumpf, »das sind die Sümpfe. Sie sind heiß, verstehst du? Mir gefällt das nicht, kann mich einfach nicht dran gewöhnen. Wenn etwas passiert, wenn du zum Beispiel vom Knüppeldamm rutschst, hockst du in deinem Fahrerhaus und kommst nicht mehr raus. Rundherum heiße Kohlsuppe … dampft und riecht auch wie Kohlsuppe. Ich habe davon probiert, aber es schmeckt nicht, vielleicht ist auch zu wenig Salz drin … Nein, der Wald ist einfach nichts für Menschen. Und was wollen sie da auch finden? Eine Maschine nach der anderen schicken sie rein, wie in ein Eisloch. Eine nach der anderen geht unter; sie lassen sich neue zuteilen, die gehen dann auch unter, aber sie geben nicht auf.«

… Grüne duftende Fülle. Fülle an Farben, Fülle an Gerüchen. Fülle an Leben … Jedoch alles sehr fremd. Es scheint bekannt, ja, sogar ähnlich, aber eigentlich ist es ganz und gar fremd. Wahrscheinlich tut man sich deswegen so schwer damit: weil es fremdartig und vertraut zugleich ist. Nur mit Mühe findet man sich damit ab … Denn es ist aus unserer Welt hervorgegangen, ist Fleisch von unserem Fleisch, doch es hat mit uns gebrochen und will nichts von uns wissen. So hätte wohl der Pithekanthropus über uns, seine Nachfahren, gedacht – mit Bitterkeit und Schrecken …

»Sobald Anweisung erfolgt«, verkündete Heymbacken, »werden wir nicht mehr eure lausigen Bulldozer und Geländefahrzeuge einsetzen, sondern etwas mit Hand und Fuß. Und innerhalb von zwei Monaten werden wir dort alles in Sch… äh … in eine sauber betonierte Fläche verwandeln. Alles wird trocken und eben sein.«

»Du würdest«, sagte Trumpf, »wenn man dir nicht rechtzeitig eins in die Fresse haut, sogar den eigenen Vater in eine betonierte Fläche verwandeln … damit bei ihm alles einfach und klar ist.«

Dumpf heulte die Sirene auf. Die Fensterscheiben klirrten. Im selben Moment erdröhnte über der Tür die durchdringende Glocke, und an den Wänden blinkten Lichtsignale auf. Auf dem Display über der Theke war in großen Leuchtbuchstaben zu lesen: »AUFSTEHEN! HINAUSGEHEN!« Heymbacken erhob sich rasch, verstellte die Zeiger seiner Armbanduhr und stürzte wortlos hinaus.

»Ich gehe auch«, sagte Pfeffer. »Ist Zeit für die Arbeit.«

»Ja, es ist Zeit«, stimmte Trumpf zu. »Höchste Zeit.« Dann zog er seine Steppjacke aus, rollte sie akkurat zusammen, rückte die Stühle aneinander und legte sich darauf. Die Jacke schob er sich unter den Kopf.

»Also, morgen um sieben?«, sagte Pfeffer.

»Was?«, fragte Trumpf mit schläfriger Stimme.

»Ich komme morgen um sieben.«

»Wohin?«, fragte Trumpf und wälzte sich auf den Stühlen von einer Seite auf die andere. »Diese verdammten Stühle rutschen auseinander«, murmelte er. »Wie oft habe ich denen schon gesagt, dass sie eine Liege hinstellen sollen …«

»In die Garage«, sagte Pfeffer. »Zu Ihrem Wagen.«

»Ach so, ja … Kommen Sie, und dann sehen wir weiter. Die Sache ist nicht so einfach.«

Er zog die Beine an den Körper, schob die Hände unter die Achseln und begann sogleich tief und schwer zu atmen. Pfeffer sah ihn noch eine Weile an. Trumpfs Arme waren behaart, und unter den dichten Haaren entdeckte er eine Tätowierung: »Was uns umbringt«, stand da, und: »Immer vorwärts«. Pfeffer ging zum Ausgang.

Als er draußen war, folgte er dem Schild; es führte ihn durch eine gewaltige Pfütze in den Hinterhof. Er wich einem Berg leerer Konservenbüchsen aus, zwängte sich durch ein Loch im Bretterzaun und betrat das Gebäude der »Verwaltung« durch den Diensteingang. In den Gängen war es kalt und dunkel, es roch nach Tabakrauch, Staub und modrigen Akten. Es war niemand zu sehen, und durch die mit Kunstleder beschlagenen Türen drang kein Laut. Pfeffer kam zu einer schmalen Treppe, an der das Geländer fehlte, und drückte sich an der abgewetzten Wand entlang bis in den ersten Stock. Dort angekommen, steuerte er auf eine Tür zu, über der die Leuchtschrift blinkte: »Wasche vor der Arbeit die Hände«. An der Tür prangte der große schwarze Buchstabe »M«. Pfeffer stieß die Tür auf und bekam einen kleinen Schreck: Er befand sich nämlich nicht nur im Waschraum, sondern gleichzeitig in seinem Arbeitszimmer ... Das heißt, es war natürlich nicht sein Arbeitszimmer, sondern das von Kim, dem Leiter der Gruppe »Wissenschaftlicher Schutz«. Aber man hatte Pfeffer einen Tisch ins Zimmer gestellt, seitlich von der Tür an die gekachelte Wand. Darauf stand die große »Mercedes«, die die Hälfte des Tisches einnahm, und damit die Maschine nicht verstaubte, war eine Schutzhaube darübergestülpt. Kims Tisch befand sich vor dem breiten, geputzten Fenster, und Kim selbst saß über seinen Rechenschieber gebeugt da und war vertieft in seine Arbeit.

»Ich wollte mir die Hände waschen ...«, sagte Pfeffer ein wenig verlegen.

»Dann wasch sie dir«, sagte Kim und nickte mit dem Kopf. »Da ist das Waschbecken. Hier wird es jetzt richtig gemütlich, weißt du. Gleich werden sie alle zu uns kommen.«

Pfeffer ging zum Becken und wusch sich die Hände mit kaltem und heißem Wasser, benützte dafür zwei verschiedene Seifen und eine spezielle, entfettende Paste; dann rieb er sie mit einem Bastwisch und unterschiedlich harten Bürsten ab. Anschließend schaltete er den elektrischen Trockner ein und hielt seine feuchten, rosigen Hände in den warmen Luftstrom.

»Um vier Uhr heute Morgen wurde allen mitgeteilt, dass wir in den ersten Stock umziehen«, sagte Kim. »Und wo warst du? Bei Alewtina?«

»Nein, ich war an der Schlucht«, sagte Pfeffer und setzte sich auf seinen Stuhl.

Plötzlich flog die Tür auf, und der Prokonsul trat ins Zimmer. Er winkte freundlich mit der Aktentasche und verschwand mit eiligen Schritten hinter der Trennwand. Dann quietschte die Toilettentür, und der Riegel wurde geräuschvoll vorgeschoben. Pfeffer nahm die Schutzhaube von der »Mercedes«

und saß einige Zeit bewegungslos da. Dann stand er auf, ging zum Fenster und öffnete es sperrangelweit.

Der Wald war von hier aus nicht zu sehen, aber er war da. Er war immer da, auch wenn man ihn nur von der Schlucht aus sehen konnte. In der ganzen »Verwaltung« gab es keinen einzigen Platz, von dem aus man den Wald hätte sehen können; er war immer von irgendetwas verdeckt. Mal war es das cremefarbene Gebäude mit den Maschinenwerkstätten, mal die dreistöckige Garage für die Privatwagen der Mitarbeiter. Mal war er durch die verwaltungseigenen Viehstallungen nicht zu sehen, mal durch die Wäschestücke, die neben der Wäscherei aufgehängt waren. Oder er wurde vom Park mit seinen Beeten und Pavillons verdeckt, vom Riesenrad und von den Gipsfiguren badender Frauen, die über und über mit Bleistift bekritzelt waren. Dann wiederum standen Wohnhäuschen mit efeuumrankten Veranden und kreuzförmigen Fernsehantennen davor. Von hier, das heißt von den Fenstern des ersten Stocks aus, konnte man den Wald wegen der hohen Ziegelmauer nicht sehen. Die Mauer befand sich zwar noch im Bau, hatte aber schon eine stattliche Höhe erreicht und würde das ebenerdige Gebäude der Gruppe »Technische Erschließung« bald überragen. Man sah den Wald also nur vom Rand der Schlucht aus, und dort verrichtete man auch seine Notdurft … auf den Wald …

Aber selbst einem Menschen, der den Wald nie gesehen, nie von ihm gehört, an ihn gedacht, ihn nie gefürchtet und nie von ihm geträumt hatte, konnte der Wald nicht verborgen bleiben – allein deshalb, weil es die »Verwaltung« gab. Ich, zum Beispiel, dachte schon früh über den Wald nach, diskutierte darüber, träumte davon – aber ich wäre nie auf den Gedanken gekommen, dass es ihn in Wirklichkeit gibt. Nicht einmal, als ich zum ersten Mal an der Schlucht war, konnte ich glauben, dass er tatsächlich existiert, sondern erst dann, als ich an der Auffahrt das Schild las: »Verwaltung für den

Wald«. Mit dem Koffer in der Hand stand ich vor dem Schild, voller Staub und durstig nach der langen Reise, las es immer wieder und merkte, wie mir die Knie weich wurden. Da wusste ich auf einmal, dass es ihn gibt. Und alles, was ich vorher darüber gedacht hatte, war nur eine schwache Fantasie gewesen, blasser, fader Schein. Der Wald existierte, und mit ihm befasst war dieser riesige, düstere Bau …

»Kim«, fragte Pfeffer, »werde ich den Wald wirklich nicht zu Gesicht bekommen? Ich reise ja schon morgen ab.«

»Möchtest du denn dorthin?«, fragte Kim zerstreut.

… Grüne, heiße Sümpfe, nervöse, schreckhafte Bäume, Nixen, die im Mondlicht von ihrem geheimnisvollen Tun in den Tiefen des Wassers ausruhen, scheue, sonderbare Eingeborene, ausgestorbene Dörfer …

»Ich weiß nicht«, sagte Pfeffer.

»Du darfst ja gar nicht hin, Pfefferchen«, sagte Kim. »In den Wald dürfen nur Menschen, die nie zuvor über ihn nachgedacht haben. Denen der Wald egal ist. Dir aber bedeutet er etwas. Deshalb ist er gefährlich für dich, er wird dich täuschen.«

»Möglich«, sagte Pfeffer. »Aber ich bin nur deshalb hierhergekommen, um den Wald zu sehen.«

»Aber was bringt dir die bittere Wahrheit?«, fragte Kim. »Was wirst du damit anfangen? Was willst du im Wald machen? Dem schönen Traum nachweinen, der sich zum Schicksal gewandelt hat? Beten, dass alles anders sein möge? Oder willst du das, was ist, so verändern, dass es zu dem wird, was sein soll?«

»Aber wozu bin ich dann überhaupt hergekommen?«

»Um dich zu vergewissern. Weißt du nicht, wie wichtig es ist, sich zu vergewissern? Die Leute kommen aus verschiedenen Gründen hierher. Die einen wollen im Wald Brennholz finden, die anderen die Bakterie des Lebens entdecken. Wiederum andere wollen ihre Dissertation schreiben, die nächsten sich einen Passierschein beschaffen – nicht, um tatsächlich in den Wald zu gehen, sondern nur so, für alle Fälle. Irgendwann könnte er mal nützlich sein, es hat ja nicht jeder einen. Und dann gibt es noch die, die aus dem Wald einen herrlichen Park machen wollen, so wie ein Bildhauer aus einem Marmorbrocken eine Statue formt. Und dann stutzen sie ihn – Jahr für Jahr. Damit bloß nie mehr ein Wald daraus wird.«

»Ich muss wirklich weg. Es gibt hier nichts für mich zu tun. Irgendjemand muss gehen – entweder ich oder ihr alle.«

»Komm, lass uns rechnen«, sagte Kim, und Pfeffer setzte sich an seinen Schreibtisch, suchte nach der schlecht und recht montierten Steckdose und schaltete die »Mercedes« an.

»Siebenhundertdreiundneunzigtausendfünfhundertzweiundzwanzig mal zweihundertsechsundsechzigtausendelf.«

Die »Mercedes« begann zu hämmern und zu rattern. Pfeffer wartete, bis sie wieder still war, und las stockend das Ergebnis ab.

»In Ordnung, kannst du löschen«, sagte Kim. »Und jetzt sechshundertachtundneunzigtausenddreihundertzwölf geteilt durch einsnullfünfzehn …«

Kim diktierte die Zahlen und Pfeffer tippte sie, drückte auf die Multiplikations- und Divisionstasten, addierte, subtrahierte, zog Wurzeln, und alles lief wie immer.

»Zwölf mal zehn«, sagte Kim. »Multiplizieren.«

»Einsnullnullsieben«, las Pfeffer mechanisch vor. Dann stutzte er und sagte: »He, das stimmt doch nicht. Das muss doch hundertzwanzig heißen.«

»Weiß ich«, erwiderte Kim ungeduldig. »Einsnullnullsieben«, wiederholte er. »Und jetzt brauche ich die Wurzel aus zehnnullsieben …«

»Sofort«, sagte Pfeffer.

Hinter der Trennwand wurde der Riegel aufgeschoben, und der Prokonsul tauchte wieder auf – rosig, frisch und zufrieden. Er wusch sich die Hände und stimmte ein wohlklingendes Ave Maria an. Dann rief er: »Was für ein Wunder dieser Wald doch ist, meine Herren! Und wie sträflich wenig wir über ihn sprechen und schreiben! Dabei wäre es wirklich angebracht, mehr über ihn in Umlauf zu bringen. Er ist wunderbar und weckt unsere edlen Gefühle. Er trägt zum Fortschritt bei, ja, scheint selbst das Symbol des Fortschritts. Aber es gelingt uns einfach nicht, die Verbreitung von dummen, unqualifizierten Gerüchten, Geschichten und Witzen zu unterbinden. Für den Wald wird im Grunde keine Propaganda betrieben, und die Leute denken und reden weiß der Teufel was darüber ...«

»Siebenhundertfünfundachtzig mal vierhundertzweiunddreißig«, sagte Kim.

Die Stimme des Prokonsuls schwoll an. Er hatte eine kräftige, gut ausgebildete Stimme, die die »Mercedes« übertönte.

»›Wir leben wie im Wald‹ ... ›Hinterwäldler‹ ... ›Vor lauter Bäumen den Wald nicht sehen‹ ... ›Der eine in den Wald, der andere ins Holz‹ ... Das ist es, wogegen wir ankämpfen, was wir ausrotten müssen. Nehmen wir einmal Sie, Monsieur Pfeffer, warum nehmen Sie den Kampf nicht auf? Sie könnten doch im Klub einen ausführlichen, sachdienlichen Vortrag über den Wald halten, aber Sie tun es nicht. Ich beobachte Sie schon eine ganze Weile und warte – aber vergebens. Woran liegt das?«

»Ich war noch nie dort«, sagte Pfeffer.

»Das ist nicht so wichtig. Ich war auch nie dort und habe eine Vorlesung über den Wald gehalten. Dem Echo nach zu urteilen, war es eine sehr lehrreiche Veranstaltung. Es geht nicht darum, ob man im Wald gewesen ist oder nicht, sondern darum, die Tatsachen von Mystik und Aberglauben zu befreien, die Hülle herunterzureißen, die Spießbürger und Utilitaristen darüber gestülpt haben ...«

»Zwei mal acht geteilt durch neunundvierzig minus sieben mal sieben«, sagte Kim.

Die »Mercedes« begann zu rattern, und die Stimme des Prokonsuls schwoll wieder an.

»Ich habe die Vorlesung als studierter Philosoph gehalten, und Sie als Linguist könnten es ebenso machen. Ich gebe Ihnen die Thesen, und Sie entwickeln sie vor dem Hintergrund der aktuellen linguistischen Erkenntnisse weiter ... Oder womit beschäftigen Sie sich in Ihrer Dissertation?«

»Ich schreibe über die ›Besonderheiten von Stil und Rhythmik weiblicher Prosa des späten Heian, dargestellt am Makura no sôshi‹«, sagte Pfeffer. »Ich fürchte, dass ...«

»Ausgezeichnet! Genau das, was wir brauchen. Machen Sie deutlich, dass es sich nicht um Sümpfe und Morast handelt, sondern um erstklassigen Heilschlamm; nicht um springende Bäume, sondern um die Errungenschaft einer hochentwickelten Wissenschaft; nicht um Eingeborene und Wilde, sondern um eine uralte Zivilisation stolzer, freier, bescheidener und dabei sehr kraftvoller Menschen, die hohe Ziele verfolgen. Und kein Wort von Nixen! Kein lila Nebel oder vernebelte Andeutungen – entschuldigen Sie den verunglückten Kalauer ... Es wird großartig, Mijnheer Pfeffer, eindrucksvoll, glauben Sie mir. Und es ist gut, dass Sie den Wald kennen, und Ihre persönlichen Eindrücke weitergeben können. Meine Vorlesung war auch gut, aber ein wenig abstrakt, fürchte ich. Als Ausgangsmaterial habe ich die Sitzungsprotokolle herangezogen. Und Sie, als Erforscher des Waldes ...«

»Ich bin kein Erforscher des Waldes«, sagte Pfeffer mit Nachdruck. »Man lässt mich ja nicht einmal hinein. Ich kenne den Wald nicht.«

Der Prokonsul nickte zerstreut und notierte sich rasch etwas auf die Manschette.

»Ja, wirklich«, sagte er. »Es ist eine bittere Wahrheit, dass es bei uns noch immer Formalismus, Bürokratismus und ein heuristisches Herangehen an die Persönlichkeit gibt ... Das können Sie ruhig auch erwähnen; darüber sprechen alle. Und ich werde versuchen, Ihren Vortrag mit der Direktion abzustimmen. Ich freue mich ungemein, Pfeffer, dass Sie sich endlich an unserer Arbeit beteiligen. Ich beobachte Sie schon seit langem sehr aufmerksam … Also, ich habe Sie für nächste Woche eingetragen.«

Pfeffer schaltete die »Mercedes« ab.

»Nächste Woche bin ich nicht mehr hier. Mein Visum ist abgelaufen, und ich reise ab. Morgen schon.«

»Na ja, das werden wir schon irgendwie in Ordnung bringen. Ich spreche mit dem Direktor. Er ist auch Klubmitglied und wird es einsehen. Gehen Sie davon aus, dass Sie noch eine Woche bleiben.«

»Nicht nötig«, sagte Pfeffer. »Das ist gar nicht nötig.«

»Doch!«, sagte der Prokonsul und sah ihm in die Augen. »Es ist nötig, und das wissen Sie sehr gut, Pfeffer! Auf Wiedersehen.« Er tippte mit zwei Fingern an die Schläfe und winkte beim Hinausgehen mit seiner Aktentasche.

»Wie ein Spinnennetz«, sagte Pfeffer. »Ich komme mir vor wie eine Fliege. Der Manager will nicht, dass ich wegfahre, Alewtina will es nicht, und der da auch nicht …«

»Ich will auch nicht, dass du wegfährst«, sagte Kim.

»Aber ich halte es hier nicht mehr aus!«

»Siebenhundertsiebenundachtzig mal vierhundertzweiunddreißig …«

Und trotzdem werde ich abreisen, dachte Pfeffer und drückte auf die Tasten. Ihr seid zwar dagegen, aber ich fahre trotzdem. Ich werde kein Tischtennis mit euch spielen und kein Schach; ich werde nicht bei euch schlafen oder Tee mit euch trinken; ich will eure Lieder nicht mehr singen und auch nicht auf der »Mercedes« rechnen; keine Streitereien mehr schlichten oder Vorlesungen für euch halten, die ihr sowieso nicht versteht. Und denken für euch werde ich auch nicht. Denkt doch selber. Ich fahre. Jawohl! Ihr werdet sowieso nie begreifen, dass Denken kein Zeitvertreib, sondern eine Pflicht ist …

Draußen, hinter der halbfertigen Mauer, hörte man das wuchtige Aufschlagen eines Rammbärs, Presslufthämmer ratterten, Ziegelsteine prasselten, und oben auf der Wand saßen vier Arbeiter in einer Reihe. Ihre Oberkörper waren nackt, sie hatten Schirmmützen auf und rauchten. Dann dröhnte und knatterte ein Motorrad direkt unter dem Fenster.

»Da kommt jemand vom Wald«, sagte Kim. »Gib noch schnell sechzehn mal sechzehn ein.«

Die Tür wurde aufgerissen, und ein Mann stürzte herein. Er trug einen Overall, und die abgeknöpfte Kapuze baumelte an der Schnur des Funkgeräts über seiner Brust. Von den Schuhen bis zum Gürtel war er übersät mit spitz hervorstechenden, blassrosa Sprösslingen. Um das rechte Hosenbein wand sich eine orangefarbene Schlingpflanze, die kein Ende nehmen wollte und über den Boden schleifte. Die Schlingpflanze zuckte noch, und Pfeffer kam es so vor, als sei sie ein Fangarm des Waldes, könnte sich jeden Augenblick anspannen und den Mann zurück in den Wald zerren – durch die Gänge der »Verwaltung«, die Treppe hinunter, über den Hof an der Mauer entlang, vorbei an der Kantine und den Werkstätten, dann wieder hinunter, die staubige Straße entlang durch den Park, an den Statuen und den Pavillons vorbei, zur Serpentineneinfahrt, zum Tor, aber nicht durch das Tor, sondern vorbei, zur Schlucht, und hinab …

Der Mann trug eine Motorradbrille, sein Gesicht war staubbedeckt, und Pfeffer erkannte ihn nicht gleich. Es war Stojan Stojanow von der Biostation. In der Hand hielt er eine große Papiertüte. Er ging ein paar Schritte über den gekachelten Boden, dessen Mosaik eine Frau unter der Dusche darstellte. Die Papiertüte versteckte er hinter seinem Rücken. Er blieb vor Kim stehen und machte ein paar merkwürdige Bewegungen mit dem Kopf, so, als jucke ihn der Hals.

»Kim«, sagte er. »Hier bin ich.«

Kim gab keine Antwort. Nur seine Feder war zu hören, sie kratzte und riss am Papier.

»Kim, Lieber«, sagte Stojan einschmeichelnd. »Ich bitte dich … inständig …«

»Verschwinde«, sagte Kim. »Du bist ja übergeschnappt.«

»Ein letztes Mal«, sagte Stojan. »Ein allerletztes Mal.«

Er machte wieder merkwürdige Bewegungen mit dem Kopf, und Pfeffer sah sich seinen hageren, kahl rasierten Hals an; im Nacken, direkt unterhalb des Schädels, entdeckte er einen kurzen rosigen Sprössling, er war ganz zart, spitz und drehte sich schon wie eine Spirale in die Haut ein. Pfeffer schien es fast, als zittere der Sprössling vor Gier …

»Du brauchst es nur zu übergeben und zu sagen, dass es von Stojan ist. Das ist alles. Wenn sie dich ins Kino einlädt, sag einfach, du hättest noch etwas Dringendes zu erledigen. Wenn sie dir Tee anbietet, sag, du hättest gerade welchen getrunken, und Wein lehne auch ab, wenn sie welchen bringt. Bitte, Kim. Es ist wirklich das allerallerletzte Mal!«

»Was stehst du so krumm?«, fragte Kim wütend. »Dreh dich mal um!«

»Habe ich schon wieder einen abgekriegt?«, fragte Stojan und wandte Kim den Rücken zu. »Na ja, ist jetzt auch nicht so wichtig. Du brauchst es nur zu übergeben, alles andere ist unwichtig.«

Kim beugte sich über den Tisch zu Stojan und machte sich an seinem Hals zu schaffen. Er drückte etwas heraus. Dann massierte er die Stelle mit weit auseinandergestemmten Ellbogen, murmelte Flüche vor sich hin und bleckte angewidert seine Zähne. Stojan trat geduldig von einem Bein aufs andere, hielt den Kopf nach unten gebeugt und krümmte den Hals.

»Hallo, Pfeffer«, sagte er. »Ich habe dich lange nicht gesehen. Wie geht es dir? Ich habe wieder etwas mitgebracht, damit könntest du was machen … zum allerallerletzten Mal.« Er breitete das Papier auseinander und zeigte Pfeffer einen kleinen Strauß giftiggrüner Waldblumen. »Und wie die riechen! Unglaublich!«

»Hör schon auf zu zucken«, schrie ihn Kim an. »Stell dich ruhig hin! Du Verrückter! Trottel!«

»Verrückt«, stimmte Stojan begeistert zu. »Trottel. Ja, kann sein. Es ist aber wirklich zum allerallerletzten Mal!«

Die rosigen Triebe auf seinem Overall begannen bereits zu welken; sie kräuselten sich und fielen auf den Boden, wo sie das ziegelrote Gesicht der Frau unter der Dusche verdeckten.

»Das war's«, sagte Kim. »Hau ab.«

Er wandte sich von Stojan ab und warf etwas Blutiges in den Abfalleimer; es schien noch zu leben, krümmte sich.

»Ich gehe ja schon«, sagte Stojan. »Sofort. Aber weißt du … Rita ist wieder so komisch. Ich komme gerade von der Biostation und habe irgendwie immer Angst, wenn ich von dort wegfahre. Pfeffer, alter Freund, du solltest zu uns kommen, vielleicht mal mit denen sprechen …«

»Kommt gar nicht infrage!«, sagte Kim. »Pfeffer hat dort nichts verloren.«

»Was heißt hier ›nichts verloren‹?!«, schrie Stojan. »Quentin schmilzt – man kann ihm direkt dabei zusehen! Und dann lief vor einer Woche Rita weg. Letzte Nacht kam sie zurück, blass, völlig durchnässt und steif vor Kälte. Der Wachposten wollte sie anfassen, aber sie hat irgendwas mit ihm gemacht, und bis jetzt liegt er bewusstlos da. Außerdem ist das ganze Versuchsfeld mit Gras zugewachsen.«

»Und weiter?«, fragte Kim.

»Quentin hat den ganzen Morgen geweint …«

»Das weiß ich alles«, unterbrach ihn Kim. »Ich verstehe nur nicht, was Pfeffer mit alledem zu tun hat.«

»Was heißt hier ›zu tun hat‹? Was redest du denn? Wer, wenn nicht Pfeffer? Ich doch nicht, oder? Und auch du nicht … Man wird ja nicht Heymbacken holen, Claudius Octavian!«

»Jetzt reicht's!«, sagte Kim und schlug mit der flachen Hand auf den Tisch. »Geh endlich an die Arbeit. Und dass ich dich während der Arbeitszeit nicht mehr hier sehe. Mach mich nicht wütend.«

»Schon gut«, sagte Stojan. »Das war's. Ich gehe. Wirst du es übergeben?«

Er legte den Strauß auf den Tisch und lief hinaus. In der Tür rief er: »Und der Abfluss vom Plumpsklo funktioniert wieder …«

Kim nahm den Reisigbesen zur Hand und fegte alles, was verstreut auf dem Boden lag, in die Ecke.

»Idiot!«, sagte er. »Ein Verrückter! Und dann diese Rita … Jetzt kann ich alles wieder von vorne durchdenken. Sollen sich zum Teufel scheren mit ihrer blöden Romanze …«

Unter dem Fenster knatterte das Motorrad, dann wurde es wieder still. Nur der Rammbär dröhnte noch hinter der Mauer.

»Pfeffer«, sagte Kim. »Weshalb warst du heute Morgen an der Schlucht?«

»Ich hatte gehofft, den Direktor zu sehen. Man sagte mir, dass er dort manchmal seine Morgengymnastik macht. Ich wollte ihn bitten mich gehenzulassen, aber er kam nicht. Weißt du, Kim, ich glaube, dass hier alle lügen. Manchmal habe ich sogar den Eindruck, dass auch du lügst.«

»Der Direktor«, sagte Kim nachdenklich. »Das ist die Idee. Gut gemacht! Sehr schlau …«

»Trotzdem werde ich morgen abreisen«, sagte Pfeffer. »Trumpf nimmt mich mit, er hat es mir versprochen. Morgen werde ich also nicht mehr kommen. Nur, damit du es weißt.«

»Nein, das habe ich nicht erwartet«, fuhr Kim fort, ohne auf ihn zu hören. »Sehr schlau. Vielleicht sollte man dich wirklich dorthin schicken – um Klarheit zu schaffen?«

2
Kandid

Kandid wachte auf, und sein erster Gedanke war: Übermorgen verschwinde ich von hier. Im selben Augenblick wurde auch Nawa, die in der anderen Ecke des Zimmers schlief, unruhig. Sie fragte: »Kannst du nicht mehr schlafen?«

»Nein«, antwortete er.

»Dann lass uns reden«, schlug sie vor. »Wir haben uns schon lange nicht mehr unterhalten. Seit gestern Abend. Also?«

»In Ordnung.«

»Sag mir zuerst, wann du fortgehst.«

»Ich weiß es nicht«, sagte er. »Bald.«

»Immer sagst du bloß: bald, bald. Mal bald, mal übermorgen. Vielleicht denkst du ja, dass das ein- und dasselbe ist? … Aber nein, jetzt hast du ja schon sprechen gelernt … Am Anfang hast du alles durcheinandergebracht, Haus und Dorf hast du verwechselt, Gras und Pilze, sogar die Toten und die Lebenden, und dann hast du angefangen, vor dich hinzumurmeln, lauter unverständliches Zeug, niemand ist daraus schlau geworden …«

Er öffnete die Augen und starrte auf die niedrige, kalkverspritzte Decke, an der Ameisen entlangliefen. Sie bewegten sich in zwei gleichmäßigen Kolonnen – von links nach rechts die beladenen, von rechts nach links die unbeladenen. Vor einem Monat war es umgekehrt gewesen: Von rechts nach links hatten sie kleine Brocken des Pilzgeflechts transportiert, und von links nach rechts waren sie leer gegangen. In einem

Monat würde es wieder umgekehrt sein, es sei denn, sie bekamen neue Anweisungen. Entlang der Kolonnen standen in lockerer Kette die großen, schwarzen Signalgeber. Unbeweglich verharrten sie in Erwartung von Befehlen. Ihre langen Antennen wippten. Vor einem Monat, dachte Kandid, bin ich auch aufgewacht und habe gedacht, dass ich übermorgen fortgehe, aber wir sind nirgendwohin gegangen. Und lange davor wachte ich auch einmal auf und dachte, dass wir übermorgen fortgehen, was wir natürlich nicht taten. Aber wenn wir übermorgen nicht fortgehen, gehe ich allein. Natürlich habe ich mir das früher auch schon vorgenommen, aber jetzt gehe ich ganz bestimmt. Es wäre gut, sofort aufzubrechen, ohne mit jemandem zu sprechen oder jemanden zu fragen, aber das kann man nur mit klarem Kopf tun, jetzt geht das nicht. Gut wäre, es sich ganz fest vorzunehmen: Sobald ich mit klarem Kopf aufwache, stehe ich auf, gehe hinaus auf die Straße, in den Wald hinein und lasse nicht zu, dass mich jemand anspricht. Es ist sehr wichtig, dass ich mich in kein Gespräch verwickeln, mich nicht überreden lasse … Besonders diese Stellen über den Augen, schon saust es dir in den Ohren, dass dir schlecht wird, Kopf und Glieder wie gelähmt sind. Aber Nawa, sie spricht ja schon …

»… So kam es«, sagte Nawa, »dass uns die Totenmenschen in der Nacht wegführten. Nachts sehen sie schlecht, ganz blind sind sie, das wird dir jeder sagen, sogar der Bucklige. Der ist zwar nicht von hier, sondern kommt aus dem Nachbardorf, das heißt, aus dem Dorf, das neben dem lag, wo ich früher mit Mama wohnte, als ich dich noch nicht kannte. Du kannst den Buckligen also gar nicht kennen. Sein Dorf wuchs irgendwann ganz mit Pilzen zu, die Pilze sind richtig über das Dorf hergefallen, und das ist nicht jedermanns Sache. Der Bucklige zum Beispiel verließ sein Dorf sofort. ›Nun hat die ‚Erfassung' stattgefunden‹, sagte er. ›Die Menschen haben im Dorf jetzt nichts mehr verloren.‹ Wo war ich … Ach ja, der

Mond war damals also nicht zu sehen, und wahrscheinlich haben sich die Totenmenschen verlaufen. Alle drängten sich zusammen, wir in der Mitte, und es wurde so heiß, dass einem die Luft wegblieb …«

Kandid blickte sie an. Nawa lag auf dem Rücken, die Arme hinter dem Kopf verschränkt und ein Bein über das andere geschlagen. Sie lag ganz still, nur ihre Lippen bewegten sich ununterbrochen, und ihre Augen blitzten manchmal im Halbdunkel auf. Auch als der Alte hereinkam, sprach sie weiter; der Alte setzte sich an den Tisch, rückte den Topf zu sich heran, roch daran, wobei er geräuschvoll schnalzte, und fing an zu essen. Kandid stand auf und wischte sich den nächtlichen Schweiß vom Körper. Der Alte schlürfte und spuckte und wandte keinen Blick von der Holzschüssel, die wegen des Schimmels mit einem Deckel verschlossen etwas entfernt vom Topf stand. Kandid nahm ihm den Topf weg und stellte ihn zu Nawa hin, damit sie endlich schwieg.

Der Alte leckte sich die Lippen ab und sagte: »Es schmeckt nicht. Egal, zu wem du jetzt gehst, nirgendwo schmeckt es. Der Pfad, auf dem ich damals gegangen bin, ist auch zugewachsen. Ich bin viel gegangen damals – zur Dressur oder einfach nur zum Baden. Ich habe oft gebadet. Es gab da einen See, aber der ist jetzt versumpft, und es ist gefährlich geworden, den Weg dorthin zu nehmen. Trotzdem gehen die Menschen zum See – woher sonst sollten die vielen Ertrunkenen kommen? Und dann das Schilf. Ich kann fragen, wen ich will: Wieso gibt es da im Schilf Pfade? Niemand weiß es, ja, und es soll auch niemand wissen … Was habt ihr da in der Holzschüssel? Wenn es eingemachte Beeren sind, würde ich schon welche essen, eingemachte Beeren mag ich gerne, wenn es aber Reste von gestern sind, verzichte ich, die Reste könnt ihr selber essen.« Er machte eine Pause und ließ seinen Blick von Kandid zu Nawa und wieder zurück zu Kandid wandern. Dann fuhr er, ohne ihre Antwort abzuwarten, fort:

»Und da, wo sich das Schilf einmal festgesetzt hat, ist Schluss mit dem Säen. Früher hat man dort noch gesät, weil es für die ›Erfassung‹ wichtig war, und hat dann alles zum Lehmfeld geschafft. Heute macht man das immer noch, aber man lässt es nicht mehr dort, sondern bringt es wieder zurück. Ich sage ihnen also, dass es so nicht geht. Aber das verstehen sie nicht. Und der Dorfälteste fragt mich vor allen Leuten, was das heißen soll: ›So geht es nicht‹? Da, wo du jetzt stehst, stand der Faust, sogar noch näher … Hier steht, sagen wir, Horcher, und da hinten, bei Nawa, die Glatzkopfbrüder. Alle drei standen sie da und hörten, was er mich fragte. Ich sage ihm, wie kannst du bloß, wir sind doch hier nicht allein … Sein Vater, wisst ihr, war ein sehr kluger Mann, aber vielleicht stimmt es auch, was die anderen sagen, dass er gar nicht sein Vater war, er ähnelt ihm nämlich überhaupt nicht. Warum soll ich das nicht vor den anderen fragen, sagt er, warum nicht?«

Nawa stand auf, reichte Kandid den Topf und begann aufzuräumen. Kandid aß. Der Alte verstummte und sah ihm einige Zeit zu; dabei bewegte er seine Lippen, als kaue er. Dann sagte der Alte: »Was ihr da im Topf habt, ist noch nicht ausgegoren, das kann man doch nicht essen.«

»Warum denn nicht?«, fragte Kandid, um ihn zu ärgern.

Der Alte kicherte. »Und du, Schweiger«, sagte er, »du solltest lieber deinen Mund halten. Erzähl mir lieber, das will ich nämlich schon lange von dir wissen, ob das Kopfabschneiden wehtut?«

»Was geht dich das an?«, schrie Nawa. »Was soll diese ewige Fragerei?«

»Da schreit sie«, stellte der Alte fest. »Schreit mich einfach an. Hat noch niemanden zur Welt gebracht, aber schreien tut sie. Warum hast du denn keine Kinder? Mit dem Schweiger lebst du schon so lange zusammen, aber Kinder hast du keine. Alle haben welche, nur du nicht. So geht es einfach nicht. Und weißt du, was das heißt, dass es ›so nicht geht‹? Das heißt: Es ist nicht erwünscht. Und weil es nicht erwünscht ist, darf man auch nicht so handeln. Was geht, steht noch nicht fest, aber was nicht geht, darf man nicht tun. Das sollten alle begreifen, du umso mehr, als du in einem fremden Dorf lebst; ein Haus hast du bekommen, den Schweiger hat man dir zum Mann gegeben. Vielleicht hat man ihm einen fremden Kopf aufgesetzt, aber sein Körper ist gesund, und deshalb geht es nicht, dass du dich vor dem Kinderkriegen drückst. Dieses ›es geht nicht‹ bedeutet nämlich, dass nichts weniger erwünscht ist als das.«

Wütend und beleidigt griff sich Nawa die Holzschüssel vom Tisch und ging in die Vorratskammer. Der Alte blickte ihr nach, schnaufte und fuhr fort: »Was bedeutet dieses ›es geht nicht‹ noch? Es bedeutet dasselbe wie schädlich …«

Kandid aß den Topf leer. Dann stellte er ihn polternd vor den Alten hin und ging hinaus. Über Nacht war das Haus von dichtem Grün überwuchert worden. Im undurchlässigen Pflanzengewirr ringsum war nur noch der Pfad zu erkennen, den der Alte ausgetreten hatte. Ebenso der Platz auf der Schwelle, wo der Alte gesessen hatte, hin- und hergerutscht war und darauf gewartet hatte, dass sie aufwachten. Die Straße war bereits gesäubert. Die grünen, handdicken Kriechgewächse, die sich gestern aus dem dichten Pflanzengeflecht über dem Dorf herausgewunden und vor dem Nachbarhaus Wurzeln geschlagen hatten, waren schon abgeschlagen. Man hatte sie mit Gärsäure übergossen, worauf sie sich dunkel verfärbt hatten und sauer geworden waren; sie verströmten einen scharfen, würzigen Geruch. Die Nachbarskinder schälten die Gewächse, rissen das schwärzlich-rote Fruchtfleisch heraus und stopften sich die Münder mit saftigen, spritzenden Stücken voll. Als Kandid vorbeiging, rief der Älteste von ihnen mit vollem Mund: »Schweigemensch – Totenmensch!« Aber keins von den Kindern stimmte ein; sie waren zu beschäftigt. Ansonsten war die Straße menschenleer. Sie schimmerte orange und rot vom hohen Gras, in dem auch die Hütten versanken, und alles ringsum war in ruhiges Dämmerlicht getaucht. Die wenigen Sonnenstrahlen, die das Blätterdach durchdrangen, warfen verschwommene grüne Flecken auf die Straße. Vom Feld her drang monotoner, disharmonischer Gesang herüber: »Frisch gesät, so ist's recht, einmal links und einmal rechts …« Im Wald erscholl das Echo. Vielleicht war es auch nicht das Echo. Vielleicht waren es die Totenmenschen.

Hinker saß natürlich zu Hause und massierte sein Bein.

»Setz dich nur, setz dich«, sagte er freundlich. »Schau, hier habe ich weiches Gras für meine Gäste ausgelegt. Du gehst weg, wird erzählt?«

Schon wieder, dachte Kandid. Schon wieder alles von vorne.

»Ist es schlimmer geworden?«, fragte er und setzte sich.

»Mit dem Bein, meinst du? Nein, eigentlich nicht, aber es tut gut. Ich streiche darüber, weißt du, das ist angenehm. Wann gehst du weg?«

»Wie wir es besprochen haben. Wenn du mit mir kommst, dann übermorgen. Aber ich muss wohl einen anderen auftreiben, der den Wald kennt. Ich sehe ja, dass du nicht gehen willst.«

Hinker streckte vorsichtig sein Bein aus und sagte in belehrendem Ton: »Wenn du von hier aufbrichst, gehst du gleich links bis zum Feld. Dann über das Feld, an zwei Steinen vorbei, dort siehst du schon den Weg. Er ist kaum zugewachsen, weil da Feldsteine liegen. Diesen Weg gehst du weiter und kommst durch zwei Dörfer. Das eine ist verlassen; dort haben sich die Pilze breitgemacht. In dem anderen Dorf wohnen die Wirrköpfe. Dort hat zweimal das blaue Gras gewütet; seit der Zeit sind sie krank. Lass dich mit keinem von ihnen auf ein Gespräch ein, die kapieren sowieso nichts – als ob sie ihr Gedächtnis verloren hätten. Hinter dem Dorf der Wirrköpfe liegt dann rechter Hand dein Lehmfeld. Und begleiten braucht dich niemand, du findest es ohne Probleme selbst und kommst dabei nicht einmal ins Schwitzen.«

»Bis zum Lehmfeld schaffen wir es«, stimmte Kandid zu. »Aber wie geht es weiter?«

»Was heißt weiter?«

»Durch den Sumpf, wo früher die Seen waren. Weißt du noch, als du vom Steinweg erzählt hast?«

»Welchen Weg meinst du denn? Den zum Lehmfeld? Aber den habe ich dir doch schon erklärt: Bieg nach links, bis zum Feld, zu den beiden Steinen …«

Kandid ließ ihn ausreden und sagte: »Den Weg zum Lehmfeld weiß ich jetzt. Da finden wir hin. Aber ich muss weiter, das weißt du doch. Ich muss unbedingt bis zur ›Stadt‹ kommen, und du hast versprochen, mir den Weg zu zeigen.«

Hinker schüttelte mitleidig den Kopf.

»Zur ›Sta-a-dt‹! … Da willst du also hin. Ich erinnere mich … Also, zur ›Stadt‹ kommt man nicht durch. Zum Lehmfeld ist es ganz einfach: an den beiden Steinen vorbei, durch das Pilzdorf, dann durch das Verrücktendorf, und dann liegt rechter Hand das Lehmfeld. Oder, sagen wir, zum Schilfdorf. Da gehst du von mir aus nach rechts, durch den lichten Wald, am Brottümpel vorbei, und dann immer der Sonne nach. Wohin die Sonne geht, da gehst du auch hin. Drei volle Tage ist man unterwegs, und wenn es unbedingt sein muss, dann gehen wir eben dorthin. Früher, bevor wir unsere eigenen hatten, haben wir dort unsere Töpfe geholt. Das Schilfdorf kenne ich gut, du musst nur sagen, dass du zum Schilfdorf willst. Dann müssen wir gar nicht bis übermorgen warten. Morgen früh gehen wir los, Essen brauchen wir keins mitzunehmen, wir kommen ja am Brottümpel vorbei … Ach, Schweiger, du sprichst immer viel zu wenig und viel zu kurz. Kaum hört man hin, machst du schon wieder den Mund zu. Aber zum Schilfdorf gehen wir. Morgen früh machen wir uns auf den Weg …«

Kandid ließ ihn ausreden und sagte: »Hinker, versteh doch, ich muss nicht zum Schilfdorf. Zum Schilfdorf muss ich nicht. Ich muss nicht zum Schilfdorf. Verstanden?« Hinker hörte aufmerksam zu und nickte. »Ich muss in die ›Stadt‹«, fuhr Kandid fort. »Wir sprechen schon so lange darüber. Gestern habe ich dir gesagt, dass ich in die ›Stadt‹ muss. Vorgestern habe ich dir gesagt, dass ich in die ›Stadt‹ muss. Vor einer Woche habe ich dir gesagt, dass ich in die ›Stadt‹ muss. Du hast gesagt, dass du den Weg weißt. Das hast du gestern gesagt. Und vorgestern hast du gesagt, dass du den Weg zur ›Stadt‹ weißt. Nicht zum Schilfdorf, sondern in die ›Stadt‹. Ich muss nicht zum Schilfdorf.« Bloß nicht verwechseln, dachte er. Vielleicht verspreche ich mich ja die ganze Zeit. Nicht Schilfdorf, sondern »Stadt«. »Stadt«, nicht Schilfdorf. »›Stadt‹, nicht Schilfdorf«, sagte er noch einmal laut. »Verstehst du? Erklär mir den Weg zur ›Stadt‹. Nicht zum Schilfdorf. Oder noch besser: Lass uns zusammen zur ›Stadt‹ gehen. Nicht zum Schilfdorf, zur ›Stadt‹.«

Er schwieg. Hinker begann erneut über sein schmerzendes Knie zu streichen.

»Wahrscheinlich hat man, als man dir den Kopf abschnitt, etwas darin beschädigt, Schweiger. Das ist wie mit meinem Bein. Am Anfang war es ganz normal, wie jedes andere Bein, aber dann ging ich nachts einmal durch die Ameisenhügel; ich trug eine Ameisenkönigin, und mit dem Bein tappte ich in eine Aushöhlung. Jetzt ist es krumm. Aber warum es krumm ist, weiß niemand. Zum Gehen taugt es nicht so recht, doch bis zu den Ameisenhügeln schaffe ich es. Bis dahin komme ich, und dich führe ich auch dorthin. Es will mir nur nicht in den Kopf, warum du gesagt hast, dass ich etwas zum Essen für unterwegs vorbereiten soll. Zu den Ameisenhügeln ist es doch nur ein Katzensprung.« Er blickte Kandid an, wurde verlegen und machte den Mund auf. »Aber du willst ja gar nicht zu den Ameisenhügeln«, sagte er. »Wohin willst du denn?

Zum Schilfdorf doch. Aber zum Schilfdorf kann ich nicht, das schaffe ich nicht. Du siehst ja, das Bein ist krumm. Hör zu, Schweiger, warum willst du eigentlich nicht zu den Ameisenhügeln? Komm, lass uns zu den Ameisenhügeln gehen. Ich bin seit damals kein einziges Mal dort gewesen, vielleicht gibt es sie schon gar nicht mehr. Dann suchen wir die Aushöhlung, ja?«

Gleich werde ich verrückt, dachte Kandid. Er beugte sich zur Seite und zog den Topf zu sich.

»Einen guten Topf hast du da«, sagte er. »Ich weiß gar nicht mehr, wo ich zum letzten Mal einen so guten Topf gesehen habe … Du wirst mich doch zur ›Stadt‹ begleiten? Du hast gesagt, dass niemand außer dir den Weg dorthin kennt. Gehen wir zur ›Stadt‹, Hinker. Wie denkst du darüber? Kommen wir bis dahin durch?«

»Natürlich. Bis zur ›Stadt‹? Ganz klar, da kommen wir durch. Und diese Töpfe da, ich weiß, wo du sie schon einmal gesehen hast. Bei den Wirrköpfen gibt es solche. Sie bauen sie nicht an, verstehst du, sie machen sie aus Lehm. Bei ihnen liegt ja das Lehmfeld in der Nähe. Wie ich dir schon gesagt habe, von mir aus gleich nach links und an den zwei Steinen vorbei bis zum Pilzdorf. Aber im Pilzdorf lebt niemand mehr, da lohnt es sich gar nicht hinzugehen. Als ob wir noch keine Pilze gesehen hätten! Als mein Bein noch gesund war, bin ich nie ins Pilzdorf gegangen; ich weiß nur, dass zwei Schluchten weiter die Wirrköpfe wohnen. Ja, morgen könnten wir losgehen … Pass auf, Schweiger, gehen wir lieber nicht hin. Diese Pilze gefallen mir nicht. Verstehst du, die Pilze in unserem Wald, das ist eine Sache. Die kann man essen, die schmecken auch. Aber in dem Dorf sind die Pilze grünlich und haben einen üblen Geruch. Wozu willst du da hin? Am Ende schleppst du noch die Pilze hierher. Gehen wir lieber zur ›Stadt‹. Das ist viel angenehmer. Nur können wir dann nicht morgen aufbrechen, weil man sich vorher mit Proviant eindecken muss.

Auch sollte man wegen des Weges herumfragen. Oder kennst du den Weg? Wenn du ihn kennst, dann frage ich nicht, ich wüsste nämlich auch gar nicht, wen. Vielleicht sollte man den Dorfältesten fragen, was meinst du?«

»Und du selbst hast keine Ahnung, wo es zur ›Stadt‹ geht?«, fragte Kandid. »Du weißt doch viel über den Weg dorthin. Einmal bist du fast bis zur ›Stadt‹ durchgekommen, aber dann haben dich die Totenmenschen erschreckt, und du bekamst Angst, dass du sie allein nicht abwehren könntest ...«

»Die Totenmenschen habe ich nicht gefürchtet und fürchte sie auch jetzt nicht«, widersprach Hinker. »Aber ich sage dir, was ich fürchte: Wie das mit uns unterwegs sein wird, das fürchte ich. Wirst du da die ganze Zeit schweigen? Ich kann das nicht aushalten. Und noch etwas fürchte ich ... Sei mir nicht böse, Schweiger, aber bitte sag mir ... Du brauchst nicht laut zu antworten, du kannst auch flüstern, oder nicke einfach. Und wenn du nicht nicken willst, dann kneif dein rechtes Auge ein wenig zu, niemand außer mir wird es bemerken, dein rechtes Auge ist im Schatten ... Meine Frage ist folgende: Bist du nicht vielleicht doch ein wenig Totenmensch? Ich kann die Totenmenschen nämlich nicht ausstehen, ich fange richtig zu zittern an, wenn ich sie sehe, und ich kann nichts dagegen tun ...«

»Nein, Hinker, ich bin kein Totenmensch«, sagte Kandid. »Ich kann sie selber nicht ausstehen. Und was deine Furcht angeht, dass ich nichts sagen könnte: Wir gehen nicht zu zweit, das habe ich dir schon gesagt. Faust und Schwanz gehen mit, und zwei Burschen aus der Siedlung.«

»Mit dem Faust gehe ich nicht«, sagte Hinker entschieden. »Der hat meine Tochter genommen und nicht auf sie aufgepasst. Weggeschnappt haben sie sie ihm. Dass er sie genommen hat, war in Ordnung, aber dass er nicht auf sie aufgepasst hat, war es nicht, das war schlimm. Die beiden waren auf dem Weg in die Siedlung, da haben die Diebe ihnen aufgelauert und meine Tochter weggeschafft, und er hat es zugelassen. Da konnte ich dann mit deiner Nawa suchen, so viel ich wollte, gefunden habe ich sie nicht. Nein, Schweiger, mit den Dieben ist nicht zu spaßen. Wenn wir zusammen zur ›Stadt‹ gingen, hätten wir mit den Dieben unsere liebe Not. Etwas anderes wäre es zum Schilfdorf, da bräuchte man nicht lange überlegen. Morgen könnten wir los.«

»Übermorgen«, sagte Kandid. »Du gehst, ich gehe, Faust, Schwanz und noch zwei aus der Siedlung. Da kommen wir bis zur ›Stadt‹ durch.«

»Zu sechst schaffen wir es«, sagte Hinker überzeugt. »Allein würde ich natürlich nicht gehen, aber zu sechst kommen wir durch. Zu sechst kämen wir sogar bis zu den Teufelsbergen, nur weiß ich nicht den Weg dorthin. Oder sollen wir zu den Teufelsbergen gehen? Das ist sehr weit, aber zu sechst ist es zu machen. Oder musst du gar nicht zu den Teufelsbergen? Hör zu, Schweiger, gehen wir zur ›Stadt‹, dort sehen wir weiter. Wir brauchen nur etwas mehr Proviant.«

»Gut«, sagte Kandid und stand auf. »Übermorgen machen wir uns auf den Weg zur ›Stadt‹. Morgen gehe ich zuerst in die Siedlung, schaue dann bei dir vorbei und erinnere dich nochmal.«

»Ja, komm vorbei«, sagte Hinker. »Ich würde auch zu dir kommen, aber mein Bein tut weh, da reicht die Kraft nicht. Komm du zu mir, und dann unterhalten wir uns nochmal. Ich weiß, viele wollen nicht mit dir sprechen, weil es recht schwer ist mit dir, aber ich bin nicht so, Schweiger. Ich habe mich schon daran gewöhnt, es gefällt mir sogar. Komm nur du zu mir und bring deine Nawa mit; sie ist nett, deine Nawa, nur Kinder hat sie nicht, aber die kommen schon noch, sie ist ja noch jung …«

Auf der Straße wischte sich Kandid wieder den Schweiß ab. Und schon ging es weiter – irgendwo neben ihm kicherte und hustete es. Kandid wandte sich um. Aus dem Gras erhob sich der Alte, drohte mit seinem angeschwollenen Zeigefinger und sagte: »Die ›Stadt‹ habt ihr euch also in den Kopf gesetzt. Nicht schlecht ausgedacht. Aber bis zur ›Stadt‹ hat es noch niemand lebend geschafft – weil es unmöglich ist. Auch wenn man dir den Kopf versetzt hat, Schweiger, musst du das begreifen …«

Kandid bog nach rechts und ging die Straße entlang. Der Alte trottete ihm eine Weile hinterher und verhedderte sich immer wieder im Gras. Dabei murmelte er: »Wenn etwas nicht erlaubt ist, dann immer nur in einem ganz bestimmten Sinn, in diesem oder jenem … Etwas ist zum Beispiel ohne den Dorfältesten oder die Versammlung nicht erlaubt, aber mit dem Dorfältesten oder der Versammlung ist es erlaubt, wenn auch nicht in jeder Hinsicht …« Kandid ging so schnell, wie es die drückende feuchte Hitze zuließ, und der Alte blieb allmählich zurück.

Auf dem Dorfplatz sah er Horcher, der im Kreise herumlief, dabei leicht wankte und seine krummen Beine nachzog. Aus dem riesigen Topf, der ihm vor dem Bauch hing, nahm er braunen Grasvertilger heraus und verstreute ihn mit beiden Händen. Das Gras rauchte und vertrocknete augenblicklich. An Horcher musste er vorbei, und Kandid gab sich alle Mühe, aber Horcher änderte seinen Lauf so geschickt, dass er direkt mit ihm zusammenstieß.

»Ah, Schweiger!«, rief er erfreut. Rasch streifte er den Riemen vom Hals und stellte den Topf auf die Erde. »Wohin gehst du? Man sollte meinen, du gehst nach Hause, zu Nawa, deinem jungen Glück, aber weißt du, Schweiger, sie ist gar nicht zu Hause. Sie ist auf dem Feld, deine Nawa. Ich habe mit eigenen Augen gesehen, dass sie aufs Feld gegangen ist, ob du's glaubst oder nicht … Doch, nein, vielleicht ist sie gar nicht aufs Feld gegangen, aber auf jeden Fall ist deine Nawa diesen Weg dort gegangen, und auf diesem Weg kommt man nur aufs Feld, sonst nirgendwohin, und wo sollte sie schon hingehen, deine Nawa? Höchstens dich suchen, Schweiger …«

Wieder versuchte Kandid, an ihm vorbeizukommen, und wieder stand Horcher direkt vor seiner Nase.

»Lauf ihr nicht aufs Feld nach, Schweiger«, sagte Horcher eindringlich. »Warum sollst du ihr nachlaufen, wo ich doch hier das Gras vernichte und gleich alle zusammenrufe. Der Vermesser kam zu mir und richtete mir aus, der Dorfälteste habe befohlen, ich solle auf dem Platz das Gras vernichten, weil hier auf dem Platz bald eine Versammlung stattfände. Und wenn Versammlung ist, dann kommen alle vom Feld hierher, auch deine Nawa, wenn sie aufs Feld gegangen ist, und wohin sollte sie sonst auf diesem Weg gehen, obwohl, da fällt mir ein, auf diesem Weg kann man auch woanders hinkommen, nicht nur aufs Feld. Zum Beispiel könnte man …«

Plötzlich brach Horcher ab und tat einen tiefen, beinahe krampfartigen Seufzer. Seine Augen verengten sich, die Arme wanderten nach oben und die Handflächen drehten sich nach außen. Sein Gesicht zerfloss in einem seligen Lächeln, der Mund öffnete sich und die Zähne kamen zum Vorschein. Kandid, der gerade seitwärts vorbeigehen wollte, blieb stehen, um zu lauschen. Eine trübe lila Wolke verdichtete sich jetzt um Horchers Kopf, seine Lippen begannen zu zittern, und er hob rasch und deutlich zu sprechen an. Seine Stimme klang fremd und ähnelte der eines Ansagers; auch Intonation und Stil kamen Kandid merkwürdig vor und hatten nichts mit der Dorfsprache gemein. Es schien wie eine fremde Sprache, nur einzelne Satzfetzen waren verständlich: »In den entfernteren Grenzbezirken der Südlichen Gebiete gehen zum Angriff immer neue … wird immer weiter nach Süden ausgedehnt … der siegreichen Verschiebung … die ›Große Auflockerung des Bodens‹ in den Nördlichen Gebieten wurde kurzzeitig unterbrochen … vereinzelte und seltene … neue Methoden der ›Versumpfung‹ erschließen neue, umfangreiche Gebiete für

Ruhe und weiteres Vordringen auf … in allen Bevölkerungsgruppen … große Siege … Mühe und Anstrengungen … neue Truppen der Freundinnen … morgen und für immer ›Ruhe‹ und ›Vereinigung‹ …«

Der herbeigeeilte Alte stand hinter Kandids Schulter und begann eifrig zu erklären: »In allen Bevölkerungsgruppen, hast du gehört? … Das heißt, in unserer auch … Große Siege! Das ist doch, was ich die ganze Zeit sage: Es geht nicht … ›Ruhe‹ und ›Vereinigung‹, das muss man doch begreifen … bei uns also auch, wenn es bei allen … Und neue Truppen der Freundinnen, hast du das gehört?«

Horcher verstummte und ging in die Hocke. Die lila Wolke löste sich auf. Der Alte trommelte ungeduldig auf Horchers Glatze. Horcher blinzelte und rieb sich die Ohren.

»Was habe ich erzählt?«, fragte er. »War das eine Übertragung? Wie sieht es mit der ›Erfassung‹ aus? Wird sie durchgeführt? … Und du, Schweiger, geh nicht aufs Feld. Du willst doch zu deiner Nawa, nehme ich an, und die ist …«

Kandid stieg über den Topf mit dem Grasvertilger und verschwand, so schnell er konnte. Den Alten hörte er bald nicht mehr; entweder hatte er mit Horcher Streit angefangen oder war erschöpft in ein Haus gegangen, um dort zu verschnaufen und etwas zu essen.

Faust wohnte ganz am Rande des Dorfes. Eine schmutzige alte Frau, die seine Mutter oder seine Tante sein mochte, fauchte Kandid böse an, Faust sei nicht zu Hause, er sei auf dem Feld, und wenn er im Hause sei, dann sei es zwecklos, ihn auf dem Felde zu suchen, wenn er aber auf dem Felde sei, wozu solle er, Schweiger, dann nutzlos hier herumstehen.

Auf dem Feld wurde gesät. Die schwere, schwüle Luft war mit kräftigen Gerüchen angefüllt; kein Windhauch war zu spüren. Es roch nach Schweiß, Gärstoffen und faulenden Gräsern. Was am Morgen geerntet worden war, lag in dicken Schichten aufgehäuft entlang der Furchen. Das Korn begann bereits zu gären. Über den Töpfen mit den Gärstoffen schwärmten und ballten sich Wolken von Fliegen zusammen. Inmitten dieses schwarzen, metallisch glänzenden Wirbels stand der Dorfälteste. Er hatte den Kopf nach vorne geneigt und ein Auge zugekniffen und betrachtete aufmerksam einen Tropfen Molke, der sich auf seinem Daumennagel befand. Es war ein besonderer Daumennagel – flach, sorgfältig poliert und mit verschiedensten Substanzen auf Hochglanz gebracht. Zu Füßen des Dorfältesten rutschten die Säer im Abstand von zehn Schritt im Gänsemarsch die Furche entlang. Sie sangen jetzt nicht mehr, doch in der Tiefe des Waldes war noch immer ein dumpfes Ächzen und Dröhnen zu hören. Es war also kein Echo gewesen …

Kandid ging an den Säern vorbei, bückte sich tief hinab und blickte jedem von ihnen ins Gesicht. Als er Faust ausfindig gemacht hatte, fasste er ihn an der Schulter, und Faust stieg, ohne nach dem Grund zu fragen, sofort aus der Furche. Sein Bart war steif vor Schmutz.

»Verdammt und Nasenhaar, was fasst du mich an?«, brachte er heiser hervor und starrte auf Kandids Beine. »Da war schon mal einer, der das gemacht hat. Den haben sie an Armen und Beinen genommen und auf den Baum geworfen, verdammt und Nasenhaar, dort hängt er noch immer, und wenn man ihn herunternimmt, dann wird er nichts mehr anfassen.«

»Gehst du?«, fragte Kandid kurz.

»Natürlich. Wenn ich schon Hefe für sieben vorbereitet habe, gehe ich auch. Verdammt und Nasenhaar, ins Haus kann man nicht mehr, weil es stinkt. Ist nicht zum Aushalten, die Alte erträgt's nicht mehr, und ich kann auch nicht mehr hinsehen. Klar, gehe ich mit. Nur, wohin? Hinker hat gestern gesagt, ins Schilfdorf, aber ins Schilfdorf gehe ich nicht, verdammt und Nasenhaar, dort sind ja keine Leute, erst recht keine Weiber. Wenn du da jemanden an den Beinen packen und auf den Baum werfen willst, ist keiner da. Und ohne Weib weiterleben geht nicht mehr, denn der Dorfälteste bringt mich sonst um. Da drüben steht er und glotzt, dabei ist er blind wie eine Ferse, die kann auch nicht sehen … Da ist schon mal einer gestanden, dem haben sie eins übergebraten, jetzt steht er nicht mehr, aber ins Schilfdorf gehe ich nicht, verdammt und Nasenhaar, und du willst …«

»In die ›Stadt‹«, sagte Kandid.

»In die ›Stadt‹, ja, das ist was anderes, in die ›Stadt‹ gehe ich. Umso mehr, als sie sagen, dass es gar keine ›Stadt‹ gibt. Und dieser alte Sack da lügt; morgens kommt er, frisst den halben Topf leer und fängt mit seinem Blödsinn an, verdammt und Nasenhaar, dies geht nicht und das geht nicht … Ich frage ihn, wer bist du schon, dass du mir sagen willst, was geht und was nicht? Aber darauf gibt er keine Antwort, er kennt sich ja selber nicht aus und murmelt etwas von irgendeiner ›Stadt‹ …«

»Übermorgen gehen wir los«, sagte Kandid.

»Wozu warten?«, sagte Faust aufgebracht. »Warum erst übermorgen? In meinem Haus kann man es keine Nacht mehr aushalten, die Hefe stinkt, lass uns lieber heute Abend aufbrechen. Sonst ergeht es uns wie dem einen, der gewartet und gewartet hat, und als sie ihm eine reingehauen haben, verging ihm das Warten … Die Alte schimpft und schimpft, nein, das ist kein Leben mehr, verdammt und Nasenhaar! Pass auf, Schweiger, wir können meine Alte mitnehmen, vielleicht wird sie von den Dieben geschnappt. Ich würde sie hergeben, was meinst du?«

»Übermorgen gehen wir los«, wiederholte Kandid geduldig. »Und schön von dir, dass du so viel Hefe vorbereitet hast. Weißt du, aus der Siedlung …«

Er sprach nicht zu Ende, weil plötzlich Schreie zu hören waren: »Die Totenmenschen! Die Totenmenschen!«, brüllte der Dorfälteste. »Frauen, nach Hause! Lauft nach Hause!«

Kandid blickte um sich. Am Rand des Feldes standen zwischen den Bäumen die Totenmenschen. Zwei blaue ganz nah und etwas weiter entfernt ein gelber. Ihre Köpfe mit den runden Augenhöhlen und der schwarzen Spalte anstelle des Mundes drehten sich langsam von einer Seite zur anderen, von den Schultern baumelten riesige Arme herab. Die Erde unter ihren Füßen qualmte schon, und der graublaue Rauch vermischte sich mit weißen Dampfschwaden.

Die Totenmenschen waren schon ziemlich mitgenommen und bewegten sich mit größter Vorsicht. Beim gelben war die rechte Seite von Grasvertilger angefressen, und die beiden blauen waren mit Brandmalen übersät, die von den Gärstoffen herrührten. Stellenweise war die Haut abgestorben, geplatzt und hing in Fetzen herab. Während sie dort standen und Ausschau hielten, liefen die Frauen mit gellenden Schreien ins Dorf zurück. Die Männer rückten dicht zusammen und murmelten drohend vor sich hin. Jeder hielt einen Topf mit Grasvertilger bereit.

Dann sagte der Dorfälteste: »Wieso stehen wir eigentlich noch hier, frage ich mich? Los geht's, nicht stehen bleiben!« Jetzt bewegten sich alle langsam auf die Totenmenschen zu und formierten sich zu einer Kette. »In die Augen!«, schrie der Dorfälteste. »Versucht, es ihnen in die Augen zu streuen. Trefft in die Augen, sonst hat es wenig Sinn. Wenn ihr nicht in die Augen …« Aus der Kette ertönten nun drohende Rufe: »Hu-hu-hu! Haut ab! A-ha-ha-ha-ha! Verschwindet!« Niemand von ihnen wollte sich auf einen Kampf mit den Totenmenschen einlassen.

Faust ging neben Kandid her. Er zog sich angetrocknete Dreckklumpen aus dem Bart, schrie lauter als alle anderen und machte zwischendurch seine Bemerkungen: »Verdammt und Nasenhaar, das ist doch zwecklos … Nein, sie lassen's nicht drauf ankommen, gleich laufen sie davon … Das wollen richtige Totenmenschen sein? Erbärmlich sind die. Nein, nein, die halten uns nicht stand … Huhu-hu-uh! Ihr da!«

Als sie sich den Totenmenschen auf ungefähr zwanzig Schritt genähert hatten, blieben sie stehen. Faust warf einen Klumpen Erde gegen den gelben. Dieser ließ seine breite Handfläche jedoch ungewöhnlich geschickt vorschnellen und schlug den Klumpen zur Seite. Wieder stimmten die Männer ihr Kriegsgeheul an und stampften mit den Füßen. Einige zeigten den Totenmenschen drohend ihre Töpfe und schüttelten wild die Fäuste. Es tat ihnen leid um den Grasvertilger, und niemand hatte Lust, ins Dorf zu laufen, um neuen Gärstoff zu holen. Die Totenmenschen waren vorsichtig und erfahren. Es musste auch so gehen.

Und es ging. Der Dampf und der Rauch unter den Füßen der Totenmenschen verdichteten sich, und sie wichen zurück.

»Das war's«, ertönte es in der Kette. »Sie haben es nicht ausgehalten. Jetzt werden sie sich gleich umdrehen.«

Mit den Totenmenschen ging eine kaum merkliche Veränderung vor sich, so als stülpten sie sich in ihrer eigenen Haut um. Allmählich verschwanden Augen und Mund, und kurz darauf standen sie schon mit dem Rücken zu den Männern. Sie gingen langsam davon, und eine Weile waren sie noch als helle Flecke zwischen den Bäumen auszumachen. Dort, wo sie gestanden hatten, senkte sich langsam eine Dampfwolke zu Boden.

Laut palavernd gingen die Männer zur Furche zurück. Doch auf einmal fiel ihnen ein, dass es Zeit war, zur Versammlung ins Dorf zu gehen.

»Geht auf den Platz, auf den Platz«, sagte der Dorfälteste zu jedem. »Die Versammlung findet auf dem Platz statt, also müsst ihr auf den Platz gehen.«

Kandid suchte Schwanz mit den Augen, aber anscheinend war er nicht hier. Er war verschwunden. Faust, der neben Kandid ins Dorf stapfte, sagte: »Weißt du noch, Schweiger, wie du den Totenmenschen angesprungen hast? Wie du hochgesprungen bist, seinen Kopf gepackt hast, wie du ihm um den Hals gefallen bist, wie deiner Nawa, und zu brüllen anfingst … Weißt du noch, Schweiger, wie du gebrüllt hast? Verdammt und Nasenhaar, hast du dich verbrannt. Lauter Blasen hattest du; sie nässten und taten schrecklich weh … Warum hast du ihn damals angesprungen, Schweiger? Da war schon mal einer, der auch einen Totenmenschen angesprungen hat, immer wieder, und später hat man ihm die Haut vom Bauch abziehen können. Verdammt und Nasenhaar, jetzt springt er nicht mehr, und den Kindern verbietet er es … Schweiger, die Leute sagen, dass du auf ihn drauf gesprungen bist, damit er dich in die ›Stadt‹ trägt. Aber du bist doch kein Weib, er trägt dich nicht weg, und überhaupt, angeblich gibt es gar keine ›Stadt‹. Das ist dieser alte Sack, der sich solche Begriffe ausdenkt – ›Stadt‹, ›Erfassung‹ … Wer hat denn jemals diese ›Erfassung‹ gesehen? Horcher frisst sich mit Suffkäfern voll, dann fängt er zu fantasieren an, und der alte Sack steht wie angewurzelt da, hört zu und zieht dann durch die Gegend und quatscht alles nach …«

»Morgen früh gehe ich in die Siedlung«, sagte Kandid. »Ich komme erst gegen Abend zurück; tagsüber werde ich nicht da sein. Schau bei Hinker vorbei und erinnere ihn an übermorgen. Ich habe ihn schon daran erinnert und werde es auch noch tun, aber sag du es ihm auch noch einmal, sonst läuft er uns noch davon …«

»Mach ich«, versprach Faust. »Ich werde ihn daran erinnern, und wenn ich ihm das letzte Bein abschlagen muss.«

Auf dem Platz strömte jetzt das ganze Dorf zusammen. Man schwatzte, stieß sich an, einige schütteten Samen auf die Erde, um auf den keimenden Pflänzchen weich zu sitzen. Zwischen den Beinen stolperten die Kinder herum und mussten an Schopf und Ohren festgehalten werden.

Der Dorfälteste jagte schimpfend eine Kolonne schlecht ausgebildeter Ameisen fort, die Larven von Arbeitsfliegen quer über den Platz schleppten. Er fragte die Umstehenden, auf wessen Befehl die Ameisen unterwegs seien und was das für eine Schlamperei sei. Man verdächtigte Horcher und Kandid, aber für eine Klärung der Sache war es bereits zu spät.

Kandid hatte Schwanz entdeckt. Er wollte ihn gerade ansprechen, als die Versammlung eröffnet wurde. Wie immer sprach der Alte zuerst, doch worüber er sprach, blieb unerfindlich. Die Leute saßen friedlich lauschend da; nur manchmal zischten sie die Kinder an, damit sie nicht herumliefen. Einige hatten es sich im kühlen Schatten bequem gemacht und dösten.

Der Alte verbreitete sich ausführlich darüber, was es mit dem »es geht nicht« auf sich hatte, und in welchen Zusammenhängen es vorkommen konnte. Dann rief er zur allgemeinen »Erfassung« auf, drohte mit Siegen im Norden und im Süden, tadelte das Dorf und die Siedlung, weil es überall neue Truppen von Freundinnen gebe, nur im Dorf und in der Siedlung nicht, und es gebe auch keine Ruhe und Vereinigung, was daher rühre, dass die Leute jenes »es geht nicht« vergessen hätten und sich nun einbildeten, es gehe alles. Schweiger wolle sogar zur »Stadt« gehen, obwohl ihn niemand dazu aufgefordert habe. Das Dorf sei dafür nicht verantwortlich, weil er ein Fremder sei. Aber wenn sich plötzlich herausstellen sollte, dass er doch ein Totenmensch sei, und eine solche Meinung gebe es im Dorf, dann wisse man nicht, was zu tun sei, zumal Nawa, die zwar auch eine Fremde sei, von Schweiger keine Kinder habe. Und das könne man nicht dulden, der Dorfälteste jedoch dulde es …

Mitten in der Rede des Alten war der Dorfälteste erschöpft eingenickt; als er aber seinen Namen hörte, zuckte er zusammen und schnarrte drohend los: »He! Nicht schlafen! … Schlafen könnt ihr zu Hause. Dafür sind die Häuser da, dass man darin schläft, aber auf dem Platz wird nicht geschlafen, da trifft man sich zur Versammlung. Auf dem Platz zu schlafen, haben wir früher nicht erlaubt, erlauben es jetzt nicht und werden es auch in Zukunft nicht erlauben.« Er schielte zum Alten. Der Alte nickte zufrieden.

»Und genau das meinen wir, wenn wir ›es geht nicht‹ sagen.« Er strich sich über das Haar und verkündete: »In der Siedlung gibt es eine Braut. Und wir haben einen Bräutigam – Schwätzer –, der euch allen bekannt ist. Schwätzer, steh auf und zeig dich … Nein, lieber doch nicht, bleib lieber sitzen, wir kennen dich ja alle … Es stellt sich also die Frage: Sollen wir Schwätzer in die Siedlung ziehen lassen, oder umgekehrt, die Braut aus der Siedlung zu uns ins Dorf holen … Nein, nein, Schwätzer, bleib sitzen, das entscheiden wir ohne dich … He, ihr, die ihr dort neben ihm sitzt: Haltet ihn während der Versammlung gut fest. Wer eine Meinung dazu hat, soll sie uns jetzt sagen.«

Es gab zwei Meinungen unter den Versammelten. Die einen – überwiegend Nachbarn von Schwätzer – forderten, man solle den Schwätzer in die Siedlung schaffen. Solle er in Zukunft dort leben und sie hier. Die anderen, ruhige und gesetzte Leute, die weit von Schwätzer entfernt wohnten, hielten dagegen, es gebe wenig Frauen im Dorf, sie würden geraubt, und deswegen müsse man die Braut herbringen. Der Schwätzer sei zwar ein Schwätzer, aber Kinder, so sei anzunehmen, werde er trotzdem haben, die kämen ja von allein. Man stritt sich lange und heftig, behielt aber das, worum es ging, im Auge. Dann aber schrie Hinker unbedacht dazwischen, jetzt seien Kriegszeiten, und alle vergäßen das. Im Nu war Schwätzer vergessen. Horcher erklärte, dass es keinen Krieg gebe und nie gegeben habe, sondern die »Große Auflockerung des Bodens« im Gange sei. Aber doch nicht die »Auflockerung«, widersprach man in der Menge, sondern die notwendige »Versumpfung«. Die »Auflockerung« sei längst beendet; seit einigen Jahren sei nun die »Versumpfung« im Gang, nur Horcher habe davon keine Ahnung, woher solle er es auch wissen, er, der Horcher. Da erhob sich der Alte, riss die Augen auf und krächzte los: So gehe das nicht. Es gebe keinen Krieg, und weder eine »Auflockerung« noch eine »Versumpfung«. Stattdessen gebe es den »Allgemeinen Kampf im Norden und im Süden«, den habe es gegeben und den werde es weiterhin geben. Wieso denn keinen Krieg, wurde ihm entgegengehalten. Wo es doch hinter dem Dorf der Wirrköpfe einen See voller Ertrunkener gebe? Die Versammlung tobte. Was sei schon Besonderes an Ertrunkenen! Wo Wasser sei, da gebe es auch Ertrunkene, und hinter dem Wirrkopfdorf sei sowieso alles anders als bei den Menschen, und das Wirrkopfdorf sei nicht maßgebend, dort würden sie aus Lehmtellern essen und unter Lehm leben. Deine Frau hast du den Dieben überlassen und jetzt berufst du dich auf die Ertrunkenen? Das sind doch gar keine Ertrunkenen, und das ist kein Kampf, auch kein Krieg. Das ist die »Ruhe« und die »Vereinigung« zum Zwecke der »Erfassung«! Und warum geht Schweiger dann in die »Stadt«? Schweiger geht in die »Stadt«, und das heißt, die »Stadt« gibt es, und wenn es sie gibt, was für ein Krieg kann dann sein, ganz klar, das ist die »Vereinigung«! ... Und Schweiger geht öfters wohin. Da gab es schon mal einen, der ging, bis man ihm eins auf die Nase gab, seitdem geht er nirgendwo mehr hin ... Schweiger geht nämlich nur deshalb in die »Stadt«, weil es keine »Stadt« gibt. Wir kennen Schweiger: Der tut bloß so, als sei er dumm, aber er ist gescheit, den führst du nicht hinters Licht, und wenn es keine »Stadt« gibt, was für eine »Vereinigung« kann es dann geben? Eine »Vereinigung« gibt es überhaupt nicht. Zwar hat es mal eine gegeben, das stimmt, aber das ist schon lange her. Dann gibt es auch keine »Erfassung« mehr! Wer schreit da, es gebe keine »Erfassung« mehr? Was meinst du mit deinem Geschrei? Was soll das? Schwätzer! Haltet den Schwätzer fest! Jetzt haben sie ihn entwischen lassen! Warum habt ihr den Schwätzer nicht festgehalten?

Kandid wusste, dass es noch lange so weitergehen würde. Deshalb versuchte er, mit Schwanz zu sprechen, aber der war nicht zu Gesprächen aufgelegt. Aus Leibeskräften schrie Schwanz: »›Erfassung‹?! He, und was hat es mit den Totenmenschen auf sich? Wollt ihr die verschweigen? Weil ihr keine Ahnung habt, was ihr davon halten sollt, schreit ihr bloß andauernd was von ›Erfassung‹! …«

Das Geschrei ging weiter, mal über die Totenmenschen, mal über die Pilzdörfer. Dann breitete sich Müdigkeit aus, und es wurde allmählich still. Die Männer wischten sich über das Gesicht und winkten müde ab. Schließlich sagte keiner mehr etwas; nur der Alte und Schwätzer stritten noch miteinander. Die Leute kamen wieder zu sich. Einige drückten Schwätzer zu Boden, fielen über ihn her und stopften ihm Blätter in den Mund. Der Alte sprach nur mehr kurze Zeit. Dann verlor er seine Stimme und war nicht mehr zu hören. Nun erhob sich der Stellvertreter aus der Siedlung. Seine Haare waren zerzaust, er hielt die Hände gegen die Brust gepresst und blickte schmeichlerisch in die Runde. Dann bat er mit gebrochener Stimme, Schwätzer nicht in die Siedlung zu bringen, man bräuchte ihn dort nicht. Hundert Jahre hätten sie ohne Schwätzer gelebt und würden auch weitere hundert Jahre ohne ihn leben. Man solle die Braut im Dorf aufnehmen; an der Mitgift seitens der Siedlung solle es nicht fehlen … Die Leute waren zu erschöpft, um sich erneut zu streiten, und so versprach man, über die Sache nachzudenken und später zu entscheiden, zumal ja keine Eile geboten war.

Die Menge ging langsam auseinander; man begab sich zum Mittagessen. Schwanz zog Kandid am Arm zur Seite unter einen Baum.

»Wann gehen wir also?«, fragte er. »Ich habe das Dorf satt, ich will in den Wald. Hier werde ich noch ganz krank vor Langeweile … Wenn du nicht gehst, sag es gleich, ich gehe auch allein, Faust oder Hinker werde ich schon rumkriegen, dann gehe ich mit denen.«

»Übermorgen gehen wir los«, sagte Kandid. »Hast du Proviant vorbereitet?«

»Das, was ich vorbereitet hatte, habe ich schon wieder aufgegessen. Ich kann nicht sehen, wie es nutzlos herumliegt, und keiner es isst außer dem Alten. Der Alte macht mich ganz krank. Dem werde ich den Hals umdrehen, wenn ich noch länger hierbleibe … Was meinst du, Schweiger, wer ist dieser Alte, warum frisst er sich überall durch, und wo wohnt er? Ich habe viel erlebt, habe schon in zehn Dörfern gewohnt und viel Erfahrung gesammelt, bei den Wirrköpfen war ich, und sogar bei den Siechen. Ich habe dort übernachtet und wäre fast umgekommen vor Angst, aber so einen Alten habe ich noch nirgends gesehen, der ist einmalig. Wahrscheinlich lässt man ihn bei uns deshalb in Frieden und schlägt ihn nicht, aber mir reißt bald die Geduld, wenn ich noch länger mitansehen muss, wie er Tag und Nacht seine Finger in meine Töpfe steckt. Er isst an Ort und Stelle und nimmt noch etwas mit; schon mein Vater hat ihn ausgeschimpft, bevor ihn die Totenmenschen erschlagen haben … Aber wie hat das alles Platz in ihm? Er ist doch nur Haut und Knochen; zwei Töpfe macht er leer und trägt noch zwei davon, und die Töpfe bringt er nie zurück … Weißt du, Schweiger, vielleicht ist es auch nicht der einzige Alte bei uns, vielleicht sind es zwei oder gar drei? Zwei schlafen, einer arbeitet, schlägt sich den Bauch voll, weckt den zweiten, legt sich hin und ruht aus …«

Schwanz begleitete Kandid bis nach Hause, lehnte die Einladung zum Mittagessen aber taktvoll ab. Sie standen noch eine Viertelstunde zusammen, und Schwanz erzählte, wie man am See bei Schilfdorf die Fische durch Fingerbewegungen anlocken konnte, versprach, morgen zu Hinker zu gehen und ihn daran zu erinnern, dass sie in die »Stadt« ziehen wollten, erzählte, Horcher sei gar kein Horcher, sondern nur ein überaus kränklicher Mensch, und mutmaßte, die Totenmenschen fingen sich die Frauen als Nahrung, weil das Fleisch der Männer zäh sei und die Totenmenschen keine Zähne besäßen. Nachdem er schließlich versprochen hatte, neuen Proviant vorzubereiten und den Alten gnadenlos davonzujagen, machte sich Schwanz auf den Weg.

Kandid atmete tief und schwer ein, bevor er das Haus betrat, blieb kurz auf der Schwelle stehen und schüttelte den Kopf. Mensch, Schweiger, vergiss bloß nicht, dass du morgen in die Siedlung gehen musst, und zwar zeitig, vergiss es ja nicht: nicht nach Schilfdorf, nicht zum Lehmfeld, sondern zur Siedlung ... Wieso eigentlich zur Siedlung? Geh lieber nach Schilfdorf, Schweiger, dort gibt es eine Menge Fische, das macht mehr Spaß ... In die Siedlung, Schweiger, vergiss das nicht, in die Siedlung, Kandid ... Morgen gleich in der Früh gehst du in die Siedlung ... Ich muss die Burschen überreden, denn zu viert schaffen wir es nicht zur »Stadt« ... Er hatte gar nicht bemerkt, dass er schon ins Haus eingetreten war.

Nawa war noch nicht da, doch am Tisch saß der Alte und wartete darauf, dass man ihm das Mittagessen brachte. Er schielte wütend zu Kandid und sagte: »Du bist ziemlich langsam, Schweiger, ich war schon in zwei Häusern, und überall essen sie, nur bei euch ist alles leer ... Wahrscheinlich geht ihr deswegen so langsam, weil ihr keine Kinder habt, und zu Hause seid ihr auch nie, wenn Essenszeit ist ...«

Kandid stellte sich dicht vor den Alten hin und blieb eine Weile so stehen. Er überlegte.

Der Alte sagte: »Wie lange wirst du erst zur ›Stadt‹ brauchen, wenn man schon zum Mittagessen so lange auf dich warten muss? Bis zur ›Stadt‹ soll es sehr weit sein. Und, Schweiger, ich weiß alles über dich, ich weiß, dass ihr zur ›Stadt‹ wollt, doch eins weiß ich nicht: Wie du bis zur ›Stadt‹ durchkommen willst, wenn du schon einen Tag brauchst, um bei deiner Schüssel mit Essen anzukommen, und es doch nicht schaffst … Ich muss mit euch gehen, ich werde euch schon hinführen, ich muss seit langem in die ›Stadt‹, nur den Weg dorthin weiß ich nicht. Aber in die ›Stadt‹ muss ich, um meine Pflicht zu erfüllen und den zuständigen Leuten alles zu berichten …«

Kandid fasste den Alten unter den Achseln und hob ihn mit einem Ruck vom Tisch … Der Alte schwieg erstaunt. Kandid trug ihn mit ausgestreckten Armen aus der Tür hinaus und stellte ihn auf die Straße. Seine Hände wischte er am Gras ab. Da besann sich der Alte.

»Vergesst nur nicht, Essen für mich mitzunehmen«, rief er Kandid nach. »Es muss gut und reichlich sein, denn ich gehe, um meine Pflicht zu erfüllen. Ihr aber geht nur zu eurem Vergnügen und obwohl es nicht erlaubt ist …«

Kandid war ins Haus zurückgekehrt. Er setzte sich an den Tisch und legte den Kopf auf die geballten Fäuste. Und trotzdem gehe ich übermorgen weg von hier, dachte er. Ich darf nur eins nicht vergessen: übermorgen. Übermorgen, dachte er. Übermorgen, übermorgen.

3
Pfeffer

Pfeffer wachte auf, weil plötzlich kalte Finger seine nackte Schulter berührten.

Er öffnete die Augen und sah einen Mann in Unterwäsche vor sich stehen. Im Zimmer brannte kein Licht, doch da ein schmaler Streifen Mondlicht hereinfiel, konnte Pfeffer das weiße Gesicht und die weit aufgerissenen Augen des Mannes erkennen.

»Was wollen Sie?«, flüsterte Pfeffer.

»Sie müssen hier raus«, flüsterte der Mann zurück.

Das ist ja der Verwalter, dachte Pfeffer auf einmal erleichtert. »Warum?«, fragte er laut und stützte sich auf die Ellbogen. »Wo muss ich raus?«

»Das Hotel ist überbelegt. Sie müssen das Zimmer räumen.«

Pfeffer blickte verstört um sich. Im Zimmer sah es genauso aus wie vorher; die drei anderen Betten waren noch immer leer.

»Sie brauchen sich gar nicht umzusehen«, sagte der Verwalter. »Wir wissen besser Bescheid. Und überhaupt muss Ihre Bettwäsche gewechselt und in die Wäscherei gebracht werden. Selbst werden Sie sie ja wohl nicht waschen, bei Ihrer Erziehung …«

Pfeffer wurde klar, dass der Verwalter Angst hatte; er war nur deshalb so unverschämt, weil er sich Mut machen wollte. Man hätte ihn jetzt nur anzurühren brauchen, schon hätte er vor Schreck aufgeschrien, wäre zusammengezuckt und zum Fenster gerannt, um nach Hilfe zu rufen.

»Los, schneller«, sagte der Verwalter und zog Pfeffer ungeduldig und wütend das Kopfkissen weg. »Her mit der Bettwäsche …«

»Was soll denn das«, murmelte Pfeffer. »Muss das sein, mitten in der Nacht?«

»Ja, und zwar sofort!«

»Meine Güte«, sagte Pfeffer. »Sie sind ja nicht ganz bei Trost. Aber wenn's unbedingt sein muss … Dann nehmen Sie sich eben die Bettwäsche. Ich werde auch ohne auskommen. Ist sowieso meine letzte Nacht hier.«

Er ließ sich vom Bett auf den kalten Fußboden gleiten und begann, den Überzug vom Kopfkissen abzuziehen. Der Verwalter stand wie versteinert da und riss die Augen auf. Seine Lippen zuckten.

»Das Zimmer wird instand gesetzt«, sagte er schließlich. »Das ist längst fällig. Die Tapeten hängen schon herunter, die Decke hat Risse und der Boden muss neu verlegt werden …« Seine Stimme wurde fester. »Sie müssen das Zimmer räumen. Wir werden sofort mit der Instandsetzung beginnen.«

»Mit der Instandsetzung?«

»Ja, Sie haben richtig gehört. Schauen Sie sich bloß die Tapeten an. Wie die aussehen … Gleich kommen die Handwerker.«

»Jetzt gleich?«

»Ja, sofort. Man darf die Sache nicht noch länger hinausschieben. Die Decke ist voller Risse. Bald wird sie …«

Pfeffer begann zu zittern. Er legte den Kissenbezug weg und nahm seine Hose. »Wie viel Uhr ist es?«, fragte er.

»Schon nach Mitternacht«, sagte der Verwalter. Seine Stimme ging erneut in Flüstern über, und er blickte sich aus irgendeinem Grund um.

»Wo soll ich denn jetzt hingehen?«, fragte Pfeffer und blieb mit einem Bein in der Hose stehen. »Bringen Sie mich irgendwo unter. In einem anderen Zimmer …«

»Alles voll. Und wo es nicht voll ist, werden die Zimmer instand gesetzt.«

»Und die Portiersloge?«

»Ebenfalls voll.«

Verdrossen blickte Pfeffer zum Mond. »Dann wenigstens in der Vorratskammer. Oder in der Wäschekammer. Oder im Isolierraum. Es sind ohnehin nur noch sechs Stunden. Vielleicht können Sie mich auch bei sich unterbringen?«

Der Verwalter begann plötzlich im Zimmer herumzuhasten. Er lief zwischen den Betten durch – barfuß, ganz weiß und furchterregend wie ein Gespenst. Dann blieb er stehen und stöhnte: »Mein Gott! Ich bin ein zivilisierter Mensch und habe zwei Hochschulen abgeschlossen. Ich bin kein dummer Eingeborener. Alles verstehe ich, alles! Aber es geht einfach nicht, begreifen Sie doch! Unter keinen Umständen!« Mit einem Satz war er bei Pfeffer und flüsterte ihm ins Ohr: »Ihr Visum ist abgelaufen! Schon vor 27 Minuten, und Sie sind immer noch hier! Sie dürfen sich hier nicht mehr aufhalten. Ich bitte Sie dringend …« Er ließ sich polternd auf die Knie fallen und zog Pfeffers Stiefel und Socken unter dem Bett hervor. »Fünf vor zwölf bin ich schweißgebadet aufgewacht«, murmelte er. »Jetzt ist es aus, dachte ich. Jetzt geht's mir an den Kragen. So wie ich war, bin ich losgelaufen. Ich kann mich an nichts mehr erinnern. Auf der Straße waren irgendwelche Wolken. In Nägel bin ich reingetreten … Und meine Frau bekommt ein Kind. Ziehen Sie sich doch an, ich bitte Sie, ziehen Sie sich an …«

Pfeffer zog sich hastig an. Er begriff überhaupt nichts. Der Verwalter lief zwischen den Betten umher, tappte in die hellen Quadrate aus Mondlicht, blickte wieder auf den Gang hinaus oder beugte sich aus dem Fenster, wobei er andauernd flüsterte: »Oh Gott, so etwas …«

»Darf ich wenigstens meinen Koffer hierlassen?«, fragte Pfeffer.

Der Verwalter klapperte mit den Zähnen. »Auf keinen Fall. Sie stürzen mich ins Verderben … Wie kann man so herzlos sein? Oh Gott, oh Gott …«

Pfeffer packte seine Bücher ein und verschloss mühsam den Koffer. Dann nahm er seinen Regenmantel und fragte: »Wo soll ich denn jetzt hingehen?«

Der Verwalter gab keine Antwort. Er wartete und trat vor Ungeduld von einem Bein aufs andere. Pfeffer hob seinen Koffer hoch und stieg die dunklen, stillen Stufen hinab bis zur Straße. Auf der Freitreppe blieb er stehen und versuchte sich zu beruhigen, denn er zitterte immer noch. Von drinnen war zu hören, wie der Verwalter dem schläfrigen Portier einschärfte: »… Er wird zurückkommen und wieder hineinwollen. Nicht reinlassen! Er hat …« (Undeutliches, drohendes Geflüster.) »Verstanden? Du bist dafür verantwortlich …«

Pfeffer setzte sich auf seinen Koffer und legte den Regenmantel über die Knie.

»Entschuldigen Sie, aber das geht nicht«, ertönte hinter ihm die Stimme des Verwalters. »Bitte gehen Sie von der Treppe herunter. Sie müssen sich vom Hotelgelände komplett fernhalten.«

Pfeffer blieb nichts übrig, als hinunterzugehen und den Koffer auf das Pflaster zu stellen. Der Verwalter trippelte auf der Stelle und murmelte: »Ich bitte Sie eindringlich … meine Frau … bitte keine Zuwiderhandlungen … die Konsequenzen … unter keinen Umständen …« Dann ging er. Schlich sich in seiner weißen Unterwäsche am Zaun entlang davon. Pfeffer blickte sich um, sah auf die dunklen Fenster der Wohnhäuser, auf die dunklen Fenster der »Verwaltung« und auf die dunklen Fenster des Hotels. Nirgendwo brannte Licht, nicht einmal die Straßenlaternen waren erleuchtet. Nur der Mond schien hell – rund war er, strahlend und irgendwie böse …

Plötzlich stellte Pfeffer fest, dass er allein war. Er hatte niemanden. Um mich herum schlafen die Menschen, dachte er. Alle mögen mich, das weiß ich, ich habe es oft bemerkt. Und trotzdem bin ich allein, als ob sie alle plötzlich gestorben oder meine Feinde geworden wären ... Der Verwalter ist im Grunde ein gutherziger Mensch, er ist arm dran, leidet an der Basedow'schen Krankheit, ist wirklich keine Schönheit. Schon vom ersten Tag an hat er sich an mich gehängt ... Wir haben vierhändig Klavier gespielt, uns gestritten, und ich war der einzige Mensch, mit dem er sich traute zu debattieren, sich zu streiten, bei dem er sich als vollwertiger Mensch fühlte und nicht nur als Vater von sieben Kindern. Und Kim? Einmal kam er aus der Kanzlei zurück und brachte eine dicke Mappe voller Denunziationen mit. Zweiundneunzig waren es, und alle betrafen mich. Die Handschrift war auf allen gleich, nur die Unterschriften nicht – da standen lauter verschiedene Namen. Es hieß, ich stehle den amtlichen Siegellack auf der Post, hätte im Koffer eine minderjährige Geliebte mitgebracht und hielte sie im Keller der Bäckerei versteckt, und andere schöne Dinge mehr. Kim las die Denunziationen. Die einen warf er in den Papierkorb, die anderen legte er auf die Seite und murmelte: »Damit muss ich mich näher befassen.« Und das war unerwartet und schrecklich, sinnlos und abscheulich. Wie verschämt er mich da anschaute und gleich wieder wegsah ...

Pfeffer stand auf, nahm seinen Koffer und ging davon. Seine Augen blickten ins Leere. Es wäre auch nichts zu sehen gewesen auf den verlassenen, dunklen Straßen. Er stolperte, nieste vom vielen Staub und fiel mehrere Male hin. Sein Koffer war schrecklich schwer; fast schien es, als führe er ein Eigenleben. Mal rieb er kräftig am Bein, dann trieb er schwerfällig zur Seite, tauchte dann wieder aus der Dunkelheit auf und schlug ihm hart gegen das Knie. In der finsteren Parkallee schien gar kein Licht, nur die Statuen schimmerten weißlich und verschwommen in der Dunkelheit. Hier plötzlich blieb der Koffer mit einer abstehenden Schnalle an seinem Hosenbein hängen, und Pfeffer ließ ihn in seiner Verzweiflung fallen. Auf einmal überkam ihn schreckliche Verzweiflung. Weinend und blind vor Tränen zwängte er sich durch stachelige, staubige Hecken, stolperte über Stufen, schlug schmerzhaft mit dem Rücken auf und stürzte in einen Graben. Völlig entkräftet, halb erstickt vor Demütigung und Selbstmitleid, sank er am Rand der Schlucht auf die Knie.

Doch der Wald unter ihm blieb gleichgültig. So gleichgültig, dass er sich nicht einmal zeigte. In der Schlucht herrschte völlige Finsternis, und nur am Horizont schimmerte etwas Großes matt im Mondlicht. Es war grau, formlos und schien mehrere Schichten zu haben.

»Wach auf«, bat Pfeffer. »Sieh mich wenigstens jetzt an, wenn wir schon alleine sind. Keine Angst, die anderen schlafen schon. Brauchst du wirklich keinen von uns? Oder verstehst du gar nicht, was ›brauchen‹ heißt? Das heißt, nicht auskommen ohne … die ganze Zeit daran denken … das ganze Leben danach streben … Ich weiß nicht, wer du bist. Das wissen nicht einmal die, die davon überzeugt sind, dass sie es wissen. Du bist einfach der, der du bist … Aber ich darf doch hoffen, dass du so bist, wie ich dich mein Leben lang sehen wollte: gut und klug, nachsichtig und sich erinnernd, aufmerksam und ja, vielleicht auch dankbar. All das haben wir verloren, und jetzt haben wir weder Kraft noch Zeit dazu; wir errichten nur Denkmäler – immer größer, immer höher, immer billiger –, aber uns erinnern, das können wir nicht mehr. Doch du … Du bist anders. Deswegen bin ich den weiten Weg hierhergekommen, zu dir, ohne zu wissen, ob es dich wirklich gibt. Brauchst du mich wirklich nicht? Nein, ich werde jetzt aufrichtig sein: Ich fürchte, ich brauche dich auch nicht. Wir haben uns gesehen, sind uns aber nicht nähergekommen. Doch es sollte anders sein. Vielleicht stehen sie zwischen uns?

Es gibt viele von ihnen, ich bin allein, aber ich bin auch einer von ihnen. In der Menge wirst du mich wahrscheinlich nicht erkennen, vielleicht lohnt sich das in meinem Fall auch gar nicht. Womöglich habe ich mir die menschlichen Eigenschaften selbst ausgedacht, von denen ich glaubte, dass sie dir gefallen – nicht dir, der du bist, sondern dir, wie ich mir dich vorstelle …«

Plötzlich waren am Horizont helle, weiße Lichtflecken zu sehen. Sie hingen in der Luft und schwollen an. Kurz darauf flammten rechts von der Klippe, unter den hervorstehenden Felsen Scheinwerfer auf, irrten wie toll umher, jagten über den Himmel und blieben dann in den Nebelschwaden stecken. Die Lichtflecken über dem Horizont blähten sich weiter auf, wurden zu großen, weißlichen Wolken und erloschen wieder. Eine Minute später erloschen auch die Scheinwerfer.

»Sie haben Angst«, sagte Pfeffer. »Genauso wie ich. Aber ich habe nicht nur Angst vor dir, ich habe auch Angst um dich. Du kennst sie ja noch nicht. Und auch ich kenne sie sehr wenig. Ich weiß nur, dass sie zu allem fähig sind – zu äußerster Dummheit wie auch zu Weisheit, Grausamkeit und Mitgefühl, Wut und Beherrschtheit. Nur eines fehlt ihnen – das Verstehen. Immer haben sie es durch irgendetwas anderes ersetzt: durch Glauben, durch Unglauben, durch Gleichgültigkeit, durch Verachtung. Irgendwie ergab es sich so, dass diese Lösung immer die einfachere war. Es ist leichter zu glauben als zu verstehen. Es ist leichter, enttäuscht zu sein, als zu verstehen. Übrigens, morgen reise ich ab. Aber das will nichts heißen. Hier kann ich dir einfach nicht helfen, weißt du, es ist alles zu festgefügt, zu eingefahren. Und ich bin überflüssig und fremd hier, das merken die anderen. Den Punkt aber, an dem ich meine Kräfte einsetzen muss, werde ich noch finden, keine Angst. Man könnte dir zwar so schaden, dass es nicht wiedergutzumachen ist, aber auch das geht nicht von heute auf morgen: Sie müssen die effektivste, sparsamste und vor allem einfachste Methode ja erst noch herausfinden. Wir werden noch kämpfen, wenn wir etwas haben, wofür wir kämpfen können … auf Wiedersehen.«

Pfeffer stand auf und machte sich auf den Rückweg, durch die Büsche, den Park, bis zur Allee. Er suchte seinen Koffer, konnte ihn aber nicht finden, und ging weiter bis zur Hauptstraße. Sie war leer und nur vom Mond erhellt. Es war schon nach ein Uhr morgens, als er vor der Bibliothek der »Verwaltung« haltmachte. Die Tür stand einladend offen. Vor die Fenster waren schwere Vorhänge gezogen; der Innenraum aber war hell erleuchtet wie ein Tanzsaal. Das ausgetrocknete Parkett zeigte Risse und knarrte bedenklich. Die Bücher standen rundherum auf Regalen, die sich unter ihrer Last bogen, lagen ausgebreitet auf dem Tisch oder in Stapeln aufgeschichtet in den Ecken. Pfeffer stand mit den Büchern allein in der Bibliothek.

Er ließ sich in einen großen alten Sessel fallen, streckte die Beine von sich, lehnte sich zurück und legte behaglich die Arme auf die Lehnen. »Was steht ihr da herum, ihr Nichtstuer?«, sagte er zu den Büchern. »Hat man euch vielleicht dazu geschrieben? Sagt mir doch mal, wie es um die Aussaat steht. Wie viel hat man denn gesät, wie viel Kluges, Gutes und Ewiges? Und wie sieht es mit der Ernte aus? Und vor allem: Wie ist die Saat, die aufgegangen ist? Ihr schweigt … He, du, wie heißt du noch gleich … Ja, dich meine ich, zweibändige Ausgabe. Wie viele haben dich schon ganz gelesen? Und wie viele haben dich verstanden? Dich mag ich, alter Freund, du bist ein guter und aufrichtiger Kamerad. Du hast nie herumgeschrien, nie angegeben, dich nie aufgespielt. Gut bist du und ehrlich. Und wer dich liest, wird es ebenso. Zumindest für eine gewisse Zeit. Zumindest sich selbst gegenüber … Aber weißt du, manche meinen, dass Ehrlichkeit und ein gutes Herz gar nicht so wichtig sind, um voranzukommen. Dafür, sagen sie, sind die Füße da. Und die Stiefel. Die Füße müssen nicht einmal sauber sein, ebenso wenig wie die

Stiefel … Kann sein, dass für den Fortschritt Begriffe wie Ehrlichkeit und Herz gar nicht zählen. So ist es ja bis heute immer gewesen. Die ›Verwaltung‹ beispielsweise braucht weder Ehrlichkeit noch Herz, um zu funktionieren. Angenehm wäre es schon, und auch wünschenswert, aber es ist nicht notwendig. So wie Latein für einen Bademeister. Oder Muskeln für den Buchhalter. Wie die Achtung vor der Frau für Heymbacken … Aber letztlich hängt alles davon ab, was man unter Fortschritt versteht. Man kann ihn so auffassen, dass die berühmten ›Dafürs‹ dazugehören: ein Säufer – dafür aber ein ausgezeichneter Spezialist, ein Wüstling – dafür voller genialer Ideen, ein Dieb zwar und ein Gauner – dafür aber ein erstklassiger Verwalter! Ein Mörder – dafür aber diszipliniert und der Sache treu ergeben … Man könnte den Fortschritt aber auch so auffassen, dass sich jeder zu einem guten und ehrlichen Menschen entwickelt. Und dann wird irgendwann die Zeit kommen, wo wir sagen: Ja, er ist ein Spezialist und kennt sich hervorragend aus, aber er hat einen schlechten Charakter. So jemanden können wir nicht brauchen.

Hört mal, wisst ihr überhaupt, dass es von euch mehr gibt als Menschen? Wenn alle Menschen verschwänden, könntet ihr die Erde besiedeln, und doch wärt ihr nicht anders als die Menschen jetzt. Unter euch gibt es gute und ehrliche, fundierte, kluge und weise Bücher. Aber es existieren auch skeptische, verrückte und mörderische Bücher, wüste und naive, traurige Propheten, selbstzufriedene Dummköpfe, heisere Schreihälse mit entzündeten Augen … Und ihr wisst auch nicht, warum ihr auf der Welt seid. Ja, wozu gibt es euch überhaupt? Viele von euch beinhalten Wissen, aber was bringt dieses Wissen hier im Wald? Es hat mit dem Wald nichts zu tun. Es ist, als unterweise man den zukünftigen Erbauer von Sonnenstädten am Meer in der Planung von Befestigungsanlagen. So sehr sich dieser auch später bemüht, ein Stadion oder Sanatorium zu bauen, es käme doch nur eine düstere

Festung mit Pfeilschanzen, Wällen und Gegenwällen heraus. Was ihr den Menschen vermittelt habt, die in den Wald kamen, war kein Wissen, sondern Vorurteile … Andere von euch verbreiten Misstrauen und Resignation. Nicht einmal deswegen, weil sie mürrisch oder grausam wären oder die Hoffnungen der Menschen zerschlügen, sondern weil sie lügen. Manchmal lügen sie ganz unverhohlen, pfeifen fröhlich dabei oder singen ein lustiges Lied. Und manchmal lügen sie kleinlaut und weinerlich, stöhnen dabei und rechtfertigen sich immerfort – aber lügen tun sie trotzdem. Aus irgendeinem Grund werden solche Bücher nie verbrannt, nie aus Bibliotheken entfernt; die Geschichte kennt keinen einzigen Fall, dass man die Lüge ins Feuer geworfen hätte. Höchstens durch Zufall, aus Unverstand oder gutem Glauben. Im Wald kann man diese Bücher auch nicht gebrauchen. Nirgends kann man sie gebrauchen. Wahrscheinlich gibt es gerade deshalb so viele von ihnen … das heißt, nicht deshalb, sondern weil man sie liebt … Denn viel teurer als der Nebel bitterer Wahrheiten ist uns … Was? He, hier spricht doch jemand?! Ach so, das bin ja ich selbst. Ich möchte also sagen, dass es andere Bücher auch noch gibt … Was? …«

»Leise, lass ihn schlafen …«

»Der sollte lieber saufen statt schlafen …«

»Pass doch auf, der Boden knarrt … He, das ist ja Pfeffer!«

»Was kümmert uns Pfeffer, pass lieber auf, dass du nicht hinfällst …«

»Gott, wie elend er aussieht, ganz mitgenommen ist er …«

»Ich bin gar nicht mitgenommen«, murmelte Pfeffer und schlug die Augen auf.

Vor den Regalen ihm gegenüber erblickte er die Bibliotheksleiter, auf deren oberster Stufe Alewtina stand, die sonst im Fotolabor arbeitete. Unten, am Fuß der Leiter, stand Kraftfahrer Trumpf, der sie mit seinen tätowierten Armen festhielt und nach oben schaute.

»Und er ist immer so rastlos«, sagte Alewtina und sah zu Pfeffer. »Zu Abend gegessen hat er sicher auch nicht. Man sollte ihn wecken, damit er wenigstens einen Schluck Wodka trinkt … Wovon solche Leute wohl träumen?«

»Na, davon, was ich in Wirklichkeit sehe! …«, sagte Trumpf und blickte zu Alewtina hoch.

»Irgendetwas Neues?«, fragte sie. »Etwas, was du noch nie gesehen hast?«

»Nein«, sagte Trumpf. »Man kann nicht sagen, dass es neu wäre. Aber es ist wie im Kino. Du schaust dir zwanzigmal dasselbe an, und der Spaß ist immer gleich groß.«

Auf der dritten Stufe der Leiter lagen ein paar dicke Scheiben Strudel, auf der vierten waren Gurken und geschälte Apfelsinen ausgebreitet und auf der fünften standen eine halbleere Flasche und ein Plastikglas für Bleistifte.

»Schau, wohin du willst, aber halt mir die Leiter ordentlich«, sagte Alewtina und begann, von den obersten Regalen dicke Zeitschriften und vergilbte Mappen herunterzuholen. Sie blies den Staub ab, runzelte die Stirn, blätterte in den Seiten, legte sich einige Mappen zur Seite und stellte die übrigen an ihren Platz zurück. Kraftfahrer Trumpf schnaufte vernehmlich.

»Brauchst du auch die vom vorletzten Jahr?«, fragte Alewtina.

»Ich brauche im Moment nur eins«, sagte Trumpf geheimnisvoll. »Und jetzt wecke ich Pfeffer auf.«

»Geh bloß nicht von der Leiter weg«, sagte Alewtina.

»Ich schlafe nicht«, sagte Pfeffer. »Ich schaue euch beiden schon lange zu.«

»Von dort sieht man doch gar nichts«, sagte Trumpf. »Kommen Sie hierher, Pfeffer, hier gibt es alles: Frauen, Wein, Früchte …«

Pfeffer erhob sich und ging humpelnd zur Leiter, weil ihm ein Bein vom Liegen steif geworden war. Dann goss er sich aus der Flasche ein.

»Wovon haben Sie geträumt, Pfeffer?«, fragte Alewtina von oben herab.

Pfeffer blickte hinauf, senkte aber sogleich wieder den Blick. »Was ich geträumt habe? Irgendeinen Blödsinn. Dass ich mich mit Büchern unterhalten habe.«

Er leerte sein Glas und nahm sich ein Stück Apfelsine.

»Bitte halten Sie doch einen Moment die Leiter, Herr Pfeffer«, sagte Trumpf. »Ich schenke mir auch etwas ein.«

»Brauchst du nun was vom vorletzten Jahr oder nicht?«, fragte Alewtina.

»Natürlich«, antwortete Trumpf. Er goss sich das Glas voll und nahm eine Gurke. »Vom vorletzten Jahr und vom vorvorletzten … Ich brauche das … Das war bei mir schon immer so, kann nicht ohne leben. Und überhaupt: Kein Mensch kann ohne das leben. Der eine braucht es mehr, der andere weniger … Ich sage immer: Was wollt ihr mich belehren, ich bin eben so …« Trumpf leerte genussvoll sein Glas und biss in die Gurke, dass es knackte. »Aber so, wie ich hier lebe, kann man nicht leben. Lange halte ich das nicht mehr aus, dann fahre ich mit dem Wagen in den Wald und fange mir eine Nixe …«

Pfeffer hielt die Leiter und versuchte, an den nächsten Tag zu denken. Trumpf setzte sich auf die unterste Stufe und begann zu erzählen … Wie er in jungen Jahren mit seinen Freunden am Stadtrand auf ein Pärchen gestoßen war: Den Mann hatten sie verprügelt und davongejagt, und sich dann über die Frau hergemacht. Es war kalt und feucht gewesen, und keiner von ihnen hatte etwas zustande gebracht – zu jung und unerfahren seien sie gewesen. Die Frau hatte Angst gehabt und geweint, und seine Freunde hätten sich einer nach dem anderen aus dem Staub gemacht. Nur er, Trumpf, sei noch lange hinter ihr her gewesen, über schmutzige Hinterhöfe, hätte sie immer wieder gepackt, geflucht und den Eindruck gehabt, dass es gleich klappen werde. Aber erst, als sie bei ihr zu Hause angekommen waren, dort, im dunklen Treppenhaus, hatte er sie gegen das Eisengeländer gedrückt und endlich erreicht, was er wollte. In Trumpfs Erzählung stellte sich die Geschichte überaus spannend und lustig dar.

»Die Nixen werden mir also auch nicht entkommen«, sagte Trumpf. »Ich nehme mir immer, was mir zusteht – nicht mehr und nicht weniger. Ohne Schwindel und Betrug.«

Trumpf hatte einen dunklen Teint, schöne Gesichtszüge und dichte Brauen. Seine Augen waren lebhaft, und er hatte den ganzen Mund voller weißer kräftiger Zähne; man hätte ihn für einen Italiener halten können. Nur Trumpfs Füße, die verbreiteten einen Geruch …

»Weiß der Teufel, was die hier immer machen«, sagte Alewtina. »Alle Mappen sind durcheinander. Da, nimm erst einmal diese.«

Sie beugte sich hinunter und reichte Trumpf ein Bündel Mappen und Zeitschriften. Trumpf nahm das Bündel, blätterte darin und las lautlos vor sich hin, wobei sich seine Lippen bewegten. Dann zählte er die Mappen und sagte: »Zwei Stück brauche ich noch.«

Pfeffer hielt noch immer die Leiter fest und besah sich seine zusammengepressten Fäuste. Morgen um diese Zeit bin ich hier weg, dachte er. Ich sitze neben Trumpf im Führerhaus, es ist noch heiß, aber das Metall beginnt abzukühlen. Trumpf schaltet die Scheinwerfer ein, macht es sich bequem, streckt den linken Ellbogen zum Fenster raus und fängt an, laut über die Weltpolitik nachzudenken. Zu anderen Gedanken lasse ich es erst gar nicht kommen. Meinetwegen kann er an jeder Imbissstube halten, kann mitnehmen, wen und was er will, kann auch einen Umweg machen, um für jemanden die Dreschmaschine aus der Reparatur zu holen. Aber wenn er nachdenken will – dann nur über die Weltpolitik. Oder ich stelle ihm Fragen zu verschiedenen Autotypen, dem durchschnittlichen Benzinverbrauch, zu Unfällen oder Morden an bestechlichen Inspektoren. Er ist ein guter Erzähler, aber man weiß nie, ob er gerade lügt oder die Wahrheit sagt …

Trumpf leerte noch ein Glas, schmatzte, betrachtete Alewtinas Beine und fuhr in seiner Erzählung fort. Dabei rutschte er immer wieder hin und her, gestikulierte wild mit den Armen und lachte ausgelassen und fröhlich. Er erzählte aus seinem Liebesleben – in chronologischer Reihenfolge, und wie es sich von Jahr zu Jahr und von Monat zu Monat gestaltet hatte. Da war die Köchin aus dem Konzentrationslager, in dem er saß, weil er in Notzeiten Papier gestohlen hatte. (Die Köchin beschwor ihn: »Pass bloß auf, Trumpf, blamier dich nicht, steh deinen Mann!«) Dann die Tochter eines politischen Häftlings aus demselben Lager. Ihr war es gleich, ob es Trumpf war oder ein anderer; sie war überzeugt, dass man sie ohnehin bald verbrennen würde. Die Frau eines Matrosen in einer Hafenstadt, die sich wegen der ständigen Seitensprünge ihres Mannes an ihm rächen wollte. Eine begüterte Witwe, vor der er eines Nachts nur mit Unterhosen bekleidet Reißaus nahm, weil sie ihn zwingen wollte, mit Drogen und medizinischen Präparaten zu handeln. Prostituierte, die er mit ihren Freiern herumkutschierte, als er noch als Taxifahrer arbeitete: Sie zahlten ihm für jeden ihrer Kunden eine Münze, und als die Nacht zu Ende ging – in Naturalien … (»Ich sag zu ihr: He, und wer denkt an mich? Du hast schon vier gehabt, und ich bis jetzt noch keine …«) Dann seine Frau, die er als fünfzehnjähriges Mädchen mit einer Sondergenehmigung der Behörden heiratete, und die Zwillinge von ihm zur Welt brachte. Aber sie verließ ihn, und zwar aus folgendem Grund: Er hatte es mit den Freundinnen aller seiner Freunde getrieben und wollte sich nun bei seinen Freunden dafür erkenntlich zeigen … Und so weiter und so fort. Frauen, Weiber, Dirnen, Schlampen, Huren …

»Ich bin kein Wüstling«, schloss Trumpf. »Ich bin einfach ein Mann mit Temperament – und kein impotenter Schwächling …«

Er trank seinen Schnaps aus, nahm die Mappen und verließ, ohne sich zu verabschieden, die Bibliothek. Er pfiff vor sich hin, und das Parkett knarrte unter seinen Schritten. Sein Rücken wirkte seltsam gekrümmt, und Trumpf sah auf einmal aus wie eine Mischung aus Spinne und Urmensch. Pfeffer blickte ihm ein wenig hilflos nach. Da sagte Alewtina: »Bitte geben Sie mir Ihre Hand, Pfeffer.«

Sie setzte sich auf die oberste Stufe, legte ihm die Hände auf die Schultern und sprang von einem kurzen Schrei begleitet nach unten. Pfeffer fing sie unter den Achseln auf und setzte sie auf den Boden. So standen sie sich einige Zeit gegenüber, blickten sich an. Alewtinas Hände lagen auf seinen Schultern, und er hielt sie unter den Achseln fest.

»Man hat mich aus dem Hotel gejagt«, sagte er.

»Ich weiß«, sagte sie. »Gehen wir doch zu mir, ja?«

Sie war gut und warmherzig und blickte ihm ruhig, wenn auch nicht allzu selbstbewusst, in die Augen. Als er sie so ansah, stellte er sich viele schöne, sanfte und köstliche Bilder vor, und er betrachtete die Bilder gierig, eins nach dem anderen. Dann versuchte er, sich an ihrer Seite vorzustellen, aber es gelang nicht. Statt seiner sah er ständig Trumpf: gutaussehend, unverschämt, markante Bewegungen … übler Fußschweiß …

»Nein, danke«, sagte er und zog seine Hände zurück. »Ich komme schon irgendwie zurecht.«

Sie wandte sich ab und begann, die Essensreste auf einem Zeitungsblatt zu sammeln.

»Aber warum denn?«, fragte sie. »Ich kann Ihnen das Sofa zurechtmachen, Sie schlafen bis zum Morgen, und dann suchen wir ein Zimmer für Sie. Sie können doch nicht jede Nacht in der Bibliothek zubringen …«

»Danke«, sagte Pfeffer. »Aber ich reise morgen ab.«

Sie wandte sich überrascht um. »Sie reisen ab? In den Wald?«

»Nein, nach Hause.«

»Nach Hause …« Langsam rollte sie das Essen ins Papier ein. »Aber Sie wollten doch immer in den Wald, das habe ich selbst gehört.«

»Sehen Sie, ja, ich wollte … Aber man lässt mich nicht. Und ich weiß nicht einmal, warum. In der ›Verwaltung‹ aber gibt es für mich nichts zu tun. Deswegen habe ich mit Trumpf besprochen, dass er mich morgen mitnimmt. Jetzt ist es schon drei Uhr. Ich gehe lieber in die Garage und warte in Trumpfs Lastwagen bis zum Morgen. Sie brauchen sich also keine Sorgen zu machen …«

»Das heißt, wir müssen uns verabschieden … Oder Sie kommen doch mit?«

»Nein, danke, es ist besser, wenn ich zum Wagen gehe … Ich habe Angst, dass ich sonst verschlafe. Trumpf wird nicht auf mich warten.«

Sie verließen die Bibliothek und gingen Hand in Hand zur Garage.

»Es hat Ihnen also nicht gefallen, was Trumpf erzählt hat?«, fragte sie.

»Nein«, sagte Pfeffer. »Überhaupt nicht. Ich kann es nicht leiden, wenn man solche Sachen erzählt. Wozu auch? Es ist peinlich – peinlich für ihn, peinlich für Sie und peinlich für mich … für alle. Was ist das alles für Unsinn, aber wahrscheinlich ist die Langeweile schuld daran.«

»Ja, das ist meistens der Grund«, sagte Alewtina. »Meinetwegen brauchen Sie sich nicht zu schämen, solche Sachen berühren mich nicht. Mir ist das völlig gleichgültig. So, hier müssen Sie rein. Geben Sie mir zum Abschied einen Kuss.«

Pfeffer küsste sie und verspürte auf einmal ein unbestimmtes Bedauern.

»Danke«, sagte sie, wandte sich um und ging schnell in die andere Richtung. Pfeffer winkte ihr nach.

Dann betrat er die Garage, die mit blauen Lämpchen beleuchtet war. Er stieg über den Nachtwächter, der auf einem ausgebauten Sitz schlief und schnarchte, fand Trumpfs Lastwagen und kletterte ins Fahrerhaus. Dort roch es nach Gummi, Benzin und Staub. An der Windschutzscheibe baumelte Micky Maus mit weit ausgestreckten Armen und Beinen. Hier ist es gut, dachte Pfeffer, gemütlich, ich hätte gleich hierherkommen sollen. Rundherum schwiegen dunkel und leer die Lastwagen. Die Autos schliefen, der Nachtwächter schlief, und die ganze »Verwaltung«. In ihrem Zimmer zog sich Alewtina vor dem Spiegel aus, daneben stand das aufgeschlagene Bett, groß, weich und warm, ein Doppelbett ... Nein, daran lieber nicht denken ... Am Tag stört das Gequatsche, das Klappern der Mercedes, das ganze sinnlose geschäftige Chaos. Und jetzt, in der Nacht, gibt es weder Ausrottung noch Erschließung, weder Bewachung noch andere bedrohliche Dummheiten. Jetzt gibt es nur die verschlafene Welt über der Schlucht, durchsichtig wie alle verschlafenen Welten, unsichtbar und lautlos und nicht wirklicher als der Wald. Der Wald ist jetzt sogar wirklicher. Der Wald schläft ja nie. Aber vielleicht schläft er doch und träumt von uns. Wir – der Traum des Waldes. Ein atavistischer Traum. Primitive Hirngespinste seiner schon erkalteten Sexualität ...

Pfeffer legte sich auf den Sitz, rollte sich zusammen und schob sich den zerknüllten Regenmantel unter den Kopf. Micky Maus schaukelte sacht am Fädchen. Wenn junge Mädchen das Spielzeug sahen, riefen sie immer: »Oh, wie süß!« Trumpf gab ihnen darauf immer zur Antwort: »Was du draußen siehst, bekommst du auch drinnen.« Der Schalthebel drückte Pfeffer in die Seite, aber er wusste nicht, wie er ihn wegschieben sollte und ob man ihn wegschieben durfte. Vielleicht würde der Laster anfahren, wenn er ihn wegschob. Würde ganz langsam losfahren, dann schneller, auf den schnarchenden Nachtwächter zu, und Pfeffer würde fieberhaft auf alle Knöpfe, Schalter und Pedale drücken, die ihm unterkamen ... Da, der Nachtwächter ist schon ganz nahe, sein offener schnarchender Mund ist deutlich zu erkennen. Der Laster machte einen Sprung, bog scharf nach rechts, bohrte sich in die Garagenwand, und im Durchbruch zeigte sich der blaue Himmel …

Pfeffer wachte auf und sah, dass es bereits Morgen war. Die Tore der Garage waren weit geöffnet. Die Mechaniker standen davor und rauchten. Der Platz vor der Garage leuchtete gelb in der Sonne. Es war sieben Uhr. Pfeffer setzte sich auf, rieb sich das Gesicht und blickte in den Rückspiegel. Rasieren sollte ich mich, dachte er, aber er blieb im Fahrerhaus sitzen. Trumpf war noch nicht da, und er musste hier auf ihn warten. An Ort und Stelle, denn Kraftfahrer sind vergesslich und fahren immer ohne einen weg. Es gibt zwei Regeln für den Umgang mit Kraftfahrern. Erstens: Verlasse nie den Wagen, solange du es noch aushalten kannst! Zweitens: Streite nie mit dem Fahrer, der am Steuer sitzt! Im Notfall gib vor zu schlafen …

Die Mechaniker warfen die Kippen auf den Boden, zertraten sie mit dem Absatz und gingen in die Garage. Den einen kannte Pfeffer nicht, und der andere war gar kein Mechaniker, sondern der Manager. Als sie am Laster vorbeikamen, blieb der Manager beim Führerhaus stehen, legte die Hand auf den Kotflügel und schaute unter das Fahrzeug. Dann hörte Pfeffer, wie er befahl: »Jetzt mach schon, gib mir den Wagenheber!« – »Wo ist er denn?«, fragte der Mechaniker. »Keine Ahnung«, sagte der Manager ruhig. »Schau mal unter den Sitz.« – »Woher soll ich auch so was wissen?«, sagte der Mechaniker ärgerlich. »Ich habe Ihnen ja gesagt, dass ich Kellner bin …« Einige Zeit blieb es still, dann wurde die Tür zum Fahrerhaus geöffnet, und das finstre, verärgerte Gesicht des Mechanikers bzw. Kellners tauchte auf. Er blickte Pfeffer an, dann musterte er das Fahrerhaus, ruckelte am Lenkrad, langte mit beiden Händen unter den Sitz und begann dort zu klappern.

»Ist das vielleicht ein Wagenheber?«, fragte er leise.

»N-nein«, sagte Pfeffer, »ich glaube, das ist ein Schraubenschlüssel.«

Der Mechaniker hielt sich den Schraubenschlüssel vor die Augen, betrachtete ihn eingehend mit zusammengekniffenen Lippen, legte ihn dann auf das Trittbrett und griff erneut unter den Sitz.

»Das da?«, fragte er.

»Nein«, sagte Pfeffer. »Das ist eine Rechenmaschine. Wagenheber sehen anders aus.«

Der Mechaniker bzw. Kellner betrachtete die Rechenmaschine mit gerunzelter Stirn.

»Wie sehen Wagenheber denn aus?«, fragte er.

»Na ja ... So ein Stab aus Eisen ... Es gibt da verschiedene. Und dann haben sie einen beweglichen Griff ...«

»Aber hier ist doch ein Griff. Wie bei einer Kasse.«

»Nein, der Griff ist ganz anders.«

»Und wenn man hier dreht, was passiert dann?«

Pfeffer wusste darauf keine Antwort. Der Mechaniker wartete eine Weile, dann legte er die Rechenmaschine seufzend auf das Trittbrett und tauchte wieder unter den Sitz.

»Ist es vielleicht das da?«, sagte er.

»Ja, könnte sein. Schaut ganz ähnlich aus. Nur müsste hier noch ein dicker eiserner Hebel sein.«

Der Mechaniker fand den Hebel, drehte ihn in der Hand hin und her und sagte: »Gut, dann bringe ich ihm den schon mal.« Dann ging er. Die Tür ließ er offen. Pfeffer zündete sich eine Zigarette an. Irgendwo weiter hinten schepperte Eisen, dann waren Schimpfworte zu hören. Gleich darauf startete dröhnend und zitternd ein Lastwagen.

Trumpf war noch immer nicht da, aber das beunruhigte Pfeffer nicht. Er stellte sich vor, wie sie die Hauptstraße der »Verwaltung« entlangführen und keiner ihnen Beachtung schenkte. Dann bögen sie in einen Feldweg ein und wirbelten eine große gelbe Staubwolke auf. Rechts von ihnen würde die Sonne höher und höher steigen und bald zu brennen anfangen. Dann bögen sie vom Feldweg auf die Landstraße, die lang, eben und eintönig vor ihnen läge. In der Hitze würde sie flimmern, und über den Horizont würden Trugbilder gleiten – wie große, glitzernde Pfützen.

Der Mechaniker kam erneut am Fahrerhaus vorbei. Er wälzte ein schweres Hinterrad vor sich her, das auf dem Betonboden zusehends schneller wurde. Der Mechaniker wollte es aufhalten und versuchte, es gegen die Wand zu drücken. Aber das Rad änderte seine Richtung und rollte flugs in den Hof hinaus. Der Mechaniker lief unbeholfen hinter ihm her, fiel jedoch immer weiter zurück. Dann verschwanden sie aus dem Blickfeld, und vom Hof her drangen nur noch laute, verzweifelte Rufe. Man hörte Fußgetrappel, am Tor liefen Leute vorbei und schrien: »Fangt es! Kommt von rechts!«

Pfeffer bemerkte auf einmal, dass der Laster schief stand, und schaute zum Fahrerhaus hinaus. Er sah den Manager, der sich am Hinterrad zu schaffen machte.

»Guten Tag«, sagte Pfeffer. »Wie kommen Sie …«

»Ach, Pfeffer, mein Lieber!«, rief der Manager erfreut, ohne seine Arbeit zu unterbrechen. »Bleiben Sie nur ruhig sitzen, Sie brauchen nicht auszusteigen. Sie stören uns nicht. Das verfluchte Rad klemmt irgendwo … Das erste ging gut herunter, aber das zweite …«

»Wie meinen Sie das – es klemmt? Ist etwas kaputtgegangen?«

»Ich glaube nicht«, sagte der Manager. Er richtete sich auf und wischte sich mit der staubigen Hand, in der er noch den Schraubenschlüssel hielt, über die Stirn. »Wahrscheinlich ist es nur ein bisschen angerostet. Aber das werden wir gleich haben, ganz schnell … Und dann spielen wir beide eine kleine Partie Schach. Was halten Sie davon?«

»Schach?«, sagte Pfeffer. »Aber wo ist denn Trumpf?«

»Trumpf? Trumpf ist jetzt Oberlaborant, in den Wald abkommandiert. Er arbeitet nicht mehr bei uns. Wozu brauchen Sie ihn denn?«

»Nur so …«, sagte Pfeffer leise. »Ich dachte nur …« Er öffnete den Wagenschlag und sprang auf den Betonboden.

»Sie hätten ruhig sitzen bleiben können«, sagte der Manager. »Sie stören wirklich nicht.«

»Wozu sitzen bleiben?«, sagte Pfeffer. »Der Wagen fährt ja doch nicht raus.«

»Nein, tut er nicht. Ohne Reifen kann er ja nicht fahren, und die müssen abgenommen werden … Also so was, wie das klemmt! Dass dich doch … Na gut, die Mechaniker werden dich schon runterkriegen. Kommen Sie, wir stellen lieber die Figuren auf.«

Er nahm Pfeffer am Arm und führte ihn in sein Büro. Dort setzten sie sich an den Tisch. Der Manager schob einen Stoß Papiere zur Seite, stellte das Schachbrett auf und schaltete das Telefon ab.

»Spielen wir mit der Uhr?«, fragte er.

»Weiß nicht«, murmelte Pfeffer.

Im Büro war es dämmrig und kalt. Bläuliche Rauchschwaden hingen zwischen den Schränken wie schleimige Wasserpflanzen. Und der Manager, ein aufgedunsener Mann mit einer fleckigen, mit Warzen übersäten Haut, glich einem riesigen Kraken: Mit seinen zwei behaarten Fangarmen öffnete er das Schachbrett wie eine lackglänzende Muschel und machte sich umständlich daran, die hölzernen Innereien herauszuholen. Seine runden Augen glänzten trübe; das rechte Auge war künstlich und blickte geradewegs zur Decke, das linke, gesunde, rollte frei wie ein Quecksilberkügelchen in der Augenhöhle. Es schaute mal zu Pfeffer, mal zur Tür und mal zum Schachbrett.

»Spielen wir mit der Uhr«, entschied der Manager. Er nahm eine Uhr aus dem Schrank, zog sie auf, drückte den Knopf herunter und tat den ersten Zug.

Die Sonne stieg höher. Auf dem Hof schrie jemand: »Kommt von rechts!« Um acht Uhr begann der Manager in schwieriger Stellung zu grübeln und bestellte plötzlich Frühstück für zwei Personen. Aus der Garage rollten mit Getöse die Fahrzeuge hinaus. Der Manager verlor die erste Partie und forderte Pfeffer zu einer zweiten heraus. Das Frühstück war üppig. Jeder trank zwei Flaschen Kefir und aß einen frischen Mohnkuchen. Der Manager aber verlor auch die nächste Partie. Mit seinem gesunden Auge sah er ebenso bewundernd wie begeistert auf Pfeffer und schlug eine dritte Partie vor. Immer wieder leitete er ein- und dasselbe Damengambit ein, wobei er um keinen Zug von seiner niederlageträchtigen Variante abwich. Es war, als wollte er seine Niederlage einüben. Pfeffer setzte seine Figuren ganz automatisch und kam sich dabei vor wie ein Trainingsapparat: In ihm und um ihn herum existierte nichts als das Schachbrett, die Knöpfe an der Uhr und ein starr vorgegebenes Programm.

Um fünf vor neun grunzte der Lautsprecher und gab mit geschlechtsloser Stimme bekannt: »Alle Mitarbeiter der ›Verwaltung‹ sind aufgefordert, sich an ihren Telefonen aufzuhalten. Der Direktor wird zu seinen Mitarbeitern sprechen.« Der Manager wurde auf einmal sehr ernst, schaltete das Telefon ein, nahm den Hörer ab und hielt ihn ans Ohr. Jetzt waren beide Augen zur Decke gerichtet. »Kann ich gehen?«, fragte Pfeffer. Der Manager zog die Stirn in tiefe Falten, legte den Finger an die Lippen und fuchtelte mit dem Arm. Aus dem Telefonhörer drang näselndes Quaken. Pfeffer ging auf Zehenspitzen hinaus.

In der Garage drängten sich die Leute. Alle Gesichter waren ernst, bedeutungsvoll, sogar feierlich. Niemand arbeitete, alle pressten sich einen Telefonhörer ans Ohr. Nur auf dem hell erleuchteten Hof jagte ein einsamer Mechaniker bzw. Kellner seinem Reifen nach, schweißgebadet, rot angelaufen und in flatternder Montur. Irgendetwas Wichtiges war da im Gange.

Es ist gemein, dachte Pfeffer, die ganze Zeit bin ich außen vor und habe keine Ahnung, was vor sich geht. Vielleicht ist gerade das mein Unglück? Vielleicht hat ja alles seine Ordnung, nur ich kenne mich nicht aus und bin immerzu fehl am Platz.

Er sprang in die nächste Telefonzelle, riss den Hörer herunter und lauschte. Aber er hörte nur die Tutzeichen. Da erfasste ihn auf einmal solche Angst und Sorge, schon wieder etwas Wichtiges zu verpassen, nicht dabei zu sein, wenn etwas verteilt wurde, dass er auf schnellstem Weg zur »Verwaltung« lief. Er sprang über Gräben und Gruben, überquerte die Baustelle, wich einem Aufseher aus, der ihm mit Pistole und Telefonhörer in Händen den Weg verstellte, und kletterte eine Leiter hoch, die an die halbfertige Mauer gelehnt war. In allen Fenstern konnte er Menschen sehen, die konzentriert und reglos Telefonhörer festhielten. Doch plötzlich zischte es durchdringend über seinem Ohr, und fast gleichzeitig krachte hinter ihm ein Pistolenschuss. Er sprang hinunter, landete auf einem Müllhaufen und stürzte zum Diensteingang. Die Tür war verschlossen. Er rüttelte einige Male an der Klinke und riss sie schließlich ab. Er schleuderte sie zur Seite und überlegte in Sekundenschnelle, was er jetzt tun sollte. Neben der Tür stand ein schmales Fenster offen. Pfeffer zwängte sich durch die staubbedeckte Öffnung, wobei ihm sämtliche Fingernägel abbrachen.

In dem Zimmer, in das er hineingeklettert war, standen zwei Stühle. Auf dem einen saß Heymbacken und hielt einen Telefonhörer in der Hand. Sein Gesicht war wie versteinert, seine Augen geschlossen. Dann presste er den Hörer mit der Schulter ans Ohr und machte sich mit einem Bleistift eilig Notizen auf einen großen Block. Der zweite Stuhl war leer, darauf stand ein Telefon. Pfeffer riss den Hörer von der Gabel und lauschte.

Rauschen, Knistern. Dann eine unbekannte, piepsende Stimme: »… Die ›Verwaltung‹ kann in Wirklichkeit nur über einen verschwindend kleinen Teil des Waldozeans verfügen, der den Kontinent umspült. Es gibt keinen Sinn des Lebens, ebenso wenig einen Sinn von Handlungen. Wir bringen außerordentlich viel zustande, wissen aber immer noch nicht, was wir von dem, was wir zustandebringen, wirklich brauchen. Der Wald leistet nicht einmal Widerstand, er bemerkt uns einfach nicht. Hat uns eine Handlung Vergnügen bereitet, so war sie gut, wenn nicht, heißt das, dass sie sinnlos war …« Wieder Rauschen und Knacken. »… Wir leisten Widerstand mit Millionen PS und Dutzenden von Geländefahrzeugen, Luftschiffen und Hubschraubern, mit der medizinischen Wissenschaft und einer Versorgungstheorie, die in der Welt ihresgleichen sucht. In der ›Verwaltung‹ lassen sich mindestens zwei schwerwiegende Mängel feststellen. Derzeit können solche Aktionen einen hohen Grad an Verschlüsselung aufweisen – bestimmt für den Namen Herostrat, damit er unser bester Freund bleibt. Sie ist unfähig zu schöpferischem Tun, ohne dabei Autorität und Undankbarkeit zu zerstören …« Dann folgten Tutsignale, Pfeifen und Hüsteln. »… Sie schätzt die sogenannten einfachen Lösungen, Bibliotheken, interne Kommunikation, geografische und andere Karten. Sie schätzt Wege, die sie für die kürzesten hält, um über den Sinn des menschlichen Lebens nachzudenken. Aber die Menschen mögen das nicht. Stattdessen sitzen die Mitarbeiter da, hängen die Beine in die Schlucht, treiben sich herum, reden geistreich daher und werfen Steinchen, und jeder versucht, ein größeres als der andere zu werfen. Und das, obwohl der Kefirverbrauch weder dabei hilft, den Wald zu züchten, noch ihn auszurotten, geschweige denn ihn konspirativ zu durchsetzen. Ich fürchte, wir haben nicht einmal begriffen, was wir eigentlich wollen. Die Nerven wiederum müssen so trainiert werden, wie man die Wahrnehmung übt, und der Verstand wird weder schamrot noch leidet er Gewissensqualen, wenn eine wissenschaftliche, exakt gestellte Frage in den moralischen Bereich übergeht. Er ist verlogen, wechselmütig und unaufrichtig. Aber einer muss doch provozieren, keine Märchen erzählen, sondern sich sorgfältig auf seinen Probeauftritt vorbereiten. Morgen werde ich euch erneut empfangen und überprüfen, wie ihr euch vorbereitet habt. Zweiundzwanzig null null Strahlungsalarm und Erdbeben, achtzehn null null Beratung des dienstfreien Personals bei mir, ganz zwanglos, wie man so sagt, vierundzwanzig null null allgemeine Evakuierung …«

In der Muschel war nun ein Geräusch wie von einlaufendem Wasser zu hören. Dann wurde es still, und Pfeffer bemerkte, dass Heymbacken ihn mit strengen, anklagenden Augen anblickte.

»Was hat er gesagt?«, fragte Pfeffer flüsternd. »Ich verstehe überhaupt nichts.«

»Das ist nicht verwunderlich«, sagte Heymbacken in eisigem Ton. »Sie haben einen Hörer genommen, der nicht der Ihre war.« Er senkte die Augen, schrieb etwas in seinen Block und fuhr fort: »Das ist im Übrigen ein völlig unzulässiger Verstoß gegen die Verordnungen. Ich bestehe darauf, dass Sie den Hörer auflegen und sich entfernen. Andernfalls werde ich Amtspersonen rufen.«

»Gut«, sagte Pfeffer. »Ich gehe. Aber wo ist mein Telefonhörer? Der da ist es nicht. Aber wo ist dann meiner?«

Heymbacken gab keine Antwort. Seine Augen waren wieder geschlossen, und er presste den Hörer ans Ohr. Pfeffer hörte quakende Laute.

»Ich frage Sie, wo ist mein Hörer?«, schrie Pfeffer. Jetzt konnte er nichts mehr hören. Es rauschte und knackte, dann ertönte das Freizeichen. Pfeffer warf den Hörer auf die Gabel und lief auf den Gang hinaus. Er riss die Türen der Büros auf und sah überall Mitarbeiter, die wie versteinert dasaßen oder -standen und aussahen wie Wachsfiguren mit Glasaugen. Andere wanderten von einer Ecke in die andere, zogen ein Telefonkabel hinter sich her und stiegen jedes Mal darüber. Wieder andere waren fieberhaft am Schreiben – in dicke Hefte, auf Papierfetzen, auf Zeitungsränder. Jeder hielt einen Hörer fest ans Ohr gepresst, als fürchtete er, auch nur ein Wort zu verpassen. Kein Telefon war unbesetzt. Pfeffer versuchte, einem in Trance erstarrten Mitarbeiter den Hörer wegzunehmen, aber der junge Mann in Monteurkleidung lebte unversehens wieder auf, brüllte und schlug um sich. Die anderen zischten und fuchtelten mit den Armen. Einer schrie hysterisch: »Unverschämtheit! Ruft den Ordnungsdienst.«

»Wo ist mein Hörer?«, rief Pfeffer. »Ich bin ein Mensch wie ihr, und ich habe das Recht, etwas zu erfahren! Lasst mich auch hören! Gebt mir meinen Hörer!«

Man stieß ihn hinaus und sperrte die Türe hinter ihm ab. Pfeffer stieg hinauf bis ins oberste Stockwerk. Am Eingang zum Dachboden, neben dem Motorengehäuse des immer defekten Aufzugs, saßen zwei diensthabende Mechaniker an einem Tisch und spielten »Schiffchen versenken«. Pfeffer lehnte sich schwer atmend gegen die Wand. Die Mechaniker blickten ihn kurz an, lächelten ihm zerstreut zu und beugten sich wieder über ihre Zettel.

»Habt ihr auch keine eigenen Hörer?«, fragte Pfeffer.

»Doch«, sagte einer der Mechaniker. »Haben wir. So weit ist es mit uns noch nicht gekommen.«

»Aber warum hört ihr dann nicht zu?«

»Da ist alles still, wozu sollten wir dann hören?«

»Und warum ist alles still?«

»Wir haben das Kabel durchgeschnitten.«

Pfeffer wischte sich mit einem zusammengeknüllten Tuch über Gesicht und Hals, wartete ab, bis der eine Mechaniker den anderen besiegt hatte, und ging dann wieder hinunter. In den Gängen wurde es laut. Die Türen öffneten sich, die Mitarbeiter traten heraus, um zu rauchen. Geschäftige, aufgeregte und lebhafte Stimmen waren zu hören. »Ich kann Ihnen versichern: Das Eskimo, das Eis am Stiel, haben die Eskimos erfunden. Wie bitte? Ich habe das in einem Buch gelesen … Aber hören Sie den Zusammenklang nicht selbst? Eski – mos. Es – ki – mo. Wie bitte? …« – »Ich habe im Katalog von Ivère nachgeschlagen. 150.000 Francs, und das im Jahre 1956. Sie können sich vorstellen, was sie heute kostet.« – »Komisch schmecken diese Zigaretten. Man sagt, dass in die Zigaretten überhaupt kein Tabak mehr gefüllt wird, sondern irgendein Papier, das zerkrümelt und mit Nikotin getränkt wird …« – »Auch von Tomaten kann man Krebs bekommen. Von Tomaten, vom Pfeiferauchen, von Eiern, von Seidenhandschuhen …« – »Wie haben Sie geschlafen? Stellen Sie sich vor, ich konnte die ganze Nacht nicht schlafen. Ständig dröhnte dieser Rammbär. Hören Sie? Und so ging es die ganze Nacht … Guten Tag, Pfeffer! Und da sagen die Leute, Sie seien abgereist … Das ist gut, dass Sie geblieben sind …« – »Endlich haben sie den Dieb! Wissen Sie noch, wie die Sachen plötzlich verschwunden sind? Es war der Diskuswerfer aus dem Park, Sie wissen doch, die Statue am Brunnen. Da ist noch diese unanständige Aufschrift am Bein …« – »Pfeffer, sei so lieb und leih mir ein bisschen was bis zur Gehaltszahlung, bis morgen also …« – »Aber er ist ihr nicht nachgelaufen. Sie hat sich ihm selbst an den Hals geworfen. Und das vor dem Ehemann. Sie glauben es nicht, aber ich habe es mit eigenen Augen gesehen …«

Pfeffer ging hinunter in sein Büro, grüßte Kim und wusch sich die Hände. Kim arbeitete nicht. Er saß da, hatte die Hände ruhig auf dem Tisch liegen und betrachtete die geflieste Wand. Pfeffer nahm die Hülle von der Mercedes, drückte den Stecker in die Dose und drehte sich erwartungsvoll zu Kim.

»Heute kann man nicht arbeiten«, sagte Kim. »Irgendein Trottel geht herum und repariert alles. Und ich sitze da und weiß nicht, was ich tun soll.«

In dem Moment bemerkte Pfeffer einen Zettel auf seinem Tisch: »An Pfeffer. Hiermit bringen wir Ihnen zur Kenntnis, dass sich Ihr Telefon im Büro Nr. 771 befindet.« Die Unterschrift war unleserlich. Pfeffer seufzte.

»Du brauchst gar nicht zu seufzen«, sagte Kim. »Du hättest rechtzeitig zur Arbeit kommen sollen.«

»Das wusste ich doch nicht«, sagte Pfeffer. »Ich wollte heute eigentlich abreisen.«

»Selber schuld«, sagte Kim trocken.

»Trotzdem habe ich etwas mitgehört. Und weißt du, Kim, ich habe nichts verstanden. Wie kommt das?«

»Etwas mitgehört! Du Dummkopf! Idiot. Du hast eine solche Gelegenheit verpasst, dass ich nicht einmal Lust habe, mich mit dir zu unterhalten. Jetzt muss ich dich dem Direktor vorstellen. Einfach aus Mitleid.«

»Tu das«, sagte Pfeffer. »Weißt du, manchmal habe ich etwas aufgeschnappt, Gedankenfetzen, und ich glaube, sehr interessante. Aber wenn ich jetzt versuche, mich daran zu erinnern, kommt nichts …«

»Wessen Telefon war es denn?«

»Ich weiß nicht. Das, wo Heymbacken sitzt.«

»Aha … Stimmt, die bekommt gerade ein Kind. Heymbacken hat einfach kein Glück. Da nimmt er sich eine neue Mitarbeiterin, und kaum hat sie ein halbes Jahr bei ihm gearbeitet, kriegt sie ein Kind … Ja, Pfeffer, du hast den Hörer einer Frau erwischt. Ich weiß gar nicht, wie ich dir jetzt helfen soll … Normalerweise hört niemand die ganze Zeit zu, die Frauen wahrscheinlich auch nicht. Der Direktor wendet sich ja immer an alle, gleichzeitig aber auch an jeden Einzelnen. Verstehst du?«

»Ich fürchte, dass …«

»Ich zum Beispiel empfehle so zu hören: Du ordnest die Rede des Direktors in einer Zeile an, ohne Satzzeichen zu setzen. Dann wählst du willkürlich Wörter aus, wobei du in Gedanken Dominosteine setzt. Stimmen die Hälften überein, so ist das Wort angenommen und wird auf ein gesondertes Blatt geschrieben. Falls keine Übereinstimmung besteht, ist das Wort vorübergehend ausgeschlossen, verbleibt jedoch in der Zeile. Da sind noch einige Feinheiten, die mit der Häufigkeit von Vokalen und Konsonanten zusammenhängen, aber das sind dann schon sekundäre Effekte. Verstehst du?«

»Nein«, sagte Pfeffer. »Das heißt, ja. Schade, dass ich diese Methode nicht kannte. Und was hat er heute gesagt?«

»Das ist nicht die einzige Methode. Da gibt es zum Beispiel die Spiralmethode mit variablem Verlauf. Sie ist ziemlich grob; aber wenn es um wirtschaftliche Dinge geht, ist sie recht bequem, weil sie sehr einfach ist. Zudem gibt es die Stevenson-Sade-Methode, sie erfordert allerdings eine elektronische Apparatur ... Deswegen ist die Domino-Methode wohl die beste von allen; in Einzelfällen, bei speziellem und beschränktem Vokabular, eignet sich auch die Spiralmethode.«

»Danke«, sagte Pfeffer. »Und worüber hat der Direktor heute gesprochen?«

»Was heißt hier worüber?«

»Wie? Worüber? Also, was hat er ... gesagt?«

»Wem?«

»Wem? Na dir, zum Beispiel.«

»Leider kann ich dir darüber nichts sagen. Das Material ist vertraulich, und du, lieber Pfeffer, bist nun mal ein externer Mitarbeiter. Sei also nicht böse.«

»Ich bin nicht böse«, erwiderte Pfeffer. »Ich wollte nur herausfinden ... Er sagte doch etwas vom Wald, von der Freiheit des Willens ... Ich habe neulich Steinchen in die Schlucht geworfen, einfach so, ohne besondere Absicht, und er hat auch darüber etwas gesagt.«

»Erzähl mir nichts darüber«, sagte Kim nervös. »Das geht mich nichts an. Und dich auch nicht, nachdem es ja auch nicht dein Hörer war.«

»Wart mal, hat er was vom Wald erzählt?«

Kim zuckte mit den Schultern und sagte:

»Aber ja, natürlich. Er spricht doch nie von etwas anderem. Aber lassen wir jetzt das Gespräch. Erzähl mir lieber, wie das mit deiner Abreise war.«

Pfeffer erzählte ihm alles.

»Es bringt nichts, ihn die ganze Zeit zu schlagen«, sagte Kim nachdenklich.

»Ich kann nichts dafür. Ich bin ein ziemlich guter Schachspieler, und er ist ein Amateur ... Außerdem spielt er sehr merkwürdig ...«

»Das ist unwichtig. Ich an deiner Stelle würde mir das alles einmal richtig durch den Kopf gehen lassen. Überhaupt gefällst du mir in letzter Zeit nicht so richtig ... Ständig diese Schreiben, in denen du denunziert wirst ... Weißt du was, morgen verschaffe ich dir einen Termin beim Direktor. Geh zu ihm und erkläre ihm alles. Ich denke, dass er dich gehen lassen wird. Du musst betonen, dass du Linguist und Philologe bist und nur ganz zufällig hierhergeraten bist. Und dann erinnerst du ihn nebenbei daran, dass du eigentlich in den Wald wolltest, es dir aber anders überlegt hättest, weil du dich nicht für kompetent genug hältst.«

»In Ordnung.«

Sie schwiegen eine Weile. Pfeffer stellte sich vor, wie er vor dem Direktor stehen würde, und erschrak. Die Domino-Methode, dachte er. Stevenson-Sade ...

»Und die Hauptsache: Schäm dich nicht zu weinen«, sagte Kim. »Er mag das.«

Pfeffer sprang hoch und wanderte aufgeregt im Zimmer auf und ab.

»Oh Gott«, sagte er. »Wenn ich wenigstens wüsste, wie er aussieht. Was er für ein Mensch ist.«

»Was er für ein Mensch ist? Kleine Statur, rotblond ...«

»Heymbacken hat gesagt, er sei ein Riese.«

»Heymbacken ist ein Trottel. Ein Aufschneider und ein Lügenmaul. Der Direktor ist rotblond, dicklich und hat an der rechten Wange eine kleine Narbe. Beim Gehen schwankt er ein bisschen, wie ein Seemann. Und das ist er ja auch: ein ehemaliger Seemann.«

»Trumpf hat aber gesagt, er sei mager und trage die Haare lang, weil er nur noch ein Ohr habe.«

»Was für ein Trumpf ist das wieder?«

»Der Kraftfahrer, das habe ich dir doch erzählt.«

Kim lachte böse auf. »Woher sollte Kraftfahrer Trumpf das denn wissen? Jetzt pass mal auf, Pfeffer, so leichtgläubig darf man wirklich nicht sein.«

»Trumpf sagte, er sei sein Chauffeur gewesen und habe ihn mehrfach gesehen.«

»Und? Wahrscheinlich lügt er. Ich war sein persönlicher Sekretär, und habe ihn kein einziges Mal gesehen.«

»Wen?«

»Den Direktor. Ich war längere Zeit Sekretär bei ihm, bevor ich promovierte.«

»Und du hast ihn kein einziges Mal gesehen?«

»Natürlich nicht! Denkst du etwa, das ist so einfach?«

»Moment mal, woher weißt du dann, dass er rotblond und dicklich ist?«

Kim schüttelte den Kopf.

»Pfeffer«, sagte er zärtlich. »Lieber Freund. Niemand hat je ein Wasserstoffatom gesehen, aber alle wissen, dass es eine Elektronenhülle mit ganz bestimmten Eigenschaften besitzt und einen Kern, der im einfachsten Fall aus einem Proton besteht.«

»Stimmt«, sagte Pfeffer müde. Er war erschöpft. »Dann sehe ich ihn also morgen?«

»Frag mich etwas Leichteres«, sagte Kim. »Ich vereinbare einen Termin für dich, das verspreche ich dir. Was du dort aber sehen wirst und wen, weiß ich nicht. Und was du dort zu hören bekommst, weiß ich auch nicht. Du fragst mich ja auch nicht, ob dich der Direktor gehen lässt oder nicht, und du tust gut daran. Denn das kann ich nicht wissen, oder?«

»Das sind aber zwei verschiedene Sachen«, sagte Pfeffer.

»Das ist dasselbe, Pfeffer«, sagte Kim. »Ein und dasselbe.«

»Wahrscheinlich mache ich einen ziemlich verwirrten Eindruck«, sagte Pfeffer betrübt.

»Ja, ein wenig.«

»Sicher, weil ich in der letzten Nacht schlecht geschlafen habe.«

»Warum?«

Pfeffer begann zu erzählen und bekam einen Schreck. Kims gutmütiges Gesicht lief plötzlich rot an, seine Haare sträubten sich. Er brüllte los, riss den Telefonhörer von der Gabel, wählte wie rasend eine Nummer und schrie: »Ist da der Verwalter? Was soll das heißen? Wie können Sie es wagen, Pfeffer auszuquartieren? Schnauze! Ich frage Sie nicht, ob sein Visum abgelaufen ist, ich frage Sie, wie Sie es wagen können, ihn auszuquartieren! Was? Schnauze! Unterstehen Sie sich! Was? Geschwätz, Unsinn! Ich werde Sie zertrampeln, Sie und Ihren Claudius Octavianus! Sie werden Klos putzen, in den Wald abgestellt, innerhalb von vierundzwanzig Stunden, innerhalb von sechzig Minuten! Was? … Aha … Aha … Was? Aha … Richtig. Das ist etwas anderes. Und die beste Bettwäsche … Das ist Ihre Sache, meinetwegen auf der Straße … Was? Sehr schön. In Ordnung. Ich danke Ihnen. Entschuldigen Sie die Störung … Natürlich … Vielen Dank. Auf Wiederhören.«

Er legte den Hörer auf.

»Alles in Ordnung«, sagte er. »Er ist eben doch ein guter Mensch. Geh und ruh dich aus. Du wirst in seiner Wohnung wohnen, er zieht mit seiner Familie in dein früheres Zimmer um. Anders kann er es leider nicht einrichten … Und streite bitte nicht deswegen, ich flehe dich an, streite nicht, diese Sache geht uns beide gar nichts an. Er hat es selbst so entschieden. Geh schon, geh, das ist ein Befehl. Und wegen des Direktors rufe ich dich noch an …«

Pfeffer wankte auf die Straße, blieb kurz stehen und kniff die Augen zusammen. Die Sonne blendete ihn. Dann schlug er den Weg zum Park ein, um seinen Koffer zu suchen. Er konnte ihn nicht sofort finden, denn der diebische Diskuswerfer aus Gips, der vor dem Brunnen stand, hielt ihn fest in seiner muskulösen Hand. Den linken Oberschenkel zierte eine unanständige Aufschrift. Nein, gar so unanständig war sie nicht. Mit Tintenstift stand darauf geschrieben: »Mädchen, hütet euch vor Syphilis.«

4

Kandid

Es war noch dunkel, als Kandid aufbrach. Bis zur Siedlung hatte er ungefähr zehn Kilometer zu gehen, und er wollte zum Mittagessen zurück sein. Kandid kannte den Weg; er war gut ausgetreten und übersät mit kahlen Stellen, die von verschüttetem Grasvertilger rührten. Der Weg galt als ungefährlich. Zu beiden Seiten erstreckten sich warme, bodenlose Sümpfe, in denen rostfarbenes, übelriechendes Wasser stand; daraus hervor ragten schwarze, faulige Äste. Klebrige Hüte riesiger, giftiger Moorpilze waren zu sehen, die sich wie runde, glänzende Kuppeln emporwölbten, und manchmal entdeckte er längs des Wegs die verlassenen, zertretenen Behausungen von Wasserspinnen. Der Sumpf selbst war vom Weg aus schwer zu sehen. Aus dem dichten Geflecht der Baumkronen hingen Myriaden dicker, grüner Taue und spinnwebzarter Fäden herab und strebten mit ihren ungeduldigen Wurzeln dem Morast zu. Das wilde, hemmungslose Grün wirkte wie eine Wand, wie ein Nebel, der alles verschluckte außer Gerüchen und Geräuschen. Von Zeit zu Zeit brach oben etwas ab, krachte durch die gelbgrüne Dämmerung und klatschte unten schwer und heftig auf; der Sumpf holte Atem, gluckste und schmatzte. Dann trat wieder Stille ein – doch kurze Zeit später drang durch den dichten grünen Schleier der Blähgestank der aufgewühlten Tiefe. Es hieß, der Mensch dürfe nicht über diesen bodenlosen Sumpf gehen – die Totenmenschen hingegen schon, denn sie nehme der Sumpf nicht auf. Kandid brach sich einen dicken Ast ab, nicht weil er sich vor den Totenmenschen gefürchtet hätte, sie waren für Männer in der Regel nicht gefährlich, aber über den Wald und den Sumpf erzählte man sich allerlei Geschichten, und einige davon konnten wahr sein – so abwegig sie ihm auch vorkamen.

Etwa fünfhundert Schritte vom Dorf entfernt holte ihn Nawa ein. Kandid blieb stehen.

»Warum bist du ohne mich gegangen?«, fragte sie keuchend. »Ich habe dir doch gesagt, dass ich mit dir gehe, ohne dich bleibe ich nicht in diesem Dorf. Was soll ich dort allein? Niemand mag mich, und du bist mein Mann, du musst mich mitnehmen. Dass wir noch keine Kinder haben, macht nichts, du bist trotzdem mein Mann und ich deine Frau, und die Kinder kommen schon noch ... Obwohl ich im Moment, das sage ich dir ganz ehrlich, noch keine Kinder möchte, ich weiß auch gar nicht wozu, was sollten wir mit ihnen? ... Egal, was der Dorfälteste oder der Alte sagen ... Bei uns im Dorf war es ganz anders: Wer wollte, hatte Kinder, wer nicht wollte, hatte keine ...«

»Jetzt geh schon heim«, sagte Kandid. »Wie kommst du darauf, dass ich weggehen will? Ich bin auf dem Weg in die Siedlung und zum Mittagessen wieder zu Hause ...«

»Das ist gut, ich gehe mit dir, und zum Mittagessen kommen wir zurück. Ich habe gestern Abend gekocht und alles versteckt, damit es der Alte nicht findet ...«

Kandid marschierte weiter. Streiten hatte jetzt keinen Sinn. Sollte sie eben mitkommen. Er wurde sogar richtig munter und kam in Fahrt. Am liebsten hätte er sich mit jemandem angelegt, seinen Ast geschwungen und seine Verzweiflung, Wut und Ohnmacht, die sich über die vielen Jahre angestaut hatten, an jemandem ausgelassen. An den Dieben zum Beispiel. Oder an den Totenmenschen. Was machte es für einen Unterschied? Sollte sie nur mitkommen. Eine schöne Ehefrau ... Nicht mal Kinder wollte sie. Er holte weit aus und ließ den Ast auf einen Baumstamm krachen, der dicht neben dem Weg im Wasser schwamm. Fast wäre er gestrauchelt, denn der Stamm zerfiel, und der Ast durchschnitt ihn wie einen Schatten. Ein paar graue Tierchen sprangen flugs heraus und tauchten glucksend ins dunkle Wasser.

Nawa trabte neben ihm her. Manchmal lief sie auch voraus. Dann blieb sie wieder zurück oder fasste ihn mit beiden Händen am Arm und hakte sich zufrieden unter. Sie erzählte vom Essen, das sie so geschickt vor dem Alten versteckt hatte – vor dem Alten und den wilden Ameisen, die es sonst nämlich aufgefressen hätten; jetzt aber würden sie es nie im Leben entdecken. Sie sei, sagte sie, von einer boshaften Fliege geweckt worden; er, Schweiger, habe gestern schon geschnarcht, als sie eingeschlafen sei, und habe im Schlaf unverständliche Wörter gemurmelt. Schweiger, sagte sie, woher kennst du solche Wörter? Man wundert sich. Niemand bei uns im Dorf kennt solche Wörter, nur du. Und du kanntest sie schon immer, sogar als du ganz krank warst, schon damals …

Kandid hörte zu – und hörte doch nicht zu. In seinem Gehirn hatte sich das übliche, lästige Rauschen breitgemacht. Er ging seines Wegs, versunken in ein dumpfes, beredtes Grübeln, warum er denn über nichts nachdenken könne. Vielleicht kam es von den endlosen Impfungen, mit denen sich die Dorfbewohner beschäftigten, wenn sie gerade nicht dem Geschwätz frönten. Doch vielleicht lag es auch an etwas anderem … Möglich, dass sich diese ganze träge Lebensweise auf ihn auswirkte. Sie war nicht einmal primitiv zu nennen: Man vegetierte einfach vor sich hin. Auch er lebte seit ewigen Zeiten so, seit sein Hubschrauber mit voller Geschwindigkeit gegen ein unsichtbares Hindernis gerast war, sich vornübergeneigt hatte und wie ein Stein in den Sumpf gefallen war … Wahrscheinlich wurde ich dabei aus der Kabine geschleudert, dachte er. Zum tausendsten Mal dachte er das. Ich habe mir irgendwo den Kopf angeschlagen und mich davon nicht mehr erholt … Und wäre ich nicht herausgeschleudert worden, wäre ich mit dem Hubschrauber im Sumpf versunken. Es war also gut, dass ich herausgeschleudert wurde … In dem Moment fiel ihm auf, dass das logische Gedankengänge waren, und er freute sich. Denn die Fähigkeit, logisch zu denken, hatte er längst verloren geglaubt und schon befürchtet, nur noch dies »übermorgen, übermorgen« aufsagen zu können.

Er blickte zu Nawa.

Das Mädchen hing an seinem linken Arm, schaute ihn von unten herauf an und sagte: »Sie drängten sich alle zu einem Haufen zusammen, und es wurde furchtbar heiß, du weißt ja, wie heiß sie sind. Der Mond schien in dieser Nacht überhaupt nicht. Da schubste mich Mama leicht, und ich kroch auf allen vieren durch die ganzen Beine hindurch. Mama habe ich nie mehr gesehen …«

»Nawa«, sagte Kandid, »schon wieder erzählst du mir diese Geschichte. Du hast sie mir schon zweihundertmal erzählt.«

»Ja und?«, fragte Nawa verwundert. »Du bist seltsam, Schweiger. Was soll ich dir denn sonst erzählen? Sonst kann ich mich an nichts erinnern und weiß nichts. Ich werde dir doch nicht erzählen, wie wir letzte Woche einen Keller gegraben haben, das hast du ja selbst gesehen. Wenn ich mit jemand anderem den Keller gegraben hätte, mit Hinker zum Beispiel oder mit Schwätzer …« Plötzlich lebte sie auf: »Weißt du, Schweiger, was spannend wäre? Erzähl doch du mir, wie wir den Keller gegraben haben. Das hat mir nämlich noch niemand erzählt, weil es ja niemand gesehen hat …«

Doch Kandids Gedanken schweiften wieder ab. Gelbgrüne Blätter schwammen langsam schaukelnd vorbei, im Wasser keuchte und atmete es, und mit einem feinen Surren flog ein Schwarm weiß schimmernder Weichkäfer vorbei, wie man sie zur Zubereitung berauschender Getränke verwandte. Der Weg war mal weich vor hohem Gras, mal hart durch Schotter und Geröll. Überall gelbe, graue und grüne Flecken – nichts, was den Blick hätte festhalten können, nichts, was im Gedächtnis haften geblieben wäre. Dann bog der Pfad scharf nach links, Kandid machte noch ein paar Schritte und erstarrte. Sogar Nawa verstummte mitten im Satz.

Mitten auf dem Weg, den Kopf im Sumpf, lag ein großer Totenmensch. Arme und Beine waren aufgeschlitzt und furchtbar verdreht. Der Totenmensch lag unbeweglich auf dem zerdrückten und vor Hitze gelb versengten Gras. Er war bleich, und selbst aus dieser Entfernung war zu erkennen, wie furchtbar man auf ihn eingedroschen hatte; der Körper lag da wie Sülze. Kandid ging vorsichtig an ihm vorbei. Unruhe befiel ihn. Der Kampf hatte gerade erst stattgefunden, denn die niedergedrückten, gelben Grashalme richteten sich gerade langsam auf. Kandid sah sich den Weg genauer an und entdeckte viele Spuren, konnte sie jedoch nicht deuten. Ein paar Schritte weiter vorn machte der Weg erneut eine Biegung, und was sich dahinter verbarg, war nicht vorherzusehen. Nawa schaute noch immer zu dem Totenmenschen hin.

»Das waren keine von uns«, sagte sie leise. »Unsere Leute können das nicht. Faust droht zwar immer, aber der kann es auch nicht. Der fuchtelt bloß mit den Armen, und die aus der Siedlung können es auch nicht … Komm, Schweiger, lass uns umkehren! Vielleicht waren es die Krüppel? Die Leute sagen, dass sie sich hier herumtreiben, nicht oft, aber es kommt vor. Gehen wir lieber zurück … Warum hast du mich überhaupt zur Siedlung geführt? Als ob ich da noch nie gewesen wäre!«

Kandid wurde wütend. Was sollte das? Hundertmal war er diesen Weg schon gegangen und nie hatte er dabei irgendetwas Besonderes oder Außergewöhnliches erlebt. Und jetzt, wo er doch morgen losgehen wollte – nicht übermorgen, sondern morgen, endlich! –, stellte sich der einzig sichere Weg als gefährlich heraus. Zur »Stadt« gelangte man nur über die Siedlung … Wenn man überhaupt zur »Stadt« durchkommen konnte, ja, wenn es sie überhaupt gab … Dann führte der Weg zu ihr einzig und allein über die Siedlung …

Er ging zu dem Totenmenschen zurück, blieb stehen und stellte sich vor, was Hinker, Faust und Schwanz an seiner Stelle täten: Sie würden ununterbrochen schwatzend, prahlend und drohend um den Totenmenschen herumgehen und dann, noch immer schwatzend, prahlend und drohend, dem Ort des Geschehens den Rücken kehren und ins Dorf zurückgehen. Kandid bückte sich und fasste den Totenmenschen an den Beinen. Die Beine waren noch heiß, aber man verbrannte sich nicht mehr daran. Mit einem Ruck warf er den massigen Körper in den Sumpf, hörte zuerst ein Schmatzen, dann ein Zischen und sah, wie der Sumpf nachgab. Der Totenmensch verschwand, und über das dunkle Wasser lief ein leichtes Zittern. Dann war alles wieder still.

»Nawa«, sagte Kandid, »geh zurück ins Dorf.«

»Wie kann ich ins Dorf gehen«, sagte Nawa nachdenklich, »wenn du nicht ins Dorf gehst? Etwas anderes wäre es, wenn du mitgingst …«

»Hör auf zu quatschen«, bat Kandid. »Lauf sofort ins Dorf und warte dort auf mich. Und sprich mit niemandem.«

»Und du?«

»Ich bin ein Mann«, sagte Kandid. »Mir tut keiner was.«

»Von wegen«, widersprach Nawa. »Ich habe dir doch gesagt … Und wenn es doch die Krüppel waren? Denen ist es egal, ob Mann, Frau oder Totenmensch, die machen dich zum Krüppel. Dann wirst du hier herumlaufen, fürchterlich ausschauen und nachts an einem Baum festwachsen … Wie kann ich allein ins Dorf gehen, wenn sie vielleicht hinter mir sind?«

»Es gibt gar keine Krüppel«, sagte Kandid unsicher. »Das ist alles bloß erfunden …«

Er blickte zurück. Da war noch eine Biegung, und was sich dahinter verbarg, ließ sich nicht einmal erahnen. Nawa flüsterte ihm hastig und wortreich etwas ins Ohr, was das

Ganze noch unheimlicher machte. Kandid umfasste seinen Ast fester.

»Gut. Komm mit. Aber bleib an meiner Seite. Wenn ich dir etwas befehle, befolge es, und zwar sofort. Und sei ruhig, halt deinen Mund bis zur Siedlung. Los.«

Schweigen konnte sie natürlich nicht … Sie hielt sich an seiner Seite, lief nicht mehr voraus und blieb auch nicht mehr zurück, aber die ganze Zeit über murmelte sie vor sich hin – zuerst etwas über die Krüppel, dann über den Keller, anschließend über Hinker, mit dem sie zusammengewesen war, und der ihr eine Pfeife gemacht hatte. Sie ließen die erste gefährliche Biegung hinter sich, dann die zweite, und Kandid wollte sich schon beruhigen, als aus dem hohen Gras, direkt vom Sumpf, Gestalten heraustraten und schweigend vor ihnen stehen blieben.

Nein, dachte Kandid müde, was habe ich bloß für ein Pech … Alles geht schief. Dann schielte er zu Nawa. Nawa schüttelte den Kopf und verzog das Gesicht.

»Gib mich nicht weg, Schweiger«, murmelte sie. »Ich will nicht mit denen gehen. Ich will bei dir bleiben. Gib mich nicht weg.«

Er sah sich die Leute genauer an. Es waren sieben Männer. Ihr wucherndes Haar ließ nur die Augen frei, und in den Händen hielten sie gewaltige, knorrige Äste. Sie kamen nicht von hier, waren in völlig andere Pflanzen gekleidet als die Hiesigen. Das waren Diebe.

»Was bleibt ihr stehen?«, dröhnte die tiefe Stimme des Anführers. »Kommt näher, wir haben nichts Böses vor … Wärt ihr Totenmenschen, wäre das etwas anderes. Da würden wir gar nicht erst reden, sondern Äste und Stöcke sprechen lassen, sonst nichts … Wohin geht ihr? In die Siedlung wahrscheinlich. Bitte schön, geh nur zu, Alter. Aber die Braut lass hier. Kein Grund zur Trauer, Alter, bei uns wird's ihr besser gehen als bei dir …«

»Nein«, sagte Nawa. »Ich will nicht zu denen. Damit du es weißt, Schweiger, ich will nicht zu denen, das sind doch Diebe …«

Die Diebe lachten. Sie ärgerten sich gar nicht; anscheinend waren sie schon daran gewöhnt.

»Und zusammen lasst ihr uns nicht durch?«, fragte Kandid.

»Nein«, sagte der Anführer, »zusammen nicht. Es sind lauter Totenmenschen in der Gegend, da ist deine Braut sowieso verloren, wird eine ›glorreiche Freundin‹ oder so was. Das nützt aber weder dir noch uns, Alter. Denk mal drüber nach, wenn du ein Mensch und kein Totenmensch bist. Wie ein Totenmensch siehst du zwar nicht aus, aber für einen Menschen bist du auch ziemlich merkwürdig …«

»Sie ist doch noch ein Mädchen«, sagte Kandid. »Warum wollt ihr ihr wehtun?«

Der Anführer blickte erstaunt.

»Wieso denn wehtun? Sie wird doch nicht ewig ein Mädchen bleiben; wenn es soweit ist, wird sie zur Frau … nicht zu einer ›glorreichen Freundin‹, sondern zur Frau.«

»Der lügt bloß«, sagte Nawa. »Glaub ihm nicht, Schweiger, du musst schnell etwas tun, wo du mich schon hierhergeführt hast … sonst holen sie mich wie Hinkers Tochter, die haben sie auch geholt, und seitdem hat sie niemand mehr gesehen. Ich will nicht zu ihnen, lieber werde ich eine ›glorreiche Freundin‹ … Schau, wie wild und dürr sie sind, die haben anscheinend nicht einmal was zum Essen …«

Kandid blickte hilflos um sich, doch plötzlich kam ihm eine Idee, eine ausgezeichnete Idee …

»Hört zu, Jungs«, bat er die Diebe. »Nehmt uns beide.«

Die Diebe kamen gemächlich näher. Der Anführer musterte Kandid aufmerksam vom Kopf bis zu den Füßen.

»Nein«, sagte er. »Dich können wir nicht brauchen. Ihr Dörfler seid doch zu gar nichts nütze. Mumm habt ihr keinen, und niemand weiß, wozu ihr überhaupt da seid, mit bloßen Händen kriegt man euch. Nein, wir brauchen dich nicht, Alter. Außerdem sprichst du nicht wie alle anderen, wer weiß, was du für einer bist, geh du nur zur Siedlung und lass uns die Braut da.«

Kandid holte tief Atem, fasste den Ast mit beiden Händen und sagte leise: »Lauf, Nawa! Lauf und dreh dich nicht um. Ich halte sie auf.«

So was Blödes, dachte er bei sich. Dass ich in so eine dumme Lage komme … Ihm fiel der Totenmensch ein, der mit dem Kopf im dunklen Wasser gelegen und wie Sülze ausgesehen hatte. Er hob den Ast hoch über den Kopf.

»Heh, heh!«, schrie der Anführer.

Und im selben Moment stürzten alle sieben Diebe nach vorn, rutschten immer wieder aus, schubsten und stießen sich gegenseitig. Einige Sekunden lang hörte Kandid noch das flinke Trappeln von Nawas Füßen, aber dann war keine Zeit mehr dafür. Er bekam Angst und schämte sich dafür. Doch wich seine Angst schnell, als er feststellte, dass der einzig ernstzunehmende Kämpfer bei den Dieben ihr Anführer war. Kandid wehrte dessen Hiebe ab, so gut er konnte, und sah, wie die übrigen bloß stumpfsinnig und drohend ihre Äste schwangen, aneinander hängenblieben, übertrieben weit ausholten und dadurch ins Taumeln gerieten. Andauernd blieben sie stehen, um in die Hände zu spucken. Plötzlich schrie einer verzweifelt auf: »Ich gehe unter!« und rutschte mit einem lauten Platschen in den Sumpf. Zwei der Diebe warfen sofort ihre Äste weg und begannen, ihn wieder herauszuziehen. Der Anführer aber hieb weiter auf Kandid ein, stampfte und grunzte, bis Kandid ihn einmal zufällig mit dem Ast an der Kniescheibe traf. Der Anführer ließ auf der Stelle seinen Ast fallen, zischte kurz und sank zu Boden. Kandid sprang zur Seite.

Die beiden Diebe waren immer noch dabei, den anderen aus dem Sumpf zu ziehen; er steckte offenbar fest, sein Gesicht war blau angelaufen. Der Anführer hockte auf dem Boden und betrachtete besorgt die aufgeschlagene Stelle an seinem Knie. Die drei anderen Diebe hatten ihre Äste emporgereckt und rückten hinter dem Anführer zusammen. Auch sie betrachteten über seinen Kopf gebeugt die Verletzung.

»Du bist ein Schafskopf«, sagte der Anführer vorwurfsvoll. »Was machst du denn, du Bauernschädel? Ich möchte bloß wissen, wo du herkommst ... Du merkst gar nicht, dass wir nur dein Bestes wollen, du Holzkopf, du blöder ...«

Kandid wartete nicht länger. Er drehte sich um und lief Nawa so schnell er konnte nach. Die Diebe riefen ihm wütend etwas hinterher, verhöhnten ihn, und der Anführer brüllte: »Haltet ihn! Haltet ihn!« Aber keiner verfolgte ihn. Kandid gefiel das nicht. Er war irgendwie enttäuscht, und während er durch den Wald lief, versuchte er zu verstehen, wie diese unbeholfenen, plumpen und gutmütigen Kerle die Dörfer so in Angst und Schrecken versetzen konnten. Und wie brachten sie es fertig, die Totenmenschen zu besiegen, wo diese doch überaus geschickte, ja, erbarmungslose Kämpfer waren.

Bald sah er Nawa. Sie lief etwa dreißig Schritt vor ihm her und stampfte mit ihren nackten Fersen fest auf der Erde auf. Sie verschwand hinter einer Biegung, tauchte unvermittelt wieder auf, sprang ihm sogar entgegen. Für einen Augenblick erstarrte sie und jagte dann plötzlich geradewegs in den Sumpf, sprang von Stamm zu Stamm, so dass das Wasser spritzte. Kandid war starr vor Schrecken.

»Bleib stehen!«, brüllte er atemlos. »Bist du verrückt?! Halt!«

Nawa blieb stehen, fasste an eine herabhängende Liane und drehte sich zu ihm um. Kandid sah hinter der Biegung drei weitere Diebe hervorkommen. Sie blieben stehen und blickten abwechselnd zu ihm und zu Nawa.

»Schweiger«, schrie Nawa gellend. »Gib ihnen eins über den Schädel und lauf her zu mir! Hier ertrinkst du nicht, keine Angst! Schlag sie, schlag! Mit dem Ast! Huh-huh-huh! Hoh-hoh-hoh!«

»He, du«, sagte einer der Diebe fast besorgt zu ihr. »Schrei nicht so viel rum, halt dich lieber gut fest, sonst kippst du noch um. Und wie sollen wir dich dann wieder herausziehen? …«

Plötzlich hörte Kandid schwerfälliges Getrampel und Huhhuh-Rufe hinter sich, und vor ihm standen noch immer die drei Diebe … Da fasste er seinen Ast an beiden Enden, hielt ihn sich quer vor die Brust und rannte auf die Diebe zu. Er warf sie zu Boden und prallte dabei so heftig gegen einen von ihnen, dass er stürzte. Doch Kandid sprang gleich wieder auf. Vor seinen Augen verschwamm alles, und er hörte, wie jemand erschrocken schrie: »Ich ertrinke!« Dann tauchte ein bärtiges Gesicht vor ihm auf; blindlings schlug er mit dem Ast zu. Der Ast brach ab. Kandid schleuderte das Bruchstück weg und sprang in den Sumpf.

Der Stamm unter seinen Füßen gab nach, und fast wäre Kandid gefallen, doch er sprang sogleich zum nächsten hinüber. So wechselte er von einem Stamm zum nächsten. Stinkender, schwarzer Morast spritzte nach allen Seiten. Nawa kreischte schon siegessicher und pfiff ihm entgegen. Hinter Kandid schimpften die wütenden Stimmen der Diebe: »Ihr mit euren löchrigen Holzarmen!« – »Und du, was hast du?« – »Wir haben das Mädchen entwischen lassen, jetzt geht sie vor die Hunde …« – »Der Kerl ist doch verrückt, sich mit uns anzulegen!« – »Meine Kleider hat er zerrissen, stellt euch vor! Meine guten Sachen, und der zerreißt sie einfach … Aber eigentlich war er das gar nicht, sondern du! Du hast sie mir zerrissen …« – »Jetzt hört mal auf mit dem Gequatsche! Nachlaufen sollt ihr ihnen, nicht quatschen! Da, schaut: Die laufen und ihr quatscht!« – »Und du? Von dir selber sprichst du wohl nicht!« – »Seht mal, wie der mein Bein zugerichtet hat! Das Knie hat er mir zertrümmert! Ich weiß gar nicht, wie das passiert ist, ich hatte gerade ausgeholt …« – »Und Siebenaug – wo ist der? Jungs, der Siebenaug ist am Ersaufen!« – »Am Ersaufen? Tatsächlich … Siebenaug geht unter, und die quatschen!«

Kandid blieb schwer atmend neben Nawa stehen, hielt sich wie sie an Lianen fest und sah zu, wie die merkwürdigen Kerle sich auf dem Weg zusammendrängten. Sie fuchtelten mit den Armen und zogen am Kopf und an den Beinen ihren Siebenaug aus dem Sumpf. Es gluckste und grunzte. Bis zu den Knien im schwarzen Morast, bewegten sich zwei Diebe langsam auf Kandid zu. Den Stämmen wichen sie aus und stocherten mit ihren Ästen in den grasüberwachsenen Stellen. Aha, dachte Kandid bei sich, da haben sie also auch gelogen. Man kann durch den Sumpf waten – und sie haben gesagt, es gebe keinen Weg außer der Straße. Haben mir mit den Dieben Angst eingejagt, mit den Dieben, dass ich nicht lache …

Nawa zog ihn am Arm.

»Gehen wir, Schweiger«, sagte sie. »Was stehst du noch da? Komm, schnell … Oder willst du dich mit ihnen prügeln? Dann warte – ich suche dir einen guten Stock, und dann gibst du's den beiden; die anderen kriegen es wahrscheinlich mit der Angst zu tun. Und wenn sie doch keine Angst kriegen? … Dann fallen sie über dich her, du bist allein und sie … eins … zwei, drei, vier …«

»Und wohin sollen wir gehen?«, fragte Kandid. »Finden wir von hier zur Siedlung?«

»Bestimmt«, sagte Nawa. »Warum sollten wir nicht hinfinden? …«

»Dann geh du voraus«, sagte Kandid. Er hatte schon etwas verschnauft. »Zeig mir, in welche Richtung wir gehen müssen.«

Nawa sprang leichtfüßig in den Wald, ins Dickicht, in das dichte, grüne Gestrüpp.

»Ich weiß nicht genau, wo und wie wir gehen sollen«, sagte sie im Laufen. »Aber ich war schon mal hier, vielleicht auch schon öfter. Ich war mit Hinker hier, als du noch nicht da warst … Das heißt, nein, du warst schon da, aber du hattest dein Gedächtnis verloren. Du konntest nicht denken, sprechen auch nicht, hast uns alle angeschaut wie ein Fisch. Am Ende haben sie dich mir gegeben, ich habe dich gepflegt; nur weißt du das alles wahrscheinlich nicht mehr …«

Kandid sprang hinter ihr her, bemüht, ruhig zu atmen und genau in ihre Fußstapfen zu treten. Von Zeit zu Zeit blickte er sich um. Die Diebe waren nicht weit hinter ihm.

»Ich war mit Hinker hier«, fuhr Nawa fort, »nachdem die Diebe Fausts Frau geholt hatten, Hinkers Tochter. Er nahm mich danach immer mit – vielleicht wollte er mich bei den Dieben gegen seine Tochter austauschen, oder ich sollte ihm seine Tochter ersetzen, ich weiß es nicht. Er nahm mich mit in den Wald, weil er ohne seine Tochter fast verging vor Kummer …«

Die Lianen klebten an den Armen oder peitschten ihnen ins Gesicht, abgestorbene Schlingen blieben an den Kleidern hängen, und die Beine verfingen sich darin. Von oben rieselte es Dreck und Insekten; manchmal senkte sich eine schwere, formlose Masse herab, brach durch das grüne Gewirr und schwebte dann direkt über ihren Köpfen. Durch den Lianenvorhang leuchteten mal links, mal rechts klebrige, lilafarbene Trauben auf. Vielleicht waren es Pilze, vielleicht aber auch Früchte oder Nester, in denen merkwürdiges Getier hauste.

»Hinker sagte, hier gebe es irgendwo ein Dorf …« Nawa konnte beim Laufen mühelos sprechen – so als liefe sie nicht, sondern räkelte sich auf ihrem Bett. Auf den ersten Blick sah man, dass sie nicht von hier war, denn die Hiesigen konnten nicht so laufen. »Nicht unser Dorf und auch nicht die Siedlung, sondern ein anderes. Hinker hat mir gesagt, wie es heißt, aber ich habe es vergessen, das ist schon so lange her, da warst du ja noch gar nicht da … Das heißt, nein, du warst schon da, konntest nur nicht denken, und sie hatten dich noch nicht zu mir gebracht … Beim Laufen musst du durch den Mund atmen, die Nase nützt dir da gar nichts, so kannst du noch gut reden, und dir geht die Luft nicht aus. Wir haben noch lange zu laufen, und wir sind noch nicht an den Wespen vorbei. Dort müssen wir sehr schnell sein, es sei denn, sie sind inzwischen fortgezogen … Die Wespen gehören zu ebendiesem Dorf, aber in dem Dorf sollen schon lange keine Menschen mehr leben, sagt Hinker. Dort war schon die ›Erfassung‹, und es sei niemand übrig geblieben … Nein, Schweiger, da erzähle ich dir etwas Falsches, es war ein anderes Dorf, das Hinker gemeint hat …«

Kandid bekam inzwischen besser Luft, und das Laufen fiel ihm leichter. Sie befanden sich jetzt mitten im Dickicht, im Unterholz. So tief war Kandid erst einmal vorgedrungen – als er nämlich versucht hatte, sich an einen Totenmenschen zu hängen, um sich von ihm zu seinem Herrn und Gebieter tragen zu lassen. Der Totenmensch aber war dahingaloppiert wie ein Pferd und hatte sich so heiß angefühlt wie ein Kessel mit kochendem Wasser. Kandid hatte schließlich vor Schmerz die Besinnung verloren und war zu Boden gestürzt. Und noch lange danach hatten ihn Verbrennungen an Handflächen und Brust gequält …

Es wurde immer dunkler. Der Himmel war nicht mehr zu sehen, und die Schwüle nahm zu. Dafür verschwand das offene Wasser, und rote und weiße Moosbüschel tauchten auf. Das Moos war weich, kühl und federte beim Gehen. Es war angenehm, darauf zu laufen.

»Komm, wir ruhen uns aus …«, keuchte Kandid.

»Nein, Schweiger, auf keinen Fall«, sagte Nawa. »Hier dürfen wir uns nicht ausruhen. Im Gegenteil: Von diesem Moos müssen wir schnell weg, es ist gefährlich. Hinker sagte, es sei gar kein richtiges Moos, sondern ein Tier, eine Art Spinne. Du schläfst darauf ein und wachst nie mehr auf, so ein Moos ist das … Sollen sich die Diebe drauflegen und ausruhen, aber die wissen wahrscheinlich Bescheid, sonst wäre es gut, sehr gut …«

Sie blickte zu Kandid und verlangsamte ihren Schritt. Kandid schleppte sich zum nächsten Baum, ließ sich mit Rücken, Nacken und seiner ganzen Schwere dagegenfallen und schloss die Augen. Er hätte sich gerne hingesetzt, sich auf das Moos geworfen, aber er fürchtete sich. Er sagte sich zwar immer: Bestimmt lügen sie, und die Sache mit dem Moos ist auch eine Lüge. Aber er fürchtete sich trotzdem. Sein Herz hämmerte wild, seine Beine spürte er nicht mehr, so als hätte er keine, seine Lunge wollte bersten und dehnte sich schmerzhaft bei jedem Atemzug. Der Schweiß machte die Welt glitschig und salzig.

»Und wenn sie uns einholen?«, hörte er plötzlich Nawas Stimme wie durch Watte zu sich dringen. »Was sollen wir tun, wenn sie uns einholen? Du bist ja zu gar nichts mehr zu gebrauchen, wahrscheinlich kannst du nicht mal mehr kämpfen, was?«

Er wollte sagen: Doch, kann ich, aber er bewegte nur die Lippen. Vor den Dieben hatte er keine Angst mehr. Er hatte überhaupt keine Angst mehr. Er fürchtete nur, sich zu bewegen und auf das Moos zu legen. Denn das hier war der Wald. Mochten sie lügen, so viel sie wollten – es war der Wald, das wusste er und würde es nie vergessen, selbst wenn er alles Übrige vergäße.

»Schau, nicht mal einen Stock hast du mehr«, sagte Nawa. »Soll ich dir einen suchen, Schweiger? He?«

»Nein«, murmelte er. »Nicht nötig … Ein Stock ist so schwer …«

Er machte die Augen auf und horchte. Die Diebe waren nicht weit entfernt; man hörte sie keuchen und durch das Unterholz stapfen, und in diesem Stapfen lag keine Spur von Leichtigkeit. Für die Diebe war es offenbar genauso mühsam.

»Gehen wir weiter«, sagte Kandid.

Sie gingen an einem Streifen weißen Mooses vorbei, dann kam ein Streifen roten Mooses und dann wieder Sumpf mit stehendem, breiigem Wasser. Darin lagen große, blasse Blüten, die einen unangenehmen Fleischgeruch verströmten. Aus jeder Blüte lugte ein grau geflecktes Tier hervor und verfolgte sie mit seinen Stielaugen.

»Geh schneller, Schweiger«, sagte Nawa in ihrer geschäftigen Art, »sonst saugt sich noch einer fest, und den kannst du dann nicht mehr abreißen. Glaub ja nicht, dass sich keiner mehr ansaugt, bloß weil du geimpft bist. Da wirst du dich wundern; sie sterben natürlich dabei, aber davon hast du ziemlich wenig …«

Der Sumpf hörte plötzlich auf, und das Gelände stieg steil an. Hier wuchs hohes, gestreiftes Gras mit messerscharfen Rändern. Kandid drehte sich um und sah die Diebe. Sie waren stehen geblieben und standen, wie es schien, bis zu den Knien im Sumpf. Sie stützten sich auf ihre Äste und blickten ihnen nach. Keine Luft mehr, dachte Kandid, die haben auch keine Luft mehr. Einer der Diebe hob den Arm, machte eine einladende Bewegung und rief: »Kommt wieder runter, was macht ihr denn da?«

Kandid wandte sich ab und ging Nawa hinterher. Das Gehen auf der festen Erde erschien ihm nach dem sumpfigen Boden leicht und mühelos, selbst als es bergauf ging. Die Diebe schrien etwas herauf – zuerst zwei von ihnen, dann drei. Kandid blickte sich noch einmal um. Die Diebe standen nach wie vor im Sumpf – mitten im Morast, der von Blutegeln wimmelte. Sie waren nicht ins Trockene gegangen. Als sie sahen, dass er sich umblickte, ruderten sie verzweifelt mit den Armen und riefen durcheinander. Was sie schrien, war schwer zu verstehen.

»Zurück«, schrien sie wohl. »Zu-u-rück! Wir tun euch nichts! Dort seid ihr verloren, ihr Dummkö-ö-pfe! …«

So schnell geht das nicht, dachte Kandid böse, seid selber Dummköpfe, und ich habe euch geglaubt. Jetzt reicht es. Ich habe lange genug alles geglaubt …

»Umkeh-ehren! … Wir lassen euch frei-ei-ei! …«, brüllte der Anführer.

So erschöpft sind sie gar nicht, wenn sie so brüllen, ging es Kandid durch den Kopf. Doch Nawa war schon zwischen den Bäumen verschwunden, und er eilte ihr nach. Er überlegte, dass sie jetzt wohl ein größeres Stück Weg zurücklegen mussten, um sich dann in Ruhe hinsetzen und Blutegel und Milben vom Körper ziehen zu können.

5
Pfeffer

Um Punkt zehn Uhr betrat Pfeffer das Wartezimmer des Direktors. Es warteten schon ungefähr zwanzig Leute, aber Pfeffer wurde der vierte Platz in der Schlange zugewiesen. Er setzte sich neben Beatrice Wach, eine Mitarbeiterin aus der Gruppe »Hilfe für die ortsansässige Waldbevölkerung«. An seiner anderen Seite hatte ein finster dreinblickender Mitarbeiter aus der Gruppe »Technische Erschließung« Platz genommen, auf dessen Erkennungsplakette und Maske der Name Brandskugel stand. Das Wartezimmer war blassrosa gestrichen; an der einen Wand hing das Schild »Rauchen, Lärm, Verunreinigungen verboten« und an der anderen Wand ein großes Gemälde, das die Heldentat des Waldläufers Selivan zeigte: Vor den Augen seiner bestürzten Kameraden verwandelt sich Selivan mit erhobenen Armen in einen Springbaum. Die rosafarbenen Stores an den Fenstern waren dicht zugezogen, unter der Decke erstrahlte ein riesiger Lüster. Außer der Eingangstür mit der Aufschrift »Ausgang« hatte das Wartezimmer noch eine weitere Tür: Sie war mit gelbem Leder beschlagen, übermäßig groß und trug die Aufschrift »Kein Ausgang«. Die Buchstaben waren in Leuchtfarben geschrieben und wirkten wie eine unheilvolle Warnung. Unter der Aufschrift befand sich der Schreibtisch der Sekretärin; darauf standen vier verschiedenfarbige Telefone und eine elektrische Schreibmaschine. Die Sekretärin, eine füllige ältere Dame mit Zwicker, las mit selbstgefälliger Miene aufmerksam im »Lehrbuch der

Atomphysik«. Die Besucher unterhielten sich halblaut. Viele schienen nervös zu sein und blätterten verkrampft in alten Illustrierten. Das alles erinnerte Pfeffer an ein Wartezimmer beim Zahnarzt; erneut fühlte er ein unangenehmes Frösteln und Zittern in seinen Gliedern und wäre am liebsten auf der Stelle fortgelaufen.

»Sie sind nicht einmal faul«, sagte Beatrice Wach und drehte ihren schönen Kopf zu Pfeffer hinüber. »Aber regelmäßige Arbeit lehnen sie trotzdem ab. Wie erklären Sie sich zum Beispiel diese ungewöhnliche Leichtigkeit, mit der sie ihre angestammten Gebiete verlassen?«

»Sprechen Sie mit mir?«, fragte Pfeffer schüchtern. Er hatte keine Ahnung, wie er die ungewöhnliche Leichtigkeit erklären sollte.

»Nein, ich spreche mit mon cher Brandskugel.«

Le cher Brandskugel rückte den linken Teil des Schnurrbarts zurecht, der im Begriff war sich loszulösen, und murmelte mit erstickter Stimme: »Ich weiß es nicht.«

»Wir wissen es auch nicht«, sagte Beatrice Wach bitter. »Unser Trupp braucht nur in der Nähe eines Dorfes aufzutauchen, und schon verlassen sie die Häuser, lassen alles stehen und liegen und verschwinden. Wir haben den Eindruck, dass sie gar nicht an uns interessiert sind. Sie brauchen nichts von uns. Was meinen Sie: Verhält es sich tatsächlich so?«

Le cher Brandskugel versank eine Weile in Schweigen, so als denke er nach, und blickte Beatrice durch die seltsamen, kreuzförmigen Schießscharten seiner Maske an. Dann sagte er mit unveränderter Intonation: »Ich weiß es nicht.«

»Das Dumme ist«, fuhr Beatrice fort, »dass unsere Gruppe nur aus Frauen besteht. Ich bin sicher, dass es dafür einen guten Grund gibt, aber des Öfteren fehlt es bei uns an männlicher Härte, Strenge, ja, ich würde sagen: Zielstrebigkeit. Leider neigen Frauen dazu, sich zu verzetteln. Sie haben das wahrscheinlich schon bemerkt.«

»Ich weiß es nicht«, sagte Brandskugel. Sein Schnurrbart löste sich plötzlich ab und schwebte sanft zu Boden. Er hob ihn auf, betrachtete ihn aufmerksam, wobei er die Maske etwas anhob, bespuckte ihn fachmännisch und drückte ihn auf seinen früheren Platz.

Auf dem Tisch der Sekretärin ertönte eine kleine Glocke. Sie schob das Lehrbuch zur Seite, rückte mit einer eleganten Bewegung den Zwicker vor die Augen und besah sich die Liste. Dann verkündete sie: »Professor Kakadu, Sie sind dran. Bitte.«

Professor Kakadu ließ die Illustrierte fallen, sprang auf, setzte sich wieder, blickte umher und wurde zusehends bleicher. Dann biss er sich auf die Lippen, drückte sich mit verzerrtem Gesicht aus dem Sessel hoch und verschwand hinter der Tür mit der Aufschrift: »Kein Ausgang«. Einige Sekunden lang herrschte im Wartezimmer gespannte Stille. Dann hörte man erneut halblaute Stimmen, und auch das Rascheln der Seiten war wieder zu vernehmen.

»Es gelingt uns einfach nicht herauszufinden«, sagte Beatrice, »womit wir sie interessieren oder begeistern könnten. Wir haben ihnen bequeme, trockene Häuser auf Pfählen gebaut, aber sie stopfen sie nur mit Torf voll und siedeln Insekten dort an. Wir haben ihnen schmackhafte Speisen angeboten, statt der sauren Brühe, die sie immer essen. Doch es nützte nichts. Wir versuchten, sie anständig anzuziehen; darauf starb einer, und zwei wurden krank. Aber wir setzen unsere Versuche fort. Gestern hat man für sie einen Lastwagen voll Spiegel und vergoldeter Knöpfe im Wald verstreut … Kino interessiert sie nicht, ebenso wenig Musik. Berühmte Kunstwerke entlocken ihnen bloß ein Kichern … Nein, anscheinend müssen wir bei den Kindern anfangen. Ich zum Beispiel würde vorschlagen, ihre Kinder einzufangen und Spezialschulen für sie einzurichten. Leider gibt es da technische Schwierigkeiten: Mit bloßen Händen kriegt man die Kinder nicht zu fassen, dafür bräuchten wir spezielle Maschinen … Aber das wissen Sie ja genauso gut wie ich.«

»Ich weiß nicht«, sagte Le cher Brandskugel wehmütig. Wieder klingelte das Glöckchen, und die Sekretärin sagte: »Beatrice, Sie sind dran. Bitte sehr.«

Beatrice stand hastig auf und wollte schon zur Tür stürzen, blieb dann aber abrupt stehen und blickte sich ratlos um. Sie eilte zu ihrem Platz zurück, schaute unter den Sessel und flüsterte: »Wo ist sie? Wo ist sie bloß?« Mit weit geöffneten Augen durchsuchte sie das Wartezimmer. Dann raufte sie ihre Haare und schrie: »Mein Gott, wo ist sie denn bloß?« Plötzlich fasste sie Pfeffer an der Jacke und zerrte ihn vom Sessel zum Boden. Auf seinem Platz kam nun eine braune Mappe zum Vorschein. Beatrice griff nach ihr und blieb ein paar Sekunden mit geschlossenen Augen und einem ungeheuer erleichterten Gesichtsausdruck stehen. Die Mappe drückte sie fest an die Brust. Dann ging sie langsam zu der Tür, die mit gelbem Leder beschlagen war, und verschwand. Es trat wieder Totenstille ein. Pfeffer stand auf, klopfte seine Hose ab und bemühte sich niemanden anzusehen. Aber keiner beachtete ihn. Alle blickten zu der gelben Tür.

Was soll ich ihm nur sagen, dachte Pfeffer. Ja, ich werde ihm sagen, dass ich Philologe bin und der »Verwaltung« nicht nützlich sein kann. Lasst mich abreisen, und ich verspreche, dass ich nie wieder zurückkehre. Ehrenwort. Und weshalb sind Sie hergekommen? Ich habe mich immer sehr für den Wald interessiert, aber man lässt mich ja nicht hin. Und überhaupt – es war reiner Zufall, dass ich hergekommen bin. Ich bin Philologe, und Philologen, Literaten und Philosophen haben in der »Verwaltung« nichts zu suchen. Man lässt mich also zu Recht nicht in den Wald; das sehe ich ein und bin damit einverstanden … Ich kann weder in der »Verwaltung« bleiben, von wo aus man den Wald schändet, noch im Wald sein, wo man Kinder mit Maschinen einfängt. Ich muss von hier weg und mich mit einfacheren Dingen beschäftigen. Dabei weiß ich, dass man mich hier gerne mag – so, wie ein Kind seine Spielsachen mag. Ich bin unterhaltsam, kann aber niemandem vermitteln, was ich weiß … Nein, das kann ich natürlich nicht sagen. Ich muss ein paar Tränen vergießen, aber wo soll ich die hernehmen? Und wenn er mich nicht gehen lässt … dann schlag ich ihm alles kurz und klein. Ich werde alles kaputtschlagen und mich dann zu Fuß auf den Weg machen. Pfeffer stellte sich vor, wie er über die staubige Straße dahinmarschieren würde, Kilometer um Kilometer, unter der glühenden Sonne, und wie sein Koffer sich immer mehr verselbstständigen würde. Und mit jedem Schritt würde er sich weiter vom Wald entfernen, weiter von seinem Traum, seinem Kummer, der schon lange zum Sinn seines Lebens geworden war …

Jetzt ist schon lange niemand mehr aufgerufen worden, dachte Pfeffer. Wahrscheinlich interessiert sich der Direktor sehr für das Kinderfangprojekt. Aber warum kommt keiner aus dem Zimmer heraus? … Bestimmt gibt es noch einen Ausgang.

»Verzeihen Sie«, wandte er sich an Le cher Brandskugel. »Wie viel Uhr ist es?«

Le cher Brandskugel blickte auf seine Armbanduhr, dachte nach und sagte: »Ich weiß nicht.«

Pfeffer beugte sich an sein Ohr und flüsterte: »Ich werde es niemandem sagen. Nie-man-dem.«

Le cher Brandskugel schwankte. Unschlüssig strich er mit seinem Finger über sein Namensschild aus Plastik, blickte sich verstohlen um, gähnte nervös, blickte sich wieder um, drückte die Maske fester an sich und antwortete flüsternd: »Ich weiß es nicht.«

Dann erhob er sich und ging hastig in die andere Ecke des Wartezimmers.

Dann sagte die Sekretärin: »Pfeffer, Sie sind an der Reihe.«

»Wieso ich?«, wunderte sich Pfeffer. »Ich bin doch erst als Vierter dran.«

»Externer Mitarbeiter Pfeffer«, sagte die Sekretärin, und ihre Stimme wurde lauter. »Sie sind an der Reihe.«

»Da überlegt der noch ...«, brummte jemand.

»So einer gehört davongejagt ...«, hörte er einen anderen sagen. »Mit einem Tritt in den Hintern!«

Pfeffer stand auf. Seine Beine waren weich wie Watte, und mit den Handflächen strich er sich sinnlos über die Kleidung. Die Sekretärin blickte ihn durchdringend an.

»Der riecht schon Lunte ...«, sagte jemand.

»Der kommt nicht ungeschoren davon.«

»Und so einen haben wir bei uns geduldet!«

»Wieso *wir*? *Sie* haben ihn geduldet, nicht ich. Ich sehe ihn zum ersten Mal.«

»Und ich? Auch nicht zum zwanzigsten Mal ...«

»Ru-he!«, sagte die Sekretärin mit erhobener Stimme. »Seien Sie leise! Und verschmutzen Sie den Boden nicht, Sie dahinten ... Ja, ja, zu Ihnen spreche ich. Also, Mitarbeiter Pfeffer, gehen Sie jetzt hinein? Oder soll ich den Ordnungsdienst rufen?«

»Ja«, sagte Pfeffer. »Ich komme.«

Der Letzte, den er im Wartezimmer sah, war Le cher Brandskugel. Die Zähne entblößt, kauerte er hinter einem Sessel in der Ecke. Eine Hand stak in der hinteren Hosentasche. Dann erblickte Pfeffer den Direktor.

Der Direktor war ein drahtiger, sympathischer Mann von ungefähr fünfunddreißig Jahren. Er trug einen teuren, tadellos sitzenden Anzug. Er stand am offenen Fenster und streute den Tauben, die sich vor dem Fensterbrett drängten, Brotkrumen hin. Das Büro war kahl. Es gab keinen Stuhl, nicht einmal einen Tisch, und nur an der Wand gegenüber hing eine verkleinerte Kopie der »Heldentat des Waldläufers Selivan«.

»Der externe Verwaltungsmitarbeiter Pfeffer?«, fragte der Direktor mit klarer, sonorer Stimme und wandte Pfeffer sein Gesicht zu; es wirkte frisch, wie das eines Sportlers.

»J-ja … Das bin ich …«, murmelte Pfeffer.

»Sehr angenehm. Endlich lernen wir uns kennen. Guten Tag. Mein Name ist Ahti. Ich habe schon viel über Sie gehört. Es freut mich, Sie kennenzulernen.«

Pfeffer verbeugte sich vor lauter Schüchternheit und drückte die ihm entgegengestreckte Hand. Sie fühlte sich kräftig und trocken an.

»Sie sehen, ich füttere Tauben. Interessante Vögel, wissen Sie; man spürt, dass sie große Fähigkeiten haben. Was halten Sie von Tauben, Monsieur Pfeffer?«

Pfeffer stockte, weil er Tauben nicht ausstehen konnte. Aber das Gesicht des Direktors strahlte so ein Wohlwollen und lebhaftes Interesse aus, eine solch ungeduldige Erwartung seiner Antwort, dass Pfeffer sich überwand und log: »Ich mag Tauben sehr, Monsieur Ahti.«

»Mögen Sie sie gebraten? Oder lieber gedünstet? Ich zum Beispiel mag sie als Füllung in Pasteten. Piroggen mit Täubchen und ein Glas guter, leicht herber Wein – gibt es etwas Besseres? Was meinen Sie?«

Und wieder spiegelte sich auf Monsieur Ahtis Gesicht größtes Interesse und ungeduldige Erwartung.

»Ja, köstlich«, sagte Pfeffer. Er hatte sich entschlossen, auf alles zu pfeifen und einfach allem zuzustimmen.

»Und die ›Taube‹ Picassos!«, sagte Monsieur Ahti. »Da entsinne ich mich gleich wieder der Verse: ›Sie sind nicht Speise, Trank. Sie fasst kein Kuss. Nicht greifbar eilt vorüber die Sekunde …‹ Wie treffend ist hier unsere Unfähigkeit ausgedrückt, das Schöne einzufangen und greifbar zu machen!«

»Wunderbare Verse«, sagte Pfeffer tonlos.

»Als ich die ›Taube‹ zum ersten Mal sah, dachte ich – wie wahrscheinlich viele andere auch –, dass die Zeichnung falsch, auf keinen Fall aber naturgetreu sei. Später konnte ich mich dann im Rahmen meiner beruflichen Tätigkeit näher mit Tauben befassen, und plötzlich erkannte ich, dass Picasso, dieser Zauberkünstler, einen ganz bestimmten Augenblick festgehalten hat: nämlich den, in dem die Taube vor der Landung ihre Schwingen zusammenlegt. Die Zehen berühren schon den Boden, die Taube selbst befindet sich aber noch in der Luft, ist also noch im Flug begriffen. Es ist ein Augenblick, in dem sich Bewegung in Stillstand verwandelt, es ist der Flug in die Ruhelage.«

»Es gibt Gemälde von Picasso, die sehr merkwürdig sind, und die ich nicht verstehe«, sagte Pfeffer, um eigenes Urteilsvermögen zu beweisen.

»Oh, Sie haben sie bloß nicht lange genug angesehen. Um wirkliche Malerei zu verstehen, genügt es nicht, zwei- oder dreimal im Jahr ins Museum zu gehen. Ein Gemälde muss man stundenlang anschauen. So oft wie möglich. Und nur die Originale. Keine Reproduktionen. Keine Kopien ... Betrachten Sie einmal dieses Bild. Ich kann an Ihrem Gesicht ablesen, was Sie davon halten. Und Sie haben Recht, es ist eine abscheuliche Kopie. Wenn Sie jedoch das Glück hätten, das Original kennenzulernen, würden Sie die Idee des Künstlers verstehen.«

»Und worin besteht sie?«

»Ich will versuchen, es Ihnen zu erklären«, schlug der Direktor bereitwillig vor. »Was sehen Sie auf diesem Bild? Rein formal gesehen, ein Wesen, halb Mensch, halb Baum. Ein statisches Bild; man sieht keinen Übergang von einem Zustand in den anderen. Dem Bild fehlt das Wesentliche: der Verlauf der Zeit. Aber wenn Sie die Möglichkeit hätten, das Original zu betrachten, würden Sie erkennen, dass es dem Künstler gelungen ist, seiner Darstellung einen tiefen symbolischen Gehalt zu geben. Er hat nämlich keinen Baum-Menschen gemalt, auch nicht die Verwandlung eines Menschen in einen

Baum, sondern einzig und allein die Verwandlung eines Baums in einen Menschen. Der Künstler hat die Idee einer alten Legende wiederbelebt, um die Entstehung einer neuen Persönlichkeit darzustellen. Neues aus Altem. Lebendiges aus Totem. Vernunft aus träger Materie. Die Kopie wirkt hingegen vollkommen statisch, und alles, was darauf abgebildet ist, existiert außerhalb der Zeit. Das Original aber bezieht die Bewegung der Zeit mit ein! Den Vektor! Den Pfeil der Zeit, wie Eddington sagen würde …«

»Wo befindet sich denn das Original?«, fragte Pfeffer höflich. Der Direktor lächelte.

»Das Original wurde natürlich vernichtet, da es ein Kunstwerk ist, das keine zwiefache Interpretation zulässt. Die ersten beiden Kopien wurden vorsichtshalber ebenfalls zerstört.«

Monsieur Ahti kehrte ans Fenster zurück und scheuchte die Tauben mit dem Ellbogen vom Fensterbrett.

»So. Über die Tauben haben wir gesprochen«, sagte er nun mit einer völlig veränderten, offiziellen Stimme. »Ihr Name?«

»Wie bitte?«

»Name. Ihr Name.«

»Pfe… Pfeffer.«

»Geburtsjahr?«

»Dreißig …«

»Genauer.«

»1930. Fünfter März.«

»Was machen Sie hier?«

»Ich bin externer Mitarbeiter. Ich wurde der Gruppe ›Wissenschaftlicher Schutz‹ zugeteilt.«

»Ich habe Sie gefragt, was Sie *hier* tun!«, sagte der Direktor und sah Pfeffer geradewegs an.

»Ich … Ich weiß nicht. Ich möchte abreisen. Ich möchte weg von hier.«

»Ihre Meinung über den Wald. Aber kurz.«

»Der Wald ist … Immer will ich … Ich … fürchte ihn … und liebe ihn.«

»Ihre Meinung über die ›Verwaltung‹?«

»Hier sind viele anständige Leute, aber …«

»Das genügt.«

Der Direktor ging auf Pfeffer zu, legte ihm den Arm um die Schultern, blickte ihm in die Augen und sagte: »Hör zu, Freund: Gib's auf! … Eine Flasche Schnaps her! Holen wir die Sekretärin! Hast du das Weib gesehen? Das ist kein Weib – das sind alle Wonnen zusammen. ›Öffnet, oh Freunde, den kostbaren Tropfen‹ …!«, sang er mit dumpfer Stimme. »He? Machen wir eine auf? … Lass, das mag ich nicht. Verstanden? … Was hältst du davon?«

Plötzlich roch der Direktor nach Alkohol und Knoblauchwurst, seine Augen wanderten zur Nasenwurzel.

»Wir rufen den Ingenieur. Brandskugel. Meinen ›Mon cher‹«, fuhr er fort, und drückte Pfeffer an seine Brust. »Der erzählt dir Sachen, da vergisst du alles … Gehen wir?«

»In Ordnung«, sagte Pfeffer, »aber ich …«

»Was gibt's?«

»Ich, Monsieur Ahti …«

»Hör schon auf! Seit wann bin ich denn ›Monsieur‹ für dich? Kamerad, verstanden? Genosse, Freund!«

»Ich bin gekommen, Kamerad Ahti, um Sie zu bitten …«

»Her-r-raus damit! Für dich scheue ich keine Mühe! Brauchst du Geld? – Da hast du welches! Passt dir jemand nicht? – Sag es mir, dann werden wir uns darum kümmern! Also?!«

»I-ich möchte bloß abreisen. Aber ich komme einfach nicht weg. Es war reiner Zufall, dass ich hergekommen bin, Kamerad Ahti, und jetzt habe ich hier nichts mehr zu tun. Bitte, erlauben Sie mir abzureisen. Niemand will mir helfen, und ich bitte Sie als Direktor …«

Ahti ließ Pfeffer los, rückte seine Krawatte zurecht und lächelte trocken.

»Sie irren sich, Pfeffer«, sagte er. »Ich bin nicht der Direktor. Ich bin der Referent des Direktors für Kaderangelegenheiten. Verzeihen Sie, ich habe Sie aufgehalten. Bitte gehen Sie durch diese Tür. Der Direktor wird Sie gleich empfangen.«

Er öffnete eine niedrige Türe weiter hinten in seinem kahlen Büro und machte eine einladende Handbewegung. Pfeffer räusperte sich, nickte ihm bedächtig zu, bückte sich und stieg in den nächsten Raum. Dabei hatte er das Gefühl, als hätte man ihn leicht von hinten gestoßen. Aber das war sicher ein Irrtum; vielleicht hatte Monsieur Ahti nur die Tür zu rasch zugeschlagen.

Das Zimmer war eine genaue Kopie des Wartezimmers. Auch die Sekretärin sah genauso aus wie die erste, nur las sie ein Buch mit dem Titel »Die Sublimierung der Genialität«. Auf den Stühlen saßen genau wie vorhin bleiche Besucher, die Zeitschriften und Zeitungen in den Händen hielten. Und da war auch Professor Kakadu, dem ein nervöser Juckreiz schwer zu schaffen machte, und Beatrice Wach mit ihrer braunen Mappe auf den Knien. Die anderen Wartenden kannte Pfeffer nicht. Unter der Kopie des Bildes »Die Heldentat des Waldläufers Selivan« stand die gestrenge Aufschrift »Ruhe«, die in regelmäßigen Abständen aufleuchtete und wieder erlosch. Niemand sagte etwas. Pfeffer setzte sich vorsichtig auf den Stuhl. Beatrice Wach lächelte ihm zu, ein wenig angespannt zwar, aber im Grunde freundlich.

Nach einer Minute nervösen Schweigens ertönte das Glöckchen. Die Sekretärin legte das Buch zur Seite und sagte: »Ehrwürden Lukas, kommen Sie bitte.«

Ehrwürden Lukas bot einen schrecklichen Anblick, und Pfeffer wandte sich ab. Macht nichts, dachte er und schloss die

Augen. Ich werde es schon aushalten. Er erinnerte sich, wie man an einem regnerischen Herbstabend Esther hereingebracht hatte; ein betrunkener Kerl hatte sie im Hauseingang erstochen. Er sah noch die Nachbarn, die sich an den Kerl drangehängt hatten, sah die Glasscherben in seinem Mund; er hatte ein Glas zerbissen, als man ihm Wasser brachte. Ja, dachte er, das schwerste liegt hinter uns …

Dann hörte Pfeffer ein schnelles Kratzen und Scharren. Er öffnete die Augen und blickte um sich. Einen Stuhl weiter saß Professor Kakadu und kratzte sich wie rasend mit beiden Händen unter den Achselhöhlen. Wie ein Affe.

»Was meinen Sie, sollte man Jungen und Mädchen trennen?«, flüsterte Beatrice Pfeffer erregt zu.

»Ich weiß es nicht«, sagte Pfeffer spitz.

»Die Koedukation hat ihre Vorteile«, fuhr Beatrice leise fort. »Aber hier liegt ein besonderer Fall vor. Oh Gott!«, sagte sie plötzlich weinerlich. »Er wird mich doch nicht fortjagen? Wo soll ich denn hin? Überall haben sie mich schon fortgejagt, ich habe kein einziges anständiges Paar Schuhe mehr. Alle Strümpfe sind beim Teufel, der Puder ist voll Klümpchen …«

Die Sekretärin legte die »Sublimierung der Genialität« zur Seite und sagte streng: »Schweifen Sie nicht ab!«

Beatrice Wach war starr vor Schrecken. Plötzlich öffnete sich die niedrige Türe, und im Wartezimmer erschien ein kahlgeschorener Mann.

»Ist hier ein gewisser Pfeffer?«, erkundigte er sich mit lauter Stimme.

»Ja«, sagte Pfeffer und sprang auf.

»Kommen Sie mit Ihrem Gepäck zum Ausgang! Das Auto fährt in zehn Minuten. Aber ein bisschen dalli!«

»Wohin fährt das Auto? Und warum?«

»Sind Sie Pfeffer?«

»Ja …«

»Wollen Sie abreisen oder nicht?«

»Ich will schon, aber …«

»Wie Sie wollen«, schnarrte der Geschorene wütend. »Ich habe es ausgerichtet.« Er verschwand, und die Tür schlug zu. Pfeffer stürzte hinterher.

»Zurücktreten!«, schrie die Sekretärin, und einige Hände fassten Pfeffer an der Kleidung. Verzweifelt versuchte er sich loszureißen, bis die Nähte seines Anzugs aufrissen.

»Das Auto wartet doch!«, stöhnte er.

»Sind Sie verrückt geworden?«, rief die Sekretärin aufgebracht. »Wohin rennen Sie denn? Hier ist die Tür, auf der ›Ausgang‹ steht. Und wohin wollen Sie?«

Kräftige Arme beförderten Pfeffer zur Tür mit der Aufschrift »Ausgang«. Dahinter gewahrte er einen großen Saal mit vielen Ecken, in den zahlreiche Türen mündeten. Pfeffer hastete von einer zur anderen und riss sie auf.

Blendende Sonne. Sterile, weiße Wände. Menschen in weißen Kitteln. Ein nackter Rücken, der mit Jod eingeschmiert war. Apothekengeruch. Hier war es nicht.

Dunkelheit. Surren eines Filmprojektors. Auf der Leinwand wird jemand an den Ohren gezerrt. Weiße Flecken von Gesichtern, die sich verärgert zu ihm umdrehen. Eine Stimme: »Die Tür! Machen Sie die Tür zu!« Wieder falsch.

Pfeffer rutschte quer über das glatte Parkett des Saals. Konditoreiduft. Eine kleine Schlange, Leute mit Einkaufstaschen. Hinter der Glaswand glitzernde Kefirflaschen und prachtvolle Kuchen und Torten.

»Oh Gott«, schrie Pfeffer. »Wo ist hier der Ausgang?«

»Von wo wollen Sie denn hinaus?«, fragte ein dicker Verkäufer mit Bäckerhaube.

»Von hier …«

»Da ist doch die Tür. Sie stehen direkt davor.«

»Beachten Sie ihn nicht«, sagte ein gebrechlicher alter Mann aus der Schlange zum Verkäufer. »Hier läuft ein Witzbold herum, der immer nur die Schlange aufhält … Arbeiten Sie nur weiter, achten Sie nicht auf ihn!«

»Ich mache keine Witze«, rief Pfeffer. »Mein Wagen fährt in einer Minute.«

»Nein, das ist er nicht«, sagte der Alte. »Der andere fragt immer nach dem Klo. Wo steht Ihr Wagen, gnädiger Herr?«

»Auf der Straße …«

»Auf welcher Straße?«, fragte der Verkäufer. »Straßen gibt es viele.«

»Mir ist egal, auf welcher Straße. Hauptsache, ich komme hier raus!«

»Nein«, sagte der Alte scharfsinnig. »Er ist es doch. Er hat nur eine andere Platte aufgelegt. Achten Sie nicht auf ihn.«

Pfeffer blickte verzweifelt um sich. Er rannte zurück in den Saal und stürzte sich auf die nächste Tür. Sie war verschlossen. Eine Stimme erkundigte sich unwillig: »Wer da?«

»Ich will raus!«, schrie Pfeffer. »Wo geht es hier raus?«

»Augenblick, ich komme sofort.«

Hinter der Tür war jetzt Lärm zu hören. Wasser plätscherte und Schubladen wurden geschoben. Eine Stimme fragte: »Was wollen Sie?«

»Rausgehen! Ich will rausgehen!«

»Gleich.«

Ein Schlüssel quietschte, und die Tür öffnete sich. Im Zimmer war es dunkel.

»Kommen Sie rein«, sagte die Stimme.

Es roch nach Entwicklerlösung. Pfeffer streckte die Arme aus und machte ein paar unsichere Schritte.

»Ich sehe nichts«, sagte er.

»Gleich werden Sie sich daran gewöhnen«, versprach die Stimme. »Nun kommen Sie schon, warum bleiben Sie denn stehen?«

Jemand nahm Pfeffer am Arm und führte ihn.

»Unterschreiben Sie hier«, sagte die Stimme.

Pfeffer hielt plötzlich einen Bleistift in der Hand. Jetzt konnte er in der Dunkelheit ein weißes, schwach schimmerndes Blatt Papier ausmachen.

»Haben Sie unterschrieben?«

»Nein. Was soll ich denn unterschreiben?«

»Keine Angst. Das ist kein Todesurteil. Unterschreiben Sie, dass Sie nichts gesehen haben.«

Pfeffer unterschrieb aufs Geratewohl. Man fasste ihn erneut fest am Ärmel und führte ihn durch Türvorhänge hindurch. Dann fragte die Stimme: »Sind da viele von euch?«

»Vier«, erscholl es wie hinter einer Tür.

»Habt ihr euch richtig aufgestellt? Aufpassen, ich mache jetzt die Tür auf und lasse einen Mann raus. Geht einzeln durch, ohne zu drängeln. Und macht keinen Blödsinn. Klar?«

»Klar, ist doch nicht das erste Mal.«

»Die Kleidung habt ihr nicht vergessen?«

»Nein, nein. Lasst uns raus.«

Dann hörte man wieder das Quietschen des Schlüssels. Pfeffers Augen wurden von hellem Licht geblendet. Im selben Augenblick wurde er hinausgestoßen. Noch bevor er die Augen geöffnet hatte, stolperte er einige Stufen hinunter, und erst dann wurde ihm klar, dass er sich im Innenhof der »Verwaltung« befand. Unzufriedene Stimmen schrien: »Wo bleiben Sie denn, Pfeffer? Bisschen schneller! Wie lange sollen wir noch warten?«

In der Mitte des Hofs stand ein Lastwagen. Er war vollbeladen mit Mitarbeitern der Gruppe »Wissenschaftlicher Schutz«. Kim hatte seinen Kopf aus dem Fahrerhaus herausgestreckt und fuchtelte wütend mit dem Arm. Pfeffer lief zum Wagen und kletterte hinauf. Er wurde gepackt, hochgezerrt und auf die Ladefläche geworfen. Im selben Augenblick heulte der Motor auf, der Lastwagen ruckte an; jemand trat Pfeffer auf die Hand, ein anderer setzte sich mit voller Wucht auf ihn, und alle grölten und lachten. Der Lastwagen fuhr los.

»Pfeffer, hier ist dein Koffer«, sagte jemand.

»Pfeffer, stimmt es, dass Sie abreisen?«

»Herr Pfeffer, eine Zigarette gefällig?«

Pfeffer zündete sich eine Zigarette an, setzte sich auf den Koffer und klappte den Kragen seiner Jacke hoch. Jemand gab ihm einen Regenmantel. Pfeffer lächelte dankbar und hüllte sich darin ein. Der Lastwagen fuhr immer schneller, und obwohl es ein heißer Tag war, empfand er den Fahrtwind als schneidend und sehr unangenehm. Pfeffer rauchte, hielt die Zigarette schützend in der hohlen Hand und blickte sich um. Ich fahre, dachte er. Ich fahre. Zum letzten Mal sehe ich dich, du Wand. Zum letzten Mal sehe ich euch, ihr Wohnhäuschen. Leb wohl, du Schutthalde; irgendwo habe ich hier meine Galoschen stehen lassen. Leb wohl, Pfütze, lebt wohl, ihr Schachfiguren, leb wohl, Kefir. Ist das schön, tut das gut! Nie mehr in meinem ganzen Leben muss ich Kefir trinken. Nie mehr muss ich Schach spielen …

Die Mitarbeiter standen dicht gedrängt am Fahrerhaus. Sie hielten sich aneinander fest, und jeder versuchte, sich beim anderen vor dem Fahrtwind zu schützen. Man unterhielt sich über Theoretisches.

»Ich selbst habe das berechnet. Wenn es so weitergeht wie bisher, dann kommen in hundert Jahren auf jeden Quadratmeter des Territoriums zehn Mitarbeiter. Das Gesamtgewicht wird stark steigen, so dass der Hang abrutscht. Es werden so viele Transportmittel für die Lebensmittel- und Wasserversorgung gebraucht, dass es eine durchgehende Fahrzeugkette zwischen der ›Verwaltung‹ und dem Festland geben muss. Die Fahrzeuge werden sich mit einer Geschwindigkeit von vierzig Stundenkilometern und im Abstand von nur einem Meter fortbewegen. Die Beladung erfolgt im Fahren … Nein, ich bin fest davon überzeugt, dass die Direktion sich schon jetzt über die Regulierung des Zustroms neuer Mitarbeiter Gedanken macht. Urteilen Sie doch selbst – der Hotelverwalter zum Beispiel, sieben hat er schon, und das achte ist unterwegs. So geht das doch nicht weiter. Und alle gesund. Heymbacken ist der Ansicht, dass da etwas unternommen werden muss. Nein, nicht unbedingt sterilisieren, wie er das vorschlägt, aber …«

»Dazu sollen lieber die was sagen, die etwas davon verstehen, aber nicht Heymbacken.«

»Deswegen sage ich ja auch, nicht unbedingt sterilisieren …«

»Es heißt, der Jahresurlaub wird auf sechs Monate verlängert.«

Sie fuhren am Park vorbei, und Pfeffer wurde plötzlich klar, dass der Lastwagen in eine ganz andere Richtung als erwartet fuhr. Gleich würden sie durch das Tor fahren und die Serpentinen hinunter – unter den Felsüberhang …

»Hört mal, wohin fahren wir eigentlich?«, fragte er beunruhigt.

»Was heißt hier wohin? Zur Gehaltsauszahlung.«

»Fahren wir nicht aufs Festland?«

»Wieso denn aufs Festland? Der Kassierer ist zur Biostation gekommen.«

»Ihr fahrt zur Biostation? In den Wald?«

»Ja, natürlich. Wir sind doch vom ›Wissenschaftlichen Schutz‹ und bekommen unser Geld immer auf der Biostation.«

»Und wie komme ich dazu?«, fragte Pfeffer verwirrt.

»Du bekommst auch was. Dir steht eine Prämie zu … Übrigens, habt ihr alle die Formalitäten erledigt?«

Die Mitarbeiter zogen aus ihren Taschen gestempelte Formulare verschiedener Größe und Farbe hervor und studierten sie aufmerksam.

»Pfeffer, haben Sie den Fragebogen ausgefüllt?«

»Welchen Fragebogen?«

»Erlauben Sie mal, was soll das heißen – welchen? Formblatt Nr. 84.«

»Ich habe nichts ausgefüllt«, sagte Pfeffer.

»Leute, was soll denn das wieder? Pfeffer hat keine Papiere!«

»Das ist nicht so wichtig. Er hat wahrscheinlich einen Berechtigungsausweis …«

»Nein«, sagte Pfeffer. »Ich habe überhaupt nichts. Nur den Koffer und den Regenmantel hier … Ich wollte ja gar nicht in den Wald, ich wollte abreisen …«

»Und die medizinische Untersuchung? Und die Impfungen?«

Pfeffer schüttelte den Kopf. Der Lastwagen rollte schon die Serpentinen hinunter. Pfeffer hatte sich in sein Schicksal gefügt und blickte zum Wald – auf die flachen, porigen Schichtungen am Horizont, auf die Nebelschwaden, die wie Spinnweben im Schatten des Abhangs klebten. Drohendes, dumpfes Grollen setzte ein.

»Das wird nicht ohne Folgen bleiben«, sagte jemand.

»Aber es liegen doch keinerlei Spezialobjekte an dieser Straße.«

»Und Heymbacken?«

»Was soll er hier, wenn es keine Objekte in der Nähe gibt?«

»Und wenn das gar nicht so ist? Wenn es niemand so genau weiß? Letztes Jahr flog Kandid ohne Dokumente los. Tollkühner Bursche – und wo ist er jetzt?«

»Erstens war das nicht letztes Jahr, sondern früher. Und zweitens ist er ums Leben gekommen, auf seinem Posten.«

»Tatsächlich? Wurde das offiziell bekanntgegeben?«

»Nein, offiziell habe ich davon nichts gehört.«

»Dann brauchen wir ja auch nicht zu streiten. Sie haben ihn an der Kontrollstelle aufgehalten und in den Bau gesteckt. Und da sitzt er immer noch und füllt Fragebogen aus …«

»Pfeffer, wieso hast du den Fragebogen nicht ausgefüllt? Hast du vielleicht was zu verheimlichen?«

»Einen Moment, bitte! Das ist eine ernsthafte Frage. Ich schlage vor, den Mitarbeiter Pfeffer für alle Fälle zu überprüfen, ganz demokratisch sozusagen. Wer macht den Sekretär?«

»Heymbacken!«

»Guter Vorschlag. Zum Ehrensekretär wählen wir unseren hochverehrten Heymbacken. An den Gesichtern kann ich ablesen, dass die Wahl einstimmig angenommen wurde. Und wer macht den stellvertretenden Sekretär?«

»Vanderbild!«

»Vanderbild? Na ja … Es wurde der Vorschlag gemacht, Vanderbild zum stellvertretenden Sekretär zu wählen. Gibt es andere Vorschläge? Wer ist dafür? Dagegen? Enthaltungen? Hm, zwei haben sich der Stimme enthalten. Warum habt ihr euch enthalten?«

»Ich?«

»Ja, Sie.«

»Ich sehe keinen Sinn darin. Warum soll man einen Menschen zugrunde richten? Ihm geht es sowieso schlecht genug.«

»Alles klar. Und Sie?«

»Das geht dich einen Dreck an.«

»Wie Sie wollen … Stellvertretender Sekretär, schreiben Sie: zwei Enthaltungen. Fangen wir an. Wer ist der Erste? Möchte niemand? Dann gestatten Sie, dass ich beginne. Mitarbeiter Pfeffer, beantworten Sie folgende Frage: Welche Entfernungen haben Sie im Zeitraum zwischen dem fünfundzwanzigsten und dem fünfunddreißigsten Jahr zurückgelegt: a) zu Fuß, b) per Landtransport c) per Lufttransport? Lassen Sie sich Zeit, denken Sie nach. Hier haben Sie Papier und Bleistift.«

Pfeffer nahm gehorsam Papier und Bleistift und begann in seinem Gedächtnis zu forschen. Der Lastwagen holperte. Am

Anfang schauten alle Pfeffer an, aber dann wurde es ihnen zu langweilig. Jemand brummte: »Ich fürchte keine Übervölkerung, aber habt ihr gesehen, wie viel technisches Gerät dasteht? Auf dem Platz hinter den Werkstätten – habt ihr das gesehen? Und wisst ihr, was das für Geräte sind? Die sind fest in Kisten verpackt, zugenagelt, aber kein Mensch hat Zeit, sie auszupacken und anzusehen. Vorgestern Abend blieb ich dort stehen, weil ich mir eine Zigarette anzünden wollte. Plötzlich hörte ich ein Knistern und drehte mich um. Da stand ein Kasten, groß wie ein Haus, und ich sah, wie eine der Wände sich vorwölbte und plötzlich weit aufriss. Und aus dem Kasten kroch ein Mechanismus heraus. Ich will ihn euch lieber nicht beschreiben … scheußlicher Anblick. Das Ding blieb ein paar Sekunden lang stehen, fuhr dann oben ein langes Rohr mit schwenkbarem Ende aus, als wollte es umherschauen, kroch wieder in den Kasten zurück und zog den Deckel hinter sich zu. Ich traute meinen Augen nicht, und mir wurde ganz übel. Heute Morgen aber dachte ich, es sei besser, noch einmal nachzusehen. Ich ging hin, und es lief mir eiskalt über den Rücken: Der Kasten steht vollkommen unbeschädigt da, keine Beule, kein Riss, und die Wand von innen festgenagelt! Nagelspitzen, so lang wie mein Finger, stecken heraus und blitzen. Da habe ich mir gedacht: Warum ist es da rausgekrochen? Und war es das Einzige? Vielleicht machen es die anderen ja auch jede Nacht so, kriechen raus und schauen sich in der Gegend um? Noch sind wir in der Überzahl, noch, aber irgendwann werden sie eine Bartholomäusnacht mit uns veranstalten, und dann segeln unsere Knochen die Schlucht hinunter. Vielleicht sind es nicht einmal mehr Knochen, sondern Knochenmehl … Was? Nein, besten Dank, mein Lieber, das kannst du den Ingenieuren selbst sagen, wenn du willst. Ich habe diese Maschine *gesehen*, verstehst du. Woher soll ich wissen, ob sie für meine Augen bestimmt war, oder nicht? Auf den Kisten war ja kein Aufdruck …«

»Also, Pfeffer, sind Sie fertig?«

»Nein«, sagte Pfeffer. »Ich kann mich an nichts erinnern. Das ist zu lange her.«

»Seltsam. Ich zum Beispiel erinnere mich haargenau. Sechstausendsiebenhundertein Eisenbahnkilometer, siebzehntausendeinhundertdreiundfünfzig Luftkilometer (davon dreitausendzweihundertfünfzehn Kilometer für private Zwecke) und fünfzehntausendundsieben Kilometer zu Fuß. Dabei bin ich älter als Sie. Eigenartig, Pfeffer, eigenartig … Na gut. Versuchen wir es mit dem nächsten Punkt. Mit welchen Spielzeugen haben Sie im Vorschulalter am liebsten gespielt?«

»Mit aufziehbaren Panzern«, sagte Pfeffer und wischte sich den Schweiß von der Stirn. »Und mit Panzerspähwagen.«

»Aha! Sie erinnern sich also! Sogar an das Vorschulalter, obwohl es ja viel weiter zurückliegt! Aber es war auch eine weniger verantwortungsvolle Zeit, nicht wahr, Pfeffer? Also gut. Mit Panzern und Panzerspähwagen … Nächster Punkt: In welchem Alter erwachte Ihr Verlangen nach dem weiblichen Geschlecht, in Klammern, nach dem männlichen? Der in Klammern stehende Ausdruck ist in der Regel für Frauen bestimmt. Antworten Sie.«

»Vor langer Zeit«, sagte Pfeffer. »Das ist schon sehr lange her.«

»Genauer!«

»Und bei Ihnen?«, fragte Pfeffer. »Sagen Sie zuerst, dann ich.«

Der Vorsitzende zuckte mit den Achseln.

»Ich habe nichts zu verbergen: Das war im Alter von neun Jahren, als man mich einmal zusammen mit meiner Cousine gewaschen hat … Und jetzt Sie.«

»Ich kann das nicht«, sagte Pfeffer. »Ich möchte nicht auf solche Fragen antworten.«

»Dummkopf«, hörte er eine Stimme an seinem Ohr. »Lüg ihm doch einfach was vor und mach ein ernstes Gesicht dabei – fertig. Warum sich quälen? Niemand prüft deine Angaben nach.«

»Gut«, sagte Pfeffer. »Im Alter von zehn Jahren. Als ich zusammen mit der Hündin Murka gebadet wurde.«

»Wunderbar!«, rief der Vorsitzende aus. »Und jetzt zählen Sie alle Fußkrankheiten auf, die Sie schon hatten.«

»Rheuma.«

»Was noch?«

»Wechselseitiges Hinken«, sagte Pfeffer.

»Sehr gut. Was noch?«

»Schnupfen«, sagte Pfeffer.

»Das ist keine Fußkrankheit.«

»Für Sie vielleicht nicht, für mich schon. Kaum habe ich nasse Füße, bekomme ich Schnupfen.«

»Na ja, meinetwegen. Weiter, was noch?«

»Ist Ihnen das nicht genug?«

»Wie Sie wollen ... Aber ich weise Sie darauf hin – je mehr, desto besser.«

»Spontane Gangräne«, sagte Pfeffer. »Mit nachfolgender Amputation. Das war meine letzte Fußkrankheit.«

»Das genügt jetzt wohl. Letzte Frage: Ihre Weltanschauung. In Kürze.«

»Ich bin Materialist«, sagte Pfeffer.

»Und was für ein Materialist?«

»Ein emotionaler.«

»Ich habe keine Fragen mehr. Und Sie, meine Herren?«

Es gab keine Fragen mehr. Die Mitarbeiter dösten entweder vor sich hin oder unterhielten sich und wandten dem Vorsitzenden den Rücken zu. Der Lastwagen fuhr jetzt langsamer. Es wurde heiß, die Luft war feucht, und es roch nach Wald. Es war ein widerlicher, scharfer Geruch, der normalerweise nicht bis zur »Verwaltung« drang. Der Lastwagen rumpelte mit abgestelltem Motor dahin, und in weiter Ferne hörte man schwaches Donnergrollen.

»Ihr Pessimismus erschüttert mich«, sagte der stellvertretende Sekretär. Auch er hatte dem Vorsitzenden den Rücken zugewandt. »Erstens ist der Mensch von Natur aus Optimist. Zum Zweiten – und das ist das Wichtigste – glauben Sie vielleicht, der Direktor denkt weniger über all diese Dinge nach als Sie? Das ist ja lachhaft. In seiner letzten Rede eröffnete er ungeheure Perspektiven. Ich war außer mir, ich war begeistert, ich war sprachlos, und ich schäme mich nicht, das zuzugeben. Ich war schon immer Optimist, aber dieses Bild, das er … Also, wenn Sie es genau wissen wollen: Alles wird abgerissen – all die Lagerhallen, Wohnhäuschen … Es werden Gebäude von blendender Schönheit entstehen, Gebäude aus transparenten und halbtransparenten Materialien, Stadien, Schwimmbecken, hängende Gärten, Biergaststätten und Imbissstuben aus Kristall! Stufen bis zum Himmel hinauf! Schöngewachsene, geschmeidige Frauen mit dunkler, weicher Haut! Bibliotheken! Muskeln! Laboratorien! Durchflutet von Sonne und Licht! Freie Arbeitszeit! Autos, Gleiter, Luftschiffe … Diskussionen, Unterricht im Schlaf, Stereokino … Nach den Dienststunden werden die Mitarbeiter in Bibliotheken sitzen und nachdenken, Melodien komponieren, Gitarre und andere Musikinstrumente spielen, Holz schnitzen, einander Gedichte vortragen! …«

»Und was wirst du machen?«

»Ich werde schnitzen.«

»Und was noch?«

»Gedichte schreiben. Man wird mir das beibringen, ich habe eine schöne Handschrift.«

»Und was werde ich machen?«

»Das, wozu du Lust hast!«, sagte der stellvertretende Sekretär großmütig. »Schnitzen, dichten … Wozu du Lust hast.«

»Ich will aber nicht schnitzen. Ich bin Mathematiker.«

»Bitte schön! Dann beschäftige dich mit Mathematik, so viel du willst.«

»Das mache ich jetzt schon.«

»Hm, jetzt wirst du dafür bezahlt, das ist dumm. Dann wirst du eben turmspringen.«

»Warum?«

»Was heißt hier warum? Das ist doch interessant ...«

»Das ist uninteressant.«

»Willst du etwa sagen, dass du dich für nichts außer Mathematik interessierst?«

»Im Allgemeinen schon ... Weil man eben von früh bis spät schuftet und schuftet, und dann interessiert man sich für sonst gar nichts mehr.«

»Du bist einfach zu beschränkt. Aber das macht nichts, du wirst dich schon noch entfalten, wenn man dir hilft. Man wird Talente bei dir entdecken, und dann wirst du komponieren, etwas Schönes schnitzen ...«

»Komponieren ist kein Problem. Nur die Zuhörer finden ...«

»Ich werde dir gerne zuhören ... und Pfeffer ...«

»Ja, das glaubst du jetzt. Aber du wirst mir nicht zuhören. Und auch keine Gedichte schreiben. Du wirst ein bisschen am Holz herumschnitzen, und dann läufst du zu einer Frau. Oder betrinkst dich. Ich kenne dich. Alle kenne ich hier. Ihr werdet bloß andauernd zwischen Kristall- und Diamantkneipe hin- und herschlurfen – vor allem, wenn die freie Arbeitszeit eingeführt ist. Mir graut, wenn ich daran denke, dass für euch die freie Arbeitszeit eingeführt wird ...«

»Jeder Mensch ist auf irgendeinem Gebiet ein Genie«, widersprach der stellvertretende Sekretär. »Man muss dieses Genie nur aufspüren. Wir aber wissen nichts davon. Ich zum Beispiel könnte ein Genie im Kochen sein, du, sagen wir mal, ein Genie der Pharmakologie. Das heißt, wir beschäftigen uns mit völlig falschen Dingen, und das Wesentliche in uns kommt gar nicht zur Entfaltung. Der Direktor hat angekündigt, dass sich in Zukunft Spezialisten dieser Sache annehmen. Ihre Aufgabe wird sein, unsere verborgenen Fähigkeiten zu entdecken.«

»Na ja, mit den Fähigkeiten ist das so eine Sache … Ich will ja nicht bestreiten, dass vielleicht in jedem von uns ein Genie steckt. Aber was ist, wenn die geniale Fähigkeit nur in der Vergangenheit nützlich war, oder vielleicht erst in ferner Zukunft? Was, wenn sie heute gar nicht für genial gehalten wird – ob es nun entdeckt wird oder nicht? Du hast es natürlich gut, wenn du dich als genialer Koch entpuppst. Wenn sich aber herausstellt, dass du ein genialer Kutscher bist, Pfeffer ein Genie im Schärfen von Steinspitzen, und ich ein genialer Erforscher irgendeines X-Feldes, von dem noch niemand etwas ahnt und das erst in zehn Jahren entdeckt wird … Dann wendet sich uns nämlich die dunkle Seite der Muße zu, wie es schon der Dichter formulierte …«

»Jungs«, rief einer. »Wir haben nichts zum Fressen mitgenommen. Bis wir ankommen, bis das Geld ausgezahlt wird …«

»Stojan wird schon was zum Essen haben.«

»Ja, für dich schon. Bei denen ist die Verpflegung rationiert.«

»So ein Mist. Und meine Frau wollte mir noch Brote machen! …«

»Nicht so schlimm, wir werden es überleben. Da ist schon der Schlagbaum.«

Pfeffer reckte seinen Hals. Weiter vorn sah er die gelblichgrüne Wand des Waldes, und die Straße verlor sich darin wie ein Faden in einem bunten Teppich. Der Lastwagen passierte ein Sperrholzschild, auf dem stand: »ACHTUNG! GESCHWINDIGKEIT DROSSELN! AUSWEISE BEREITHALTEN!«, dann kam der heruntergelassene gestreifte Schlagbaum in Sicht. Daneben befand sich ein pilzförmiger Unterstand und weiter rechts Stacheldraht, weiße Isolatorenzapfen und vergitterte Wachtürme mit Scheinwerfern. Der Lastwagen hielt an. Alle sahen zum Posten, der, den Karabiner umgehängt, mit gekreuzten Beinen im Unterstand saß und döste. Zwischen seinen Lippen stak eine erloschene Zigarette, und der Boden war mit Zigarettenkippen übersät. Neben dem Schlagbaum ragte ein Pfahl empor mit aufgenagelten Warnschildern: »ACHTUNG! WALD!«, »AUSWEISE AUFGESCHLAGEN VORWEISEN!«, »KEINE SEUCHEN EINSCHLEPPEN!« Der Fahrer hupte zaghaft. Der Wachmann öffnete die Augen und starrte trübsinnig vor sich hin. Dann stand er auf und ging um das Auto herum.

»Ein bisschen viele seid ihr«, sagte er heiser. »Holt ihr euer Geld ab?«

»Genau«, sagte der ehemalige Vorsitzende diensteifrig.

»Das lobe ich mir. Recht so«, sagte der Wachmann. Er kam um den Lastwagen herum, stellte sich auf das Trittbrett und blickte auf die Ladefläche.

»Mann, seid ihr viele«, sagte er vorwurfsvoll. »Und die Hände? Sind die sauber?«

»Jawohl!«, riefen die Mitarbeiter im Chor. Einige zeigten ihre Handflächen vor.

»Sind sie alle sauber?«

»Jawohl!«

»Gut«, sagte der Wachmann und beugte sich mit dem ganzen Oberkörper ins Fahrerhaus hinein. Von dort hörte man es nun schallen: »Wer ist der Dienstälteste? Sie? Wie viele hast du denn geladen? Aha … Lügst du auch nicht? Wie ist dein Nachname? Kim? Pass auf, Kim, ich schreibe mir deinen Namen auf … Hallo, Woldemar! Du fährst immer noch? … Und ich bewache noch immer diese Grenze. Zeig mal die Bestätigung her … Na-na, jetzt mach keinen Aufstand, los, her damit … In Ordnung … sonst hätte ich dich … Wie kommst du dazu, Telefonnummern darauf zu schreiben? Wart mal … Was für eine Charlotte ist das? Ah ja, ich erinnere mich. Warte, das muss ich mir aufschreiben. Gut, danke. Ihr könnt fahren.«

Er sprang vom Trittbrett auf die Erde, wobei seine Stiefel eine große Staubwolke aufwirbelten. Dann ging er zum Schlagbaum und ließ sich auf das Gegengewicht fallen. Der Schlagbaum hob sich, und die Unterhosen, die zum Trocknen daran aufgehängt waren, fielen in den Staub. Der Lastwagen fuhr an.

Auf der Ladefläche setzte lautes Stimmengewirr ein, aber Pfeffer hörte nichts … Er fuhr zum Wald. Der Wald kam näher, rückte heran, türmte sich höher und höher wie eine Meereswoge und hatte ihn plötzlich verschlungen. Sonne und Himmel verschwanden, Raum und Zeit existierten nicht mehr. An ihre Stelle trat der Wald. Da war nur mehr ein Aufleuchten dämmriger Farben, die feuchte, gesättigte Luft, sonderbare, berauschende Gerüche und ein herber Nachgeschmack im Mund. Nur das Gehör bekam vom Wald nichts mit. Die Waldgeräusche wurden vom Heulen des Motors und dem Geschwätz der Mitarbeiter übertönt. Das ist also der Wald, sagte sich Pfeffer immer wieder. Ich bin im Wald, im Wald, wiederholte er wie von Sinnen. Nicht oben, sondern drinnen. Kein Beobachter, sondern mitten drin. Im Wald. Etwas Kühles und Feuchtes strich über sein Gesicht, kitzelte ihn, löste sich wieder und sank langsam auf seine Knie. Er sah hin: Es war eine feine, lange Faser von einer Pflanze … oder einem Tier? Vielleicht aber auch nur eine Berührung des Waldes, eine freundschaftliche Begrüßung oder ein misstrauisches Abtasten. Pfeffer ließ die Faser unberührt.

Der Lastwagen jagte dahin, und die Straße schien Pfeffer ein Sinnbild für das heldenhafte Vordringen in den Wald zu sein. Gelbes, Grünes und Braunes blieb fügsam zurück. Längs des Straßengrabens häufte sich Gerät der vorgedrungenen Armee. Man hatte es liegen gelassen und vergessen: schwarze Bulldozer, hoch aufgebäumt, die verrosteten Schilde zornig nach oben gereckt; Traktoren, bis zum Fahrerhaus in die Erde eingewühlt; dahinter auseinandergerissene Raupen, Lastwagen ohne Räder und Fensterscheiben – alles tot, preisgegeben, aber noch immer mit aufgerissenen Kühlern und zerschlagenen Scheinwerfern nach vorne blickend, furchtlos, in die Tiefen des Waldes. Ringsum aber regte sich der Wald, bebte und krümmte sich, änderte seine Färbung, schillerte, loderte auf und täuschte die Sinne, wogte heran und wich zurück, spottete, schreckte und höhnte, ganz und gar fremd, unbeschreiblich, schwindelerregend.

6

Pfeffer

Pfeffer öffnete die Tür des Geländewagens und blickte in das dichte, wirre Grün des Waldes. Er hatte keine Ahnung, was er hier sehen oder erkennen sollte. Er sah nichts außer Brei – widerlichem, dickem Brei. Da gab es etwas Ungeheuerliches, das sich mit Worten nicht beschreiben ließ. Und das Ungeheuerlichste darin waren die Menschen, und so sah Pfeffer nur auf sie. Sie waren zierlich und schlank und kamen sicheren Schritts direkt auf den Geländewagen zu. Sie gingen, als wären sie schwerelos – geschickt, elegant und ohne einen überflüssigen Schritt. Rasch und ohne jeden Fehler wählten sie die Stelle aus, auf die sie ihren Fuß setzten. Es hatte den Anschein, als bemerkten sie den Wald gar nicht, als seien sie hier zu Hause. Sie taten, als gehörte der Wald ihnen. Und wahrscheinlich taten sie nicht nur so, sondern dachten es auch. Der Wald aber hing über ihnen, lachte lautlos und wies mit Myriaden höhnischer Finger auf sie. Mühelos setzte er sich eine Maske auf, wirkte vertraut, ergeben und gutmütig – wie einer von ihnen. Vorläufig. Für eine bestimmte Zeit …

»Gott, was für eine Frau, diese Rita!«, sagte der ehemalige Kraftfahrer Trumpf zu Pfeffer. Trumpf stand neben dem Geländewagen und hielt mit seinen krummen, breit auseinandergespreizten Beinen das knatternde, vibrierende Motorrad fest. »Ich hätte sie mir längst genommen, aber dieser Quentin … Der passt ganz schön auf sie auf.«

Quentin und Rita kamen zum Wagen, und Stojan kletterte hinter dem Lenkrad hervor, um sie zu begrüßen.

»Und – wie geht es ihr hier bei euch?«, fragte Stojan.

»Sie lebt«, sagte Quentin und blickte Pfeffer aufmerksam an. »Habt ihr Geld mitgebracht?«

»Das ist Pfeffer«, sagte Stojan. »Ich habe euch schon von ihm erzählt.«

Rita und Quentin lächelten ihm zu. Pfeffer hatte zwar keine Zeit, sie eingehend zu betrachten, aber ihm fiel auf, dass er noch nie eine so merkwürdige Frau wie Rita gesehen hatte und noch nie einen so kreuzunglücklichen Mann wie Quentin.

»Guten Tag, Pfeffer«, sagte Quentin und lächelte weiter sein bekümmertes Lächeln. »Sind Sie hergekommen, um es sich anzuschauen? Haben Sie's noch nie gesehen?«

»Ich sehe auch jetzt noch nichts«, meinte Pfeffer. Er war sicher, dass es zwischen Quentins tiefem Kummer und Ritas seltsamer Art einen inneren Zusammenhang gab, aber er konnte nicht herausfinden, welchen.

Rita wandte ihnen den Rücken zu und rauchte.

»Sie schauen ja auch in die falsche Richtung«, sagte Quentin. »Blicken Sie geradeaus! Sehen Sie etwa immer noch nichts?«

Dann sah er es, und sofort vergaß er die Menschen um sich herum. Auf einmal war es aus dem Unsichtbaren aufgetaucht. Wie der kleine Hase auf dem Suchbild für Kinder »Wo steckt der Hase?« Hat man ihn aber erst einmal entdeckt, verliert man ihn nie wieder aus den Augen … Es war ganz nah, etwa zehn Schritt von den Reifen des Geländewagens und vom Pfad entfernt. Pfeffer schluckte.

Vor sich erblickte er einen lebendigen Stamm, der bis zum Blätterdach des Waldes emporragte, das dichte Laub durchdrang und noch höher strebte – bis zu den Wolken. Der Stamm bestand aus einem Bündel feinster, durchsichtiger Fäden; sie waren klebrig, glitzerten und wanden sich straff gespannt bis hoch hinauf. Er stand inmitten der Kloake … der dicken, brodelnden Kloake, die mit Protoplasma angefüllt war – mit lebendem, Blasen werfendem, primitivem Fleisch, das sich ständig und mühsam neu bildete und sich zur gleichen Zeit wieder auflöste … Die Zerfallsprodukte schwappten über die flachen Ufer, klebriger Schaum spritzte herüber … Und plötzlich, als sei ein akustischer Filter eingeschaltet worden, setzten sich die Geräusche der Kloake von denen des Motorrads ab: Man hörte Brodeln und Plätschern, Schluchzen und Glucksen und das langgezogene Stöhnen des Sumpfes. Eine schwere Wand von Düften waberte heran; es roch nach rohem Fleisch, Wundwasser und frischer Galle, nach Molke und heißem Kleister. Erst jetzt bemerkte Pfeffer, dass Rita und Quentin Sauerstoffmasken umgehängt hatten. Und er sah, wie Stojan sich angeekelt vorbeugte und den Trichter des Atemschutzgeräts zum Gesicht führte. Pfeffer legte das Gerät nicht an – wohl in der Hoffnung, die Gerüche könnten ihm erzählen, was ihm Augen und Ohren verweigerten.

»Bei euch stinkt's aber«, sagte Trumpf angewidert. »Wie in der Leichenkammer stinkt's …«

Quentin wandte sich an Stojan: »Du könntest Kim mal bitten, sich für unsere Rationen einzusetzen. Immerhin sind unsere Arbeitsbedingungen hier gesundheitsschädlich. Uns stehen Milch und Schokolade zu …«

Rita rauchte nachdenklich und ließ den Qualm durch ihre feinen Nasenlöcher wieder ausströmen …

Um die Kloake herum standen Bäume, die sich zitternd und wie besorgt darüberbeugten. Die Zweige der Bäume wuchsen nur in eine Richtung – zu der brodelnden Masse hin, und um die Zweige herum schlängelten sich dicke zottige Lianen. Sie hingen auch in die Kloake hinab, wurden von ihr geschluckt und vom Protoplasma absorbiert – so wie das

Protoplasma alles, was sich in seiner Reichweite befand, absorbierte und zu Fleisch von seinem Fleisch machte …

»Pfeffer«, sagte Stojan. »Glotz nicht so, sonst fallen dir noch die Augen raus.«

Pfeffer lächelte, aber ihm war klar, dass es nicht echt aussah.

»Warum hast du das Motorrad mitgenommen?«, fragte Quentin.

»Für den Fall, dass wir steckenbleiben. Der Wagen fährt den Weg entlang, ein Rad auf dem Weg, das andere auf dem Gras, das Motorrad hinterher. Wenn wir steckenbleiben, saust Trumpf los und holt eine Zugmaschine.«

»Ihr bleibt bestimmt stecken«, sagte Quentin.

»Natürlich bleiben wir stecken«, sagte Trumpf. »Und ihr … Ihr habt euch da auf was ganz Blödes eingelassen. Ich hab's euch aber gleich gesagt.«

»Sei bloß still«, sagte Stojan zu ihm. »Du bist hier nicht gefragt … Können wir bald fahren?«, wandte er sich an Quentin.

Quentin schaute auf die Uhr.

»Also …«, sagte er. »Momentan hat sie alle siebenundachtzig Minuten einen Wurf. Das heißt, es bleiben uns … äh … nichts bleibt uns … Da, sie hat schon angefangen.«

Die Kloake warf … Zuckend, wie in einer heftigen Konvulsion, stieß sie weißliche, unruhig zitternde Teigklumpen aus. Die Klumpen fielen auf die flachen Ufer und rollten eine Weile hilflos und blind über die Erde. Dann blieben sie liegen, spannten sich und streckten ganz vorsichtig ihre kleinen Scheinfüßchen aus. Bald aber fingen sie an, sich zielgerichtet zu bewegen – noch etwas übereilt und immer wieder zusammenstoßend, aber alle in einer bestimmten Richtung und im selben Abstand zur Kloake, dem Muttertier. Sie liefen ins Unterholz – eine fließende, weiße Kolonne … Ameisen, die aussahen wie riesige, schwerfällige Nacktschnecken …

»Hier ist doch lauter Sumpf«, sagte Trumpf. »Wir bleiben so stecken, dass uns kein Schlepper mehr rausholt, dem würden alle Trossen reißen.«

»Kannst du nicht mitfahren?«, fragte Stojan Quentin.

»Rita ist müde.«

»Rita kann ja nach Hause gehen, und wir fahren …«

Quentin zögerte.

»Was meinst du, Rita?«, fragte er.

»Ja, ich gehe nach Hause«, antwortete sie.

»Bestens«, sagte Quentin. »Dann fahren wir und schauen. Wir kommen sicher bald zurück. Wir bleiben doch nicht lange, oder, Stojan?«

Rita warf die Zigarettenkippe weg und ging in Richtung Biostation, ohne sich zu verabschieden. Quentin trat unschlüssig von einem Bein aufs andere. Dann sagte er leise zu Pfeffer: »Lassen Sie mich mal … da rein.«

Er kletterte auf den Rücksitz. Im selben Augenblick aber heulte das Motorrad laut auf, riss sich von Trumpf los und stürzte in großen Sprüngen auf die Kloake zu. »Bleib stehen!«, schrie Trumpf. »Wo willst du denn hin?« Alle standen wie angewurzelt da. Das Motorrad prallte gegen einen Erdhügel, heulte noch einmal wild auf, stellte sich auf das Hinterrad und fiel in die Kloake. Alle stürzten los. Das Protoplasma, so kam es Pfeffer vor, bog sich unter dem Motorrad, als wollte es den Aufprall dämpfen, ließ es dann leicht und geräuschlos einsinken und schloss sich über ihm. Das Motorrad verstummte.

»Du verdammter Trottel«, sagte Stojan zu Trumpf. »Was hast du gemacht!?«

Die Kloake glich jetzt einem Rachen: Sie saugte, begutachtete, schwelgte. Sie wälzte das Motorrad hin und her, wie ein Mensch ein Stück Eis mit der Zunge von einer Backe in die andere schiebt. Das Motorrad schaukelte durch die schäumende Masse, verschwand, tauchte wieder auf, ließ hilflos die

Lenkstange baumeln, und mit jedem Auftauchen wurde es kleiner. Die Metallverkleidung schwand zusehends, bis sie durchsichtig war wie feines Papier, und schon schimmerten die Innenteile des Motors durch. Dann löste sich die Hülle ganz auf, die Reifen verschwanden, das Motorrad tauchte ein letztes Mal auf und – kam nicht wieder zum Vorschein.

»Sie hat es verschluckt! Verschluckt!«, rief Trumpf mit dümmlicher Begeisterung.

»Du blöder Trottel«, wiederholte Stojan. »Das wirst du mir bezahlen. Dein ganzes Leben lang wirst du mir dafür bezahlen.«

»Schon gut«, sagte Trumpf. »Dann werde ich eben dafür bezahlen. Aber was habe ich eigentlich getan? Ich habe bloß falsch auf das Gaspedal getreten«, sagte er zu Pfeffer. »Da hat es sich losgerissen. Verstehen Sie, Pfeffer? Ich wollte nur das Gas zurückstellen, damit das Motorrad nicht ganz so knattert, da habe ich falsch herum draufgetreten. Ich bin bestimmt nicht der Erste und auch nicht der Letzte, der so was macht. Und das Motorrad war ja auch schon alt … Ich gehe dann mal«, sagte er zu Stojan. »Hier mache ich ja nichts mehr. Ich geh jetzt nach Hause.«

»Wo schaust du eigentlich hin?«, sagte Quentin plötzlich eisig, und der Ausdruck seines Gesichts ließ Pfeffer unwillkürlich zusammenfahren.

»Wieso?«, sagte Trumpf. »Ich schaue hin, wo ich will. Wo's mir Spaß macht.«

Und dann sah er zurück, den Pfad entlang, wo unter dem dichten, gelblich-grünen Dach der Zweige Ritas orangefarbener Umhang leuchtete, auch wenn er sich immer weiter entfernte.

»Lassen Sie mich mal durch!«, sagte Quentin zu Pfeffer. »Mit dem muss ich ein Wörtchen reden.«

»He, wo willst du hin?«, sagte Stojan leise. »Komm zur Vernunft, Quentin …«

»Was soll das heißen: Komm zur Vernunft? Ich sehe doch, worauf er aus ist. Schon lange sehe ich das.«

»He, sei nicht kindisch … Hör auf!«

»Lass mich los, habe ich gesagt. Hände weg!«

Neben Pfeffer setzte jetzt lautstarkes Gerangel ein, und er wurde von beiden Seiten angerempelt. Stojan hielt Quentin am Ärmel und am Zipfel seiner Jacke fest. Quentin, der rot angelaufen und völlig verschwitzt war, versuchte, Stojan mit dem Arm wegzustoßen. Seinen Blick hatte er starr auf Trumpf gerichtet. Mit dem anderen Arm drückte er Pfeffer nach unten, um über ihn hinwegsteigen zu können. Durch die ruckartigen Bewegungen, die Quentin machte, rutschte er immer weiter aus seiner Jacke heraus, und in einem günstigen Augenblick ließ sich Pfeffer zum Fahrzeug hinausrollen. Trumpf blickte immer noch Rita nach. Sein Mund stand halb offen, sein Blick war zärtlich, schwärmerisch …

»Warum läuft sie bloß in dieser Hose herum?«, wandte er sich an Pfeffer. »Plötzlich tragen sie alle Hosen …«

»Du brauchst ihn gar nicht zu verteidigen, Stojan«, hörte man Quentin im Wagen brüllen. »Der ist kein Sexualneurotiker, sondern ein ganz gemeiner Hund! Lass mich los, sag ich, sonst kriegst du paar aufs Maul!«

»Früher trugen sie diese Röcke«, sagte Trumpf verträumt. »Sie banden sich ein Stück Tuch um und machten es mit einer Nadel fest. Und ich … machte es dann einfach wieder auf …«

Wenn das alles in einem Park, einem Hotel oder einer Bibliothek passiert wäre, in einem Sitzungssaal … Und so etwas kam durchaus vor – sowohl im Park, als auch in der Bibliothek oder im Sitzungssaal, während Kims Vortrag zum Thema »Was jeder Mitarbeiter der ›Verwaltung‹ über die Methoden der mathematischen Statistik wissen muss«. Jetzt aber sah und hörte das alles der Wald; er sah die Geilheit, die Trumpfs Augen hervorquellen ließ, Quentins dunkelrotes Gesicht, das in der Tür des Geländewagens zum Vorschein kam, ein dumpf brütendes Stiergesicht ... Er hörte Stojans gequältes Gemurmel über Arbeit, über Verantwortung und Dummheit; hörte wie ausgerissene Knöpfe gegen die Windschutzscheibe flogen ... Aber niemand wusste, was der Wald darüber dachte, ob ihn schauderte, er darüber spottete oder ob er angewidert die Nase rümpfte.

»Scheiße, war das ...«, begann Trumpf genüsslich.

Dann schlug Pfeffer zu. Er traf ihn offensichtlich am Backenknochen, denn es knirschte, und sein Finger war sofort verstaucht. Augenblicklich trat Schweigen ein. Trumpf fasste sich an den Kopf und schaute Pfeffer verblüfft an.

»Das geht nicht«, sagte Pfeffer bestimmt. »Hier darf man nicht so reden. Es geht einfach nicht.«

»Das bestreite ich gar nicht«, sagte Trumpf und zuckte mit den Achseln. »Ich habe hier sonst aber nichts zu tun. Das Motorrad ist weg, das siehst du ja selbst ... Was soll ich also hier?«

Quentin erkundigte sich laut: »Gab's was auf die Schnauze?«

»J-ja«, sagte Trumpf ärgerlich. »Den Backenknochen hat er erwischt, genau den Knochen ... Ein Glück, dass es nicht das Auge war.«

»Nein, wirklich. In die Visage?«

»Ja«, sagte Pfeffer. »Weil man so etwas hier nicht darf.«

»Lasst uns jetzt fahren«, sagte Quentin und lehnte sich zurück.

»Steig ein, Trumpf«, sagte Stojan. »Wenn wir steckenbleiben, kannst du beim Schieben helfen.«

»Ich habe eine neue Hose an«, protestierte Trumpf. »Ich setze mich lieber ans Steuer.«

Keiner antwortete ihm, und so kletterte er auf den Rücksitz. Er setzte sich neben Quentin, der zur Seite gerückt war. Pfeffer setzte sich neben Stojan, und sie fuhren los.

Das weiße Getier war schon ziemlich weit gekommen, aber Stojan holte es ein und fuhr dann langsam hinterher – mit den rechten Rädern auf dem Weg und mit den linken auf dem üppig wuchernden Moos. Die Geschwindigkeit regelte er mit der Kupplung. »He, Sie machen noch die Kupplung kaputt«, sagte Trumpf. Dann wandte er sich an Quentin und begann ihm zu erklären, dass er eigentlich gar nichts Schlechtes im Sinn gehabt hatte, das Motorrad sei sowieso weg gewesen, ein Mann sei nun mal ein Mann, und wenn bei ihm alles in Ordnung sei, so bleibe er auch ein Mann – ob nun im Wald oder sonst wo, das spiele doch keine Rolle … »Hast du jetzt schon eins in die Fresse gekriegt, oder nicht!?«, rief Quentin. Und auch später, von Zeit zu Zeit, unterbrach er Trumpf: »Sag mal, du hast doch schon paar aufs Maul gekriegt, oder nicht?« – »Nein«, erwiderte Trumpf. »Nein, warte! Lass mich erst ausreden …«

Pfeffer strich über seinen angeschwollenen Finger und blickte aus dem Fenster. Er betrachtete die kleinen Viecher. Die Kinder des Waldes … oder die Diener des Waldes? … Vielleicht auch die Exkremente des Waldes … Sie bewegten sich langsam und unbeirrt in der Kolonne weiter, eins nach dem anderen; fast sah es aus, als wären es kleine Bäche, die über den Boden dahinflossen. Sie strömten über verfaulte Baumstümpfe, durch Fahrrinnen, durch Pfützen, durch hohes Gras und Stachelgestrüpp. Hin und wieder verschwand der Weg, versank im stinkigen Morast, verbarg sich unter dicken Schichten harter, grauer Pilze, die knirschend unter den Reifen zerbarsten, und tauchte dann wieder auf. Die Tierchen folgten dem Pfad. Sie waren weiß, sauber und glatt. Kein Staubkorn blieb an ihnen haften, kein Dorn verletzte sie, und der klebrige, schwarze Morast hinterließ bei ihnen keine Spuren. Sie strömten mit einer so dumpfen Gewissheit weiter, als befänden sie sich auf einem längst vertrauten Weg. Pfeffer zählte dreiundvierzig Stück.

Es drängte mich hierher, und jetzt bin ich da, sehe endlich den Wald von innen und sehe doch gar nichts. Ich hätte im

Hotel bleiben und mir das alles ausdenken können … in meinem kahlen Zimmer mit den drei unbenutzten Betten … spät am Abend, wenn ich nicht einschlafen kann, wenn alles still ist und um Mitternacht plötzlich der Rammbär zu dröhnen beginnt und auf der Baustelle Pfähle in die Erde treibt. Wahrscheinlich hätte ich mir alles, was es hier im Wald gibt, ausdenken können – die Nixen, die wandernden Bäume, die Tierchen, wie sie sich in den Waldläufer Selivan verwandeln, das Absurdeste, das Heiligste. Und was in der »Verwaltung« ist, kann ich mir ebenso gut ausdenken und vorstellen. Ich hätte wirklich zu Hause bleiben und es mir ausdenken können. Hätte auf dem Sofa neben dem Radio gelegen, sinfonischen Jazz gehört und Stimmen, die in fremden Sprachen sprechen, und hätte mir das alles ausgedacht. Aber was heißt das? Nichts. Sehen und nicht verstehen ist dasselbe wie sich etwas ausdenken. Ich lebe, sehe und verstehe nichts. Ich lebe in einer Welt, die sich jemand ausgedacht hat, ohne sich die Mühe zu machen, sie mir zu erklären – oder sie sich selbst zu erklären … Es ist der Wunsch zu verstehen, dachte Pfeffer plötzlich. Das ist es, woran ich so leide: an der Sehnsucht zu verstehen.

Er beugte sich aus dem Fenster und legte den schmerzenden Finger auf das kühle Metall. Die Tierchen nahmen von dem Geländewagen keinerlei Notiz; wahrscheinlich hatten sie nicht die leiseste Ahnung von seiner Existenz. Ein unangenehmer, scharfer Geruch ging von ihnen aus. Ihre Hülle schimmerte jetzt fast durchsichtig, und darunter, so schien es, bewegten sich in kleinen Wellen Schatten.

»Fangen wir uns eins«, schlug Quentin vor. »Das ist nämlich ganz einfach: Wir wickeln es in meine Jacke und bringen es ins Labor.«

»Lohnt sich nicht«, sagte Stojan.

»Warum nicht?«, wollte Quentin wissen. »Irgendwann muss man doch eins fangen.«

»Sie sind unheimlich«, meinte Stojan. »Außerdem könnte es uns eingehen, und dann müssten wir Heymbacken einen Bericht schreiben …«

»Wir haben sie gekocht«, erzählte Trumpf plötzlich. »Mir haben sie nicht geschmeckt, aber die anderen fanden sie gar nicht schlecht. Ungefähr wie ein Kaninchen, und ein Kaninchen kommt mir nicht auf den Tisch. Ob Katze oder Kaninchen – für mich ist das dieselbe Schweinerei. Kotzt mich an …«

»Was ich bemerkt habe«, sagte Quentin, »ist, dass die Anzahl der Tierchen immer eine Primzahl ergibt: dreizehn, dreiundvierzig, siebenundvierzig …«

»Unsinn«, widersprach Stojan. »Ich habe im Wald Gruppen von sechs oder zwölf gesehen …«

»Das war im Wald«, sagte Quentin. »Sie lösen sich ja in Gruppen auf und verschwinden in verschiedene Richtungen. Aber der Wurf der Kloake ergibt immer eine Primzahl, das kannst du in meinen Tagesberichten nachlesen; ich habe jede Brut verzeichnet …«

»Und einmal«, meldete sich nun Trumpf, »haben wir zusammen ein Eingeborenenmädchen gefangen. War das ein Spaß!«

»Dann schreib einen Artikel«, sagte Stojan zu Quentin.

»Hab ich schon«, erwiderte er. »Das ist dann der fünfzehnte.«

»Bei mir sind es schon siebzehn«, sagte Stojan. »Und einer ist im Druck. Wer ist dein Mitautor?«

»Weiß ich noch nicht«, antwortete Quentin. »Kim rät zum Manager. Er sagt, das Wichtigste sei im Moment der Transport. Rita wiederum empfiehlt den Verwalter …«

»Bloß nicht den Verwalter«, warnte Stojan.

»Warum?«, fragte Quentin.

»Nimm nicht den Verwalter«, wiederholte Stojan. »Mehr sage ich nicht. Aber denk dran.«

»Der Verwalter hat den Kefir mit Bremsflüssigkeit verdünnt«, sagte Trumpf. »Das war, als er noch Leiter des Friseurladens war. Wir haben ihm dafür eine Handvoll Wanzen in die Wohnung gesetzt.«

»Sie bereiten angeblich eine neue Richtlinie vor«, sagte Stojan. »Wer weniger als fünfzehn Artikel hat, wird umgeschult ...«

»Wirklich?«, fragte Quentin. »Das ist schlecht. Ich kenne diese Spezialschulungen. Da hören die Haare auf zu wachsen, und du stinkst ein Jahr lang aus dem Mund ...«

Ich will nach Hause, dachte Pfeffer, und zwar so schnell wie möglich. Ich habe überhaupt nichts mehr hier verloren. Doch dann sah er, wie sich die Marschordnung der Tierchen änderte. Pfeffer zählte zweiunddreißig Tiere, die geradeaus weiterliefen; elf formierten sich zu einer zweiten Kolonne und bogen nach links ab zu einem See, der unverhofft zwischen den Bäumen aufgetaucht war – ein schwarzes, stehendes Gewässer, nicht weit vom Geländewagen entfernt. Pfeffer sah in den niedrigen, verhangenen Himmel und entdeckte dann am Horizont die verschwommenen Umrisse des Felsens der Verwaltung. Die elf Tierchen bewegten sich unbeirrt in Richtung Wasser. Stojan stellte den Motor ab, alle kletterten aus dem Wagen und sahen zu, wie die Tierchen über ein knorriges Baumstück liefen, das direkt am Wasser lag. Dann plumpste eins nach dem anderen schwerfällig in den See. Über der dunklen Wasseroberfläche breiteten sich fettige Ringe aus.

»Die gehen unter«, sagte Quentin. »Die ertränken sich.«

Stojan holte die Landkarte hervor und breitete sie auf der Motorhaube aus.

»So ist es«, sagte er. »Und der See ist nicht eingezeichnet. Hier ist nur ein Dorf, aber kein See. Da steht es: Dorf Ureinw., siebzehn Komma elf.«

»Das ist doch immer so«, sagte Trumpf. »Wer fährt auch im Wald schon nach der Karte? Erstens stimmen die Karten alle nicht, und zweitens sind sie hier nicht zu gebrauchen. Heute ist da eine Straße, morgen ein Fluss; heute liegt da ein Moor, morgen ziehen sie Stacheldraht und stellen einen Wachturm auf. Oder man entdeckt plötzlich Lagerstätten.«

»Eigentlich habe ich gar keine Lust, noch weiterzufahren«, sagte Stojan und streckte sich. »Lassen wir's für heute genug sein, ja?«

»In Ordnung, für heute reicht's«, sagte Quentin. »Pfeffer muss noch sein Gehalt abholen. Steigen wir ein.«

»Jetzt wäre ein Fernglas gut«, sagte Trumpf plötzlich. Er hielt die Hand über die Augen und blickte neugierig zum See. »Ich glaube, da badet ein Mädchen.«

Quentin blieb stehen.

»Wo?«

»Nackt«, sagte Trumpf. »Der Teufel soll mich holen. Nackt. Die hat gar nichts an.«

Quentin wurde auf einmal bleich und stürzte zum Auto.

»Wo siehst du das?«, fragte Stojan.

»Da drüben, am anderen Ufer …«

»Da ist nichts«, sagte Quentin heiser. Er hatte sich auf das Trittbrett gestellt und suchte mit dem Fernglas das gegenüberliegende Ufer ab. Seine Hände zitterten. »Du verdammter Angeber … Du willst wohl noch mal eins in die Schnauze … Da ist überhaupt nichts!«, wiederholte er und reichte Stojan das Fernglas.

»Was heißt hier ›nichts‹?«, rief Trumpf. »Ich brauche keine Brille. Ich kann mich auf meine Augen verlassen, da macht mir keiner was vor …«

»He, Finger weg vom Fernglas«, sagte Stojan zu ihm. »Was sind das für Manieren, anderen Leuten Sachen aus der Hand zu reißen …«

»Da ist nichts«, murmelte Quentin. »Alles erstunken und erlogen. Was manche Leute für dummes Zeug von sich geben …«

»Das ist kein dummes Zeug«, widersprach Trumpf. »Das ist eine Nixe. Das könnt ihr mir glauben.«

Pfeffer zuckte zusammen. »Gib mir das Fernglas«, sagte er schnell.

»Da ist nichts zu sehen«, wiederholte Stojan und reichte ihm das Fernglas.

»Da hat er wieder ein paar Dumme gefunden«, murmelte Quentin, beruhigte sich aber allmählich wieder.

»Wirklich, da war eine«, sagte Trumpf. »Die ist bestimmt weggetaucht. Gleich wird sie wieder auftauchen ...«

Pfeffer stellte das Fernglas ein, machte sich aber keine Hoffnungen, irgendetwas zu sehen. Das wäre zu einfach gewesen. Er sah auch nichts. Nur die Oberfläche des Sees, das ferne, bewaldete Ufer und die Silhouette des Felsens über der gezackten Linie der Bäume.

»Wie sah sie denn aus?«, fragte er.

Trumpf begann, eifrig, mit ausladenden Gesten und sehr appetitlich zu beschreiben, wie die Nixe genau ausgesehen hatte ... Aber das war nicht, was Pfeffer hatte hören wollen.

»Ja, schon ...«, sagte er. »Ja ... Ja ...«

Vielleicht kommt sie ja heraus, um die Tierchen zu begrüßen, dachte Pfeffer, als er schon wieder auf dem Rücksitz saß – neben dem noch immer finster dreinblickenden Quentin. Der Geländewagen holperte über den Weg. Trumpf schien auf irgendetwas herumzukauen, und Pfeffer beobachtete das gleichmäßige Auf und Ab seiner Ohren ... Sie war aus dem Dickicht des Waldes getreten – weiß, kalt und selbstbewusst, war ins vertraute Wasser gegangen, so, wie ich in die Bibliothek gehe, und dann in das zitternde dämmrige Grün eingetaucht und den Tierchen entgegengeschwommen. Sie traf sie mitten auf dem Grund des Sees und führte sie fort. Niemand weiß warum und in wessen Auftrag. Aber ein neuer Knoten im Geflecht der Ereignisse war geknüpft: Vielleicht würde sich jetzt viele Meilen von hier etwas ganz anderes ereignen oder anbahnen; zwischen den Bäumen konnte dichter lila Nebel, der gar kein Nebel war, zu sieden anfangen; mitten in einem friedlichen Feld konnte eine weitere Kloake aufbrechen; die sonderbaren Ureinwohner, die eben noch still dagesessen hatten, um Lehrfilme anzusehen und den Erläuterungen der vor Eifer schon heiseren Beatrice Wach zu lauschen, konnten plötzlich aufstehen, in den Wald gehen und nie wieder zurückkehren … Und all dies wäre von einem tiefen Sinn erfüllt – so wie jede Bewegung eines komplizierten Mechanismus von einem tieferen Sinn erfüllt ist. Aber für uns wäre es unbegreiflich und deshalb sinnlos – zumindest für die von uns, die sich noch nicht an das Sinnlose gewöhnt und es als gegeben hingenommen haben. Pfeffer wurde die Bedeutung jedes Ereignisses, jeder Erscheinung ringsum bewusst: Da war die Anzahl der Tierchen, die nie zweiundvierzig oder fünfundvierzig betrug; da war der Stamm eines Baumes, der mit rotem Moos bewachsen war; da war der Himmel, der von den überhängenden Zweigen gänzlich verdeckt wurde …

Der Geländewagen ruckelte hin und her, obwohl Stojan sehr langsam fuhr. Schon von weitem sah Pfeffer durch die Windschutzscheibe einen schiefen Pfahl mit einem alten, schmutzig-grauen Schild. Es war mit zwei großen, rostigen Nägeln befestigt und die uralte Aufschrift vom Regen verwaschen und verblasst. Auf dem Schild stand: »Hier ertrank vor zwei Jahren unter tragischen Umständen der einfache Waldsoldat Gustav. An dieser Stelle werden wir ihm ein Denkmal errichten.« Der Geländewagen passierte schlingernd den Pfahl.

Was hast du gemacht, Gustav, dass du hier ertrunken bist?, fragte sich Pfeffer. Bestimmt warst du ein kräftiger Bursche – glattrasierter Schädel, breiter Kiefer mit starkem Bartwuchs, ein Goldzahn, von oben bis unten tätowiert und mit Armen so lang, dass sie bis über die Knie reichten. An der rechten

Hand fehlte ein Finger, den man dir bei einer Wirtshausschlägerei abgebissen hatte. Und zum Waldsoldaten wurdest du nicht, weil du es wolltest, sondern weil es sich so ergab, weil du auf dem Felsen deine Strafe absitzen musstest – dort, wo jetzt die »Verwaltung« steht. Fliehen konntest du nur in den Wald, sonst nirgendwohin. Artikel hast du im Wald keine geschrieben … Das kam dir nicht einmal in den Sinn. Eher hast du an die Artikel gedacht, die andere vor dir geschrieben haben und später, vor Gericht, gegen dich verwendeten … Aber du hast eine strategisch wichtige Straße gebaut, Betonplatten verlegt und links und rechts einen breiten Waldstreifen abgeholzt, damit hier im Notfall achtstrahlige Bomber landen können. Aber so etwas duldet der Wald nicht, und so hat er dich eben an einem trockenen Platz ertränkt. Dafür wird man dir in zehn Jahren ein Denkmal setzen und ein Café nach dir benennen – »Bei Gustav«. Und Kraftfahrer Trumpf wird dort seinen Kefir schlürfen und kleine Schlampen aus der ortsansässigen Kapelle streicheln …

Trumpf hat zwei Vorstrafen, dachte Pfeffer, aber nicht wegen Sachen, wie man sie von ihm erwarten würde. Beim ersten Mal schickte man ihn wegen des Diebstahls von Briefpapier, beim zweiten Mal wegen eines Passvergehens in die Strafkolonie. Stojan hingegen hat eine saubere Weste. Er trinkt auch keinen Kefir, nichts. Alewtina liebt er zärtlich und aufrichtig, was bisher noch niemand getan hat. Und wenn sein zwanzigster Artikel gedruckt ist, wird er Alewtina sein Herz zu Füßen legen. Aber sie wird ihn abweisen – ungeachtet seiner zwanzig Artikel, seiner breiten Schultern und seiner wunderschönen römischen Nase. Alewtina kann Saubermänner nämlich nicht ausstehen, weil sie (nicht ohne Grund) verkappte Wüstlinge in ihnen vermutet. Stojan lebt im Wald, und im Gegensatz zu Gustav kam er freiwillig hierher. Er beklagt sich nie über irgendetwas, auch wenn der Wald für ihn nicht mehr ist, als eine große Halde potenziellen Materials für Artikel, die ihn vor der Umschulung bewahren … Was mich wirklich erstaunt, ist, dass es Leute gibt, die sich an den Wald gewöhnen – es ist sogar die überwiegende Mehrheit. Anfangs lockt sie der Wald als romantischer Ort, oder sie sehen die Chance, mehr Geld zu verdienen als anderswo; zudem ist im Wald vieles erlaubt, und man kann sich hier gut verborgen halten. Zuerst flößt ihnen der Wald ein bisschen Angst ein, doch am Ende geht ihnen auf, dass »hier genauso ein Durcheinander herrscht wie an jedem anderen Ort auf der Welt«. Das versöhnt sie mit der Fremdheit und Andersartigkeit des Waldes – und trotzdem möchte keiner von ihnen seinen Lebensabend hier verbringen … Quentin, so erzählt man sich, lebt nur deswegen hier, weil er Angst hat, Rita unbeaufsichtigt zu lassen; Rita wiederum will um nichts auf der Welt weg von hier und verrät niemandem, warum … Ach, jetzt bin ich ja schon bei Rita … Rita geht manchmal in den Wald und kommt wochenlang nicht wieder. Sie badet in den Waldseen. Und sie verstößt gegen alle Vorschriften, aber keiner wagt, sie deswegen zur Rechenschaft zu ziehen. Rita schreibt auch keine Artikel, sie schreibt überhaupt nichts, nicht einmal Briefe. Jeder weiß, dass Quentin nachts weint und zur Bedienung schlafen geht, das heißt, wenn die Bedienung nicht gerade mit jemand anderem beschäftigt ist … Auf der Biostation gibt es keine Geheimnisse … Und abends schalten sie im Klub das Licht an, drehen die Musikbox auf, trinken Kefir in rauen Mengen und werfen bei Mondschein um die Wette Flaschen in den See. Sie tanzen, spielen Karten oder Billard, machen Pfänderspiele, und dann geht jeder mit der Frau eines anderen ins Bett. Tagsüber gießen sie in Labors den Wald aus einem Reagenzglas ins nächste, betrachten den Wald unter dem Mikroskop, berechnen ihn auf ihren Rechenmaschinen, und dabei steht der Wald um sie herum, hängt über ihrem Kopf, wächst quer durch ihr Schlafzimmer, sammelt sich in den schwülen Stunden vor einem Gewitter mit unzähligen Wanderbäumen vor dem Fenster und kann wahrscheinlich auch nicht begreifen, wer sie sind, was sie hier machen, und warum es sie überhaupt gibt … Gut, dass ich jetzt abreise, dachte Pfeffer. Ich war eine Zeit lang hier, habe nichts verstanden und nichts von dem gefunden, was ich suchte, aber ich weiß jetzt, dass ich auch nie etwas verstehen oder finden werde – außer es ist die richtige Zeit dafür. Der Wald und ich haben nichts gemein, er steht mir nicht näher als die »Verwaltung«. Blamieren werde ich mich hier jedenfalls nicht. Ich fahre weg, werde eine Weile arbeiten, abwarten und hoffen, dass irgendwann die richtige Zeit kommt …

Der Hof der Biostation lag verlassen da. Kein Lastwagen war zu sehen, und vor dem Kassenschalter wartete auch niemand. Nur Pfeffers Koffer stand auf der Freitreppe vor dem Haus und versperrte den Zugang. Über dem Geländer hing sein grauer Regenmantel. Pfeffer kletterte aus dem Geländewagen und sah sich ein wenig ratlos um. Trumpf hatte Quentin am Arm gefasst und ihn in Richtung Kantine gezogen, von wo Geschirrklappern zu hören war und es nach Küchendunst roch. Stojan sagte: »Gehen wir essen, Pfeffer«, und fuhr den Wagen in die Garage. Pfeffer wurde plötzlich mit Schrecken bewusst, was das bedeutete: die heulende Musikbox, das sinnlose Geschwätz, Kefir, und vielleicht noch ein Gläschen. Und das jeden Abend, viele, viele Abende …

Das Fenster am Kassenschalter schepperte. Der Kassierer beugte sich zornig vor und schrie: »Was ist denn jetzt, Pfeffer? Wie lange soll ich noch auf Sie warten? Kommen Sie her und unterschreiben Sie endlich!«

Pfeffer begab sich sofort zum Schalter.

»Hier, die Summe in Worten«, sagte der Kassierer. »Nein, nicht da. Hier! Warum zittern Ihre Hände denn so? In Ordnung … Ihr Geld …«

Er zählte Pfeffer die Scheine hin.

»Und wo sind die anderen?«, fragte Pfeffer.

»Immer mit der Ruhe … Die anderen sind hier im Umschlag.«

»Nein, ich meinte doch …«

»Es interessiert hier niemanden, was Sie meinen. Ich kann doch Ihretwegen nicht unsere Ordnungsvorschriften auf den Kopf stellen. Das ist Ihr Gehalt. Haben Sie es erhalten?«

»Ich wollte wissen, ob …«

»Ich frage Sie: Haben Sie es erhalten oder nicht?«

»Ja.«

»Gott sei Dank. Jetzt bekommen Sie Ihre Prämie … Haben Sie die Prämie bekommen?«

»Ja.«

»Das ist alles. Darf ich Ihnen die Hand drücken. Danke. Ich habe es eilig. Ich muss bis sieben in der ›Verwaltung‹ sein …«

»Ich wollte nur fragen«, sagte Pfeffer schnell, »wo die anderen sind … Wo ist Kim … der Lastwagen … Man hat mir doch versprochen, mich mitzunehmen … aufs Festland …«

»Aufs Festland kann ich nicht, ich muss in die ›Verwaltung‹. Verzeihung, ich schließe jetzt das Fenster.«

»Ich brauche nicht viel Platz«, sagte Pfeffer.

»Das spielt keine Rolle. Sie sind ein erwachsener Mensch und sollten das begreifen. Ich bin Kassierer und führe offizielle Listen mit mir. Und was, wenn Ihnen etwas zustößt? Nehmen Sie Ihren Ellbogen weg!«

Pfeffer trat zurück, und das Fenster fiel krachend zu. Durch das trübe, verschmierte Glas beobachtete Pfeffer, wie der Kassierer die Listen zusammenraffte und unbesehen in eine Mappe stopfte. Dann aber öffnete sich plötzlich die Tür des Kassenraums und zwei große, kräftige Wachleute traten ein. Sie zogen einen Strick heraus, fesselten dem Kassierer die Arme und legten ihm eine Schlinge um den Hals. Der eine führte den Kassierer am Strick hinaus, der andere nahm die Mappe und sah sich im Raum um. Dabei fiel sein Blick auf Pfeffer.

Einige Sekunden blickten sie sich durch das schmutzige Glas an, dann legte der Wachmann langsam und vorsichtig, als hätte er Angst, jemanden zu erschrecken, die Mappe auf den Tisch und griff ebenso langsam und vorsichtig nach dem Gewehr, das an der Wand lehnte. Sein Blick ruhte unverwandt auf Pfeffer.

Pfeffer lief es eiskalt über den Rücken. Er stand still, traute seinen Augen nicht. Der Wachmann nahm das Gewehr, wich langsam zurück zur Tür und zog sie hinter sich zu. Das Licht erlosch.

Jetzt rannte Pfeffer los, lief so schnell er konnte zu seinem Koffer, riss ihn an sich und stürzte davon. Er wollte weg von hier, weg, so weit wie möglich. Hinter der Garage blieb er stehen und sah, wie der Wachmann mit dem Gewehr im Anschlag auf die Freitreppe heraustrat, nach links, rechts und nach unten schaute, Pfeffers Regenmantel vom Geländer nahm, die Taschen durchsuchte, sich nochmals umblickte und dann wieder im Haus verschwand. Pfeffer setzte sich auf seinen Koffer.

Die Luft war kühl. Es dämmerte. Pfeffer saß da und blickte geistesabwesend auf die hell erleuchteten Fenster, die bis auf halbe Höhe weiß getüncht waren. Hinter den Fenstern huschten Schatten hin und her, und auf dem Dach drehte sich lautlos der vergitterte Flügel des Radars. Geschirr klapperte, im Wald schrien ein paar Tiere. Dann leuchtete ein Scheinwerfer auf, ein blauer Lichtstrahl tastete umher, und in diesen Lichtstrahl rollte ein Kipper, der zuvor hinter einer Hausecke gestanden hatte. Er holperte über die Fahrrinne und fuhr auf das Tor zu. Das Licht des Scheinwerfers folgte ihm. Auf der Ladefläche des Kippers saß der Wachmann mit dem Gewehr. Er schützte sich vor dem Fahrtwind und zündete sich eine Zigarette an. Der dicke raue Strick war um sein linkes Handgelenk geschlungen und führte in das geöffnete Fenster des Fahrerhauses.

Der Kipper verschwand und der Scheinwerfer erlosch. Dann kam wie ein unheilvoller Schatten der zweite Wachmann über den Hof; er scharrte mit seinen riesigen Schuhen und hielt das Gewehr fest unter den Arm geklemmt. Von Zeit zu Zeit bückte er sich und befühlte die Erde … wohl auf der Suche nach Spuren. Pfeffer presste seinen klatschnassen Rücken gegen die Wand, stand starr vor Schreck und beobachtete den Mann aus den Augenwinkeln.

Aus dem Wald waren grässliche, langgezogene Schreie zu hören. Irgendwo schlugen Türen zu. Im ersten Stock ging Licht an, und jemand sagte laut: »Bei dir ist es aber schwül.« Etwas Rundes, Glänzendes fiel ins Gras und rollte vor Pfeffers Füße. Wieder fuhr ihm der Schreck in die Glieder, bis er sah, dass es nur eine leere Kefirflasche war. Zu Fuß, dachte er, ich muss es zu Fuß schaffen. Zwanzig Kilometer durch den Wald. Schlecht, sehr schlecht, dass ich durch den Wald muss. Der wird jetzt einen armseligen, zitternden Menschen sehen, der todmüde ist und vor Angst schwitzt, von seinem Koffer gequält wird und ihn doch nicht fortwirft. Ich werde mich immer weiter schleppen, und der Wald wird mich von allen Seiten her anschreien und anfauchen …

Jetzt tauchte der Wachmann wieder auf, aber er war nicht allein. Neben ihm kroch jemand auf allen vieren, eine große Gestalt, die schwer atmete, schnaubte. Sie blieben in der Mitte des Hofes stehen, und Pfeffer hörte den Wachmann brummen: »Da hast du ihn, da … Nicht auffressen, du Schafskopf, riech dran … He, das ist doch keine Wurst, das ist ein Regenmantel, da muss man dran riechen … Na? Cherchez, hab ich dir gesagt …« Der auf allen vieren winselte und jaulte. »Scheiße«, sagte der Wachmann ärgerlich. »Dich kann man auch nur Flöhe suchen lassen … Hau ab!« Und sie verschwanden in der Dunkelheit. Auf der Freitreppe klapperten Absätze, eine Tür schlug zu. Plötzlich drückte sich etwas Kaltes und Feuchtes an Pfeffers Wange. Er fuhr zusammen und wäre vor

Schreck fast umgesunken … Es war ein riesengroßer Wolfshund. Er jaulte leise auf, atmete schwer und legte seinen großen Kopf auf Pfeffers Knie. Pfeffer kraulte ihn hinter den Ohren. Der Wolfshund gähnte und wollte sich gerade hinlegen, als im ersten Stock die Musikbox aufgedreht wurde. Der Hund sprang auf und lief davon.

Die Musikbox war so ohrenbetäubend laut, dass sie die gesamte Umgebung beschallte. Und für Pfeffer ging es wie im Abenteuerfilm weiter: Das Tor flammte plötzlich in blauem Licht auf und öffnete sich lautlos. Wie ein riesiges Schiff schob sich ein gigantischer Lastwagen in den Hof, der über und über mit hell strahlenden Signallampen beladen war. Dann blieb er stehen und schaltete die Scheinwerfer ab, die nun sehr langsam, fast wie in Zeitlupe, erloschen. Kraftfahrer Woldemar lehnte sich aus dem Fahrerhaus, riss den Mund auf und rief. Er rief lange, angestrengt und wurde zusehends wütend. Dann spuckte er aus, tauchte zurück ins Fahrerhaus, lehnte sich wieder hinaus und schrieb mit Kreide, die Buchstaben auf den Kopf gestellt, »PFEFFER!!«. Da begriff Pfeffer, dass der Wagen für ihn geschickt worden war. Er griff seinen Koffer und lief über den Hof. Er hatte Angst sich umzudrehen, hatte Angst, hinter seinem Rücken plötzlich Schüsse zu hören. Mit Mühe nahm er die beiden Stufen zum Fahrerhaus. Es war groß und geräumig wie ein Zimmer. Während Pfeffer seinen Koffer verstaute, sich hinsetzte und eine Zigarette suchte, sprach Woldemar unaufhörlich auf ihn ein. Dabei lief er rot an, mühte sich ab, gestikulierte wild und klopfte Pfeffer immer wieder mit der Hand auf die Schulter. Aber erst, als die Musikbox auf einmal verstummte, hörte Pfeffer seine Stimme. Woldemar sagte nichts Besonderes, er fluchte nur, fluchte, was das Zeug hielt.

Noch bevor der Lastwagen das Tor passierte, war Pfeffer eingeschlafen, so als hätte man ihm eine Maske mit Äther aufs Gesicht gedrückt.

7
Kandid

Das Dorf war merkwürdig. Als sie aus dem Wald traten und es unten im Talkessel liegen sahen, wurden sie gleich von dieser Stille erfasst. Eine solche Stille, dass sie sich nicht einmal darüber freuten. Das Dorf hatte die Form eines Dreiecks, und das große Feld, auf dem es stand, war ebenfalls dreieckig – eine weite, kahle Lehmfläche ohne einen Strauch, ohne einen einzigen Grashalm, so als wäre alles abgesengt und niedergestampft worden, eine dunkle Fläche, die von den zusammengewachsenen Kronen mächtiger Bäume überdeckt war.

»Das Dorf gefällt mir nicht«, sagte Nawa. »Hier hat es sicher keinen Sinn, nach Essen zu fragen. Was sollen sie an Essen haben, wenn es nicht einmal ein Feld gibt, nur den nackten Lehm? Bestimmt leben hier Jäger, die alle möglichen Tiere fangen und essen. Mir wird schon schlecht, wenn ich daran denke …«

»Vielleicht ist es das Dorf der Wirrköpfe?«, fragte Kandid. »Und das hier ist das Lehmfeld?«

»Nein, das Dorf der Wirrköpfe kann es nicht sein, denn das ist ein Dorf wie jedes andere auch, ein Dorf wie unser Dorf, nur dass eben Wirrköpfe drin wohnen … Aber dieses Dorf hier ist anders, es ist still, und Menschen sind auch nicht zu sehen, nicht einmal Kinder, obwohl die Kinder vielleicht schon schlafen … Aber warum man hier niemanden sieht, Schweiger? … Nein, lass uns lieber nicht in das Dorf gehen, es ist mir nicht geheuer …«

Die Sonne ging unter, und langsam legte sich die Dunkelheit über das Dorf. Es schien zwar vollkommen leer zu sein, machte aber keinen verlassenen oder verwahrlosten Eindruck, sondern wirkte nur leer, unwirklich, wie eine Dekoration. Ja, dachte Kandid, wir sollten wahrscheinlich nicht dort hingehen. Aber mir tun die Beine weh, und ein Dach über dem Kopf wäre jetzt sehr schön. Etwas essen. Und Nacht wird es auch … Den ganzen Tag irren wir im Wald umher, sogar Nawa ist müde geworden, hängt mir am Arm und lässt nicht mehr los.

»Na gut«, sagte er unsicher. »Wir gehen nicht hin.«

»So, dann gehen wir also nicht hin«, sagte Nawa. »Und wenn ich aber Hunger habe? Wie lange soll ich es eigentlich noch ohne Essen aushalten? Seit heute Morgen habe ich nichts gegessen … Und dann diese blöden Diebe … Weißt du, was für einen Hunger ich von der Lauferei bekommen habe? Komm, wir gehen ins Dorf, essen was, und wenn es uns dort nicht gefällt, gehen wir wieder. Die Nacht wird warm sein und trocken … Na los, worauf wartest du noch?«

Schon am Dorfrand wurden sie angesprochen. Neben dem ersten Häuschen, direkt auf der Erde, saß ein fast nackter Mensch. In der Dämmerung war er nur schwer zu erkennen; er verschmolz mit dem Boden, und Kandid sah nur seine Umrisse vor der hellen Wand.

»Wohin geht ihr?«, fragte der Mann mit schwacher Stimme.

»Wir müssen irgendwo übernachten«, antwortete Kandid. »Und morgen früh müssen wir zur Siedlung. Wir haben uns verirrt, sind vor den Dieben davongelaufen und haben uns verirrt.«

»Ihr habt also allein hierhergefunden?«, fragte der Mann leise. »Das ist nicht einfach, das habt ihr gut gemacht … Kommt nur rein, Arbeit gibt es in Hülle und Fülle, aber so gut wie keine Leute mehr …« Er sprach die Worte aus, als sei er am Einschlafen. »Und es muss gearbeitet werden … unbedingt … unbe…«

»Hast du etwas zu essen für uns?«, fragte Kandid.

»Bei uns ist jetzt …« Der Mann sagte einige Wörter, die Kandid bekannt vorkamen, obwohl er wusste, dass er sie noch nie gehört hatte. »Gut, dass ein Junge gekommen ist, denn ein Junge …« Und erneut sprach er unverständliche, seltsame Wörter.

Nawa zog Kandid am Arm, aber er machte sich ärgerlich los.

»Ich verstehe dich nicht«, sagte er zu dem Mann. Er versuchte, ihn sich genauer anzuschauen. »Sag, hast du etwas zu essen?«

»Wenn es drei wären …«, sagte der Mann.

Nawa zog Kandid mit aller Kraft fort, und sie entfernten sich ein Stück.

»Ist er krank, oder was?«, fragte Kandid wütend. »Verstehst du, was er sagt?«

»Warum sprichst du mit ihm?«, flüsterte Nawa. »Er hat doch gar kein Gesicht! Wie kannst du mit ihm sprechen, wenn er kein Gesicht hat?«

»Wieso ›kein Gesicht‹?«, flüsterte Kandid verwundert und blickte sich um. Der Mann war nicht mehr zu sehen; entweder war er weggegangen, oder er hatte sich in der Dunkelheit aufgelöst.

»Er hat eben keins«, sagte Nawa. »Er hat Augen, einen Mund, aber kein Gesicht …« Plötzlich presste sie sich an ihn. »Er ist wie ein Totenmensch«, sagte sie. »Doch er ist keiner, weil er riecht. Sonst aber ist er genau wie ein Totenmensch … Lass uns in ein anderes Haus gehen, aber Essen bekommen wir keins, da brauchst du dir keine Hoffnungen zu machen.«

Sie zog ihn zum nächsten Haus, und beide blickten hinein. Alles in diesem Haus war ungewöhnlich: Es gab keine Betten, alles war leer, dunkel und beklemmend. Nawa schnupperte.

»Hier hat es noch nie Essen gegeben«, sagte sie angewidert. »In ein dummes Dorf hast du mich da geführt, Schweiger. Was sollen wir hier machen? So ein Dorf habe ich im Leben nicht gesehen. Kein Kindergeschrei und kein Mensch auf der Straße.«

Sie gingen weiter. Ihre Sohlen traten auf feinen, kühlen Staub, so dass sie nicht einmal ihre eigenen Schritte hörten. Auch der Wald schwieg – kein Knacken und kein Glucksen, wie es sonst am Abend zu hören war.

»Seltsam hat er gesprochen«, sagte Kandid. »Aber mir kommt es so vor, als hätte ich diese Sprache schon einmal gehört … Aber wann und wo, weiß ich nicht …«

»Ich auch nicht«, sagte Nawa nach einer Weile. »Aber das ist wahr, ich habe auch schon einmal solche Wörter gehört, vielleicht im Schlaf, vielleicht auch in unserem Dorf. Nicht in dem, wo wir jetzt wohnen, sondern in dem anderen, wo ich geboren wurde. Aber das muss lange her sein, weil ich da noch ganz klein war. Seit der Zeit habe ich alles vergessen, und jetzt ist mir, als ob es zurückgekommen wäre. Aber richtig erinnern kann ich mich auch jetzt nicht.«

Im nächsten Haus sahen sie einen Menschen, der vor der Schwelle auf dem Boden lag und schlief. Kandid beugte sich über ihn, rüttelte ihn an der Schulter, aber der Mensch wachte nicht auf. Seine Haut fühlte sich feucht und kalt an, wie bei einer Amphibie; er war fett, weich und besaß kaum Muskeln. Im Halbdunkel sahen seine Lippen schwarz aus und glänzten wie fettig.

»Er schläft«, meinte Kandid und wandte sich zu Nawa um.

»Wie kann er schlafen«, sagte Nawa, »wenn er die Augen offen hat?«

Kandid beugte sich noch einmal über den Mann, und ihm schien, als schaute dieser tatsächlich unter seinen leicht geöffneten Lidern hervor. Doch es schien nur so.

»Aber nein, er schläft«, entgegnete Kandid. »Also weiter.«

Nawa schwieg, was bei ihr selten vorkam. Sie gingen bis zur Mitte des Dorfes und sahen in jedes Haus hinein. Überall fanden sie schlafende Menschen – dicke, verschwitzte Männer, und von Frauen und Kindern fehlte jede Spur. Nawa war jetzt ganz verstummt, und auch Kandid war unbehaglich zumute. In den Bäuchen der Schlafenden gurgelte es laut. Sie wachten nicht auf, aber jedes Mal, wenn sich Kandid beim Hinausgehen noch einmal umdrehte, kam es ihm so vor, als sähen sie ihm mit einem kurzen zaghaften Blick hinterher.

Es war jetzt ganz dunkel. Zwischen den Zweigen hindurch konnte man den Himmel sehen, der im Mondlicht aschgrau schimmerte, und Kandid wurde noch einmal bewusst, wie sehr ihn das alles an ein gut gemachtes, effektvolles Bühnenbild erinnerte. Aber er war mittlerweile so erschöpft, dass er nur noch eins wollte: sich hinlegen und ein Dach über dem Kopf haben, um während des Schlafes vor Nachtgetier aus der Luft geschützt zu sein. Sich auf harten, ausgetretenen Boden zu legen, hätte Kandid nichts ausgemacht, aber das Haus musste leer sein, ohne die unheimlichen Schläfer. Nawa hing wie zuvor müde und erschöpft an seinem Arm.

»Keine Angst«, sagte Kandid. »Hier brauchen wir uns vor nichts zu fürchten.«

»Was sagst du?«, fragte sie verschlafen.

»Ich sagte: keine Angst. Hier sind alle halbtot, die erledige ich mit links.«

»Ich habe vor niemandem Angst«, sagte Nawa böse. »Ich bin müde und will schlafen, wenn du mir schon nichts zu essen gibst. Aber du läufst weiter, von einem Haus ins nächste, und noch weiter. Ich habe es satt; ist doch in allen Häusern das Gleiche, alle Leute haben sich schon hingelegt und ruhen sich aus, bloß wir wandern noch herum …«

Da ging Kandid in das erstbeste Haus hinein. Es war völlig finster. Er blieb stehen und horchte, ob sich jemand in dem

Haus befand, aber er hörte nur Nawa ein- und ausatmen; sie hatte ihren Kopf an seiner Seite vergraben. Er tastete nach der Wand; dann strich er über den Boden, um zu sehen, ob er trocken war, und legte sich hin. Nawas Kopf bettete er auf seinen Bauch. Sie schlief schon. Man sollte sich dennoch einen anderen Platz suchen, dachte er, der ist nicht gut … Na ja, ist bloß für eine Nacht … Morgen fragen wir nach dem Weg, am Tag schlafen sie ja nicht … Im schlimmsten Fall gehen wir zum Sumpf, die Diebe sind sicher weg … Aber wenn sie immer noch da sind? … Und die Burschen in der Siedlung? … Nein, nicht schon wieder übermorgen? … Nein, morgen … ganz sicher morgen …

Er erwachte von einem Lichtschein und glaubte, es sei der Mond. Im Haus war es dunkel, nur ins Fenster und auf die Tür fiel ein lilafarbenes Licht. Er überlegte, wie es sein konnte, dass das Mondlicht gleichzeitig ins Fenster und auf die Tür fallen konnte, die sich in der anderen Ecke befand, erinnerte sich aber dann, dass er sich im Wald befand und der richtige Mond hier gar nicht schien. Den Gedanken vergaß er aber sofort wieder, denn in dem Lichtstrahl, der durch das Fenster hereinschien, waren jetzt die Umrisse eines Menschen zu erkennen. Der Mensch stand da, im Haus, mit dem Rücken zu Kandid, und schaute aus dem Fenster. An den Umrissen war zu erkennen, dass er die Arme auf dem Rücken verschränkt und den Kopf zur Seite geneigt hatte. So standen die Waldbewohner nie da – wozu auch? Aber er kannte jemanden … Wie gerne hatte der am Fenster des Labors gestanden, wenn es draußen regnete oder neblig war, wenn man nicht arbeiten konnte. Karl Ettinghof. Und dann wurde Kandid klar, dass der Mann wirklich Karl Ettinghof war. Karl, der irgendwann von der Biostation in den Wald gegangen und nie mehr zurückgekehrt war. Offiziell galt er als verschollen. Kandid schnappte vor Aufregung nach Luft und rief: »Karl!« Der Mann wandte sich langsam um, das lila Licht glitt über seine Gesichtszüge, und Kandid sah, dass es nicht Karl war, sondern ein Einheimischer. Er kam geräuschlos auf Kandid zu und beugte sich über ihn; die Arme ließ er auf dem Rücken liegen. Sein Gesicht wurde jetzt in allen Einzelheiten sichtbar: ein ausgemergeltes, bartloses Gesicht, das nicht im Entferntesten an das von Karl erinnerte. Der Mann sagte kein Wort, es schien, als sähe er Kandid nicht einmal. Er richtete sich auf und ging in seiner gekrümmten Haltung zur Tür. Als er über die Schwelle trat, wusste Kandid plötzlich, dass es doch Karl war. Er sprang auf und lief ihm nach.

In der Tür blieb er stehen und sah auf die Straße. Er versuchte, das fiebrige Zittern, das ihn auf einmal erfasst hatte, zu unterdrücken. Draußen war es sehr hell, denn der glänzende, lilafarbene Himmel hing unmittelbar über dem Dorf. Die Häuser wirkten ganz unwirklich, wie flachgedrückt. Schräg gegenüber auf der anderen Straßenseite bemerkte Kandid einen seltsamen langgezogenen Bau, wie er im Wald sonst nicht anzutreffen war, und daneben sah er Menschen. Der Mann, der Karl so ähnlich war, ging auf den Bau zu, näherte sich der Menge, wurde von ihr verschluckt und war verschwunden, als hätte es ihn nie gegeben. Kandid wollte auch zu dem Gebäude gehen, aber seine Beine fühlten sich an wie Watte, und er musste stehen bleiben. Er wunderte sich, dass seine Beine ihn überhaupt noch trugen. Aus Angst hinzufallen wollte er sich festhalten, aber da war nichts, nur völlige Leere. »Karl«, murmelte er taumelnd. »Karl, komm zurück!« Ein paarmal wiederholte er seine Bitte, und dann schrie er sie laut und verzweifelt heraus. Aber niemand hörte ihn, denn im selben Moment erscholl ein noch viel lauterer Schrei, er gellte in seinen Ohren, ließ ihm die Tränen in die Augen treten, war klagend, wild und voller Schmerz. Kandid wusste sofort, dass der Schrei aus dem langgezogenen Gebäude kam, wahrscheinlich deshalb, weil er von nirgendwo sonst herkommen konnte. »Wo ist Nawa?«, schrie er. »Nawa, mein Mädchen, wo bist du?« Ihm war klar, dass er sie jetzt verlieren würde, dass der Augenblick gekommen war, in dem er alles, was ihm wichtig war, verlieren würde, alles, was ihn mit dem Leben verband, und er allein zurückbliebe. Kandid drehte sich um und wollte zurück ins Haus laufen, als er Nawa sah. Ihr Kopf war zurückgeworfen und sie sackte langsam in sich zusammen. Er fing sie auf und hob sie hoch, ohne zu verstehen, was mit ihr los war. Ihr Kopf hing schlaff nach hinten, er sah ihren nackten Hals, das Grübchen zwischen Hals und Schlüsselbein, Nawa hatte zwei solcher Grübchen, und jetzt würde er sie nie mehr sehen. Das Weinen hörte nicht auf. Er musste dorthin, wo das Weinen war. Eine Heldentat, denn er würde Nawa selbst hintragen. Aber er wusste auch, dass *sie* das nicht verstünden. Für sie war das ein ganz normaler Vorgang, weil sie nicht wussten, was es heißt, seine Tochter auf den Armen dahin zu tragen, wo das Weinen war – die einzige Tochter, ein warmes Wesen aus Fleisch und Blut.

Der Schrei brach ab. Kandid stand schon vor dem Gebäude, inmitten der Menschen. Vor sich sah er eine schwarze quadratische Tür. Er versuchte zu begreifen, was er hier machte, mit Nawa auf den Armen, aber er kam nicht dazu, denn aus der Tür traten zwei Frauen und mit ihnen Karl. Alle drei blickten finster und unzufrieden. Sie blieben stehen und sprachen miteinander. An der Art, wie sich ihre Lippen bewegten, erriet er, dass sie verärgert waren und sich stritten. Aber Kandid konnte sie nicht verstehen; nur einmal fing er ein Wort auf, das ihm bekannt vorkam: »Chiasma«. Daraufhin wandte sich eine der Frauen, ohne ihr Gespräch zu unterbrechen, an die Menge und machte eine Geste, als ob sie alle einlüde, in das Gebäude zu kommen. Kandid rief: »Sofort, sofort …« und presste Nawa noch fester an sich. Wieder hörte er lautes Weinen, alles ringsum kam in Bewegung, fettleibige Menschen umarmten und drückten sich, streichelten und liebkosten einander; ihre Augen waren trocken, ihre Lippen fest zusammengepresst, doch waren sie es, die weinten und schrien. Es waren Männer und Frauen, und die Männer nahmen von den Frauen Abschied – wie es schien, für immer. Niemand konnte sich entschließen, als Erster zu gehen, und so machte Kandid den Anfang. Er war ein mutiger Mann, denn er wusste, was »Pflicht« bedeutet; er wusste, dass es keinen Ausweg gab. Aber Karl blickte ihn an und machte mit dem Kopf eine fast unmerkliche Bewegung zur Seite, und da graute Kandid, weil es trotz allem nicht Karl war. Aber er begriff die Geste, wich zurück und stieß mit dem Rücken gegen etwas Weiches und Glitschiges. Dann nickte Karl wieder, und Kandid drehte sich um, presste Nawa fest auf seine Schulter und rannte die helle, verlassene Straße entlang. Ihm war, als träumte er. Seine Knie waren weich und knickten ein. Das Getrappel der Verfolger hörte er nicht.

Kandid kam zu sich, als er gegen einen Baum prallte. Nawa schrie auf, er nahm sie von der Schulter und legte sie auf die Erde. Unter den Füßen war Gras.

Von hier aus konnte man das ganze Dorf sehen – und darüber einen Kegel leuchtend lilafarbenen Nebels. Die Häuser wirkten verschwommen, ebenso die winzigen Gestalten.

»Ich kann mich an nichts erinnern«, sagte Nawa. »Warum sind wir hier? Wir hatten uns doch schlafen gelegt. Oder träume ich das alles?«

Kandid hob sie vom Boden auf und trug sie weiter – weg von hier, bloß weg … Er zwängte sich zwischen den Büschen hindurch und verfing sich im hohen Gras, aber er ging weiter, immer weiter, bis es dunkel wurde. Dann legte er Nawa auf die Erde und setzte sich daneben. Um sie herum stand hohes, warmes Gras, das sich aber nicht feucht anfühlte. Noch nie hatte Kandid einen so angenehmen, trockenen Platz im Wald gefunden. Sein Kopf schmerzte, und er war zum Umfallen müde. Er wollte an nichts mehr denken. Er spürte nur unsagbare Erleichterung, dass er das Furchtbare, zu dem er fast bereit gewesen war, nicht getan hatte.

»Schweiger«, begann Nawa schlaftrunken, »ich kann mich jetzt doch erinnern, wo ich diese Sprache schon einmal gehört habe. Als du bewusstlos warst damals, hast du so geredet. Vielleicht bist du in dem Dorf geboren und hast es bloß vergessen? Du warst damals sehr krank, Schweiger, völlig bewusstlos ...«

»Schlaf«, sagte Kandid. Er wollte nicht denken. An gar nichts. »Chiasma« fiel ihm wieder ein. Und dann übermannte ihn der Schlaf. Das heißt, nicht gleich: Ihm fiel noch ein, dass es nicht Karl war, der als verschollen galt, sondern Valentin. Karl war im Wald umgekommen, seine Leiche hatte man zufällig gefunden, in einen Bleisarg gelegt und aufs Festland gebracht. Aber Kandid dachte, es sei ein Traum.

Als er die Augen öffnete, schlief Nawa noch. Sie lag in einer Mulde zwischen zwei Wurzeln, auf dem Bauch, das Gesicht in der linken Armbeuge vergraben, den rechten Arm zur Seite gestreckt. In ihrer halb geöffneten, schmutzigen Hand sah er einen dünnen, glänzenden Gegenstand. Zuerst wusste Kandid gar nicht, wo er war. Erst einen Moment später fiel ihm wieder der seltsame Wachtraum ein, sein Schrecken und die große Erleichterung, dass nichts Furchtbares passiert war. Dann wusste er auch wieder, was für ein Gegenstand das war, sogar die Bezeichnung kam ihm in den Sinn. Es war ein Skalpell. Kurz dachte er darüber nach, ob die Form des Skalpells eigentlich zu seiner Bezeichnung passte, zum Klang des Wortes, sah aber ein, dass es da nichts nachzudenken gab, sondern alles seine Richtigkeit hatte. Und trotzdem – ein Skalpell hier, in dieser Welt, das war völlig unmöglich. Er weckte Nawa.

Nawa wachte auf, setzte sich und plapperte sofort drauflos.

»Was für ein trockener Platz! Nie im Leben hätte ich gedacht, dass es so trockene Plätzchen gibt, und dass hier nur

Gras wächst, Schweiger …« Sie hielt inne und hob die Faust mit dem Skalpell vors Gesicht, blickte es einen Augenblick lang an, kreischte lauf auf, schleuderte es jäh von sich und sprang auf die Beine. Das Skalpell bohrte sich ins Gras und blieb stecken. Sie sahen zu der Stelle, und beiden graute es. »Was ist das, Schweiger?«, flüsterte Nawa schließlich. »Was für ein schreckliches Ding … Oder ist das vielleicht kein Ding? Ist das vielleicht eine Pflanze? Schau, hier ist es überall so trocken, vielleicht ist sie hier gewachsen?«

»Warum ist es schrecklich?«, wollte Kandid wissen.

»Weil es schrecklich ist«, antwortete Nawa. »Nimm es in die Hand und sieh selbst, dann wirst du merken, wie schrecklich es ist … Ich weiß selbst nicht, warum …«

Kandid nahm das Skalpell. Es war noch warm; das scharfe Ende wurde jedoch schon kalt. Wenn man vorsichtig mit dem Finger am Skalpell entlangstrich, konnte man fühlen, wo es vom Warmen ins Kalte überging.

»Von wo hast du es mitgenommen?«, fragte Kandid.

»Von nirgendwo«, sagte Nawa. »Es hat sich mir in die Hand gelegt, während ich schlief. Siehst du, wie kalt es ist? Wahrscheinlich wollte es sich in meiner Hand aufwärmen. Ich habe noch nie so ein … Ich weiß gar nicht, wie ich es nennen soll. Das ist doch keine Pflanze, eher ein Tier … Und es hat vielleicht sogar Beinchen, die es nur gerade versteckt, es ist hart und böse … Aber vielleicht schlafen wir noch ein bisschen, Schweiger?« Plötzlich hielt sie inne und sah Kandid an. »Aber waren wir in der Nacht nicht im Dorf? Doch … Und da war dieser Mensch ohne Gesicht, der immer meinte, ich sei ein Junge … Wir haben einen Platz zum Schlafen gesucht … Dann bin ich aufgewacht, du warst nicht da, ich habe mich vorgetastet … Ja, und da ist es mir in die Hand geschlüpft! Aber weißt du, was mich wundert, Schweiger? In dem Moment hatte ich gar keine Angst vor dem Ding, im Gegenteil … Ich habe es sogar für irgendwas gebraucht …«

»Das hast du bloß geträumt«, sagte Kandid bestimmt. Aber es lief ihm kalt den Rücken hinunter. Er erinnerte sich an alles, was in der Nacht gewesen war. Auch an Karl. Daran, wie er unmerklich mit dem Kopf genickt hatte: Hau ab, solange es noch geht ... Und daran, dass Karl Chirurg gewesen war.

»Warum sagst du nichts, Schweiger?«, fragte Nawa beunruhigt und blickte ihm ins Gesicht. »Wohin schaust du?«

Kandid schob sie von sich.

»Das war ein Traum«, sagte er streng. »Vergiss ihn. Such lieber etwas zu essen. Das Ding da vergrabe ich.«

»Aber wozu habe ich es denn gebraucht, weißt du das nicht?«, fragte Nawa. »Irgendwas sollte ich doch damit machen ...« Sie schüttelte den Kopf. »Ich mag solche Träume nicht, Schweiger«, sagte sie. »Ich kann mich an nichts erinnern. Grab es tief ein, sonst kommt es wieder raus, schleicht sich ins Dorf und erschreckt dort jemanden ... Leg lieber noch einen Stein drauf, einen möglichst schweren ... Also: Vergrab es, ich suche inzwischen was zum Essen ...« Sie atmete tief durch die Nase ein und sagte: »Irgendwo in der Nähe sind Beeren. Das wundert mich, denn wie kommen Beeren an einen so trockenen Ort?«

Lautlos und leichten Schrittes lief sie durchs Gras und war bald zwischen den Bäumen verschwunden. Kandid blieb sitzen, das Skalpell auf der Handfläche. Er dachte gar nicht daran, es zu vergraben. Er wickelte ein Grasbüschel um die Klinge und steckte sich das Skalpell unter das Hemd. Er erinnerte sich an alles und begriff trotzdem nichts. Es kam ihm vor wie ein seltsamer, furchtbarer Traum, aus dem durch jemandes Unachtsamkeit das Skalpell herausgefallen war. Schade, dachte er, heute habe ich einen selten klaren Kopf und begreife trotzdem nichts. Das heißt, es wird nie gehen.

Bald kam Nawa zurück und holte aus ihrem Hemd einen Haufen Beeren und mehrere große Pilze hervor.

»Da ist ein Pfad, Schweiger«, rief sie. »Gehen wir lieber nicht in das Dorf zurück, sondern den Pfad entlang, irgendwo kommen wir bestimmt raus. Und dann fragen wir nach dem Weg in die Siedlung, und alles ist gut. Ich wundere mich schon, wie sehr es mich jetzt in die Siedlung zieht, da habe ich früher nie hingewollt. Aber in dieses merkwürdige Dorf gehen wir nicht zurück, da hat es mir gleich nicht gefallen. Es war schon richtig, dass wir von da weggegangen sind, sonst wäre bestimmt etwas Schlimmes passiert. Wenn du es genau wissen willst: Wir hätten da gar nicht hingehen sollen. Die Diebe haben dich noch gewarnt, dass du verloren bist, wenn du hingehst, aber du hörst ja nie auf jemanden. Deinetwegen wäre es fast schlimm mit uns ausgegangen ... Warum isst du denn nichts? Die Pilze sind nahrhaft, die Beeren schmecken auch gut, du musst sie auf der Handfläche zerdrücken, mach kleine Bröckchen, also heute bist du wie ein kleines Kind. Mir fällt gerade ein: Mama sagte immer, dass die besten Pilze im Trockenen wachsen, aber damals verstand ich nicht, was trocken bedeutet. Mama erzählte, dass es früher viel mehr trockene Plätze gab, deswegen verstand sie es, aber ich nicht ...«

Kandid probierte den Pilz und aß ihn dann auf. Die Pilze waren wirklich gut, auch die Beeren schmeckten, und Kandid wurde munter. Aber er wusste noch nicht, wie es jetzt weitergehen sollte. Auch er wollte nicht ins Dorf zurück. Er versuchte sich die Gegend so vorzustellen, wie sie Hinker mal mit einem Stock auf die Erde gezeichnet hatte, und erinnerte sich, dass Hinker von einem Weg in die »Stadt« gesprochen hatte, der durch diese Gegend führen musste. »Ein guter Weg«, hatte Hinker mit Bedauern gesagt. »Ein schnurgerader Weg bis in die ›Stadt‹, nur kommt man eben nicht durch den Sumpf durch, das ist das Dumme ...« Aber Hinker hatte gelogen: Er war schon durch den Sumpf gegangen, wahrscheinlich war er auch schon in der »Stadt« gewesen, aber aus irgendeinem Grund hat er gelogen. Vielleicht war der Pfad, den Nawa gefunden hatte, ebendieser schnurgerade Weg? Er wollte es wagen. Aber zuerst mussten sie trotz allem in das Dorf zurück …

»Wir müssen noch einmal zurückgehen, Nawa«, sagte er, als sie gegessen hatten.

»Wohin? In das komische Dorf?« Nawa ärgerte sich. »Warum sagst du so was, Schweiger? Was haben wir denn dort noch zu suchen? Das ist, was ich an dir nicht mag, Schweiger: Mit dir kann man nie etwas ausmachen wie mit normalen Menschen … Wir hatten beschlossen, nicht mehr in das Dorf zu gehen, einen Pfad habe ich auch gefunden, und jetzt fängst du wieder damit an …«

»Wir müssen noch einmal zurück«, wiederholte er. »Ich will ja selbst nicht, Nawa, aber wir müssen es versuchen. Stell dir vor, sie könnten uns sagen, wie man von hier am schnellsten in die ›Stadt‹ kommt! …«

»Wieso in die ›Stadt‹? Ich will nicht in die ›Stadt‹, ich will in die Siedlung!«

»Nein, lass uns lieber gleich in die ›Stadt‹ gehen«, sagte Kandid. »Ich halte es hier nicht mehr aus.«

»Gut«, sagte Nawa. »Gut, gehen wir in die ›Stadt‹. Das ist sogar besser, was sollen wir auch in der Siedlung? Gehen wir also in die ›Stadt‹, ich habe nichts dagegen. Ich gehe mit dir überallhin, nur lass uns nicht in dieses Dorf zurückgehen … Mach, was du willst, Schweiger, aber ich würde nicht dahin zurückkehren.«

»Ich auch nicht«, sagte er. »Aber wir müssen. Sei nicht böse, Nawa, ich will ja selber nicht …«

»Wenn du selber nicht willst, warum gehen wir dann?«

Er konnte und wollte ihr nicht erklären, warum. Er stand auf und ging ohne sich umzuwenden in die Richtung, in der das Dorf lag, ging durch das warme, trockene Gras an den warmen, trockenen Stämmen vorbei. Er blinzelte in das warme Sonnenlicht, von dem es hier ungewohnt viel gab, und marschierte weiter – dem Grauen der letzten Nacht entgegen, das seinen Körper noch immer in schmerzhafter Anspannung hielt, und auf diese merkwürdige stille Hoffnung zu, die sich durch all das Grauen einen Weg bahnte wie ein Grashalm durch einen Ritz im Asphalt.

Nawa hatte ihn eingeholt und ging jetzt neben ihm. Sie war wütend und schwieg kurze Zeit. Schließlich hielt sie es nicht mehr aus.

»Glaub bloß nicht«, rief sie, »dass ich mit diesen Leuten sprechen werde. Das kannst du selber machen. Wenn du schon hingehst, dann sprich auch mit ihnen. Ich will jedenfalls nichts mit Leuten zu tun haben, die kein Gesicht haben, ich mag das nicht. Von solchen Menschen ist nichts Gutes zu erwarten. Der Mann ohne Gesicht konnte ja nicht mal einen Jungen von einem Mädchen unterscheiden ... Seit heute früh habe ich Kopfweh, und jetzt weiß ich auch, warum ...«

Das Dorf tauchte unverhofft vor ihnen auf. Kandid war anscheinend zu weit seitlich gegangen, denn es lag rechter Hand zwischen den Bäumen. Doch alles sah anders aus, nur verstand Kandid nicht gleich, warum. Dann aber begriff er: Das Dorf ging unter.

Schwarzes Wasser überflutete das dreieckige Feld, und man konnte sehen, wie es immer weiter anstieg. Es füllte die Lehmgräben, überschwemmte die Straßen und flutete lautlos alle Häuser. Kandid stand hilflos da und beobachtete, wie die Öffnungen der Fenster im Wasser versanken, wie die aufgeweichten Wände zerfielen und die Dächer durchbrachen. Niemand lief aus den Häusern heraus, niemand versuchte, das Ufer zu erreichen, kein Mensch war auf der Wasseroberfläche zu sehen. Vielleicht waren die Leute auch nicht mehr da, vielleicht hatten sie das Dorf in der Nacht verlassen. Aber Kandid ahnte, dass es so einfach nicht sein konnte. Das ist kein Dorf, dachte er, das ist ein künstliches Modell. Es hat dagestanden – verstaubt und von allen vergessen –, bis jemand wissen wollte, wie es wäre, wenn man es unter Wasser setzte. Vielleicht wäre das interessant? So wurde es unter Wasser gesetzt – aber interessant war es nicht …

Das Dach eines flachen Gebäudes bog sich durch und tauchte lautlos unter. Es war, als glitte ein leichter Seufzer über das schwarze Wasser, ein paar Wellen huschten darüber, dann war alles vorbei. Vor Kandid lag ein ganz gewöhnlicher dreieckiger See. Er war noch seicht und ohne Leben; später aber würde er tief werden, Fische würden sich darin ansiedeln. Und dann werden wir diese Fische fangen, präparieren und in Formalin legen, dachte er.

»Ich weiß, wie man das nennt«, sagte Nawa. Ihre Stimme klang so ruhig, dass Kandid zu ihr hinsah. Sie war tatsächlich vollkommen ruhig und schien sogar zufrieden. »Das nennt man ›Erfassung‹«, sagte sie. »Deswegen hatten sie auch kein Gesicht, nur habe ich das nicht gleich verstanden. Wahrscheinlich wollten sie im See leben. Man hat mir erzählt, dass die Leute, die zuvor in den Häusern wohnten, hierbleiben und im See wohnen können. Der See wird jetzt für immer bleiben, und wer da nicht leben will, geht eben fort. Ich zum Beispiel würde gehen, obwohl es vielleicht sogar besser ist, im See zu leben. Aber wer weiß … Wollen wir nicht baden gehen?«, schlug sie vor.

»Nein«, antwortete Kandid. »Ich will hier nicht baden. Gehen wir zu dem Pfad zurück, den du gefunden hast. Komm.«

Wenn ich bloß wieder herausfände, dachte er. Ich komme mir vor wie dieses Maschinchen im Labyrinth: Wir standen alle da und lachten, und das Maschinchen tastete sich geschäftig vor, suchte, schnupperte. Dann füllten die anderen das kleine Becken auf seinem Weg mit Wasser, und es war rührend, wie hilflos es auf einmal war. Aber das dauerte nur ein paar Sekunden, dann bewegte es wieder geschäftig seine Antennen, summte und schnupperte. Es wusste nicht, dass wir es beobachteten, und uns war das völlig egal. Wahrscheinlich war das das Schrecklichste daran – wenn es da überhaupt etwas Schreckliches gab, denn eine Notwendigkeit ist ja an sich weder schrecklich noch gut. Eine Notwendigkeit ist notwendig, alles andere denken wir uns aus – oder die Maschinchen in den Labyrinthen, das heißt, wenn sie dazu in der Lage sind. Es ist ganz einfach: Wenn wir etwas falsch machen, packt uns die Notwendigkeit am Kragen; dann fangen wir an zu weinen und beschweren uns, wie grausam und schrecklich sie zu uns ist. Dabei ist sie bloß, wie sie ist. Nur wir sind es, die dumm oder blind sind … Heute kann ich sogar philosophieren, dachte er. Wahrscheinlich, weil es hier so trocken ist. Das darf nicht wahr sein, ich philosophiere …

»Da ist der Pfad«, sagte Nawa böse. »Geh schon. Bitte.«

Sie ist böse, dachte er. Ich habe sie nicht baden lassen und schweige die ganze Zeit; ringsum ist alles trocken, das ist nicht angenehm für sie … Aber das macht nichts, soll sie ruhig ein wenig böse sein. Wenn sie böse ist, schweigt sie, und dann bin ich froh … Wer benutzt eigentlich diesen Pfad? Kann es sein, dass er so oft begangen wird, dass er nicht zuwächst? Merkwürdiger Pfad, sieht aus, als wäre er nicht ausgetreten, sondern ausgegraben …

Anfangs führte der Pfad durch angenehm trockenes Gelände, dann aber ging es steil bergab, und der Weg verwandelte sich in einen Streifen schwarzen Morasts. Der Wald blieb zurück. An seine Stelle traten ausgedehnte Sümpfe und Moos, und es wurde feucht und schwül. Nawa lebte augenblicklich auf. Hier fühlte sie sich sehr viel wohler, und so fing sie bald wieder an zu erzählen. In Kandids Kopf stellte sich wieder das übliche Rauschen ein, und er bewegte sich wie im Halbschlaf, vergaß jegliche Philosophie und wusste kaum mehr, wohin er ging. Seine Gedanken kamen und gingen – zufällig, ohne jeden Zusammenhang, und es waren auch weniger Gedanken, als vielmehr Bilder, die da vor ihm auftauchten …

… Hinker humpelt die Hauptstraße entlang und erzählt allen Leuten, die ihm entgegenkommen (und wenn ihm niemand entgegenkommt, dann erzählt er nur für sich), dass Schweiger fortgegangen ist und Nawa mitgenommen hat. Wahrscheinlich ist er zur »Stadt« gegangen, obwohl es die »Stadt« eigentlich nicht gibt. Vielleicht auch nicht in die »Stadt«, sondern zum Schilfdorf, denn dort lassen sich die Fische gut anlocken: Finger ins Wasser, und schon ist er da, der Fisch. Aber wozu Fische, Schweiger isst doch keinen Fisch, der Dummkopf, es kann aber durchaus sein, dass er sie für Nawa fängt, die Fische. Nawa isst Fische, deswegen wird er sie bestimmt mit Fischen füttern … Aber warum hat er dann die ganze Zeit nach der »Stadt« gefragt? Nein, nein, der ist nicht zum Schilfdorf gegangen … Und man sollte auch nicht damit rechnen, dass er bald wieder zurückkehrt …

Und da kommt ihm auf der Hauptstraße Faust entgegen. Faust erzählt allen Leuten, die ihm entgegenkommen, dass Schweiger ihn immer überreden wollte, mit ihm in die »Stadt« zu gehen: Faust, hat Schweiger gesagt, übermorgen gehen wir. Das ganze Jahr wollte er übermorgen in die »Stadt« gehen, und als ich den Berg Proviant vorbereitet hab, und die Alte mich deswegen schon schimpfte, da geht er einfach ohne mich weg – ohne mich und ohne Proviant … Da war schon mal einer, verdammt und Nasenhaar, der ging ohne Proviant weg, da bekam er eins über den Schädel, jetzt geht er nicht mehr weg, auch mit Proviant geht er nicht mehr weg, und ohne Proviant hat er Angst, der sitzt zu Hause, so hat er eins überbekommen …

Und da ist auch Schwanz. Er steht neben dem Alten, der gerade bei ihm zu Hause frühstückt, und sagt zu ihm, du isst ja schon wieder, schon wieder isst du, was dir nicht gehört. Es geht mir aber nicht ums Essen, sagt er, ich staune bloß, wie in einen so mageren alten Mann so viele Schüsseln hineinpassen können, noch dazu, wenn das Essen so satt macht. Aber iss nur, iss … Und sag, bist du allein hier, oder sind noch welche bei uns im Dorf? Vielleicht seid ihr zu zweit oder zu dritt? Es ist nämlich schlimm, dir zuzuschauen, wie du isst und isst, und dann bist du satt und erklärst uns wieder, dass es so »nicht geht« …

Nawa ging neben ihm. Sie hatte sich mit beiden Armen an ihn gehängt und plapperte unaufhörlich: »Und in unserem Dorf lebte ein Mann, den sie den Gekränkten Dulder nannten, du kannst dich nicht an ihn erinnern, du warst ja damals ohne Bewusstsein. Der Gekränkte Dulder fühlte sich von allem und jedem gekränkt und fragte immerzu: Warum? Warum ist es am Tag hell und in der Nacht dunkel? Warum bekommt man von Käfern einen Rausch, aber nicht von Ameisen? Warum interessieren sich die Totenmenschen nur für Frauen und brauchen keine Männer? Die Totenmenschen hatten ihm beide Frauen genommen, eine nach der anderen. Die erste holten sie sich vor meiner Zeit, bei der zweiten war ich schon im Dorf. Und er ging immer herum und fragte, warum haben sie nicht mich geholt, sondern meine Frau … Ganze Tage und Nächte ging er in den Wald, damit sie auch ihn mitnahmen und er seine Frauen wiederfände, wenigstens eine, aber sie nahmen ihn natürlich nicht mit. Die Totenmenschen brauchen ja keine Männer, sondern nur Frauen, so ist das eben bei ihnen, und wegen so eines dahergelaufenen Gekränkten Dulders dachten sie gar nicht daran, ihre Ordnung auf den Kopf zu stellen … Und dann fragte er noch, warum man denn auf dem Feld arbeiten müsse, wo es doch im Wald genug zu essen gebe, man bräuchte ja nur Gärstoff darüberzugießen und es zu essen. Der Dorfälteste antwortete, wenn du nicht willst, brauchst du nicht zu arbeiten, niemand schleppt dich aufs Feld … Aber der Gekränkte Dulder fragte ungerührt weiter, wieso und warum … Oder er ließ Faust nicht in Ruhe. Warum, fragte er, ist das obere Dorf mit Pilzen zugewachsen und unseres nicht? Faust erklärte ihm in aller Ruhe, dass bei den

Oberen schon eine ›Erfassung‹ stattgefunden hätte, bei uns aber noch nicht. Aber der Gekränkte Dulder fragte weiter: Und warum ist bei uns immer noch keine ›Erfassung‹ gewesen? – Was nützt dir denn die ›Erfassung‹?, fragte Faust zurück, langweilst du dich ohne? Aber der Gekränkte Dulder gab keine Ruhe, er fragte immer weiter, bis Faust wütend wurde und so laut brüllte, dass es im ganzen Dorf zu hören war. Er schwang die Fäuste und lief zum Dorfältesten, um sich zu beschweren. Der Dorfälteste wurde auch wütend und rief die Dorfbewohner zusammen, sie jagten dem Gekränkten Dulder hinterher, um ihn zu bestrafen, aber gekriegt haben sie ihn nicht … Auch beim Alten gab er keine Ruhe; zuerst ging der Alte nicht mehr zu ihm zum Essen, dann versteckte er sich vor ihm, schließlich hielt er es nicht mehr aus und sagte: Hau ab, Dulder, wegen dir bring ich keinen Bissen mehr runter. Woher soll ich denn immer wissen, warum? Die ›Stadt‹ weiß, warum, und Schluss damit. Dann ging der Gekränkte Dulder in die ›Stadt‹ und ist nie mehr wiedergekommen …«

Langsam schwammen zu beiden Seiten gelblich-grüne Flecken vorbei; reife Rauschpilze platzten dumpf auf und warfen ganze Fontänen rotbrauner Sporen aus; summend schoss eine verirrte Waldwespe heran und versuchte, in ein Auge zu treffen, und sie mussten gute hundert Meter laufen, um sie wieder loszuwerden. Bunte Wasserspinnen klammerten sich an die Lianen und bauten laut und geschäftig ihre Behausungen; Springbäume duckten und krümmten sich, setzten schon zum Sprung an; als sie jedoch das Herannahen der beiden Menschen spürten, blieben sie stehen und taten wie gewöhnliche Bäume. Hier war es unmöglich nachzudenken, der Blick irrte haltlos umher, und nichts blieb im Gedächtnis haften. An Karl zu denken, an die vergangene Nacht und das überflutete Dorf, wäre nichts gewesen als Fiebertraum.

»Der Gekränkte Dulder war ein guter Mensch. Er und Hinker haben dich hinter dem Schilfdorf gefunden. Sie waren eigentlich zum Ameisendorf unterwegs gewesen, aber es verschlug sie ins Schilfdorf, und dort haben sie dich gefunden. Dann schleppten sie dich her, eigentlich schleppte dich ja der Gekränkte Dulder, und Hinker lief bloß hinterher und sammelte auf, was dir so aus den Taschen fiel … Und das war eine ganze Menge … Dann, erzählte er später, bekam er es mit der Angst zu tun und warf alles weg, denn so etwas wuchs bei uns nie und kann bei uns nicht wachsen. Dann zog dir der Gekränkte Dulder die Kleider aus – merkwürdige Kleidung war das, niemand konnte sich vorstellen, wo und wie so etwas wachsen konnte … Er zerschnitt deine Kleidung und pflanzte sie ein, weil er dachte, sie werde wachsen, aber es wuchs nichts, es ging nicht mal was auf, und da ging er wieder im Dorf herum und fragte: Warum ist das so, ich kann an Kleidung nehmen, was ich will, ich zerschneide sie und pflanze sie ein und sie wächst, deine aber, Schweiger, ist nicht mal aufgegangen … Er ließ also auch dir keine Ruhe und stellte unaufhörlich Fragen, aber du warst ja nicht bei Bewusstsein, hast bloß irgendwas gefaselt, so wie der ohne Gesicht, und dich hinter deinen Armen versteckt. Da ließ er dich wieder in Ruhe, ohne etwas erfahren zu haben. Viele Männer gingen dann zum Schilfdorf – Faust, Schwanz, sogar der Dorfälteste –, weil sie hofften, dass sie noch so einen fänden wie dich. Aber sie fanden niemanden … Und dann haben sie mich zu dir geschickt. Pfleg ihn, so gut du kannst, sagten sie, und wenn er wieder gesund wird, hast du einen Mann. Er ist zwar ein Fremder, aber du bist ja eigentlich auch eine Fremde. Ja, Schweiger, ich bin nämlich hier auch fremd. Und das passierte damals so: Die Totenmenschen schnappten meine Mutter und mich. In der Nacht war kein Mond …«

Das Gelände stieg allmählich wieder an, aber es blieb feucht. Der Wald wurde dichter, sauberer. Man sah keine Stämme mehr im Wasser und keine fauligen Äste; die Haufen faulender Lianen blieben zurück. Das Grün verschwand, und alles leuchtete gelb und orange. Die Bäume wurden ebenmäßiger, gerader und der Sumpf bekam eine glatte Oberfläche, Moos und Schlamm waren nicht mehr zu sehen. Das verfilzte Unterholz verschwand, und man konnte rechts und links wieder seinen Blick schweifen lassen. Das Gras am Wegrand wirkte weich und saftig, so als hätte es jemand absichtlich hier eingepflanzt.

Nawa verstummte auf einmal mitten im Satz, schnupperte, sah sich um und sagte: »Wo könnten wir uns hier verstecken? Ich fürchte, hier kann man sich nirgendwo verstecken …«

»Kommt denn jemand?«, fragte Kandid.

»Ja – viele, aber ich weiß nicht, wer … Es sind zwar keine Totenmenschen, aber wir sollten uns trotzdem besser verstecken. Wir können es zwar auch lassen, sie sind sowieso schon ganz in der Nähe, und es gibt hier kein Versteck, aber vielleicht stellen wir uns da an den Wegrand und warten ein bisschen ab …« Sie schnupperte noch einmal. »Widerlicher Geruch. Nicht gefährlich, aber es wäre besser, er wäre nicht da … Riechst du immer noch nichts, Schweiger? Es stinkt wie etwas Sauervergorenes, Vergammeltes, Verschimmeltes … Da, da sind sie! Ach, die sind ja ganz klein, die kannst du leicht verjagen … Huh-huh-huh!«

»Sei still«, sagte Kandid und sah genauer hin.

Zuerst schien ihm, als kröchen ihm auf dem Pfad weiße Schildkröten entgegen. Doch es waren keine – solche Tiere hatte er noch nie gesehen. Sie ähnelten riesigen Amöben oder kleinen Nacktschnecken, nur hatten Schnecken keine Scheinfüßchen und waren größer. Es waren ziemlich viele, und sie krochen eins nach dem anderen rasch näher. Weiße, glänzende Tierchen, die geschickt ihre Scheinfüßchen nach vorne schoben und den Körper hinterherzogen. Sie waren schon ganz nah. Jetzt erst stieg Kandid ein scharfer, unbekannter Geruch in die Nase. Er trat vom Pfad zur Seite und zog

Nawa mit sich. Die Riesenamöben krochen langsam vorbei, ohne ihnen die geringste Aufmerksamkeit zu schenken. Es waren gar nicht so viele, nur zwölf. Bei der letzten konnte Nawa nicht länger an sich halten und trat mit der Ferse darauf. Das Tierchen zog rasch sein Hinterteil ein und hüpfte weiter. Nawa war davon so begeistert, dass sie hinterherstürzen wollte, um noch eine zu erwischen, aber Kandid hielt sie fest.

»He, die sind doch lustig«, protestierte Nawa. »Und sie kriechen, wie Menschen auf einem Pfad wandern … Ich möchte gern wissen, wohin sie gehen, Schweiger. Wahrscheinlich in das komische Dorf, vielleicht kommen sie von dort … Und jetzt kehren sie zurück und wissen nicht, dass im Dorf schon die ›Erfassung‹ war. Was bleibt ihnen, als ein bisschen am Wasser entlangzugehen und dann wieder umzukehren. Aber wohin? Ob sie sich dann ein anderes Dorf suchen? … He!«, rief sie. »Stehen bleiben! Euer Dorf existiert nicht mehr. Da ist jetzt nur noch ein See!«

»Sei still«, sagte Kandid. »Und lass uns gehen. Die verstehen deine Sprache doch nicht. Du schreist umsonst.«

Sie gingen weiter. Durch die Tierchen schien der Weg etwas glitschig geworden zu sein … Wir haben uns getroffen und wieder getrennt, dachte Kandid. Getroffen und doch verfehlt. Und ich habe ihnen sogar den Weg geräumt. Ich ihnen – nicht sie mir. Dieser Umstand schien ihm plötzlich sehr wichtig. Sie sind klein und hilflos, und ich bin groß und stark, aber ich war es, der beiseitegetreten ist, sie vorbeigelassen hat und jetzt an sie denkt … Sie hingegen sind vorbeigegangen und haben mich gewiss schon vergessen. Weil sie im Wald zu Hause sind, und im Wald begegnet einem so manches. So wie es im Haus Schaben, Wanzen und Asseln gibt oder einen kopflosen Schmetterling, der sich verflogen hat. Oder eine Fliege, die gegen die Scheibe brummt … Nein, das stimmt nicht, dass die Fliege gegen die Scheibe brummt, denn sie glaubt ja bzw.

bildet sich ein, dass sie fliegt. Und ich bilde mir ein, dass ich gehe, nur weil ich einen Fuß vor den anderen setze … Wenn man mich von der Seite betrachtet, wirke ich bestimmt ziemlich lächerlich … jämmerlich … erbärmlich … oder wie heißt es richtig …

»Bald kommt ein See«, sagte Nawa. »Gehen wir schneller, ich habe Hunger und Durst. Vielleicht lockst du mir ein paar Fische an …«

Sie beschleunigten ihre Schritte. Schilf tauchte auf. Na gut, dachte Kandid, ich bin wie eine Fliege. Aber bin ich auch noch wie ein Mensch? Er dachte an Karl. Karl war sich selbst nicht mehr ähnlich gewesen. Tja, dachte Kandid gelassen, es kann durchaus sein, dass auch ich nicht mehr der Mensch bin, der vor Jahren mit dem Hubschrauber abgestürzt ist. Nur verstehe ich dann nicht, warum ich noch immer gegen die Scheibe brumme. Denn Karl brummt bestimmt nicht mehr gegen die Scheibe, seit das mit ihm passiert ist … Es wird sehr merkwürdig sein, wenn ich zur Biostation komme und sie mich sehen. Gut, dass mir das eingefallen ist. Darüber muss ich noch viel und gründlich nachdenken. Gott sei Dank habe ich noch viel Zeit, bis ich zur Biostation komme …

Der Pfad teilte sich. Der eine führte zum See, der andere machte eine scharfe Biegung nach rechts.

»Den Weg nehmen wir nicht«, sagte Nawa. »Der geht bergauf, ich möchte aber etwas trinken.«

Sie nahmen den anderen, der sich aber zusehends verengte, bald einer Wagenspur glich und dann im Schilf endete. Nawa blieb stehen.

»Gehen wir lieber nicht zum See, Schweiger«, sagte sie. »Ich weiß nicht warum, aber er gefällt mir nicht. Ich glaube sogar, dass das gar kein See ist; darin sind noch ganz andere Sachen außer Wasser …«

»Aber es ist doch Wasser drin«, meinte Kandid. »Und du wolltest trinken. Ich hätte auch nichts dagegen …«

»Ja, es ist Wasser drin«, antwortete Nawa unwillig, »aber es ist warm und schlecht, unsauber … Weißt du was, Schweiger? Warte hier. Du gehst nämlich furchtbar laut, und deinetwegen höre ich nie was, so einen Krach machst du. Bleib hier und warte auf mich, ich rufe dich dann. Ich schreie wie ein Springtier. Weißt du, wie das schreit? … Gut, genauso werde ich schreien, wenn ich dich rufe. Bleib du hier stehen, oder setz dich hin …«

Sie tat einen Schritt ins Schilf und war augenblicklich verschwunden. Plötzlich bemerkte Kandid, dass um ihn herum Stille herrschte, dumpfe, wattegleiche Stille. Man hörte weder das Summen von Insekten, noch das Glucksen und Schmatzen des Sumpfes; auch die Schreie der Waldtiere waren nicht zu hören. Diese Stille war anders als die Stille in dem seltsamen Dorf – dort war es still gewesen wie nachts hinter den Kulissen eines Theaters. Hier jedoch war es still wie unter Wasser. Kandid hockte sich vorsichtig auf die Erde, riss ein paar Grashalme aus, zerrieb sie zwischen den Fingern und kam plötzlich zu dem Schluss, dass man die Erde hier essen konnte. Er riss ein Grasbüschel mitsamt der Erde aus und begann ihn zu essen. Das Gras stillte Hunger und Durst zugleich. Es war kühl und hatte einen leicht salzigen Geschmack. Käse, kam es ihm in den Sinn. Ja, wie Käse … Aber was ist Käse? Schweizer Käse, Schmelzkäse. Schimmelkäse. Seltsam …

Dann tauchte lautlos Nawa aus dem Schilf auf. Sie hockte sich neben Kandid und begann ebenfalls zu essen, schnell und reichlich.

»Gut, dass wir etwas gegessen haben«, sagte sie schließlich. »Willst du sehen, was das für ein See ist? Ich würde es mir nochmal anschauen, aber alleine fürchte ich mich. Das ist nämlich der See, von dem Hinker erzählt hat. Aber ich habe geglaubt, dass er sich das alles nur ausgedacht oder geträumt hat, aber es stimmt … Oder ich habe geträumt …«

»Komm, wir sehen nach«, schlug Kandid vor.

Der See lag etwa fünfzig Schritt entfernt. Kandid und Nawa mussten sich ihren Weg durch das Schilf bahnen und stiegen durch morastigen Grund zum See hinab. Über dem Wasser lag eine dicke Schicht weißen Nebels. Das Wasser war warm, ja heiß, aber sauber und klar. Es roch nach Essen. Der Nebel schaukelte in gleichmäßigem Rhythmus hin und her, und nach einer Minute war Kandid schwindlig. Im Nebel war jemand. Da waren Leute, viele Leute. Und alle waren nackt und lagen regungslos auf dem Wasser. Der Nebel hob und senkte sich rhythmisch und gab immer wieder den Blick frei auf die hellen Körper und die in den Nacken geworfenen Köpfe ... Die Menschen schwammen nicht, sie lagen auf dem Wasser wie auf dem Strand. Kandid schüttelte es. »Gehen wir weg von hier«, flüsterte er und zog Nawa am Arm. Mühsam wateten sie ans Ufer und kehrten zum Pfad zurück.

»Das sind keine Wasserleichen«, sagte Nawa. »Hinker kannte sich da bloß nicht aus. Die Leute haben hier gebadet, als plötzlich eine heiße Quelle aufbrach und sie alle siedend heiß kochte ... Das ist schrecklich, Schweiger«, sagte sie nach einer Weile. »Ich mag nicht mal drüber sprechen ... Und so viele sind es, ein ganzes Dorf ...«

Sie gingen bis zu der Stelle, an der sich der Pfad teilte, und blieben stehen.

»Jetzt da hoch?«, fragte Nawa.

»Ja«, antwortete Kandid. »Jetzt da hoch.«

Sie bogen nach rechts und stiegen den Hang hinauf.

»Es waren lauter Frauen«, sagte Nawa. »Hast du das bemerkt?«

»Ja«, sagte Kandid.

»Das ist das Schlimmste, weißt du. Und ich kann es einfach nicht verstehen. Aber vielleicht ...« Nawa blickte Kandid an. »Vielleicht treiben die Totenmenschen sie hierher? Wahrscheinlich sogar. Sie jagen sie aus allen Dörfern hierher, treiben sie zum See und kochen sie … Schweiger, warum sind wir bloß aus unserem Dorf weggegangen? Wären wir im Dorf geblieben, hätten wir das alles nie gesehen. Wir hätten gedacht, dass Hinker sich das ausdenkt, hätten ruhig und friedlich gelebt – aber nein, du musstest unbedingt in die ›Stadt‹ … Warum musst du denn in die ›Stadt‹?«

»Ich weiß es nicht«, sagte Kandid.

8
Kandid

Sie lagen in den Büschen am Waldrand und sahen durch die Zweige und Blätter hinauf zur Hügelkuppe. Der sanft ansteigende Hügel war kahl, nur über der Kuppe hing eine Haube aus lila Nebel. Darüber war offener Himmel, und der stürmische Wind trieb graue Wolken vor sich her. Der lila Nebel aber stand so unbeweglich, als gäbe es keinen Wind. Es nieselte und war ziemlich kühl. Die Kälte ließ Kandid und Nawa schlottern und mit den Zähnen klappern. Sie waren völlig durchnässt, aber zum Weglaufen war es zu spät, denn zwanzig Schritt von ihnen entfernt standen drei Totenmenschen – aufrecht wie Statuen – und schauten mit leeren Augen und aufgerissenen, schwarzen Mündern ebenfalls hinauf zur Hügelkuppe. Vor fünf Minuten waren sie hier aufgetaucht; Nawa hatte ihre Nähe gespürt und davonstürzen wollen, aber Kandid hatte ihr die Hand auf den Mund gepresst und sie ins Gras gedrückt. Jetzt war sie schon etwas ruhiger, zitterte zwar immer noch heftig, aber weniger aus Angst als vor Kälte. Sie schaute die Totenmenschen nicht an, sondern sah zum Hügel.

Dort waren seltsame Dinge im Gange … Aus dem Wald tauchten laut summend riesige Fliegenschwärme auf, schwirrten zur Spitze des Hügels und verschwanden im Nebel. Über die Hänge krabbelten und liefen unzählige Kolonnen von Ameisen und Spinnen; aus den Büschen quollen Hunderte von Schleimamöben hervor, und ganze Schwärme von Bienen, Wespen und bunten Käfern flogen unbeirrt durch den

Regen. Dann setzte lautes Getöse ein, die Woge wälzte sich hinauf zum Gipfel, wurde von der lila Wolke aufgesogen und verschwand. Stille trat ein, und der Hügel lag so kahl da wie vorher. Kurze Zeit geschah nichts. Dann setzte erneut Getöse ein, der Nebel spie alles wieder aus, und Kolonnen von Spinnen und Insekten bewegten sich zurück in Richtung Wald. Die Schleimamöben blieben oben, aber an den Hängen wimmelte es von wunderlichen Tieren: Da wälzten sich Fadenalgen, humpelten unbeholfene Armfresser auf zerbrechlichen Beinchen herum; da liefen ganz erstaunliche und nie gesehene nackte, bunte und glänzende Lebewesen mit vielen Augen, die sowohl Tier als auch Insekt sein konnten ... Und erneut trat Stille ein, bis alles wieder von vorne anfing, wieder und wieder, in einem unbeirrbaren, beängstigenden Rhythmus, wie Ebbe und Flut, mit schier unerschöpflicher Energie. Es schien, als sei es schon immer so gewesen, immer in demselben Rhythmus, mit derselben Energie ... Einmal tauchte ein junges Hippocet furchtbar heulend aus dem Nebel, und mehrmals sprangen Totenmenschen heraus und stürzten in den Wald; hinter ihnen waren weißliche Streifen erkaltenden Dampfes zu sehen. Die unbewegliche lila Wolke schluckte und spie, schluckte und spie – unermüdlich und akkurat wie eine Maschine.

... Hinker sagte, die »Stadt« stehe auf einem Hügel. Vielleicht ist das die »Stadt«? Ja, wahrscheinlich nennen sie das die »Stadt«. Nur, worin besteht ihr Sinn? Wozu ist sie da? Und dieses merkwürdige Schauspiel ... Ich hatte Derartiges erwartet ... Nein, Unsinn, ich hatte nichts Derartiges erwartet, sondern nur an die Herren und Gebieter der Totenmenschen gedacht. Aber wo sind sie jetzt, diese Herren? Kandid blickte zu den Totenmenschen. Sie standen da wie zuvor, ihre Münder waren noch immer aufgerissen. Vielleicht irre ich mich, dachte Kandid. Vielleicht sind sie die Herren. Bestimmt habe ich mich die ganze Zeit geirrt. Ich habe das Denken hier völlig verlernt. Und wenn einmal Gedanken auftauchen, stellt sich heraus, dass ich nicht in der Lage bin, sie miteinander zu verbinden … Aus dem Nebel ist bisher noch kein Schleimtier herausgekommen. Frage: Warum ist aus dem Nebel noch kein Schleimtier herausgekommen? … Nein, so nicht. Der Reihe nach. Ich suche nach der Quelle vernünftigen Handelns … Falsch, wieder falsch. Mich interessiert vernünftiges Handeln doch gar nicht. Ich suche einfach jemanden, der mir hilft, wieder nach Hause zu kommen, durch tausend Kilometer Wald … oder wenigstens einen, der mir sagen kann, in welche Richtung ich gehen muss … Die Totenmenschen müssen Herren haben, und diese Herren suche ich; ich suche die Quelle vernünftigen Handelns. Das klang logisch, und er wurde etwas zuversichtlicher. Fangen wir noch einmal von vorne an. Ich muss es ruhig und gelassen durchdenken, nichts übereilen. Gerade jetzt muss ich gut überlegen. Also. Die Totenmenschen müssen Herren haben, denn sie sind keine Menschen, und sie sind auch keine Tiere. Folglich sind sie von irgendjemandem erschaffen worden … Aber warum sind die Totenmenschen eigentlich keine Menschen? Er wischte sich den Schweiß von der Stirn. Ich habe diese Frage doch schon geklärt. Das ist lange her, das war noch im Dorf. Ich habe sie sogar schon zweimal geklärt; aber beim ersten Mal habe ich die Lösung vergessen und jetzt die Begründung …

Er schüttelte so heftig den Kopf, dass Nawa ihn leise schimpfte. Er hielt inne und lag eine Weile ruhig da, das Gesicht ins nasse Gras gedrückt.

… Warum sie keine Tiere sind, habe ich auch schon einmal bewiesen … die hohe Temperatur … Ach, Unsinn … Mit Schrecken stellte er plötzlich fest, dass er sogar vergessen hatte, wie die Totenmenschen aussahen. Er erinnerte sich nur an ihren glühend heißen Körper, den scharfen Schmerz in den Handflächen … Er hob den Kopf und blickte zu den Totenmenschen. Ich darf nicht denken … Denken tut mir gerade nicht gut, und das jetzt, wo ich doch noch viel genauer als sonst denken muss. »Es ist Zeit, etwas zu essen«, »Du hast mir das schon erzählt, Nawa«, »Übermorgen gehen wir los« – das ist alles, wozu ich in der Lage bin. Aber ich bin doch schon losgegangen! Ich bin hier! Und jetzt gehe ich in die »Stadt«. Was immer das sein mag, die »Stadt«. In meinem Gehirn wuchert der Wald, und ich verstehe überhaupt nichts … Ach, jetzt weiß ich es wieder. Ich wollte in die »Stadt«, damit man mir dort alles erklärt: die »Erfassung«, die Totenmenschen, die »Große Auflockerung des Bodens«, die Seen mit den Ertrunkenen … Aber es zeigt sich, dass das alles Betrug ist, alles gelogen, niemandem darf man glauben … Ich habe gehofft, dass man mir in der »Stadt« erklärt, wie ich nach Hause zurückkomme; der Alte hat doch die ganze Zeit gesagt: Die »Stadt« weiß alles. Und es kann nicht sein, dass sie nichts von unserer Biostation weiß, oder von der »Verwaltung«. Sogar Hinker redet die ganze Zeit von Teufelsfelsen und fliegenden Dörfern … Aber kann eine lila Wolke etwas erklären? Nein, es wäre schrecklich, wenn sich herausstellte, dass die lila Wolke hier der Herr wäre. He, wieso »wäre«? Es ist ja schon jetzt schrecklich! Es drängt sich geradezu auf, Schweiger, dass der lila Nebel hier der Herr ist. Als ob ich das nicht wüsste! Und überhaupt: Das ist gar kein Nebel … Und deswegen, genau deswegen haben sie die Leute wie Tiere ins Unterholz und in die Sümpfe gejagt, haben sie in Seen ertränkt: Sie waren zu schwach, sie haben nichts begriffen. Und sogar wenn sie etwas begriffen hätten, dann hätten sie es nicht verhindern können … Als ich noch nicht verjagt, sondern noch zu Hause war, führte jemand den Beweis, dass der Kontakt zwischen humanoidem und nichthumanoidem Verstand unmöglich ist. Ja, er ist unmöglich. Und deshalb kann mir auch niemand sagen, wie ich nach Hause finde. Der Kontakt mit Menschen ist für mich auch unmöglich; das kann ich beweisen. Man hat mir aber gesagt, ich könne die Teufelsfelsen sehen; dazu müsse ich bloß in der richtigen Jahreszeit auf einen Baum klettern – einen ganz normalen Baum, einen, der nicht springt, mich nicht wegstößt oder mir ins Auge stechen will. Und trotzdem gibt es keinen Baum, von dem aus ich die Biostation sehen kann … Die Biostation? … Bi-o-sta-tion … Er hatte vergessen, was die Biostation war.

Erneut ertönte aus dem Wald ein Heulen, Summen, Knacken und Schnauben. Erneut stürzten sich Schwärme von Fliegen und Ameisen in den lila Nebel. Über Kandids Kopf zog eine Wolke, und dann ergoss sich über die Büsche verendetes, sich kaum noch regendes oder im Gedränge des Schwarms zerdrücktes Getier. Kandid spürte ein unangenehmes Brennen am Arm und schaute hin. An seinem Ellbogen, den er in die weiche Erde gestützt hatte, rankten sich feine Pilzfäden. Kandid zerrieb sie gleichgültig mit der Handfläche … Und die Teufelsfelsen, das ist ein Spuk, dachte er, die gibt es gar nicht. Und wenn sie von den Teufelsfelsen erzählen, dann ist das sowieso gelogen, denn so etwas gibt es nicht. Und jetzt weiß ich nicht mehr, weshalb ich eigentlich hergekommen bin …

Seitlich ertönte das bekannte, furchteinflößende Schnauben. Kandid wandte den Kopf und sah ein Hippocet, so breit wie sieben Bäume, das auf den Hügel stierte. Einer der Totenmenschen stülpte sich plötzlich um und machte ein paar Schritte auf das Hippocet zu. Wieder war das Schnauben zu hören. Die Bäume knackten und das Hippocet wich zurück. Sogar das hat Angst vor den Totenmenschen, dachte Kandid. Wer eigentlich nicht? Wo kann man einen finden, der keine Angst vor ihnen hat? … Die Fliegen summen. Blödsinn. Fliegen summen doch nicht. Wespen summen …

»Mama! …«, flüsterte Nawa auf einmal. »Da kommt Mama …«

Sie hockte auf allen vieren da und blickte sich um – erstaunt, ungläubig. Kandid sah, dass drei Frauen aus dem Wald getreten waren; ohne die Totenmenschen zu bemerken, gingen sie zum Fuß des Hügels.

»Mama!«, kreischte Nawa und ihre Stimme überschlug sich. Sie machte einen Satz über Kandid hinweg und lief zu den Frauen hinüber. Jetzt sprang auch Kandid auf, und ihm schien, als seien die Totenmenschen ganz nah, als fühle er schon ihre Hitze.

Drei, dachte er … Einer würde mir schon genügen. Er blickte zu ihnen hinüber … Jetzt ist es aus mit mir. Zu dumm … Was haben die Weiber hier bloß verloren? Ich hasse diese Weiber, die machen immer nur Schwierigkeiten.

Die Totenmenschen schlossen die Münder. Ihre Köpfe drehten sich in die Richtung, in die Nawa gelaufen war. Dann marschierten sie plötzlich nach vorn. Kandid zwang sich, aus dem Gebüsch zu springen und sich ihnen in den Weg zu stellen.

»Zurück!«, schrie er den Frauen zu, ohne sich umzudrehen. »Lauft weg! Totenmenschen!«

Die Totenmenschen waren sehr groß, breitschultrig und ganz neu. Sie hatten weder einen Riss noch eine Schramme. Ihre unwahrscheinlich langen Arme hingen bis ins Gras hinab. Ohne den Blick abzuwenden, blieb Kandid auf dem Weg stehen. Die Totenmenschen blickten über seinen Kopf hinweg und schritten ebenso überlegen wie gelassen auf ihn zu. Er wich zurück, trat den Rückzug an, zögerte das unausweichliche Ende hinaus, kämpfte gegen die in ihm aufsteigende nervöse Übelkeit an und brachte es einfach nicht fertig stehen zu bleiben. Nawa schrie hinter seinem Rücken: »Mama! Ich bin's. Mama, hör doch!« Diese blöden Weiber, warum laufen sie nicht weg? Können sie sich vor Schreck nicht rühren? Bleib stehen, befahl er sich, bleib doch stehen! Wie lange kann das noch so weitergehen? Aber er schaffte es nicht. Dort ist Nawa, dachte er. Und diese drei dummen Weiber … Fette, schläfrige, gleichgültige Kühe … und Nawa … Aber was gehen die mich an, dachte er. Hinker wäre längst abgehauen mit seinem einen Bein, Faust erst recht ... Und ich soll stehen bleiben?! Das ist ungerecht. Aber ich *muss* stehen bleiben! Jetzt bleib doch stehen! ... Er konnte es nicht und verachtete sich deswegen, er lobte sich dafür und hasste sich deswegen, und wich zurück, immer weiter zurück.

Es waren die Totenmenschen, die stehen blieben – ganz plötzlich, wie auf Kommando. Der eine, der vorangeschritten war, hielt mit erhobenem Bein inne und ließ es dann langsam, wie unentschlossen, ins Gras sinken. Die Münder öffneten sich wieder, und die Köpfe wandten sich der Spitze des Hügels zu. Kandid, der noch immer zurückwich, blickte sich um und sah Nawa am Hals einer der Frauen hängen und mit den Beinen strampeln. Die Frau schien zu lächeln und streichelte ihr über den Rücken. Die anderen Frauen standen ruhig daneben und sahen sie an. Sie blickten weder zu den Totenmenschen noch zum Hügel. Nicht einmal zu Kandid, dem fremden, struppigen Kerl, der vielleicht sogar ein Dieb war. Die Totenmenschen standen unbeweglich da wie alte, primitive Bildsäulen, als wären ihre Füße angewachsen, als ob es im ganzen Wald keine Frau gäbe, die wie befohlen zu ergreifen und zu verschleppen war. Und unter ihren Füßen stiegen, wie der Rauch von Opferfeuern, kleine Dampfsäulen empor.

Jetzt drehte sich Kandid um und ging auf die Frauen zu – zögernd, verunsichert und noch nicht in der Lage, seinen Augen, Ohren und Gedanken zu trauen. In seinem Kopf schien sich ein großer Knoten herumzuwälzen, und sein Körper schmerzte nach der durchlittenen Todesangst.

»Lauft!«, rief er. »Lauft, solange ihr noch könnt. Was steht ihr noch da?« Er wusste, dass er Unsinn redete, aber sein Pflichtgefühl ließ ihn mechanisch wiederholen: »Da sind Totenmenschen, lauft weg. Ich halte sie auf.«

Aber die Frauen beachteten ihn nicht. Sie sahen und hörten ihn, aber sie beachteten ihn nicht. Das junge Mädchen, das höchstens zwei Jahre älter war als Nawa und ganz dünne Beinchen hatte, lächelte ihn zwar freundlich an, schenkte ihm aber weiter keine Aufmerksamkeit – als wäre er ein großer, streunender Hund, wie sie hier überall herumliefen, ziellos und immer bereit, stundenlang bei den Menschen zu hocken und auf irgendetwas zu warten …

»Warum lauft ihr denn nicht weg?«, fragte Kandid leise. Er erwartete keine Antwort und bekam auch keine.

»Ei-ei-ei«, sagte die schwangere Frau; sie lachte und schüttelte den Kopf. »Wer hätte das gedacht? Hättest du das gedacht?«, fragte sie das Mädchen. »Ich auch nicht … Und – meine Liebe«, wandte sie sich an Nawas Mutter, »wie war's? Hat er wenigstens ordentlich gestöhnt? Oder ist er nur ein bisschen auf dir herumgerutscht und hat geschwitzt?«

»Unsinn«, sagte das Mädchen. »Er war wunderbar, stimmt's? Frisch, gutaussehend und duftete …«

»Ja, wie eine Lilie«, fügte die Schwangere hinzu. »Sein Geruch betörte dich, und unter seinen Händen bekamst du eine Gänsehaut … Hast du noch ein Wort sagen können?«

Das Mädchen prustete los. Nawas Mutter lächelte etwas gezwungen. Es waren kräftige, gesunde Frauen, die so sauber aussahen, als hätte man sie gerade abgeschrubbt. Und offensichtlich hatten sie gerade gebadet: Ihre kurzen Haare troffen, und die gelben Sackkleider klebten am nassen Körper. Nawas Mutter war kleiner und älter als die anderen. Nawa umschlang ihre Hüften und drückte das Gesicht an ihre Brust.

»Ach, ihr«, sagte Nawas Mutter mit gespielter Missbilligung. »Was wisst ihr denn schon davon? Ihr habt ja keine Ahnung …«

»Macht nichts«, gab die Schwangere zurück. »Woher sollten wir das auch wissen? Deswegen fragen wir dich ja … Sag uns bitte: Wie war die Wurzel der Liebe?«

»War sie bitter?«, fragte das Mädchen und prustete wieder los.

»Ja«, sagte die Schwangere. »Die Frucht ist ziemlich süß, aber ziemlich schlecht gewaschen …«

»Das macht nichts. Wir werden sie waschen«, sagte Nawas Mutter. »Weißt du, ob das Spinnenbecken schon sauber ist? Oder müssen wir sie ins Tal tragen?«

»Die Liebe war bitter«, sagte die Schwangere zu dem Mädchen. »Sie denkt nicht gern daran zurück. Seltsam ist das, und da sagt man, es sei unvergesslich! Und du, meine Kleine, du träumst aber noch von ihm?«

»Sehr witzig«, sagte Nawas Mutter. »Davon wird einem ja übel …«

»Wir machen keine Witze«, wandte die Schwangere ein. »Wir interessieren uns bloß.«

»Du kannst so gut erzählen«, sagte das Mädchen und lachte. »Erzähl noch etwas …«

Kandid hörte begierig zu. Er versuchte, irgendeinen verborgenen Sinn in diesem Gespräch zu entdecken, verstand aber nichts. Er sah nur, dass sich die zwei Frauen über Nawas Mutter lustig machten, dass diese gekränkt war und versuchte, es zu verbergen und das Gespräch auf ein anderes Thema zu lenken, was ihr aber nicht gelingen wollte. Nawa hatte den Kopf gehoben und blickte von einer zur anderen.

»Man könnte meinen, du wärst selber im See geboren«, sagte Nawas Mutter zu der Schwangeren, ohne ihren Ärger zu verbergen.

»Oh nein«, sagte diese. »Aber ich konnte leider keine umfassende Bildung erwerben. Meine Tochter jedoch« – sie klatschte sich mit der Hand auf den Bauch – »wird im See geboren. Das ist der ganze Unterschied.«

»Warum lässt du Mama nicht in Ruhe, du fette Kuh«, rief Nawa plötzlich. »Schau dir erst mal an, wie du aussiehst, bevor du was von dir gibst! Sonst ruf ich meinen Mann, der wird dir mit dem Stock was auf deinen fetten Hintern geben, bis du Ruhe gibst …«

Alle drei Frauen brachen in Gelächter aus.

»Schweiger!«, schrie Nawa. »Die lachen mich aus!«

Immer noch lachend blickten die Frauen zu Kandid – Nawas Mutter erstaunt, die Schwangere gleichgültig, das Mädchen, warum auch immer, mit Interesse.

»Was für ein Schweiger?«, fragte Nawas Mutter.

»Das ist mein Mann«, sagte Nawa. »Er ist sehr anständig, er hat mich vor den Dieben gerettet.«

»Was soll das heißen ›mein Mann‹?«, sagte die Schwangere böse. »Erzähl uns keine Märchen, Kleine.«

»Ich erzähle keine Märchen«, versetzte Nawa. »Was mischst du dich ein? Was geht dich das überhaupt an? Geht es vielleicht um deinen Mann? Außerdem spreche ich gar nicht mit dir, sondern mit meiner Mutter … Aufdringlich ist die wie der Alte, und kein Mensch hat sie drum gebeten oder ihr das erlaubt …«

»He du«, wandte sich die Schwangere an Kandid, »bist du etwa wirklich ihr Mann?«

Nawa wurde still. Ihre Mutter umschlang sie mit den Armen und drückte sie fest an sich. Kandid aber sah sie voller Abneigung und Entsetzen an.

Nur das Mädchen lächelte weiter, und ihr Lächeln war so wohltuend und lieb, dass sich Kandid an sie wandte.

»Aber nein, woher denn«, antwortete er. »Sie ist nicht meine Frau. Sie ist wie eine Tochter für mich …« Er wollte noch erzählen, dass Nawa ihn gepflegt hatte, er sie sehr liebe und sich freue, dass nun alles so gut ausgegangen sei, auch wenn er nichts von alldem verstehe.

Aber plötzlich prustete das Mädchen los, brach in lautes Gelächter aus und fuchtelte wild mit den Armen.

»Ich hab's gewusst«, krähte sie. »Das ist nicht ihr Mann … sondern *ihr* Mann!« Sie zeigte auf Nawas Mutter. »Es … ist … ihr … Mann …! Herrje, ich kann nicht mehr!«

Die Schwangere schien ebenso verblüfft wie belustigt und musterte Kandid demonstrativ von Kopf bis Fuß.

»Ei-ei-ei-ei …«, begann sie im selben Ton wie vorher, doch Nawas Mutter sagte ärgerlich: »Hört auf! Mir reicht's jetzt! Verschwinde«, forderte sie Kandid auf. »Geh schon, geh, worauf wartest du noch? Geh in den Wald! …«

»Wer hätte das gedacht«, flüsterte die Schwangere, »dass die Liebe so bitter sein kann … so schmutzig … so vertrackt …« Sie fing einen wütenden Blick von Nawas Mutter auf und winkte ab. »Schon gut, schon gut«, sagte sie. »Sei nicht böse, meine Liebe. Spaß ist Spaß. Wir sind ganz einfach froh, dass du deine Tochter gefunden hast, das ist doch ein großes Glück …«

»Werden wir jetzt arbeiten oder nicht?«, fragte Nawas Mutter. »Oder wollen wir hier weiter Unsinn verzapfen?«

»Ich geh ja schon, reg dich nicht auf«, sagte das Mädchen. »Gleich beginnt sowieso der Ausstoß.«

Sie nickte, lächelte Kandid zu und lief leichtfüßig den Hang hinauf. Kandid beobachtete ihre Bewegungen; sie waren bestimmt, akkurat und routiniert, nicht jedoch weiblich. Das Mädchen lief bis zur Spitze des Hügels und tauchte sofort in den lila Nebel.

»Das Spinnenbecken ist noch nicht gesäubert«, sagte die Schwangere besorgt. »Immer haben wir dieses Durcheinander mit den Baukolonnen … Was sollen wir denn jetzt machen?«

»Nicht so schlimm«, sagte Nawas Mutter. »Dann gehen wir eben ins Tal.«

»Natürlich. Aber trotzdem finde ich es dumm, sich damit abzuquälen, einen ausgewachsenen Menschen ins Tal zu tragen, wenn wir unser eigenes Becken haben.«

Sie zuckte auf einmal heftig mit den Schultern und zog die Stirn in Falten.

»Du solltest dich hinsetzen«, riet Nawas Mutter und blickte suchend um sich. Dann wies sie mit der Hand zu den Totenmenschen und schnalzte mit den Fingern.

Einer der Totenmenschen stürzte los und eilte so schnell heran, dass er mehrmals im Gras ausglitt. Dann fiel er auf die Knie, seine Umrisse verschwammen, er krümmte sich noch einmal und zerfloss. Kandid rieb sich die Augen. Der Totenmensch war verschwunden, und an seiner Stelle stand jetzt ein bequemer, gemütlicher Sessel da. Die Schwangere seufzte erleichtert, sank in den weichen Sessel und legte ihren Kopf an die weiche Rückenlehne.

»Nicht mehr lange«, sagte sie, schnurrte dabei wie eine Katze und streckte ihre Beine aus. »Wenn es nur schon so weit wäre …«

Nawas Mutter hockte sich vor ihre Tochter und blickte ihr in die Augen.

»Groß bist du geworden«, sagte sie. »Aber auch ein bisschen verwahrlost, verwildert … Freust du dich?«

»Wie kannst du fragen«, sagte Nawa unsicher. »Natürlich. Du bist doch meine Mama. Jede Nacht habe ich von dir geträumt … Das hier ist Schweiger, Mama …« Und Nawa begann zu erzählen.

Kandid blickte um sich. Nein, das war kein Fiebertraum, wie er anfangs gehofft hatte. Das war hier etwas ganz Natürliches und vollkommen Normales, nur hatte er bisher nichts davon gewusst. Von unbekannten Dingen gab es im Wald ja mehr als genug, daran musste er sich gewöhnen – wie er sich an das Rauschen in seinem Kopf gewöhnt hatte, an die essbare Erde, die Totenmenschen und all das andere. Das sind also die Herren und Gebieter, dachte er. Das sind sie. Sie fürchten sich vor nichts, geben den Totenmenschen Befehle. Und das bedeutet, dass sie die Herren sein müssen. Das bedeutet aber auch, dass sie die Totenmenschen nach Frauen ausschicken. Das heißt … Er blickte auf die nassen Haare der Frauen. Das heißt … Auch Nawas Mutter, die von den Totenmenschen geraubt wurde …

»Wo badet ihr?«, fragte er. »Und warum? Wer seid ihr eigentlich? Und was wollt ihr?«

»Was?«, fragte die Schwangere. Dann wandte sie sich an Nawas Mutter: »Hör mal, meine Liebe, der hat was gefragt.«

Die Mutter bat Nawa: »Sei bitte einen Augenblick ruhig, ich höre ja gar nichts ... Was willst du?«, fragte sie die Schwangere.

»Der kleine Bock da will was«, antwortete die Schwangere.

Nawas Mutter blickte zu Kandid.

»Was kann er schon wollen?«, sagte sie. »Essen will er wohl. Die wollen doch andauernd essen, und essen immer schrecklich viel. Unbegreiflich, warum sie so viel Essen brauchen. Sie arbeiten doch nichts ...«

»Das Böcklein ...«, sagte die Schwangere. »Das arme Böcklein möchte Gras. Bäh-äh-äh! ...«

»Weißt du«, wandte sie sich an Nawas Mutter, »das ist einer von den Weißen Felsen. Die laufen einem jetzt immer öfter über den Weg. Wie klettern die nur da runter?«

»Ich verstehe nicht, wie sie da hochkommen. Wie sie runterkommen, habe ich gesehen. Sie fallen einfach hinunter. Einige gehen dabei drauf, aber es gibt auch welche, die überleben ...«

»Mama«, sagte Nawa. »Warum schaust du ihn so böse an? Das ist doch Schweiger! Sag ihm was Liebes, sonst ist er beleidigt. Ich wundere mich sowieso, dass er noch nicht beleidigt ist. Ich an seiner Stelle wäre es längst ...«

Vom Hügel war wieder lautes Getöse zu hören, und schwarze Insektenschwärme bedeckten den Himmel. Kandid hörte nichts, er sah nur, wie sich die Lippen von Nawas Mutter bewegten und dass sie auf Nawa einredete. Die Schwangere sah Kandid an, auch ihre Lippen bewegten sich. Ihr Gesichtsausdruck ließ vermuten, sie spräche tatsächlich mit einem Ziegenbock, der in den häuslichen Garten eingedrungen war. Dann verstummte das Getöse.

»... nur eben furchtbar schmutzig«, sagte die Schwangere. »Dass du dich nicht schämst, he?« Sie wandte sich wieder ab und blickte zum Hügel.

Aus dem lila Nebel krochen auf allen vieren Totenmenschen hervor. Sie bewegten sich unsicher und tollpatschig, fielen von Zeit zu Zeit um und prallten mit dem Kopf auf die Erde. In ihrer Mitte entdeckte Kandid das Mädchen. Sie bückte sich immer wieder, berührte die Totenmenschen, schubste sie, und einer nach dem anderen richtete sich auf und verschwand – noch ein wenig stolpernd, aber immer fester ausschreitend – im Wald. Ja, das sind die Herren, wiederholte Kandid immer wieder. Die Herren. Ich kann es nicht glauben. Aber was soll ich jetzt machen? Er blickte zu Nawa. Nawa schlief. Ihre Mutter saß im Gras, Nawa hatte sich an ihrer Seite zusammengerollt und schlief. Sie hielt die Hand ihrer Mutter.

»Ich weiß nicht«, sagte die Schwangere. »Die sind immer noch so schwach. Man müsste mal wieder alles saubermachen. Schau, wie sie stolpern … Mit solchen Arbeitern bringen wir die ›Erfassung‹ nie zu Ende.«

Nawas Mutter erwiderte etwas. Dann entwickelte sich ein Gespräch, das Kandid nicht verstand. Er schnappte nur einzelne Wörter auf, die ihn an Horchers Fantasien erinnerten. Deshalb beobachtete er das Mädchen, das den Hang herunterkam und einen unbeholfenen Armfresser hinter sich herschleifte. Warum stehe ich hier, dachte er bei sich, irgendetwas wollte ich doch von ihnen. Sie sind doch die Herren … Aber er konnte sich nicht erinnern.

»Ich bleibe jetzt einfach hier stehen!«, rief er verärgert. »Keiner jagt mich mehr weg, dann bleibe ich eben hier stehen. Wie ein Totenmensch.«

Die Schwangere blickte flüchtig zu ihm und wandte sich dann wieder ab.

Jetzt war das Mädchen bei ihnen, sagte etwas und zeigte auf den Armfresser. Beide Frauen betrachteten aufmerksam das merkwürdige Geschöpf, die Schwangere erhob sich sogar etwas. Der gewaltige Armfresser, der Schrecken der Dorfkinder, piepste kläglich und machte schwache Versuche, sich loszureißen. Seine furchtbaren Hornkiefer klappten kraftlos auf und zu. Nawas Mutter fasste ihn am Unterkiefer und drehte ihn mit einer kräftigen, gekonnten Bewegung heraus. Der Armfresser schluchzte laut auf, erstarrte und bedeckte seine Augen mit einem Pergamentschleier. Die Schwangere sagte: »… genügt offensichtlich nicht … Denk daran, Mädchen … schwache Kiefer, die Augen öffnen sich nicht ganz … kann er wahrscheinlich nicht aushalten und ist deswegen nutzlos, ja vielleicht sogar schädlich, wie alle Fehler … müssen saubermachen, den Ort wechseln, und hier alles säubern …« – »… Hügel … Trockenheit und Staub …«, sagte das Mädchen, »… Der Wald bleibt stehen … Das weiß ich noch nicht … Sie haben mir das ganz anders erzählt.« – »Versuch es doch selbst«, sagte Nawas Mutter. »… Das sieht man gleich … Versuch es nur, versuch's!«

Das Mädchen zog den Armfresser zur Seite, trat einen Schritt zurück und blickte ihn an. Es war, als ob sie auf ihn zielte. Ihr Gesicht wurde ernst, angespannt. Der Armfresser wankte auf seinen unbeholfenen Pfoten, machte mit dem verbliebenen Oberkiefer ein paar klägliche Bewegungen und ächzte schwach. »Da siehst du's«, sagte die Schwangere. Das Mädchen trat dicht an den Armfresser heran und ging in die Hocke; ihre Arme stützte sie auf die Knie. Plötzlich durchlief den Armfresser ein Zittern, die Beinchen glitten auseinander und er klappte zusammen, als hätte man ein zentnerschweres Gewicht auf ihn fallen lassen. Die Frauen lachten. Nawas Mutter sagte: »Jetzt hör schon auf. Warum glaubst du uns denn nicht?«

Das Mädchen gab keine Antwort. Sie stand über dem Armfresser und sah zu, wie dieser langsam und vorsichtig seine Beinchen an den Körper heranzog und versuchte, sich wieder aufzurichten. Ihr Gesicht spannte sich und mit einem Ruck hob sie den Armfresser hoch, stellte ihn auf die Beinchen und machte eine Bewegung, als wollte sie ihn umfassen. In dem

Moment bildete sich zwischen ihren Handflächen ein Streifen lila Nebel und schnitt quer durch den Rumpf des Armfressers. Das Tier kreischte auf, krümmte sich und zappelte mit den Beinen. Es wollte davonlaufen, wegkriechen, sich retten, wälzte sich herum, doch das Mädchen folgte ihm, sah auf ihn herab, und er brach zusammen. Seine Beinchen verschränkten sich seltsam, und es rollte sich zu einem Knäuel zusammen. Die Frauen schwiegen. Der Armfresser hatte sich in ein glänzendes, Schleim absonderndes Häuflein verwandelt. Das Mädchen trat zurück, blickte zur Seite und sagte: »Mist verdammter …«

»Wir müssen saubermachen, das ist alles«, sagte die Schwangere und stand auf. »Geh an die Arbeit, es hat keinen Sinn, es länger aufzuschieben. Hast du alles verstanden?«

Das Mädchen nickte.

»Dann gehen wir. Du kannst gleich anfangen.«

Das Mädchen drehte sich um und ging den Hang hoch auf die lila Wolke zu. Neben dem glänzenden Häufchen blieb sie stehen, packte ein noch schwach zuckendes Beinchen und zog das Häufchen hinter sich den Berg hinauf.

»Tüchtiges Mädchen«, sagte die Schwangere. »Gut gemacht.«

»Sie wird einmal regieren«, sagte Nawas Mutter und erhob sich ebenfalls. »Hat das Zeug dazu. Also gehen wir …«

Kandid hörte sie kaum. Er konnte seine Augen noch immer nicht von der schwarzen Pfütze abwenden, die dort zu sehen war, wo der Armfresser zu Tode gequält worden war. Dabei hatte das Mädchen ihn nicht einmal berührt, ihn mit keinem Finger angefasst, sie war bloß über ihm gestanden und hatte getan mit ihm, was sie wollte … Und sie war so ein liebes, zartes, angenehmes Mädchen … Mit keinem Finger hatte sie ihn berührt … Muss ich mich auch daran gewöhnen? … Ja, dachte er. Das muss ich. Er schaute zu, wie Nawas Mutter und die schwangere Frau Nawa, die noch immer schlief, vorsichtig auf die Beine stellten, an den Armen fassten und zum Wald führten, und dann den Hang hinab zum See – ohne ihn zu beachten oder ihm ein Wort zu sagen. Wieder blickte er auf die Pfütze. Er fühlte sich klein, jämmerlich und hilflos. Trotzdem raffte er sich auf und ging ihnen nach. Schwitzend vor Angst holte er sie ein und folgte ihnen im Abstand von zwei Schritten. Plötzlich spürte er etwas Heißes hinter sich. Er blickte sich um und sprang zur Seite. Hinter ihm ging ein riesiger Totenmensch, schwer, heiß, lautlos und stumm. Was soll's, dachte Kandid, keine Angst, ist ja bloß ein Roboter, ein Diener … Und ich bin ein toller Bursche, kam es ihm plötzlich in den Sinn. Ich habe das nämlich ganz allein herausgefunden. Herausgefunden und verstanden. Ich weiß gar nicht mehr, wie ich darauf gekommen bin, aber das ist jetzt auch egal. Wichtig ist, dass ich es geschafft habe, die Fakten zu sammeln und Schlüsse daraus zu ziehen … Ich habe auch ein Gehirn, klar?, flüsterte er und blickte auf die Rücken der Frauen vor ihm. Ihr seid gar nicht so … Ich kann auch was.

Die Frauen sprachen von einem Menschen, der etwas gemacht hatte, was ihn nichts anging, und jetzt lachten ihn alle deswegen aus. Irgendetwas fanden sie sehr lustig, und so gingen sie durch den Wald und lachten. Es war, als schlenderten sie die Dorfstraße entlang zu einem bunten Abend. Aber ringsum war der Wald, und unter ihren Füßen war nicht einmal ein Pfad, sondern dichtes, helles Gras. Darin wuchsen kleine, unscheinbare Blumen, die hin und wieder Sporen auswarfen, die durch die Haut drangen und in den Körper hineinwuchsen. Doch den Frauen schien das nichts auszumachen; sie kicherten, schwatzten und klatschten, und Nawa ging zwischen ihnen und schlief, setzte ihre Füße sicher voreinander und stolperte kaum … Die Schwangere sah sich flüchtig um, erblickte Kandid und sagte zerstreut: »Bist du immer noch da? Geh in den Wald, los … Was läufst du uns denn hinterher?«

Ja, dachte Kandid, was gehen sie mich an? Aber irgendetwas war doch, irgendetwas sollte ich sie fragen … Nein, das war's nicht … Nawa!, fiel ihm plötzlich ein. Ihm wurde klar, dass er Nawa verloren hatte. Aber er konnte nichts tun. Nawa geht mit ihrer Mutter fort, dachte er, das ist in Ordnung. Sie geht zu den Herren. Und ich? Ich bleibe hier. Aber weshalb laufe ich ihnen trotzdem nach? Will ich Nawa vielleicht begleiten? Nein, sie schläft ja. Sie haben sie zum Schlafen gebracht. Auf einmal wurde er ganz wehmütig. Leb wohl, Nawa, dachte er.

Sie erreichten die Weggabelung. Die Frauen gingen nach links zum See. Zum See mit den ertrunkenen Frauen … Aber das waren sie selbst gewesen … Sie hatten alles erlogen, alles durcheinandergebracht … Jetzt kamen sie an der Stelle vorbei, wo Kandid auf Nawa gewartet und Erde gegessen hatte. Das ist schon so lange her, dachte Kandid, schon fast so lange, wie das Verlassen der Biostation … Bio-sta-tion … Mit Mühe schleppte er sich weiter. Wäre ihm nicht der Totenmensch auf den Fersen gefolgt, wäre er längst zurückgeblieben. Plötzlich hielten die Frauen inne und sahen ihn an. Ringsum wuchs Schilf, die Erde unter den Füßen war warm und sumpfig. Nawa stand mit geschlossenen Augen da und schwankte kaum merklich. Die Frauen blickten ihn nachdenklich an. Da wusste er es wieder.

»Wie komme ich zur Biostation?«, fragte er.

Sie sahen ihn verblüfft an, und er begriff, dass er sie in seiner Muttersprache angesprochen hatte. Er wunderte sich selbst. Er konnte sich gar nicht mehr erinnern, wann er sie zum letzten Mal gebraucht hatte.

»Wie komme ich zu den Weißen Felsen?«, fragte er.

Die Schwangere sagte belustigt: »Das will er also, der kleine Bock …«

Sie sprach nicht mit ihm, sondern mit Nawas Mutter.

»Es ist wirklich zum Lachen; sie verstehen einfach gar nichts. Kein Einziger von ihnen. Stell dir mal vor, wie sie zu den

Weißen Felsen laufen und plötzlich in die Kampfzone geraten!«

»Da verfaulen sie bei lebendigem Leibe«, sagte Nawas Mutter nachdenklich. »Sie gehen und verfaulen auf dem Weg … Und sie merken gar nicht, dass sie nicht gehen, sondern bloß auf der Stelle treten … Aber soll er nur gehen … Für die ›Auflockerung‹ ist es gut und nützlich, wenn er verfault und sich auflöst … Aber vielleicht ist er geschützt? Bist du geschützt?«, fragte sie Kandid.

»Das verstehe ich nicht«, sagte Kandid niedergeschlagen.

»Meine Liebe, warum fragst du ihn so was? Wie soll er denn geschützt sein?«

»In dieser Welt ist alles möglich«, sagte Nawas Mutter. »Ich habe schon von solchen Fällen gehört.«

»Geschwätz«, sagte die Schwangere. Wieder musterte sie Kandid aufmerksam. »Aber weißt du, vielleicht wäre er hier nützlicher … Weißt du noch, was die Erzieherinnen gestern gesagt haben?«

»Hm-hm«, sagte Nawas Mutter. »Vielleicht … meinetwegen … Soll er bleiben.«

»Ja, ja, bleib«, ließ sich plötzlich Nawa vernehmen. Sie war aufgewacht. Auch sie spürte, dass hier etwas nicht in Ordnung war. »Bleib, Schweiger, geh nicht weg, warum solltest du auch weggehen? Du wolltest doch in die ›Stadt‹. Und dieser See ist doch die ›Stadt‹, nicht wahr, Mama? … Oder bist du auf Mama böse? Du brauchst nicht böse zu sein, sie ist eigentlich ein guter Mensch, nur heute ist sie irgendwie böse … Wahrscheinlich wegen der Hitze …«

Die Mutter fasste Nawa am Arm. Kandid sah, dass sich um den Kopf der Mutter rasch ein lila Wölkchen zusammenzog. Ihre Augen wurden für einen Augenblick glasig und schlossen sich. Dann sagte sie: »Gehen wir, Nawa, wir werden erwartet.«

»Und Schweiger?«

»Er bleibt hier … In der ›Stadt‹ hat er nichts verloren.«

»Aber ich möchte, dass er bei mir ist! Warum verstehst du das nicht, Mama? Er ist doch mein Mann, man hat ihn mir zum Mann gegeben, er ist schon lange mein Mann …«

Beide Frauen runzelten die Stirn.

»Gehen wir, gehen wir«, sagte Nawas Mutter. »Du verstehst das alles noch nicht … Niemand kann ihn brauchen, er ist überflüssig, sie sind alle überflüssig, sie sind eben ein Fehler … Gehen wir endlich! Lass gut sein, nachher kannst du zu ihm gehen … wenn du willst.«

Nawa sträubte sich. Wahrscheinlich fühlte sie, was auch Kandid fühlte – dass sie für immer voneinander schieden. Die Mutter zog sie am Arm ins Schilf, und Nawa blickte zurück und schrie: »Geh nicht weg, Schweiger! Ich komme bald zurück! Geh bloß nicht ohne mich weg, das wäre unrecht, einfach gemein wäre das! Wenn sie dagegen sind, bist du eben nicht mein Mann, aber ich bin trotzdem deine Frau, ich habe dich gepflegt, und jetzt warte auf mich! Hörst du! Warte! …«

Er blickte ihr nach, winkte müde mit der Hand, nickte zustimmend und versuchte die ganze Zeit zu lächeln. Leb wohl, Nawa, dachte er. Leb wohl. Einen Schritt noch, dann waren sie verschwunden, und Kandid sah nur noch das Schilf. Eine Weile hörte er Nawa noch rufen, dann verstummte sie, es gab ein Plätschern und dann Stille. Er schluckte den Kloß in seiner Kehle hinunter und fragte die Schwangere: »Was werdet ihr mit ihr machen?«

Sie musterte ihn immer noch aufmerksam.

»Was wir mit ihr machen werden?«, wiederholte sie nachdenklich. »Das soll nicht deine Sorge sein, kleiner Bock, was wir mit ihr machen. Auf jeden Fall braucht sie in Zukunft keinen Mann. Auch keinen Vater … Aber was sollen wir mit dir machen? Du kommst von den Weißen Felsen, und so einfach können wir dich nicht von hier fortlassen …«

»Was braucht ihr denn?«, fragte Kandid.

»Was wir brauchen? … Ehemänner jedenfalls nicht.« Sie fing Kandids Blick auf und lachte verächtlich. »Die brauchen wir wirklich nicht, kannst mir ruhig glauben … Versuch wenigstens einmal in deinem Leben kein Bock zu sein. Versuch, dir eine Welt ohne Böcke vorzustellen …« Sie sprach vor sich hin – ohne nachzudenken, oder sie dachte an etwas anderes. »Wozu taugst du denn überhaupt? … Sag, Böcklein, was kannst du?«

Irgendetwas verbarg sich hinter ihren Worten, hinter ihrem Ton, hinter ihrer Verächtlichkeit und gleichgültigen Überlegenheit, etwas Wichtiges, Unangenehmes und Schreckliches … Kandid fielen auf einmal die schwarzen quadratischen Türen ein, und Karl mit den beiden Frauen, die genauso gleichgültig und überlegen gewesen waren.

»Hörst du mir zu?«, fragte die Schwangere. »Was kannst du?«

»Nichts«, sagte Kandid matt.

»Kannst du vielleicht steuern?«

»Früher schon«, sagte Kandid. Ach, scher dich zum Teufel, dachte er, was fällst du mir auf die Nerven? Ich frage dich, wie man zu den Weißen Felsen kommt, und du stellst mir dumme Fragen … Plötzlich begriff er, dass er Angst vor ihr hatte, sonst wäre er längst gegangen. Hier hatte sie das Sagen, und er war ein dummer, jämmerlicher, schmutziger kleiner Bock.

»Früher schon«, wiederholte sie. »Gib diesem Baum den Befehl, sich hinzulegen!«

Kandid blickte auf den Baum. Es war ein großer, dicker Baum mit üppiger Krone und rauem Stamm. Er zuckte ratlos mit den Schultern.

»Gut«, sagte sie. »Dann töte diesen Baum … Kannst du auch nicht? Kannst du überhaupt Lebendiges tot machen?«

»Töten?«

»Nein, nicht töten – das kann auch ein Armfresser. Ich meine: Lebendiges tot machen, es zwingen zu sterben. Kannst du das?«

»Verstehe ich nicht«, sagte Kandid.

»Das verstehst du nicht … Was macht ihr denn auf euren Weißen Felsen, wenn du nicht einmal das verstehst? Totes wieder lebendig machen kannst du auch nicht?«

»Nein.«

»Und was kannst du? Was hast du auf den Weißen Felsen gemacht, bevor du runtergefallen bist? Gefressen und Frauen geschändet?«

»Ich habe den Wald studiert«, sagte Kandid.

Sie blickte ihn streng an.

»Wage nicht, mich zu belügen. Ein Mensch kann den Wald nicht studieren. Das wäre, als wollte er die Sonne studieren. Wenn du die Wahrheit nicht sagen willst, dann gib es zu.«

»Ich habe wirklich den Wald studiert«, sagte Kandid. »Ich untersuchte …« Er stockte. »Ich untersuchte die kleinsten Lebewesen im Wald. Solche, die man mit dem Auge nicht sehen kann.«

»Du lügst schon wieder«, sagte die Frau geduldig. »Man kann nichts untersuchen, das man nicht mit den Augen sieht.«

»Doch, das geht«, sagte Kandid. »Man braucht nur …« Er geriet wieder ins Stocken. Mikroskop … Linsen … Geräte … Das konnte er nicht erklären oder übersetzen. »Wenn man einen Wassertropfen nimmt«, sagte er, »und die nötigen Dinge hat, kann man darin Tausende von kleinen Tierchen sehen …«

»Dazu braucht man keine Dinge«, sagte die Frau. »Ich sehe, ihr führt ein Lasterleben mit euren toten Dingen auf euren Weißen Felsen. Ihr verkommt. Ich weiß schon lange, dass ihr die Fähigkeit verloren habt, im Wald das zu sehen, was ein normaler Mensch dort sieht, sogar ein schmutziger Mann … Aber warte, sprichst du von den kleinen oder von den kleinsten Tierchen? Meinst du vielleicht die Baumeister?«

»Vielleicht«, sagte Kandid. »Ich verstehe dich nicht. Ich spreche von den kleinen Tieren, von denen man sowohl krank als auch wieder gesund werden kann; sie helfen, Nahrung zu machen, und es gibt viele von ihnen, überall … Ich wollte herausfinden, wie sie hier bei euch im Wald aufgebaut sind, was für welche es gibt und was sie alles können …«

»Und auf den Weißen Felsen sind es andere?«, sagte die Frau sarkastisch. »Im Übrigen, lassen wir das. Ich habe schon verstanden, womit du dich beschäftigst. Über die Baumeister kannst du natürlich nicht verfügen. Da vermag ein Dorftrottel mehr als du … Wo soll ich dich jetzt hinstecken? Du bist ja von allein gekommen …«

»Ich gehe schon«, sagte Kandid müde. »Ich gehe schon.«

»Nein, warte … Dageblieben, sage ich!«, schrie sie. Kandid spürte glühend heiße Zangen an seinen Ellbogen. Er wollte sich losreißen, aber es war unmöglich. Die Frau begann laut zu denken: »Schließlich ist er von allein hier aufgetaucht. So was kommt vor. Lässt man ihn laufen, geht er in sein Dorf zurück und wird zu gar nichts nütze sein … Sie zu fangen ist zwecklos, aber wenn sie von allein kommen … Weißt du, was ich mit dir mache?«, fragte sie. »Ich gebe dich den Erzieherinnen für die Nachtarbeiten. Es gab auch schon Fälle, wo es gut ausging … Jawohl, zu den Erzieherinnen!« Dann winkte sie ab und verschwand langsam und mit watschelnden Schritten im Schilf.

Plötzlich fühlte Kandid, wie er zum Pfad hingedreht wurde. Seine Ellbogen waren wie abgestorben, wie verkohlt. Er versuchte sich mit aller Kraft loszumachen, aber die Zangen verstärkten nur ihren Griff. Er hatte nicht verstanden, was nun mit ihm geschehen, wohin man ihn bringen würde, wer die Erzieherinnen waren und um was für Nachtarbeiten es sich handelte, aber jetzt fielen ihm die schrecklichsten Bilder wieder ein: Karl inmitten der weinenden Menge, der Armfresser, der sich in einen glänzenden Klumpen verwandelt hatte … Er wartete einen günstigen Moment ab und trat mit einem Bein nach hinten gegen den Totenmenschen, blindlings, verzweifelt und wohl wissend, dass ihm das kein zweites Mal gelingen würde. Sein Bein drang in etwas Weiches und sehr Heißes ein. Der Totenmensch stöhnte kurz auf, und lockerte seinen Griff, so dass Kandid mit dem Gesicht ins Gras fiel. Dann sprang er auf, drehte sich um und schrie auf – der Totenmensch kam mit langen, weit geöffneten Armen schon wieder auf ihn zugerannt. Kandid hatte nichts zur Hand, weder Grasvertilger noch Gärstoff noch einen Stock oder einen Stein. Der morastige, warme Boden gab unter den Füßen nach. Da fiel es ihm plötzlich ein. Er fasste mit seiner Hand unter das Hemd, und als der Totenmensch sich über ihn beugte, stach er ihm mit dem Skalpell zwischen die Augen. Dann kniff er die Augen zusammen, warf sich mit dem ganzen Körper nach vorn, zog die Klinge einmal von oben bis zum Erdboden durch und fiel noch einmal hin.

Er lag da, presste die Wange ins Gras und beobachtete den Totenmenschen, der schwankend vor ihm stand: Der aufgeschlitzte, orangefarbene Körper öffnete sich langsam wie ein Koffer; dann taumelte er und sackte rücklings zu Boden. Alles ringsum war von einer dicklich weißen Flüssigkeit bespritzt. Der Totenmensch zuckte noch einige Male und blieb dann reglos liegen. Kandid stand auf und machte sich auf den Weg. Den Pfad entlang. Nur weg von hier. Er konnte sich dunkel erinnern, dass er hier auf jemanden warten wollte, etwas Bestimmtes herausfinden und tun wollte. Aber das war jetzt alles unwichtig. Wichtig war, möglichst schnell und möglichst weit von hier wegzukommen. Gleichwohl ahnte er, dass er nicht entkommen konnte. Weder er noch die vielen, vielen, vielen anderen.

9

Pfeffer

Pfeffer wachte auf, weil ihm alles wehtat, weil er schwermütig war und weil er einen unerträglichen Druck auf sich lasten fühlte. Von der unbequemen Haltung schmerzte sein ganzer Körper, und er stöhnte unwillkürlich auf.

Was ihn so bedrückte, waren Enttäuschung und Wut darüber, dass der Wagen nicht aufs Festland fuhr, dass er schon wieder nicht aufs Festland fuhr, und dass er überhaupt nirgendwohin fuhr. Der Wagen stand mit abgestelltem Motor da, eiskalt und tot, die Türen weit aufgerissen. Die Windschutzscheibe war bedeckt von zitternden Tropfen, die miteinander verschmolzen und als kleine Rinnsale nach unten liefen. Die Nacht hinter der Scheibe wurde immer wieder durch grell aufblitzende Scheinwerfer erhellt. Es war nichts zu sehen außer dem unaufhörlichen Blitzen, von dem die Augen schmerzten. Man konnte auch nichts hören, und Pfeffer dachte zunächst, er sei taub geworden. Erst dann wurde ihm klar, dass lautes Sirenengeheul auf seine Ohren drückte. Er warf sich im Fahrerhaus herum und stieß schmerzhaft gegen Hebel, Ecken und den verfluchten Koffer; er versuchte, die Scheibe abzuwischen, beugte sich abwechselnd mal aus der einen, mal aus der anderen Tür – doch er konnte nicht herausfinden, wo er sich befand und was das alles zu bedeuten hatte. Krieg, dachte er, oh Gott, es ist Krieg! … Die Scheinwerfer stachen ihm in die Augen, und er konnte nichts erkennen außer einem großen unbekannten Gebäude, dessen Fenster auf allen Stockwerken regelmäßig aufflammten und wieder erloschen. Und dann sah er noch unzählige große, lilafarbene Flecken …

Auf einmal erscholl eine ohrenbetäubend laute Stimme. Sie sprach ganz ruhig, so als herrschte ringsum völlige Stille: »Achtung, Achtung! Alle Mitarbeiter nehmen ihre Plätze ein gemäß Bestimmung Nr. 675 Strich Pegasus Omikron 302, Richtlinie 813, zum feierlichen Empfang des Padischahs ohne Sondergefolge, Schuhgröße 55. Ich wiederhole. Achtung, Achtung! Alle Mitarbeiter …« Die Scheinwerfer verharrten in Ruhestellung, und Pfeffer erkannte zu guter Letzt den vertrauten Bogen mit dem Schriftzug »Herzlich willkommen«, die große Straße, die zur »Verwaltung« führte und die dunklen Wohnhäuschen am Straßenrand. Davor standen Leute in Schlafanzügen mit Petroleumlampen in den Händen. Und direkt vor sich entdeckte Pfeffer Menschen in schwarzen, wehenden Regenmänteln, die die Straße entlangliefen und zwischen sich irgendetwas Helles ausgebreitet hielten. Bei näherem Hinsehen meinte Pfeffer eine Art Schlepp- oder Volleyballnetz zu erkennen. Auf einmal kreischte eine Stimme über seinem Ohr: »Was macht dieses Auto hier? Warum stehst du da?« Pfeffer fuhr herum und erblickte neben sich einen Ingenieur, der eine weiße Kartonmaske trug. Auf der Stirn stand mit Tinte geschrieben: »Libidowitsch«. Der Mann kroch mit seinen dreckigen Stiefeln ins Fahrerhaus, kletterte über Pfeffer drüber, stieß ihm mit dem Ellbogen ins Gesicht, schnaubte, ließ sich auf den Fahrersitz plumpsen und tastete nach dem Zündschlüssel. Als er ihn nicht fand, brüllte er laut herum und stolperte auf der anderen Seite des Fahrerhauses wieder hinaus. Zurück blieb der Gestank von Schweiß. Nun flammten sämtliche Straßenlaternen auf und erleuchteten die Umgebung taghell. Die Menschen in den Schlafanzügen standen noch immer mit den Petroleumlampen an ihren Haustüren. Sie hielten Schmetterlingsnetze in der Hand und schwenkten sie gleichmäßig hin und her, als wollten sie etwas

Unsichtbares von den Türen verscheuchen. Auf der Straße näherten sich vier düstere, schwarze Fahrzeuge und fuhren langsam an Pfeffer vorbei. Sie sahen aus wie Busse, hatten jedoch keine Fenster, und auf ihrem Dach drehten sich seltsame, vergitterte Flügel. Aus einer Nebenstraße rollte ein uralter Panzerwagen heran und folgte ihnen; der schlanke Lauf des Maschinengewehrs hob und senkte sich, und der verrostete Turm drehte sich mit durchdringendem Quietschen im Kreis. Der Panzerwagen zwängte sich mit Mühe am Lastwagen vorbei. Die Turmluke öffnete sich, und ein Mann schaute heraus. Er trug ein schwarzes Nachthemd aus Nesseltuch, von dem kleine Schnüre herabhingen. Verärgert schrie er Pfeffer an: »Was ist los? Weiterfahren, nicht stehen bleiben!« Pfeffer ließ den Kopf auf die Arme sinken und schloss die Augen. Ich komme hier nie weg, dachte er dumpf. Keiner braucht mich hier, ich bin völlig überflüssig, aber sie lassen mich nicht weg – und wenn sie deswegen einen Krieg vom Zaun brechen oder eine Überschwemmung veranstalten müssen.

»Ihre Papiere bitte«, sagte die schleppende Stimme eines alten Mannes neben ihm. Jemand klopfte Pfeffer auf die Schulter.

»Was?«, fragte Pfeffer.

»Ihre Papiere. Haben Sie die zur Hand?«

Der alte Mann trug einen Gummimantel, und quer vor seiner Brust hing ein Berdangewehr an einer abgegriffenen Metallkette.

»Was für Papiere? Wozu?«

»Ach, Sie sind's, Herr Pfeffer!«, sagte der Alte. »Warum halten Sie sich denn nicht an die Anordnung? Ihre Papiere müssen aufgeschlagen in der Hand gehalten werden, wie im Museum …«

Pfeffer gab ihm seinen Ausweis. Der Alte stützte die Ellbogen auf das Gewehr, besah sich die Stempel, verglich das

Foto mit dem Gesicht und sagte: »Mager sind Sie geworden, Herr Pfeffer. Haut und Knochen. Sie arbeiten zu viel.«

Er gab den Ausweis zurück.

»Was geht hier vor sich?«, fragte Pfeffer.

»Was vorgesehen ist«, sagte der Alte plötzlich in schroffem Ton. »Die Situation entspricht Anordnung Nr. 675 Strich Pegasus. Das heißt: Flucht.«

»Was für eine Flucht? Von wo?«

»Eine Flucht laut Anordnung Nr. 675 Strich Pegasus«, sagte der Alte und stieg die Stufen hinunter. »Jeden Augenblick können sie sprengen. Passen Sie also auf Ihre Ohren auf und lassen Sie den Mund lieber offen.«

»Gut«, sagte Pfeffer. »Danke.«

»Was willst du denn hier, du alter Esel?«, hörte Pfeffer plötzlich draußen die erboste Stimme von Kraftfahrer Woldemar. »Scher dich zum Teufel mit deinen Papieren! Verschwinde …«

In dem Augenblick zog man stampfend und mit viel Geschrei eine Betonmischmaschine am Lastwagen vorbei. Zähneknirschend kletterte Woldemar ins Fahrerhaus. Wild fluchend ließ er den Motor an und schlug krachend die Tür zu. Der Lastwagen machte einen Satz nach vorn und raste die Straße hinunter, vorbei an den Menschen in ihren Schlafanzügen mit den wedelnden Schmetterlingsnetzen. Jetzt geht's in die Garage, dachte Pfeffer. Aber das ist auch schon egal. Den Koffer rühr ich jedenfalls nicht mehr an. Ich habe keine Lust, das Ding weiter mit mir rumzuschleppen. Hol's der Teufel, dachte er und trat hasserfüllt mit der Ferse dagegen. Der Lastwagen bog scharf rechts von der Hauptstraße ab, rannte in eine Barrikade aus leeren Fässern und Leiterwagen, fegte sie auseinander und raste weiter. Eine Zeit lang tanzte auf dem Kühler das zersplitterte Vorderteil einer Droschke, fiel dann hinunter und zerbarst knirschend unter den Rädern. Der Lastwagen rollte jetzt durch enge Seitenstraßen. Woldemar saß mit zusammengezogenen Augenbrauen und einer erloschenen Zigarette im Mund hinter dem großen Lenkrad, und wenn er es drehte, krümmte oder streckte sich sein ganzer Körper. Nein, es geht nicht zur Garage, dachte Pfeffer. Auch nicht zu den Werkstätten. Aber auch nicht aufs Festland. Die Straßen lagen dunkel und verlassen. Für einen kurzen Moment tauchten im Strahl des Scheinwerfers Menschen mit beschrifteten Kartonmasken auf, man sah gespreizte Finger, dann war alles wieder verschwunden.

»Der Teufel hat mich geritten …«, sagte Woldemar. »Ich wollte ja gleich aufs Festland fahren, aber da sah ich, dass Sie schliefen. Ich dachte: Ich lass Sie ein Weilchen schlafen, und fahre schnell in der Garage vorbei, um eine kleine Partie Schach zu spielen … Da traf ich Achilles, den Schlosser. Wir holten uns Kefir, tranken und stellten die Figuren auf … Ich schlug Damengambit vor, er stimmte zu – genau wie geplant … Ich zog e4, er c6 … Ich sag ihm: Jetzt gnade dir Gott … Und in dem Moment ging die ganze Sache los … Haben Sie vielleicht eine Zigarette, Herr Pfeffer?«

Pfeffer gab ihm eine.

»Was ist das für eine Flucht?«, fragte er. »Und wohin fahren wir?«

»Eine ganz gewöhnliche Flucht«, antwortete Woldemar und zündete sich die Zigarette an. »Davon haben wir jedes Jahr einige. Den Ingenieuren ist eine Maschine entkommen, und dann ergeht an alle der Befehl, sie wieder einzufangen. Dort drüben, da suchen sie …«

Sie waren am Rand der Siedlung angekommen. Auf dem freien, mondbeleuchteten Feld liefen Menschen herum. Es sah aus, als spielten sie Blindekuh: Sie gingen mit gebeugten Knien, die Arme weit von sich gestreckt, und alle hatten die Augen verbunden. Einer von ihnen stieß mit voller Wucht gegen einen Pfahl. Wahrscheinlich schrie er vor Schmerz auf, denn die anderen blieben sofort stehen und drehten ihre Köpfe zur Seite.

»Jedes Mal derselbe Blödsinn«, sagte Woldemar. »Dabei haben sie Fotozellen, akustische Geräte, kybernetische Instrumente und an jeder Ecke einen Nichtstuer, der aufpassen soll, und trotzdem vergeht kein Jahr, ohne dass ihnen eine Maschine davonläuft. Und dann heißt es, lass alles stehen und liegen und mach dich auf die Suche. Aber wer hat schon Lust, das Ding zu suchen? Wer will damit was zu tun haben, frage ich? Wenn du sie auch nur aus den Augenwinkeln entdeckst, ist es nämlich aus. Dann stecken sie dich nämlich entweder zu den Ingenieuren, oder sie schicken dich in den Wald auf eine entlegene Basis. Da darfst du dann Pilze zählen, damit du ja nichts ausplauderst. Deswegen behelfen sich die Leute: Die einen verbinden sich die Augen, damit sie nichts sehen … Jeder hat da seine eigene Methode. Die Gescheiteren rennen bloß herum und schreien so laut sie können. Beim einen verlangen sie die Papiere, den andern durchsuchen sie, oder sie klettern einfach aufs Dach und schreien herum. Das sieht dienstlich aus und birgt keinerlei Risiko …«

»Und was machen wir jetzt? Suchen wir vielleicht auch?«, fragte Pfeffer.

»Natürlich. Das Volk sucht und wir tun, was alle tun. Sechs Stunden dauert die Jagd. Das geht nach der Uhr. Der Befehl heißt: Wenn im Lauf von sechs Stunden der flüchtige Mechanismus nicht entdeckt ist, wird er mit Fernsteuerung gesprengt. Damit sind alle Spuren beseitigt, und er gerät nicht in falsche Hände. Haben Sie das Durcheinander in der ›Verwaltung‹ gesehen? Ja? Und das ist noch eine paradiesische Stille! Warten Sie ab, was da in sechs Stunden los ist … Es weiß ja niemand, wo das Maschinchen hingekrochen ist. Vielleicht ist es bei dir in der Tasche. Die Ladung ist immer maximal groß, weil man auf Nummer sicher gehen will. Letztes Jahr zum Beispiel hatte sich die Maschine in der Sauna versteckt. Dorthin war aber auch eine Menge Leute geflüchtet; die Sauna ist ja ein unauffälliger Ort … Na ja, ich war auch da. Sauna ist Sauna, dachte ich. Doch da krachte es, und ich flog zum Fenster raus – so weich wie auf einer Welle. Schon saß ich draußen auf einem Schneehaufen, und über meinen Kopf hinweg flogen die glühenden Balken …«

Sie fuhren über flaches Land. Das Mondlicht schien trübe, und außer dem kümmerlichen Gras und einer schlechten, weißen Straße war nichts zu sehen. Auf der linken Seite, dort, wo sich die »Verwaltung« befand, schweiften die Lichter wirr durcheinander.

»Ich verstehe nur nicht«, sagte Pfeffer, »wie wir sie fangen sollen. Wir wissen ja nicht einmal, wie sie aussieht … Ob sie klein oder groß ist, dunkel oder hell …«

»Das werden Sie bald sehen«, versprach Woldemar. »In ungefähr fünf Minuten zeige ich Ihnen, wie kluge Leute auf die Jagd gehen. Verflucht, wo ist denn die Stelle … Ach, verpasst. Wahrscheinlich bin ich zu weit links gefahren. Ah ja, dort ist das Gerätemagazin, wir müssen uns also weiter rechts halten …«

Der Lastwagen bog von der Straße ab und holperte über kleine Erdhügel. Das Magazin ließen sie links liegen. Man sah nun reihenweise riesige, helle Container herumstehen, und es sah aus, wie eine tote Stadt in einem flachen Land.

… Wahrscheinlich hat sie es nicht mehr ausgehalten. Sie haben sie auf dem Rütteltisch durchgeschüttelt, sie gefoltert, in ihren Eingeweiden herumgestochert, feine Nervenstränge mit dem Lötkolben abgetrennt. Fast wäre sie am Kolophoniumgeruch erstickt. Man zwang sie zu Dummheiten; man hatte sie schließlich erschaffen, damit sie Dummheiten machte, und man vervollkommnete sie, damit sie noch dümmere Dummheiten machte. Und abends ließ man sie dann gebrochen und erschöpft in einer trockenen, heißen Kammer liegen. Da beschloss sie zu verschwinden, obwohl sie wusste, dass die Flucht sinnlos war und ihr sicheres Ende bedeutete. Sie verschwand und nahm die tödliche Ladung in ihrem Inneren mit. Und jetzt steht sie irgendwo im Schatten, trippelt mit ihren Gelenkfüßchen auf der Stelle herum und schaut, horcht, wartet … Jetzt ist ihr wahrscheinlich schon klargeworden, was sie früher nur vermutete: dass es keine Freiheit gibt – ob die Türen vor dir nun versperrt oder geöffnet sind. Dass alles Chaos und Dummheit ist, und dass es nur die Einsamkeit gibt …

»Aha!«, sagte Woldemar zufrieden. »Da ist sie ja, unser Schatz. Da ist sie ja, die Kleine …«

Pfeffer öffnete die Augen, konnte aber außer einer großen, schwarzen Pfütze nichts entdecken; das heißt, eigentlich war es gar keine Pfütze, sondern nur Morast. Dann hörte er den Motor aufheulen, eine Ladung Dreck flog auf und klatschte gegen die Windschutzscheibe. Der Motor heulte noch einmal wild auf und verstummte dann. Es wurde ganz still.

»Ja, das ist was! Genau das Richtige für einen wie mich!«, rief Woldemar. »Alle sechs Räder drehen durch. Wie Seife im Waschbecken. Klar?« Er schnippte die Kippe in den Aschenbecher und öffnete den Wagenschlag. »Hier ist übrigens noch jemand«, sagte er und brüllte: »He, Kamerad! Wie steht's?«

»Alles in Ordnung«, ertönte es von draußen.

»Hast du sie erwischt?«

»Bloß einen Schnupfen hab ich erwischt und fünf Kaulquappen.«

Woldemar schlug die Tür fest zu, schaltete das Licht im Fahrerhaus ein und zwinkerte Pfeffer zu. Dann zog er unter dem Sitz eine Mandoline hervor, neigte den Kopf zur rechten Schulter und zupfte an den Saiten.

»Machen Sie's sich bequem, ganz bequem«, sagte er gastfreundlich. »Bis morgen früh, wenn der Schlepper kommt …«

»Danke«, sagte Pfeffer fügsam.

»Störe ich Sie nicht?«, fragte Woldemar höflich.

»Nein, nein«, erwiderte Pfeffer. »Spielen Sie nur weiter …«

Woldemar warf den Kopf zurück, verdrehte die Augen und sang mit trauriger Stimme:

»Die Tage meines Glückes sind gezählt,
Ich streife müde durch die weite Welt.
Warum willst du mich denn nicht erhören?
Wie konntest unsre Liebe du zerstören?«

Der Schmutz rann langsam von der Scheibe und gab den Blick auf den mondbeschienenen Sumpf frei. Inmitten des Morasts stak ein seltsames Fahrzeug. Pfeffer schaltete den Scheibenwischer ein und entdeckte verwundert, dass es sich um den Panzerwagen handelte. Das Fahrzeug war bis zum Turm im Dreck versunken.

»Die Freuden schenkst du einem andern,
Ich bin allein in meinem Wahn und matt …«

Woldemar schlug voll in die Saiten, erwischte jedoch einen falschen Akkord und räusperte sich.

»He, Kamerad«, erscholl es von draußen. »Hast du vielleicht was zu essen?«

»Wieso?«, schrie Woldemar.

»Wir haben Kefir!«

»Ich bin aber nicht allein!«

»Macht nichts! Es reicht für alle! Wir haben uns richtig eingedeckt. Haben was geahnt …«

Kraftfahrer Woldemar wandte sich Pfeffer zu. Er war begeistert.

»Und?«, fragte er. »Gehen wir? Wir können Kefir trinken, vielleicht auch Tennis spielen, na?«

»Ich spiele kein Tennis«, sagte Pfeffer.

Woldemar schrie: »Wir kommen gleich! Wir blasen nur schnell das Boot auf!«

Schnell und geschickt wie ein Affe kletterte er aus dem Fahrerhaus und machte sich auf der Ladefläche zu schaffen. Er schepperte mit Eisenteilen, ließ hin und wieder etwas fallen und pfiff fröhlich vor sich hin. Dann hörte Pfeffer ein Platschen, auf dem Kühler trampelten Füße, und von irgendwo unten rief die Stimme Woldemars: »Alles fertig, Herr Pfeffer! Kommen Sie herunter, aber vergessen Sie die Mandoline nicht!« Unten auf der glitzernden Oberfläche des feuchten Morasts lag ein Schlauchboot. Drinnen stand Woldemar, breitbeinig wie ein Gondoliere, mit einem großen Pionierpaddel in der Hand. Freudestrahlend blickte er hinauf zu Pfeffer.

… In dem alten, verrosteten Panzerwagen aus Verdunzeiten war es so heiß, dass es einem fast übel wurde. Es stank nach heißem Öl und Benzin. An der Wand stand ein eiserner Kommandeurstisch, in den Obszönitäten eingeritzt waren, darüber brannte eine trübe Lampe. Der zerbeulte blecherne Munitionsschrank war mit Kefirflaschen vollgepfropft, und auf dem Boden schwappte eine schmutzige Brühe, von der man kalte Füße bekam. Die Männer saßen in Unterwäsche da und rieben sich mit der Handfläche über die behaarte Brust. Alle waren betrunken; die Mandoline spielte laut und scheußlich, und der Turmschütze im Nesselhemd, der unten keinen Platz mehr gefunden hatte, ließ von oben Zigarettenasche herabfallen, fiel auch manchmal selbst hinunter, wobei er jedes Mal rief: »Pardon, ich habe Sie verwechselt …« Unter Grölen wurde er dann wieder auf seinen alten Platz hinaufbefördert …

»Nein«, sagte Pfeffer. »Danke, Woldemar. Ich bleibe lieber hier im Wagen. Ich muss noch ein paar Sachen waschen, und meine Gymnastik habe ich auch noch nicht gemacht.«

»Ach so«, sagte Woldemar anerkennend. »Das ist natürlich was anderes. Ich fahr dann schon mal los, und wenn Sie mit der Wäsche fertig sind, rufen Sie und wir holen Sie ab … Nur die Mandoline hätte ich noch gern.«

Er nahm die Mandoline und paddelte los. Pfeffer blieb im Wagen sitzen und beobachtete, wie sich das Boot anfangs nur im Kreise drehte und sich Woldemar schließlich mit dem Ruder wie mit einem Staken abstieß. Jetzt kam er voran. Der Mond tauchte ihn in fahles Licht, und er sah aus wie der letzte Überlebende nach der Großen Sintflut, der zwischen den Dächern der höchsten Gebäude umhersegelt – einsam, auf der Suche nach anderen Menschen und noch voller Hoffnung … Woldemar legte am Panzerwagen an und trommelte mit der Faust gegen die Stahlplatten. Aus der Luke beugten sich ein paar Männer, begrüßten ihn mit freudigem Lachen und zogen ihn mit dem Kopf voran hinein. Pfeffer blieb allein zurück.

Er fühlte sich wie der einzige Fahrgast in einem Nachtzug, der mit drei alten, klapprigen Waggons eine Nebenstrecke entlangkriecht, die bald außer Dienst gestellt wird. Die Waggons rattern, der Fahrgast wird geschüttelt, und durch die eingeschlagenen, völlig verzogenen Fenster bläst der Wind den Rauch der Lokomotive ins Abteil. Auf dem Boden hüpfen Zigarettenkippen und zerknüllte Papiere umher, am Haken baumelt ein vergessener Strohhut. Wenn der Zug an der Endstation hält, wird der einzige Fahrgast auf die verfaulte Plattform treten, doch niemand holt ihn ab, das weiß er genau …. Und so irrt er nach Hause, macht sich dort auf der Kochplatte ein Rührei aus zwei Eiern und einer grünlichen, drei Tage alten Wurst …

Plötzlich ging ein Zittern durch den Panzerwagen, er ruckte, bebte und wurde dann von aufflackernden Blitzen hell erleuchtet. Er versprühte unzählige bunte, irisierende Lichtfäden über das flache Land, und im Schein des Mondes und der aufblitzenden Helligkeit konnte man die großen Ringe sehen, die sich von ihm aus über die glatte Oberfläche des Sumpfes ausbreiteten. Aus dem Turm beugte sich nun ein weiß gekleideter Mann heraus und schrie: »Verehrte Damen und Herren! Ein Salut der Nationen! Mit der allervorzüglichsten Hochachtung habe ich die Ehre, hochverehrte Fürstin Dicobella, Ihr untertänigster Diener, technische Aufsicht, Unterschrift unleserlich! …« Der Panzerwagen bebte noch einmal, erstrahlte im Blitzgewitter und wurde dann still.

»Ich werde Schlingpflanzen auf euch loslassen«, dachte Pfeffer, »den Dschungel gegen euch entfesseln! Es stürzen die Dächer! Die Pfosten zu Falle! Und Karela, die bittre Karela begrabe sie alle!«

… Und der Wald kroch immer näher, schlängelte sich die Serpentinen hinauf, erklomm den steilen Felsen – ihm voran der lila Nebel, aus dem sich Myriaden grüner Saugarme hervorstülpten, die alles umschlangen und erdrückten. Auf den Straßen öffneten sich Kloaken; Häuser stürzten in bodenlose Seen; auf den betonierten Landebahnen tauchten springende Bäume auf und behinderten den Abflug der völlig überfüllten Flugzeuge, in denen sich die Passagiere stapelten – in heillosem Durcheinander mit Kefirflaschen, Aktenkoffern und schweren Safes. Dann tat sich die Erde unter dem Felsen auf und verschluckte ihn. Das alles aber wäre so normal und alltäglich, dass sich niemand wundern würde; die Menschen bekämen lediglich einen Schrecken und nähmen die Vernichtung hin wie eine Strafe, die jeder schon lange bang erwartet hatte. Und Kraftfahrer Trumpf würde wie eine Spinne zwischen den schwankenden Häuschen herumlaufen und Rita suchen, um zu guter Letzt doch noch zu seinem Vergnügen zu kommen, aber er würde es nicht mehr schaffen …

Aus dem Panzerwagen stiegen drei Raketen auf, und eine Stimme im Kommandoton schnarrte: »Panzer von rechts, Deckung links! Besatzung, in Deckung!« Ein Stotterer äffte nach: »Weiber von links, Betten rechts! B-b-besatzung, in die B-b-betten!« Dazu erschallte lautes Gelächter und Fußstampfen, das sich weniger nach Menschen anhörte, als nach einer Herde reinrassiger Hengste, die in dem eisernen Käfig wild umhertobten und ausschlugen, um sich einen Weg ins Freie zu bahnen, zu den Stuten. Pfeffer öffnete die Wagentür und blickte hinaus. Unter ihm war Sumpf, tiefer Sumpf, und die gewaltigen Räder des Lastwagens waren in der schmutzigen Brühe bis über die Naben versunken. Das Ufer allerdings war nah.

Pfeffer kletterte auf die Ladefläche und ging ein gutes Stück, bis er das rückwärtige Ende erreicht hatte. Im undurchdringlichen Mondschatten des riesigen Gefährts polterte er bis zur Kante, kletterte darüber und stieg auf einer der vielen Leitern hinunter bis zum Wasser. Eine Zeit lang wartete er, hing über der eisigen Brühe, bis er Mut gefasst hatte. Als vom Panzerwagen erneut MG-Schüsse erschollen, kniff er die Augen zusammen und sprang. Die Brühe unter ihm gab langsam nach, sehr langsam, unendlich langsam ... Und als er schließlich festen Boden unter den Füßen spürte, war er bis zur Brust eingesunken. Er stemmte sich mit seinem ganzen Gewicht gegen die dickflüssige Brühe, stieß mit den Knien nach vorn und drückte sich mit den Handflächen ab. Anfangs kam er nicht von der Stelle, fand sich aber bald zurecht und gelangte zu seiner Verwunderung sehr schnell ans trockene Ufer.

Wie schön es jetzt wäre, auf Menschen zu stoßen, dachte Pfeffer. Einfach nur Menschen, die sauber sind, rasiert, zuvorkommend und gastfreundlich – ohne hochfliegende Gedanken und herausragende Talente, weltbewegende Ziele oder Selbsthass. Sollen sie ruhig die Hände über dem Kopf zusammenschlagen, wenn sie mich sehen. Einer wird bestimmt gleich Wasser in die Badewanne laufen lassen, ein anderer wird saubere Wäsche holen und den Teekessel aufsetzen. Solange nur niemand nach meinen Papieren fragt oder eine Autobiografie in drei Exemplaren mit zwanzig Fingerabdrücken in doppelter Ausfertigung von mir verlangt. Solange niemand ans Telefon stürzt und mit bedeutungsvollem Flüstern der zuständigen Stelle mitteilt, ein Unbekannter sei aufgetaucht, verdreckt von oben bis unten, der sich Pfeffer nenne, wobei es sich aber kaum um *den* Pfeffer handeln könne, weil der ja zum Festland abgereist sei; die Verordnung darüber sei ja bereits erlassen und werde morgen ausgehängt. Sie brauchen weder Gegner noch Anhänger von etwas zu sein, dachte Pfeffer, auch keine Antialkoholiker, solange sie nicht selber trinken. Sie müssen nicht auf der heiligen Wahrheit bestehen, wenn sie nicht lügen oder Gemeinheiten von sich geben – ob ins Gesicht oder hinter meinem Rücken. Und solange sie von anderen Menschen nicht die völlige Übereinstimmung mit bestimmten Idealen verlangen, sondern ihn so annehmen und verstehen, wie er ist … Meine Güte, verlange ich denn wirklich so viel?

Er ging bis zur Straße und trottete langsam auf die Lichter der »Verwaltung« zu. Unaufhörlich blitzten dort Scheinwerfer auf, huschten Schatten umher; vielfarbiger Rauch stieg auf. Pfeffer marschierte, und in seinen Schuhen grunzte und gluckste das Wasser. Seine Kleidung trocknete langsam an und knisterte wie Papier. Von Zeit zu Zeit lösten sich Schmutzklumpen von der Hose und fielen auf die Straße; jedes Mal dachte Pfeffer, es sei ihm die Brieftasche mit allen Papieren herausgefallen, und er fasste sich panikartig an die hintere Hosentasche. Als er beim Gerätelager ankam, durchzuckte ihn ein fürchterlicher Gedanke: Jetzt waren seine Papiere durchnässt, alle Stempel und Unterschriften zerlaufen, unleserlich geworden und damit zwangsläufig verdächtig. Er blieb stehen, schlug mit klammen Fingern die Brieftasche auf, zog alle Berechtigungsausweise, Atteste und Bescheinigungen heraus und begann sie im Licht des Mondes aufmerksam anzusehen. Es war nichts Schreckliches geschehen. Das Wasser hatte bloß eine ausführliche Bescheinigung auf Stempelpapier angegriffen; sie besagte, dass der Inhaber des Dokuments die Impfserie durchlaufen hatte und zur Arbeit an Rechenmaschinen zugelassen sei. Er steckte die Papiere in die Brieftasche zurück und legte sorgfältig jeweils einen Geldschein dazwischen. Er wollte schon weitergehen, als er sich plötzlich vorstellte, wie er auf die Hauptstraße träte; die Menschen hinter den Masken aus Karton mit den schief aufgeklebten Bärten würden ihn an den Armen packen, ihm die Augen verbinden, etwas vor die Nase halten, damit er daran roch, und befehlen: »Such! Such!« Sie würden fragen: »Haben Sie sich den Geruch gut eingeprägt, Kollege Pfeffer?«, würden ihn anstacheln: »Cherchez, dummes Vieh, cherchez!« … Rasch bog Pfeffer von der Straße ab, lief geduckt zum Gerätemagazin, tauchte in den Schatten großer, heller Kästen, blieb mit seinen Beinen in etwas Weichem hängen und fiel der Länge nach auf einen Haufen Lumpen.

Hier war es warm und trocken. Die rauen Wände der großen Kisten fühlten sich heiß an. Zuerst freute er sich darüber, dann stutzte er. Ringsum war es still, aber er erinnerte sich noch an die Geschichte von den Maschinen, die selbstständig aus ihren Behältern krochen. Ihm wurde klar, dass sich in diesen Kisten ein anderes Leben abspielte, aber er erschrak nicht – im Gegenteil, er fühlte sich sicher. Er setzte sich bequem hin, zog die nassen Schuhe aus, streifte die Socken ab und rieb die Füße mit den Lumpen trocken. Es war so warm und gemütlich, und er fühlte sich so wohl, dass er dachte: Seltsam, bin ich hier wirklich allein? Ist bisher niemandem eingefallen, dass es viel besser ist, hier zu sitzen als mit verbundenen Augen über das Feld zu kriechen oder im stinkenden Morast zu versinken? Er lehnte sich mit dem Rücken an das warme Furnierholz und hätte schnurren mögen. Über seinem Kopf gab es einen schmalen Spalt, durch den er undeutlich ein paar Sterne sah und einen schmalen Streifen Himmel, der vom Mond hell erleuchtet war. Von irgendwoher drang dumpfes Getöse, Krachen und Motorengeheul, aber das ging ihn alles nichts an.

Es wäre schön, wenn ich für immer hierbleiben könnte, dachte er. Wenn es schon unmöglich ist, aufs Festland zurückzugelangen, bleibe ich eben hier. Maschinen, Maschinen! Wir sind doch alle Maschinen. Nur dass wir defekt sind oder schlecht repariert …

… Viele sind der Meinung, dass sich Mensch und Maschine niemals werden verständigen können. Und, meine Herren, seien wir ehrlich: Der Direktor denkt auch so. Genauso wie Claudius Octavian Heymbacken. Was ist denn schon eine Maschine? Ein unbeseelter Mechanismus, der nur über eine beschränkte Gefühlsskala verfügt und nicht klüger sein kann als der Mensch. Er besitzt keine Eiweißstruktur, das Leben kann nicht auf physikalische oder chemische Prozesse zurückgeführt werden, ebenso wenig der Verstand … In dem Augenblick bestieg der intellektuelle Lyriker die Bühne. Er hatte ein mächtiges Doppelkinn, trug eine Fliege, zerrte unbarmherzig an seinem gestärkten Chemisett und rief schluchzend aus: »Ich kann nicht … Ich will nicht … Das rosige Kind, das mit der kleinen Klapper spielt … Trauerweiden, die sich über den Teich neigen … Kleine Mädchen in weißen Schürzchen … Sie lesen Gedichte … Sie weinen … weinen! … Über die herrlichen Zeilen des Dichters … Ich möchte nicht, dass elektronisches Eisen diese Augen auslöscht … diese Lippen … diese jungen, zarten Brüste … Nein, die Maschine wird nicht klüger sein als der Mensch! Weil ich … weil wir … Wir wollen das nicht! Es wird nicht! Niemals! Niemals!!!« Man streckte ihm Gläser mit Wasser entgegen, und vierhundert Kilometer über seinen verschneiten Locken zog ein Kampfsatellit mit atomarer Ladung seine Bahn, lautlos, wachsam und unerträglich hell glänzend …

Ich will das auch nicht, dachte Pfeffer, aber warum muss er sich so dumm anstellen? Natürlich kann man eine Aktion zur Abwehr des Winters starten, sich mit Fliegenpilzen vollstopfen und allerlei faulen Zauber fabrizieren, kann Schellen schlagen und Beschwörungen ausrufen – all das kann man tun, aber es wäre besser, sich einen Winterpelz zu nähen und Filzstiefel zu kaufen … Übrigens, was der grauhaarige Beschützer zarter Brüste auch immer von seiner Tribüne ruft – nachher geht er zu seiner Geliebten, stiehlt ihr das Nähmaschinenöl aus dem Futteral, schleicht sich zu einem der elektronischen Kolosse und ölt dessen Ritzel, schaut immer wieder devot auf die Zifferblätter und kichert ehrfürchtig, wenn ihn ein Stromschlag erwischt. Oh Gott, bewahre uns vor diesen blöden, grauhaarigen Dummköpfen. Aber vor den klugen Dummköpfen, die sich hinter Kartonmasken verstecken, bewahre uns bitte auch …

»Ich glaube, das kommt von deinen Träumen«, hörte Pfeffer plötzlich einen gutmütigen Bass irgendwo über sich sagen. »Ich kenne das selbst. Träume hinterlassen manchmal ein ziemlich unangenehmes Gefühl. Manchmal ist man sogar wie gelähmt. Du kannst dich nicht rühren, nicht arbeiten. Aber dann geht es wieder vorbei. Du solltest jetzt ein bisschen arbeiten. Warum auch nicht? Dann wird sich alles in Wohlgefallen auflösen.«

»Aber ich kann doch nicht arbeiten«, widersprach ein schwaches, kapriziöses Stimmchen. »Es ödet mich an. Immer ein und dasselbe: Eisen, Plastik, Beton, Menschen. Ich habe es satt bis obenhin. Es macht mir keinen Spaß mehr. Die Welt ist so schön und abwechslungsreich, und ich sitze bloß auf einem Fleck und sterbe vor Langeweile.«

»Dann such dir halt was anderes«, krächzte ein zänkischer alter Mann dazwischen.

»Das ist leichter gesagt als getan! Ich habe mir gerade was anderes gesucht, und trotzdem fehlt mir was. Und wie schwer war es wegzugehen!«

»Das mag alles sein«, meinte der besonnene Bass. »Aber was willst du eigentlich? Ich verstehe das nicht. Was kann man außer seiner Arbeit denn sonst noch wollen?«

»Dass Sie das nicht verstehen! Ich möchte leben, in vollen Zügen, immer etwas Neues sehen und neue Eindrücke bekommen. Hier ist es doch immer ein und dasselbe …«

»Aufhören!«, schnarrte eine Stimme. »Alles Geschwätz! Immer ein und dasselbe ist gut! Standvisier! Klar? Wiederholen!«

»Ach, scheren Sie sich mit Ihren Kommandos doch …«

Zweifellos unterhielten sich da die Maschinen. Pfeffer konnte sie weder sehen noch hatte er eine Vorstellung davon, wie sie aussahen. Es war, als hätte er sich unter der Ladentheke eines Spielwarengeschäfts versteckt und hörte, wie die Spielzeuge miteinander sprachen. Es waren vertraute Spielzeuge; er kannte sie seit seiner Kindheit, aber sie waren riesig und machten ihm Angst. Das schwache hysterische Stimmchen gehörte bestimmt der fünf Meter großen Puppe Hanna. Sie trug ein buntes Tüllkleid und hatte ein starres Gesicht mit rosigen Pausbacken und verdrehten Augen, dicke, seltsam gespreizte Arme und Beine mit aufgeklebten Zehen. Und der Bass war Pu der Bär – gutmütig, mit gläsernen Knopfaugen und einem zottigen braunen Fell. Er war mit Sägespänen ausgestopft und so groß, dass er kaum in eine Kiste passte. Auch in den anderen Kisten steckten Spielzeuge, aber Pfeffer wusste noch nicht, welche.

»Ich finde, du solltest trotzdem arbeiten«, brummte Pu der Bär. »Vergiss nicht, mein Schätzchen, dass es hier viele andere gibt, denen es wesentlich schlechter geht als dir. Unser Gärtner zum Beispiel. Er würde sehr gerne arbeiten. Aber stattdessen sitzt er hier und muss Tag und Nacht nachdenken, weil er seinen Aktionsplan noch nicht fertig ausgearbeitet hat. Aber niemand hat ihn bisher klagen hören. Eine eintönige Arbeit ist auch eine Arbeit. Ein eintöniges Vergnügen ist auch ein Vergnügen. Und es ist noch lange kein Grund, vom Sterben oder so etwas zu sprechen.«

»Ach, bei euch soll sich einer auskennen«, sagte die Puppe Hanna. »Mal sollen die Träume an allem schuld sein, mal was anderes. Ich habe Vorahnungen und finde keinen Platz, wo ich hingehöre. Ich weiß, es wird eine schreckliche Explosion geben, ich werde in winzige Splitter zerplatzen und mich in Dampf auflösen. Ich weiß es, ich habe es gesehen …«

»Aufhören!«, donnerte die schnarrende Stimme. »Ich dulde das nicht! Was wissen Sie schon von Explosionen? Sie können mit beliebiger Geschwindigkeit in einem beliebigen Winkel zum Horizont laufen – und wer es auf Sie abgesehen hat, wird Sie erwischen, die Entfernung spielt da gar keine Rolle. Aber habe ich es vielleicht auf Sie abgesehen, he? Das wird hier niemand behaupten, und wenn es jemand behaupten wollte, käme er nicht mehr dazu. Ich weiß, wovon ich spreche. Klar? Wiederholen!«

In seiner Rede lag ebenso viel Dummheit wie Überheblichkeit, und wahrscheinlich war es der große Aufziehpanzer, der so sprach. Mit derselben dummen Überheblichkeit versuchte er auf seinen Raupenketten aus Gummi den Schuh zu überrollen, den man ihm in den Weg gestellt hatte.

»Ich weiß nicht, was Sie meinen«, sagte die Puppe Hanna. »Selbst wenn ich hierhergelaufen bin, zu den Einzigen, die mir nahestehen, bedeutet das noch lange nicht, dass ich vorhabe, aus irgendeiner Lust heraus in irgendeinem Winkel zum Horizont zu laufen. Überhaupt: Ich habe gar nicht mit Ihnen gesprochen … Und was meine Arbeit angeht, so bin ich nicht krank, sondern ganz normal, und ich brauche mein Vergnügen wie jeder andere auch. Aber hier gibt es weder echte Arbeit noch echtes Vergnügen. Ich warte immer noch auf das, was für mich das Richtige ist, aber es kommt und kommt nicht. Und ich habe keine Ahnung, woran das liegt. Wenn ich anfange, darüber nachzudenken, fallen mir nur dumme Sachen ein …«, schluchzte sie.

»Schon gut, schon gut …«, versuchte Pu der Bär sie zu beruhigen. »Im Allgemeinen stimmt das ja … natürlich … nur … hm …«

»Aber es ist doch so«, schaltete sich eine neue Stimme ein. Sie klang hell und fröhlich. »Das Mädchen hat Recht. Hier gibt es gar keine echte Arbeit …«

»Echte Arbeit, echte Arbeit!«, krächzte der Alte giftig. »Schaut euch doch mal um! Hier gibt es ganze Bergwerke voll echter Arbeit. Ein Dorado! König Salomons Minen! Und diese Leute? Sie gehen einfach um mich herum mit ihren kranken Innereien, ihren Sarkomen und prachtvollen Fisteln, ihren appetitlich entzündeten Mandeln und Magenschleimhäuten, und nicht zuletzt mit ihrer zwar gewöhnlichen, aber sehr attraktiven Karies! Lasst uns offen sprechen: Sie stören, sie lassen einen einfach nicht arbeiten. Ich weiß auch nicht, woran das liegt. Vielleicht verbreiten sie einen besonderen Geruch oder geben eine bestimmte Strahlung ab – ich auf jeden Fall werde schizophren, wenn sie in meiner Nähe sind. Ich teile mich entzwei. Die eine Hälfte sucht den Genuss, möchte das Süße, Notwendige, Ersehnte tun; die andere Hälfte verfällt in dumpfe Depression und verdirbt alles, indem sie unaufhörlich fragt: Lohnt sich das, wozu das alles, ist das moralisch? … Und ihr? Ja, von euch spreche ich. Was tut ihr, arbeitet ihr?«

»Ich?«, fragte Pu der Bär. »Aber natürlich! Was sonst? Ich wundere mich, dass auch Sie so sprechen. Das habe ich nicht erwartet. Also, ich beende gerade den Entwurf eines Hubschraubers und dann … Ich habe ja schon erzählt, dass ich eine herrliche Zugmaschine erfunden habe, das war eine wunderbare Arbeit, ein echter Genuss … Glauben Sie mir: Sie brauchen nicht daran zu zweifeln, dass ich arbeite.«

»Daran zweifle ich auch nicht«, krächzte der Alte, der einen schwarzen Plüschumhang mit Goldflitter trug; er war nicht Kobold und nicht Sterndeuter – ein widerliches greises Männlein war er. »Dann sagen Sie mir doch bitte, wo diese Zugmaschine ist?«

»Hm … Ich verstehe nicht recht. Woher soll ich das wissen? Und was geht es mich an? Im Moment interessiert mich nur der Hubschrauber …«

»Genau darum geht es!«, rief der Sterndeuter. »Sie sagen nämlich bei allen Dingen, dass sie Sie nichts angehen. Sie sind mit allem zufrieden, und niemand stört Sie. Man hilft Ihnen sogar! Sie haben also eine Zugmaschine erfunden und waren vor Freude ganz aus dem Häuschen. Dann aber haben die Menschen sie Ihnen weggenommen, damit Sie sich nicht mit Kleinigkeiten aufhalten. Jetzt fragen Sie mal den da, ob ihm die Menschen auch helfen oder nicht …«

»Mir?«, heulte der Panzer auf. »Alles Scheiße! Aufhören! Wenn sich mal jemand auf das Übungsgelände begibt, um sich aufzuwärmen, zu spielen und ein bisschen Spaß zu haben, das Ziel in die azimutale oder vertikale Gabel zu nehmen, dann machen sie ein Theater und Gezeter, dass einem ganz schlecht wird. Da würde doch jeder durchdrehen. Aber habe ich gesagt, dass ich jeder bin? Nein! Darauf könnt ihr lange warten. Klar? Wiederholen!«

»Ich auch, ich auch!«, flüsterte die Puppe Hanna. »Wie oft habe ich mich schon gefragt, wieso es sie überhaupt gibt. Alles auf der Welt hat einen Sinn, nicht wahr? Aber sie haben keinen, glaube ich. Vielleicht gibt es sie auch gar nicht, und sie sind einfach nur Halluzinationen. Denn sobald du versuchst, sie zu analysieren, ihnen aus dem unteren, dem oberen oder dem mittleren Teil eine Probe zu entnehmen, stößt du entweder auf eine Wand, läufst daran vorbei oder schläfst plötzlich ein …«

»Es gibt sie ohne jeden Zweifel – Sie dumme, hysterische Person«, schimpfte der Astrologe. »Die Menschen haben eine Mitte, ein Ober- und ein Unterteil, und all das steckt voller Krankheiten. Ich kenne nichts, was mich mehr entzückt; kein anderes Wesen enthält so viele lustversprechende Glieder wie der Mensch. Was verstehen Sie schon vom Sinn seiner Existenz?«

»Hören Sie auf! Warum denn so kompliziert?«, rief die helle, fröhliche Stimme. »Die Menschen sind ganz einfach schön. Es ist ein Genuss, sie anzuschauen. Nicht immer natürlich, aber stellen Sie sich einen Garten vor, einen wunderschönen Garten. Ohne Menschen ist er unvollkommen und unfertig. Wenigstens eine Art von Menschen sollte ihn beleben. Meinetwegen die kleinen Menschen mit den nackten Gliedmaßen, die nie gehen, sondern immer herumlaufen und Steine werfen ... oder die etwas größeren, die immer Blumen pflücken ... Ist nicht so wichtig. Es können sogar die zottigen Menschen sein, die immer auf vier Beinen herumlaufen. Ein Garten ohne sie ist kein Garten ...«

»Man möchte schreien, wenn man diesen Quatsch hört«, schnarrte der Panzer. »Was für ein Unsinn! Gärten beeinträchtigen bloß die Sicht, und was die Menschen angeht: Sie stören immer und ohne Ausnahme. Es ist unmöglich, etwas Gutes über sie zu sagen. Und man sollte auf jeden Fall eine ausgiebige Salve auf ein Gebäude abfeuern, in dem sich Menschen befinden – und dann verliert man die Lust an der Arbeit, wird schläfrig ... Bis jetzt ist noch jeder danach eingeschlafen. Ich spreche natürlich nicht von mir, aber wenn jemand so etwas über mich erzählte – würden Sie ihm widersprechen?«

»Ich weiß gar nicht, warum ihr in letzter Zeit so viel über die Menschen redet«, sagte Pu der Bär. »Das Gespräch kann anfangen, wie es will – am Ende landet ihr doch wieder bei den Menschen.«

»Warum denn nicht?«, erboste sich sogleich der Astrologe. »Was geht Sie das an, Sie Opportunist, Sie! Wenn wir Lust haben, uns zu unterhalten, dann tun wir das. Bei Ihnen werden wir jedenfalls nicht um Erlaubnis bitten.«

»Bitte, bitte, wenn ihr wollt ...«, sagte Pu der Bär traurig. »Früher haben wir einfach mehr über Lebendiges gesprochen, über das, was Spaß macht, über unsere Pläne. Und jetzt fällt mir auf, dass die Menschen in unseren Gesprächen und damit auch in unseren Gedanken einen immer größeren Raum einnehmen …«

Alle schwiegen. Pfeffer versuchte, sich möglichst geräuschlos umzudrehen, rollte sich auf die Seite und zog die Beine an den Körper. Pu der Bär hatte Unrecht. Sollten sie nur über die Menschen sprechen, am besten möglichst viel. Denn offenbar wussten sie wenig von den Menschen, und es war interessant, was sie sagten. Kindermund tut Wahrheit kund, sagt man. Und wenn die Menschen über sich selbst sprechen, schneiden sie entweder auf oder gestehen Fehler ein. Ich habe es satt …

»Ihr seid ziemlich einfältig in euren Ansichten«, sagte der Astrologe. »Nehmen wir zum Beispiel unsere Gärtner. Ich bin, glauben Sie mir, objektiv genug, um die Kollegen zu verstehen. Sie lieben es, Gärten und Parks anzulegen. Wunderbar. Kann ich verstehen. Aber was, bitteschön, haben die Menschen damit zu tun? Was tun sie anderes, als an den Bäumen das Bein zu heben, oder sonst wie ihr Geschäft zu machen? Ich sehe da einen ungesunden Ästhetizismus. Es ist, als wollte man eine Mandeloperation durchführen und würde – damit es noch mehr Spaß macht – darauf bestehen, dass der Patient in ein farbiges Tuch gewickelt wird …«

»Sie sind einfach von Natur aus ziemlich trocken«, merkte der Gärtner an, aber der Astrologe überhörte es.

»Oder Sie, zum Beispiel«, fuhr er fort. »Sie schießen dauernd mit Bomben und Raketen herum, berechnen Zielkorrekturen und spielen mit dem Zielfernrohr. Und es ist Ihnen ziemlich egal, ob sich in einem Gebäude Menschen befinden oder nicht. Sie könnten also ruhig mal an Ihre Kameraden denken – an mich beispielsweise. Wunden vernähen!«, sagte er verträumt. »Sie können sich nicht vorstellen, was es bedeutet, eine schöne, aufgerissene Wunde am Bauch zu nähen …«

»Schon wieder redet ihr über die Menschen«, sagte Pu der Bär betrübt. »Das ist schon der siebte Abend, dass wir pausenlos über sie sprechen. So merkwürdig es ist – mich beschleicht allmählich das Gefühl, dass es zwischen euch und den Menschen schon eine recht stabile Beziehung gibt. Was das für eine Beziehung ist, weiß ich noch nicht – von Ihnen, Doktor, einmal abgesehen. Für Sie scheinen die Menschen ja eine unerschöpfliche Quelle des Genusses zu sein … Überhaupt finde ich das alles ziemlich idiotisch. Es wird Zeit, dass …«

»Aufhören!«, knurrte der Panzer. »Der Zeitpunkt ist noch nicht gekommen.«

»W-was …?«, fragte Pu der Bär verständnislos.

»Der Zeitpunkt ist noch nicht gekommen, sage ich«, wiederholte der Panzer. »Manche sind nicht in der Lage, den Zeitpunkt zu bestimmen; andere – ich werde hier keine Namen nennen – wissen nicht einmal, dass dieser Zeitpunkt kommen muss; wiederum andere wissen ganz genau, dass der Zeitpunkt kommen wird, an dem man auf die Menschen, die sich innerhalb der Anlage befinden, schießen kann, ja, schießen muss! Und wer nicht schießt, der ist ein Feind! Ein Verbrecher! Man muss ihn vernichten! Klar? Wiederholen!«

»Ja, mir schwant Ähnliches«, sagte der Astrologe mit unerwartet weicher Stimme. »Zerfetzte Wunden … Gasbrand … Radioaktive Verbrennungen dritten Grades …«

»Lauter Hirngespinste«, seufzte die Puppe Hanna. »Ach, diese Sehnsucht! Diese Traurigkeit!«

»Wenn ihr schon nicht aufhören könnt, über die Menschen zu sprechen«, sagte Pu der Bär, »dann lasst uns wenigstens klären, welches Verhältnis ihr zu ihnen habt. Versuchen wir, logisch …«

»Eins von beiden«, sagte eine neue Stimme, die ebenso gemessen wie gelangweilt klang. »Sofern die eben erwähnte Beziehung existiert, sind entweder wir dominant oder sie.«

»Unsinn«, sagte der Astrologe. »Was soll dieses ›oder‹? Natürlich sind wir dominant.«

»Was bedeutet denn ›dominant‹?«, fragte die Puppe Hanna unglücklich.

»Im gegebenen Kontext bedeutet dominant prävalent«, erklärte die gelangweilte Stimme. »Und was die Fragestellung als solche angeht, so ist sie nicht unsinnig, sondern korrekt, sofern wir logisch vorgehen wollen.«

Eine Pause trat ein. Alle warteten offensichtlich auf die Fortsetzung. Schließlich hielt es Pu der Bär nicht länger aus und fragte: »Und weiter?«

»Mir ist noch nicht klar, ob Sie die Absicht haben logisch vorzugehen«, sagte die gelangweilte Stimme.

»Doch, doch, das wollen wir«, riefen die Maschinen laut durcheinander.

»Wenn wir das Vorhandensein dieser Beziehung als Axiom betrachten, so sind entweder sie für uns da oder wir für sie. Gesetzt den Fall, dass sie für uns da sind, uns aber daran hindern, in Übereinstimmung mit den Gesetzen unserer Natur zu handeln, müssen wir sie wie ein gewöhnliches Hindernis beseitigen. Wenn aber wir für sie da sind und uns diese Situation nicht befriedigt, müssen wir sie ebenfalls beseitigen – wie alles, was einen unbefriedigenden Zustand verursacht. Mehr kann ich zum Gegenstand eures Gesprächs nicht beitragen.«

Alle schwiegen. Kein Wort wurde mehr gesprochen. In den Kisten polterte, knarrte und schepperte es, als legten sich die riesigen Spielzeuge nun ermattet von den Gesprächen schlafen. Man spürte eine gewisse Verlegenheit. Es war, als hätten sie ihrer Zunge allzu freien Lauf gelassen und, um möglichst geistreich zu wirken, weder Mutter noch Vater geschont. Und jetzt fühlten plötzlich alle, dass sie mit ihrem Geschwätz zu weit gegangen waren. »Die Feuchtigkeit nimmt zu«, krächzte der Sternendeuter halblaut. »Das merke ich schon lange«, piepste die Puppe Hanna. »Die neuen Ziffern sind so angenehm ...« – »Warum funktioniert meine Versorgung nicht?«, brummte Pu der Bär. »Gärtner, haben Sie zufällig einen Reserveakku mit zweiundzwanzig Volt?« – »Ich habe gar nichts«, brummte der Gärtner.

Plötzlich knisterte es, als risse man Furnier von einer Holzplatte. Dann hörte Pfeffer das laute Pfeifen einer Maschine und sah, wie sich in dem engen Spalt über seinem Kopf etwas Glänzendes hin und her bewegte. Ihm schien, als spähte jemand zu ihm hinunter in das Dunkel, und er fühlte, wie ihm vor Angst der kalte Schweiß ausbrach. Er stand auf, schlich auf Zehenspitzen hinaus ins Mondlicht und rannte los, zum Weg. Er rannte so schnell er konnte, und wurde doch das Gefühl nicht los, dass ihm Heerscharen von seltsamen, irren Augen hinterherblickten und beobachteten, wie klein, erbärmlich und hilflos er auf dem offenen, ungeschützten Feld herumlief. Sie würden es komisch finden, dass sein Schatten so viel größer war als er selbst, und darüber lachen, dass er in seinem Schrecken vergessen hatte, die Schuhe anzuziehen, und jetzt Angst hatte, sie sich zu holen.

Er lief an einer Brücke, die über einen Graben führte, vorbei und entdeckte vor sich schon die ersten Häuser der »Verwaltung«. Allmählich ging ihm der Atem aus, die nackten Zehen schmerzten furchtbar, und er wollte gerade stehen bleiben, als er durch sein lautes Atmen hindurch plötzlich das Getrappel von Füßen hörte. Wieder ergriff ihn die Angst, und er rannte mit letzter Kraft weiter, ohne den Boden unter sich zu spüren. Sein Körper war gefühllos, die Spucke dick und klebrig. Sein Denken hatte ausgesetzt. Der Mond rannte neben ihm her über das Feld, das Getrappel kam näher. Das war das Ende ... Jetzt hatte ihn das Getrappel erreicht, und eine große weiße Gestalt, heiß wie ein dampfendes Pferd, tauchte neben ihm auf, verdeckte für einen kurzen Moment den Mond und stürmte vorbei; ihre langen, nackten Beine bewegten sich in rasender Geschwindigkeit durch die Luft. Die Gestalt entfernte sich langsam, und Pfeffer erkannte, dass es ein Mann gewesen war: Er trug ein Fußballtrikot mit der Nummer vierzehn und weiße Shorts mit einem dunklen Streifen an der Seite. Pfeffer bekam noch mehr Angst. Das Getrappel hinter seinem Rücken war nicht verstummt. Er hörte, wie sie stöhnten und vor Schmerz laut aufschrien. Sie laufen!, dachte er fast hysterisch. Alle laufen sie! Es geht los! Sie laufen, aber viel zu spät, viel zu spät! …

Zu beiden Seiten entlang der Hauptstraße erkannte Pfeffer die Umrisse der kleinen Wohnhäuser, sah in die erstarrten Gesichter von Menschen, die ihn anblickten. Er versuchte, mit der rasend schnellen Nummer vierzehn Schritt zu halten, weil er nicht wusste, wohin er laufen sollte und wo die Rettung lag. Vielleicht hatten sie schon begonnen, Waffen auszugeben, und er wusste nur nicht, wo. Ich darf jetzt nicht abseits stehen, ich muss wissen, was los ist; die dort in ihren Kisten mögen auf ihre Weise sogar Recht haben, und trotzdem sind sie meine Feinde …

Er rannte direkt auf die Menge zu, und die Menge teilte sich. Vor seinen Augen tauchte eine kleine, quadratische Flagge mit Schachbrettmuster auf, Beifall und Rufe wurden laut. Ein Bekannter lief neben ihm her und redete auf ihn ein: »Nicht stehen bleiben, nicht stehen bleiben, Pfeffer … Atmen Sie durch den Mund … tiefer, tiefer, nicht stehen bleiben …« Kurz darauf blieb er stehen. Menschen umringten ihn, warfen ihm einen seidenen Umhang über die Schultern. Der Lautsprecher dröhnte: »Als Zweiter kam Pfeffer aus der Gruppe für Wissenschaftlichen Schutz durchs Ziel. Seine Zeit: sieben Minuten und zwölf Komma drei Sekunden … Achtung! Der Dritte nähert sich dem Ziel!«

Pfeffer erkannte plötzlich seinen Bekannten. Es war der Prokonsul. »Ein toller Bursche sind Sie, Pfeffer«, sagte er. »Das hätte ich nicht gedacht. Als man am Start Ihren Namen durchgab, musste ich laut lachen. Aber jetzt weiß ich, dass wir Sie unbedingt in die Basisgruppe aufnehmen müssen. Ruhen

Sie sich jetzt aus, und kommen Sie morgen gegen zwölf Uhr ins Stadion. Wir müssen die Sturmbahn überwinden. Ich lasse Sie für die Schlosserwerkstätten antreten ... Keine Widerrede, mit Kim werde ich das schon regeln.« Pfeffer blickte sich um. Ringsum sah er ebenso viele bekannte Gesichter wie unbekannte, die hinter Kartonmasken verborgen waren. Nicht weit von ihm entfernt warf man den Mann mit der Nummer vierzehn, der als Erster durchs Ziel gelaufen war, in die Luft und fing ihn wieder auf. Er schien bis hinauf zum Mond zu fliegen, kerzengerade wie ein Balken. An die Brust presste er einen großen glänzenden Pokal. Quer über die Straße hing ein Banner mit der Aufschrift »ZIEL«. Und unter dem Banner stand Claudius Octavian Heymbacken. Er trug einen strengen schwarzen Mantel und blickte auf die Stoppuhr. Auf seiner Armbinde stand »Hpt. Kampfrichter«. »Wären Sie in Wettkampfkleidung gelaufen«, brummte der Prokonsul, »könnte man Ihnen die Zeit offiziell anrechnen.« Pfeffer schob ihn mit dem Ellbogen zur Seite und taumelte mit weichen Knien durch die Menschenmenge.

»Lieber Sport treiben als zu Hause sitzen und vor Angst schwitzen«, war in der Menge zu hören.

»Genau dasselbe habe ich eben Heymbacken erzählt. Aber es geht hier nicht um Angst. Da irren Sie sich. Man müsste einfach Ordnung in dieses Herumgerenne der Suchgruppen bringen. Wenn sie sowieso herumrennen, sollte es wenigstens von Nutzen sein ...«

»Und wer hat das ausgeheckt? Heymbacken! Der bringt seine Schäfchen ins Trockene. Das kann er wie kein anderer! ...«

»Trotzdem ist es unsinnig, dass sie in Unterhosen herumlaufen. Es ist eine Sache, in Unterhosen seine Pflicht zu erfüllen. Sogar ehrenhaft. Aber in Unterhosen Wettrennen zu veranstalten, ist meiner Ansicht nach ein typischer Organisationsfehler. Ich werde darüber berichten ...«

Pfeffer ließ die Menge hinter sich und schleppte sich dann die leere Straße entlang. Ihm war übel, die Brust schmerzte, und er stellte sich vor, wie die Spielzeuge in ihren Kisten jetzt die eisernen Hälse reckten und verwundert auf die Straße blickten – auf die Menschen, die in Unterhosen dastanden und schwarze Augenbinden trugen. Sie würden sich krampfhaft bemühen, die Verbindung zwischen sich und dem Tun dieser Menschen zu begreifen, aber nicht in der Lage dazu sein, und so würde die Quelle ihrer Geduld ganz langsam und allmählich versiegen.

In Kims Häuschen war es dunkel. Ein Säugling weinte.

Der Hoteleingang war mit Brettern vernagelt. Die Fenster waren dunkel. Drinnen ging jemand mit einer Blendlaterne herum, und aus einem Fenster im ersten Stock blickten vorsichtig bleiche Gesichter auf die Straße. Aus der Türöffnung zur Bibliothek ragte ein langes Kanonenrohr mit einer mächtigen Mündungsbremse hervor. Auf der gegenüberliegenden Straßenseite brannte ein Schuppen. Im roten Widerschein des Feuers sah man Menschen herumlaufen, die Kartonmasken trugen; in den Händen hielten sie Minensuchgeräte.

Pfeffer war auf dem Weg zum Park, als aus einer dunklen Gasse eine Frau auf ihn zutrat, ihn bei der Hand nahm und schweigend mit sich fortzog. Pfeffer wehrte sich nicht, ihm war alles gleich. Die Frau trug schwarze Kleidung, ihre Hand war sanft und warm, und in der Dunkelheit sah Pfeffer ihr weißes Gesicht leuchten. Es war Alewtina. Hat sie es also doch noch geschafft, dachte er, ohne sich seiner aufkeimenden unanständigen Gedanken zu schämen. Was ist auch dabei? Sie hat ja darauf gewartet. Ich weiß zwar nicht, was sie an mir findet, aber sie hat auf mich und keinen anderen gewartet …

Sie gingen ins Haus. Alewtina machte Licht und sagte: »Ich warte schon sehr lange hier auf dich.«

»Ich weiß«, sagte er.

»Und warum bist du immer vorbeigegangen?«

Ja, warum eigentlich, dachte er bei sich. Wahrscheinlich, weil mir alles gleich war.

»Mir war alles gleich«, gab er zur Antwort.

»Schon gut, das ist jetzt nicht so wichtig«, sagte sie. »Setz dich. Ich mache dir etwas zu essen.«

Er setzte sich auf die Stuhlkante, stützte die Arme auf die Knie und sah Alewtina zu, wie sie den schwarzen Schal vom Hals wickelte und an den Haken hängte; sie war weiß, rund und warm. Dann ging sie nach hinten, und bald hörte Pfeffer den Durchlauferhitzer summen, einlaufendes Wasser plätschern und spürte, wie seine Füße anfingen zu schmerzen. Er zog ein Bein an und besah sich die nackte Sohle. Die Zehenballen waren aufgerissen und blutig. Das Blut hatte sich an vielen Stellen mit Staub vermengt und war in schwarzen Krusten angetrocknet. Er stellte sich vor, wie er seine Füße ins heiße Wasser tauchte … Anfangs würde es sehr wehtun, dann aber würde der Schmerz vergehen und er langsam zur Ruhe kommen. Heute werde ich in der Badewanne schlafen, dachte er. Und sie kann ruhig kommen und heißes Wasser nachfüllen.

»Komm«, rief Alewtina.

Mühsam stand Pfeffer auf. Alle Knochen knirschten und taten ihm weh. Er humpelte über einen rotbraunen Teppich zu der Tür, die in den Gang führte, und von dort über einen schwarz-weißen Teppich bis zum Badezimmer, dessen Tür bereits weit offen stand. Geschäftig summte die blaue Flamme im Durchlauferhitzer, die Kacheln blitzten, und Alewtina stand über die Wanne gebeugt da und schüttete Pulver ins Wasser. Während er seine vor Schmutz starre Wäsche auszog, rührte sie das Wasser auf. Die Schaumdecke war weiß wie Schnee, wurde immer dicker und ragte schon über den Wannenrand hinaus. Pfeffer tauchte in den Schaum ein, schloss die Augen vor Wonne und vor Schmerz, der in seinen Beinen zu toben begann. Alewtina setzte sich an den Wannenrand und lächelte ihn zärtlich an. Sie war so lieb, so gastfreundlich, und kein Wort über Ausweispapiere …

Sie wusch ihm die Haare; er spuckte, prustete und fühlte zugleich, dass ihre Hände genauso kräftig und geschickt waren wie die seiner Mutter. Sicher würde sie auch so gut kochen wie sie. Dann fragte Alewtina: »Soll ich dir den Rücken waschen?« Er schlug sich mit der Hand gegen das Ohr, damit Wasser und Seife daraus abliefen, und sagte: »Aber ja, gerne!« Sie rieb ihm den Rücken mit einem groben Bastwisch ab und drehte die Dusche an.

»Warte«, sagte er. »Ich möchte noch eine Weile so liegen bleiben. Ich lasse nur eben frisches Wasser einlaufen. Komm, setz dich zu mir. Bitte.«

Sie drehte die Dusche ab, ging hinaus und kam mit einem Hocker zurück.

»Das ist gut!«, seufzte er. »Weißt du, ich habe mich hier noch nie so wohlgefühlt.«

»Siehst du«, sagte sie und lächelte. »Und du hast nie gewollt.«

»Woher hätte ich das alles wissen sollen?«

»Warum musst du denn unbedingt alles vorher wissen? Du hättest es einfach versuchen können. Was hattest du denn zu verlieren? Oder bist du verheiratet?«

»Ich weiß nicht«, sagte er. »Ich glaube, jetzt nicht mehr.«

»Das habe ich mir gedacht. Du hast sie sehr geliebt, nicht wahr? Wie war sie denn?«

»Wie sie war? … Sie hatte vor nichts Angst. Und sie hatte ein gutes Herz. Wir haben zusammen vom Wald geträumt.«

»Von welchem Wald?«

»Wie – von welchem? Es gibt nur den einen.«

»Unseren meinst du?«

»Er ist nicht unser Wald. Er ist einfach nur da – für sich, verstehst du? Aber wer weiß, vielleicht ist er ja doch der unsere. Obwohl ich mir das eigentlich schwer vorstellen kann.«

»Ich war noch nie im Wald«, sagte Alewtina. »Dort soll es schrecklich sein.«

»Das Unfassbare ist immer schrecklich. Es wäre gut, das zu lernen, das heißt, das Unfassbare nicht zu fürchten. Dann wäre alles einfach.«

»Ich finde, man sollte aufhören zu fantasieren«, sagte sie. »Je weniger man sich auf der Welt zusammenfantasiert, desto weniger Unfassbares wird es geben. Und du, Pfeffer, fantasierst die ganze Zeit.«

»Und der Wald?«, erinnerte er sie.

»Und was? Ich war nie dort, aber ich glaube nicht, dass ich den Kopf verlöre, wenn ich dorthin käme. Wo ein Wald ist, da gibt es Pfade. Und wo Pfade sind, sind auch Menschen, und mit Menschen kann man sich immer verständigen.«

»Und wenn es keine Menschen sind?«

»Wenn es keine Menschen sind, hat man dort nichts verloren. Man muss sich an die Menschen halten, die lassen einen nicht im Stich.«

»Nein«, sagte Pfeffer. »So einfach ist es nicht. Gerade von den Menschen fühle ich mich im Stich gelassen. Bei den Menschen kenne ich mich überhaupt nicht aus.«

»Und was verstehst du zum Beispiel nicht bei den Menschen?«

»Ich verstehe überhaupt nichts. Deswegen habe ich ja auch angefangen, vom Wald zu träumen. Aber jetzt sehe ich, dass es im Wald auch nicht besser ist.«

Sie schüttelte den Kopf.

»Du bist wirklich noch ein Kind«, sagte sie. »Wie kannst du das nicht begreifen? Auf der Welt gibt es nichts außer Liebe, Essen und Macht. Natürlich ist das alles unentwirrbar wie ein Wollknäuel. Aber wenn du an einem Faden ziehst, kommst du ganz sicher zur Liebe, zur Macht oder zum Essen …«

»Nein«, sagte Pfeffer. »Das gefällt mir nicht.«

»Mein Lieber«, sagte sie leise. »Wer wird dich fragen, ob dir das gefällt oder nicht … Frage ich dich vielleicht: Pfeffer, was jagst du rastlos herum, was brauchst du?«

»Jetzt brauche ich gar nichts mehr, glaube ich«, erwiderte Pfeffer. »Ich sollte von hier abhauen und Archivar werden oder Restaurator. Das sind all meine Wünsche.«

Sie schüttelte wieder den Kopf.

»Glaube ich nicht. Das ist alles viel zu kompliziert. Du brauchst etwas Einfacheres.«

Er widersprach nicht. Alewtina stand auf.

»Da hast du ein Handtuch«, sagte sie. »Und hier liegt Wäsche. Komm raus, dann trinken wir Tee. Du bekommst Himbeermarmelade dazu und kannst trinken, soviel du willst. Danach legst du dich ins Bett und ruhst dich aus.«

Pfeffer ließ das Wasser ablaufen und trocknete sich mit einem großen, flauschigen Handtuch ab. Plötzlich klirrten die Scheiben. In der Ferne ertönte ein dumpfer Schlag. Ihm fiel das Gerätemagazin wieder ein. Und die dumme, hysterische Puppe Hanna. Er rief: »Was war das? Wo war das?«

»Sie haben die Maschine in die Luft gejagt«, rief Alewtina. »Keine Angst.«

»Wo war das? Wo haben sie sie gesprengt? Im Magazin?«

Alewtina schwieg. Offenbar blickte sie zum Fenster hinaus. »Nein«, sagte sie schließlich. »Warum denn im Magazin? Im Park war es … Dort raucht es noch … Und alle sind dorthin gelaufen, alle …«

10
Pfeffer

Der Wald war nicht zu sehen. Unter dem Felsen, dort, wo sich der Wald befand, lag eine dichte Wolkenbank, die sich bis zum Horizont erstreckte. Der Ausblick erinnerte an ein verschneites Eisfeld – mit Eisschollen, Schneedünen und eisfreien Stellen oder Spalten, die in bodenlose Tiefen führen mochten. Spränge man vom Felsen hinunter, so würden einen weder Erde noch warme Sümpfe oder ausgebreitete Zweige auffangen, sondern hartes, in der Morgensonne glitzerndes Eis, das mit trockenem Schnee bestäubt war. Und so würde man dort liegen bleiben: flach auf dem Rücken, unbeweglich, ein dunkler Fleck auf dem sonnenbeschienenen Eis … Beim Hinunterblicken auf die Wolken konnte man aber auch an eine frisch gewaschene, weiße Decke denken, die jemand über die Wipfel der Bäume geworfen hatte …

Pfeffer blickte sich suchend um, fand ein Steinchen, warf es von einer Hand in die andere und dachte darüber nach, was das doch trotz allem für ein schönes Plätzchen war: Es gab Steinchen, von der »Verwaltung« merkte man so gut wie nichts, ringsum standen wilde, stachelige Büsche, versengtes Gras, das noch niemand plattgewalzt hatte, und sogar ein Vöglein zwitscherte. Nur nach rechts durfte man nicht schauen. Dort hing direkt über der Schlucht eine große, fast luxuriöse Latrine mit vier Öffnungen, deren frische Farben frech in der Sonne leuchteten. Sie war zwar ziemlich weit von Pfeffer entfernt, und wenn man wollte, konnte man meinen, es sei eine Gartenlaube oder ein wissenschaftlicher Pavillon; trotzdem wäre es hier ohne sie besser gewesen.

Vielleicht hatte sich ja der Wald wegen der neuen Latrine, die man in der letzten Nacht aufgestellt hatte, mit Wolken bedeckt? Nein, kaum. Der Wald würde sich wegen so einer Kleinigkeit gewiss nicht bis zum Horizont verhüllen. Er hatte von Menschen schon Schlimmeres erlebt.

Auf jeden Fall kann ich morgens immer hierherkommen, überlegte Pfeffer. Ich werde tun, was man mir sagt. Werde auf der alten Mercedes rechnen, die Sturmbahn überwinden, mit dem Manager Schach spielen und sogar versuchen, Geschmack an Kefir zu finden. Wahrscheinlich ist es gar nicht so schwer; die anderen haben es ja auch geschafft. Abends und für die Nacht werde ich zu Alewtina gehen, Himbeermarmelade essen und in der Wanne des Direktors liegen. Wäre gar nicht schlecht, sich mit dem Handtuch des Direktors abzutrocknen, seinen Bademantel anzuziehen und die Füße in seinen Wollsocken zu wärmen. Zweimal im Monat fahre ich zur Biostation, um Gehalt und Prämie in Empfang zu nehmen – also nicht in den Wald, sondern nur zur Biostation, das heißt nein, eigentlich nur zur Kasse. Und das tue ich nicht, um den Wald wiederzusehen oder gegen ihn in den Krieg zu ziehen, sondern wegen meines Gehalts und der Prämie. Und jeden Morgen, ganz früh, werde ich hierherkommen und den Wald aus der Ferne betrachten und Steinchen hinunterwerfen – ebenfalls von weitem. Und dann wird irgendwann irgendetwas geschehen …

Das Gestrüpp hinter Pfeffers Rücken wurde auseinandergebogen, die Zweige knackten, und Pfeffer blickte sich vorsichtig um. Aber es war nicht der Direktor, sondern schon wieder Heymbacken. In den Händen hielt er eine dicke Mappe. Er blieb in einiger Entfernung stehen und musterte Pfeffer von oben bis unten. Ganz offensichtlich wusste er etwas, etwas sehr Wichtiges, eine ungewöhnliche, beunruhigende

Neuigkeit … Noch kannte niemand außer ihm diese Nachricht, aber es war klar, dass sie alles Vorherige in den Schatten stellen und nun jeder bis an seine Grenzen gefordert sein würde …

»Guten Tag«, sagte Heymbacken mit einer Verbeugung. Die Mappe hielt er gegen die Hüfte gepresst. »Guten Morgen. Haben Sie sich erholt?«

»Guten Morgen«, sagte Pfeffer. »Danke.«

»Die Feuchtigkeit beträgt heute sechsundsiebzig Prozent«, teilte Heymbacken mit. »Die Temperatur siebzehn Grad. Es herrscht Windstille. Die Bewölkung ist null.« Er kam lautlos näher, hielt dabei die Hände an die Seitennähte, beugte sich zu Pfeffer und fuhr fort: »Das W beträgt heute sechzehn …«

»Was für ein W?«, wollte Pfeffer wissen und stand auf.

»Die Anzahl der Flecken«, sagte Heymbacken schnell. Seine Augen huschten umher. »Auf der Sonne«, sagte er. »Auf der S-s-s…« Er verstummte und blickte Pfeffer durchdringend an.

»Und warum erzählen Sie mir das?«, fragte Pfeffer gereizt.

»Ich bitte um Verzeihung«, sagte Heymbacken schnell. »Es wird nicht wieder vorkommen. Also nur die Feuchtigkeit, die Bewölkung … hm … der Wind und … Auf die Angaben über die Konstellationen wollen Sie auch verzichten?«

»Hören Sie«, sagte Pfeffer finster. »Was wollen Sie eigentlich von mir?«

Heymbacken trat zwei Schritte zurück und senkte den Kopf.

»Verzeihung«, sagte er. »Vielleicht habe ich Sie gestört, aber ich habe hier einige Papiere, die Sie unbedingt … Sie persönlich …« Er streckte Pfeffer die Mappe wie ein leeres Tablett hin. »Darf ich berichten?«

»Wissen Sie was …«, sagte Pfeffer drohend.

»Ja, ja?«, erwiderte Heymbacken. Ohne die Mappe loszulassen, klopfte er hastig seine Taschen ab, als suchte er einen Notizblock. Sein Gesicht lief blau an, anscheinend vor Eifer …

Dummkopf bleibt Dummkopf, dachte Pfeffer und versuchte sich zu beherrschen. Was konnte man von dem schon erwarten?

»Es ist dumm«, sagte er so ruhig wie möglich. »Verstehen Sie? Es ist dumm und überhaupt nicht lustig.«

»Ja, ja«, sagte Heymbacken. Er hatte sich vorgebeugt, hielt die Mappe zwischen Ellbogen und Hüfte eingeklemmt und kritzelte wie rasend etwas in seinen Block. »Eine Sekunde … ja, ja?«

»Was schreiben Sie denn da?«, fragte Pfeffer.

Heymbacken schaute erschrocken zu ihm auf und las vor.

»Fünfzehnter Juni … Zeit: sieben Uhr fünfundvierzig … Ort: an der Schlucht …«

»Hören Sie zu, Heymbacken«, sagte Pfeffer mit unverhohlenem Ärger. »Was zum Teufel wollen Sie von mir? Warum schleichen Sie mir die ganze Zeit nach? Schluss damit, ich habe die Nase voll!« Heymbacken kritzelte weiter. »Ihre Späße sind mir zu blöd. Sie haben keinen Grund, mir nachzuspionieren. Schämen sollten Sie sich, ein erwachsener Mensch wie Sie … Jetzt hören Sie schon auf zu schreiben, Sie Idiot! Was für ein Blödsinn! Machen Sie lieber Morgengymnastik oder waschen Sie sich. Schauen Sie sich mal an! Pfui!«

Pfeffer befestigte die Riemen an seinen Sandalen. Seine Finger zitterten vor Wut.

»Es stimmt wahrscheinlich, was man über Sie sagt«, keuchte er, »dass Sie sich nämlich überall herumtreiben und alle Gespräche mitschreiben. Ich dachte immer, Sie machten bloß einen dummen Spaß. Ich wollte es nicht glauben, weil ich solche Sachen einfach nicht leiden kann. Aber Ihre Dreistigkeit geht wirklich zu weit …«

Er richtete sich auf und sah, dass Heymbacken strammstand. Die Tränen liefen ihm über die Wangen.

»Was ist denn heute mit Ihnen los«, fragte Pfeffer erschrocken.

»Ich kann nicht …«, schluchzte Heymbacken.

»Was können Sie nicht?«

»Gymnastik … meine Leber … das Attest … und mich waschen …«

»Um Himmels willen«, sagte Pfeffer. »Wenn Sie es nicht können, dann lassen Sie es bitte sein. Ich habe ja nur so dahergeredet … Aber weshalb schleichen Sie nun eigentlich hinter mir her? Bitte verstehen Sie mich, es ist einfach unangenehm. Ich habe nichts gegen Sie, verstehen Sie …«

»Es wird nicht wieder vorkommen!«, rief Heymbacken begeistert. Die Tränen auf seinen Wangen trockneten augenblicklich. »Nie mehr!«

»Ach, scheren Sie sich doch …«, sagte Pfeffer erschöpft und ging durch die Büsche hindurch. Heymbacken trabte hinterher. Alter Hanswurst, dachte Pfeffer, du verrückter …

»Es ist sehr dringend«, murmelte Heymbacken und atmete schwer. »Dringend erforderlich … Ihre persönliche Aufmerksamkeit …«

Pfeffer blickte sich um.

»Verdammt«, schrie er, »das ist ja mein Koffer. Geben Sie ihn mir. Wo haben Sie den her?«

Heymbacken stellte den Koffer ab und wollte zu einer Erklärung ansetzen. Pfeffer aber dachte gar nicht daran ihm zuzuhören, sondern langte sofort nach dem Griff des Koffers. So warf sich Heymbacken, der noch kein Wort gesagt hatte, mit dem Bauch darauf.

»Geben Sie den Koffer her!«, sagte Pfeffer bebend vor Zorn.

»Auf keinen Fall!«, ächzte Heymbacken und rutschte mit den Knien im Kies hin und her. Die Mappe war ihm hinderlich. Er nahm sie zwischen die Zähne und umschlang den

Koffer mit beiden Armen. Pfeffer zerrte mit aller Kraft daran und riss schließlich den Griff ab.

»Hören Sie mit dem Unfug auf«, sagte er. »Und zwar sofort!«

Heymbacken schüttelte den Kopf und knurrte etwas. Pfeffer knöpfte sich seinen Kragen auf und blickte verstört um sich. Im Schatten einer nahen Eiche standen zwei Ingenieure mit Masken aus Karton. Als sie seinen Blick bemerkten, nahmen sie Haltung an und schlugen die Hacken zusammen. Pfeffer blickte gehetzt um sich und machte sich dann eilig auf den Weg – er wollte weg, raus aus diesem Park. Jetzt habe ich, könnte man meinen, schon so viel erlebt, aber so was, nein, das ist … Es kann nur bedeuten, dass sie sich schon abgesprochen haben … Ich muss weg, weg von hier! Aber wie? Er ließ den Park hinter sich und wollte den Weg zur Kantine einschlagen, als auf einmal wieder Heymbacken vor ihm stand. Er war schmutzig und sah grauenvoll aus. Sein noch immer blaues Gesicht war nass – ob von Tränen, Wasser oder Schweiß war schwer zu sagen. Die Augen waren von einem weißlichen Film überzogen und wanderten irr umher. Die Mappe, auf der noch deutliche Bissspuren zu sehen waren, hielt Heymbacken fest an die Brust gepresst. Den Koffer trug er auf der Schulter.

»Bitte nicht in diese Richtung, bitte nicht …«, krächzte er. »Ich flehe Sie an … Gehen Sie ins Büro … Es ist sehr dringend … die Interessen der Subordination …«

Pfeffer wich zurück und rannte weiter die Hauptstraße entlang. Die Menschen auf den Gehwegen standen da wie versteinert, den Kopf im Nacken, die Augen weit aufgerissen. Ein entgegenkommender Lastwagen bremste laut quietschend und rammte einen Zeitungskiosk. Von der Ladefläche sprangen Leute mit Spaten in der Hand und stellten sich in zwei Reihen auf. Ein Wachmann ging im Stechschritt vorbei und präsentierte das Gewehr …

Zweimal versuchte Pfeffer, in eine Seitenstraße einzubiegen, und jedes Mal stand Heymbacken vor ihm. Er konnte nicht mehr sprechen, sondern brummte bloß und gab unartikulierte Laute von sich. Seine Augen waren merkwürdig verdreht und blickten Pfeffer flehend an. So lief Pfeffer schließlich zum Verwaltungsgebäude. Kim, überlegte er fieberhaft, Kim wird das nicht erlauben … Oder sollte etwa auch Kim? … Ich sperre mich in der Toilette ein … Die sollen nur versuchen … Mit den Füßen werde ich treten … Jetzt ist schon alles egal …

In dem Moment, als er die Eingangshalle betrat, begann ein großes Orchester einen Begrüßungsmarsch zu spielen. Pfeffer sah angespannte Gesichter, aufgerissene Augen, durchgedrückte Brustkästen … Heymbacken hatte Pfeffer eingeholt und jagte ihn die Paradetreppe hoch, dann über die himbeerfarbenen Teppiche, die sonst von niemandem betreten werden durften, durch unbekannte Säle mit doppelten Fensterreihen, an Aufsehern in ordengeschmückten Uniformen vorbei, über spiegelglattes, gewachstes Parkett, nach oben in den dritten Stock, eine Gemäldegalerie entlang und weiter nach oben, in den vierten Stock, an geschminkten Fräuleins vorbei, die starr wie Mannequins in einem prunkvollen, taghell erleuchteten Flur standen, rannte auf die riesige, lederbeschlagene Tür mit dem Schild »Direktor« zu, und die Flucht war zu Ende.

Heymbacken holte ihn ein und schlüpfte unter seinem Ellbogen durch. Er sah schrecklich aus, wie ein Epileptiker. Ächzend riss er die lederbeschlagene Tür auf, und Pfeffer trat ein. Seine Füße versanken in einem riesigen Tigerfell, und dann tauchte er selbst ein in das würdevolle, Autorität atmende Dämmerlicht der schweren, halb zugezogenen Vorhänge, in das vornehme Aroma teuren Tabaks, in watteweiche Stille, in die Ausgeglichenheit und Ruhe eines fremden Lebens.

»Guten Tag«, sagte er in den Raum hinein. Aber an dem riesigen Tisch saß niemand. Auch die gewaltigen Sessel waren leer. Niemand blickte ihm entgegen. Da war nur Selivan, der Märtyrer, dessen großformatige Darstellung die ganze Seitenwand einnahm.

Heymbacken, der sich im Hintergrund hielt, ließ den Koffer auf den Boden fallen. Pfeffer zuckte zusammen und blickte sich um. Heymbacken stand schwankend da und streckte ihm die Mappe entgegen wie ein leeres Tablett. Seine Augen waren glasig und wie erloschen. Gleich wird er sterben, ging es Pfeffer durch den Kopf. Aber Heymbacken starb nicht.

»Sehr dringend …«, flüsterte er und keuchte. »Ohne den Sichtvermerk des Direktors unmöglich … persönlich … Ich hätte es nie gewagt …«

»Von welchem Direktor?«, flüsterte Pfeffer. Ein schrecklicher Verdacht stieg in ihm auf.

»Von Ihnen …«, flüsterte Heymbacken. »Ohne Ihren Sichtvermerk … unmöglich …«

Pfeffer stützte sich mit der Hand auf die polierte Oberfläche des Tisches, ging um ihn herum und ließ sich in den schweren, kühlen Ledersessel fallen, der nahe beim Tisch stand. Links von sich sah er eine Reihe von Telefonen in unterschiedlichen Farben. Rechts von ihm standen Bücher in goldbedrucktem Einband. Vor ihm auf dem Tisch befand sich ein großes Tintenfass mit einer Darstellung von Tannhäuser und Venus, und darüber tauchten nun die weißen, flehenden Augen Heymbackens auf und die Mappe, die er in Händen hielt. Pfeffer presste sich gegen die Armlehne und dachte bei sich: So ist das also! Dreck seid ihr, Schweinehunde, Lakaien. Ach, ihr Gesindel, ihr Liebediener und Kartonvisagen … Na schön, wie ihr wollt …

»Nicht die Mappe über dem Tisch schütteln«, sagte er schroff. »Geben Sie sie her.«

Im Zimmer des Direktors bewegte sich plötzlich etwas. Schatten huschten, und ein leichter Luftzug war zu spüren.

Heymbacken stand auf einmal dicht hinter ihm. Die Mappe lag auf dem Tisch, öffnete sich wie von Zauberhand, Blätter aus vorzüglichem Papier wurden sichtbar, und Pfeffer las darauf das fettgedruckte Wort »Projekt«.

»Danke«, sagte er grob. »Sie können gehen.«

Erneut ein leichter Luftzug, Schweißgeruch, der sofort wieder verflog, und Heymbacken stand schon an der Tür. Er wich weiter zurück, den Körper vorgebeugt, die Hände an der Hosennaht. Eine schreckliche, erbärmliche Gestalt, die zu allem bereit war.

»Moment«, sagte Pfeffer. Heymbacken blieb wie erstarrt stehen. »Können Sie einen Menschen töten?«, fragte er.

Heymbacken reagierte ohne Zögern. Er zog eilfertig seinen kleinen Notizblock hervor und sagte: »Ich höre?«

»Oder Selbstmord begehen?«, fragte Pfeffer.

»Was?«, fragte Heymbacken zurück.

»Gehen Sie. Ich lasse Sie dann rufen.«

Heymbacken verschwand. Pfeffer räusperte sich und rieb sich eine Weile über die Wangen.

»Nehmen wir an, es ist so«, sagte er laut. »Und dann?«

Er entdeckte einen Kalender auf dem Tisch, blätterte um und las die Notizen für den heutigen Tag. Die Handschrift des ehemaligen Direktors enttäuschte ihn. Die Buchstaben waren groß und deutlich wie bei einem Schönschreiblehrer.

»Grupp.leiter 9.30. Fußbeschau 10.30. Puder aber auch! Kefir-Zephir versuch. Mechanisierung. Spule: Wer hat gestohlen? Vier Bulldozer!!!!«

Zum Teufel mit den Bulldozern, dachte Pfeffer. Mir reicht's. Keine Bulldozer, keine Bagger und keine Sägemähdrescher zur Ausrottung. Trumpf sollte man am besten sofort kastrieren, aber das geht ja nicht. Schade … Und das Gerätemagazin? Das werde ich in die Luft jagen lassen, beschloss er. Pfeffer stellte sich das Gebiet der »Verwaltung« von oben vor und verstand, dass man hier vieles in die Luft jagen musste, sehr viel, viel zu viel … Aber in die Luft sprengen kann jeder, dachte er, auch ein Dummkopf.

Er zog die mittlere Schublade des Schreibtisches heraus und sah ganze Stöße von Papieren, stumpfe Bleistifte, zwei Zähnungsschlüssel für Briefmarkensammler, und zuoberst lag das gewundene, goldene Schulterstück eines Generals. Nur eins. Pfeffer suchte das zweite, wühlte mit der Hand in den Papieren, stach sich in den Finger und fand den Schlüsselbund für den Safe. Der Safe befand sich in der hinteren Ecke des Zimmers und war als Geschirrschrank verkleidet. Pfeffer stand auf und steuerte quer durch das Zimmer auf den Safe zu. Er schaute nach links und nach rechts und bemerkte dabei viele merkwürdige Dinge, die ihm vorher nicht aufgefallen waren.

Am Fenster lehnte ein Hockeyschläger, daneben ein Krückstock und eine Fußprothese mit einem verrosteten Schlittschuh. Weiter hinten gab es noch eine Tür. Davor war eine Schnur gespannt, an der eine schwarze Badehose und mehrere Socken hingen; einige davon hatten Löcher. An der Tür hing ein nachgedunkeltes Metallschild mit der ausgestanzten Inschrift »Vieh«. Auf dem Fensterbrett stand, halb vom schweren Vorhang verdeckt, ein kleines Aquarium. Im klaren, durchsichtigen Wasser schwamm inmitten bunter Wasserpflanzen ein dicker, schwarzer Axolotl und bewegte gleichmäßig seine verästelten Kiemen. Hinter dem Selivan-Bild ragte ein prachtvoller Tambourstab mit Pferdehaar hervor …

Pfeffer mühte sich eine ganze Weile mit dem Safe ab, probierte alle Schlüssel durch und bekam schließlich die schwere Panzertür auf. Die Innenseite der Tür war mit unanständigen Bildern aus Männermagazinen beklebt. Der Safe selbst war nahezu leer. Pfeffer fand einen Zwicker, dessen linkes Glas gesprungen war, eine zerknitterte Schirmmütze mit unbekannter Kokarde und ein Familienfoto (der Vater lachte, die

Mutter presste die Lippen zusammen, zwei Jungen, die eine Kadettenuniform trugen). Eine Parabellum lag darin, gepflegt und gut gereinigt, mit einer einzigen Patrone im Lauf, ein zweites Schulterstück eines Generals und ein Eisernes Kreuz mit Eichenlaub. Ein Stapel mit leeren Aktenmappen war noch darin zu finden; nur in der untersten lag ein Blatt. Es war ein Entwurf für die Anordnung einer Geldstrafe bei Kraftfahrer Trumpf wegen vorsätzlichen Fernbleibens vom »Museum für die Geschichte der Verwaltung«.

»Geschieht ihm recht, diesem Lumpen«, murmelte Pfeffer. »Er besucht also das Museum nicht … Diese Sache muss ins Rollen gebracht werden.«

… Ständig dieser Trumpf. Was soll das eigentlich? Ist ja schließlich nicht der Nabel der Welt … Er ist nichts weiter als ein Säufer, Faulpelz und widerlicher Weiberheld, aber das sind ja alle Kraftfahrer … Das wird jetzt aufhören – Kefir, Schach während der Arbeitszeit und so. Übrigens, warum rechnet Kim eigentlich auf der kaputten Mercedes? Oder muss das so sein – wegen stochastischer Prozesse vielleicht? Hm, irgendwie weiß ich herzlich wenig. Dabei arbeiten alle. Fast keiner drückt sich; sogar nachts wird gearbeitet. Alle sind dauernd beschäftigt, niemand hat Zeit. Den Anordnungen wird Folge geleistet, das weiß ich, das habe ich selbst gesehen. Es hat also den Anschein, als sei alles in Ordnung. Die Wachleute bewachen, die Kraftfahrer fahren, die Ingenieure bauen, die Wissenschaftler schreiben Artikel, die Kassierer zahlen Geld aus … Hm, vielleicht ist dieses ganze Karussell ja nur dazu da, damit alle immer arbeiten? Es ist nämlich so: Ein guter Mechaniker braucht zwei Stunden, um eine Maschine zu reparieren. Und dann? Was macht er die übrigen zweiundzwanzig Stunden? Wenn diese Maschinen zudem von Arbeitern bedient werden, die wissen, wie man damit umgeht? … Da drängt sich direkt die Lösung auf, den Mechaniker zu den Köchen zu stecken und die Köche zu den Arbeitern. Damit lassen sich nicht nur lumpige zweiundzwanzig Stunden überbrücken – zweiundzwanzig Jahre füllt man auf diese Weise aus! Es steckt also eine gewisse Logik dahinter. Alle arbeiten, erfüllen ihre menschliche Pflicht – nicht wie irgendwelche Affen ... Und nebenbei erlernen sie völlig neue Berufe ... Trotzdem ist darin keine Logik, sondern nur ein wüstes Durcheinander. Und ich stehe hier wie angewurzelt, während man draußen den Wald besudelt, ihn ausrottet, einen Park daraus macht. Ich muss etwas unternehmen. Jetzt bin ich für jeden Hektar hier verantwortlich, für jedes Tierchen, jede Nixe, für alles.

Auf einmal hatte es Pfeffer eilig. Er verschloss hastig den Safe, stürzte zum Tisch, schob die Mappe beiseite und zog ein leeres Blatt Papier aus der Schublade ... Aber es gibt Tausende von Menschen hier, dachte er, bewährte Traditionen, festgefügte Beziehungen. Die werden mich doch nur auslachen ... Heymbacken fiel ihm ein, der arme, verschwitzte Kerl, und dann sah er sich selbst im Wartezimmer des Direktors. Nein, sie werden nicht lachen. Weinen werden sie und sich bei diesem Monsieur Ahti beklagen. Sie werden sich gegenseitig an die Gurgel gehen, aber lachen werden sie nicht. Und das ist das Schrecklichste daran, dachte er: Sie können nicht lachen, sie wissen nicht einmal, was und wozu das gut ist. Und das sollen Menschen sein? Nein, dachte er, es sind kleine, mickrige Menschleins ... Eine Demokratie muss her, Meinungsfreiheit und ... Schimpffreiheit. Ich rufe sie alle zusammen und sage ihnen: Jetzt schimpft mal richtig und lacht ... Und dann werden sie schimpfen – ausgiebig und hingebungsvoll, weil man es ihnen befohlen hat. Sie werden über die schlechte Kefirversorgung und das miese Kantinenessen schimpfen; werden über den Hausmeister herfallen und schimpfen, er solle sich mal die Straßen anschauen, die seien jahrelang nicht gekehrt worden; Kraftfahrer Trumpf werden sie beschimpfen, weil er sich absichtlich von der

Sauna fernhält. Und in den Pausen werden sie zur Latrine an der Schlucht laufen … Nein, so komme ich durcheinander, dachte er. Da muss ich Ordnung reinbringen. Wo bin ich jetzt?

Schnell und unleserlich notierte er auf dem Bogen Papier: »Gruppe Ausrottung des Waldes«, »Gruppe Untersuchung des Waldes«, »Gruppe Bewaffneter Schutz des Waldes«, »Gruppe Hilfe für die ortsansässige Waldbevölkerung« … Was noch? Ah ja! »Gruppe Technische Erschließung«. Und »Gruppe Wissenschaftlicher Schutz des Waldes«. Scheint alles zu sein. Aber: Was tun sie überhaupt? Seltsam, ich habe noch nie darüber nachgedacht, womit sie sich eigentlich befassen. Und mir ist noch nie in den Sinn gekommen zu fragen, womit sich die »Verwaltung« beschäftigt. Wie lassen sich eigentlich Ausrottung und Schutz miteinander vereinbaren, noch dazu, wenn der eingeborenen Bevölkerung geholfen werden soll? … Und dann hätten wir noch Folgendes, dachte er. Erstens, keinerlei Ausrottungsaktionen. Die Ausrottung ausrotten. Die technische Erschließung auch. Meinetwegen können sie oben arbeiten; unten aber haben sie auf keinen Fall etwas verloren. Sollen sie ihre Fahrzeuge auseinandernehmen, eine ordentliche Straße bauen oder den stinkenden Sumpf zuschütten … So, was bleibt noch? Der bewaffnete Schutz. Mit irischen Wolfshunden. Hm … also … na ja, eigentlich muss der Wald ja geschützt werden, aber … Pfeffer rief sich die Gesichter von Wachleuten in Erinnerung, die er kannte, und nagte unschlüssig an seinen Lippen. Na gut, nehmen wir an … Hm, aber wozu ist die »Verwaltung« überhaupt da? Und wozu bin ich da? Soll ich vielleicht die »Verwaltung« auflösen? Der Gedanke belustigte und erschreckte ihn zugleich. Ja, das wäre was!, dachte er. Und ich kann das machen! Löse sie einfach auf und Schluss. Ich habe keinen Richter über mir. Ich bin der Direktor, die höchste Instanz! Ich brauche es nur zu befehlen.

Plötzlich hörte er schwere Schritte. Ganz nahe. Das Glas des Lüsters klirrte, und an der Leine hüpften die getrockneten Socken in die Höhe. Pfeffer stand auf und schlich auf Zehenspitzen zu der kleinen Tür. Dahinter hörte er unregelmäßige Schritte, als ob jemand ständig stolperte. Sonst war alles still. Die Tür hatte nicht einmal ein Schlüsselloch, durch das er hätte schauen können. Pfeffer drückte vorsichtig die Klinke hinunter, doch die Tür öffnete sich nicht. »Wer da?«, fragte er laut, die Lippen am Türspalt. Niemand gab Antwort, und die Schritte waren immer noch zu hören. Es war, als torkelte dort ein Betrunkener, der über seine eigenen Beine stolperte. Pfeffer rüttelte noch einmal an der Klinke und ging dann achselzuckend an seinen Platz zurück.

Die Macht hat schon ihre Vorteile, überlegte er. Natürlich werde ich die »Verwaltung« nicht auflösen, das wäre ja dumm, denn warum sollte ich eine leistungsfähige, stabile Organisation auflösen? Ich muss ihr nur eine andere Stoßrichtung geben, eine echte Aufgabe. Und ich muss das weitere Vordringen in den Wald stoppen. Ich muss erreichen, dass man vorsichtiger mit ihm umgeht, ihn behutsam untersucht, sich bemüht Kontakt aufzunehmen, von ihm lernt ... Die begreifen ja nicht einmal, was der Wald ist. Für die ist der Wald nichts weiter als Brennholz ... Man muss die Leute dazu bringen, den Wald zu lieben, ihn zu achten, mit ihm zu leben und so zu leben, wie er es vorgibt ... Tja, das ist eine Menge Arbeit. Aber sie ist sinnvoll und enorm wichtig! Es werden sich schon Leute dafür finden – Kim, Stojan, Rita, Alewtina und – ja, warum nicht? – der Manager ... Dieser Ahti vielleicht auch ... komische Figur, aber möglicherweise ein kluger Kopf, der sich bloß dauernd mit Unsinn beschäftigt. Wir werden es ihnen schon zeigen, dachte er fröhlich. Gut. Und wie steht es zurzeit mit unseren laufenden Angelegenheiten?

Er zog die Mappe zu sich her. Auf dem ersten Blatt stand Folgendes zu lesen:

Projekt »Direktive zur Herbeiführung der Ordnung«

§ 1 Im Verlauf des letzten Jahres konnte die »Verwaltung« des Waldes ihre Arbeit stark verbessern und erzielte in allen Bereichen ihrer Tätigkeit Höchstleistungen. Viele Hundert Hektar Wald wurden erschlossen, erforscht, vernichtet und dem bewaffneten und wissenschaftlichen Schutz überantwortet. Unablässig wächst das Können unserer Spezialisten und Arbeiter. Die Organisation wird optimiert, unproduktive Ausgaben reduzieren sich, bürokratische und sonstige außerbetriebliche Hindernisse werden abgebaut.
§ 2 Trotz dieser großen Erfolge dauerte die schädliche Wirkung des Zweiten Hauptsatzes der Thermodynamik und des Gesetzes der großen Zahlen an. Dies minderte die im Allgemeinen hohen Leistungsziffern geringfügig. Unsere nächste Aufgabe ist, Zufallsmomente auszuschalten, die 1. zu chaotischen Zuständen führen, 2. den einheitlichen Rhythmus stören und 3. einen Rückgang des Tempos bewirken.
§ 3 Den oben stehenden Ausführungen entsprechend wird vorgeschlagen, das Auftreten von Zufällen als nicht gesetzmäßig und daher im Widerspruch zum Organisationsideal stehend zu werten. Die Verwicklung in Zufälle (Probabilität) ist als kriminelle Handlung anzusehen oder, sofern sie keine schwerwiegenden Folgen zeitigt, als ernstzunehmender Verstoß gegen die Disziplin bei der Arbeit und der Produktion.
§ 4 Die Schuld des in Zufälle Verwickelten (Probabilitant) wird durch die Art. 62, 64, 65 (m. Ausn. d. Pkt. S und O), 113 und 192, Pkt. K des Strafgesetzbuches oder die § 12, 15 und 97 des Verwaltungsgesetzbuches definiert und bemessen.
Anmerkung: Der tödliche Ausgang einer Verwicklung in Zufälle (Probabilität) stellt als solcher keine Rechtferti-

gung oder mildernden Umstand dar. Verurteilung bzw. Bestrafung erfolgen in diesen Fällen postum.

§ 5 Vorliegende Direktive wurde am … Tag … Monat … Jahr erlassen. Sie gilt nicht rückwirkend.

Unterschrift: Direktor der »Verwaltung« (…)

Pfeffer fuhr sich mit der Zunge über die trockenen Lippen und blätterte um. Das nächste Blatt enthielt eine Vorladung, die an den Mitarbeiter der Gruppe »Wissenschaftlicher Schutz«, H. Toity, gerichtet war – ausgefertigt in Übereinstimmung mit der Direktive zur »Herbeiführung der Ordnung«, und zwar wegen »böswilliger Missachtung des Gesetzes der großen Zahlen, was zu Rutschen auf dem Eis mit nachfolgender Verletzung des Sprunggelenks geführt hatte. Selbige kriminelle Verwicklung in Zufälle (Probabilität) fand am 11. März d. J. statt. Es wurde vorgeschlagen, den Mitarbeiter H. Toity von jetzt an in allen Dokumenten als Probabilitant H. Toity zu führen …«

Pfeffer schnalzte mit der Zunge und betrachtete das nächste Blatt. Auch dieses enthielt eine Anweisung: die postume Verhängung einer Disziplinarstrafe in Höhe von vier Monatslöhnen über den Hundeführer des »Bewaffneten Schutzes«, G. de Montmorancy, der sich »wegen Nachlässigkeit von einer atmosphärischen Entladung (Blitz) hatte treffen lassen«. Dann folgten Urlaubsanträge, das Gesuch um die einmalige Beihilfe wegen des Todes des Familienvaters und Ernährers sowie ein Zettel mit Erläuterungen eines gewissen J. Lumbago hinsichtlich des Verschwindens irgendeiner Spule …

»Was zum Teufel soll das!«, sagte Pfeffer laut und las noch einmal die Direktive durch. Er begann zu schwitzen. Die Direktive war auf Kreidepapier mit Goldschnitt gedruckt … Und es ist niemand da, mit dem ich mich besprechen könnte, dachte Pfeffer verzweifelt. So gehe ich vor die Hunde …

In dem Moment ging die Tür auf, Alewtina kam herein und schob einen Servierwagen vor sich her. Sie war sehr elegant gekleidet, und ihr kunstvoll geschminktes Gesicht blickte ihn streng und ernst an.

»Ihr Frühstück«, sagte sie sanft.

»Schließen Sie die Tür und kommen Sie zu mir«, sagte Pfeffer.

Sie schloss die Tür, gab dem Servierwagen einen Schubs, steckte die Haare zurecht und ging auf Pfeffer zu.

»Na, mein Schatz«, sagte sie lachend. »Bist du jetzt zufrieden?«

»Du«, sagte Pfeffer. »Hier steht irgendein Unsinn. Lies mal.«

Sie setzte sich auf die Armlehne seines Stuhls, legte den nackten Arm um seinen Hals und griff nach dem Blatt mit der Direktive.

»Das kenne ich«, sagte sie. »Ist richtig so. Aber was ist damit? Soll ich dir vielleicht das Strafgesetzbuch bringen? Dein Vorgänger hatte die Paragrafen auch nie im Kopf …«

»Nein, warte«, sagte Pfeffer ungeduldig. »Was hat denn das Strafgesetzbuch damit zu tun? Hast du das gelesen?«

»Nicht nur gelesen, sondern auch getippt und sprachlich verbessert. Heymbacken kann doch nicht schreiben, weißt du, und das Lesen hat er erst hier gelernt … Übrigens, mein Schatz«, sagte sie besorgt. »Heymbacken sitzt drüben im Wartezimmer. Ruf ihn zur Frühstückszeit herein, das mag er. Er wird dir Butterbrote streichen …«

»Ich pfeif auf Heymbacken!«, sagte Pfeffer. »Erkläre mir lieber mal, was ich …«

»Auf Heymbacken kann man nicht pfeifen«, widersprach Alewtina. »Ach, Liebling, du verstehst ja noch gar nichts …« Sie stupste ihm auf die Nase wie auf eine Klingel. »Heymbacken hat zwei Notizblöcke. In den ersten trägt er ein, wer was geäußert hat – für den Direktor. In den anderen das, was der Direktor gesagt hat. Daran musst du denken, Liebling, vergiss es nicht.«

»Warte noch«, sagte Pfeffer. »Ich muss etwas mit dir besprechen. Diesen Unsinn mit der Direktive werde ich nicht unterschreiben.«

»Was soll das heißen?«

»Was ich gesagt habe. Meine Hand sträubt sich dagegen.«

Alewtinas Gesicht wurde streng.

»Liebling«, sagte sie. »Sei nicht so verstockt. Unterschreib sie, es ist sehr dringend. Ich werde dir dann alles erklären, aber jetzt ...«

»Was gibt es da viel zu erklären?«, fragte Pfeffer.

»Wenn du es nicht verstehst, muss man es dir erklären. Und das tue ich nachher auch.«

»Nein, bitte erkläre es mir jetzt«, sagte Pfeffer. »Das heißt, wenn du kannst«, fügte er hinzu. »Woran ich meine Zweifel habe ...«

»Ach du, mein Kleiner«, sagte Alewtina und küsste ihn auf die Stirn. Dann warf sie einen besorgten Blick auf die Uhr. »So, jetzt ...« Sie ging zum Tisch, setzte sich auf die Kante und sah mit zusammengekniffenen Augen über Pfeffer hinweg. Dann begann sie zu erzählen: »Alles beruht auf der ›Verwaltung‹ und der administrativen Arbeit. Diese hat sich nicht erst heute oder gestern entwickelt und herausgebildet. Es ist ein Vektor, dessen Ausgangspunkt weit in die Vergangenheit reicht, und sich bis heute in Erlassen und Direktiven niederschlägt. Der Vektor führt auch in die Zukunft, aber welche Gestalt er dort annehmen wird, weiß niemand. Es ist wie mit dem Bau einer Straße auf einer vorbereiteten Trasse. Da, wo der Asphalt aufhört, steht der Nivellierer mit dem Rücken zum fertiggestellten Abschnitt der Straße und schaut in den Theodoliten, um ihren weiteren Verlauf zu vermessen. Dieser Nivellierer bist du. Die imaginäre Linie, die längs der optischen Achse des Theodoliten verläuft, stellt den administrativen Vektor dar, den es aber noch zu bestimmen gilt. Nur du kannst ihn sehen, und nur du hast die Aufgabe, ihn zu bestimmen. Verstehst du?«

»Nein«, sagte Pfeffer fest.

»Macht nichts. Hör weiter … So wie die Straße nicht willkürlich einen Knick nach links oder rechts macht, sondern der optischen Achse deines Theodoliten folgt, muss auch jede Direktive eine kontinuierliche Fortsetzung aller vorangegangenen Direktiven sein … Schätzchen, Liebster, versuche nicht, das zu begreifen. Ich verstehe das alles ja selbst nicht, und das ist auch gut so, denn es weckt bloß Zweifel; Zweifel wiederum bewirken Stillstand, und Stillstand bedeutet das Ende der administrativen Arbeit, folglich wird meine und deine und überhaupt … Das weiß ja jeder. Kein Tag ohne Direktive, und alles wird in bester Ordnung sein. Denn die ›Direktive zur Herbeiführung der Ordnung‹ steht ja nicht allein da. Sie knüpft an die vorausgegangene ›Direktive über die Nicht-Verringerung‹ an, diese wiederum an den ›Erlass über die Nicht-Schwangerschaft‹, dieser Erlass wiederum ergibt sich logisch aus der ›Vorschrift über die übermäßige Reizbarkeit‹, diese wiederum …«

»Zum Teufel«, sagte Pfeffer. »Zeig mir mal all diese Vorschriften und Erlasse … Das heißt, nein. Zeig mir lieber den allerersten Erlass, der aus den Tiefen der Vergangenheit stammt.«

»Wozu brauchst du den?«

»Was heißt wozu? Du sagst, dass sie alle eine logische Folge bilden. Ich aber glaube das nicht!«

»Mein Schatz«, sagte Alewtina. »Das wirst du alles noch zu Gesicht bekommen. Ich werde es dir zeigen. Und du wirst es mit deinen kleinen kurzsichtigen Äuglein lesen können. Aber bitte nimm zur Kenntnis, dass vorgestern keine Direktive erlassen wurde und gestern auch nicht – wenn man von dem lächerlichen Befehl, diese Maschine wiedereinzufangen, einmal absieht, und der war mündlich … Was meinst du, wie viele Tage die ›Verwaltung‹ ohne Direktiven auskommt? Heute ist schon seit dem frühen Morgen ein einziges Durcheinander. Hier gehen Leute herum und tauschen überall die durchgebrannten Glühbirnen aus. Kannst du dir das vorstellen? Nein, mein Schatz: Du kannst machen, was du willst, aber die Direktive muss unterschrieben werden. Ich meine es doch nur gut mit dir. Setz schnell deine Unterschrift drunter, mach eine Besprechung mit den Gruppenleitern, sag ihnen ein paar aufmunternde Worte, und dann bringe ich dir alles, was du dir wünschst. Du wirst lesen, dich in die Angelegenheit vertiefen, nachforschen … Obwohl es natürlich besser wäre, du tätest es nicht.«

Pfeffer legte seine Hände an die Wangen und schüttelte den Kopf. Alewtina sprang flink vom Tisch und tauchte die Feder in den Schädel der Venus. Dann schob sie Pfeffer die Mappe hin und zeigte auf die Stelle, wo er unterschreiben sollte.

»Jetzt schreib, mein Schatz, na los, schnell …«

Pfeffer nahm die Feder.

»Aber ich kann sie doch später wieder zurücknehmen?«, fragte er besorgt.

»Ja, Liebling, natürlich«, erwiderte Alewtina, und Pfeffer wusste, dass sie log. Er warf die Feder von sich.

»Nein«, sagte er. »Nein und abermals nein. Ich werde meine Unterschrift nicht daruntersetzen. Zum Teufel, wozu soll ich diesen Blödsinn unterschreiben, wenn es hundert andere vernünftige, einleuchtende Direktiven gibt, die man jetzt verfassen sollte, die wirklich notwendig in diesem Tollhaus sind …«

»Zum Beispiel?«, fragte Alewtina rasch.

»Ach, was weiß ich … Was du willst … Verdammt … Na, vielleicht …«

Alewtina holte sich einen Notizblock.

»Gut, dann verfassen wir eine Order«, sagte Pfeffer außergewöhnlich giftig, »und zwar an die Mitarbeiter der Gruppe Ausrottung, sich in kürzester Frist selbst auszurotten. Bitte sehr! Bitte schön! Meinetwegen sollen sie sich die Schlucht hinunterstürzen ... oder sich erschießen ... Heute noch! Verantwortlich ist Heymbacken ... Von der Order hätte man wirklich einen größeren Nutzen ...«

»Augenblick«, sagte Alewtina. »Das heißt: Selbstmord mit Hilfe von Feuerwaffen verüben. Heute bis vierundzwanzig Uhr. Verantwortlicher – Heymbacken.« Sie klappte den Block zusammen und dachte nach. Pfeffer blickte sie verwundert an. »Warum nicht!«, sagte sie. »Richtig so! Das ist sogar fortschrittlicher, mein Schatz. Denk also daran: Wenn dir eine Direktive nicht gefällt, lass sie bleiben, aber gib eine andere dafür heraus. Jetzt hast du mir eine diktiert, und deswegen habe ich keinerlei Forderungen mehr an dich ...«

Sie sprang vom Tisch und lief geschäftig umher, stellte Teller und Schüsseln vor Pfeffer hin.

»Hier sind Pfannkuchen, hier Marmelade ... Kaffee ist in der Thermosflasche. Verbrenn dir nicht den Mund, hörst du, er ist heiß ... Und jetzt iss. Ich werde schnell einen Entwurf machen und ihn in einer halben Stunde vorbeibringen.«

»Warte«, sagte Pfeffer bestürzt. »Warte doch mal ...«

»Bist ein schlaues Kerlchen«, sagte Alewtina zärtlich. »Ein toller Junge. Nur mit Heymbacken musst du sanfter umgehen.«

»Warte«, sagte Pfeffer. »Lachst du?«

Alewtina lief zur Tür, Pfeffer rannte ihr hinterher und rief: »Mach keinen Blödsinn!«, aber er erwischte sie nicht mehr. Alewtina verschwand, und aus der Richtung, in die sie verschwunden war, tauchte wie ein Gespenst Heymbacken auf. Seine Frisur war wie glattgeleckt. Er war wieder sauber gekleidet, hatte seine normale Gesichtsfarbe zurückgewonnen und war zu allem bereit.

»Das ist genial«, sagte er leise und schob Pfeffer zum Tisch. »Einfach brillant. Das wird in die Geschichte eingehen …«

Pfeffer wich vor ihm zurück wie vor einem riesigen, giftigen Hundertfüßer. Er stieß gegen den Tisch, so dass der Tannhäuser umfiel und auf die Venus stürzte …

11
Kandid

Kandid wurde wach, öffnete die Augen und starrte an die niedrige, mit Wasserflecken übersäte Decke. Über die Decke marschierten die Ameisen, von rechts nach links beladen, von links nach rechts unbeladen. Vor einem Monat war es umgekehrt gewesen. Vor einem Monat war Nawa noch dagewesen. Sonst hatte sich nichts verändert. Übermorgen gehen wir weg, dachte er.

Am Tisch saß der Alte und bohrte in seinem Ohr. Er sah zu Kandid herüber. Der Alte war völlig abgemagert. Die Augen lagen tief in den Höhlen, und im Mund war kein einziger Zahn mehr. Wahrscheinlich würde er bald sterben.

»Was ist bloß los, Schweiger«, sagte der Alte mit weinerlicher Stimme. »Es gibt nichts zum Essen bei dir; seit sie dir Nawa weggenommen haben, ist kein Essen mehr bei dir im Haus, weder morgens noch mittags. Ich habe dir gesagt, geh nicht weg, das darfst du nicht. Und warum bist du gegangen? Hast dich von Hinker beschwatzen lassen und bist weggegangen, aber woher soll Hinker wissen, was man darf und was nicht? Hinker versteht das nicht, und sein Vater war genauso begriffsstutzig, auch sein Großvater, und die ganzen Hinkers waren so, und so sind sie auch alle gestorben, und Hinker wird auch sterben, er kommt nicht drum rum … Aber vielleicht hast du doch was zum Essen, Schweiger, vielleicht hast du es bloß versteckt, he? Das machen nämlich viele so … Wenn du also was versteckt hast, hol es schnell raus, ich möchte essen, ich muss essen, das ganze Leben lang esse ich schon, ich bin daran gewöhnt ... Deine Nawa ist auch nicht mehr da, und den Schwanz hat ein Baum erschlagen ... Bei dem gab's immer jede Menge zu essen! Ja, der Schwanz, drei Schüsseln auf einmal hab ich bei dem gegessen, nur war das Zeug nie durchgegoren, scheußlich war das, deswegen hat ihn wahrscheinlich auch ein Baum erschlagen ... Ich habe ihm immer gesagt, du darfst so etwas nicht essen ...«

Kandid stand auf und sah in allen Verstecken nach, die Nawa im Haus angelegt hatte. Aber es war nichts zum Essen da. Er ging auf die Straße hinaus, bog nach links und ging zu dem Platz, wo Fausts Haus stand. Der Alte trottete hinterher, er jammerte und stöhnte. Vom Feld her drangen ab und zu monotone Rufe herüber: »Frisch gesät, so ist's recht, einmal links, einmal rechts.« Im Wald erscholl das Echo. In der letzten Zeit kam es Kandid jeden Morgen so vor, als sei der Wald näher herangerückt. In Wirklichkeit aber war dem nicht so, und wenn es so gewesen wäre, dann hätte ein menschliches Auge es kaum bemerkt. Auch die Zahl der Totenmenschen war nicht größer als früher, aber trotzdem schien es so – wahrscheinlich deshalb, weil Kandid jetzt wusste, wer sie waren, und weil er sie hasste ... Trat ein Totenmensch aus dem Wald, erschollen sogleich Rufe: »Schweiger! Schweiger!« Und dann ging Kandid hin und vernichtete den Totenmenschen mit dem Skalpell – schnell, zuverlässig und nicht ohne eine gewisse, boshafte Genugtuung. Das ganze Dorf lief zusammen, um dem Schauspiel beizuwohnen. Wenn dann der schreckliche weiße Schlitz entlang des dampfenden Körpers auseinanderklaffte, stöhnten alle wie aus einem Munde und schlugen die Hände vors Gesicht. Die Kinder ärgerten Kandid längst nicht mehr. Sie bewunderten und fürchteten ihn zugleich, und wenn er erschien, liefen sie auseinander und versteckten sich. Abends steckten die Leute die Köpfe zusammen und unterhielten sich flüsternd über das Skalpell.

Aus der Haut der Totenmenschen fertigte man auf den Rat des schlauen Dorfältesten Tröge. Es waren gute Tröge, groß und fest …

Mitten auf dem Platz, bis zur Hüfte im Gras, stand Horcher. Eine lila Wolke hüllte ihn ein. Er hatte die Handflächen hochgehoben, seine Augen waren glasig, und vor den Lippen stand Schaum. Um ihn herum drängten sich neugierige Kinder, schauten und hörten mit offenen Mündern zu. Von diesem Schauspiel konnten sie nie genug bekommen. Als aber Kandid stehen blieb, um zuzuhören, waren sie spurlos verschwunden.

»In die Schlacht treten neue …«, fantasierte Horcher mit metallener Stimme. »Erfolgreiches Vorrücken … ausgedehnte Ruhegebiete … neue Abteilungen von Freundinnen … Ruhe und Vereinigung …«

Kandid ging weiter. Schon seit dem frühen Morgen war sein Kopf ungewöhnlich klar. Er konnte denken und begann darüber nachzusinnen, wer dieser Horcher war, und wozu er da war. Jetzt war es sinnvoll darüber nachzudenken, denn jetzt wusste Kandid schon vieles. Manchmal schien ihm, dass er sehr viel wusste – wenn nicht sogar alles. Jedes Dorf hatte seinen Horcher. Wir haben einen, dachte er, die Siedlung hat einen, und der Alte prahlt damit, was für ein besonderer Horcher in dem Dorf war, das heute das Pilzdorf ist. Wahrscheinlich hat es Zeiten gegeben, als noch viele Leute wussten, was es mit der »Erfassung« auf sich hat, und verstanden, um welche Erfolge es dabei geht. Wahrscheinlich waren *sie* damals selbst daran interessiert, dass es viele wussten, oder bildeten es sich ein. Dann aber stellte sich heraus, dass es auch ohne diese Vielen ging, dass die ganzen Dörfer ein Fehler gewesen waren und alle Männer Böcke … Das war, als sie gelernt hatten, mit dem lila Nebel umzugehen, als aus den lila Wolken die ersten Totenmenschen hervorgekommen waren … und als sich die ersten Dörfer auf dem Grund der dreieckigen Seen befanden … als die ersten Trupps der Freundinnen aufgestellt wurden … Doch die Horcher blieben, und es blieb die Tradition. Sie wurde nur deshalb nicht ausgelöscht, weil *sie* diese Tradition vergessen hatten. Die Tradition war unsinnig, so unsinnig wie dieser ganze Wald, wie all diese künstlichen Ungeheuer und Städte, von denen nichts als Zerstörung ausging. So unsinnig wie die schauerlichen Amazonenweiber, Priesterinnen der Parthenogenese, die grausamen, selbstzufriedenen Herrscherinnen der Viren, Herrscherinnen des Waldes, aufgedunsen vom dampfenden Wasser … Und diese aberwitzige Betriebsamkeit im Dschungel, all die »Großen Auflockerungen« und »Versumpfungen« – ein an Größenwahn und Absurdität nicht zu überbietendes Vorhaben … Die Gedanken flossen frei, fast automatisch. Im letzten Monat hatten sie sich ihre festen Pfade gebahnt, und Kandid wusste schon im Voraus, welche Gefühle im nächsten Augenblick auftauchen würden. Bei uns im Dorf nennt man das »denken« … Gleich werden die Zweifel kommen: Ich weiß nichts, und ich habe nichts gesehen außer drei Waldzauberinnen. Und wen trifft man nicht alles im Wald? Ich habe den Untergang eines sonderbaren Dorfes erlebt, habe den Hügel gesehen, der wie eine Lebewesenfabrik war, und die schreckliche Bestrafung des Armfressers … Untergang, Fabrik, Bestrafung … Aber das sind meine Worte, meine Begriffe. Für Nawa war Untergang nicht Untergang, sondern »Erfassung«. Aber ich weiß noch immer nicht, was diese »Erfassung« ist. Ich fürchte und verabscheue sie, und das nur, weil ich nicht weiß, was sich dahinter verbirgt. Vielleicht sollte man nicht vom »grausamen, sinnlosen Einsatz des Waldes gegen die Menschen« sprechen, sondern von einem »geplanten, vorbildlich organisierten und genau durchdachten Vorstoß des Neuen gegen das Alte«, einem Vorstoß »des herangereiften, krafterfüllten Neuen gegen das verfaulte, perspektivlose Alte«. Keine Pervertierung also, sondern eine Revolution. Eine Gesetzmäßigkeit. Eine Gesetzmäßigkeit, die ich von außen mit dem einseitigen Blick des Fremden betrachte, der nichts versteht und sich deshalb einbildet, alles zu wissen und beurteilen zu dürfen. Wie ein kleiner Junge, der auf den gemeinen Hahn böse ist, weil er so grausam die arme Henne tritt …

Er blickte zu Horcher zurück. Horcher saß im Gras. Er trug die übliche dumme Miene zur Schau, drehte den Kopf hin und her und versuchte herauszufinden, wo er war und was mit ihm los sei. Ein lebender Rundfunkempfänger, das heißt, es gibt auch lebende Rundfunksender, lebende Mechanismen und lebende Maschinen wie zum Beispiel die Totenmenschen. Aber warum weckt all das, was so großartig erdacht und organisiert ist, in mir keinen Funken Sympathie, sondern nur Abscheu und Hass?

Lautlos trat Faust an Kandid heran und schlug ihm von hinten mit der Handfläche zwischen die Schulterblätter.

»Da steht er und glotzt, verdammt und Nasenhaar«, rief er. »Da war auch mal einer, der immer glotzte, da riss man ihm Arme und Beine ab, seitdem glotzt er nicht mehr. Wann gehen wir denn, Schweiger? Willst du mich noch lange zum Narren halten, verdammt und Nasenhaar? Meine Alte hat sich eine neue Bleibe gesucht, und ich war schon das dritte Mal beim Dorfältesten; heut Nacht gehe ich wohl zu Schwanz' Witwe zum Schlafen. Das Essen ist schon so verfault, dass es nicht mal mehr der alte Sack fressen will. Er windet sich bloß und sagt: ›Alles verfault, das kann man nicht riechen und schon gar nicht essen‹, verdammt und Nasenhaar. Hör zu, Schweiger, zu den Teufelsfelsen gehe ich nicht, aber in die ›Stadt‹ geh ich, da holen wir uns Weiber! Wenn wir unterwegs Diebe treffen, geben wir ihnen die Hälfte ab. Ist nicht schade drum, verdammt und Nasenhaar; die andere Hälfte bringen wir ins Dorf. Sie sollen hier wohnen bleiben, was schwimmen sie auch ohne Sinn und Verstand dort herum. Da war auch mal eine, die ist geschwommen, bis man ihr eins auf die Nase gab, seitdem schwimmt sie nicht mehr und kann das Wasser nicht mehr sehen, verdammt und Nasenhaar … Hör zu, Schweiger, hast du nicht vielleicht doch gelogen mit deiner ›Stadt‹ und den Weibern? Vielleicht hast du das alles nur geträumt. Die Diebe haben dir Nawa weggenommen, und vor lauter Kummer hast du das geträumt. Auch Hinker glaubt, dass du das bloß geträumt hast. Was soll das schon für eine ›Stadt‹ im See sein, verdammt und Nasenhaar? Alle haben gesagt, dass sie auf dem Berg ist und nicht im See. Kann man vielleicht im See leben, verdammt und Nasenhaar? Da ersaufen wir ja alle, darin ist Wasser, und ob da jetzt Weiber sind oder nicht – auch wegen Weibern gehe ich in kein Wasser; schwimmen kann ich nicht, wozu auch? Aber im Notfall kann ich auch am Ufer stehen, wenn du sie aus dem Wasser ziehst … Also: Du steigst ins Wasser, verdammt und Nasenhaar, ich bleibe am Ufer, und dann kriegen wir das schon hin …«

»Hast du dir schon einen Knüppel besorgt?«, fragte Kandid.

»Wo soll ich denn im Wald einen Knüppel hernehmen, verdammt und Nasenhaar«, entgegnete Faust. »Da muss man schon zum Sumpf gehen. Aber ich habe jetzt keine Zeit, weil ich auf mein Essen aufpassen muss, sonst frisst mir der Alte alles weg, und was brauche ich einen Knüppel, wo ich mich mit niemandem schlagen will … Da war auch mal einer, der schlug sich, verdammt und Nasenhaar …«

»Gut«, sagte Kandid. »Ich bringe dir einen Knüppel. Übermorgen gehen wir, vergiss es nicht.«

Er drehte sich um und ging zurück. Faust hatte sich nicht verändert. Niemand hatte sich verändert. Er konnte mit Engelszungen reden, aber sie begriffen nichts und glaubten nichts.

»Die Totenmenschen hören nicht auf Befehle von Weibern«, protestierten sie. »Du lügst, dass sich die Balken biegen, Schweiger. Die Weiber haben eine höllische Angst vor den Totenmenschen, schau dir meine an, dann reden wir weiter. Und dass ein Dorf geflutet wurde, kommt von der ›Erfassung‹, das weiß auch jeder ohne dich. Und was diese Weiber damit zu tun haben, verstehe ich nicht. Außerdem warst du gar nicht in der ›Stadt‹, Schweiger, gib's zu. Wir sind dir auch nicht böse, du erzählst wirklich spannend. Nur in der ›Stadt‹ warst du nicht, das wissen wir, denn wer einmal in der ›Stadt‹ war, kommt nicht mehr zurück. Und Nawa haben dir nicht die Weiber weggenommen, sondern die Diebe – unsere Diebe, die hiesigen. Gegen die Diebe hast du keine Chance, Schweiger, du bist zwar tapfer, das stimmt, und wie du die Totenmenschen erledigst, da bekommt man Angst, wenn man zuschaut, aber …«

Der Gedanke an den bevorstehenden Untergang wollte nicht in ihre Köpfe. Er bewegte sich zu langsam auf sie zu, war schon zu lange im Gange. Wahrscheinlich stellten sie sich den Tod als etwas Plötzliches vor, das mit einer Katastrophe verbunden war. Und sie konnten und wollten nicht über die Welt außerhalb ihres Dorfes nachdenken, konnten und wollten nicht verallgemeinern. Es gab das Dorf, und es gab den Wald. Der Wald war stärker – aber er war ja immer stärker gewesen und würde immer stärker sein. Was hieß hier also Untergang? Was für ein Untergang? So war das Leben. Wenn einer vom Baum erschlagen wurde, war das natürlich eine Katastrophe, aber hier musste man einfach einen klaren Kopf behalten … Irgendwann, dachte Kandid, werden sie wachgerüttelt. Wenn keine Frauen mehr übrig sind, wenn die Sümpfe dicht an die Häuser herangerückt sind, wenn mitten auf der Straße Quellen aufbrechen und der lila Nebel über den Dächern hängt. Aber vielleicht wird auch das sie nicht zur Besinnung bringen. Vielleicht werden sie bloß sagen: »Hier können wir nicht mehr leben, hier ist die ›Erfassung‹ im Gange.« Sie werden wegziehen und sich woanders ein neues Dorf bauen …

Hinker saß auf der Schwelle, übergoss die Schwämme, die über Nacht gewachsen waren, mit Gärstoff und wollte gerade frühstücken.

»Setz dich«, sagte er einladend. »Willst du essen? Ich habe gute Pilze.«

»Ja«, sagte Kandid und setzte sich neben ihn.

»Iss nur, iss«, sagte Hinker. »Nawa ist nicht mehr da, aber irgendwann wirst du dich auch ohne sie zurechtfinden ... Ich habe gehört, du willst wieder weg. Wer hat mir das noch erzählt? ... Ach ja, du hast mir selber erzählt, dass du gehst. Warum kannst du denn nicht zu Hause bleiben? Du könntest so schön daheim sitzen und hättest es gut ... Gehst du ins Schilfdorf oder zum Ameisendorf? Ins Schilfdorf würde ich mitgehen. Da würden wir jetzt auf der Straße nach rechts gehen, kämen dann am offenen Wald vorbei und würden dort Pilze sammeln; Gärstoff würden wir auch mitnehmen und könnten die Pilze gleich dort essen. Es gibt gute Pilze da; im Dorf wachsen solche nicht, auch sonst wo nicht, und hier kannst du zwar essen, aber es sind doch zu wenig ... Und nach dem Essen würden wir aus dem Wald rausgehen, am Brotsumpf vorbei, dort könnten wir wieder essen, gutes Gras wächst dort, ganz süß, da wirst du Augen machen, da ist Sumpf und Dreck, und so ein Gras wächst da ... Und dann immer der Sonne nach, drei Tage lang, dann wären wir schon im Schilfdorf ...«

»Wir gehen aber zu den Teufelsfelsen«, erinnerte ihn Kandid geduldig. »Übermorgen gehen wir. Faust geht auch.«

Hinker schüttelte zweifelnd den Kopf.

»Zu den Teufelsfelsen ...«, wiederholte er. »Nein, Schweiger, zu den Teufelsfelsen kommen wir nicht durch, das ist unmöglich. Weißt du überhaupt, wo die Teufelsfelsen sind? Vielleicht gibt es sie gar nicht, und man sagt nur so, Felsen, Teufel ... Also zu den Teufelsfelsen gehe ich nicht, an die glaube ich nicht. In die ›Stadt‹, das wäre was anderes, oder zum Ameisendorf, das ist hier gleich in der Nähe, gar nicht weit … Hör zu, Schweiger, lass uns zum Ameisendorf gehen. Faust geht auch mit … Seit mein Bein kaputt ist, war ich schon nicht mehr im Ameisendorf. Nawa wollte auch immer hin, gehen wir zum Ameisendorf, Hinker, sagte sie … Sie wollte die Höhlung suchen, wo das mit meinem Bein passiert ist. Aber ich weiß nicht mehr, wo diese Höhlung ist, antwortete ich, und überhaupt gibt es das Ameisendorf vielleicht gar nicht mehr, ich war schon lange nicht mehr dort …«

Kandid aß seine Pilze und beobachtete Hinker, wie er sprach und sprach, über das Pilzdorf, über das Ameisendorf … Er hatte seinen Blick gesenkt und schaute nur manchmal zu Kandid. Ein tüchtiger Mann bist du, Hinker, und ein guter dazu, ein großer Redner; der Dorfälteste hört auf deine Meinung, auch Faust, und der Alte hat eine Heidenangst vor dir. Nicht umsonst warst du der beste Freund und Begleiter des berühmten Gekränkten Dulders, eines suchenden, ruhelosen Menschen, der nichts fand und irgendwo im Wald starb … Schlimm ist nur eins: Du willst mich nicht in den Wald lassen, Hinker, dir tut es leid um mich. Der Wald ist ein gefährlicher Ort … ein tödlicher … Viele sind hineingegangen und wenige zurückgekehrt, und wenn sie zurückgekehrt sind, dann verschreckt, bisweilen sogar verkrüppelt … Schlau gehst du dabei vor, Hinker, ganz schlau. Einmal stellst du dich verrückt, ein andermal tust du so, als sei ich verrückt; in Wirklichkeit aber bist du felsenfest davon überzeugt, dass ich kein zweites Mal lebend zurückkomme, denn so ein Wunder gibt es nur einmal …

»Hör zu, Hinker«, sagte Kandid. »Du kannst sagen und denken, was du willst, aber um eines bitte ich dich: Lass mich nicht im Stich! Geh mit mir in den Wald. Ich brauche dich dort, Hinker. Übermorgen gehen wir, und ich möchte unbedingt, dass du mit uns gehst. Verstehst du?«

Hinker blickte Kandid an. Seine inzwischen fast farblosen Augen waren undurchdringlich.

»Ja, sicher!«, entgegnete er. »Ich verstehe dich voll und ganz. Wir gehen zusammen. Von hier aus gesehen biegen wir nach links, kommen bis zum Feld, an den zwei Steinen vorbei, da ist dann schon der Pfad. Den Pfad erkennt man sofort, da sind so viele Feldsteine, dass du dir die Beine brichst … Aber iss noch ein paar Pilze, Schweiger, iss, die sind gut … Auf dem Pfad gehen wir dann bis zum Pilzdorf, davon habe ich dir sicher schon erzählt. Es ist vollkommen verlassen, überall wachsen Pilze, aber nicht solche, wie die hier, sondern ganz abscheuliche. Die essen wir nicht, denn davon wird man krank und kann sterben. Im Pilzdorf werden wir uns nicht aufhalten, sondern gleich weitergehen und etwas später zum Dorf der Wirrköpfe kommen. Dort machen sie die Töpfe aus Erde, sehr schlau! Damit fingen sie an, als das blaue Gras durch ihr Dorf wuchs. Und nichts geschah, nicht mal krank wurden sie, und von da an machten sie ihre Töpfe aus Erde … Bei denen werden wir uns auch nicht aufhalten, das wäre zwecklos; wir gehen gleich rechts weiter, und da sind wir schon am Lehmfeld.«

Vielleicht sollte ich dich doch nicht mitnehmen, dachte Kandid. Du warst schon dort, der Wald hat dich schon in seinen Klauen gehabt, und wer weiß – vielleicht hast du dich schon auf der Erde gewälzt und vor Schmerz und Schrecken geschrien, und über dich gebeugt stand ein junges Mädchen, biss sich auf die schönen Lippen und spreizte die kindlichen Finger. Ich weiß nicht, ich weiß nicht. Aber gehen muss ich. Zwei von den Weibern will ich mir schnappen, oder wenigstens eine, die mir alles erzählt, damit ich es endlich verstehe … Und dann? … Verdammte, unglückliche Verdammte … Vielleicht eher glückliche Verdammte – denn sie wissen nicht, dass sie verdammt sind, dass die Mächtigen ihrer Welt sie lediglich als schmutzige Horde von Vergewaltigern betrachten, dass die Mächtigen schon mit Wolken programmierter Viren, mit Roboterkolonnen, mit Mauern von Wald gegen sie vorrücken, dass für sie bereits alles vorbestimmt ist und – was das Furchtbarste ist – die historische Wahrheit im Wald nicht auf ihrer Seite ist. Sie sind Übriggebliebene, die durch den Lauf der Dinge zum Untergang verurteilt sind, und ihnen zu helfen bedeutet, sich gegen den Fortschritt zu stellen, und den Fortschritt auf einem winzigen Frontabschnitt aufzuhalten. Aber was soll's, dachte Kandid, das interessiert mich nicht. Was geht mich ihr Fortschritt an? Ich verstehe unter Fortschritt etwas anderes, und ich nehme das Wort nur deshalb, weil es kein passenderes gibt. Hier entscheidet nicht der Kopf, sondern das Herz. Und Gesetzmäßigkeiten sind weder gut noch schlecht, sondern stehen außerhalb der Moral. Aber ich stehe nicht außerhalb der Moral! Wenn es die Freundinnen gewesen wären, die mich gefunden, geheilt, als einen der ihren aufgenommen und sich meiner erbarmt hätten, hätte ich mich wahrscheinlich ohne weiteres und ganz selbstverständlich auf die Seite ihres Fortschritts gestellt. Hinker und all die kleinen Dörfer wären für mich nur ein ärgerliches Überbleibsel gewesen, mit dem man sich schon viel zu lange abgegeben hatte … Aber vielleicht auch nicht; vielleicht wäre es gar nicht so leicht und einfach gewesen, denn ich kann es nicht ertragen, wenn man die Menschen als Tiere ansieht. Aber vielleicht ist es auch nur eine Frage der Terminologie. Hätte ich mir die Sprache der Frauen angeeignet, würde sich das alles ganz anders anhören: Feinde des Fortschritts … stumpfsinnige Nichtsnutze und Vielfraße… Ideale … hehre Ziele … Naturgesetze … Und im Namen all dessen wird die Hälfte der Bevölkerung ausgelöscht! … Nein, das ist nichts für mich. Egal in welcher Sprache. Es ist mir egal, ob Hinker nur ein Steinchen zwischen den Mühlsteinen ihres Fortschritts ist. Ich werde alles tun, damit dieses Steinchen die Mühlsteine aufhält. Und wenn ich es nicht schaffe, mich zur Biostation durchzuschlagen, was wahrscheinlich ist, werde ich alles tun, um die Mühlsteine zum Stehen zu bringen. Wenn es mir aber gelingt und ich zur Biostation durchkomme, dann … hm … Seltsam, früher ist mir nie in den Sinn gekommen, die »Verwaltung« von außen zu betrachten. Und Hinker würde nie in den Sinn kommen, den Wald von außen zu betrachten. Und diesen Freundinnen wohl ebenso wenig … Dabei wäre es bestimmt interessant, sich die »Verwaltung« aus der Vogelperspektive anzusehen. Gut, lassen wir das, darüber denke ich später nach.

»Also, abgemacht«, sagte Kandid. »Übermorgen gehen wir.«

»Na, sicher«, erwiderte Hinker ohne Zögern. »Von hier aus gleich nach links …«

Vom Feld her drangen plötzlich Schreie. Frauen kreischten laut auf, und Stimmen riefen im Chor: »Schweiger! He, Schweiger!«

Hinker zuckte zusammen.

»Totenmenschen!«, rief er und erhob sich rasch. »Komm, Schweiger, steh auf. Ich möchte zuschauen.«

Kandid stand auf, zog das Skalpell heraus und machte sich auf den Weg.

DIE ZWEITE INVASION DER MARSMENSCHEN

Aufzeichnungen eines Mannes mit gesundem Menschenverstand

O diese verfluchte
konformistische Welt!

1. Juni (drei Stunden nach Mitternacht)

Meine Güte, jetzt auch noch Artemis! Sie hat sich also doch mit diesem Nikostratus eingelassen. Schöne Tochter! Aber was soll man machen …

Gegen ein Uhr nachts riss mich ein dumpfes Krachen aus dem Schlaf. Über die Wände meines Schlafzimmers zuckten unheilvolle rote Flecken. Das Krachen kam von weiter weg, aber es grollte und rumste so laut wie bei einem Erdbeben. Das ganze Haus zitterte, die Fensterscheiben klirrten und die Arzneifläschchen auf dem Nachttisch hüpften hoch. Erschrocken stürzte ich ans Fenster. Im Norden loderte der Himmel: Es schien, als klaffte dort, weit hinter dem Horizont, die Erde auseinander und schleuderte verschiedenfarbige Feuerfontänen bis hinauf zu den Sternen.

Die beiden dort unten aber sahen und hörten nichts. Sie saßen auf der Bank vor meinem Fenster und umarmten sich – angestrahlt von wild zuckenden Blitzen. Die Erde unter ihren Füßen bebte, doch das machte ihnen nichts aus; sie waren tief versunken in endlosen Küssen. Ich erkannte Artemis sofort. Den Mann hielt ich zuerst für Charon, der anscheinend zurückgekehrt war – und Artemis so glücklich darüber, dass sie sich mit ihm auf der Straße küsste wie eine junge Braut, anstatt ihn mit aufs Zimmer zu nehmen. Kurz darauf aber erkannte ich im aufflackernden Licht die berühmt-berüchtigte

Importjacke des Herrn Nikostratus. Die Knie wurden mir weich. In solchen Momenten büßt der Mensch seine Gesundheit ein. Dabei kam es nicht einmal überraschend für mich. Nein … Es hatte Gerüchte gegeben, auch Anspielungen und Witze. Und ich erinnere mich, dass ich an Artemis' Hals und Schultern dunkle Flecken gesehen hatte. Wusste ich etwa nicht, wer in unserer Stadt den Frauen solche Flecken macht? Schaut sich die neuen Filme an und macht dann selbst … Trotzdem war ich wie gelähmt.

Gott im Himmel, was sollte ich jetzt tun? Ich wusste es nicht und tappte barfuß, wie ich war, in den Salon und wollte die Polizei anrufen. Aber versuchen Sie mal, die Polizei zu erreichen, wenn Sie sie brauchen! Zuerst war ständig besetzt, und dann hatte ausgerechnet Pandareus Dienst. Ich fragte ihn, welches Phänomen da am Horizont zu beobachten sei. Aber er wusste nicht, was ein Phänomen ist. Also fragte ich ihn: »Können Sie mir sagen, was da am nördlichen Horizont los ist?«

Er wollte wissen, wo das sei, und ich wusste schon nicht mehr, was ich antworten sollte, da fiel bei ihm der Groschen. »Ach so, den Brand meinen Sie?«, fragte er und berichtete, dass es da brenne, doch was und wieso, das habe man noch nicht herausgefunden. Und während bei mir das Haus bebte und in allen Ecken knirschte, jemand draußen auf der Straße gellend etwas von Krieg schrie, erzählte mir dieser alte Esel lang und breit, man habe soeben Minotaurus zu ihm aufs Revier gebracht: Er habe stockbesoffen eine Ecke von Herrn Laomedons Villa besudelt, könne nicht mal mehr auf eigenen Beinen stehen, geschweige denn sich prügeln. »Werden Sie jetzt Maßnahmen ergreifen oder nicht?«, unterbrach ich ihn. »Das sagte ich doch gerade, Herr Apollo«, antwortete Pandareus beleidigt. »Ich muss hier ein Protokoll schreiben, und Sie nageln mich am Telefon fest. Wenn euch dieser Brand so beunruhigt …« – »Und wenn Krieg ist?«, fragte ich. »Nein, es ist kein Krieg«, versicherte er. »Das würde ich wissen.« – »Vielleicht eine Eruption?«, fragte ich. Er wusste nicht, was eine Eruption ist … Das war zu viel, und ich legte den Hörer auf. Schweißgebadet ging ich ins Schlafzimmer zurück und schlüpfte in Morgenmantel und Pantoffeln.

Das Grollen war fast verstummt, aber das merkwürdige Wetterleuchten dauerte noch an. Die beiden küssten sich nicht mehr, saßen auch nicht mehr umschlungen. Hand in Hand standen sie da, und jedermann konnte sie sehen, denn das Feuer am Horizont verbreitete Taghelle. Nur war das Licht nicht weiß, sondern orangerot, und es schoben sich immer wieder dunkelbraune Rauchschwaden davor. Die Nachbarn rannten auf der Straße herum, ohne richtige Kleidung, und Frau Eurydike fasste jeden am Pyjama und wollte gerettet werden. Nur Myrtilus behielt einen klaren Kopf: Er fuhr seinen Lastwagen aus der Garage und fing an, mit seiner Frau und den Söhnen seine Habe aus dem Haus zu schaffen. Es war also Panik ausgebrochen … wie in alten Zeiten. Wie lange hatte ich das schon nicht mehr erlebt! Und ich wusste: Wenn wirklich ein Atomkrieg ausgebrochen war, so gab es in der ganzen Gegend keinen besseren Ort als unsere kleine Stadt; hier konnte man sich verstecken, stillhalten, abwarten. Und wenn es sich um eine Eruption handelte, so spielte sie sich in weiter Ferne ab, und unser Städtchen hatte wiederum nichts zu befürchten. Aber das war auch ziemlich unwahrscheinlich: Was sollte es bei uns für eine Eruption geben?

Ich ging nach oben, um Hermione zu wecken. Es war wie immer: »Lass mich in Ruhe, du Säufer«, schimpfte sie. »Hättest eben nichts trinken sollen am Abend. Jetzt habe ich keine Lust.« Und so weiter. Ich begann, ihr laut und eindringlich vom Atomkrieg und der Eruption zu erzählen und trug ein bisschen dick auf, damit sie mir überhaupt zuhörte. Sie erschrak denn auch heftig, sprang vom Bett auf, stieß mich beiseite und eilte ins Esszimmer, wobei sie murmelte: »Gleich sehe ich nach, und dann kannst du dich auf was gefasst machen …« Als sie das Büfett aufgeschlossen hatte, besah sie sich die Kognakflasche. Ich war ganz ruhig. »Wo kommst du jetzt her?«, fragte sie und schnupperte misstrauisch. »In welcher Kaschemme hast du dich volllaufen lassen?« Dann aber fiel ihr Blick durch das Fenster hinaus auf die Straße. Sie sah die spärlich bekleideten Nachbarn, die da hin und her liefen, und als sie Myrtilus entdeckte, der nur in der Unterhose auf dem Dach stand und durch einen Feldstecher nach Norden spähte, verlor sie jegliches Interesse an mir. Zwar war der nördliche Horizont schon wieder still und dunkel, aber man sah noch die Rauchwolke, die die Sterne gänzlich verhüllte. Was soll ich sagen, meine Frau Hermione ist nicht Frau Eurydike … Sie hat nicht mehr ihr Alter und eine andere Erziehung genossen. Ich wollte gerade ein Glas Kognak trinken, als sie schon den Koffer anschleppte und aus vollem Halse nach Artemis schrie. Ruf nur, ruf, dachte ich voll Kummer, vielleicht wird sie dich ja hören! Doch auf einmal stand Artemis in der Tür ihres Zimmers. Meine Güte, bleich wie der Tod war sie und zitterte am ganzen Leib. Sie trug schon einen Pyjama, und in den Haaren baumelten Lockenwickler. »Was ist los?«, fragte sie. »Was ist passiert?«

Tja, auch das zeugt von Charakter … Und ohne das Phänomen da draußen hätte ich nie etwas erfahren – Charon schon gar nicht. Unsere Blicke trafen sich, und Artemis lächelte mir zärtlich und mit bebenden Lippen zu. Ich konnte mich nicht entschließen, die Worte auszusprechen, die mir auf der Zunge lagen. Um mich zu beruhigen, ging ich in mein Zimmer und packte meine Briefmarken ein. Du zitterst, sagte ich in Gedanken zu ihr, du bebst! Du fühlst dich einsam, schutzlos und fürchtest dich. Aber er steht dir nicht zur Seite und hilft dir auch nicht. Er hat die Blume des Vergnügens gepflückt und ist seiner Wege gegangen. Tja, meine Liebe: Ein ehrloser Mann ist und bleibt eben ehrlos.

Wie erwartet, war die Panik rasch verebbt. Die Nacht wurde wieder ruhig und gewöhnlich, die Erde bebte nicht mehr, und die Häuser hatten aufgehört zu knirschen. Frau Eurydike ging mit einem Mann mit, niemand schrie mehr von Krieg, und überhaupt gab es kein Geschrei mehr. Ich sah aus dem Fenster. Die Straße war leer, nur in den Häusern brannte hier und da noch Licht, und Myrtilus' Unterhose schimmerte weiß inmitten der Sterne über dem Dach. Ich rief ihn an und fragte, was er sehe. »Nichts weiter«, antwortete er gereizt. »Legen Sie sich ins Bett. Und während Sie schnarchen, werden die's Ihnen dann so richtig zeigen …« Ich wollte wissen, wen er mit »die« meinte. »Schon gut, nichts weiter«, antwortete er. »Da haben sich ja zwei Schlauberger gefunden. Ein Esel ist er, Ihr Pandareus, und sonst nichts.« Als ich ihn von Pandareus reden hörte, beschloss ich, noch einmal bei der Polizei anzurufen. Und als ich endlich durchkam, teilte mir Pandareus mit, dass es keine besonderen Neuigkeiten gebe und alles in Ordnung sei; dem betrunkenen Minotaurus habe man eine Beruhigungsspritze verpasst und den Magen ausgepumpt, und jetzt sei er still geworden. Der Brand habe längst aufgehört; beziehungsweise sei es gar kein Brand gewesen, sondern ein großes festliches Feuerwerk. Und während ich nachdachte, was denn morgen für ein Feiertag sei, legte Pandareus den Hörer auf. Er war einfach dumm und miserabel erzogen – schon immer. Seltsam, dass es solche Leute bei der Polizei gibt. Unsere Polizisten sollten intelligent sein und Vorbilder für die Jugend, Helden, denen man nacheifern mochte, denen man guten Gewissens nicht nur Waffe und Macht, sondern auch die Erziehungsarbeit anvertrauen konnte. Charon aber nannte so eine Polizei bloß einen »Verein von Brillenträgern«. Er meinte, wenn die Polizei so wäre, wie ich es mir wünschte, könnte keine Regierung sie gebrauchen, denn dann würde sie die Leute, die für den Staat am nützlichsten seien, verhaften und umerziehen: den Premierminister, den Polizeipräsidenten und so fort. Ich weiß es nicht, kann sein. Aber dass ein Leitender Polizist nicht weiß, was ein Phänomen ist, und sich im Dienst wie ein Flegel benimmt, geht einfach nicht.

Ich stolperte über die Koffer bis zum Büfett und wollte mir gerade ein Glas Kognak eingießen, als Hermione wieder ins Esszimmer kam. Sie stöhnte, sie sei hier wohl in einem Irrenhaus, man könne sich auf niemanden verlassen, die Männer seien hier keine Männer und die Frauen keine Frauen. Ich sei ein Säufer und nicht mehr zu retten, Charon ein ewiger Tourist und Artemis ein lebensuntüchtiges Zierpüppchen. Und so weiter. Vielleicht könne ihr mal jemand erklären, weshalb man sie mitten in der Nacht hochgescheucht und genötigt hatte, ihre Koffer zu packen? Ich antwortete ihr, so gut ich konnte, und verkroch mich wieder in meinem Schlafzimmer. Aber jetzt tut mir alles weh, und ich weiß genau, dass sich mein Ekzem bis morgen verschlimmert haben wird. Schon jetzt möchte ich nichts lieber als kratzen, halte mich aber noch zurück.

Gegen drei Uhr bebte die Erde aufs Neue. Ich hörte das Brummen von Motoren und das Scheppern von Eisen. Eine Kolonne von Militärlastern und gepanzerten Mannschaftswagen mit Soldaten fuhr am Haus vorbei, langsam, mit abgeblendeten Scheinwerfern. Myrtilus lief neben einem der Panzerfahrzeuge her, hielt sich am Lukenrand fest und schrie etwas. Ich weiß nicht, was man ihm antwortete. Als die Kolonne vorüber war und er allein auf der Straße stand, rief ich ihn an und fragte, was es Neues gebe. »Nichts weiter«, antwortete er. »Solche Manöver kennen wir schon: Die Schlauberger fahren bloß von meinem Geld in der Gegend herum.« Jetzt ging mir ein Licht auf! Da fand ein großes Manöver statt, vielleicht sogar unter Einsatz von Atomwaffen. Aber wozu dieser Blödsinn?!

Du lieber Gott, und jetzt ruhig einschlafen können!

2. Juni

Ich kratze mich ununterbrochen. Und das Schlimmste: Ich kann mich nicht entschließen, mit Artemis zu reden. Solche persönlichen, ja, intimen Gespräche kann ich nicht leiden. Und woher soll ich wissen, was sie mir antworten wird?

Weiß der Teufel, was man mit solchen Töchtern macht. Wenn ich wenigstens wüsste, was ihr fehlt! Sie hat einen Mann – keinen buckligen Schwächling, sondern einen kräftigen Burschen im besten Alter, dazu ist er weder hässlich noch ein Krüppel oder ein Weiberheld. An Gelegenheiten fehlt es ihm allerdings nicht: Die Nichte des Stadtkämmerers wirft ihm verführerische Blicke zu, und Thyone macht ihm schöne Augen, das weiß jeder, ganz zu schweigen von den Gymnasiastinnen, den Urlauberinnen oder Madame Persephone. (Die ist von allen Katzen die größte Streunerin, und kein Kater kann ihr widerstehen.) Aber eigentlich weiß ich, was Artemis mir antworten würde. Papi, würde sie sagen, es ist so langweilig hier, so unendlich trist und langweilig. Was soll ich ihr darauf erwidern? Eine junge, schöne Frau ohne Kinder, mit einem beneidenswerten Temperament – sie möchte Spaß haben, tanzen, flirten … Charon aber geriert sich als Philosoph. Als Denker. Totalitarismus, Faschismus, Managerismus, Kommunismus. Tanzen ist für ihn eine sexuelle Droge; Gäste hält er für Idioten. Whist spielen oder Vier Könige – daran ist gar nicht zu denken. Dabei trinkt er eigentlich ganz gern: Er setzt fünf von seinen Schlaubergern an einen Tisch, stellt fünf Flaschen Kognak darauf, und dann diskutieren sie bis zum Morgengrauen. Das Mädchen sitzt daneben, gähnt und gähnt, knallt irgendwann die Tür hinter sich zu und geht schlafen. Ist das ein Leben? Ich verstehe ja, dass ein Mann das Seine braucht, aber eine Frau braucht auch das Ihre! Aber er ist mein Schwiegersohn, und ich mag ihn. Aber wie lange, frage ich, kann man diskutieren? Und was ändert sich dadurch? Nichts.

Wie viel man auch über den Faschismus diskutiert, dem Faschismus ist das völlig egal. Und du kannst gar nicht so schnell schauen, wie sie dir einen Stahlhelm auf den Kopf setzen, und dann heißt's: »Vorwärts, marsch! Heil dem Führer!«. Wenn du aber deiner jungen Frau keine Beachtung mehr schenkst, zahlt sie es dir mit gleicher Münze heim. Da hilft dir alles Philosophieren nichts. Ich verstehe ja, dass ein gebildeter Mann auch einmal über abstrakte Themen sprechen muss, aber es sollte sich doch in einem gewissen Rahmen halten!

Was für ein zauberhafter Morgen! (Temperatur plus neunzehn Grad, schwache Bewölkung, Südwind – ein halber Meter pro Sekunde. Ich müsste mal bei der Wetterwarte vorbeischauen und das Anemometer prüfen lassen, es ist mir schon wieder runtergefallen.) Nach dem Frühstück dachte ich: Von nichts kommt nichts, und ich machte mich auf den Weg ins Rathaus wegen meiner Rente. Ich ging und genoss die Stille, doch plötzlich entdeckte ich an der Freiheits-, Ecke Heidekrautstraße eine Menschenmenge. Es stellte sich heraus, dass Minotaurus mit seinem Jauchewagen in das Schaufenster eines Juweliers gefahren war, und jetzt strömten die Leute herbei, um mitzuerleben, wie der dreckige, aufgedunsene und schon wieder völlig betrunkene Minotaurus vor dem Verkehrsinspektor seine Aussage machte. Sein Anblick passte so gar nicht zu diesem strahlend schönen Morgen, dass mir sogleich die Laune verdorben war. Natürlich hätte die Polizei ihn nicht so früh entlassen dürfen; man wusste ja, dass er seine Sause gerade erst begonnen hatte und er sich sofort wieder betrinken würde. Andererseits musste man ihn wohl laufen lassen, weil er der einzige »Goldgräber« der Stadt war. Man hatte nur die Wahl, ihn entweder umzuerziehen und währenddessen im Dreck zu ersticken oder um der eigenen Hygiene willen einen Kompromiss einzugehen.

Wegen Minotaurus verlor ich Zeit, und als ich auf dem Platz ankam, waren schon alle da. Ich bezahlte meine Strafe;

dann bekam ich vom einbeinigen Polyphem eine erstklassige Zigarre in einer Aluminiumhülle geschenkt. Polykarp, Leutnant bei der Handelsmarine, hatte sie ihm für mich geschickt. Polykarp war einige Jahre lang mein Schüler gewesen, bis er davongelaufen war, um Schiffsjunge zu werden. Er war ein flinker Bursche gewesen und hatte es faustdick hinter den Ohren gehabt. Als er verschwunden war, wollte mich Polyphem vor Gericht bringen, weil er der Meinung war, ich als Lehrer hätte den Jungen mit meinen Vorträgen über die unterschiedlichen Welten verdorben. Polyphem ist nämlich bis heute überzeugt, dass der Himmel fest ist und die Satelliten darüberrollen wie Motorräder im Zirkus. Meine Argumente, die für die Astronomie und ihren Nutzen sprechen, sind ihm zu hoch, damals genauso wie heute.

Wir unterhielten uns darüber, dass der Stadtkämmerer das Geld, das für den Stadionbau bewilligt worden war, schon wieder veruntreut hatte – zum siebten Mal. Zuerst überlegten wir, wie man das in Zukunft unterbinden könnte. Silen zuckte mit den Schultern und meinte, da käme nur eine Gerichtsverhandlung infrage. »Schluss mit den halben Sachen«, sagte er. »Öffentliche Verhandlung.« Die Bewohner der Stadt versammeln sich auf dem Bauplatz und nageln den Defraudanten am Ort seines Verbrechens an den Schandpfahl. Gott sei Dank«, setzte er hinzu, »ist unser Gesetz flexibel genug, um die Strafe exakt der Schwere des Verbrechens anzumessen.« – »Ich würde eher behaupten, dass unser Gesetz zu flexibel ist«, bemerkte der gallige Paralus. »Der Kämmerer hat schon zweimal vor Gericht gestanden, und unser flexibles Gesetz hat jedes Mal einen Bogen um ihn gemacht. Du glaubst doch nicht etwa, das liegt daran, dass die Verhandlung im Rathaus und nicht auf dem Bauplatz stattgefunden hat?« Morpheus dachte nach. Nach einer Weile teilte er uns mit, dass er vom heutigen Tag an den Kämmerer weder scheren noch rasieren würde. Sollte er doch mit langen Haaren herumlaufen. »Was seid ihr Trottel …«, bemerkte Polyphem. »Kapiert ihr nicht, dass wir ihm völlig egal sind? Er hat seine eigenen Kreise.« – »Stimmt«, sagte der gallige Paralus und wies darauf hin, dass es außer dem Stadtkämmerer auch noch einen Stadtarchitekten gebe, der das Stadion seinen Fähigkeiten entsprechend projektiert hatte. Und jetzt sei er natürlich sehr daran interessiert, dass es – Gott behüte! – nicht gebaut werde. Kalaides, der Stotterer, fing an zu zischen und zu zucken, und nachdem er so die Aufmerksamkeit auf sich gezogen hatte, erinnerte er daran, dass er, Kalaides, sich im vorigen Jahr beim Blumenfest beinahe mit diesem Architekten geprügelt hätte. Das gab dem Gespräch eine neue Wendung. Der einbeinige Polyphem – ein Veteran und Mensch, der Blut sehen konnte – machte den Vorschlag, den beiden im Haus von Madame Persephone aufzulauern und ihnen die Hörner zu knicken. In solchen Momenten kann Polyphem seine Zunge nicht im Zaum halten, da bricht der Kommiss bei ihm durch. »Ja, man muss diesen Stinktieren die Hörner knicken«, dröhnte er. »Geben wir dem Pack Saures, polieren wir den Dreckskerlen die Fresse!« Es war erstaunlich, wie Polyphems Rede die Gemüter erhitzte – nicht zum ersten Mal übrigens. Auf einmal ereiferten sich alle und fuchtelten mit den Armen; Kalaides zischte und zuckte noch heftiger als sonst, war jedoch vor Erregung außerstande, auch nur ein Wort herauszubringen. Dann aber sagte der gallige Paralus – der Einzige von uns, der ruhig geblieben war –, in unserer Stadt gebe es außer dem Kämmerer und dem Architekten ja noch deren besten Kumpel – einen gewissen Laomedon, der in seiner Sommerresidenz wohne. Da verstummten alle und zündeten sich geschwind die erloschenen Zigarren und Zigaretten wieder an, denn diesem Laomedon ließen sich nicht gut die Hörner knicken und erst recht nicht die Fresse polieren. Und als Kalaides, der Stotterer, endlich seine Lieblingsdrohung herausbrachte: »A-auf die Rotzrinne hauen!«, sahen ihn alle missbilligend an.

Mir fiel ein, dass es für mich höchste Zeit war, zum Rathaus zu gehen. Ich steckte die nur halb gerauchte Zigarre zurück in die Aluminiumhülle und machte mich auf den Weg. Das Sprechzimmer des Herrn Bürgermeisters lag im ersten Stock. Anders als sonst wirkten die Bediensteten, die mir unterwegs begegneten, äußerst beschäftigt und irgendwie beunruhigt. Sogar der Herr Sekretär – statt sich wie gewohnt der Betrachtung seiner Fingernägel zu widmen – versiegelte große Umschläge und machte dabei eine höchst angewiderte und herablassende Miene. Als ich mich seinem Tisch näherte, keimte ein scheußliches Gefühl von Verlegenheit in mir auf. Was hätte ich darum gegeben, nichts mit diesem geschniegelten Schönling zu tun zu haben, immer diese geleckte modische Frisur, die extravagante, ausländische Jacke ... Ich hatte diesen Nikostratus noch nie leiden können – genauso wenig wie die anderen jungen Schnösel in unserer Stadt. Nicht einmal als er noch mein Schüler war, konnte ich ihn leiden, er war nämlich ebenso faul wie unverschämt. Aber seit gestern wurde mir schon bei seinem Anblick übel. Ich hatte keine Ahnung, wie ich mich ihm gegenüber verhalten sollte. Aber es gab keinen anderen Ausweg. Ich sagte also: »Herr Nikostratus, gibt es etwas Neues in meiner Angelegenheit?« Er würdigte mich keines Blickes. »Entschuldigen Sie, Herr Apollo«, sagte er und versiegelte weiter seine Briefe. »Die Antwort vom Ministerium ist noch nicht da«. Ich trat von einem Fuß auf den anderen; dann wandte ich mich zur Tür. Ich fühlte mich scheußlich, wie immer, wenn ich mit einer Behörde zu tun hatte. Aber da hielt mich Nikostratus überraschend zurück: »Seit gestern ist die Verbindung mit Marathen unterbrochen. »Was Sie nicht sagen!«, rief ich erstaunt. »Sind die Manöver denn noch nicht beendet?« – »Welche Manöver?«, fragte er. Da platzte es aus mir heraus. Ich weiß bis heute nicht, ob das gut war, aber ich sah ihm direkt ins Gesicht und erwiderte: »Welche Manöver?! Dieselben, die Sie letzte Nacht auch beobachtet haben.« – »Wieso Manöver?«, fragte er zum Beneiden kaltblütig und beugte sich wieder über seine Briefumschläge. »Das war doch ein Feuerwerk. Lesen Sie die Morgenzeitungen.« Ich hätte ihm jetzt manches sagen können, sagen müssen, zumal wir in diesem Moment alleine im Zimmer waren. Aber konnte ich das?

Als ich auf den Platz zurückkam, war die Diskussion über das nächtliche »Manöver« schon im Gange. Inzwischen waren auch Myrtilus und Pandareus dazugekommen. Pandareus trug seine Uniformjacke offen, war unrasiert und sah nach dem Nachtdienst müde aus. Myrtilus war ebenso müde: In Erwartung eines großen Unheils, hatte er die ganze Nacht um sein Haus patrouilliert. Alle hielten die Morgenzeitungen in der Hand und diskutierten über eine Notiz aus dem *Beobachter*: Unter der Überschrift »Der Feiertag steht vor der Tür« hieß es, Marathen bereite sich auf sein 153-jähriges Jubiläum vor, und wie man aus gut unterrichteten Kreisen erfahren habe, sei in der letzten Nacht ein Übungsfeuerwerk abgebrannt worden, dessen Anblick die Bewohner der benachbarten Städte und Ortschaften im Umkreis von zweihundert Kilometern hätten genießen können. Charon braucht bloß mal auf Dienstreise zu sein, dachte ich, schon verdummt unsere Zeitung in katastrophaler Weise. Wenn sie sich wenigstens die Mühe gemacht hätten zu überlegen, wie ein Feuerwerk aus zweihundert Kilometern Entfernung aussieht! Außerdem: Seit wann werden Feuerwerke von Erdbeben begleitet? All das legte ich meinen Freunden dar, aber sie meinten, das wüssten sie selbst, und ob ich den *Mileter Boten* nicht gelesen hätte. Dort stehe nämlich schwarz auf weiß, die Einwohner von Milet hätten in der vergangenen Nacht das eindrucksvolle Schauspiel eines Manövers unter Einsatz neuester Militärtechnik genossen. »Was hab ich euch gesagt?«, wollte ich rufen, aber Myrtilus kam mir zuvor. Er berichtete, am frühen Morgen sei ein Fahrer der Firma »Ferntransporte« an seiner Tankstelle gewesen, hätte hundertfünfzig Liter Benzin, zwei Büchsen Autol und eine Lage Marmelade gekauft und ihm unter dem Siegel der Verschwiegenheit erzählt, dass die unterirdischen Anlagen für Raketentreibstoff vergangene Nacht in die Luft geflogen seien – Ursache unbekannt. Dabei seien dreiundzwanzig Mann vom Betriebsschutz und die gesamte Nachtschicht ums Leben gekommen, hundertneunundsiebzig Personen würden noch vermisst. Wir waren entsetzt; der gallige Paralus aber erkundigte sich in aggressivem Ton: »Und warum hat er dann so viel Marmelade gekauft?« Diese Frage brachte Myrtilus in Verlegenheit. »Ja, ja«, entgegnete er. »Das kennen wir schon. Es reicht.« Wir wussten nichts zu sagen. Tatsächlich, wozu die Marmelade? Kalaides begann zu zischen und zu spritzen, sagte aber nichts. Da schob sich auch schon Pandareus, der alte Esel, nach vorn. »Hört mal, Freunde«, rief er. »Das waren nie und nimmer Treibstoffwerke. Marmeladenfabriken waren das, klar?« Aber das ließ Paralus nicht gelten: »Unterirdische Marmeladenfabriken? ... Alter, du bist ja heute gut in Form.« Wir klopften Pandareus auf die Schulter und sagten: »Ja, man sieht, dass du schlecht geschlafen hast, Pan, Alterchen. Hast dich abgeplagt mit Minotaurus. Es ist höchste Zeit, dass du in Rente gehst, alter Freund!« – »Schöner Polizist, der selbst Panik verbreitet«, versetzte Myrtilus beleidigt; er war der Einzige, der Pandareus' Worte ernst genommen hatte. »Tja, so ist er nun mal, unser Pandareus«, witzelte Dymas. Auch Polyphem machte einen Witz auf Pans Kosten, sogar einen ziemlich unanständigen. Und während wir uns so amüsierten, stand Pandareus stocksteif da; er schwoll geradezu an vor Wut und wiegte seinen Kopf hin und her wie ein Stier, der sich nicht mehr gegen die Matadoren zu wehren weiß. Schließlich schloss er die Knöpfe seiner Uniformjacke, sah über unsere Köpfe hinweg und bellte: »Schluss! Genug geredet! Wegtreten! Im Namen des Gesetzes!« Myrtilus machte sich auf den Weg zur Tankstelle, alle Übrigen gingen in die Kneipe.

Dort bestellten wir uns erst mal Bier – ein Vergnügen, das ich mir vor der Rente nicht erlauben durfte. Denn in einer Kleinstadt wie der unseren weiß jeder, wer der Lehrer ist. Und die Eltern der Schüler bilden sich ein, der Lehrer könnte Wunder vollbringen und ihre Kinder durch persönliches Beispiel davon abhalten, in die Fußstapfen der Eltern zu treten. In der Kneipe aber wimmelt es von früh bis spät von solchen Eltern. Und erlaubte man sich ein harmloses Bierchen, gab es tags darauf mit Sicherheit ein unangenehmes Gespräch beim Direktor. Außerdem drängeln sich an der Theke andauernd Schüler aus den oberen Klassen, die die Schule schwänzen und sich nicht an die Vorschriften halten, in denen es klipp und klar heißt, dass Schüler sich gar nicht in Gaststätten mit Alkoholausschank aufhalten dürfen. Dabei liebe ich es, in die Kneipe zu gehen, neben meinen Kumpanen zu sitzen, ruhige, ernsthafte Gespräche zu führen, zerstreut dem Stimmengewirr und dem Gläserklingen zu lauschen, ab und zu einen deftigen Witz zu erzählen oder über den Witz eines anderen zu lachen, Karten zu spielen – mit kleinem Einsatz, aber großer Leidenschaft – und eine Runde auszugeben, wenn ich gewinne. So ist das.

Japetus brachte uns Bier, und wir kamen auf das Thema Krieg zu sprechen. Der einbeinige Polyphem meinte, wenn Krieg ausgebrochen wäre, gäbe es jetzt schon Mobilmachung, aber der gallige Paralus widersprach und sagte, wenn Krieg wäre, dann wüssten wir jetzt überhaupt nichts mehr … Ich mag keine Gespräche über den Krieg und wäre gern auf die Renten zu sprechen gekommen, aber wie sollte ich das anfangen … Polyphem legte seine Krücke quer über den Tisch und fragte Paralus, was er sich eigentlich unter dem Krieg vorstelle. »Weißt du, was eine Bazooka ist?«, fragte er in drohendem Ton. »Weißt du, was es heißt, im Graben zu sitzen? Panzer brausen auf dich zu, und du hast noch nicht einmal gemerkt, dass du die Hosen voll hast.« Paralus antwortete, von Panzern und vollen Hosen wisse er nichts, wolle er auch nichts wissen, aber über den Atomkrieg wüssten wir alle Bescheid: »Da musst du dich auf den Boden legen«, sagte er, »mit den Füßen in Richtung der Explosion, und dann zum nächsten Friedhof robben.« – »Du bist und bleibst ein Zivilist«, schimpfte der einbeinige Polyphem. »Atomkrieg ist Nervenkrieg, verstanden? Sie uns und wir sie, und wer sich als Erster in die Hosen macht, hat verloren.« Paralus zuckte bloß mit den Achseln, was nun Polyphem vollends in Rage brachte. »Bazookas!«, brüllte er. »Rrrums – schon sind die Hosen voll! Stimmt's, Apollo?« Nachdem er eine Zeit lang herumgeschrien hatte, verlor er sich in Erinnerungen darüber, wie wir im Schnee einen Panzerangriff abgewehrt hatten. Ich kann auch solche Erinnerungen nicht leiden. Immer nur volle Hosen. Ich weiß nicht, vielleicht war es so, ich hab's vergessen. Aber ich mag auch nicht mehr daran denken. Polyphem hingegen war schon immer ein alter Kommisskopf. Und ich weiß nicht, was einem Menschen noch alles weggeschossen werden muss, damit er ein für alle Mal aufhört, Unteroffizier zu sein. Aber vielleicht lag es nur daran, dass er keinen Kessel mitgemacht hatte, im Gegensatz zu mir. Oder es ist eine Frage des Charakters.

Wir hatten uns festgesessen, und so beschloss ich, gleich hier zu Mittag zu essen. Normalerweise kocht Japetus sehr gut, aber diesmal schmeckte die Grießklößchensuppe nach Art des Hauses stark nach Terpentin. Ich winkte Japetus herbei und sagte ihm das, worauf er erklärte, dass er seit zwei Tagen unerträgliche Zahnschmerzen hatte, und nichts abschmecken konnte. »Weißt du noch, Phöbus, wie ich dir einen Zahn ausgeschlagen habe?«, fragte er traurig. Und ob ich das noch wusste! Es war in der siebten Klasse, wir waren beide in Iphigenie verliebt und prügelten uns jeden Tag. Mein Gott, ist das lange her, dass ich mich geprügelt habe! Iphigenie ist mit einem Ingenieur verheiratet und wohnt jetzt im Süden. Sie hat schon Enkel und leidet an Angina pectoris.

Als ich auf dem Weg zu Achilles war, sah ich vor Laomedons Haus das grässliche rote Auto mit dem Panzerglas stehen. Am Steuer saß der widerliche Bursche, der sich immer über mich lustig macht, und rauchte. Auch dieses Mal schnauzte er mich an, so dass ich erhobenen Hauptes und ohne ihm die geringste Aufmerksamkeit zu schenken die Straßenseite wechselte. Achilles saß hinter der Kasse und blätterte stolz in seinem Briefmarkenalbum. Seit er die dreieckige blaue Marke mit dem silbernen Aufdruck besitzt, holt er jedes Mal, wenn ich vorbeikomme, das Album hervor und tut so, als wäre das Zufall. Ich durchschaue ihn, lasse mir aber nichts anmerken, auch wenn mir in Wahrheit das Herz blutet. Mein einziger Trost ist, dass das Dreieck eine Klebespur hat. Und so sagte ich zu ihm: »Wirklich, Achilles, ein schönes Stück. Schade bloß, dass Kleber darauf ist.« Sein ganzes Gesicht verzerrte sich, und er knurrte etwas von sauren Trauben. »Tja«, sagte ich ruhig. »Kleber ist Kleber. Da kann man nichts machen. Ich hätte die Marke zu dem Preis ja nicht genommen. Was kann man schon damit anfangen, wenn sie eine Klebespur hat? Aber manche nehmen es ja nicht so genau und kaufen sie auch gestempelt und mit Klebespur. Für mich wäre das nichts, ich finde es unseriös. Zum Tauschen kann man sie schon nehmen; es findet sich ja immer ein Einfaltspinsel, dem es egal ist, ob sie eine Klebespur hat oder nicht.« Dir werd ich's zeigen, mir deine schöne Briefmarke unter die Nase zu halten!

Im Grunde aber verstanden wir uns gut und unterhielten uns angeregt. Achilles wollte mir einreden, das gestrige Feuerwerk sei ein seltenes Nordlicht gewesen, das zufällig von einem Erdbeben begleitet worden sei, und ich erzählte ihm von den Manövern und der in die Luft geflogenen Marmeladenfabrik. Mit Achilles zu streiten aber war unmöglich. Ich sah, dass er selbst nicht glaubte, was er sagte, und dennoch beharrte er darauf. Hockte da wie ein mongolischer Götze, guckte zum Fenster hinaus und behauptete immer wieder, ich sei in dieser Stadt nicht der Einzige, der sich mit Naturphänomenen auskenne. Fast konnte man meinen, er hätte sich auf seiner pharmazeutischen Berufsschule ernsthaft mit den Wissenschaften beschäftigt. Es gibt einfach keinen bei uns, mit dem man etwas vernünftig zu Ende diskutieren könnte. Polyphem zum Beispiel. Er diskutiert nie sachlich. Die Wahrheit interessiert ihn nicht, ihm ist nur eins wichtig: den Gegner zu blamieren. Angenommen, wir diskutieren über die Form unseres Planeten. Mit einleuchtenden, jedem gebildeten Menschen wohlbekannten Argumenten erkläre ich ihm, dass die Erde, grob gesprochen, eine Kugel ist. Er aber greift ebenso erbittert wie erfolglos ein Argument nach dem anderen an, und wenn wir bei der Form des Erdschattens bei Mondfinsternissen angekommen sind, sagt er plötzlich so etwas wie: »Schatten, Schatten … Jetzt wirfst du Schatten auf den schönen Tag. Lass dir erst mal die Warze unter der Nase wegmachen und Haare auf der Glatze wachsen, dann kannst du diskutieren.« Oder Paralus: Als wir einmal über die verschiedenen Methoden diskutierten, wie sich Alkoholismus am besten heilen ließe, waren wir flugs bei der Außenpolitik des damaligen Präsidenten sowie beim Problem der Panspermie angekommen. Und dabei interessierte ich mich weder damals noch heute in irgendeiner Weise für Außenpolitik und Panspermie. Alkoholismus hingegen beschäftigte mich, weil Hermiones Großneffe darunter litt – und seine ganze Umgebung mit ihm. Zurzeit arbeitet er als Sanitäter bei der Armee, doch davor war mein Leben ein einziger Alptraum. Der Alkoholismus ist wirklich eine Geißel der Menschheit.

Unser Streit endete damit, dass Achilles sein heißgeliebtes Fläschchen hervorholte und jeder von uns ein Gläschen Gin trank. Seine Apotheke läuft nicht besonders gut; ich glaube, ohne Madame Persephone würde es bei ihm nicht mal für den Gin reichen. Auch heute kam wieder jemand von Madame Persephone wegen eines Mittels. »Ich kann Antigest empfehlen«, flüsterte Achilles diskret. »Nein«, antwortete die Botin. »Sie möchte bitte etwas Sicheres.« Aha, etwas Sicheres möchte sie also. Dann kam Japetus' Küchenjunge, um Tropfen gegen Zahnschmerzen zu holen, aber danach hatten wir Ruhe und konnten nach Herzenslust plaudern. Ich tauschte meine Briefmarke »Monument« gegen seine Serie »Rotes Kreuz« ein. Ich brauchte sie eigentlich gar nicht, aber Charon hatte neulich erzählt, in der Redaktion sei eine Annonce aufgegeben worden: »Suche ›Rotes Kreuz‹, biete beliebigen Fehldruck aus der Standardserie.« Es ist merkwürdig, aber Charon ist der einzige Mensch bei uns zu Hause, der nicht über mich kichert. Nein, er ist wirklich in Ordnung und kein schlechter Mensch – es ist Artemis, die sich unmoralisch und gemein benimmt. Und Nikostratus erst!

Als ich um neun Uhr abends nach Hause kam, sah ich die beiden schon wieder in meinem Garten sitzen. Zwar küssten sie sich nicht, aber man sollte doch wissen, was sich gehört! Ich trat auf sie zu, fasste Artemis beim Arm und sagte: »Auf Wiedersehen, Herr Nikostratus, gute Nacht.« Artemis riss sich los und verschwand ohne ein Wort. Der Schnösel versuchte noch, die peinliche Situation zu überspielen, indem er ein Gespräch über Führungszeugnisse anfing, die dem Rentenantrag beizufügen seien. Und ich stand da und hörte ihm zu, statt ihn mit dem Knüppel aus dem Garten zu jagen. Meine verdammte Höflichkeit! Und Unsicherheit! Der reinste Minderwertigkeitskomplex. Plötzlich setzte Nikostratus ein mieses Grinsen auf und sagte: »Und wie geht es der bezaubernden Hermione? Sie sind kein Kostverächter, Herr Apollo. Zu so einer Haushälterin würde ich auch nicht Nein sagen.« Ich war entsetzt. Wie benommen. Nikostratus aber machte sich auf den Weg, ohne auf Antwort zu warten – wozu brauchte er die auch? Er lachte, dass es die Straße entlangschallte, und ich blieb im dunklen Garten allein.

Ja, es geht nicht anders. Ich muss mein Verhältnis zu Hermione regeln. Ich weiß, dass es mir nichts bringt, aber die Seelenruhe verlangt Opfer.

3. Juni

Manchmal packt mich Entsetzen bei dem Gedanken, dass es mit meiner Rente nicht klappen könnte. Mein Inneres verkrampft sich, und ich fühle mich vor Angst wie gelähmt.

Wenn ich es aber logisch betrachte, muss die Sache gut für mich ausgehen: Erstens habe ich dreißig Jahre lang als Lehrer gearbeitet, genau genommen sogar dreißig Jahre und zwei Monate – die Unterbrechung während des Krieges nicht mitgerechnet. Zweitens habe ich nie meine Arbeitsstelle gewechselt, den Arbeitsablauf durch Umzüge unterbrochen oder Ähnliches; nur einmal, vor sieben Jahren, habe ich einen kurzen unbezahlten Urlaub genommen. Und der Kriegsdienst kann nicht als Unterbrechung meiner Arbeitszeit gelten, so viel ist sicher. Meine Klassen haben grob geschätzt viertausend Schüler durchlaufen, das entspricht etwa der heutigen Bevölkerung unserer Stadt. Drittens habe ich in den letzten Jahren ständig in der Öffentlichkeit gestanden und dreimal unseren Gymnasialdirektor während seines Urlaubs vertreten. Viertens habe ich tadellose Arbeit geleistet: Ich bin im Besitz von sechzehn Dankesurkunden des Ministeriums, bekam die Bronzemedaille »Für gute Arbeit auf dem Gebiet der Volksbildung« verliehen und erhielt einen persönlichen Brief des verstorbenen Ministers zu meinem fünfzigsten Geburtstag. Eine ganze Schreibtischschublade ist voll mit Dankesbriefen von Eltern meiner Schüler. Fünftens: mein Fachbereich. Das Thema Kosmos ist zurzeit in aller Munde, folglich ist auch die Astronomie hochaktuell. Ich finde, das spricht ebenfalls für mich. Wenn ich all das berücksichtige, gibt es eigentlich keinen Zweifel: Ich anstelle des Ministers würde mich ohne zu zögern für die Höchstrente einstufen. Ach, dann hätte ich endlich Ruhe. So viel brauche ich ja gar nicht mehr im Leben. Drei, vier Zigaretten, ein Gläschen Kognak, bisschen Kleingeld zum Kartenspielen, das ist alles. Ja – und die Briefmarken. Die Höchstrente, das wären hundertfünfzig im Monat. Hundert würde ich Hermione für den Haushalt geben, zwanzig für schlechte Zeiten aufs Sparbuch tun und der Rest gehörte mir. Das würde für die Briefmarken reichen und für alles andere. Habe ich das vielleicht nicht verdient?

Schlimm ist, dass alte Menschen nicht mehr gebraucht werden. Zuerst quetschen sie dich aus wie eine Zitrone, und dann sieh zu, dass du stirbst. Dankesurkunden, Anerkennungsschreiben? Wen interessiert das noch? Eine Medaille? Wer hätte keine? Und irgendwer nimmt bestimmt Anstoß daran, dass ich in Gefangenschaft war. War ich in Gefangenschaft? Ja. Drei Jahre? Drei Jahre. Na, bitte. Die Dienstzeit wurde drei Jahre lang unterbrochen. Sie kriegen Stufe drei und damit Schluss.

Wenn ich nur Beziehungen hätte ... Stopp, mein ehemaliger Schüler, General Alkimus, sitzt im Unterhaus. Ob ich dem mal schreibe? Er hat mich gewiss nicht vergessen; wir sind so manches Mal aneinandergeraten, und daran erinnern sich Schüler, wenn sie erwachsen geworden sind, sehr gerne. Ja, ich werde ihm schreiben. Und so fange ich an: »Grüß dich, mein Junge. Ich bin jetzt schon ein alter Mann ...« Ein bisschen warte ich noch, dann schreib ich ihm.

Heute saß ich den ganzen Tag zu Hause: Hermione war gestern zu Besuch bei ihrer Tante und brachte eine große Tüte mit alten Briefmarken mit. Es bereitete mir solche Freude sie anzusehen und zu sortieren – es gibt nichts Schöneres! Ich fand ein paar sehr schöne Exemplare, wenn auch mit Klebespuren. Sie müssen restauriert werden.

Myrtilus hat bei sich im Hof ein Zelt aufgeschlagen und wohnt jetzt mit seiner Familie im Zelt. Er brüstet sich, dass er binnen zehn Minuten packen und abreisen könne, und erzählt, nach Marathen gebe es noch immer keine Verbindung. Aber das ist wahrscheinlich gelogen.

Der betrunkene Minotaurus ist mit seinem dreckigen Jauchewagen gegen das rote Auto des Herrn Laomedon geprallt und hat sich mit dem Chauffeur geprügelt. Beide sind aufs Revier gebracht worden. Anschließend steckte man Minotaurus in die Ausnüchterungszelle. Der Chauffeur musste ins Krankenhaus. Es gibt doch noch Gerechtigkeit auf der Welt.

Von Artemis ist weder etwas zu hören noch zu sehen – Charon muss jeden Moment zurückkommen. Ich erzähle Hermione lieber nichts. Vielleicht geht das Ganze auch so vorbei … Ach, wenn ich doch die Höchststufe bekäme!

4. Juni

Gerade habe ich die Abendzeitungen gelesen, aber ich verstehe immer noch nichts. Zweifellos hat es Veränderungen gegeben – aber welche? Und was war die Ursache dafür? Bei uns übertreibt man ja gern …

Morgens nach dem Kaffeetrinken machte ich mich gleich auf den Weg zu unserem Platz. Es war ein schöner, warmer Morgen (Temperatur plus achtzehn, Himmel wolkenlos, Südwind, ein Meter pro Sekunde nach meinem Anemometer). Als ich aus dem Tor trat, sah ich, wie Myrtilus an seinem Zelt hantierte, das abgebaut auf dem Boden lag. Ich fragte ihn, was er mache. »Nichts weiter«, antwortete er ärgerlich. »Ihr Schlauberger. Na los, setzt euch hin und wartet, bis sie euch alle abmurksen.« Für gewöhnlich glaube ich Myrtilus kein Wort, aber wenn er so spricht, läuft es mir kalt den Rücken hinunter. »Was ist denn passiert?«, fragte ich. »Marsanten«, antwortete er kurz und drückte mit dem Knie die Luft aus dem Zelt. Ich verstand ihn nicht gleich, und vielleicht hatte ich deshalb, wegen dieses merkwürdigen Ausdrucks, das Gefühl, als käme etwas Furchtbares auf uns zu. Die Knie wurden mir weich, und ich setzte mich kurz auf die Stoßstange des Lastwagens. Myrtilus schwieg; ich hörte nur, wie er keuchte und schnaufte. »Was hast du gesagt?«, fragte ich. Er packte das Zelt ein, warf es auf den Lastwagen und zündete sich eine Zigarette an. »Die Marsanten haben uns angegriffen«, flüsterte er. »Jetzt sind wir dran. Marathen soll schon niedergebrannt sein, zehn Millionen Tote in einer Nacht. Kannst du dir das vorstellen? Und heute waren sie bei uns im Rathaus. Sie haben jetzt die Macht. Es ist aus. Das Säen haben sie schon verboten, und jetzt, heißt es, werden sie uns allen den Magen herausschneiden. Die Mägen brauchen sie für irgendwas, kannst du dir das vorstellen? Aber ich werde nicht tatenlos herumsitzen und darauf warten; ich brauche meinen Magen selber. Als ich davon hörte, wusste ich gleich, dass diese schöne neue Ordnung nichts für mich ist. Meinetwegen kann hier alles zum Teufel gehen – ich fahre zu meinem Bruder aufs Land. Frau und Kinder habe ich schon mit dem Bus vorausgeschickt. Dort werden wir eine Zeit lang abwarten, die Augen offenhalten, und dann sehen wir weiter.« – »Moment mal, Myrtilus«, sagte ich. Und obwohl ich wusste, dass alles gelogen war, steckte mir die Angst noch immer tief in den Knochen. »Was hast du gesagt? Wer ist gelandet? Wer hat Marathen niedergebrannt? Mein Schwiegersohn ist gerade dort!« – »Mit deinem Schwiegersohn ist es aus«, sagte Myrtilus mitfühlend und warf die Zigarettenkippe weg. »Du kannst deine Tochter als Witwe betrachten. Da hat ja der Sekretär jetzt freie Bahn … Also, ich fahr jetzt los. Leb wohl, Apollo. Wir haben uns immer gut verstanden, und ich trage dir nichts nach. Behalte auch du mich in guter Erinnerung.« – »Gott im Himmel«, schrie ich verzweifelt. »Wer hat uns angegriffen?« –

»Die Marsanten!«, flüsterte Myrtilus wieder. »Sie kamen von da oben!« Er zeigte mit dem Finger zum Himmel. »Von einem Kometen.« – »Meinst du vielleicht Marsianer?«, fragte ich voller Hoffnung. »Meinetwegen auch Marsianer«, sagte er und stieg ins Fahrerhaus. »Du bist der Lehrer, du musst das wissen. Mir ist es jedenfalls völlig egal, wer mir die Därme herausreißt …« – »Mein Gott, Myrtilus«, rief ich, überzeugt, dass alles gelogen war. »Was redest du denn bloß? Du bist doch kein Schuljunge mehr, hast selbst schon Enkelkinder. Wie soll es denn Marsmenschen geben, wenn der Mars ein unbelebter Planet ist? Dort gibt es kein Leben, das ist wissenschaftlich erwiesen.« – »Schon gut, von mir aus«, knurrte Myrtilus, aber ich sah, dass er an meinen Worten zweifelte. »Nicht ›schon gut‹ – das ist eine Tatsache!«, versicherte ich ihm. »Da kannst du jeden Wissenschaftler fragen. Was sag ich – Wissenschaftler, jedes Schulkind weiß das!« Myrtilus stieg ächzend aus dem Fahrerhaus. »Schert euch doch alle zum Teufel!«, brummte er und kratzte sich im Nacken. »Auf wen soll ich jetzt hören? Auf dich? Oder auf Pandareus? Ich versteh gar nichts mehr.« Er spuckte aus und ging ins Haus.

Ich ging ebenfalls nach Hause und rief die Polizei an. Pandareus hatte alle Hände voll zu tun, denn Minotaurus hatte es geschafft, das Gitter vor seinem Zellenfenster zu durchbrechen und zu fliehen. Und nun musste Pandareus die Fahndung einleiten. Und ja, vor anderthalb Stunden waren tatsächlich welche ins Rathaus gekommen, irgendeine Obrigkeit, vielleicht sogar Marsmenschen, das erzählte man sich zumindest, aber was das Herausschneiden der Mägen betraf, so lagen noch keine Weisungen vor. Überhaupt, meinte Pandareus, hätte er jetzt andere Sorgen, denn Minotaurus sei seiner Ansicht nach schlimmer als alle Marsmenschen zusammen.

Gerade hatte ich den Hörer aufgelegt, als Hermione hereinkam und mir ein neues Mittel gegen das Ekzem einflößte. Es schmeckte grauenhaft. Dann eilte ich zum Platz.

Meine Freunde standen schon alle vor dem Eingang zum Rathaus und stritten erbittert über ein paar seltsame Spuren im Staub. Diese habe der Marsmensch hinterlassen, sagten sie, so viel sei sicher. Morpheus gab an, nicht einmal er, ein erfahrener Friseur und Masseur, habe jemals ein solches Ungeheuer gesehen. »Spinnen«, sagte er. »Das sind riesige, behaarte Spinnen. Das heißt, die Männchen sind behaart, die Weibchen nackt. Sie laufen auf den Hinterbeinen, mit den Vorderbeinen greifen sie. Seht ihr die Spuren? Grauslich! Richtige Löcher. Das war er, hier ist er langgegangen.« – »Das ist nicht das Entscheidende«, meldete sich Silen zu Wort. »Bei uns auf der Erde ist die Gravitation größer, stimmt's, Apollo? Deshalb können sie nicht auf ihren eigenen Beinen laufen, sondern haben spezielle, gefederte Stelzen, und die hinterlassen solche Löcher im Staub.« – »Ja, Stelzen«, bestätigte Japetus, der mit seiner verbundenen Backe ziemlich nuschelte. »Doch nein, Stelzen sind das nicht. Die haben so ein Fahrzeug, ich habe das mal im Kino gesehen. Es fährt aber nicht auf Rädern, sondern bewegt sich auf stelzenähnlichen Hebeln fort.« – »Unser Kämmerer will sich doch nur wieder drücken«, behauptete der gallige Paralus. »Letztes Mal fiel ganz plötzlich schlimmer Hagel, vorletztes Mal war es ein Heuschreckenschwarm, und jetzt sind die Marsmenschen dran. Unser Kämmerer ist eben modern und macht sich sogar die Erschließung des Weltraums zunutze.« – »Nein, diese Spuren sind furchtbar«, befand Morpheus. »Einfach grauslich. Mir ist ganz elend zumute. Kommt, Freunde, lasst uns was trinken gehen …« Kalaides, der schon lange gezappelt, gezischt und gezuckt hatte, sagte endlich: »Sch-sch-schönes Wetter, heute, alte Freunde! Habt ihr gut ge-ge-geschlafen?« Durch seinen Sprachfehler kommt er immer zu spät zu Wort. Dabei ist er Veterinär und könnte sich sachkundig zu den Spuren äußern. »Myrtilus ist schon abgehauen.« Dymas kicherte blöde. »Leb wohl, Dymas, hat er gesagt, wir beide haben uns immer gut verstanden. Pass auf deine Tankstelle auf, und wenn was ist, zünde sie an, überlasse sie nicht dem Feind.« Ich erkundigte mich vorsichtig, was man über Marathen höre. »Marathen soll niedergebrannt sein«, antwortete Dymas. »Man hat wohl von dort angerufen und uns zur Ruhe gemahnt.« Ich war sicher, dass das alles dumme Gerüchte waren, und wollte gerade etwas dagegen sagen, als eine Polizeisirene aufheulte. Wir drehten uns um.

Wir sahen, wie der dicke, zerzauste Minotaurus im Hasenzickzack quer über den Platz lief – verfolgt von Pandareus im Polizeijeep. Pandareus stand im Wagen und brüllte; mit einer Hand hielt er sich an der Windschutzscheibe fest und mit der anderen fuchtelte er mit den Handschellen herum. »Gleich hat er ihn«, sagte Morpheus. »Abwarten«, entgegnete Dymas. »Schaut mal, was er macht!« Minotaurus rannte auf einen Telegrafenmast zu, umklammerte ihn mit Armen und Beinen und kletterte hinauf. Aber Pandareus war schon vom Jeep gesprungen und krallte sich an Minotaurus' Hose fest. Pandareus und der andere Polizist rissen ihn vom Mast los, verfrachteten ihn in den Jeep und legten ihm die Handschellen an. Dann fuhr der eine Polizist mit Minotaurus davon; Pandareus wischte sich mit einem Taschentuch über das Gesicht und kam, im Gehen seine Uniformjacke aufknöpfend, auf uns zu. »Siehst du, er hat ihn«, sagte Morpheus zu Dymas. »Immer musst du streiten.« Pandareus trat auf uns zu und fragte, was es Neues gebe. Wir erzählten ihm von den Spuren des Marsmenschen, woraufhin er in die Hocke ging und sie eingehend betrachtete. Respekt, dachte ich, denn seine berufliche Routine fiel sofort ins Auge: Er besah sich die Spuren von der Seite her und fasste nichts dabei an. Ich hatte das Gefühl, dass sich gleich alles aufklären würde. Wie eine Ente watschelte Pandareus neben der Spur her und sagte immer wieder vor sich hin: »Aha … alles klar … aha …« Wir warteten ungeduldig und sagten kein Wort, nur Kalaides bemühte sich zischend, einen Gedanken zu äußern. Dann aber richtete sich Pandareus endlich auf, ächzte, ließ seinen Blick über den Platz schweifen, als rechne er damit, jemanden zu entdecken, und sagte abgehackt: »Es waren zwei. Sie haben das Geld in einem Sack davongetragen. Der eine hatte einen Stockdegen dabei, und der andere raucht ›Astra‹.« – »›Astra‹ rauche ich auch«, sagte der gallige Paralus, worauf Pandareus ihn mit einem prüfenden Blick ansah. »Was heißt, es waren zwei?«, fragte Dymas. »Zwei was – Marsmenschen?« – »Anfangs dachte ich auch, dass es keine Hiesigen waren«, sagte Pandareus langsam und ließ kein Auge von Paralus. »Ich dachte, es wären Jungs aus Milet gewesen, die ich kenne.« Da brach es aus Kalaides heraus: »N-n-nein, mit dem Jeep kriegt er ihn nie!« – »Und was ist mit den Marsmenschen?«, fragte Dymas. »Ich verstehe gar nichts mehr.« Pandareus, der konkrete Fragen wie immer ignorierte, musterte weiterhin Paralus. »Gib mir mal deine Zigarette, Alter«, sagte er. »Wozu?«, fragte Paralus. »Ich will deine Bissmarke anschauen«, erklärte Pandareus. »Außerdem möchte ich wissen, wo du heute Morgen zwischen sechs und sieben Uhr warst.« Wir sahen alle zu Paralus. »Weißt du, was du bist?«, stieß er hervor. »Du bist der größte Idiot, der hier herumläuft – mit Ausnahme dieses Schwachkopfs, der dich bei der Polizei eingestellt hat.« Wir konnten nicht anders, als ihm Recht zu geben, klopften Pandareus auf die Schulter und sagten: »Ja, Pandareus, da hast du einen Bock geschossen. Hast nicht erkannt, alter Pan, dass das die Spuren eines Marsmenschen sind. Aber woher solltest du auch wissen, was ein Marsmensch ist? Tja, altes Haus, das ist was anderes als dein Goldgräber!« Pandareus wollte sich schon aufplustern, als der einbeinige Polyphem aus dem Rathaus trat und mitten in unser Gespräch platzte. »Großer Mist, Freunde!«, rief er voller Sorge. »Die Marsmenschen rücken vor, sie haben Milet eingenommen! Unsere weichen zurück, verbrennen die Saat, sprengen hinter sich die Brücken!« Mir wurden die Knie weich, und ich hatte nicht einmal mehr die Kraft, mich zur Bank zu schleppen, um mich hinzusetzen. »Sie haben im Süden zwei Divisionen Luftlandetruppen abgesetzt«, krächzte Polyphem. »Bald werden sie hier sein.« – »Sie waren schon hier«, wandte Silen ein. »Auf Stelzen sind sie gekommen. Da, die Spuren ...« Polyphem warf einen Blick darauf und sagte entrüstet, das seien seine Spuren, und alle begriffen: Er hatte Recht. Es waren die Spuren seiner Krücke. Ich fühlte mich sehr erleichtert; Pandareus aber, kaum war der Groschen gefallen, schloss sämtliche Knöpfe seiner Uniformjacke, blickte über unsere Köpfe hinweg und bellte: »Unterhaltung been-det! Auseinander! Im Namen des Gesetzes.«

Ich ging ins Rathaus. Überall standen Säcke herum: an den Wänden in den Fluren, auf Treppenabsätzen und sogar im Sprechzimmer. Sie waren nicht rund und prall, sondern eher platt, und verströmten einen Geruch, den ich nicht kannte. Die Fenster waren weit aufgerissen – sonst war alles wie immer. Herr Nikostratus saß an seinem Schreibtisch und polierte sich die Fingernägel. Als ich hereinkam, setzte er ein diffuses Grinsen auf und erklärte mir in teilnahmslosem Ton, dass seine dienstliche Pflicht es ihm verbiete, sich zu den Marsmenschen zu äußern. Er könne mir jedoch versichern, dass all das mit meinem Rentenproblem kaum etwas zu tun habe. Gewiss sei nur eins: Vom Weizenanbau in unserer Gegend rate man in Zukunft ab; es sei fortan besser, ein ganz bestimmtes Nährgras mit – wie er sich ausdrückte – universellen Eigenschaften zu säen. Das Saatgut befinde sich in den Säcken und werde demnächst an die Farmen in der Umgebung verteilt. »Und wo stammen die Säcke her?«, wollte ich wissen. »Sie sind gebracht worden«, antwortete er vielsagend. Ich gab mir einen Ruck und fragte, wer sie denn gebracht habe. »Amtliche Personen«, antwortete er, kam hinter seinem Schreibtisch hervor, bat um Entschuldigung und begab sich federnden Schrittes in das Zimmer des Bürgermeisters. Also ging ich auf einen Sprung ins Schreibzimmer und unterhielt mich dort mit den Tippfräuleins und dem Wächter. Merkwürdigerweise bestätigten sie nahezu alle Gerüchte, die über die Marsmenschen kursierten; ansonsten machten sie mir nicht den Eindruck, als wären sie wirklich gut informiert. Diese verdammten Gerüchte! Niemand glaubt ihnen, aber jeder erzählt sie weiter. Bis hin zur Verzerrung einfachster Tatsachen. Polyphem und seine gesprengten Brücken, zum Beispiel. Was war wirklich geschehen? Polyphem hatte sich als Erster auf dem Platz eingefunden. Die Mädchen hatten ihn vom Fenster aus gesehen und ihn gebeten heraufzukommen, um eine Schreibmaschine zu reparieren. Während er sie in Ordnung brachte, unterhielt er die Mädchen mit der Geschichte, wie er sein Bein verloren hatte. Mittendrin trat der Bürgermeister ins Schreibzimmer, stand eine Weile da und hörte nachdenklich zu, bis er den rätselhaften Satz sagte: »Tja, meine Herrschaften, nun sind alle Brücken, wie es scheint, abgebrochen.« Dann kehrte er in sein Arbeitszimmer zurück und verlangte, man möge ihm Sardinensandwiches und eine Flasche Phargosbier bringen. Polyphem setzte unterdes den Tippfräuleins auseinander, dass man beim Rückzug Brücken hinter sich zu zerstören pflege, um den Vormarsch des Gegners zu behindern. Wie es dann weiterging, ist bekannt. Was für ein Unsinn! Ich fühlte mich also verpflichtet, den Mitarbeitern des Bürgermeisters zu erklären, dass der geheimnisvolle Satz nichts weiter bedeute als: Die Entscheidung ist unwiderruflich gefallen. Natürlich spiegelte sich auf allen Gesichtern Erleichterung wider – gepaart allerdings mit einer gewissen Enttäuschung.

Auf dem Platz war niemand mehr; Pandareus hatte alle auseinandergejagt. Ich fühlte mich schon wieder fast beruhigt und machte mich auf den Weg zu Achilles, um ihm von meinen Neuerwerbungen zu berichten. Vielleicht hatte er ja Interesse an der Architekturserie und nahm sie auch gestempelt, wenn sie postfrisch nicht zu bekommen war. Er kaufte ja auch Marken mit Klebespur … Aber Achilles stand noch ganz unter dem Eindruck der sich ausbreitenden Gerüchte. Auf mein Angebot sagte er bloß zerstreut, er werde es sich überlegen. Und dann brachte er mich, ohne es zu wissen, auf eine glänzende Idee. »Jetzt sind die Marsmenschen an der Macht«, sagte er. »Und du weißt, Phöbus: neue Macht – neue Briefmarken.« Ich war verblüfft, dass ich nicht selber darauf gekommen war! Wirklich, wenn an den Gerüchten etwas dran war, musste die erste sinnvolle Maßnahme dieser mysteriösen Marsmenschen die Herausgabe neuer, eigener Briefmarken sein, zumindest aber das Überdrucken der alten. Ich verabschiedete mich schnell von Achilles und eilte zur Post. Aber dort waren natürlich noch keine Briefe mit neuen Marken eingetroffen, und überhaupt gab es auf der Post nichts Neues. Wann hören wir endlich auf, Gerüchten zu glauben? Es weiß doch jeder, dass der Mars über eine extrem dünne Atmosphäre verfügt, sein Klima sehr rau ist, und Wasser, die Grundlage allen Lebens, fast gänzlich fehlt. Die Märchen von den Kanälen sind seit langem entlarvt, denn sie waren nichts als eine optische Täuschung. Kurzum, die Ereignisse erinnerten mich an die Panik im vorletzten Jahr, als der einbeinige Polyphem mit einer Schrotflinte durch die Stadt lief und schrie, aus dem Zoo der Hauptstadt sei ein großer menschenfressender Triton entflohen. Myrtilus evakuierte daraufhin sein ganzes Haus und konnte sich erst zwei Wochen später wieder entschließen, in die Stadt zurückzukehren.

Der dämmrige Verstand meiner ungebildeten Mitbürger, genährt vom monotonen Leben, gebiert bei kleinsten Schwankungen wahrhaft phantastische Gespenster. Unsere kleine Welt gleicht einem Hühnerstall, der des Nachts im Schlaf versinkt, und man braucht nur unversehens die Federn eines Huhns zu streifen, das auf der Stange schlummert, um einen unbeschreiblichen Aufruhr zu verursachen; alles kreischt auf, flattert wild durcheinander und wirbelt Hühnerkot herum. Ich finde, das Leben ist so schon unruhig genug, und wir sollten unsere Nerven besser schonen. Ich habe gelesen, dass Gerüchte wesentlich schädlicher für die Gesundheit sind als das Rauchen. Und der Autor des Artikels konnte das sogar anhand von Zahlen belegen. Ferner hieß es, die Wirkungskraft eines Panik auslösenden Gerüchts sei direkt proportional zur Unwissenheit der Massen. Das stimmt, obwohl ich zugeben muss, dass selbst die Gebildetesten von uns der allgemeinen Stimmung erliegen und bereit sind, sich von der tobenden Menge davontreiben zu lassen.

All das wollte ich meinen Freunden erzählen und machte mich von der Post auf den Weg zur Kneipe. Aber kaum dass ich ein Stück gegangen war, sah ich, dass auf dem Platz schon wieder Menschen zusammenliefen. Ich gesellte mich dazu, musste jedoch feststellen, dass die Gerüchte bereits ihre zerstörende Wirkung entfalteten. Niemand wollte meine Überlegungen hören. Alle waren über die Maßen erregt, und die Veteranen schepperten mit ihren Waffen, die noch voller Schmierfett waren und die Uniformen verschmutzten. Wie sich herausstellte, waren aus den Kasernen des achtundzwanzigsten Infanterieregiments Soldaten entlassen worden. Und sie erzählten Unvorstellbares …

In der vorletzten Nacht war das Regiment alarmiert worden und hatte bis frühmorgens kampfbereit in Militärlastern und gepanzerten Mannschaftswagen auf dem Paradeplatz ausgeharrt. Am Morgen hatte man den Alarm aufgehoben, und der Tag war ohne Zwischenfälle verlaufen. In der letzten Nacht hatte sich das Ganze wiederholt, allerdings mit dem Unterschied, dass morgens ein Oberst vom Generalstab mit dem Hubschrauber landete, das Regiment im Karree antreten ließ und, ohne aus dem Hubschrauber zu steigen, eine lange und völlig unverständliche Rede hielt. Dann flog er wieder ab, und man entließ bis auf wenige Mann das ganze Regiment.

Bevor sie zum Platz marschierten, hatten die Soldaten bei Japetus tüchtig getankt, so dass sie schon lallten und immer wieder das bekannte Lied »Niobe, Niobe, die lüftet ihre Robe …« anstimmten. In seiner Rede hatte der Oberst allerdings kein Wort von den Marsmenschen gesagt. Er hatte nur von zwei Dingen gesprochen, von der patriotischen Pflicht des Soldaten und von seinem Magensaft, und hatte die beiden Begriffe ganz unmerklich miteinander verwoben. Die Soldaten fanden sich in all diesen Feinheiten nicht zurecht, verstanden aber, dass von heute an jeder, den der Sergeant mit einem »Narko«-Kaugummi oder einer »Opi«-Zigarette erwischte, zehn Tage im Karzer schmoren würde. Gleich nach dem Abflug des Obersts hatte der Regimentskommandeur, ohne die Soldaten wegtreten zu lassen, den Offizieren und Unteroffizieren befohlen, die Kasernen zu durchsuchen und alle Zigaretten und Kaugummis mit tonisierender Wirkung zu konfiszieren. Mehr wussten die Soldaten nicht, mehr wollten sie auch nicht wissen. Sie legten sich gegenseitig die Arme um die Schultern, schmetterten ihr »Niobe, Niobe, stell mich auf die Probe« und machten dabei eine solch bedrohliche Miene, dass wir eiligst auseinandertraten und sie durchließen.

Plötzlich sprang Polyphem mit seiner Krücke und der Schrotflinte in der Hand auf eine Bank und brüllte, die Generale hätten uns verraten, wir wären von Spionen umgeben und echte Patrioten müssten sich jetzt um die Fahne versammeln, sich zusammentun und so weiter und so fort. Unser guter Polyphem kann nicht ohne Patriotismus leben. Ohne Bein – bitte sehr, aber nicht ohne Patriotismus. Als er sich heiser geschrien hatte und den Mund hielt, um eine Zigarette zu rauchen, machte ich noch einen Versuch, die Freunde zur Vernunft zu bringen. Ich erzählte ihnen, dass es kein Leben auf dem Mars gab, nicht geben konnte und alle Gerüchte frei erfunden seien. Doch sie ließen mich nicht ausreden. Als Erstes hielt mir Morpheus die Morgenzeitung aus der Hauptstadt unter die Nase, in der es einen langen Artikel gab mit der Überschrift: »Gibt es Leben auf dem Mars?« Darin wurden die früheren wissenschaftlichen Ergebnisse ironisch in Zweifel gezogen, und als ich darüber diskutieren wollte, zwängte sich Polyphem zu mir durch, packte mich am Kragen und knurrte drohend: »Du willst wohl unsere Wachsamkeit einschläfern, du Mistkerl! Marsspion! Glatzköpfiger Halunke! An die Wand mit dir!« Ich halte es kaum aus, wenn man so mit mir spricht. Mein Herz begann zu rasen und ich rief nach der Polizei. Was für ein Grobian! So ein gemeiner Kerl! Das werde ich Polyphem nie verzeihen. Was bildet er sich ein? Ich riss mich los, nannte ihn ein einbeiniges Schwein und ging in die Kneipe.

Zu meiner Freude war Polyphems patriotisches Geheul nicht nur mir zuwider. In der Kneipe saßen bereits einige von uns. Sie drängten sich um den Archivar Kronides, spendierten ihm Bier um Bier und fragten ihn über den Besuch der Marsmenschen aus. »Was soll damit sein«, sagte Kronides und rollte mühsam mit den Augäpfeln. »Es sind ganz normale Marsmenschen. Der eine heißt Kalchandes, der andere Eleus, beide kommen aus dem Süden und haben sooo lange Nasen ...« – »Und die Maschine?«, fragten wir. »Eine ganz normale, schwarze Maschine ... Nein, kein Hubschrauber. Sie fliegt. Bin ich vielleicht Pilot? Woher soll ich wissen, wie sie fliegt?«

Ich aß zu Mittag, wartete, bis sie den Archivar in Ruhe gelassen hatten, holte zwei Gläser Gin und setzte mich zu ihm. »Gibt es etwas Neues wegen der Renten?«, fragte ich. Aber Kronides war nicht mehr ansprechbar. Seine Augen tränten, er kippte automatisch Glas um Glas und lallte: »Ganz normale Marsmenschen, der eine Kronides, der andere Eleus ... schwarz, können fliegen ... nein, kein Luftschiff ... Eleus, sag ich ... nicht ich, der Flieger ...« Und dann schlief er ein.

Als nun Polyphem mit seiner Bande hereinstürmte, stand ich auf und verließ demonstrativ das Lokal. Myrtilus war noch nicht abgereist. Er hatte sein Zelt wieder aufgeschlagen und bereitete sich auf einem Kocher sein Abendessen zu. Artemis war nicht zu Hause; sie war weggegangen, ohne sich abzumelden, und Hermione säuberte die Teppiche. Um mich zu beruhigen, begann ich Briefmarken zu restaurieren. Darin bin ich mittlerweile richtig gut, und ich weiß nicht, ob es jemandem gelingt, die von mir aufgetragene Gummierung von einer echten zu unterscheiden. Achilles kann es jedenfalls nicht.

Nun zu den Zeitungen von heute. Ich kann mich nur wundern: Die Spalten sind voll mit Artikeln von Medizinern, die sich über gesunde Ernährung auslassen. Mit welcher Wut da über Medikamente hergezogen wird, die Opium, Morphium oder Koffein enthalten! Was, wenn ich jetzt an der Leber erkranke, soll ich dann die Schmerzen ertragen? Und in keiner Zeitung etwas über Philatelie, kein Wort über Fußball, dafür drucken sie alle diesen endlos langen und völlig inhaltsleeren Artikel über die Bedeutung des Magensafts. Als ob ich dafür den Artikel bräuchte … Kein einziges Auslandstelegramm, kein Wort über die Folgen des Embargos – stattdessen eine dümmliche Diskussion über Weizen, der angeblich keine Vitamine enthalte, aber leicht von Schädlingen befallen werde. Ein gewisser Marsyas, Magister der Landwirtschaftswissenschaften, versteigt sich gar zu der Behauptung, die tausendjährige Geschichte des Weizenanbaus und anderer Arten von Nutzgetreide (Hafer, Mais) wäre ein Irrtum der Menschheit, den zu korrigieren es noch nicht zu spät sei. Ich verstehe nichts von Weizen, die Fachleute wissen da besser Bescheid, aber der Artikel ist in einem unerträglich bösen, fast subversiven Ton geschrieben. Man merkt sofort, dass dieser Marsyas ein typischer Südländer, Nihilist und Schreihals ist.

Es ist Mitternacht, aber Artemis ist immer noch nicht da. Sie ist nicht nach Hause gekommen, und im Garten ist sie auch nicht zu sehen. Dabei wimmelt es auf den Straßen vor betrunkenen Soldaten. Hätte sie wenigstens angerufen und gesagt, wo sie steckt. Jeden Moment kann Hermione hereinkommen und fragen, was mit Artemis sei. Was soll ich ihr antworten? Ich habe keine Ahnung. Ich mag solche Gespräche nicht, halte sie schlecht aus. Schöne Tochter, von wem hat sie das bloß? Meine verstorbene Frau war einfach und bescheiden; nur einmal gefiel ihr ein anderer Mann, der hiesige Architekt, aber außer zwei oder drei Zettelchen und einem Brief war da nichts. Ich selbst bin nie fremdgegangen. Noch heute denke ich voll Entsetzen an meinen Besuch bei Madame Persephone. Nein, diese Art von Zeitvertreib ist nichts für einen zivilisierten Menschen. Die Liebe, so fleischlich sie auch sein mag, ist trotz allem ein Geheimnis. Und sich in Gesellschaft von anderen – selbst guten Bekannten oder Freunden – der Liebe hinzugeben ist nicht so unterhaltsam, wie manche Bücher glauben machen. Großer Gott, nein, ich glaube natürlich nicht, dass Artemis gerade bacchantische Tänze aufführt inmitten von Flaschen, aber sie hätte wenigstens anrufen können. Und über die Dummheit meines Schwiegersohns kann ich mich nur wundern. Ich an seiner Stelle wäre längst nach Hause gekommen.

Gerade wollte ich mein Tagebuch zuklappen und schlafen gehen, da kam mir folgender Gedanke: Charon bleibt bestimmt nicht ohne Grund so lange in Marathen. Ein schrecklicher Gedanke, aber ich glaube, ich weiß jetzt, was los ist. Haben sie sich etwa wirklich entschlossen? Ich denke an die vielen Treffen, die hier im Hause stattfanden. Treffen mit merkwürdigen Freunden … Männer mit schlechten Manieren und vulgären Angewohnheiten; Mechaniker waren das, mit grober Stimme; sie tranken puren Whisky und rauchten stinkende, billige Zigarren; es waren kahlgeschorene Schreihälse mit ungesunder Gesichtsfarbe, die in Jeans und bunten Hemden hereinmarschierten und sich draußen nie die Schuhe abtraten. Und dann diese Gespräche – über die Weltregierung, die Technokratie, all diese »Ismen«, nicht zu vergessen die kategorische Ablehnung all dessen, was einem normalen Menschen Ruhe und Sicherheit gewährt. Ich erinnere mich und weiß jetzt, was los ist. Ja, mein Schwiegersohn und seine Kumpane waren Extremisten, und jetzt sind sie an die Öffentlichkeit getreten. Das ganze Gerede über die Marsmenschen ist nichts anderes als ein verzerrtes Echo der tatsächlichen Ereignisse. Verschwörer haben schon immer das laute, geheimnisvoll klingende Wort geliebt, und es ist durchaus möglich, dass sie sich jetzt »Marsmenschen« nennen, »Gesellschaft zur Neuordnung des Mars« oder »Wiedergeburt des Mars«. Und wie heißt dieser Magister für Landwirtschaftswissenschaften? Ja, richtig: Marsyas, Mars-yas! Das hat etwas zu sagen: Möglicherweise ist er der Chef dieses Umsturzes. Unverständlich bleibt allerdings, warum die Putschisten so rigoros gegen den Weizen vorgehen und sich in demselben Maß für Magensaft interessieren. Doch das mögen Ablenkungsmanöver sein, um die Öffentlichkeit irrezuführen.

Ich verstehe nicht viel von Putsch und Revolution und habe Mühe, mir all das zu erklären, was gegenwärtig vorgeht. Aber eins weiß ich: Als sie uns wie Schafe in die Schützengräben trieben, wo wir fast erfroren, als die Schwarzhemden unsere Frauen in unseren Betten betatschten – wo waren Sie da, meine Herren Extremisten? Damals haben auch Sie sich die Abzeichen angesteckt und gebrüllt: »Heil dem Führer!« Wenn Sie Umstürze so sehr mögen, warum machen Sie sie dann nicht zur rechten Zeit? Wer braucht Sie denn jetzt noch mit Ihrem Umsturz? Ich vielleicht? Oder Myrtilus? Oder Achilles? Warum lassen Sie uns nicht in Ruhe? Sie alle, meine Herren, sind Unteroffiziere und keinen Deut besser als der dusselige Patriot Polyphem.

Gott, wie mich das verdammte Ekzem wieder quält. Ich kratze mich wie ein Affe auf dem Jahrmarkt, und nichts, weder Salben noch Tropfen helfen. Die Apotheker sind alle Schwindler. Ich brauche gar keine Medikamente. Ruhe brauche ich, Ruhe, und sonst nichts!

Wenn Charon es schafft, aus dem Schatten der anderen hervorzutreten in die erste Reihe, ist mir die Höchststufe der Rente sicher.

5. Juni

Diese Nacht habe ich schlecht geschlafen. Zuerst weckte mich Artemis, die erst um ein Uhr nachts nach Hause kam. Ich war entschlossen, ein offenes Wort mit ihr zu reden, aber es wurde nichts daraus: Sie gab mir einen Kuss und schloss sich in ihrem Zimmer ein. Ich musste ein Schlafmittel nehmen, um Ruhe zu finden, hatte aber dann einen blöden Traum. Um vier Uhr morgens wurde ich abermals geweckt, diesmal von Charon. Das ganze Haus schlief, aber er sprach so laut, als wäre er alleine hier. Ich zog den Morgenmantel an und ging in den Salon. Charon sah schrecklich aus. Ich wusste sofort, dass der Umsturz fehlgeschlagen war.

Er saß am Tisch und schlang hinunter, was die verschlafene Artemis ihm vorsetzte, und schmatzte dabei wie die Schöpfkelle eines Goldgräbers. Vor ihm auf dem Tischtuch lagen die eingeölten Teile einer Waffe. Charon hatte sich lange nicht rasiert, seine Augen waren entzündet, die Haare zerzaust und standen in klebrigen Zotteln vom Kopf ab. Das Jackett fehlte, und ich musste annehmen, dass er in diesem Aufzug ins Haus gekommen war. Nichts an ihm erinnerte mehr an den Chefredakteur einer kleinen, angesehenen Zeitung. Sein Hemd war zerrissen und voller Flecken, die Hände waren schmutzig, die Nägel abgebrochen. Auf der Brust sah man dick geschwollene Kratzer. Er dachte nicht daran, mich zu grüßen, und sah mich nur mit irren Augen an, kaute an einem Happen und murmelte: »Jetzt haben sie's geschafft, die Schweine!« Ich beachtete diese unverschämte Begrüßung nicht, weil ich sah, dass er nicht ganz bei sich war. Doch erfasste mich blankes Entsetzen, und die Beine wurden so schwach, dass ich mich auf den Sofarand setzen musste. Ich sah, dass auch Artemis ganz verängstigt war, obwohl sie es nach Kräften verbarg. Charon jedoch achtete gar nicht auf sie und bellte bloß: »Brot!«, »Brandy, verdammt nochmal!« oder: »Wo ist der Senf, Artemis? Ich hab dich schon zwanzigmal darum gebeten!« Ein richtiges Gespräch kam nicht zustande. Bemüht, das heftige Herzklopfen zu überwinden, fragte ich Charon, wie seine Reise gewesen und wie er zurückgefahren sei. Seine Antwort war völlig unverständlich; er brüllte, er sei übers Maul gefahren, aber offensichtlich dem Falschen. Ich wollte das Thema wechseln, irgendetwas Unverfängliches fragen, und erkundigte mich nach dem Wetter in Marathen. Er sah mich an, als hätte ich ihn beleidigt, und brüllte auf seinen Teller hinunter: »Hirnlose Idioten …« Es war unmöglich, mit ihm zu reden. Er fluchte andauernd, benutzte die scheußlichsten Ausdrücke, sowohl beim Abendessen als auch danach, als er mit dem Ellbogen seinen Teller wegschob und begann, mit zerschürften Händen seine Waffe zusammenzusetzen. Ein Glück, dass Hermione so einen tiefen Schlaf hat, und das nicht mitansehen musste; sie erträgt keine Grobheiten. Für Charon gab es auf der Welt nur noch Schweine, und ich kam nicht dahinter, was passiert war. Er sprach ungefähr so: »Diese Schweine haben es mit ihren Schweinereien so weit gebracht, dass jedes miese Schwein mit ihnen machen kann, was es will, und kein Schwein krümmt einen Finger, um diese Schweine daran zu hindern, sich mit nichts anderem als Scheiße zu befassen.« Artemis stand händeringend hinter ihm; über ihre Wangen rannen Tränen. Von Zeit zu Zeit sah sie mich flehend an, aber was konnte ich tun? Ich hätte selbst Hilfe gebrauchen können; von der nervlichen Anspannung tanzte mir ein Schleier vor den Augen. Ohne sein Fluchen auch nur für einen Moment zu unterbrechen, setzte er die Waffe, eine moderne Armeemaschinenpistole, zusammen, legte ein Magazin ein und stand schwerfällig auf; dabei warf er zwei Teller zu Boden. Artemis, mein armes Töchterchen, trat mit blutleerem Gesicht auf ihn zu, was ihn ein wenig zu erweichen schien. »Na, na, mein Kleines«, sagte er, hörte auf zu fluchen und legte ihr ungeschickt den Arm um die Schultern. »Ich könnte dich ja mitnehmen, aber das würde dir kaum Freude machen. Ich kenne dich doch genau.«

Mein Gott, dachte ich bang, jetzt muss Artemis die richtigen Worte finden. Und meine Tochter, als könne sie meine Gedanken lesen, brach in Tränen aus und stellte Charon die meiner Meinung nach entscheidende Frage: »Was wird jetzt aus uns?« Doch ich wusste gleich, dass es aus Charons Sicht ganz und gar nicht die richtigen Worte waren. Er klemmte sich die Maschinenpistole unter den Arm, gab Artemis einen Klaps auf den Hintern und sagte mit unangenehmem Grinsen: »Keine Sorge, Kindchen, für dich verändert sich ja nichts«, und ging zur Tür. Aber ich konnte nicht dulden, dass er sich einfach so, ohne jede Erklärung, davonmachte. »Einen Moment, Charon«, sagte ich und bezwang meine Schwäche. »Was wird aus uns? Was werden sie jetzt mit uns machen?« Meine Frage versetzte ihn in unbeschreibliche Wut. Er blieb auf der Schwelle stehen, wandte sich halb um, sein Knie zuckte unkontrolliert und heftig, und er zischte durch die Zähne: »Wenn wenigstens ein Saukerl fragen würde, was *er* tun kann. Aber nein, jeder fragt bloß, was *mit ihm* geschieht. Habt keine Angst, ihr werdet das Himmelreich auf Erden haben.« Damit ging er hinaus und schlug die Tür hinter sich zu. Gleich darauf hörte man von draußen das Brummen seines Wagens, das sich rasch entfernte.

Die folgende Stunde war die Hölle. Artemis verfiel in eine Art Hysterie, eine nicht zu bremsende Raserei. Sie zertrümmerte das restliche Geschirr auf dem Tisch, riss das Tischtuch herunter und schleuderte es in Richtung Fernseher, hämmerte mit den Fäusten gegen die Tür und schrie mit gepresster Stimme: »Aha, eine dumme Gans bin ich für dich? Eine dumme Gans, ja? Und du? Und du ... Du bist mir scheißegal. Mach doch, was du willst, du Idiot, und ich mach, was ich will! Kapiert? Kapiert? Kapiert? Du wirst noch auf Knien gerutscht kommen!« Wahrscheinlich hätte ich ihr Wasser geben, sie ohrfeigen müssen oder so was, aber ich lag selbst fassungslos auf dem Sofa, und keiner brachte mir Herztabletten. Es endete damit, dass Artemis in ihr Zimmer rannte, ohne mich im Geringsten zu beachten, und ich, nachdem ich ein Weilchen so dagelegen hatte, in mein Bett kroch und halb bewusstlos einschlief.

Der Morgen ist trüb und regnerisch (Temperatur plus siebzehn, geschlossene Wolkendecke, windstill). Den Streit zwischen Artemis und Hermione wegen der Unordnung im Salon habe ich Gott sei Dank verschlafen. Ich weiß bloß, dass sie sich verkracht haben und jetzt beide schmollen. Als Hermione mir den Kaffee einschenkte, sah ich ihr an, dass sie auch mit mir schimpfen wollte, aber sie schwieg. Wahrscheinlich sehe ich heute Morgen miserabel aus, und Hermione ist eine gutmütige Frau, was ich sehr an ihr schätze. Nach dem Kaffee wollte ich mich auf den Weg zum Platz machen, als ein Botenjunge erschien und mir eine Vorladung brachte, die von Polyphem unterschrieben war. Darin stand, ich sei einfaches Mitglied der »Freiwilligen Antimarsmenschen-Stadtwache« und hätte mich »um zehn Uhr auf dem Platz der Eintracht einzufinden und eine Stich- oder Feuerwaffe sowie Lebensmittel für drei Tage mitzubringen«. Was glaubt der eigentlich, was ich bin, ein Grünschnabel? Selbstverständlich gehe ich da nicht hin – schon aus Prinzip nicht. Von Myrtilus, der noch immer im Zelt wohnt, erfuhr ich, dass seit dem frühen Morgen Farmer ins Rathaus kamen, Säcke mit Saatgut für das neue Nährgras holten und es auf ihre Felder fuhren. Die Weizenernte sollte vernichtet werden, die Regierung kaufte sie zu günstigen Bedingungen auf, und die Farmer erhielten sogar eine Anzahlung auf die Ernte des neuen Getreides. Natürlich argwöhnen die Farmer, dass hinter alldem nichts anderes steckt, als eine der üblichen Agraraffären, aber da ihnen weder Geld noch schriftliche Verpflichtungen abverlangt werden, wissen sie nicht, was sie davon halten sollen. Myrtilus versucht mich (mich!) zu überzeugen, dass es keine Marsmenschen gibt, weil das Leben auf dem Mars unmöglich sei. Er ist der Meinung, es handle sich schlicht um eine neue Agrarpolitik. Aber er könne die Stadt jeden Moment verlassen und habe sich für alle Fälle auch einen Sack Saatgut geholt.

Die Zeitungen schreiben wie gestern ausschließlich über Weizen und Magensaft. Wenn das so weitergeht, kündige ich mein Abonnement. Im Radio geht es auch nur um Weizen und Magensaft, und ich schalte es schon gar nicht mehr ein, sondern sehe nur noch fern: Da ist dasselbe zu sehen wie vor dem Putsch.

Herr Nikostratus kam heute mit seinem Wagen vorgefahren. Artemis eilte ihm entgegen, und dann sind sie zusammen weggefahren. Ich mag gar nicht daran denken. Aber vielleicht will es ja das Schicksal so.

Da das Geschwätz von Weizen und Magensaft nicht aufhört, ist der Putsch anscheinend doch gelungen. Doch Charon hat durch seinen schwierigen Charakter wohl kaum erreicht, was er wollte, sich dann mit allen zerstritten und ist jetzt in der Opposition. Ich fürchte, wir werden seinetwegen noch Unannehmlichkeiten bekommen. Wenn so Verrückte wie Charon zur Waffe greifen, schießen sie auch. Mein Gott, ob wohl irgendwann einmal die Zeit kommt, wo ich keine Unannehmlichkeiten mehr habe?

6. Juni

Temperatur plus sechzehn, fast geschlossene Wolkendecke, Südwestwind, sechs Meter in der Sekunde. Mein Anemometer funktioniert wieder. Das Ekzem macht mich verrückt, ich muss mir die Hände einwickeln. Obendrein schmerzen die Ohren, die einmal gefroren waren; bestimmt ändert sich das Wetter.

Nun haben wir eben Marsmenschen. Ich mag nicht mehr darüber streiten.

7. Juni

Mein Auge ist noch immer geschwollen und tut weh, ich kann nichts damit sehen. Gut, dass es das linke ist. Die Kompressen von Achilles helfen nur zum Teil. Er meint, das Veilchen werde ich noch mindestens eine Woche behalten. Jetzt ist es blaurot, dann soll es grün werden, danach gelb und dann verschwinden. Was für eine niederträchtige Gemeinheit, einen älteren Menschen, der eine harmlose Frage stellen will, zu schlagen!

Wenn sich die Marsmenschen schon am Anfang so verhalten, weiß ich nicht, wie das enden soll. Beklagen kann ich mich bei niemandem; ich kann nur abwarten, bis sich die Lage geklärt hat. Das Auge schmerzt so sehr, dass ich nicht einmal daran denken mag, wie ich mich heute früh über den schönen, friedlichen Morgen gefreut habe. (Temperatur plus zwanzig Grad, wolkenloser Himmel, Südwind, ein Meter pro Sekunde.)

Nachdem ich gefrühstückt hatte, ging ich auf den Dachboden, um meteorologische Beobachtungen anzustellen und entdeckte zu meiner Verwunderung, dass die Felder vor der Stadt eine bläuliche Färbung angenommen hatten. Von weitem gesehen, verschmolzen sie mit dem strahlenden Blau des Himmels, und der Horizont war fast nicht mehr auszumachen – trotz der klaren, von keinerlei Dunst getrübten Luft. Die Saat der Marsmenschen war überraschend schnell aufgegangen. Dennoch durfte man nicht erwarten, dass sie den Weizen von heute auf morgen verdrängen würde.

Als ich auf den Platz kam, bot sich mir folgendes Bild: In der Mitte standen drei mit Planen überspannte Lastwagen, und darum herum drängten sich meine Freunde, Farmer, eine große Menge sonstiger Bewohner unserer Stadt, die jetzt eigentlich arbeiten mussten, und Schulkinder, die eigentlich in der Schule hätten sitzen sollen. Die Lastwagen waren mit bunten Plakaten und Reklamebildern geschmückt. Ich dachte zuerst, es sei ein Wanderzirkus, zumal die Reklame einzigartige Seiltänzer und Helden der Manege zeigte. Aber Morpheus, der schon länger hier stand, erklärte mir, dass es sich um eine fahrende Annahmestelle handelte. Darin gebe es Pumpen mit Schläuchen, und an jeder Pumpe sitze ein großer, kräftiger Bursche im Doktorkittel und biete jedem an, ihm die überschüssige Flüssigkeit abzupumpen. Dafür zahle er einen erstaunlichen Preis: einen Fünfer pro Glas. »Was für eine Flüssigkeit?«, fragte ich, und bekam zur Antwort: »Na, überschüssigen Magensaft«. Alle Welt hat anscheinend diesen Magensaftfimmel.

»Sind das Marsmenschen?«, fragte ich. »Wieso denn Marsmenschen?«, wunderte sich Morpheus. »Das sind kräftige Burschen mit langen Haaren. Einer von ihnen hat nur ein Auge.« – »Ja, und?«, fragte ich. »Jeder, egal, ob er von der Erde oder vom Mars kommt, wird einäugig, wenn man ihm ein Auge ausschlägt.« In dem Moment wusste ich noch nicht, dass meine Worte eine Prophezeiung waren. Ich hatte mich bloß über Morpheus' Überheblichkeit geärgert. »Von einäugigen Marsmenschen habe ich allerdings noch nie was gehört«, setzte er hinzu.

Die Leute ringsum begannen unserem Gespräch zu lauschen. Morpheus packte offenbar die Eitelkeit und er versuchte, seinen zweifelhaften Ruf als Diskussionsführer aufzupolieren. Dabei hatte er überhaupt keine Ahnung von der Sache. »Das sind gar keine Marsmenschen«, behauptete er. »Es sind ganz normale junge Leute aus den Vororten unserer Hauptstadt. Sie sitzen dort zu Dutzenden in jeder Kneipe.« – »Es gibt so wenig Informationen über den Mars«, sagte ich lässig, »dass die Vermutung, die Marsmenschen sähen aus wie Burschen aus der Vorstadtkneipe, keiner wissenschaftlichen Erkenntnis zuwiderläuft.« – »Richtig«, mischte sich ein Farmer ein, der neben uns stand. »Das haben Sie sehr überzeugend gesagt, mein Herr! Stellen Sie sich vor: Die Arme des Einäugigen sind bis zum Ellbogen tätowiert – lauter nackte Weiber. Als er sich die Arme hochkrempelte und mit dem Schlauch auf mich zukam – nein, hab ich mir gedacht, so etwas brauchen wir hier nicht.« – »Und was sagt die Wissenschaft über die Tätowierung von Marsmenschen?«, fragte Morpheus bissig. Anscheinend wollte er mich provozieren. Billig, sehr billig, Morpheus, das riecht nach Friseursalon. Mit solchen Späßen kommst du mir nicht bei. »Professor Zephir«, sagte ich und sah ihm direkt in die Augen, »der Chefastronom des Observatoriums in Marathen, hat einen solchen Brauch in keinem seiner zahllosen Artikel über die Marsmenschen bestritten.« – »Stimmt«, bestätigte der Farmer. »Er trägt eine Brille, er weiß es besser.« So, das musste Morpheus jetzt schlucken. Er schien förmlich vor meinen Augen zu schrumpfen und verschwand dann mit den Worten »... ein Bierchen trinken ...« in der Menge. Ich aber blieb stehen und wartete ab.

Einige Zeit geschah nichts. Alle standen nur da und gafften oder unterhielten sich leise. Farmer und Kaufleute sind, wie es scheint, ein unentschlossenes Völkchen. Dann gab es in den vorderen Reihen Bewegung. Ein Dörfler riss sich plötzlich den Strohhut vom Kopf, warf ihn energisch zu Boden und rief: »Verdammt, sind fünf Münzen etwa kein Geld?« Dann stieg er die Stufen des Holztreppchens hinauf und schlüpfte durch die Tür des Lastwagens, so dass wir nur noch seinen staubigen Rücken mit vielen Kletten sehen konnten. Was er dort sagte oder fragte, konnten wir nicht hören. Ich sah nur, dass er anfangs sehr angespannt war; dann entspannte er sich, trat von einem Fuß auf den anderen, schob die Hände in die Taschen und kehrte kopfschüttelnd zu uns zurück. Vorsichtig, ohne jemanden anzusehen, bückte er sich, hob seinen Hut auf, klopfte sorgsam den Staub ab und verschwand in der Menge. In der Tür des Lastwagens erschien nun ein Mann, der tatsächlich sehr groß gewachsen war und nur ein Auge hatte. Ohne den weißen Kittel hätte man ihn mit seiner schwarzen Augenklappe, den Bartstoppeln und den behaarten, tätowierten Armen für einen Verbrecher aus den Slums halten können. Er warf einen finsteren Blick auf die Menge, rollte die hochgekrempelten Ärmel herunter, zog eine Zigarette hervor, zündete sie an und sagte mit derber Stimme: »Jetzt kommt halt rein! Fünf Piepen gibt's. Für jedes Gläschen fünf Piepen. Das ist doch Geld, bares Geld. Wie lange müsst ihr sonst den Buckel dafür krummmachen? Und hier braucht ihr bloß den Schlauch zu schlucken, damit hat's sich. Na?«

Ich sah mir den Kerl noch einmal an und wunderte mich über die Kurzsichtigkeit unserer Administration. Wie konnte man annehmen, ein Bürger oder gar ein Farmer würde seinen Körper einem derartigen Schlägertypen anvertrauen? Ich drängte mich durch die Menge und machte mich auf den Weg zu unserem Platz.

Meine Freunde waren schon da. Jeder hielt ein Schrotgewehr in der Hand; manche trugen eine weiße Armbinde. Polyphem hatte sich eine alte Militärmütze aufgesetzt, stand schweißüberströmt auf einer Bank und hielt eine Rede: Die Untaten der Marsmenschen seien unerträglich, rief er, alle Patrioten stöhnten und litten unter ihrem Joch, und es sei an der Zeit, ihnen eine gehörige Abfuhr zu erteilen. Schuld an allem, behauptete Polyphem, seien Deserteure und Verräter wie diese dickärschigen, vollgefressenen Generale, der Apotheker Achilles, der Feigling Myrtilus und der Abtrünnige Apollo.

Bei seinen letzten Worten wurde mir schwarz vor den Augen. Ich brachte kein Wort heraus und kam erst wieder zu mir, als ich sah, dass außer mir niemand mehr auf den einbeinigen Narren hörte. Tatsächlich, die Aufmerksamkeit galt allein Silen, der gerade aus dem Rathaus kam. Die Steuern, erzählte er, würden zukünftig in Form von Magensaft eingezogen, und aus Marathen sei die Weisung gekommen, den Magensaft mit sofortiger Wirkung dem gewöhnlichen Geld gleichzustellen. Er sollte genauso in Umlauf kommen wie Geld, und alle Banken und Sparkassen seien bereit, ihn gegen Devisen anzukaufen. Worauf der gallige Paralus bemerkte: »Glaubt mir, das ist das Ende. Die Goldreserven haben sie verpulvert, und jetzt wollen sie das Geld mit Magensaft decken.« – »Wie denn das?«, fragte Dymas. »Verstehe ich nicht. Soll man jetzt immer eine Flasche bei sich haben, als Portemonnaie sozusagen? Und wenn ich ihnen statt Magensaft nun Wasser bringe?« – »Hör mal, Silen«, sagte Morpheus. »Du kriegst noch einen Zehner von mir. Kann ich dir den gleich in Form von Saft geben?« Er war direkt aufgelebt, denn er hatte nie genug Geld zum Trinken und zechte immer auf fremde Kosten. »Gute Zeiten, Freunde!«, rief er. »Wenn ich jetzt was trinken will, geh ich zur Bank, lass mir überschüssigen Saft abzapfen, kriege bares Geld und – ab in die Kneipe.« Da brüllte Polyphem wieder los: »Gekauft haben sie euch! Ihr verkauft euch an die Marsmenschen – für Magensaft! Ihr verkauft euch, und die kutschieren in der Stadt herum, als wären sie zu Hause auf dem Mars!«

Und wirklich: Ein seltsames schwarzes Fahrzeug bewegte sich langsam und geräuschlos über den Platz. Es schien ohne

Räder zu fahren und hatte weder Fenster noch Türen. Johlend und pfeifend liefen kleine Bengel hinterher; einige versuchten sich anzuhängen, aber das Fahrzeug war so glatt wie ein Konzertflügel, und sie fanden keinen Halt. Es war ein ungewöhnliches Fahrzeug. »Ob das wirklich den Marsmenschen gehört?«, fragte ich. »Wem denn sonst?«, versetzte Polyphem gereizt. »Dir vielleicht?« – »Unsinn«, entgegnete ich. »Es gibt aber wer weiß was für Autos auf der Welt – sollen die alle den Marsmenschen gehören?« – »Das behaupte ich ja gar nicht, du Einfaltspinsel!«, brüllte Polyphem. »Ich sagte, die Marsmenschen, dieses Pack, kutschieren durch die Stadt wie bei sich zu Hause! Und ihr verkauft euch hier!« Ich zuckte nur mit den Achseln, weil ich mich nicht mit ihm anlegen wollte. Aber Silen sagte offen und vernünftig, was er dachte: »Tut mir leid, Polyphem, aber dein Geschrei geht mir auf die Nerven. Und nicht bloß mir. Ich finde, wir haben alle unsere Pflicht getan. Wir sind in deine Wache eingetreten, wir haben die Waffen geputzt, was willst du noch?« – »Patrouillen! Patrouillen brauchen wir!«, schrie Polyphem mit sich überschlagender Stimme. »Wir müssen die Straßen sperren! Wir dürfen sie nicht in die Stadt lassen!« – »Und wie willst du das machen?« – »Ganz einfach! Ich rufe: Halt, wer da? Stehen bleiben! Oder ich schieße! Und dann schieße ich auch!« Ich konnte nicht mehr zuhören, der Mann war der reinste Kasernenhof. »Vielleicht stellen wir wirklich Patrouillen auf?«, schlug Dymas vor. »Wäre doch kein Problem für uns, oder?« – »Aber es ist nicht unsere Sache«, sagte ich bestimmt. »Und es ist gegen das Gesetz. Stimmt's, Silen? Dafür ist die Armee da. Soll sie doch Patrouillen und Schießereien veranstalten!«

Ich kann solche Kriegsspiele nicht ausstehen, besonders dann nicht, wenn Polyphem sie kommandiert. Das artet immer in Sadismus aus. Ich erinnere mich noch, als es in der Stadt Atomkriegsübungen gab; da warf er zwecks genauer Imitation der Lage überall Rauchkörper hin, damit niemand seine

Gasmaske vergaß. Viele zogen sich Vergiftungen zu, es war schrecklich. Er ist und bleibt ein Unteroffizier, man darf ihm keine Verantwortung übertragen. Ein andermal schmuggelte er sich in die Turnstunde einer Schule, beschimpfte den Lehrer mit unflätigen Ausdrücken und fing an, den Kindern mit seinem einen Bein den Parademarsch vorzuführen. Wenn man ihn in eine Patrouille steckte, würde er mit seiner Schrotflinte auf jeden feuern, bis kein Proviantnachschub mehr in die Stadt käme. Bestimmt würde er auch auf die Marsmenschen schießen, so dass diese dann aus Rache die Stadt niederbrannten. Unsere alten Leute sind wie Kinder, weiß Gott. Patrouillen! Ich spuckte demonstrativ aus und ging ins Rathaus.

Herr Nikostratus polierte sich die Fingernägel und beantwortete meine schüchterne Frage dahingehend, dass sich die Finanzpolitik der Regierung unter den neuen Bedingungen etwas verändern und der sogenannte Magensaft dabei eine große Rolle spielen werde. Es sei zu erwarten, dass er in Zukunft gleichberechtigt mit dem Geld umlaufe. Eine spezielle Verfügung über die Renten stehe noch aus, doch da die Steuern in Magensaft eingezogen würden, gebe es Grund zu der Annahme, dass die Renten ebenfalls in Magensaft ausgezahlt würden. Mir wurde angst und bange, doch ich nahm meinen ganzen Mut zusammen und fragte Herrn Nikostratus geradeheraus, ob ich seine Worte so auffassen solle, dass der sogenannte Magensaft nicht eigentlich Magensaft sei, sondern nur ein Symbol der neuen Finanzpolitik darstelle? Herr Nikostratus zuckte mit den Achseln, betrachtete seine Fingernägel und sagte: »Magensaft, Herr Apollo, ist Magensaft.« – »Aber was soll ich denn mit Magensaft?«, fragte ich völlig verzweifelt. Er zuckte wieder mit den Achseln und meinte: »Jeder Mensch braucht Magensaft, das wissen Sie doch.« Mir war völlig klar, dass Herr Nikostratus entweder log oder mir etwas verschwieg. Ich war so verzweifelt, dass ich einen Termin beim Herrn Bürgermeister verlangte. Doch das wurde mir verweigert. Ich verließ das Rathaus und trug mich in die Patrouillenliste ein.

Wenn man einem Mann, der dreißig Jahre lang tadellosen Dienst in der Volksbildung geleistet hat, als Belohnung ein Fläschchen Magensaft anbietet, ist dieser Mann berechtigt, seinem Zorn Ausdruck zu verleihen. Ob nun die Marsmenschen daran schuld sind oder nicht, ist nebensächlich. Ich kann anarchische Handlungen nicht leiden, aber für meine Rechte bin ich bereit, mit der Waffe in der Hand zu kämpfen. Und obwohl mein Protest rein symbolisch ist – sollen sie ruhig einmal darüber nachdenken, sollen sie ruhig wissen, dass sie es hier nicht mit einer stummen Kreatur zu tun haben! … Wenn aber die Spendenannahmestellen schon zum System gehörten und Banken und Sparkassen für Devisen tatsächlich Magensaft in Zahlung nähmen, würde ich anders darüber denken. Aber das mit den Banken und Sparkassen hat Silen erzählt, somit ist es bloß ein unbestätigtes Gerücht. Und was die Spendenannahmestellen betrifft: Nachdem sich Morpheus in die Patrouillenliste eingeschrieben und beschlossen hatte, dies sofort zu begießen, begab er sich in die Hände des einäugigen Schlägertyps. Wenig später kehrte er mit tränenden, rot geränderten Augen zurück, zeigte uns einen nagelneuen, knisternden Fünferschein und berichtete, die Lastwagen würden gleich wegfahren. Von einem System kann also keine Rede sein: Sie waren gekommen und fuhren wieder weg. Hast du Magensaft abgeliefert, gut, hast du es nicht getan – selber schuld. Ich finde das empörend.

Polyphem teilte mich zusammen mit dem Stotterer ein. Wir sollten nachts von zwölf bis zwei auf dem Platz der Eintracht und in den angrenzenden Straßen patrouillieren. Er händigte uns eine von Silen geschriebene Bestätigung aus, klopfte mir gerührt auf die Schulter und sagte: »Alte Garde! Was würden diese Scheißzivilisten ohne uns machen, Phöbus? Ich habe gewusst, dass du im entscheidenden Moment an unserer Seite stehst.« Beide zu Tränen gerührt, fielen wir uns in die Arme. Polyphem ist eigentlich kein schlechter Kerl, er will eben nur, dass man ihm widerspruchslos folgt. Ein durchaus verständlicher Wunsch. Ich bat ihn um Erlaubnis, mich zu entfernen, und ging zu Achilles. Patrouille hin, Patrouille her – ich musste jetzt für alle Fälle ein paar Maßnahmen ergreifen. »Was ist das eigentlich, Magensaft?«, fragte ich Achilles. »Wer kann ihn gebrauchen und wozu?« Achilles erklärte, der Saft sei für die Verdauung der Nahrung unerlässlich, sonst aber wohl zu nichts nütze. Das wusste ich auch selbst. »Ich kann dir bald einen größeren Posten sogenannten Magensaft anbieten«, sagte ich. »Vielleicht willst du ihn ja haben?« Er wollte es sich überlegen, und bot mir sogleich einen Tausch an: meine unvollständige Zooserie gegen seine ungezahnte Luftpost aus dem Jahre achtundzwanzig. Die Ungezahnte ist zwar sehr selten, aber Achilles' Exemplar hat zwei Klebespuren und einen Fettfleck. Ich weiß nicht recht.

Als ich die Apotheke verließ, sah ich das Fahrzeug der Marsmenschen wieder. Vielleicht war es dasselbe, vielleicht ein anderes. Sämtlichen Verkehrsregeln zuwider fuhr es mitten auf der Straße im Schritttempo, so dass ich es mir genau ansehen konnte. Ich ging in Richtung Kneipe, und so hatten wir den gleichen Weg. Mein erster Eindruck war richtig gewesen: Das Fahrzeug erinnerte an einen staubigen, stromlinienförmigen Konzertflügel. An der Unterkante blinkte von Zeit zu Zeit etwas auf, dann hüpfte der Wagen ein wenig hoch; aber es war anscheinend kein Defekt, denn die Vorwärtsbewegung setzte sich ohne Unterbrechung fort. Selbst aus nächster Nähe waren keine Fenster und Türen zu sehen, am meisten jedoch verblüffte mich das Fehlen der Räder. Ich konnte mich leider nicht so tief bücken, dass ich einen Blick auf den Wagenboden hätte werfen können – dort wären die Räder sicher zu sehen gewesen. Oder nicht? Nein, ohne ein einziges Rad, das konnte nicht sein.

Plötzlich blieb das Fahrzeug stehen. Genau vor der Villa des Herrn Laomedon. Ich weiß noch, wie ich bitter dachte: Es gibt wirklich Menschen auf der Welt, für die es keinerlei Unterschied macht, wer regiert – ob der alte oder der neue Präsident, ob die Marsmenschen oder sonst wer: Jede Macht begegnet ihnen mit Achtung und Aufmerksamkeit. Dabei haben sie das nicht verdient, vor allem keine Achtung. Doch es geschah etwas völlig Unerwartetes. Da ich zu Recht annahm, jetzt werde jemand aussteigen und ich bekäme endlich einen Marsmenschen zu Gesicht, blieb ich zusammen mit anderen, die offenbar dasselbe dachten, ein Stück abseits stehen und wartete ab. Zu unserer großen Überraschung und Enttäuschung aber stiegen keine Marsmenschen aus, sondern junge Männer in schmal geschnittenen Mänteln und einheitlichen Baskenmützen. Drei von ihnen gingen zur Haustür und läuteten, während die zwei anderen – lässige Haltung, die Hände tief in den Manteltaschen – sich gegen das Fahrzeug lehnten. Die Tür wurde geöffnet, und die drei Männer traten ein. Aus dem Haus waren nun sonderbare, gedämpfte Geräusche zu hören, so als ob dort jemand Möbel verrückte und mit regelmäßigen Schlägen einen Teppich ausklopfte. Die beiden Männer, die am Wagen lehnten, schenkten den Geräuschen keine Beachtung. Der eine blickte zerstreut die Straße entlang, der andere sah gähnend hinauf zum Obergeschoss der Villa. Kurz darauf trat ein Mann aus der Tür, es war der Chauffeur des Herrn Laomedon, der mich immer beleidigte. Er ging langsam und tappend wie ein Blinder, sein Gesicht war sehr bleich, sein Mund weit aufgerissen, die glasigen Augen traten hervor, und er presste beide Hände gegen den Bauch. Auf dem Gehsteig machte er ein paar Schritte, setzte sich ächzend nieder, saß eine Weile da und sackte dann immer mehr in sich zusammen. Schließlich fiel er gekrümmt zur Seite, scharrte noch kurz mit den Beinen und blieb dann reglos liegen. Zuerst begriff ich überhaupt nichts. All das lief so ruhig und unspektakulär ab, mitten im gewohnten Straßenlärm, dass ich es als völlig normal empfand. Weder war ich beunruhigt noch suchte ich nach Erklärungen – solches Vertrauen hatte ich zu den jungen Männern. Sie wirkten so anständig, so zurückhaltend … Einer von ihnen warf einen flüchtigen Blick auf den am Boden liegenden Chauffeur, zündete sich eine Zigarette an und sah wieder hinauf zum ersten Stock. Ich hatte sogar den Eindruck, dass er lächelte. Dann hörte ich Schritte, und aus der Haustür traten nacheinander: ein junger Mann in schmalem Mantel, der sich mit einem Tüchlein die Lippen abtupfte; Herr Laomedon in einem eleganten orientalischen Morgenrock, ohne Hut, in Handschellen; es folgte der zweite junge Mann in schmalem Mantel, der sich im Gehen die Handschuhe auszog, und schließlich der dritte junge Mann in schmalem Mantel, mit Waffen beladen. Mit dem rechten Arm drückte er drei oder vier Maschinenpistolen an die Brust, mit der Linken hielt er, den Finger durch die Abzugsbügel geschoben, mehrere Pistolen fest, und an jeder Schulter hing ein leichtes Maschinengewehr. Auf Herrn Laomedon warf ich nur einen Blick, doch der genügte … Bis jetzt werde ich das Bild nicht los von etwas Rotem, Nassem, Klebrigem … Der Trupp überquerte langsam den Gehsteig und verschwand im Inneren des Fahrzeugs. Die beiden jungen Männer lösten sich träge von der polierten Bordwand, traten zum Chauffeur, ergriffen ihn vorsichtig an Armen und Beinen, schwangen ihn sacht hin und her und schleuderten ihn zur Haustür hinein. Dann zog der eine ein Stück Papier aus seiner Tasche und klebte es sorgsam neben die Klingel. Nun fuhr das Fahrzeug ohne zu wenden rückwärts, mit der gleichen Geschwindigkeit, wie es soeben vorwärtsgefahren war. Die beiden jungen Männer schritten mit der allerbescheidensten Miene durch die auseinandertretende Menge und verschwanden hinter der nächsten Straßenecke.

Als ich wieder denken konnte und mich aus der Erstarrung löste, in die der unerwartete Vorfall mich versetzt hatte, war ich so erschüttert, als wäre ich Augenzeuge eines historischen Wendepunkts geworden. Und ich bin sicher, dass die anderen Zuschauer ebenso empfanden. Wir drängten uns vor der Haustür zusammen, aber keiner wagte hineinzugehen. Ich setzte meine Brille auf und las über die Köpfe hinweg, was auf dem Zettel neben der Klingel stand: »Drogen sind Gift und Schande der Nation! Es ist an der Zeit, damit Schluss zu machen. Wir werden das tun, und ihr werdet uns dabei helfen. Wer Drogen verbreitet, wird gnadenlos bestraft.« Unter normalen Umständen hätte eine solche Proklamation für zwei Stunden Gesprächsstoff gesorgt, aber die Leute waren noch ganz verängstigt und riefen nur: »Ojeoje!« – »Sieh einer an!« – »Hehe.« – »Ja, ja, meine Herrschaften, das ist schlimm!« Jemand rief den Arzt und die Polizei. Der Arzt ging ins Haus und kümmerte sich um den Chauffeur. Dann traf Pandareus im Polizeijeep ein. Auf der Vortreppe trat er von einem Fuß auf den anderen, las ein paarmal die Proklamation, kratzte sich im Nacken und warf einen Blick durch die Tür, hatte jedoch Angst hineinzugehen, obwohl der Arzt schon sehr verärgert und laut schimpfend nach ihm rief. Pandareus stand breitbeinig in der Tür, die Hände flach hinterm Koppel, aufgeplustert wie ein Truthahn. Mit dem Eintreffen der Polizei war die Menge mutiger geworden und fand deutliche Worte: »So läuft das also, wie?« – »Jetzt ist alles klar.« – »Interessant, sehr interessant!« – »Nie hätte ich das geglaubt.« Mit Unbehagen sah ich, dass man jetzt offener sprach, und wollte schon gehen. Doch die Neugier plagte mich, und ich hörte, wie Silen Pandareus fragte: »Also siegt das Gesetz nun doch, Pan? Habt ihr euch endlich dazu aufgerafft?« Pandareus kniff die Lippen ein und sagte nach kurzem Zögern: »Ich glaube nicht, dass wir das waren.« – »Wie – nicht ihr? Wer denn sonst?« – »Ich glaube, das war die Gendarmerie aus der Hauptstadt«, flüsterte Pandareus und sah sich nach allen Seiten um. – »Wieso denn Gendarmerie?«, wunderte man sich in der Menge. »Gendarmerie in einem Marsauto? Nein, das war keine Gendarmerie.« – »Was war es denn eurer Meinung nach? Marsmenschen, was?« Pandareus plusterte sich jetzt noch mehr auf und bellte: »He, wer redet da von Marsmenschen? Seid mal vorsichtig, ja!« Doch man achtete nicht mehr auf ihn. Jetzt redeten sie offen drauflos: »Das Fahrzeug mag vielleicht vom Mars sein, aber Marsmenschen waren das nicht, das steht fest. Sie verhalten sich wie wir Menschen.« – »Richtig! Warum sollten sich Marsmenschen auch um Drogen scheren?« – »Neue Besen kehren gut, was, Alter. Bloß – was geht sie unser Magensaft an?« – »Nein, das waren keine von uns. Viel zu still, viel zu schweigsam. Ich glaube, es waren doch Marsmenschen. Die arbeiten ja wie Maschinen.« – »Richtig, wie Maschinen! Wie Roboter! Wozu sollen sich die Marsmenschen auch die Hände schmutzig machen? Sie haben natürlich Roboter!« Pandareus fühlte sich nun gedrängt, auch eine Vermutung zu äußern. »Nein, meine Freunde«, rief er. »Das waren keine Roboter. Das ist die neue Ordnung. In die Gendarmerie werden jetzt nur noch Taubstumme aufgenommen. Zwecks Wahrung der Staatsgeheimnisse.« Zuerst waren die Leute verblüfft durch die kühne Hypothese, dann aber hagelte es giftige Repliken. Viele davon waren sehr lustig, behalten habe ich aber nur die Bemerkung des galligen Paralus. Er schlug vor, auch die Polizei nur noch mit Taubstummen zu besetzen, allerdings nicht zur Wahrung von Staatsgeheimnissen, sondern um unschuldige Menschen vor dem Quatsch zu bewahren, mit dem amtliche Personen sie traktierten. Pandareus, der gerade seine Uniformjacke öffnen wollte, plusterte sich sogleich wieder auf, schloss die Knöpfe und brüllte: »Unterhaltung been-det!« Wir mussten also auseinandergehen, obwohl genau in dem Moment der Unfallwagen eintraf. Pandareus tobte vor Wut, so dass wir nur aus der Ferne beobachten konnten, wie der verletzte Chauffeur aus der Tür getragen wurde. Zu unserer Verwunderung brachte man noch zwei Personen heraus. Bis jetzt weiß ich nicht, wer das war.

Wir machten uns auf den Weg in die Kneipe und staunten nicht schlecht, als wir sahen, wer dort völlig ungezwungen an der Theke stand: die zwei jungen Männer in den schmal geschnittenen Mänteln. Sie waren still und schweigsam wie zuvor, tranken Gin und blickten zerstreut über die Köpfe hinweg. Ich bestellte mir ein Mittagessen, und während ich aß, beobachtete ich, wie die Neugierigen von uns allmählich an die beiden jungen Männer heranrückten. Es war geradezu lächerlich, wie plump Morpheus ein Gespräch mit ihnen über das Wetter in Marathen anfing und wie Paralus, um den Stier bei den Hörnern zu packen, ihnen etwas zu trinken spendierte. Die beiden jungen Männer, die in der Kneipe anscheinend niemanden kannten, tranken die ihnen zugeschobenen Gläser brav aus, bewahrten jedoch gleichmütiges Schweigen. Scherze erheiterten sie nicht, Anspielungen ließen sie unberührt, direkte Fragen überhörten sie gänzlich. Ich wusste nicht, was ich von ihnen halten sollte. Einerseits bewunderte ich ihre Selbstbeherrschung und Gleichgültigkeit gegenüber den lächerlichen Versuchen, mit ihnen ins Gespräch zu kommen. Andererseits fing ich tatsächlich an zu glauben, sie seien Roboter vom Mars. Vielleicht sahen die Marsmenschen ja scheußlich aus und mochten deshalb nicht selbst vor uns treten? Dann aber hielt ich sie doch wieder für Marsmenschen, von denen wir ja bis heute nichts wissen. Meine Freunde wurden indes immer dreister, umdrängten die zwei jungen Männer und redeten über sie, ohne ein Blatt vor den Mund zu nehmen; einige befühlten sogar ihren Mantelstoff. Am Ende glaubten alle, Roboter vor sich zu haben. Japetus wurde schon unruhig. Als er mir einen neuen Brandy einschenkte, sagte er mürrisch: »Bloß keine Roboter! Jeder von ihnen hatte zwei Gin, zwei Brandy und zwei Schachteln Zigaretten. Wer soll das sonst bezahlen?« Ich erklärte ihm, dass Roboter, die auf den Konsum von Zigaretten und Alkohol programmiert seien, bestimmt auch wüssten, wie das zu bezahlen sei. Japetus beruhigte sich. Aber da begann an der Theke eine Schlägerei.

Wie sich später herausstellte, hatten der gallige Paralus und der dumme Dymas eine Wette abgeschlossen: Dymas sollte dem Roboter eine brennende Zigarette in die Hand stecken – und nichts würde geschehen. In dem Moment aber sah ich bloß, wie aus der aufgekratzten Menge Dymas herausgeschossen kam: Er flog rückwärts quer durch den ganzen Raum, schlenkerte dabei mit den Füßen, warf Tische und Menschen um, und fiel in einer Ecke zu Boden. Gleich darauf landete Paralus auf dieselbe Weise in der anderen Ecke. Die Freunde stieben auseinander, und ich, der nicht wusste, was los war, sah die jungen Männer wie davor still an der Theke sitzen und nachdenklich und mit einer ruhigen Bewegung das Schnapsglas zum Mund führen.

Paralus und Dymas wurden aufgehoben und nach hinten gebracht, damit sie wieder zu sich kamen. Ich nahm mein Glas und ging ebenfalls nach hinten. Ich wollte wissen, was geschehen war. Als ich eintraf, war Dymas soeben erwacht, saß mit idiotischer Miene da und befühlte seine Brust. Paralus war noch bewusstlos, schluckte aber bereits Gin und trank Sodawasser nach. Neben ihm stand eine Kellnerin mit einem Tuch in der Hand, um ihm gleich, wenn er wach war, den Kiefer damit zu verbinden. Hier erfuhr ich von der Wette und war mit allen einer Meinung, dass Paralus ein Provokateur und Dymas ein Dummkopf war – nicht besser als Pandareus. Diese durchaus vernünftigen Überlegungen stellten die Freunde aber nicht zufrieden. Sie hatten sich in den Kopf gesetzt, die Sache nicht auf sich beruhen zu lassen. Polyphem, der sich bislang im Hintergrund gehalten hatte, erklärte, das würde die erste Kampfaktion der neuen Stadtwache. Wir müssten den Burschen auflauern, wenn sie aus der Kneipe kämen, sagte er und bestimmte, wer von uns wo Posten zu beziehen und wann wohin zu schießen hätte. Ich distanzierte mich sofort von dieser Idee. Erstens bin ich gegen Gewalt – ich habe nichts, aber auch gar nichts mit einem Unteroffizier gemein –, und zweitens hielt ich die zwei jungen Männer nicht für schuldig. Außerdem wollte ich mich nicht mit ihnen prügeln, sondern mit ihnen über meine Angelegenheiten sprechen. So stahl ich mich davon und kehrte an meinen Tisch zurück – und das war der Anfang eines für mich äußerst schmerzlichen Ereignisses.

Jetzt, wo ich den gestrigen Tag von einer anderen Warte aus betrachte, bin ich allerdings immer noch der Meinung, dass mein Verhalten vollkommen logisch war und bleibt … Die jungen Männer, so überlegte ich, kamen nicht aus der Gegend. Dass sie mit einem Marsfahrzeug fuhren, deutete eher darauf hin, dass sie in der Hauptstadt wohnten. Und dass sie der Verhaftung des Herrn Laomedon beigewohnt hatten, bewies, dass sie zu den Machthabern gehörten. Denn diese hätten auf Herrn Laomedon wohl kaum einfache Vollstrecker angesetzt. Daraus folgerte ich, dass die jungen Leute sicher gut über die neuen Umstände Bescheid wussten und mir vieles mitteilen konnten, was mich interessierte. Ich – der kleine Mann, über den sich der Chauffeur des Herrn Laomedon lustig machte, und dem der Sekretär des Bürgermeisters die Auskunft verweigerte – konnte eine solche Gelegenheit nicht ungenutzt lassen. Zudem weckten die jungen Leute in mir keinerlei Bedenken. Dass sie Herrn Laomedon und seine Gorillas ein wenig hart angefasst hatten, war mir keine Warnung – sie machten ja bloß ihre Arbeit. Außerdem handelte es sich um Herrn Laomedon, der das ohnehin längst verdient hatte. Und was den Vorfall mit Paralus und Dymas betraf: Dymas ist dumm; mit ihm kann man nichts anfangen. Und

Paralus ist imstande, jemanden mit seinen bösartigen Witzen in Wut und Rage zu bringen. Ganz abgesehen davon, würde ich persönlich auch niemandem erlauben, mich einen Roboter zu nennen, oder mir mit einer Zigarette die Hand zu verbrennen.

Deshalb war ich, als ich meinen Brandy ausgetrunken hatte und auf die jungen Männer zusteuerte, vom Erfolg meines Vorhabens überzeugt. Ich hatte das bevorstehende Gespräch in allen Einzelheiten durchdacht und dabei sowohl ihre Tätigkeit, als auch ihre anscheinend angeborene Schweigsamkeit und die Stimmung nach dem Zwischenfall mit Paralus und Dymas berücksichtigt. Ich wollte mich zunächst für das dumme Verhalten meiner Freunde entschuldigen; mich dann in aller Form vorstellen und sie fragen, ob ich sie nicht zu sehr belästigte; ferner die Qualität des Brandys beklagen, den Japetus allzu oft mit billigen Sorten verschnitt, und ihnen welchen aus meiner Flasche anbieten. Dann gedachte ich auf das Wetter hier und in Marathen zu sprechen zu kommen, um dann, langsam und taktvoll, die Hauptfrage zu stellen. Während ich auf sie zuging, sah ich, dass einer der beiden sich eine Zigarette anzündete und der andere, mit dem Rücken zur Theke, aufmerksam und, wie mir schien, interessiert beobachtete, wie ich langsam näher kam. Darum beschloss ich, ihn anzusprechen. Ich zog den Hut und sagte: »Guten Abend.« Ich bemerkte noch die flüchtige Bewegung, die von seiner Schulter ausging, und im nächsten Moment explodierte in meinem Kopf eine Handgranate. Von da an kann ich mich an nichts mehr erinnern. Nur dass ich lange hinten neben Paralus lag, Gin schluckte, Soda nachtrank und jemand mir mit einem kalten Tüchlein das lädierte Auge kühlte.

Und jetzt frage ich mich: Was kommt in Zukunft noch auf uns zu? Niemand ist für mich eingetreten, niemand hat protestiert. Alles fängt wieder von vorne an: Die jungen Männer werden erneut Angst und Schrecken verbreiten und die Menschen auf der Straße verprügeln … Und als Polyphem mich mit seinem Auto nach Hause brachte, stand meine Tochter – gleichgültig wie alle anderen ringsum – im Garten und küsste den Herrn Sekretär. Nein, selbst wenn ich gewusst hätte, was passiert, hätte ich versucht, mit den Männern ins Gespräch zu kommen; ich musste es einfach tun. Aber ich wäre vorsichtiger gewesen und hätte einen größeren Abstand gewahrt. Wer soll mir denn sonst Auskunft geben? Ich mag nicht immer jede Münze dreimal umdrehen, bevor ich sie ausgebe; weiter zu unterrichten übersteigt meine Kraft, und ich will nicht mein Haus verkaufen müssen, in dem ich so viele Jahre gelebt habe. Ich habe Angst davor, ich brauche Ruhe.

8. Juni

Temperatur plus siebzehn, stark bewölkt, Südwind, drei Meter pro Sekunde. Ich sitze zu Hause, gehe nirgendwohin und spreche mit keinem Menschen. Die Schwellung ist zurückgegangen. Die Stelle am Auge schmerzt fast gar nicht mehr, aber ich sehe immer noch schrecklich aus. Den ganzen Tag über habe ich meine Briefmarken angeschaut und ferngesehen. In der Stadt ist alles beim Alten. Letzte Nacht haben Jugendliche das von den Soldaten besetzte Etablissement der Madame Persephone belagert. Es soll eine richtige Schlacht gegeben haben, gesiegt hat die Armee. (Besteht eben nicht aus Marsmenschen …) In den Zeitungen stand nichts Besonderes. Kein Wort über das Embargo, anscheinend wurde es schon aufgehoben. Eine merkwürdige Rede des Kriegsministers (in Petit gedruckt), worin es heißt, unsere Teilnahme an der »Kampfgemeinschaft« sei eine Bürde für das Land und längst nicht so notwendig, wie es auf den ersten Blick scheine. Gott sei Dank hat er das nach elf Jahren nun endlich auch verstanden! Hauptsächlich aber schreibt die Zeitung über einen

Farmer namens Periphantes, der innerhalb von vierundzwanzig Stunden bis zu vier Liter Magensaft produziert, ohne dass es seinem Organismus schadet. Es folgt seine Biografie, ein Überblick über sein bisheriges, schweres Leben, intime Einzelheiten und ein Interview mit ihm. Auch das Fernsehen zeigt jeden Tag mehrfach Szenen aus seinem Leben. Ein dicker, derber Kerl, fünfundvierzig Jahre alt, ohne jeden Intellekt. Man schaut ihn an und käme nie auf die Idee, ein solch erstaunliches Phänomen vor sich zu haben. Immer wieder erzählt er, dass er jeden Morgen ein Stück Zucker lutscht. Man müsste es auch mal versuchen …

Aha! In der Zeitung findet sich auch ein Artikel unseres Veterinärs Kalaides über die Schädlichkeit von Drogen. Er beschreibt darin, wie negativ sich der regelmäßige Gebrauch von Drogen bei Großvieh auf die Absonderung von Magensaft auswirkt. Sogar ein Diagramm ist dabei. Ich mache folgende interessante Beobachtung: Kalaides' Artikel ist schwarz auf weiß gedruckt, aber er lässt sich trotzdem schwer lesen, weil man das Gefühl nicht loswird, er stottere auch beim Schreiben. Und Herr Laomedon wurde exekutiert, weil er die Bürger unserer Stadt daran hinderte, Magensaft zur Verfügung zu stellen. Langsam gewinne ich den Eindruck, dass der Magensaft Mittelpunkt der neuen Staatspolitik ist. Das war noch nie da. Aber wenn man es bedenkt: Warum eigentlich nicht?

Hermione kam von einem Besuch zurück und fing sofort Streit wegen des Kognaks an. Sie behauptete, mein Ekzem würde vom Kognak schlimmer, woraufhin ich erwiderte, dass das Unsinn sei: Mein Ekzem verschlimmere sich durch nervliche Erschütterungen, durch Hitze und – ja! – durch ebensolche Gespräche. Hermione will einfach nicht verstehen, dass ich Ruhe brauche. Gott sei Dank bin ich nicht mit ihr verheiratet und habe zumindest noch pro forma das Recht, ihr Anweisungen zu erteilen. Später, beim Abendessen, erzählte sie, dass man in der ehemaligen Villa des Herrn Laomedon eine dauerhafte Annahmestelle für Magensaft einrichte. Wenn das stimmt, kann ich es nur unterstützen und gutheißen. Ich bin überhaupt für alles Beständige und Dauerhafte.

Ach, meine heißgeliebten Briefmarken! Ihr, ihr allein kränkt mich nie.

9. Juni

Temperatur plus sechzehn, leicht bewölkt, Sprühregen. Die Schwellung ist verschwunden, aber wie Achilles vorhersagte, ist es um das Auge herum scheußlich grün. Ich kann mich so nicht auf der Straße sehen lassen, da bekäme ich nichts als dumme Sprüche zu hören. Am Morgen habe ich im Rathaus angerufen. Herr Nikostratus war besonders guter Laune und sprühte vor Humor; zu meiner Rente konnte er mir allerdings nichts Neues mitteilen. Ich habe mich deswegen natürlich aufgeregt und wollte mich mit den Briefmarken beruhigen, doch selbst sie waren mir kein Trost. Da schickte ich Hermione in die Apotheke, um mir ein Beruhigungsmittel zu holen, aber sie kehrte mit leeren Händen zurück. Achilles hatte nämlich einen Runderlass erhalten, demzufolge er Beruhigungsmittel nur noch auf Rezept des Stadtarztes herausgeben durfte. Wütend rief ich ihn an und begann Streit, aber es war sinnlos – wie hätte er mir schon helfen können? Sämtliche Medikamente, die eine betäubende Wirkung hatten, unterlagen strengster Kontrolle durch die Polizei und den Sonderbevollmächtigten des Rathauses. Nun ja, wo gehobelt wird, fallen Späne. In Gegenwart von Hermione goss ich mir einen Kognak ein und trank ihn aus. Das half. War sogar noch besser. Hermione sagte keinen Ton.

Am Morgen kehrte Myrtilus' Familie nach Hause zurück; er selbst wohnte bis heute im Zelt. Ich freute mich. Es war das erste Anzeichen dafür, dass sich die Lage wieder stabilisierte. Doch nach dem Mittagessen beobachtete ich, wie Myrtilus sie alle wieder in den Bus setzte. Was war los? »Schon gut, nichts weiter«, antwortete er wie immer. »Ihr seid alle Schlauberger, nur ich bin ein Dummkopf …« Er war hin und wieder zum Platz gegangen und hatte dort erfahren, dass die Marsmenschen den Kämmerer und den Architekten wegen Veruntreuung und finsterer Machenschaften zur Verantwortung ziehen wollten. Man hatte sie wohl schon beide irgendwohin vorgeladen. Ich versuchte ihm zu erklären, dass das gut und gerecht sei, aber da hatte ich den Falschen vor mir! »Schon gut«, gab er zurück. »Gerecht … Heute der Kämmerer und der Architekt, morgen der Bürgermeister und übermorgen ich weiß nicht wer – vielleicht ich. Nichts da! Dir haben sie auch schon eins aufs Auge geballert, ist das etwa gerecht?« Was soll's: Mit Myrtilus kann man einfach nicht reden. Hol ihn doch der …

Herr Korybantes rief an und stellte sich als Charons Stellvertreter bei der Zeitung vor. Seine Stimme klang kläglich und zitterte; anscheinend hatten sie bei der Zeitung Ärger mit den Behörden. Er flehte mich an, ihm zu sagen, ob Charon bald zurück sei. Ich antwortete ihm sehr mitfühlend, sagte aber kein Wort davon, dass Charon schon einmal hier gewesen war. Ich wusste instinktiv, dass es nicht gut war, darüber zu reden. Wer weiß, wo Charon jetzt steckt und was er macht? Aber Ärger wegen der Politik zu bekommen, das hätte mir gerade noch gefehlt. Ich spreche nicht über ihn und habe das auch Artemis und Hermione verboten. Hermione verstand mich sofort, aber Artemis machte eine Szene.

10. Juni

Langsam komme ich wieder zu mir, obwohl ich mich immer noch krank und angeschlagen fühle. Das Ekzem ist schlimmer geworden. Ich bin übersät mit Wasserbläschen und kratze mich ununterbrochen, obwohl ich weiß, dass ich das nicht darf. Und unablässig werde ich von unheimlichen Phantomen verfolgt, deren ich mich gern entledigen würde, wenn ich wüsste, wie. Ich verstehe: Man tötet, weil man dazu gezwungen ist; man tötet, damit man nicht selbst getötet wird. Das ist zwar auch abscheulich und gemein, aber doch etwas Natürliches. Sie jedoch werden von niemandem gezwungen. Partisanen! Ich weiß, was das ist, ich kenne das. Aber nie hätte ich gedacht, dass ich auf meine alten Tage noch einmal Partisanen zu sehen bekomme.

Es fing damit an, dass ich gestern Morgen wider Erwarten einen sehr freundlichen Antwortbrief von General Alkimus erhielt. Er schrieb, dass er sich noch gut an mich erinnere, mir sehr zugetan sei und mir bestes Wohlergehen wünsche. Der Brief wühlte mich auf – so sehr, dass ich gar nicht mehr wusste, wohin mit mir. Ich beriet mich mit Hermione, und auch sie war der Meinung, dass man eine solche Gelegenheit nicht versäumen durfte. Nur eines verunsicherte uns beide – die unruhigen Zeiten. In dem Moment sahen wir, wie Myrtilus sein provisorisches Lager abbrach und seine Sachen zurück ins Haus trug. Das gab den Ausschlag. Hermione machte mir eine sehr elegante schwarze Augenklappe, ich nahm die Mappe mit meinen Papieren, stieg ins Auto und fuhr nach Marathen.

Das Wetter meinte es gut mit mir, und ich fuhr langsam und ohne Eile die leere Chaussee zwischen den blauen Feldern entlang. Dabei überlegte ich, welchen Handlungsspielraum ich je nach Situation hätte und wie ich am besten vorginge. Aber wie so oft trat etwas Unvorhergesehenes ein.

Ungefähr vierzig Kilometer vor Marathen begann plötzlich der Motor zu zischen, der Wagen ruckte, zog nicht mehr und blieb stehen. Ich hielt auf dem Gipfel eines Hügels an, und als ich ausstieg, fiel mein Blick auf eine friedliche ländliche Gegend, die durch das Blau freilich ein wenig ungewohnt aussah. Ich weiß noch, dass ich trotz dieser Verzögerung ganz ruhig blieb und den Anblick der fernen, säuberlich weißen Farmerhäuser genoss. Das blaue Getreide stand hier sehr gut, stellenweise mannshoch. Noch nie hatte es in unserer Gegend eine so reiche Ernte gegeben. Die Chaussee lief schnurgerade bis zum Horizont.

Ich klappte die Motorhaube hoch und sah mir einige Zeit den Motor an, in der Hoffnung, den Defekt zu finden. Aber ich bin ein schlechter Mechaniker und gab bald auf, richtete den müden Rücken gerade und sah mich um, ob nicht von irgendwoher Hilfe zu erwarten sei. Die nächste Farm lag zu weit weg, und auf der Chaussee war nur ein Fahrzeug zu sehen, das von Marathen her näher kam. Es fuhr ziemlich schnell. Anfangs war ich froh, doch bald erkannte ich zu meinem großen Bedauern, dass es sich um ein schwarzes Marsauto handelte. Ich gab die Hoffnung jedoch nicht auf, weil ich mir dachte, dass in einem Marsauto ja auch irdische Menschen fahren konnten. Die Aussicht, den düsteren, schwarzen Wagen anzuhalten, war aber alles andere als erfreulich; ich fürchtete, es könnten sich Marsmenschen darin befinden, und vor denen hatte ich instinktiv Angst. Aber was blieb mir übrig? Ich streckte also den Arm aus und ging dem Fahrzeug, das schon am Fuß des Hügels angekommen war, entgegen. Und da geschah das Entsetzliche.

Der Wagen war noch etwa fünfzig Meter von mir entfernt, als plötzlich eine gelbe Flamme aufblitzte. Der Wagen tat einen Sprung und bäumte sich auf. Ein donnernder Schlag folgte, dann verhüllte eine Rauchwolke die Chaussee. Der Wagen hob ab, hatte schon fast die Wolke erreicht, kippte dann jedoch stark zur Seite. In dem Moment zuckten abermals zwei Blitze; der doppelte Schlag warf den Wagen herum, und er krachte mit voller Wucht auf den Asphalt. Meine Knie wurden weich wie Gummi, und ich fühlte vom Aufschlag die Erde unter den Füßen zittern. Ein fürchterlicher Unfall, dachte ich. Der Wagen brannte; ihm entstiegen schwarze Gestalten, die schon das Feuer erfasst hatte. Dann ging die Schießerei los. Ich konnte nicht erkennen, wer schoss und von wo, doch ich sah deutlich, auf wen geschossen wurde: Durch Rauch und Flammen sah ich, wie die schwarzen Figuren zappelten und eine nach der anderen zu Boden fiel. Wieder knallten Schüsse, ich hörte herzzerreißende Schreie, und dann lagen alle hingestreckt neben dem umgestürzten Wagen; sie brannten weiter. Das Schießen aber hörte nicht auf. Mit einem grauenhaften Donnerschlag explodierte jetzt das Fahrzeug, unirdisch weißes Licht fuhr mir in die Augen, dichte Heißluft peitschte mir ins Gesicht. Ich kniff unwillkürlich die Augen zusammen, und als ich mit einem Auge blinzelte, sah ich schreckensstarr, wie ein großes schwarzes Wesen, breitbeinig wie ein riesiger Affe, brennend und mit einem Rußschweif, hügelan auf mich zulief. Im selben Moment sprang links von mir ein Mann in Militäruniform, die Maschinenpistole im Anschlag, aus dem blauen Getreide, blieb mit dem Rücken zu mir mitten auf der Straße stehen, hockte sich rasch nieder und schoss aus kurzer Entfernung auf die lodernde schwarze Gestalt. Ich war so entsetzt, dass sich meine Erstarrung löste, und ich die Kraft fand, mich umzudrehen und zu meinem Auto zu laufen. Wie ein Irrer drückte ich auf den Starter, sah nichts, hörte nichts, hatte vergessen, dass der Motor streikte, und dann verließen mich die Kräfte … Ich blieb im Auto sitzen, starrte sinnlos vor mich hin … apathisch, ein betäubter Zeuge eines grausigen Vorfalls. Teilnahmslosigkeit kam über mich. Wie im Traum sah ich bewaffnete Männer zur Chaussee laufen; sie umstellten den Ort der Katastrophe, beugten sich über die brennenden Leiber, drehten sie herum und riefen sich gegenseitig etwas zu. Doch ich konnte es nicht verstehen, weil mir das Blut in den Schläfen hämmerte. Vier Männer standen am Fuß des Hügels, und einer, der in Militäruniform, den Schulterklappen nach ein Offizier, stand nicht weit weg von mir, ein paar Schritte entfernt von dem Toten, und lud seine Maschinenpistole nach. Dann sah ich, wie er langsam auf ihn zuging, die Mündung der Maschinenpistole senkte und einen kurzen Feuerstoß abgab. Die tote Gestalt zuckte abscheulich, und ich musste mich übergeben, direkt auf das Lenkrad und die Hose. Und nun begann das Schrecklichste.

Der Offizier warf einen kurzen Blick zum Himmel, wandte sich zu mir um und sah mich an – diesen erbarmungslosen, eiskalten Blick werde ich nie vergessen. Dann marschierte er, die Maschinenpistole am Griff festhaltend, auf mein Auto zu. Ich hörte, wie seine Kumpane ihm etwas zuriefen, aber er drehte sich nicht um, sondern kam immer näher. Wahrscheinlich fiel ich sekundenlang in Ohnmacht, denn in meiner Erinnerung gibt es eine Lücke bis zu dem Moment, wo ich neben meinem Auto stehe – und mir gegenüber der Offizier mit zwei anderen Aufständischen. Wie diese Leute aussahen! Alle drei unrasiert und vollkommen verdreckt, die Kleidung zerfetzt und übersät mit Flecken. Die Uniform des Offiziers war in ähnlich schrecklichem Zustand, auf dem Kopf trug er einen Helm. Einer der beiden Zivilisten hatte eine schwarze Baskenmütze auf; der andere, der eine Brille trug, war barhäuptig. »Was ist, sind Sie taub?«, fragte der Offizier schroff und rüttelte mich an den Schultern. Der Mann mit der Baskenmütze verzog das Gesicht und sagte durch die Zähne: »Lassen Sie ihn, was soll das bringen?« Ich riss mich zusammen und zwang mich, ruhig zu antworten, denn ich wusste, dass es um mein Leben ging. »Wie kann ich Ihnen helfen?«, fragte ich. »Ein echter Einheimischer«, sagte der Mann mit der Baskenmütze. »Er weiß nichts und will nichts wissen!« –

»Warten Sie, Ingenieur«, bellte der Offizier gereizt. Und an mich gewandt: »Wer sind Sie? Was machen Sie hier?« Ich erklärte ihm alles, ohne etwas zu verheimlichen. Während ich sprach, sah er sich andauernd um oder blickte zum Himmel, als fürchte er Regen. Der Mann mit der Baskenmütze unterbrach mich plötzlich und rief: »Ich will nichts riskieren! Ich gehe. Machen Sie, was Sie wollen!« Dann drehte er sich um und lief den Hügel hinunter. Die beiden anderen blieben und hörten mich bis zu Ende an. Ich versuchte in ihren Gesichtern zu erkennen, was mir nun bevorstand, fand nichts Gutes, und da kam mir der rettende Gedanke. Ich vergaß alles, was ich bisher gesagt hatte, und platzte heraus: »Vergessen Sie nicht, meine Herren, ich bin Charons Schwiegervater.« – »Welcher Charon?«, fragte der Aufständische mit Brille. – »Der Chefredakteur der Kreiszeitung.« – »Na und?«, fragte der Aufständische, während der Offizier weiter in den Himmel sah.

Ich war verwirrt, denn Charon war ihnen offensichtlich unbekannt. Trotzdem sagte ich: »Mein Schwiegersohn nahm gleich am ersten Tag die Maschinenpistole und verließ das Haus.« – »So?«, fragte der Aufständische. »Das macht ihm Ehre.« – »Ist doch alles Quatsch«, sagte der Offizier. »Wie sieht es bei Ihnen in der Stadt aus? Was ist mit den Truppen?« – »Weiß ich nicht«, sagte ich. »Bei uns in der Stadt ist es still.« – »Ist der Zugang zur Stadt frei?«, fragte der Offizier. – »Meiner Meinung nach, ja«, antwortete ich und fügte hinzu: »Aber Sie könnten von Patrouillen der Antimarsmenschen-Stadtwache aufgehalten werden.« – »Wie?«, rief der Offizier, und auf seinem brutalen Gesicht war zum ersten Mal so etwas wie Verwunderung zu sehen. Er löste sogar den Blick vom Himmel und sah mich an. »Was für eine Wache?« – »Die Antimarsmenschen-Stadtwache«, sagte ich. »Mit Unteroffizier Polyphem an der Spitze. Vielleicht kennen Sie ihn? Er ist Invalide.« – »So ein Schwachsinn«, schnarrte der Offizier. »Können Sie uns in die Stadt bringen?« Ich bekam es mit der Angst. »Selbstverständlich«, erwiderte ich. »Aber mein Auto ...« – »Was ist damit?«, erkundigte sich der Offizier. Ich nahm all meinen Mut zusammen und log: »Wahrscheinlich sitzt der Kolben fest.« Der Offizier pfiff durch die Zähne, wandte sich ohne ein weiteres Wort ab und verschwand im Getreide. Der Aufständische mit der Brille sah mich weiterhin aufmerksam an und fragte plötzlich: »Haben Sie Enkel?« – »Ja!«, log ich verzweifelt. »Zwei! Der eine ist noch ein Säugling.« Er nickte mitfühlend. »Schrecklich«, sagte er. »Das ist, was mich am meisten quält. Sie wissen nichts und werden nie etwas erfahren ...«

Ich verstand nicht, was er meinte, wollte es auch nicht verstehen, sondern flehte nur, er möge so schnell wie möglich gehen und mir nichts tun. Ich weiß nicht, warum, aber plötzlich hatte ich das Gefühl, der stille Mann mit der Brille sei der Schlimmste von allen. Sekundenlang wartete er auf eine Antwort, dann warf er sich die Maschinenpistole über die Schulter und sagte: »Ich rate Ihnen, hier schleunigst zu verschwinden. Auf Wiedersehen.« Ich wartete nicht einmal ab, bis er weg war, sondern ging so schnell ich konnte den Hügel hinunter in Richtung Stadt. Ein Sturm schien mich nach Hause zu tragen, und ich spürte weder meine Beine noch hatte ich Atemnot. Einmal glaubte ich, ein Krachen und Brummen hinter mir zu hören, doch ich drehte mich nicht um, sondern fing an zu laufen. Ich war noch nicht weit gekommen, da bog von einem Feldweg ein kleiner Lastwagen auf die Chaussee. Er fuhr mir entgegen, die Ladefläche voll mit Farmern. Ich war schon halb ohnmächtig, fand aber die Kraft, mich ihnen in den Weg zu stellen, fuchtelte mit den Armen und schrie: »Halt! Nicht dorthin! Da sind Partisanen!« Der Lastwagen stoppte. Einfache, derbe Männer, die mit Gewehren bewaffnet waren, umringten mich, packten mich bei der Brust, schüttelten und beschimpften mich mit gemeinen Ausdrücken. Ich verstand überhaupt nichts mehr, stand starr vor Entsetzen da und kam erst nach einiger Zeit darauf, dass sie mich für einen Komplizen der Aufständischen hielten. Die Beine versagten mir, doch in dem Augenblick kletterte der Chauffeur aus dem Fahrerhaus, und das war zum Glück ein ehemaliger Schüler von mir. »Jungs, was macht ihr denn da?«, brüllte er und warf sich dazwischen. »Das ist doch Herr Apollo, der Lehrer aus der Stadt! Ich kenne ihn.« Nicht sofort, aber ganz allmählich beruhigten sich alle, und ich erzählte, was ich gesehen hatte. »Aha«, sagte der Fahrer. »Das haben wir uns schon gedacht. Jetzt schnappen wir sie uns. Kommt, Jungs.« Ich wollte meinen Weg in die Stadt fortsetzen, aber er machte mir klar, dass ich bei ihnen sicherer war, und versprach, meinen Wagen in der Zeit zu reparieren, wo die Jungs die Banditen jagten. Ich bekam einen Platz neben ihm im Fahrerhaus, und der Lastwagen rollte zum Ort der Tragödie. Da war auch schon der Gipfel des Hügels, da stand mein Auto, aber ansonsten war die Straße völlig leer. Keine Leichen, keine Trümmer, nur Brandflecke auf dem Asphalt und eine Delle, wo sich die Explosion ereignet hatte. »Verstehe«, sagte der Fahrer und bremste. »Sie haben schon alles weggeräumt. Da fliegen sie …« Alle redeten wild durcheinander und zeigten auf den Horizont in Richtung Marathen; doch wie sehr ich auch versuchte, am wolkenlosen Himmel etwas mit meinem heilen Auge zu erkennen – ich konnte nichts entdecken.

Dann teilten sich die Farmer rasch, aber ohne Hast und Streit in zwei Gruppen zu je zehn Mann auf; das ließ auf eine gewisse Übung schließen. Die Gruppen bildeten Ketten und fingen an, das Getreide zu durchkämmen, die eine rechts, die andere links von der Straße. »Die haben Maschinenpistolen«, warnte ich. »Ich glaube, auch Handgranaten.« – »Das wissen wir«, antworteten sie, und nach einiger Zeit hörte ich Rufe, die darauf hindeuteten, dass die Treibjäger eine Spur gefunden hatten. Der Fahrer widmete sich unterdessen der Reparatur meines Autos. Ich hatte mich auf den Rücksitz gesetzt und entspannt zurückgelehnt – endlich ein wenig Ruhe! Der Fahrer behob nicht nur den Schaden (eine Luftblase in der Benzinleitung), sondern machte auch den Vordersitz, das Lenkrad und das Armaturenbrett sauber. Tränen der Dankbarkeit traten mir in die Augen, ich drückte ihm die Hand und entlohnte ihn, so gut ich konnte. Er war zufrieden. Wie die meisten Farmer war er ein einfacher, guter Mann (seinen Namen habe ich allerdings nicht behalten). Doch anders als sie war er weder finster noch verschlossen, sondern entpuppte sich als sehr gesprächig. Er erklärte mir vieles von dem, was hier vor sich ging. Die Aufständischen, vom Volk schlicht Banditen genannt, waren bereits am zweiten Tag nach der Ankunft der Marsmenschen in der Nähe unserer Stadt aufgetaucht. In der ersten Zeit hatten sie sich den Farmern gegenüber freundlich und kameradschaftlich verhalten; es stellte sich heraus, dass die meisten von ihnen aus Marathen kamen, was bedeutete, dass sie gebildete und auf den ersten Blick harmlose Männer waren, wenn man von den Offizieren einmal absah. Ihre Ziele aber waren den Farmern unverständlich. Sie riefen die Dorfbewohner auf, sich gegen die neue Ordnung zu stellen, wussten aber die Gründe dafür nur sehr verworren zu erklären: Untergang der Kultur, Degeneration oder Sonstiges, was die Interessen der Dörfler nicht berührte. Trotzdem gaben die Farmer den Aufständischen zu essen und boten ihnen ein Nachtlager; denn die Situation war unklar und niemand wusste, was man von der neuen Ordnung halten sollte. Als sich jedoch herausstellte, dass von der neuen Macht nichts Schlechtes, sondern nur Gutes zu erwarten war, schlug die Stimmung gegenüber den Aufständischen um. Die Farmer waren jetzt auf der Seite der neuen Macht, denn die kaufte ihnen die Ernte zu einem guten Preis ab (genauer gesagt, die Saat), gewährte auf die Ernte des blauen Getreides einen großzügigen Vorschuss und ließ für den bislang nutzlosen Magensaft Geld vom Himmel regnen. Zudem hatten die Farmer erfahren, dass die Banditen den Vertretern der Administration auflauerten, obwohl diese Geld ins Dorf brachten. Den Ausschlag gab der Bevollmächtigte von Marathen, der verlangte, dass die Schweinereien der Aufständischen um des Allgemeinwohls willen aufhören müssten.

Wir unterbrachen unsere Unterhaltung einige Male und horchten. In den Feldern knallten ab und an Schüsse, dann nickten wir jedes Mal zufrieden und zwinkerten einander zu. Ich hatte mich jetzt von meinem Schrecken erholt und setzte mich ans Steuer, um den Wagen zu wenden (kein Gedanke, die Fahrt nach Marathen fortzusetzen; was kümmerte mich Alkimus, wenn auf den Straßen solche Dinge passierten), da kehrten die Treibjäger auf die Chaussee zurück. Vier von ihnen schleppten zwei reglose Körper zum Lastwagen. Den einen Toten kannte ich, es war der mit der Baskenmütze, den der Offizier mit Ingenieur angeredet hatte. Der andere war ein ganz junger Bursche, fast noch ein Kind; den kannte ich nicht. Mit großer Erleichterung stellte ich fest, dass er nicht tot, sondern nur schwer verwundet war. Dann kehrten auch die anderen Farmer als fröhlich schwatzendes Häuflein zu uns zurück. Sie brachten einen Gefangenen mit zusammengebundenen Händen mit, den ich ebenfalls erkannte, obwohl er jetzt keine Brille mehr trug.

Der Sieg war vollkommen, keiner der Farmer kam verletzt wieder. Und als ich sah, wie edelmütig, ja ritterlich diese einfachen Männer den geschlagenen Gegner behandelten, obwohl sie doch gerade noch gegen sie gekämpft hatten, war meine moralische Genugtuung groß. Der Verwundete wurde verbunden und achtsam auf den Lastwagen gelegt. Der Gefangene blieb zwar gefesselt, aber man gab ihm zu trinken und steckte ihm eine Zigarette in den Mund. »So, das wär's«, sagte mein Freund, der Chauffeur. »Jetzt wird es ruhiger in der Gegend.« Ich hielt es für meine Pflicht, ihm mitzuteilen, dass es mindestens fünf Aufständische gewesen waren. »Macht nichts«, antwortete er. »Sind also zwei entwischt. Die anderen kommen nicht weit. Ob in unserem oder im Nachbarkreis – es herrscht überall die gleiche Ordnung. Sie werden abgeknallt oder gefangen genommen.« – »Und wo bringt ihr sie hin?«, fragte ich. – »Vierzig Kilometer von hier ist ein Posten der Marsmenschen. Dort fahren wir sie hin. Sie nehmen sie, egal, ob tot oder lebendig.« Ich dankte ihm noch einmal und drückte ihm die Hand; dann ging er zu seinem Lastwagen und sagte zu den anderen: »Na, fahren wir?« Sie führten den Gefangenen an mir vorbei, er blieb einen Moment stehen und sah mir mit seinen kurzsichtigen Augen direkt ins Gesicht. Vielleicht kam es mir auch nur so vor. Ich hoffe, dass es mir nur so vorgekommen ist. Denn in seinem Blick lag etwas, was mir Angst machte und mich plötzlich an allem zweifeln ließ. Was ist die Welt doch dumm! Nein, ich rechtfertige diesen Mann nicht. Er ist ein Extremist, ein Partisan, er hat getötet und muss bestraft werden. Aber ich bin nicht blind. Ich habe gesehen, dass er edel ist – kein Schwarzhemd, kein Ignorant, sondern ein Mann mit Überzeugungen. Doch ich hoffe noch immer, dass ich mich irre. Mein Leben lang habe ich darunter zu leiden, dass ich zu gut von den Menschen denke.

Der Lastwagen rollte in die eine Richtung – ich in die andere, und eine Stunde später war ich wieder zu Hause. Ich fühlte mich wie erschlagen, abgekämpft und krank. Beiläufig sei erwähnt, dass Herr Nikostratus im Salon saß und sich von Artemis Tee einschenken ließ. Aber die beiden waren mir jetzt egal. Hermione sorgte rührend für mich, bezog das Bett, legte mir Eis aufs Herz, und bald darauf schlief ich ein. Als ich nachts aufwachte, hatte sich das Ekzem verschlimmert. Es war eine qualvolle, entsetzliche Nacht.

Temperatur plus siebzehn, bedeckter Himmel, Dauerregen.

Ja, sie sind Aufrührer, Menschen, die der allgemeinen Ruhe und Ordnung schaden. Trotzdem tun sie mir leid – so nass, dreckig und gehetzt wie wilde Tiere. Aber wofür? Was ist das,

Anarchismus? Protest gegen die Ungerechtigkeit? Aber gegen welche? Ich verstehe diese Leute nicht. Merkwürdig, erst jetzt fällt mir auf, dass ich während der Treibjagd weder Maschinenpistolengeknatter noch Handgranatendetonationen gehört habe. Wahrscheinlich war ihnen die Munition ausgegangen.

11. Juni (Mitternacht)

Hermione wollte, dass ich heute im Bett bleibe, aber ich hörte nicht auf sie und tat gut daran. Mittags fühlte ich mich wieder wohlauf und beschloss, gleich nach dem Essen in die Stadt zu gehen. Der Mensch ist schwach, und ich will nicht verhehlen, dass ich den alten Freunden so schnell wie möglich von den schrecklichen Erlebnissen erzählen wollte, deren Zeuge ich gestern geworden war. Mittags freilich kamen mir die Ereignisse gar nicht mehr so tragisch vor, eher romantisch verklärt. Als ich dann den Freunden auf dem Platz davon erzählte, bombardierten sie mich mit Fragen; mein Bericht wurde ein voller Erfolg und meine kleine Eitelkeit vollauf befriedigt. Es war lustig, Polyphem dabei zu beobachten. (Er ist übrigens das einzige Mitglied der Antimarsmenschen-Stadtwache, das noch eine Schrotflinte mit sich herumträgt.) Als ich den Freunden das Gespräch mit dem Offizier der Meuterer wiedergab, warf er sich in die Brust und tat, als sei er selbst einer der tollkühnen und gefährlichen Aufständischen. Er ging so weit, dass er sie »tapfere Jungs« nannte, die freilich ungesetzlich handelten. Was er damit sagen wollte, verstanden aber weder ich noch die anderen. Wäre er einer der Aufständischen gewesen, sagte er, hätte er »diesem Bauernpack« schon gezeigt, was eine Harke ist. Und jetzt kam es fast zur Schlägerei, denn Myrtilus' Bruder ist Farmer, und er kommt aus einer Farmerfamilie. Ich hasse Streit und kann ihn nicht ertragen; so ging ich, während man die Kampfhähne trennte, ins Rathaus.

Herr Nikostratus behandelte mich sehr liebenswürdig, erkundigte sich nach meinem Befinden und hörte sich meinen Bericht von dem gestrigen Abenteuer teilnahmsvoll an. Nicht nur er, auch die übrigen Angestellten ließen ihre Arbeit liegen und drängten mich, alles zu erzählen. Auch hier hatte ich also vollen Erfolg. Sie bestätigten, dass ich mutig gehandelt hätte und mein Verhalten mir zur Ehre gereichte. Ich musste viele Hände drücken, und die reizende Thyone bat sogar, mich küssen zu dürfen, was ich ihr natürlich mit großem Vergnügen erlaubte. (Verdammt, wie lange hat mich kein junges Mädchen mehr geküsst! Offen gestanden, hatte ich ganz vergessen, wie schön das ist.) Und was die Rente anging, so versicherte mir Herr Nikostratus, dass wahrscheinlich alles gut ausgehen werde, und teilte mir unter dem Siegel der Verschwiegenheit mit, dass die Steuerfrage entschieden sei: Ab Juli würde sie in Magensaft erhoben.

Unser kleines Gespräch wurde bedauerlicherweise von einem echten Skandal unterbrochen, denn plötzlich flog die Tür des Bürgermeisterzimmers auf, und Herr Korybantes, der mit dem Rücken zu uns stand, schrie weiter auf den Bürgermeister ein, er lasse sich das nicht gefallen, das sei eine Verletzung der Pressefreiheit, ja, Korruption. Der Herr Bürgermeister möge an das traurige Schicksal des Herrn Laomedon denken und so weiter. Der Herr Bürgermeister sprach ebenfalls mit erhobener Stimme, wenn auch leiser als Korybantes, und so konnte ich nicht verstehen, was er sagte. Herr Korybantes entfernte sich schließlich und knallte die Tür hinter sich zu. Dann erklärte mir Herr Nikostratus, worum es ging. Der Herr Bürgermeister hatte nämlich unsere Zeitung für eine Woche verbieten lassen – zur Strafe dafür, dass in der Ausgabe von vorgestern ein Gedicht abgedruckt worden war, in dem die Zeile vorkam: »Und überm fernen Horizonte, da leuchtet rot der grimme Mars.« Herr Korybantes lehnte es ab, sich dem Beschluss des Bürgermeisters zu fügen, und nun brüllten sie sich schon den zweiten Tag persönlich oder per Telefon an. Nachdem Herr Nikostratus und ich den Vorfall erörtert hatten, waren wir der Meinung, dass beide Seiten dieses Streits auf ihre Weise ebenso Recht wie Unrecht hatten: Einerseits war die vom Bürgermeister verhängte Strafe übermäßig hart, zumal das Gedicht im Prinzip völlig harmlos war, weil es lediglich von der ungeteilten Liebe des Autors zur Fee der Nacht erzählte. Andererseits war es nicht gut, in der gegenwärtigen Lage Staub aufzuwirbeln; man brauchte bloß an Minotaurus zu denken, der sich vorgestern wieder hatte volllaufen lassen und mit seinem stinkenden Jauchewagen gegen ein Marsauto gefahren war.

Auf den Platz zurückgekehrt, gesellte ich mich wieder zu meinen Freunden. Der Streit zwischen Polyphem und Myrtilus war beigelegt; die Diskussion verlief in der gewohnten freundschaftlichen Atmosphäre. Und ich freute mich, als ich bemerkte, dass mein Bericht sie zu dieser Diskussion angeregt hatte: Sie sprachen über die Aufständischen, über die Kampfmittel der Marsmenschen und Ähnliches.

Morpheus erzählte, dass in der Nähe von Milet eine Flugmaschine der Marsmenschen hatte notlanden müssen, weil der Pilot sich noch nicht an die stärkere irdische Anziehungskraft gewöhnt hatte. Kurz darauf war die Maschine von Banditen angegriffen worden, die jedoch nicht die geringste Chance hatten: Mit elektrischen Spezialgeschossen wurden sie einer nach dem anderen niedergestreckt; dann sprengte sich die Maschine selbst in die Luft und hinterließ nichts außer einem tiefen Krater mit gläsernen Wänden. Ganz Milet sei jetzt auf den Beinen, um sich diese Grube anzusehen.

Nun gab Myrtilus einen Bericht seines Bruders, des Farmers, wieder, wonach eine unheimliche Bande von Amazonen Marsmenschen überfalle und entführe, um von ihnen Nachkommen zu erhalten. Und der einbeinige Polyphem erzählte: Letzte Nacht, als er in der Parkstraße auf Patrouille gewesen war, hatten sich vier Marsfahrzeuge lautlos an ihn herangepirscht. Eine unbekannte Stimme hatte ihn radebrechend und unangenehm zischend gefragt, wie man denn zur Kneipe käme. Und obwohl die Kneipe kein Objekt von staatlicher Relevanz sei, hatte er, Polyphem, aus Stolz und aus Verachtung für die Eroberer die Antwort verweigert, und die Marsmenschen waren unverrichteter Dinge weitergefahren. Polyphem versicherte, sein Leben habe an einem seidenen Faden gehangen, lange schwarze Gewehrläufe seien auf ihn gerichtet gewesen, doch er sei standhaft geblieben und habe keinen Moment gezweifelt.

»Und warum hast du ihnen nicht einfach den Weg erklärt?«, fragte Myrtilus, der Polyphem die Beleidigung seiner Familie noch immer übelnahm. »So sind sie nämlich, die Dreckskerle: Da kommst du in eine fremde Stadt, willst was trinken, und kein Mensch sagt dir, wo die Kneipe ist.«

Schon stritten sie wieder und hätten sich wahrscheinlich bald geprügelt, wäre nicht Pandareus hinzugekommen und hätte freudestrahlend erzählt, dass Minotaurus endlich aus der Stadt verschwunden sei. Die Marsmenschen hätten ihn abgeholt, weil sie ihn verdächtigten, etwas mit den Terroristen und der Sabotage zu tun zu haben. Wir waren empört: Im heißesten Sommer die Stadt ohne Grubenräumer zu lassen, das war eine Unverschämtheit, ja, ein Verbrechen!

»Jetzt reicht's!«, brüllte der einbeinige Polyphem. »Wir haben das verfluchte Joch lange genug geschleppt. Alle Patrioten hören auf mein Kommando! Antreten!« Wir stellten uns auf, aber da beruhigte uns Pandareus mit der Nachricht, die Marsmenschen planten, schon in der nächsten Woche mit dem Bau einer Kanalisation zu beginnen. Bis dahin werde ein junger Polizist Minotaurus ersetzen. Das war natürlich etwas anderes, fanden wir, und kehrten zu unserem Gespräch über die Terroristen zurück – darüber, dass es eine Gemeinheit war, einen Hinterhalt zu legen.

Dymas erzählte eine ganz unheimliche Geschichte, der zufolge seit drei Tagen Leute durch die Stadt wanderten und den Passanten Bonbons anboten. »Wenn du so ein Bonbon isst: zack! – bist du hin.« Die Leute hofften, auf diese Weise sämtliche Marsmenschen vergiften zu können. Wir glaubten nicht an diese Geschichte, aber mulmig wurde uns trotzdem.

In dem Moment platzte Kalaides, der schon lange gezuckt und gespuckt hatte, plötzlich heraus: »A-a-apollos Schwie-hi-gersohn ist ja auch T-t-errorist.« Alle traten einen Schritt von mir zurück, Pandareus schob das Kinn vor und erklärte wichtig: »Stimmt. Wir haben auch solche Informationen.«

Ich war maßlos empört und gab ihnen zu verstehen, dass erstens der Schwiegervater nicht für seinen Schwiegersohn verantwortlich sei. Zweitens sei Pandareus' Neffe voriges Jahr wegen Unzucht zu fünf Jahren verurteilt worden. Drittens sei ich seit eh und je mit Charon zerstritten, das könne jeder bestätigen. Und viertens wüsste ich davon nichts – Charon sei auf Dienstreise und lasse nichts von sich hören. Es waren unangenehme Minuten, aber die Unsinnigkeit der Beschuldigung war so offensichtlich, dass nichts weiter geschah und die Unterhaltung sich wieder dem Magensaft zuwandte.

Es stellte sich heraus, dass die Freunde schon den zweiten Tag Magensaft ablieferten und dafür bares Geld kassierten. Nur ich stand abseits. Unbegreiflicherweise stehe ich immer abseits von dem, was für mich günstig ist. Solche Pechvögel gibt es: In der Kaserne säubern sie ewig die Latrinen, an der Front geraten sie in den Kessel, alles Unangenehme begegnet ihnen zuerst, alles Angenehme zuletzt. Ja, so bin ich. Aber genug davon … Meine Freunde gaben damit an, wie gut sie es jetzt hatten. Kunststück!

In dem Moment fuhr ein Marsauto über den Platz, und der einbeinige Polyphem sagte nachdenklich: »Was meint ihr, alte

Freunde, wenn ich dem jetzt eine Schrotladung verpasse, schlägt sie durch oder nicht?« – »Wenn es eine Kugel ist, wird sie wohl durchschlagen«, sagte Silen. »Kommt darauf an, wo sie hintrifft«, widersprach Myrtilus. »Trifft sie das Auto frontal oder von hinten, schlägt sie auf keinen Fall durch.« – »Und wenn sie die Bordwand trifft?«, fragte Polyphem. »Dann schlägt sie durch«, antwortete Myrtilus. Gerade wollte ich einwerfen, dass nicht mal eine Handgranate durchschlagen würde, als mir Pandareus zuvorkam und tiefgründig sagte: »Freunde, ihr braucht nicht zu streiten. Die Marsautos sind bombensicher, da geht nichts durch.« – »Auch nicht durch die Bordwand?«, fragte Morpheus. »Nirgendwo durch«, antwortete Pandareus. »Was denn, auch keine Kugel?«, fragte Myrtilus. »Nicht mal, wenn du mit der Kanone schießt«, erwiderte Pandareus und machte sich ungeheuer wichtig. Da schüttelten alle den Kopf und klopften ihm auf die Schulter. »Nein, Pan, bei dir piept's ja«, sagten sie. »Was für einen Unsinn du redest. Schwatzt einfach drauflos, ohne vorher zu überlegen.« Und der gallige Paralus stichelte: »Tja, wenn man Pandareus mit einer Kanone von hinten trifft, bleibt vielleicht eine Beule, und trifft man ihn von vorn, in die Stirne, dann prallt die Kugel einfach ab ...« Jetzt plusterte sich Pandareus auf, schloss die Knöpfe seiner Uniformjacke, rollte mit den Augen und bellte: »Unterhaltung been-det! Auseinandergehen! Im Namen des Gesetzes.«

Ohne Zeit zu verlieren, eilte ich zur Annahmestelle. Doch mich erwartete wieder ein Fehlschlag. Weder nahm man mir Magensaft ab, noch gab man mir Geld. Der Magensaft wird nämlich nur bei nüchternem Magen abgepumpt, und ich hatte erst vor zwei Stunden zu Mittag gegessen. Man händigte mir eine Spenderkarte aus und bat mich, am nächsten Morgen wiederzukommen. Ich muss zugeben: Die Annahmestelle machte einen sehr guten Eindruck auf mich. Modernste Ausstattung. Die Sonde wird mit feinster Vaseline eingeschmiert.

Das Abziehen des Magensaftes geschieht automatisch, aber unter Aufsicht eines erfahrenen Arztes und nicht irgendeines Schlägertyps. Das Personal ist sehr höflich und freundlich, und man merkt sofort, dass es gut bezahlt wird. Alles blitzt vor Sauberkeit, das Mobiliar ist nagelneu. Bis man an die Reihe kommt, kann man fernsehen oder Zeitung lesen, und warten muss man nicht einmal so lang wie in der Kneipe. Das Geld wird sofort ausgezahlt, direkt am Automaten, und bei alldem spürt man das Kultivierte, das Humane und die Sorge um den Spender. Wenn man bedenkt, dass dieses Haus noch vor drei Tagen der Schlupfwinkel des Herrn Laomedon war!

Der Gedanke an meinen Schwiegersohn aber ließ mir keine Ruhe. Deshalb ging ich zu Achilles, um dieses ärgerliche Problem mit ihm zu besprechen. Ich fand ihn wie immer an der Kasse sitzend beim Betrachten seines Briefmarkenalbums. Sofort begann ich, ihm von meinen Abenteuern zu berichten, was gewaltigen Eindruck auf ihn machte. Auf einmal sah er mich mit ganz anderen Augen an. Als die Rede auf Charon kam, zuckte er nur mit den Achseln und meinte, was ich getan hätte, und die Gefahren, denen ich ausgesetzt gewesen sei, rehabilitierten nicht nur mich vollkommen, sondern möglicherweise auch Charon. Zudem bezweifelte er, dass Charon fähig sei, sich an etwas Unrechtem zu beteiligen. Charon, erklärte er, halte sich jetzt höchstwahrscheinlich in Marathen auf und helfe bei der Wiederherstellung der Ordnung. Dabei sei er sicher bestrebt, etwas Nützliches für die Heimatstadt zu tun, wie sich das für jeden kultivierten Bürger gehöre – während all diese Neider hier bei uns, all diese Pandareusse und Kalaidesse, bloß verantwortungslos quatschten und ihn verleumdeten.

Was Charon betraf, so hatte ich meine Zweifel; aber ich schwieg und wunderte mich nur, wie schlecht die Einwohner unseres kleinen Städtchens einander kannten. Ich sah ein, dass es sinnlos war, mit Achilles über das Thema zu reden, und tat, als ob seine Hinweise mich gänzlich beruhigt hätten. Ich brachte das Gespräch auf die Briefmarken, und da ereignete sich ein ganz erstaunlicher Zwischenfall.

Ich weiß noch, dass ich anfangs ein wenig gezwungen redete, weil ich Achilles unbedingt von dem Thema Charon abbringen wollte. Dabei kamen wir auf diesen sagenhaften Fehldruck zu sprechen: Seinerzeit hatte ich Achilles eindeutig bewiesen, dass er eine Fälschung war. Die Frage war also entschieden. Am Abend zuvor aber hatte Achilles ein Büchlein gelesen und fühlte sich nun befähigt, ein eigenes Urteil darüber abzugeben. Das war noch nie dagewesen. Natürlich wurde ich wütend und sagte ihm ins Gesicht, er habe keine Ahnung von Philatelie und noch vor einem Jahr eine Klemmmappe nicht von einem Steckalbum unterscheiden können, und seine Sammlung sei nicht zufällig voll von verhunzten Exemplaren. Achilles brauste ebenfalls auf, und nun begann eine selbstvergessene Schimpferei, wie sie nur mit ihm möglich ist, und das auch nur zum Thema Briefmarken.

Während unseres Streits nahm ich wie durch einen Nebel wahr, dass jemand die Apotheke betrat und Achilles über meine Schultern hinweg ein Papier reichte. Achilles verstummte für einen Augenblick, was ich ausnutzte, um seine dilettantischen Auslassungen zu widerlegen. Mir blieb das ärgerliche Gefühl in Erinnerung, gestört worden zu sein, so als hätte sich etwas Fremdes ungefragt in mein Bewusstsein gedrängt und mich daran gehindert, folgerichtig und logisch zu denken. Aber das Gefühl verflog bald, und es begann die nächste Etappe dieses – vom psychologischen Standpunkt aus – sehr interessanten Vorfalls: Achilles und ich hörten auf zu streiten, schwiegen erschöpft und waren nur noch ein bisschen böse aufeinander.

Ich hatte auf einmal den unwiderstehlichen Drang, mich in der Apotheke umzusehen, ließ meinen Blick durch den Raum schweifen und wunderte mich, keinerlei Veränderung feststellen zu können. Dabei wusste ich genau, dass während unseres Streits irgendetwas vorgefallen sein musste. Achilles schien sich ebenfalls unwohl zu fühlen. Auch er blickte sich um, ging die Ladentheke entlang, spähte darunter. Schließlich fragte er: »Sag mal, bitte, Phöbus, war eben nicht jemand hier?« Offenkundig war er genauso verwirrt wie ich. Doch seine Frage war es, die mich daraufbrachte, was mein Befremden ausgelöst hatte …

»Die blaue Hand!«, erinnerte ich mich plötzlich. Deutlich sah ich wieder die blauen Finger vor mir, die das Papier festgehalten hatten. »Nein, keine Hand!«, rief Achilles erregt. »Das war ein Fangarm! Wie bei einem Kraken!« – »Aber ich erinnere mich doch genau an die Finger …« – »Ein Fangarm wie bei einem Polypen!«, wiederholte Achilles und blickte sich fieberhaft um, griff dann nach dem Rezeptbuch, das auf dem Ladentisch lag, und blätterte hastig die Seiten um. Eine schreckliche Vorahnung stieg in mir auf, und mir gefror das Blut in den Adern. Mit einem Blatt Papier in der Hand hob Achilles langsam seine weit aufgerissenen Augen, sah mich an, und ich wusste, was er jetzt sagen würde.

»Phöbus«, stieß er mit erstickter Stimme hervor. »Das war ein Marsmensch.« Wir waren beide so erschüttert, dass Achilles, der von Berufs wegen der Medizin nahestand, es für notwendig hielt, mich und sich mit einem Kognak zu stärken. Die Flasche fischte er sich aus einem großen Karton mit der Aufschrift »Norsulfasolum« heraus. Während wir uns also über den dummen Fehldruck stritten, hatte ein Marsmensch Achilles die schriftliche Anordnung ausgehändigt, dem Überbringer sämtliche Arzneimittel zu übergeben, die Betäubungsmittel enthielten. Und ganz automatisch, ohne dem Vorfall die geringste Beachtung zu schenken, hatte Achilles ihm das bereitstehende Paket mit den Medikamenten überreicht. Daraufhin war der Marsmensch verschwunden und hinterließ in unserem Gedächtnis nichts als ein paar Erinnerungsfetzen und eine mit halbem Auge wahrgenommene, verschwommene Gestalt.

Die blaue Hand aber hatte ich deutlich in Erinnerung: Sie war mit spärlichen, kurzen Haaren bedeckt gewesen und ohne Nägel an den fleischigen Fingern; ich war erstaunt, dass ein solch ungewöhnlicher Anblick mir nicht schlagartig die Lust genommen hatte, abstrakte Streitgespräche zu führen.

Achilles erinnerte sich an keine Hand, sondern an einen langen, unentwegt pulsierenden Fangarm, der sich ihm wie aus dem Nichts entgegengestreckt hatte. Und er wusste noch, dass dieser Anblick ihn sehr geärgert hatte, weil er das Ganze für einen völlig unangebrachten Scherz hielt. Auch wusste er noch, wie er das Paket mit den Medikamenten wütend auf den Ladentisch geknallt hatte, ohne auch nur hinzusehen. Dafür war ihm gänzlich entfallen, dass er das Rezept gelesen und ins Registrierbuch gesteckt hatte – denn es lag auf der Hand, dass er es gelesen haben musste (er hatte ja die Medikamente ausgehändigt) und es danach ins Buch gelegt hatte (es lag ja darin).

Wir tranken jeder noch einen Kognak, und Achilles erinnerte sich, dass der Marsmensch links von mir gestanden und einen modischen Pullunder getragen hatte. Da fiel mir ein, dass an einem seiner blauen Finger ein Ring aus weißem Metall mit einem wertvollen Edelstein gesteckt hatte. Außerdem erinnerte ich mich an die Motorengeräusche eines Autos. Achilles rieb sich mit der Hand über die Stirn und meinte, er sei sehr verärgert gewesen, weil er das Gefühl gehabt hätte, jemand versuche auf unangenehme und aufdringliche Weise, sich in unseren Streit einzumischen – und das, obwohl er nicht die leiseste Ahnung von Philatelie im Allgemeinen und Fehldrucken im Besonderen hatte.

Da fiel auch mir wieder ein, dass der Marsmensch etwas gesagt hatte, mit einer durchdringenden, unangenehmen Stimme.

»Nein, sie war tief und herablassend«, widersprach Achilles. Ich blieb jedoch bei meiner Meinung, und Achilles, der schon wieder in Rage geriet, rief den Assistenten aus dem Labor und fragte ihn, was er in der letzten Stunde gehört hätte. Der Assistent, ein selten unbedarfter Junge, klapperte mit seinen dummen Augen und stammelte, er hätte die ganze Zeit über nur unsere Stimmen gehört. Nur einmal scheine jemand das Radio eingeschaltet zu haben, aber darauf hätte er nicht besonders geachtet. Wir schickten ihn weg und tranken jeder noch einen Kognak. Unser Gedächtnis war jetzt vollends aufgehellt, und obwohl unsere Meinungen über das Aussehen des Marsmenschen auseinandergingen, waren wir uns über den Ablauf des Ereignisses einig: Der Marsmensch war mit dem Wagen vorgefahren, ohne den Motor abzustellen, war hereingekommen, hatte einige Zeit links hinter mir gestanden, uns zugesehen und unserem Gespräch gelauscht. (Mich überlief eine Gänsehaut, als mir bewusst wurde, wie schutzlos ich in diesem Moment gewesen war.) Dann hatte er ein paar Bemerkungen gemacht, die sich wohl auf die Philatelie bezogen, aber von keinerlei Sachkenntnis zeugten, und dann Achilles das Rezept gegeben. Dieser hatte es genommen, flüchtig gelesen und ins Registrierbuch geschoben. Verärgert über die dreiste Störung, hatte ihm Achilles das Paket mit den Medikamenten auf den Ladentisch geknallt, und der Marsmensch war gegangen. Er hatte wohl eingesehen, dass wir keine Lust hatten, ihn an unserem Gespräch zu beteiligen. So entstand in uns das Bild eines Wesens, das sich zwar in Fragen der Philatelie nicht auskannte, ansonsten aber wohlerzogen und nicht ohne Humanität war, wenn man bedenkt, was es alles hätte mit uns machen können, wenn es gewollt hätte. Wir leerten jeder noch ein Gläschen Kognak und plötzlich wurde uns klar, dass wir keine Sekunde länger hierbleiben und unsere Freunde in Unkenntnis über den Vorfall lassen konnten. Achilles versteckte die Kognakflasche, übergab seinem Assistenten die Aufsicht, und wir eilten zur Kneipe.

Unser Bericht über den Besuch des Marsmenschen in der Apotheke wurde von den Freunden unterschiedlich aufgenommen. Der einbeinige Polyphem hielt ihn für glatt erlogen. »Riecht doch mal, was die für eine Fahne haben«, sagte er. »Die haben sich volllaufen lassen und sehen schon blaue Gespenster.« Der besonnene Silen vermutete, es sei kein Marsmensch gewesen, sondern ein Schwarzer, die ja auch manchmal eine bläuliche Schattierung aufwiesen. Und Paralus bemerkte boshaft: »Einen schönen Apotheker haben wir. Da kommt irgendein Unbekannter daher, hält ihm einen Wisch unter die Nase, und schon rückt er ohne zu mucksen alle Medikamente raus. Nein, mit solchen Apothekern lässt sich keine vernünftige Gesellschaft aufbauen. Was ist das für ein Apotheker, der vor lauter Briefmarken nicht mehr weiß, was er tut?« Aber alle Übrigen waren auf unserer Seite; die ganze Kneipe stand um uns herum, sogar die jungen Leute, angeführt von Herrn Nikostratus, lösten sich von der Theke und kamen zu uns, um zuzuhören. Wir mussten immer wieder von Neuem erzählen, wo der Marsmensch gestanden, wie er seine blaue Hand ausgestreckt hatte und so weiter und so fort. Bald bemerkte ich, dass Achilles begann, seinen Bericht mit zum Teil haarsträubenden Details auszuschmücken. So hatte der Marsmensch, solange er schwieg, mit zwei Augen geklappert, doch kaum hatte er den Mund aufgetan, waren zwei weitere Augen erschienen, das eine rot, das andere weiß. Ich machte ihm Vorhaltungen, aber er entgegnete, Kognak und Brandy hätten eine ganz erstaunliche Wirkung auf das menschliche Gedächtnis, das sei medizinisch erwiesen. Ich beschloss, nicht mit ihm zu streiten, bestellte bei Japetus ein Abendessen und beobachtete nicht ohne Genugtuung, wie Achilles sich Schritt für Schritt selbst kompromittierte. Knapp zehn Minuten später begriffen alle, dass er sich in Lügen verstrickt hatte, und beachteten ihn nicht mehr. Die blühende Jugend um Herrn Nikostratus kehrte zur Theke zurück, und bald hörten wir von dort die gewohnten Bemerkungen: »Es hängt mir zum Halse heraus ... Hier ist es so langweilig. Marsmenschen? Ist doch alles Quatsch, Blödsinn ... Was könnten wir heute noch machen, Leute?« An unserem Tisch entzündete sich wieder der alte Streit über den Magensaft. Was das eigentlich sei, wozu es tauge und wofür die Marsmenschen ihn bräuchten. Achilles erklärte, der Magensaft helfe dem Menschen, die aufgenommene Nahrung zu verdauen; ohne Magensaft sei das unmöglich. Aber seine Autorität hatte bereits Schaden genommen, und niemand glaubte ihm mehr. »Halt den Mund, du alte Klistierspritze«, sagte Polyphem zu ihm. »Das kann gar nicht sein. Seit drei Tagen liefere ich den Saft ab und verdaue immer noch bestens. So eine Verdauung müsstest du mal haben.«

In unserer Not baten wir Kalaides um Rat, aber das führte zu nichts. Nach langen Kämpfen, die in qualvoller Erwartung von der ganzen Kneipe beobachtet wurden, brachte er heraus: »Ei-ei-ein Gendarm ist mit dreißig Jahren schon ein alter Mann, wenn du's wissen willst.« Seine Worte bezogen sich auf ein schon halb vergessenes Gespräch, das vor dem Mittagessen auf dem Platz stattgefunden hatte, und galten nicht uns, sondern Pandareus, der sich längst wieder im Dienst befand. Wir ließen Kalaides in Ruhe, damit er eine Antwort auf unsere Frage fände, und gaben uns Spekulationen hin. Silen mutmaßte, in der Zivilisation des Mars seien physiologische Probleme aufgetaucht und die Marsmenschen könnten keinen Magensaft mehr produzieren, deshalb seien sie genötigt, andere Quellen anzuzapfen. Japetus rief von der Theke her, die Marsmenschen benützten den Magensaft als Gärmittel zur Erzeugung einer speziellen Form von Energie. »Ähnlich wie Atomenergie«, setzte er nach kurzem Überlegen hinzu. Und Dymas, der fantasielose Esel, behauptete, der menschliche Magensaft sei für die Marsmenschen so etwas wie für uns Kognak, Bier oder Wacholderschnaps, und verdarb damit allen, die gerade zu Abend aßen, den Appetit. Ein anderer äußerte die Vermutung, die Marsmenschen gewännen aus dem Magensaft Gold oder seltene Metalle, und diese närrische Vermutung brachte Morpheus auf einen sehr richtigen Gedanken. »Leute«, sagte er. »Es ist völlig gleich, ob sie Energie daraus machen oder Gold – Tatsache ist, dass unser Magensaft für die Marsmenschen sehr wichtig ist. Sie können uns nicht für dumm verkaufen!« Zuerst verstanden wir ihn nicht, aber dann ging uns auf, dass keiner von uns den Wert des Magensafts kannte; niemand wusste, wie sie den Preis festgesetzt hatten. So war es durchaus möglich, dass die Marsmenschen, gewiss praktische Leute, unsere Unwissenheit ausnutzten, um aus diesem Unternehmen unverhältnismäßig hohen Gewinn zu erzielen. »Sie geben uns ein paar Kröten«, wütete der einbeinige Polyphem, »und dann verscheuern sie den Magensaft zum tatsächlichen Preis an irgendeinen Kometen.« Ich wagte ihn zu korrigieren, indem ich sagte, er meine wohl weniger einen Kometen als einen Planeten, woraufhin er grob entgegnete, ich solle erst einmal mein Auge kurieren, bevor ich mich in Streitigkeiten einmische. Aber darum ging's nicht.

Morpheus' Vermutung beunruhigte uns, und es hätte sich wohl ein interessantes, gutes Gespräch entwickelt, wenn nicht plötzlich Myrtilus und sein Bruder, der Farmer, stockbetrunken hereingestürzt wären. Wir erfuhren, dass Myrtilus' Bruder ein paar Tage lang damit experimentiert hatte, aus dem Blaukorn Schnaps zu brennen, und heute war es ihm endlich gelungen. Er stellte zwei große Flaschen mit dem blauen Gebräu auf den Tisch, und schon waren alle abgelenkt. Wir probierten, und ich muss sagen, der »Blaubrand« schmeckte uns ausgezeichnet. Myrtilus bat auch Japetus an den Tisch und ließ ihn kosten. Japetus leerte zwei Gläser, stand ein Weilchen mit geschlossenem linkem Auge da, als ob er überlegte, und sagte dann plötzlich: »So, und jetzt raus hier; ich will euch hier nicht mehr sehen.« Sein Ton war so scharf, dass Myrtilus ohne ein Wort die leeren Flaschen griff, seinen eingedösten Bruder hochzog und eiligst verschwand. Japetus ließ einen Blick über uns gleiten und erklärte: »Was sind das für Manieren, mit eigenem Gesöff in mein Lokal zu kommen«; dann kehrte er hinter die Theke zurück. Um die Peinlichkeit aus der Welt zu schaffen, bestellten wir uns alle noch etwas zu trinken, aber die vorherige Ungezwungenheit war dahin. Ich blieb noch eine halbe Stunde und ging dann nach Hause.

Im Salon erblickte ich Herrn Nikostratus. Er hatte sich Charons Sessel genommen, saß Artemis gegenüber und trank Tee; dazu aß er Konfitüre. Ich mischte mich nicht ein. Erstens war Charon offensichtlich seiner Wege gegangen, und es war ungewiss, ob er noch einmal zurückkommen würde, und zweitens musste Hermione irgendwo in der Nähe sein. Ich aber hatte eine solche Fahne, dass ich sie schon selber roch. Darum zog ich es vor, leise in mein Zimmer zu schlüpfen, und keine Aufmerksamkeit zu erregen. Ich zog mich um und sah die Zeitungen durch. Sehr merkwürdig: sechzehn Spalten und lauter Belanglosigkeiten, als ob man Watte kaute. Der Präsident hatte eine Pressekonferenz gegeben. Ich las zweimal, was er gesagt hatte, und begriff nichts – nur Magensaft.

Und jetzt mal sehen, was Hermione so macht.

12. Juni

Temperatur plus zwanzig Grad, keine Bewölkung, Windstille. Nach dem Blaubrand habe ich scheußliches Aufstoßen. Mir brummt der Schädel, und ich sitze den ganzen Tag zu Hause. Eine gastronomische Neuheit: blaues Brot. Hermione lobt es, Artemis schmeckt es auch, nur ich esse es ohne Appetit. Ganz gewöhnliches Brot, bloß blau.

13. Juni

Endlich scheint sich das Sommerwetter zu halten. Temperatur plus zweiundzwanzig Grad, keine Bewölk…

… Das war was! Ich weiß gar nicht, womit beginnen! Wegen der Rente ist noch nichts bekannt, aber darum geht es jetzt nicht. Ich hatte gerade mit dem heutigen Eintrag begonnen, als ich hörte, wie ein Wagen vorfuhr. Ich dachte, es sei Myrtilus mit dem versprochenen Blaubrand von der Farm, und schaute hinaus. Gerade rechtzeitig. Zuerst entdeckte ich unter der Laterne einen sehr luxuriösen Wagen; dann sah ich Charon, der entschlossenen Schrittes durch den Garten direkt auf die Bank zuging, auf der Artemis und Herr Nikostratus saßen. Es verging keine Sekunde, da flog Herr Nikostratus achtkantig über den Zaun. Schwungvoll warf Charon ihm Stock und Hut hinterher, doch Herr Nikostratus blieb nicht stehen, um sie aufzuheben, sondern rannte nur noch schneller. Dann nahm Charon sich Artemis vor. Ich konnte schlecht sehen, was zwischen ihnen vorging, hatte aber den Eindruck, dass Artemis erst einmal versuchte, in Ohnmacht zu fallen, und, nachdem Charon ihr eine Ohrfeige versetzt hatte, von diesem Vorhaben abließ, um ihr berühmtes Temperament vorzuführen. Sie stieß ein langgedehntes, ohrenzerfetzendes Kreischen aus und zog Charon die Fingernägel durch das Gesicht. Ich konnte, wie gesagt, all das nicht direkt beobachten, aber als ich ein paar Minuten später in den Salon schaute, tigerte Charon, die Hände auf dem Rücken, von einer Ecke in die andere, und auf seiner Nase prangte ein frischer roter Kratzer. Artemis deckte geschäftig den Tisch, und mir fiel auf, dass ihr Gesicht ein wenig asymmetrisch aussah … Ich kann Streit in der Familie nicht ausstehen. Mir wird immer ganz schlecht davon, und ich möchte weggehen und nichts davon hören oder sehen. Doch Charon entdeckte mich, bevor ich wieder verschwinden konnte, und begrüßte mich so herzlich, dass ich es für notwendig hielt einzutreten und mich ein bisschen mit ihm zu unterhalten.

Ich war angenehm überrascht, wie Charon aussah – ganz anders, als ich erwartet hatte. Er war nicht mehr der unrasierte, abgerissene Vagabund, der hier vor einer Woche mit seiner Pistole herumgefuchtelt und uns beleidigt hatte. Ich hatte angenommen, er würde jetzt noch abgerissener und schmutziger aussehen, aber vor mir saß der alte Charon aus Friedenszeiten – glatt rasiert, gekämmt und ebenso elegant wie geschmackvoll gekleidet. Nur der rote Schmiss auf seiner Nase beeinträchtigte ein wenig den Gesamteindruck, und die ungewohnt braune Gesichtsfarbe deutete darauf hin, dass Charon, der Stubenhocker, die letzten Tage viel Zeit unter freiem Himmel verbracht hatte.

Hermione kam mit Lockenwicklern herein, entschuldigte sich für ihr Aussehen und setzte sich mit an den Tisch. So aßen wir wie in alten Zeiten zu viert, wie eine einige, friedliche Familie. Während des Essens drehte sich das Gespräch um das Wetter, die Gesundheit und das Aussehen jedes Einzelnen von uns. Als die Damen abgeräumt hatten und wir allein blieben, zündete sich Charon eine Zigarre an und sah mich mit einem merkwürdigen Blick an. Dann sagte er: »Und, Vater, ist unsere Sache verloren?« Statt einer Antwort zuckte ich mit den Schultern. Am liebsten hätte ich gesagt, wenn jemandes Sache verloren sei, dann sicher nicht unsere. Im Übrigen hatte Charon wohl auch keine Antwort erwartet. In Gegenwart der Frauen hatte er sich zurückgehalten, doch jetzt fiel mir auf, in welch krankhafter Erregung er sich befand. Er kam mir vor wie ein Mensch, der von nervösem Lachen geschüttelt wird und gleich darauf in nervöses Weinen verfällt, der innerlich tobt und das unbezwingbare Verlangen hat, sein Inneres in Worte zu fassen, und deshalb redet, redet und redet. Und Charon redete.

Die Menschheit habe keine Zukunft mehr, sagte er. Der Mensch habe aufgehört, die Krone der Schöpfung zu sein.

Von nun an bis in alle Ewigkeit werde er eine beliebige Naturerscheinung bleiben wie ein Baum oder ein Pferd, mehr nicht. Kultur und Fortschritt hätten jeden Sinn verloren. Die Menschheit bedürfe keiner eigenen Entwicklung mehr, man werde sie jetzt von außen weiterentwickeln. Dazu bräuchte es keine Schulen mehr, keine Institute und Laboratorien, keine öffentliche Meinung, keine Philosophie und Literatur, kurzum: nichts von dem, was den Menschen vom Tier unterscheide und was sich bis zum heutigen Tag Zivilisation nenne. Als Magensaftfabrik, sagte er, sei Albert Einstein nicht besser, sondern schlechter als Pandareus, denn Pandareus sei von einmaliger Gefräßigkeit. Und nicht im Verlauf einer kosmischen Katastrophe, eines Atomkriegs oder der Überbevölkerung der Erde ginge die Geschichte der Menschheit zu Ende, sondern in einer ruhigen, satten Stille, bitte schön. »Man denke nur«, schluchzte er und legte den Kopf in die Hände, »nicht Raketen, sondern eine Handvoll Kupfermünzen für ein Glas Magensaft haben die Zivilisation zugrunde gerichtet …«

Er sprach natürlich viel ausführlicher und eindrucksvoller, doch ich kann mir abstrakte Überlegungen schlecht merken und erinnere mich nur an dies. Ich gebe zu, anfangs gelang es ihm, auch mich schwermütig zu stimmen. Aber ich begriff recht bald, dass alles, was er sagte, nichts als die hysterische Suade eines gebildeten Menschen war, der gerade den Zusammenbruch seiner persönlichen Ideale erlebt hat. Und so verspürte ich den Wunsch, ihm zu widersprechen. Natürlich nicht, weil ich gehofft hätte, ihn umzustimmen, sondern weil seine Erörterungen mich tief betroffen machten, ich sie allzu hochtrabend und unbescheiden fand und das bedrückende Gefühl loswerden wollte, das sein Lamento in mir verbreitete.

»Du hast es im Leben zu gut gehabt, mein Sohn«, sagte ich ihm ins Gesicht. »Du bist verwöhnt. Du weißt nichts vom Leben und man merkt, dass dir noch nie einer die Zähne eingeschlagen hat, dass du nie im Schützengraben gefroren hast und in Gefangenschaft Baumstämme hast verladen müssen. Du hattest immer satt zu essen und ausreichend Geld. Und so hast du dir angewöhnt, die Welt mit den Augen eines Olympiers, eines Übermenschen anzusehen. Welcher Jammer – die Zivilisation für eine Handvoll Kupfermünzen verkauft! Sag lieber danke, dass man dir diese Kupfermünzen gibt! Dir bedeuten sie freilich nichts. Eine Witwe aber, die alleine drei Kinder großzieht, sie füttern, kleiden und in die Schule schicken muss? Oder Polyphem, der Krüppel, der nur eine winzige Rente bekommt? Und der Farmer? Was habt ihr dem geboten? Zweifelhafte soziale Ideen? Büchlein und Broschüren? Eure ästhetische Philosophie? Schnurzegal ist das dem Farmer! Er braucht Kleidung, Maschinen und Vertrauen in den nächsten Tag! Man muss ihm die Möglichkeit geben, eine Ernte heranzuziehen und dafür einen guten Preis zu bekommen. Konntet ihr das für ihn leisten? Ihr und eure Zivilisation! In zehntausend Jahren hat es keiner geschafft – nur die Marsmenschen, die konnten es ihm garantieren! Ihr braucht euch nicht zu wundern, wenn euch jetzt die Farmer hetzen wie wilde Tiere! Niemand kann euch gebrauchen mit euren ewigen Diskussionen, eurem Snobismus, euren abstrakten Predigten, die allzu leicht in MPi-Schießereien umschlagen. Der Farmer braucht euch nicht, der Marsmensch braucht euch nicht. Ich bin sogar überzeugt, dass die meisten gebildeten Menschen euch auch nicht brauchen. Ihr haltet euch für die Blüte der Zivilisation, aber in Wirklichkeit seid ihr nichts als Schimmel. Ihr bildet euch viel zu viel ein und glaubt jetzt, euer Tod sei der Tod der gesamten Menschheit.«

Ich hatte den Eindruck, als hätte ich ihn mit meiner Rede förmlich erschlagen. Er saß da, verdeckte mit den Händen das Gesicht, und zitterte am ganzen Leib. Er tat mir so leid, dass mir das Herz blutete.

»Charon, mein Junge«, sagte ich möglichst sanft. »Versuch, wenigstens für eine Minute aus deinen Wolkensphären auf die sündige Erde herabzusteigen. Versuch zu begreifen, dass der Mensch auf der Welt vor allem Ruhe, Frieden und Vertrauen in den nächsten Tag braucht. Es ist doch gar nichts Schreckliches passiert. Ihr sagt, der Mensch sei jetzt zu einer Magensaftfabrik geworden. Das sind harte Worte. In Wirklichkeit ist es umgekehrt. Der Mensch ist auf neue Existenzbedingungen gestoßen und hat nun eine vortreffliche Methode gefunden, mit Hilfe seiner physiologischen Ressourcen seine Stellung in der Welt zu stabilisieren. Du nennst das Sklaverei, doch jeder vernünftige Mensch sieht darin ein ganz normales Geschäft, das zum gegenseitigen Nutzen getätigt wird. Wie kann man von Sklaverei reden, wenn sich vernünftige Menschen schon jetzt überlegen, ob sie nicht vielleicht betrogen werden? Und wenn sie betrogen werden, dann, das versichere ich dir, werden sie sich Gerechtigkeit zu verschaffen wissen. Ihr sprecht vom Ende der Kultur und der Zivilisation, aber das stimmt nicht! Man weiß nicht einmal, was ihr damit meint. Täglich erscheinen Zeitungen, neue Bücher werden verlegt, neue Fernsehspiele geschrieben, die Industrieproduktion läuft … Was fehlt euch eigentlich, Charon? Es ist euch doch alles geblieben: die Freiheit des Wortes, die Selbstverwaltung, die Verfassung. Mehr noch, man hat euch vor Herrn Laomedon in Schutz genommen! Schließlich und endlich hat man euch eine sichere Einkommensquelle gegeben, die von keiner Konjunktur abhängt.«

An dieser Stelle hielt ich inne, denn ich sah, dass Charon weder erschlagen war noch schluchzte, wie ich geglaubt hatte, sondern auf das Unanständigste kicherte. Ich war zutiefst beleidigt, da sagte er: »Um Gottes willen, entschuldige, ich wollte dich nicht kränken. Mir ist nur gerade eine sehr komische Geschichte eingefallen.« Es stellte sich heraus, dass Charon vor zwei Tagen als Anführer von fünf Aufständischen ein Marsauto gekapert hatte. Doch wie groß war ihre Verwunderung, als sie sahen, wer aus dem Wagen stieg: Minotaurus, der stocknüchtern war und eine tragbare Magensaftpumpe in der Hand hielt. »Na, Jungs, wollt ihr einen heben?«, fragte er. »Na los, das lässt sich einrichten. Wer will als Erster?« Die Aufständischen waren perplex, und als sie zur Besinnung kamen, verdroschen sie Minotaurus wegen seines Verrats und entließen ihn mitsamt dem Fahrzeug. Sie hatten ein Auto kapern und seine Steuerung kennenlernen wollen, um damit später einen Posten der Marsmenschen zu überfallen. Nach dieser Episode aber verging ihnen die Lust an einem Gemetzel. Am Abend desselben Tages machten sich zwei von ihnen auf den Weg nach Hause, und die Übrigen wurden am nächsten Morgen von den Farmern erwischt. Ich begriff nicht ganz, was die Geschichte mit unserem Gespräch zu tun hatte, aber mich erschreckte der Gedanke, dass Charon demzufolge ein Gefangener der Marsmenschen gewesen war.

»Ja«, antwortete er auf meine Frage. »Deshalb habe ich ja so lachen müssen. Die Marsmenschen haben mir nämlich genau dasselbe erzählt wie du. Nur ein wenig klarer. Insbesondere betonten sie, dass ich zur Elite der Gesellschaft gehöre, dass sie größte Achtung vor mir hätten und nicht verstünden, warum ich und meinesgleichen Terrorakte veranstalteten, anstatt eine vernünftige Opposition zu gründen. Sie bieten uns also an, mit legalen Mitteln gegen sie zu kämpfen, und garantieren Presse- und Versammlungsfreiheit. Prächtige Burschen, die Marsmenschen, was?«

Was sollte ich darauf sagen? Besonders als ich hörte, dass er sehr gut behandelt worden war: Sie hatten ihm ein Bad, Kleidung und ärztliche Versorgung zugestanden, ihm sogar ein Auto gegeben, das sie bei dem Besitzer einer Opiumhöhle beschlagnahmt hatten, und ließen ihn dann in Frieden ziehen.

»Mir fehlen die Worte«, sagte ich. »Mir auch«, entgegnete Charon, der nun wieder finster wurde. »Leider fehlen mir auch die Worte, aber ich muss sie finden. Was sind wir alle wert, wenn wir keine Worte finden?« Hier wünschte er mir unvermittelt eine gute Nacht und ging in sein Zimmer, und ich saß dumm da und fühlte, wie schreckliche Vorahnungen in mir hochstiegen. Was würde das noch für Scherereien mit ihm geben! Ganz sicher! Und was waren das für Manieren, aufzustehen und zu gehen, ohne die Diskussion beendet zu haben? Jetzt ist es schon ein Uhr nachts, und noch immer ist kein Schlaf in Sicht.

Übrigens habe ich heute zum ersten Mal Magensaft gespendet. Es war nicht weiter schlimm; der Schlauch schluckt sich eklig, aber das wird sich bestimmt bald geben. Wenn man täglich zweihundert Gramm spendet, macht das hundertfünfzig im Monat. Schönes Sümmchen!

14. Juni

Temperatur plus zweiundzwanzig Grad, keine Bewölkung, Windstille. Endlich sind die neuen Marken herausgekommen. Mein Gott, wie schön sie sind! Ich habe den kompletten Satz in Viererblöcken gekauft, doch dann konnte ich's mir nicht verkneifen und kaufte mehrere Bogen. Schluss mit dem Sparen. Jetzt kann ich mir schon etwas leisten. Hermione und ich waren Magensaft spenden, doch in Zukunft gehe ich allein. Anscheinend wurde ein Rundschreiben des Ministeriums für Volksbildung veröffentlicht, in dem es heißt, dass sich bei den Renten nichts ändern wird; Einzelheiten konnte ich aber noch nicht erfahren. Herr Nikostratus ist nicht zum Dienst erschienen; er schickte seinen jüngeren Bruder und ließ ausrichten, er wäre erkältet und hätte Grippe. Man munkelt jedoch, dass er keineswegs Grippe habe, sondern unglücklich gefallen sei und innere Verletzungen davongetragen habe. Sieh an, Charon! Artemis verhält sich mucksmäuschenstill.

Ach ja, das habe ich ganz vergessen. Ich warf heute einen Blick in den Salon und sah Charon in Gesellschaft eines netten Herrn mit großer Brille dasitzen. Ich erkannte ihn sofort und erstarrte. Es war der Aufständische, den die Farmer vor meinen Augen gefangen genommen hatten. Er erkannte mich ebenfalls und erstarrte in demselben Maße. Eine Zeit lang sahen wir einander an, dann fasste ich mich wieder und entfernte mich mit einer Verbeugung. Ich weiß nicht, was er Charon über mich erzählt hat, doch er verließ kurz darauf unser Haus. Ich sage es geradeheraus: Mir gefällt das nicht. Wenn sie sich dem legalen Kampf zuwenden, wie ihnen offiziell nahegelegt wurde, wenn sie sich mit Meetings, Broschüren und Zeitungen befassen – bitte sehr. Wenn ich aber noch einmal Maschinenpistolen und Sonstiges in meinem Haus sehe, dann, verehrter Herr Schwiegersohn, werden sich unsere Wege trennen. Ich habe die Nase voll.

Um mich zu beruhigen, las ich noch einmal, was ich über das gestrige Gespräch mit Charon geschrieben habe. Meine Logik war tadellos. Er wusste ja auch nichts zu erwidern. Schade nur, dass ich viel schlüssiger und überzeugender geschrieben als gesprochen habe. Ich kann überhaupt nicht reden, das ist meine schwache Stelle.

Die Morgenzeitungen brachten eine interessante Meldung: die totale Demobilisierung und Entmilitarisierung des Landes. Gott sei Dank, endlich sind sie daraufgekommen! Offenbar haben die Marsmenschen die Verteidigung ganz in ihre Hände genommen. Uns wird sie jetzt keinen Pfennig mehr kosten, wenn man vom Magensaft einmal absieht. In der Rede des Präsidenten steht darüber natürlich nichts, aber man kann es zwischen den Zeilen lesen. Die früheren Rüstungsausgaben, sagte er, würden zur Erhöhung des Lebensstandards und zur Entwicklung des Schiffbaus eingesetzt. Durch die Verkleinerung der Rüstungsindustrie stünden gewisse Schwierigkeiten bevor, allerdings nur vorübergehend. Der Präsident betonte mehrfach, die Reorganisierung werde für niemanden von Nachteil sein. Ich verstehe das so, dass die Rüstungsindustriellen und Generale eine gute Abfindung erhalten werden. Die Marsmenschen scheinen ein reiches Volk zu sein! Die Demobilisierung hat bereits begonnen. Paralus verbreitet das Gerücht, die Polizei solle ebenfalls aufgelöst werden. Pandareus wollte ihn deswegen einsperren, aber das verhinderten wir. Gerücht ist Gerücht, doch an Pandareus' Stelle wäre ich ein bisschen vorsichtiger.

Nein, heute habe ich keine Lust zu schreiben. Ich nehme mir noch einmal meine gestrige Ansprache an Charon vor und schreibe sie ins Reine. Es war eine gute Rede.

15. Juni

Temperatur plus einundzwanzig Grad, keine Bewölkung, Windstille. Der Morgen ist hell und klar wie selten. Wie schön ist es, früh aufzustehen, wenn die Sonne den Morgennebel zerstreut hat, die Luft jedoch noch frisch und kühl ist und die nächtlichen Düfte bewahrt hat. Winzige Tautropfen zittern wie Myriaden von Regenbogen, sie funkeln wie Edelsteine an jedem Halm, auf jedem Blättchen, an jedem Spinnfaden, den eine fleißige Spinne nächtlicherweile von ihrer Heimstatt zum schwankenden Zweig gezogen hat. Nein, die künstlerische Prosa gelingt mir nicht besonders. Einerseits scheint alles zu stimmen, und alles steht am richtigen Platz, ist schön, aber irgendetwas fehlt. Nun gut.

Schon den zweiten Tag haben wir alle großen Appetit. Das soll am blauen Brot liegen, und es schmeckt in der Tat vorzüglich. Früher habe ich wenig Brot und wenn, dann nur belegt gegessen, jetzt überfresse ich mich buchstäblich daran. Es zergeht auf der Zunge wie Kuchen und liegt nicht schwer im Magen. Selbst Artemis, der die Figur stets mehr am Herzen lag als die Familie, kann sich nicht mehr beherrschen und langt zu, wie man das von einer gesunden jungen Frau ihres

Alters erwartet. Charon isst das Brot auch und lobt es. Auf meine Anspielungen und Sticheleien antwortet er nur: »Das eine hat mit dem anderen nichts zu tun, Vater. Glaub mir, es hat nichts miteinander zu tun.«

Nach dem Frühstück machte ich mich auf den Weg zum Rathaus und kam rechtzeitig zum Beginn der Sprechstunde an. Herr Nikostratus sieht nicht besonders aus. Bei jeder Bewegung verzieht er das Gesicht, greift sich an die Seite und gibt von Zeit zu Zeit ein leises Stöhnen von sich. Sein Sprechen ist nicht mehr als ein klägliches Flüstern, und seinen Fingernägeln schenkt er nicht die geringste Aufmerksamkeit. Während unseres Gesprächs sah er mich kein einziges Mal an, doch redete er höflich und respektvoll mit mir, ohne die leiseste Beimischung seiner üblichen Ironie. Ja, sagte er, es sei ein Rundschreiben eingegangen, das die frühere Rentenordnung bestätige. Meine Papiere lägen wohl schon beim Minister. Es sei anzunehmen, dass alles gutgehe und ich die Stufe eins erhielte, doch es könne nichts schaden, wenn ich den Herrn Bürgermeister bäte, dem Minister ein gesondertes Schreiben zu schicken, das meine persönliche Beteiligung am bewaffneten Kampf gegen die Aufständischen bestätige. Der Gedanke gefiel mir, und ich kam mit Herrn Nikostratus überein, dass ich einen Entwurf des Briefes aufsetzen, er ihn überarbeiten und dem Herrn Bürgermeister vorlegen würde.

Inzwischen hatten sich die Freunde auf dem Platz eingefunden. Morpheus kam als Letzter und musste Strafe zahlen. Schluss mit dem Liberalismus, wir haben unsere Klubangelegenheiten in letzter Zeit sträflich vernachlässigt. Alle brannten darauf zu erfahren, ob der Streit zwischen Charon und Herrn Nikostratus beigelegt sei. Sie zwangen mich, ausführlich zu erzählen, was ich gesehen hatte, und der einbeinige Polyphem stritt sich eine Weile mit Silen darüber, was bei Herrn Nikostratus wohl verletzt war. Er als erfahrener Mann und Unteroffizier behauptete, bei dem Scharmützel müsse dem Sekretär das Steißbein angebrochen worden sein, denn nur ein gezielter Stoß mit der Stiefelspitze an die entsprechende Stelle könne die von mir beschriebene Art und Weise des Verlassens des Schlachtfeldes bewirkt haben. Silen hingegen als nicht minder erfahrener Mann und früherer Jurist erwiderte, ein gezielter Tritt in den Leib zeitige die gleiche Wirkung, und wenn man die Haltung bedenke, die Herr Nikostratus derzeit beim Gehen einnehme, liege der Schluss nahe, dass ihm links eine Rippe angebrochen oder sogar gebrochen sei. Beide waren sich im Übrigen darin einig, dass ein Ende der Angelegenheit nicht abzusehen sei und Herr Nikostratus – ein temperamentvoller junger Sportsmann – es sich bestimmt nicht entgehen lassen werde, Charon zusammen mit ein paar Freunden in einem dunklen Winkel aufzulauern.

Dann fragten sie mich, ob Artemis ihre Vorliebe für Herrn Nikostratus weiterhin pflege, und als ich mich weigerte, diese taktlose Frage zu beantworten, befand man nahezu einstimmig, jawohl, sie pflege sie auch weiterhin. »Frau ist Frau«, sagte der gallige Paralus. »An einem Mann hat sie nicht genug, das liegt in ihrer Natur.« Nun war ich richtig verärgert und parierte, diese Eigenschaft der Frauen liege ja wohl eher in der Natur solcher Männer wie Paralus. Diesen Scherz fanden alle sehr treffend, denn erstens mochten sie Paralus wegen seiner Galligkeit nicht leiden, und zweitens fiel ihnen wieder ein, dass ihm seine junge Frau noch vor dem Krieg mit einem Handlungsreisenden durchgebrannt war – eine günstige Gelegenheit also, Paralus mit seinen ewigen quasiphilosophischen Bemerkungen in die Schranken zu weisen.

Morpheus, der auch einen Witz in petto hatte und schon im Voraus fast erstickte vor Lachen, fasste alle beim Arm und rief: »Jetzt hört doch mal zu!« Doch da mischte sich, wie immer zur Unzeit, der alte Esel Pandareus ein und erzählte, ohne vom Gesprächsthema die geringste Ahnung zu haben, dass zurzeit aus dem Ausland die Mode käme, zu dreien und zu vieren mit einer Frau zu leben, wie das bei Katzen üblich sei. Was sagt man dazu! Da kann man sich nur an die Stirn tippen. Paralus ergriff sofort die Gelegenheit und lenkte das Gespräch auf Pandareus. »Ja, Pan«, sagte er. »Du bist heute gut in Form. Das habe ich nicht mal von meinem jüngeren Schwiegersohn, dem Major, gehört.« Paralus' zweiter Schwiegersohn war stadtbekannt, und wir konnten uns nicht halten vor Lachen; dann fügte Paralus mit kummervoller Miene hinzu: »Nein, Leute, es macht keinen Sinn, dass wir entmilitarisieren. Es wäre besser, wir würden entpolizeiisiert oder wenigstens entpandareusiert.« Pandareus plusterte sich auf wie ein Igelfisch, schloss die Uniformjacke und bellte: »Unterhaltung been-det!«

Es war noch zu früh für die Spendenannahmestelle, deshalb ging ich zu Achilles. Ich las ihm meine ins Reine geschriebene Rede an Charon vor, und er hörte mir mit offen stehendem Mund zu. Es war ein grandioser Erfolg. Hier wörtlich, was er mir antwortete: »Das hat ein wirklicher Tribun geschrieben, Phöbus! Wo hast du das bloß her?« Ich zierte mich ein wenig, des besseren Effekts wegen, dann erzählte ich, wie es gewesen war. Aber er glaubte mir nicht! Er erklärte, ein pensionierter Astronomielehrer habe nicht das Zeug dazu, die Gedanken und Gefühle des einfachen Volkes so treffend zu formulieren. »Das ist nur großen Schriftstellern gegeben«, sagte er, »oder großen Politikern. Aber ich kenne in unserem Land weder einen großen Schriftsteller noch einen großen Politiker. Phöbus, das hast du bei den Marsmenschen geklaut. Gib's zu, Alter, ich erzähle es auch nicht weiter.« Ich war verwirrt. Sein Unglauben schmeichelte mir und ärgerte mich zugleich. Nun zeigte er mir auch noch einen gestempelten Umschlag aus festem schwarzem Papier. »Was ist das?«, fragte ich betont abschätzig, doch ich ahnte schon das Unglück. »Briefmarken«, prahlte er. »Echte. Von dort!« Ich wusste nicht mehr, wie ich mich beherrschen sollte.

Wie im Nebel lauschte ich der Begeisterung in seinen Worten, die er mit einem gespielt mitfühlenden Ton zu überdecken versuchte. Er hielt mir das Kuvert vor die Nase und erzählte, welch eine Rarität das sei, wie schwer zu bekommen, welch sagenhafte Summe ihm Chthonius dafür geboten habe und wie schlau er, Achilles, gewesen sei, die Entschädigung für die beschlagnahmten Medikamente nicht in Geld, sondern in Form von Briefmarken zu verlangen. Die Summen, die er lässig nannte, waren niederschmetternd für mich. Ich erfuhr, die Marktpreise für Briefmarken vom Mars lägen so hoch, dass weder Rentenstufe eins noch Magensaft mir etwas nützen würden. Schließlich ging mir ein Licht auf … Ich riss mich zusammen und bat Achilles, mir die Marken zu zeigen. Doch der Schlaukopf druckste herum und stotterte verlegen, die Marsmarken scheuten das Licht wie Fotopapier und dürften nur bei Spezialbeleuchtung betrachtet werden; in der Apotheke sei er nicht darauf eingerichtet. Ich fasste mir ein Herz und bat, die Marken abends bei ihm zu Hause anschauen zu dürfen. Nicht sonderlich erfreut, lud er mich ein, sagte jedoch, er habe auch zu Hause keine Spezialgeräte, wolle sich aber bis morgen Abend etwas einfallen lassen. Das glaube ich gern, dass er sich was einfallen lässt. Gewiss stellt sich dann heraus, dass sich die Marken bei frischer Luft auflösen oder man sie nicht betrachten, sondern nur befühlen darf.

Auf dem Höhepunkt unseres Wortgefechts hörte ich plötzlich, wie jemand hinter meinem linken Ohr atmete und nahm aus dem Augenwinkel eine Bewegung wahr. Sofort dachte ich an den geheimnisvollen Besuch und fuhr herum, aber es war nur die Bedienstete von Madame Persephone, die um ein sicheres Mittel bat. Auf der Suche nach einem Präparat, das Madame Persephone zufriedenstellen würde, ging Achilles ins Labor – entschlossen, erst dann zurückzukehren, wenn ich verschwunden war. Ich ging, ohne meine Ironie zu verhehlen.

In der Spendenannahmestelle wartete eine angenehme Überraschung auf mich: Analysen hatten ergeben, dass mein Magensaft infolge einer chronischen Erkrankung der ersten Sorte zuzurechnen sei, so dass ich für hundert Gramm vierzig Prozent mehr erhalten sollte als sonst üblich. Mehr noch, der diensthabende Feldscher gab mir den Tipp, dass ich bei mäßigem, aber konstantem Genuss von Blaubrand die Extrasorte erreichen könne und dann für hundert Gramm siebzig bis achtzig Prozent mehr Geld erhielte. Ich will es nicht verschreien, doch mir scheint, als winke mir endlich ein bisschen Glück im Leben.

In bester Laune ging ich in die Kneipe und blieb dort bis zum späten Abend. Es war sehr lustig. Erstens hatte Japetus reichlich Blaubrand vorrätig, der ihm jetzt von den Farmern aus der Umgebung en gros geliefert wurde. Der Blaubrand verursacht zwar ein scheußliches Aufstoßen, ist aber günstig, trinkt sich leicht und macht einen angenehmen, lustigen Rausch. Wir mussten sehr über einen der jungen Männer in den schmalen Mänteln lachen. Ich konnte sie noch nicht auseinanderhalten und empfand dennoch eine ganz natürliche Feindschaft gegen sie, die von der Mehrzahl meiner Freunde geteilt wurde. Die bedrohlichen Sieger über Herrn Laomedon verbrachten einzeln oder zusammen die Zeit vom Mittagessen bis zur Polizeistunde in der Kneipe, saßen an der Theke, tranken und schwiegen so hartnäckig, als sähen sie ihre Umgebung gar nicht. Heute aber raffte sich plötzlich einer der jungen Männer auf und kam an unseren Tisch; wir verstummten misstrauisch, und in der eintretenden Stille bestellte er erst einmal eine Runde für uns. Dann setzte er sich zwischen Polyphem und Silen und sagte halblaut: »Äacus.« Wir dachten zuerst, er hätte gerülpst, und Polyphem sagte »Prost«. Aber der junge Mann erklärte ein wenig gekränkt, Äacus sei sein Name; man habe ihn nach dem Sohn des Zeus und der Ägina benannt, dem Vater des Telamon und des Peleus, dem

Großvater Äantes' des Großen. Polyphem entschuldigte sich sogleich und schlug vor, auf die Gesundheit Äacus' zu trinken, so dass der Zwischenfall sofort vergessen war. Wir stellten uns ebenfalls vor, und sehr bald fühlte sich Äacus unter uns wie zu Hause. Er entpuppte sich als großartiger Erzähler, und wir hielten uns alle den Bauch vor Lachen, als wir ihm zuhörten.

Besonders amüsierte uns die Geschichte, wie sie den Fußboden im Salon eingeseift, die Fräuleins ausgezogen und Jagd auf sie gemacht hatten. Das nannte sich bei ihnen »Haschenspielen«. Ich muss gestehen, wir schämten uns ein wenig unserer kleinen Stadt, wo wir noch nie von einer solchen Zerstreuung gehört hatten. Und so kam uns die lustige Eskapade unserer jungen Müßiggänger aus dem Dunstkreis des Herrn Nikostratus sehr zupass: Sie erschienen auf dem Platz und zogen einen großen bunten Hahn an einer Leine hinter sich her. Mein Gott, war das komisch! Unter dem Abgesang des Liedes von der schönen Niobe zogen sie direkt vom Platz in die Kneipe, belagerten die Theke und verlangten für sich Brandy, für den Hahn aber Blaubrand. Dabei verkündeten sie lauthals, sie feierten die Geschlechtsreife des Hahns und luden alle ein mitzufeiern. Wir schüttelten uns vor Lachen. Äacus lachte mit, so dass unsere Stadt als Zentrum lustiger Zerstreuung in den Augen des Hauptstädters ein wenig rehabilitiert war.

Dann kam Achilles noch und berichtete, aus dem Sitzungssaal des Rathauses seien sechs Polsterstühle entwendet worden. Pandareus hatte den Tatort bereits in Augenschein genommen und behauptete, auf eine Spur gestoßen zu sein. Es seien seiner Meinung nach zwei Diebe gewesen; der eine habe einen Velourshut getragen, und der andere habe am rechten Fuß sechs Zehen gehabt, doch wir alle waren überzeugt, dass der Stadtkämmerer die Stühle gestohlen hatte. Der gallige Paralus erklärte denn auch: »Jetzt ist er wieder fein raus, weil alle bloß noch von den blöden Stühlen reden und die letzte Unterschlagung dabei glatt vergessen.«

Als ich nach Hause kam, war Charon noch in der Redaktion, und wir aßen zu dritt zu Abend.

Gerade habe ich zum Fenster hinausgesehen. Der unendliche Himmel dieser herrlichen Sommernacht birgt Myriaden von flimmernden Sternen, und sie alle leuchten über unserer Stadt. Eine warme Brise weht berauschende Düfte heran und liebkost die Zweige der schlafenden Bäume. Brrr, surrt ein verirrtes Glühwürmchen im Grase, es eilt zum Rendezvous mit seiner Liebsten. Wohliger Schlaf senkt sich auf unser vom Tagwerk müdes Städtchen. Und doch, irgendetwas fehlt. Ich meine, es war schön, als hoch droben über der Stadt die riesigen Luftschiffe dahinglitten, lautlos und in strahlendem Zauberlicht, ein Symbol für Frieden und Sicherheit. Man sah sogleich, dass es nicht die unseren waren.

Meine Rede werde ich »Ruhe und Sicherheit« nennen und sie Charon geben für seine Zeitung. Ob er will oder nicht – er wird die Rede drucken. Die ganze Stadt ist dafür, er allein ist dagegen; da gibt es kein Nein, mein teurer Schwiegersohn!

Und jetzt gehe ich nachsehen, was Hermione so macht.

DIE LAST DES BÖSEN

oder

VIERZIG JAHRE SPÄTER

Neun von zehn kennen nicht den Unterschied zwischen Dunkelheit und Licht, Wahrheit und Lüge, Ehre und Ehrlosigkeit, Freiheit und Sklaverei. Ebenso wissen sie nicht, wozu sie selber nütze sind.

Trifili, der Raskolnik

Da hatte Simon Petrus ein Schwert und zog es aus und schlug nach des Hohenpriesters Knecht und hieb ihm sein rechtes Ohr ab. Und der Knecht hieß Malchus.

Evangelium des Johannes

Notwendige Erklärungen

Zwei Manuskripte lagen vor mir, als ich mich schließlich entschloss, dieses Buch zu schreiben.

Meine Entscheidung braucht eigentlich keine Erklärung. Jetzt, da der Name Georgi Anatoljewitsch Nossow sozusagen aus dem Nichts aufgetaucht und kometenhaft, von einem Tag zum anderen, aufgestiegen ist; da er an die Spitze der Liste der Ideenträger unseres Jahrhunderts gerückt ist; da Menschen, ohne je mit ihm, dem *Lehrer*, gesprochen oder ihn auch nur gesehen zu haben, seinen Namen mit Legenden zu umranken beginnen; da einige seiner Schüler sich eiligst und nicht ganz uneigennützig darangemacht haben, einen neuen Mythos zu schaffen, anstatt einfach zu erzählen, was wirklich geschah – jetzt liegt auf der Hand, dass mein Entschluss angebracht und zeitgemäß ist.

Anders verhält es sich mit den beiden Manuskripten, aus denen sich dieses Buch zusammensetzt: Sie bedürfen meiner Ansicht nach tatsächlich einiger Erklärungen.

Das erste Manuskript entstand auf ganz banale Weise: Es handelt sich dabei um Notizen, Konzepte, Entwürfe, Zitate und meist tagebuchartige Aufzeichnungen für meine Examensarbeit zum Thema »Der Lehrer im einundzwanzigsten Jahrhundert«. Wegen der Ereignisse in jenem schrecklichen Sommer habe ich die Examensarbeit jedoch weder geschrieben noch abgegeben. Bei der Durchsicht des Manuskripts kann man sich freilich nur wundern über die Anmaßung dieses exaltierten Jungen, eines noch grünen Absolventen des Taschlinsker Lyzeums, der sich einbildete, er sei imstande, die Hauptprinzipien seines Lehrers herauszuarbeiten und zu formulieren, sie mit der geltenden Erziehungstheorie in Einklang zu bringen und so ein vollständiges Bild des idealen Pädagogen zu entwerfen. Mir ist noch gut in Erinnerung, dass Georgi Anatoljewitsch meinem Vorhaben gegenüber ziemlich skeptisch war. Aber er unternahm keinen Versuch, mich davon abzubringen. Vielmehr hat er mir erlaubt, ihn auf seinen Behördengängen überallhin zu begleiten und einen Blick hinter die Kulissen des öffentlichen Lebens im damaligen Taschlinsk zu werfen.

Und der selbstbewusste Junge folgte seinem Lehrer auf Schritt und Tritt, manchmal in Begleitung anderer Studenten (die der Lehrer nach bestimmten, nur ihm verständlichen Kriterien auswählte) und manchmal allein. Er hörte ihm aufmerksam zu, prägte sich seine Worte ein, machte sich Notizen, zog bestimmte Schlussfolgerungen, deren ich mich jetzt leider nicht mehr entsinne, überließ sich überschwänglichen Gefühlen, die nun auch schon vergessen sind, und brachte abends, wenn er ins Internat zurückgekehrt war, mit der Ausdauer und dem Fleiß eines Nestors alles zu Papier, was ihn am meisten beeindruckt hatte und ihm für seine künftige Arbeit von großer Bedeutung schien.

Ich habe die Aufzeichnungen sorgfältig überarbeitet. Einiges musste ich erst wieder entziffern und noch einmal abschreiben. Vieles war stenografiert und mit Hilfe eines Kodes verschlüsselt, den ich natürlich längst vergessen habe. Manche Stellen waren überhaupt unleserlich. Und es versteht sich von selbst, dass ich alle Seiten ausgelassen habe, die den Charakter intimer Tagebuchaufzeichnungen trugen, Seiten, die andere Personen betrafen, und Seiten, die nichts mit Georgi Anatoljewitsch zu tun hatten.

Nun habe ich das Buch beendet und bin nicht mehr gewillt, darin auch nur ein einziges Wort zu ändern. Doch überkommt mich bisweilen Traurigkeit bei dem Gedanken, dass ich den netten, lustigen, mitunter rührenden und ein wenig lächerlichen Jungen so trocken und so gar nicht wie ein Wesen aus Fleisch und Blut dargestellt habe. Vorher war dieser Junge deutlich hinter den Zeilen zu erkennen gewesen – mit all den quälenden Problemen seines Alters, mit seinem Dünkel, der sich bei ihm erstaunlicherweise mit Schüchternheit verband, mit seinen phantasmagorischen Plänen, seiner großen Opferbereitschaft und seinem treuherzigen Egoismus. Bei der Überarbeitung eliminierte ich all das gnadenlos; denn ich war der Meinung – und das zu Recht –, dass es nicht angebracht sei, mich bei der Tragödie meines Lehrers selbst herauszustellen. Es ist in erster Linie ein Buch über ihn – und erst dann eines über mich.

So viel zum ersten Manuskript.

Die Herkunft des zweiten Manuskripts ist rätselhaft – ebenso rätselhaft wie sein Inhalt. Georgi Anatoljewitsch händigte es mir aus, kurz nachdem ich das Thema meiner Examensarbeit bekanntgegeben hatte. Er sagte, das Manuskript könnte für meine Arbeit von Nutzen sein, mir aber zumindest dabei helfen, mich von der Ebene der alltäglichen Betrachtungen zu lösen.

Georgi Anatoljewitsch erzählte mir, man habe das Manuskript einige Jahre zuvor beim Abriss eines alten Gebäudes entdeckt, in dem sich die Kantine und das Wohnheim des Steppenobservatoriums (des ältesten wissenschaftlichen Instituts unserer Region) befunden hatten. Das Manuskript lag in einer alten Mappe, und diese steckte wiederum in einem ebenso alten Beutel aus Polyethylen, der von zwei längs und quer darübergespannten schwarzen Gummiringen zusammengehalten wurde. Auf der Mappe standen weder der Name des Verfassers noch ein Titel, nur zwei große, mit blauer Tinte geschriebene russische Buchstaben: O und 3.

Anfangs dachte ich, es handele sich um die Ziffern Null und Drei. Erst Jahre später stellte ich eine Verbindung zu dem Motto her, das auf der Innenseite des Mappendeckels stand: »… bei den Gnostikern gilt der *Demiurg* als das schöpferische Prinzip, als der Ursprung der Materie, auf der das Böse lastet.«

Und erst da kam ich darauf, dass es sich wahrscheinlich um eine Abkürzung handelte: Отягощение Злом oder Отягощенные Злом – »Die Last des Bösen« beziehungsweise »Die vom Bösen Belasteten«. Diesen Titel hatte der unbekannte Verfasser also für sein Manuskript gewählt. (Ebenso gut aber kann man annehmen, es habe sich bei »O3« nicht um Buchstaben, sondern um Ziffern gehandelt. Dann hieße das Manuskript »Null-Drei« – also die Nummer des Notrufs – und erhielte plötzlich einen ganz anderen, ja, gar bedrohlichen Sinn.)

Als Autor gilt ein gewisser Sergej Kornejewitsch Manochin, in dessen Namen auch berichtet wird. Bei S. K. Manochin handelt es sich um eine historische Persönlichkeit: einen Astronomen und Doktor der mathematisch-physikalischen Wissenschaften. Er zählte am Ende des vorigen Jahrhunderts tatsächlich zu den Mitarbeitern des Steppenobservatoriums, wo er lange Zeit tätig war. Von ihm stammt der Begriff »Sternenfriedhof«, der auch im Manuskript vorkommt. Er wies auf dieses seltene und eigenartige Naturphänomen hin, das, soviel ich weiß, noch zu seinen Lebzeiten durch Beobachtungen bestätigt wurde. Weitere Spuren hat er in der Wissenschaft nicht hinterlassen – ich habe jedenfalls keine entsprechenden Hinweise finden können. Und schon gar keine Anhaltspunkte dafür, dass Sergej Manochin sich einmal zur schönen Literatur hingezogen gefühlt hätte. Für mich bleibt also auch weiterhin die Frage offen, wer der Verfasser des Manuskripts »Die Last des Bösen« war.

Ich möchte den Leser darauf aufmerksam machen, dass das Manuskript »O3« Elemente grotesker Phantastik enthält, die auf höchst kunstvolle Weise mit realen Personen und Umständen verwoben sind. Niemand wird zum Beispiel daran zweifeln, dass der Demiurg (ähnlich wie Voland bei Bulgakow) eine durch und durch phantastische Figur ist – zugleich aber war der im Manuskript erwähnte Karl Gawrilowitsch Rosljakow tatsächlich Direktor des Steppenobservatoriums, und zwar der erste und bekannteste. Und was die ganz und gar erstaunliche Figur des Ahasver Lukitsch betrifft – so habe ich diesen Menschen mit eigenen Augen gesehen, und zwar unter so tragischen Umständen, dass ich sie nie vergessen werde.

Am einfachsten wäre es, Georgi Anatoljewitsch für den Autor des Manuskripts »O3« zu halten. Aber dagegen spricht eine ganze Reihe von Tatsachen. Das Papier, die Mappe, die Art der maschinellen Niederschrift, orthografische Besonderheiten des Textes – all das zwingt mich zu der Annahme, dass das Manuskript aus den achtziger, spätestens neunziger Jahren des vorigen Jahrhunderts stammt. Und das würde bedeuten, dass Georgi Anatoljewitsch, wenn er der Autor sein sollte, jünger gewesen wäre als ich zu der Zeit, als ich es las. Das aber ist völlig unwahrscheinlich.

Zudem widerspräche eine solche Mystifizierung all dem, was ich über Georgi Anatoljewitsch weiß: Es passt weder zu seinem Charakter noch zu dem Verhältnis, das er zu seinen Schülern hatte. Und schließlich der Inhalt des Manuskripts und der vom Autor gewählte Held: Weshalb hätte Georgi Anatoljewitsch einen Astronomen zu seinem literarischen Helden machen sollen? Georgi Anatoljewitsch hat sich nie für Naturwissenschaften interessiert. Selbstverständlich wusste er über die neuesten physikalischen und astronomischen Theorien Bescheid, jedoch nicht mehr als jeder andere gebildete und kultivierte Mensch. Zudem wäre völlig unverständlich, warum der feinfühlige Georgi Anatoljewitsch einen Astronomen zum Helden hätte wählen sollen, der hier gelebt und nur ein paar Schritte von Taschlinsk entfernt gearbeitet hat.

Nein, diese Hypothese ist trotz ihrer scheinbaren Glaubwürdigkeit nicht zu halten. Und dabei habe ich noch nicht über die Elemente des Werks gesprochen (und werde es auch jetzt nicht tun), die keinerlei rationale Erklärung mehr zulassen.

Schuld an der Verwirrung ist wohl, dass ich bis heute nicht begreife, welchen Zusammenhang Georgi Anatoljewitsch zwischen meiner Examensarbeit und dem Manuskript »O3« gesehen hat, und auf welche Gedanken mich dieser Text bringen sollte. Ich hätte das Manuskript sicher besser verstanden und auch das Rätsel seiner Herkunft gelöst, wenn es mir gelungen wäre, diesem Zusammenhang auf die Spur zu kommen und mich von herkömmlichen Vorstellungen zu lösen.

Vielleicht ist ja einer meiner Leser erfolgreicher und – sagen wir es ganz offen – intelligenter als der Verfasser dieses Buches. Ich möchte noch erwähnen, dass das Manuskript »O3« ohne Änderungen oder Weglassungen in das Buch aufgenommen wurde. Ich habe mir nur erlaubt, es in Abschnitte zu gliedern – ungefähr so, wie ich es selbst in jenem schrecklichen Sommer gelesen habe (mit nächtlichen Unterbrechungen, natürlich).

Igor W. Mytarin

Aus meinem Tagebuch, 10. Juli (in der Nacht zum 11.)

Gerade bin ich von einer Patrouille zurückgekommen. Mein linkes Ohr sieht aus wie ein dicker Fladen. Folgendes ist passiert:

Wir hatten uns schon voneinander verabschiedet und auf den Nachhauseweg gemacht. Wanja und Serjoscha mussten in die eine Richtung, ich in die andere. Da sah ich plötzlich vor dem Eingang zum Park der Kosmonauten, wie drei »Stachelschweine« zwei Jungen – anscheinend »Kinder der Flora« – mit ihren Motorrädern gegen das versperrte Tor drängten, um sie sich richtig vorzuknöpfen. Ich stieß so laut ich konnte den Schlachtruf unserer mathematisch-mechanischen Fakultät aus und gerierte mich als Beschützer der »Flora« – als seien ihre Anhänger schon ins Rotbuch der seltenen Pflanzen und Tiere eingetragen. All das hätte ziemlich schlimm für mich enden können, wenn nicht Wanja und Serjoscha zwei Häuserblocks entfernt den Lärm gehört hätten und mir rechtzeitig zu Hilfe geeilt wären. Die »Stachelschweine« schwangen sich sofort auf ihre Motorräder und machten sich aus dem Staub. Und was typisch war: Die, für die ich mein edles Blut vergoss, hatten in dem Moment das Weite gesucht, als sich die »Stachelschweine« mir zuwandten … Dreck …

Während unserer Patrouille hatten wir vor allem über die »Nichtsesser« gesprochen. Ich erinnere mich nicht mehr, wer auf das Thema gekommen war und warum. Ich erzählte meinen Kameraden, woher der Ausdruck stammte – sie hatten keine Ahnung …

(*Spätere Anmerkung:* Der Begriff »Nichtsesser« stammte von dem Schriftsteller Ilja Warschawski; er hatte ihn Mitte des vergangenen Jahrhunderts erfunden und in einer seiner Erzählungen verwendet. Gemeint waren damit die selbstgenügsamen Bewohner eines Planeten, deren Fortschritt erst dann begann, als die Raumfahrer von der Erde nach ihrer Landung Flöhe gegen sie losließen.)

Das mit den »Nichtsessern«, sagte Wanja, sei ganz einfach. Es gebe zwei Sorten davon: erstens die Deklassierten – die Landstreicher, die stinkenden Nichtstuer, die Chlamydomonaden, kurzum: die wildwachsende, nutzlose »Flora«. Und zweitens die Philosophen – ungewaschene, primitive und obszön daherredende Leute vom Schlage des Diogenes in der Tonne, hirnlose, unbegabte Stümper. Die eine Sorte sei so viel wert wie die andere. Gut wäre es, wenn man die erste ganz aus dem Verkehr zöge und irgendwohin in die Sümpfe jagte (sollten sich doch da die Blutegel an ihnen mästen). Der zweiten hingegen solle man Schaufeln in die Hände drücken, damit sie einen schiffbaren Kanal von unserer Taschliza bis zum Aralsee aushöben. Wanja, mit Nachnamen Drosdow, ist Meister in der Herstellung von Schafskäse und kann sehr grob werden gegenüber Menschen, die keinen Beruf ausüben und auch nicht ausüben wollen.

Wanjas kompromisslose Einstellung den »Nichtsessern« gegenüber ist allerdings eher theoretischer Natur. Serjoschas Braut zum Beispiel kommt aus einer Familie von »Nichtsessern«, und Iwan verkündet in der ganzen Stadt und nicht ohne Vorwurf: »Was hast du über Tanjas Papa zu meckern? Das ist ein Mensch wie du und ich! Ich rede nur von den Stumpfsinnigen!« Und wenn ich ihm vom Onkel meines Freundes Mischa erzähle, ruft er: »Hör zu, das ist doch was ganz anderes! Ich rede doch nicht von solchen Leuten. Der hat doch Talent!«

Scherz beiseite, aber diesem Geschwätz war es zu verdanken, dass ich schließlich zu einer recht interessanten Klassifikation der heutigen »Nichtsesser« kam.

Klasse A. Die »Elite«. Die hausbackenen Philosophen, die gescheiterten Künstler, die Grafomanen aller Schattierungen, die nicht anerkannten Erfinder usw. Die Invaliden der schöpferischen Arbeit. Der hartnäckige Drang zum schöpferischen Tun ist vorhanden, schöpferisches Talent hingegen nicht, und daran sind sie zerbrochen. Mischas Onkel gehört selbstverständlich auch zur Elite, aber in ganz anderer Hinsicht. G. A. bezeichnet solche Menschen als Resonatoren und behauptet, sie seien eine große Ausnahme, ein seltsames Aufbäumen in der Entwicklung der Zivilisation. Und wirklich: Da die Zivilisation ein Phänomen wie die Poesie hervorbringt, muss es auch Individuen geben, die zu nichts anderem taugen, als dazu, diese Poesie zu konsumieren. Sie sind nicht fähig, materielle oder geistige Werte zu schaffen, sondern nur, sie zu konsumieren und mit ihnen zu resonieren. Und siehe da, ihre Resonanz erweist sich als außerordentlich wichtig für einen schöpferischen Menschen; sie ist ein wichtiges Element der Rückkoppelung für den, der Geistiges hervorbringt. (Seltsam, dass Tee-, Wein-, Kaffee- oder Käseverkoster geachtete Fachleute sind, wohingegen ein Degustator, sagen wir von Malerei – und gemeint ist nicht der Kritiker, also ein Kunsthistoriker und Schwätzer, sondern ein natürlicher, intuitiver Degustator – bei uns als fauler Schmarotzer gilt. Aber eigentlich ist es gar nicht so seltsam …)

Klasse B. Nennen wir sie die »Erzieher«. Ihr ganzes Leben lang verbringen sie ihre Zeit damit, Kinder zu erziehen und ihre Familie zu vervollkommnen. Am Prozess der gesellschaftlichen Produktion nehmen sie mehr oder weniger nicht teil, sondern sind auf ihre Zelle fixiert, separieren sich von den anderen. Das provoziert andere (mich zum Beispiel auch). Aber ich verstehe G.A.s Vorsicht und dass er sich weigert, dieses Phänomen einseitig zu bewerten. Es sei ein riskantes Experiment, sagt er. Und wenn es nur nach ihm ginge, würde er es wahrscheinlich nicht erlauben. Aber jetzt könnten wir nichts anderes tun, als abzuwarten, was dabei herauskäme. Und offensichtlich könnte sich alles Mögliche daraus ergeben. Vorerst kenne man unter den Kindern dieser »Nichtsesser«-Klasse sowohl gut als auch weniger gut geratene.

Klasse C. »Einsiedler«. Sie möchten mit der Natur verschmelzen. Rousseau, Thoreau und dergleichen. »Das Leben in den Wäldern«. Menschen dieses Typs hat es übrigens schon immer gegeben, nur sind es jetzt wesentlich mehr als früher. Sicher deswegen, weil Reiseausrüstungen jetzt viel billiger und für jeden käuflich zu erwerben sind, besonders die ausgemusterten Militärsachen. Ja, auch Konserven für Haustiere haben Verbreitung gefunden und kosten nur noch wenig.

Schließlich die *Klasse D*. Sie ist wirklich die niedrigste (unterstrichen) von allen. Deklassierte, »Flora« und so weiter. Keinerlei sichtbare Talente, totale Gleichgültigkeit allem gegenüber. Faulheit, Willenlosigkeit. Das Maximum sozialer Entropie. Das Unterste vom Untersten.

Ich weiß nicht, wo ich die »Stachelschweine« mit ihren Motorrädern (und ihrem Sadismus …) einordnen soll. Und wo gehören die »Pterodaktylen« mit ihren Deltaplanen (und ebensolchem Sadismus …) hin? Vielleicht sind sie eine Spielart der technisierten »Flora« – halb »Nichtsesser«, halb Verbrecher.

Diese Klassifikation ist, wie ich hoffe, umfassend. Was haben der begeisterte Erfinder des Perpetuum mobile und ein dahinvegetierendes »Kind der Flora«, das vor lauter Faulheit seine Notdurft einfach unter sich verrichtet, gemein? Meine Antwort: außerordentlich geringe persönliche Ansprüche.

Das Niveau der Bedürfnisse ist bei sämtlichen »Nichtsessern« so niedrig, dass sie aus der Zivilisation herausfallen; denn sie nehmen nicht am allgemeinen Prozess der Erfindung, Kultivierung und Befriedigung von Bedürfnissen teil. Eine ausgefeilte Formulierung. Ich muss sie G. A. zeigen.

Übrigens händigte mir G. A. heute Morgen eine ziemlich dicke Mappe aus, sie stammt offensichtlich aus einem Museum. Er sagte, er empfehle sie mir als Lektüre zu meiner Examensarbeit. 124 nummerierte Seiten. Auf dem Umschlag die Ziffern Null und Drei, vielleicht auch die Buchstaben O und 3. Allem Anschein nach ist es ein Tagebuch … irgendeines Altvaters wahrscheinlich. Ich habe nicht die geringste Lust, es zu lesen, aber als G. A. es mir in die Hand drückte, sah er mich so vielsagend an, dass ich jetzt gar nicht anders kann, als es zu lesen. Ich werde mir für jeden Abend vor dem Einschlafen etwa zehn Seiten vornehmen.

Und was sollen solche Zeilen wie die folgenden mit meiner Examensarbeit zu tun haben? »Die Bauleute hatten das Haus im Spätherbst schlüsselfertig übergeben – der Regen verwandelte sich bereits in Eisregen, und zeitweise fiel auch körniger Schnee ...«?

Mein Ohr schmerzt ... Man nehme eine Fahrradkette, umwickle sie zehn- bis fünfzehnmal mit Isolierband, packe die so entstandene Waffe an einem Ende und schlage mit dem anderen feste zu. Aufs Ohr ...

»We must find a way ... to make indifferent and lazy young people sincerely eager and curious – even with chemical stimulants if there is no better way.«

Im Grunde ist es ein Aufschrei der Verzweiflung. Und wie soll man da nicht schreien? Wir sind ja eigentlich verpflichtet, beinahe um jeden Preis einen Menschen mit vorprogrammierten Eigenschaften zu erschaffen. Bei Schklowski steht etwas ganz Ähnliches: »... hätte jemand die Bedingungen dafür schaffen wollen, dass in Russland Puschkin erscheint, wäre er wohl kaum auf den Gedanken verfallen, dafür einen Großvater aus Afrika kommen zu lassen.«

Manuskript »O3« (1–3)

1. Die Bauleute hatten das Haus im Spätherbst schlüsselfertig übergeben – der Regen verwandelte sich bereits in Eisregen, und zeitweise fiel auch körniger Schnee. Das Haus sah sonderbar aus; in seiner verschnörkelten und außergewöhnlichen Architektur war es vielleicht sogar einmalig. Es befand sich in der Balkanstraße, war ganz aus roten Ziegeln gebaut und erstreckte sich über eine Länge von mehr als zwei Häuserblocks. Das Dach war flach, so als sei es für die zukünftige Landung von Luftschiffen vorgesehen. Verschiedenste Einbuchtungen und Wölbungen schmückten die Fassade, rechteckige Durchgänge befanden sich über herausgemeißelten Bögen. Und wozu dienten die schmalen Nischen, die die Fassade bis zum fünften Stockwerk hinauf gliederten? Sollten sie

zukünftig etwa Statuen von Helden oder Märtyrern der Vergangenheit beherbergen? Und warum hatte der Architekt an den Schmalseiten dieses ungewöhnlichen Hauses festungsähnliche Türme errichten lassen, die halbrund und verschieden hoch waren?

Das Baugerüst hatte man schon lange abgebaut und weggeschafft. Die Fensterscheiben waren geputzt, die neuen Türen zu den Hauseingängen und die Steinstufen davor gaben zu keinerlei Beanstandungen Anlass. Allerdings war die gesamte Fläche zwischen diesen Steinstufen und der asphaltierten Straße von Schlamm bedeckt, der mit Bauschutt vermischt war. Dort lagen nasse, zum Teil morsche Bretter herum, aus denen Nägel herausragten, kaputte Ziegel, zersprungene Hohlblocksteine, rostige Armaturen und Wasserleitungsrohre, die von einer unbekannten Kraft zu Spiralen gebogen worden waren, vergessene Heizkörperteile und plattgedrückte Eimer. Zwischen dem elften und dem zwölften Aufgang stand verlassen eine Raupe, deren halb offene Tür der nasse Wind auf und zu klappte.

Das Haus war schlüsselfertig übergeben worden, doch es war unbewohnt. Die Treppenaufgänge waren menschenleer, dunkel und still. Nur der Geruch von Farbe schwebte in der Luft. Wie tot hingen die Fahrstuhlkabinen in den obersten Etagen. Die Türen zu den Aufgängen schienen fest und sicher verschlossen – und waren es wahrscheinlich auch. Und dennoch war es möglich, in das Haus hineinzugelangen. Es gab Leute, die es betraten und bestimmt auch wieder verließen. Zumindest waren auf den Steinstufen des dreizehnten Aufgangs, der zum südlichen Turm führte, schmutzige Spuren zu sehen. An der großen verzierten Klinke der Eingangstür hätte ein Kriminalist mühelos Fingerabdrücke feststellen können. Im Staub auf dem Zementboden des Vestibüls waren Sprenkel zu sehen, so als hätte hier jemand kräftig die Regentropfen von seinem durchnässten Hut geschleudert.

Auf dem Treppenabsatz im dritten Stock hatte wer ein altes, halbgeöffnetes Köfferchen vergessen, es gedankenlos dort hingeworfen oder in seiner Panik vergessen; daraus hing ein benutztes Handtuch mit Waffelmuster. Und auf dem Treppenabsatz im siebten Stock, in der Ecke gleich neben der Wohnung 516, lagen zwei matt glänzende leere Patronenhülsen. Entweder hatte sie jemand dort verloren, oder sie waren, was weit wahrscheinlicher war, liegen geblieben, als sie aus der Kammer eines Pistolenverschlusses herausgeschleudert wurden. Die Tür zur Wohnung 516 war wie fast alle anderen Türen im Haus fest verschlossen und nicht mehr geöffnet worden, seit der Leiter der Putzbrigade sie verschlossen hatte. Vielleicht war es auch der Leiter der Klempnerbrigade gewesen.

Unverschlossen war in diesem Haus nur eine Wohnung, die aus irgendeinem Grund keine Nummer hatte; ihrer Lage nach zu urteilen, hätte sie die Nummer 527 haben müssen. Es handelte sich um eine Dreizimmerwohnung, die sich im elften und letzten Stockwerk des südlichen Turms befand. In dem einen Zimmer gingen die Fenster auf die Allee der Arbeit hinaus; die Wände waren mit einfachen, billigen Tapeten beklebt, und in der Mitte der Zimmerdecke ragten die zusammengedrehten Enden der Stromleitung heraus. Der Parkettboden war zwar ziemlich glatt, musste aber noch einmal poliert werden, und in der Ecke gegenüber dem Fenster stand ein von den Bauarbeitern vergessenes Holzklappbett, das über und über mit Mörtel und Ölfarbe bespritzt war.

In diesem Zimmer befanden sich zwei Männer. Sie unterhielten sich. Der eine von ihnen stand am Fenster und schaute auf die schmutzige Umgebung hinaus, auf die vom grauen Himmel Nieselregen fiel. Der Mann war sehr groß und trug einen alten schwarzen Mantel, der bis zum Boden hinunter reichte und ihn völlig einhüllte. An den Schultern und an den Seiten stand der Mantel weit ab und lief nach oben spitz zu, so dass er an eine kaukasische Burka erinnerte. Die Form aber war so ungewöhnlich, und von ihr ging eine so düstere Wirkung aus, dass man den Gedanken an eine Burka rasch vergaß und meinte, es verbärgen sich unter dem schwarzen Stoff mächtige Flügel. Natürlich war das Unsinn – es handelte sich einfach um ein ausgefallenes Kleidungsstück von äußerst ungewöhnlicher Fasson. Nicht minder ungewöhnlich war der Stoff des Mantels: Er war pechschwarz, mit changierenden geflammten Schatten, und weder war eine einzige Falte darauf zu sehen noch ein einziger Knitter, so dass man den Eindruck hatte, es handelte sich nicht um ein Kleidungsstück, sondern um einen düsteren Ort im Raum, an dem es nichts gab ... nicht einmal Licht.

Auf dem Kopf trug der Mann eine weiße, vielleicht sogar gepuderte Perücke mit einem kurzen, kaum bis zu den Schultern reichenden Zopf, der mit einer schwarzen Schnur fest umwickelt war.

»Was für ein Jammer!« Seine Stimme klang gepresst. »Wenn man umherblickt, scheint es, als hätte sich alles verändert. Aber in Wirklichkeit ist alles genauso geblieben, wie es war.«

Sein Gesprächspartner antwortete nicht sogleich. Er hatte offensichtlich keine Angst, sich schmutzig zu machen, und saß auf dem mörtelbespritzten Klappbett, die kurzen, nicht ganz bis zum Boden hinunterreichenden Beine übereinandergeschlagen. Er blätterte hastig in einem dicken, abgegriffenen Notizbuch, wobei er ständig nach den losen, herausfallenden Seiten griff und sie wieder in das Buch zurücklegte. Er war klein, sehr ungepflegt und vom Alter her schlecht einzuschätzen. Er trug einen abgewetzten grauen Anzug, enge, röhrenförmige Hosen und graue Socken, die ihm ständig herunterrutschten. Seine Stiefeletten waren im Laufe der Zeit so grau geworden wie die Socken und sahen nicht aus, als hätten sie jemals mit Schuhcreme, einer Bürste oder einem Lappen Bekanntschaft gemacht. Zum Anzug trug er einen grauen

Schlips mit einem Knoten, der, wie die Engländer sagen, unter dem rechten Ohr hing.

Dem Mann war offensichtlich heiß, sein aufgedunsenes Gesicht war rot angelaufen und mit kleinen Schweißperlen bedeckt. Das schüttere, weißblonde Haar klebte feucht am Schädel; darunter schimmerte die Kopfhaut durch. Seinen Hut und sein Mäntelchen hatte er abgelegt; sie lagen als unordentlicher, durchnässter Haufen in der Ecke, zusammen mit einer prall gefüllten schäbigen Aktentasche, die noch aus der Anfangszeit der Neuen Ökonomischen Politik zu stammen schien. Er war ein kleiner, völlig durchschnittlicher Mensch, der überhaupt nicht zu jenem passte, der wie ein großer schwarzer Klotz vor dem Fenster stand.

»Aber *Sie* haben sich umso mehr verändert, Töpfer!«, erwiderte er schließlich. »Man erkennt Sie wirklich nicht! Niemand wird Sie erkennen.«

Der Mann am Fenster räusperte sich kurz. Der kleine Zopf zitterte, und die Flügel des schwarzen Mantels bewegten sich leicht.

»Darum geht es nicht«, sagte er. »Sie begreifen nicht, wovon ich spreche.«

Der graue Mann tat so, als hörte er ihm nicht zu. Er blätterte einfach in seinem Notizbuch … ein äußerst ungewöhnliches Notizbuch: Mal erstrahlte das eine, mal das andere Blatt in einem hellen roten Licht, das von innen heraus leuchtete. Dann wieder waren die Blätter von einer deutlich erkennbaren Bordüre aus Feuer umgeben, ja sogar kleine Rauchwölkchen stiegen darüber auf. Aber ebenso plötzlich, wie der Hokuspokus begonnen hatte, hörte er auch wieder auf, und das graue Männchen schien erleichtert, weil seine schmutzigen, plumpen Finger erneut unversehrt geblieben waren.

»Sie können es auch nicht begreifen«, fuhr der Mann am Fenster fort. »Sie haben ja die ganze Zeit hier verbracht, und alles ist Ihnen vertraut … Ich aber schaue mit unvoreingenommenem Blick und sehe: Grundlegende Dinge sind unverändert geblieben. Die wissen zum Beispiel immer noch nicht, wozu sie auf der Welt sind. Als ob dieses Geheimnis hinter siebzehn Schlössern verborgen läge! …«

»Hinter sieben Siegeln«, korrigierte ihn der kleine Mann.

»Ja, natürlich. Hinter sieben Siegeln … Schauen Sie sich bloß dieses Spektakel an: Sie wanken mitten durch den Schlamm und klammern sich wie Kranke aneinander … Die sind doch betrunken!«

»O ja, das kommt durchaus vor«, rief der kleine Mann und unterbrach seine Beschäftigung. Er klemmte einen Finger zwischen die Blätter seines Notizbuchs und heftete den Blick auf den Rücken des Mannes am Fenster, genau auf die glatte schwarze Stelle unterhalb des Zöpfchens. »In letzter Zeit nicht so häufig, aber doch ab und zu. Sie werden sich daran gewöhnen, Hephaistos, ich verspreche es Ihnen. Seien Sie nicht so launisch. Früher waren Sie das doch auch nicht!«

Der Mann am Fenster drehte langsam den Kopf und sah seinen Gesprächspartner an. Dieser wich seinem Blick wie immer aus und fuhr heftig zurück. Er zog die Augenbrauen zusammen und machte ein Gesicht, als sei ihm glühende Hitze entgegengeschlagen.

Denn der Mann am Fenster hatte ein Gesicht, an das man sich nicht gewöhnen konnte: asketisch, hager, die Wangen von tiefen vertikalen Falten durchzogen, die aussahen wie brutale Schnitte zu beiden Seiten des schmalen, fast lippenlosen Mundes. Der Mund war völlig verzerrt – vielleicht durch eine Lähmung der Gesichtsmuskeln oder furchtbares Leid; es war aber auch nicht auszuschließen, dass es nur ein Ausdruck totaler Unzufriedenheit über die Lage der Dinge war. Wirklich schrecklich aber war die Farbe des ausgemergelten Gesichts: Sie war grünlich-fahl, erinnerte jedoch nicht so sehr an Verwesung als an Grünspan und an schmutzige Flecken auf alten, lange Zeit nicht geputzten Bronzegegenständen. Die

Nase war durch eine Hautkrankheit, ähnlich dem Lupus, völlig entstellt und ähnelte einem ausgemusterten Stück gegossener Bronze, das man nachlässig an das Gesicht einer Statue geschweißt hatte.

Aber am schrecklichsten waren die Augen. Sie wölbten sich riesig und rund unter der hohen, brauenlosen Stirn hervor und glänzten schwarz. Das Weiß des Augapfels war von roten Äderchen durchzogen, Flammen schienen in ihnen zu lodern, und sie trugen stets den gleichen Ausdruck: Abscheu und zorniger Unmut. Ein Blick aus diesen Augen wirkte wie ein heftiger Schlag, auf den sich tönende Stille einstellt, wie man sie in einem halb ohnmächtigen Zustand empfindet.

»Das ist keine Laune von mir«, äußerte der Mann am Fenster. »Schon früher konnte ich Betrunkene nicht ausstehen – alle die auf Fliegenpilze, Opium und Haschisch Versessenen … Vielleicht hätte ich mich damals einmischen sollen, aber ich hatte doch keine Zeit! Und jetzt ist es, wie ich sehe, zu spät … Sie haben es gewiss bemerkt: Der Kunde, der gestern zu mir kam, war beschwipst. Zu mir! Hierher! Beschwipst!«

»Ja, weil er Angst hatte!«, sagte der graue Mann vorwurfsvoll. »Versuchen Sie doch, diese Leute zu begreifen. Sie fürchten sich vor Ihnen, Weber. Manchmal habe sogar ich Angst vor Ihnen …«

»Gut, gut, darüber haben wir schon gesprochen … All das habe ich von Ihnen gehört: Der Mensch ist vernünftig – das heißt nicht, der Mensch wäre immer vernünftig … Der Homo sapiens ist in der Lage zu denken, aber er ist nicht immer fähig, zu denken … usw. Ich gebe mich keiner Selbsttäuschung hin, und Ihnen rate ich auch nicht dazu … Ich brauche aber einen Gehilfen, einen wohlerzogenen jungen Mann, einen Menschen, der einen Kunden empfangen, ihm beim Beziehen des Mantels helfen kann …«

»Beim Anziehen«, sagte der graue Mann sehr leise, aber der Mann am Fenster hatte ihn gehört.

»Was?«

»Es muss heißen: ›beim Anziehen des Mantels‹.«

»Und was habe ich gesagt?«

»Sie sagten ›Beziehen‹.«

»Und wie ist es richtig?«

»Anziehen.«

»Ich merke da keinen Unterschied«, erklärte der Mann am Fenster hochmütig.

»Trotzdem gibt es einen.«

»Gut. Umso besser. Ich habe bereits gesagt, ich brauche einen gebildeten Menschen, der den hiesigen Dialekt perfekt beherrscht.«

»Die heutige Jugend beherrscht ihre Sprache schlecht.«

»Trotzdem brauche ich einen jungen Mann. Ich würde mich scheuen, einen alten Menschen herumzukommandieren; denn ich habe vor zu kommandieren.«

»Hier macht niemand einen Handschlag umsonst«, wandte der graue Mann mit zynischem Lächeln ein. »Mag er alt oder jung sein, wohlerzogen oder flegelhaft, dumm oder gebildet … höchstens ein verrückter Säufer, aber der wird die ganze Zeit warten, dass man ihm endlich etwas zu trinken spendiert. Als Anerkennung …«

»Nun, niemand zwingt ihn, umsonst zu arbeiten … Aber wie geschwätzig Sie doch sind. Haben Sie jemanden im Auge?«

»Sie haben Glück, Chnum. Ich habe gerade an eine Person gedacht, die geeignet wäre. Vierzig Jahre alt, Doktor der physikalisch-mathematischen Wissenschaften und in einer Weise erzogen, dass er sogar mit Messer und Gabel zu essen versteht und fast nichts trinkt. Ja, und was seine Seele angeht …«

»Verschonen Sie mich mit Ihren Geschäften! Sagen Sie mir lieber, was er verlangt. Was ist der Preis?«

»Ich kenne mich da schlecht aus, Ilmarinen. Aber ich garantiere Ihnen, dass Sie seine Bitte recht spaßig finden werden. Die Frage ist, ob Sie sie erfüllen können.«

»Tatsächlich?«

»Tatsächlich.«

»Sie meinen, dass es meine Möglichkeiten übersteigt?«

»Glauben Sie wie ehedem, dass alles auf der Welt in Ihrer Macht steht?«

Das schwarze, blutunterlaufene Auge schaute kurz über den hohen linken Flügel hinweg auf den grauen Mann. Der kleine Mann fuhr erneut zurück und senkte seinen Blick.

»Halte deine schmutzige Zunge im Zaum, Sklave!«

Es trat wieder die tönende Stille ein, und erst nach einigen Sekunden, die ihm ewig schienen, murmelte der kleine graue Mann, der sich nicht unterkriegen ließ: »Warum so bombastisch, mein Ptah? Nennen Sie mich einfach Ahasver Lukitsch.«

»Was soll dieser Unsinn?«, fragte der Mann am Fenster voller Abscheu. »Warum Ahasver?«

2. Ja, in der Tat, warum Ahasver? Ich habe noch einmal nachgesehen: Ahasver wurde auch Espera-Dios (das heißt »Hoffe auf Gott«) oder Botadeus (»Der Gott schlug«) genannt. Er war ein alter, ränkevoller Jude, dessen Name durch die Jahrhunderte hindurch traurige Berühmtheit genoss, weil er Jesus von Nazareth nicht gestattet hatte, sich an der Schwelle seines Hauses auszuruhen. Dafür wurde er von Gott, der in ethischen Fragen bekanntlich keinen Spaß versteht, mit dem Fluch der Unsterblichkeit belegt und dazu verdammt, sein ganzes unendliches Leben lang rastlos umherzuirren: »Steh auf und geh!«

Beginnen wir damit, dass Ahasver Lukitsch überhaupt kein Jude war und auch nicht so aussah. Was sein Äußeres betraf, so erinnerte er eher an den Schauspieler Jewgeni Leonow in der Rolle eines eingefleischten Junggesellen, der niemanden hat, der sich um ihn kümmert – mein Leben lang sah ich keine so abgewetzten Jacken und verschlissenen Hemden wie bei ihm.

Er hatte zwar auch kein Sitzfleisch (deswegen war er ja Versicherungsagent geworden: Es sind die Beine, die den Wolf ernähren), schlief jedoch wie alle anderen Menschen auch (und obendrein ein Stündchen nach dem Mittagessen). Und es befahlen ihm auch keine mystischen Stimmen, sobald er die Augen zumachte: »Steh auf und geh!«

Ich lernte Ahasver Lukitsch gegen Ende des Sommers kennen, als ich, von jenem unglückseligen Symposium aus Leningrad zurückgekehrt, feststellen musste, dass man während meiner Abwesenheit jemanden in meinem Zimmer einquartiert hatte, der mit dem Observatorium nicht das Geringste zu tun hatte. Und meine Entrüstung darüber vermischte sich sogleich mit den ganzen unangenehmen Dingen, die ich in Leningrad zu hören bekommen hatte, so dass ich außer mir geriet und Streit vom Zaun brach. Zuerst schrie ich die Etagenfrau an, die freilich völlig unschuldig war. Dann rief ich Susloparin an, um ihn der Korruption zu bezichtigen, schleuderte aber mitten im Satz den Telefonhörer wieder auf die Gabel. Ich hätte selbstverständlich auch Karl Gawrilowitsch nicht geschont, sondern ihm gesagt, dass er als Direktor des Observatoriums in erster Linie dafür zu sorgen hatte, dass uns Wissenschaftlern komfortable Lebensbedingungen gesichert wurden. Zum Glück aber war er zu der Zeit an der Akademie der Wissenschaften in Moskau. Heute schäme ich mich für mein Verhalten. Damals aber war es der Tropfen, der das Fass zum Überlaufen brachte: Ich betrat mein Zimmer, das mir von Staats wegen zustand und mir für immer zugesichert worden war, und sah auf meinem Tisch ein Paar ganz abscheuliche Socken liegen. Der, dem sie gehörten, hatte sie einfach auf meine Manuskripte geworfen …

Wie so oft im Leben stellte sich aber später heraus, dass alles halb so schlimm war …

Ahasver Lukitsch erwies sich als angenehmer und unterhaltsamer Mensch. Er war unkompliziert und gesellig, stellte keinerlei Ansprüche und war mit allem einverstanden. Sogleich wusch er seine Socken und bot mir aus einer kleinen Dose roten Kaviar an. Er kannte viele neue und unglaublich lustige Witze, und auch seine Anekdoten waren nie langweilig. Er schlug keinen belehrenden Ton an und verhielt sich immer so, als sei er gar nicht anwesend. Er geriet nur dann in mein Blickfeld, wenn mich das nicht störte. Er stand zu Diensten, wann immer man ihn brauchte (das heißt, er stand stets zu Diensten).

Aber bei alldem haftete ihm auch etwas Geheimnisvolles an. Er selbst gab sich alle Mühe, einen vollkommen harmlosen Eindruck zu machen, und in der Regel gelang ihm das auch ausgezeichnet: ein sehr lustiger, kleiner, grauer Mann, der äußerst umgänglich und friedfertig war. Hin und wieder aber war etwas an ihm oder in seiner Nähe, was einem sehr merkwürdig vorkam, ohne dass man genau wusste, warum. Irgendetwas machte einen stutzig, schien mysteriös und, weiß der Teufel, sogar beängstigend. Da war zum Beispiel dieses sonderbare Notizbuch, dann die Marotte, sein künstliches Ohr über Nacht in eine Art Alchimistengefäß zu legen, oder die Angewohnheit, in das abgeschaltete Telefon etwas Unverständliches hineinzumurmeln – von seiner Aktentasche ganz zu schweigen! Aber davon später mehr.

Das Erste, was mir komisch vorkam, war, aufgrund welch unwahrscheinlicher Verdienste man einen unbedeutenden Versicherungsagenten bei mir einquartiert hatte, bei mir – einem Mann, der kurz vor seiner Habilitation stand und das Observatorium berühmt gemacht hatte! Ich war der persönliche Freund des Direktors … Und bei mir hatte man einen kleinen, grauen Versicherungsagenten einquartiert! Meine Herren! Aber ging es hier überhaupt um die Wissenschaft? – und was kümmerte einen Susloparin die Wissenschaft? Der Genosse Stellvertreter K. I. Susloparin war für allgemeine Fragen zuständig und handelte nie unüberlegt, vor allem tat er nie etwas umsonst. Und anscheinend ließ sich irgendein großer, anderen Leuten unbekannter Nutzen aus dem System der staatlichen Versicherung schlagen. Ein Nutzen, den wir, normale Sterbliche, nicht verstanden, etwas sehr Wichtiges, das wir nicht mitbekamen, wenn wir gedankenlos an dem bescheidenen kleinen Mann vorübergingen, der uns treuherzig in die Augen blickte und förmlich darauf brannte, uns einen Vertrag für drei Rubel jährlich aufzuschwatzen … Über diese Fragen hatte ich zwar gleich am ersten Tag unserer Bekanntschaft nachgedacht, aber wegen meiner damaligen Sorgen und Unannehmlichkeiten blieb es mir im Großen und Ganzen ziemlich gleichgültig. Was kümmerten mich letzten Endes die Machenschaften des Genossen Susloparin?

Natürlich wunderte es mich, dass er Ahasver hieß. Die ganze Zeit wollte ich ihn fragen, was es mit diesem Namen auf sich hätte. Was war das für ein Vater, der seinen Sohn Ahasver nannte? (Oder war es gar nicht sein Sohn? Dann fand er es vielleicht nicht so schlimm; unverständlich blieb es aber trotzdem.) Aber man kann ja nicht jemanden, den man kaum kennt, fragen, woher er einen solchen Namen hat … Auf die verfängliche Frage nach den Eltern erwiderte Ahasver Lukitsch: »Oh, meine Eltern … Das ist schon so lange her …«, und wechselte augenblicklich das Thema.

Und was mich in Erstaunen versetzte, war die Tatsache, dass Ahasver Lukitsch in Taschlinsk so unglaublich beliebt war. Bevor ich meine Reise nach Leningrad antrat, hatte noch niemand je etwas von ihm gehört. Jetzt aber, nach nur zwei Wochen, gab es im Observatorium und in der Stadt anscheinend keinen Menschen mehr, der sich nicht für ihn interessiert hätte. Mir völlig unbekannte Personen hielten mich auf der Straße (im Geschäft, an der Bushaltestelle) an, um sich zu erkundigen, wie es Ahasver Lukitsch gehe, und baten mich, ihm die herzlichsten Grüße zu bestellen. Aber das war noch nicht alles: Nachdem sich der Betreffende verstohlen nach allen Seiten umgeblickt hatte, teilte er mir für gewöhnlich mit, er sei gewillt, den Vertrag zu unterschreiben, nur wäre es nicht schlecht, wenn man die Versicherungssumme noch einmal verdoppelte. Und das Merkwürdige daran war: Wenn ich Ahasver Lukitsch von diesen Begegnungen berichtete, wusste er immer sofort, um wen es ging, so als hätte er schon im Voraus auf diese Grüße und Angebote gewartet. Er holte dann aus seiner abgewetzten Jacke sein berühmtes Notizbuch hervor, und die herausfallenden Blätter tanzten so rasch durch seine Finger, dass es schien, als würden sie sich jeden Moment durch die Reibung der Luft entzünden. Und tatsächlich fingen sie zu brennen an, ich sah es mit eigenen Augen, und dies nicht nur einmal. Sie fingen Feuer, brannten, aber verbrannten nicht ...

»Wahrhaftig, Ahasver Lukitsch«, sagte ich dann vorsichtig. »Das Versicherungswesen unserer Tage verlangt von seinen Adepten ganz ungewöhnliche Fähigkeiten.« Worauf er sein undefinierbares Lächeln aufsetzte und erwiderte: »Was glauben Sie denn, mein Lieber? Die Konkurrenz! Der Versicherungsagent von heute, wissen Sie, der muss hochgebildet sein. Er muss Diplomingenieur sein oder einen Doktortitel haben. Raffinesse ist vonnöten – die Wissenschaft allein genügt da nicht. Das ist eine Kunst! Sonst schnappt man dir die Kunden weg. Und das schneller, als du denkst!«

Nach Wissenschaft roch das Ganze nicht. Es roch nach Mystik, meine Herren! Nach Unterwelt! Und das wäre jedem in den Sinn gekommen, der auch nur einmal Ahasver Lukitschs Aktentasche in Aktion gesehen hatte. Auf den ersten Blick hatte sie nichts Auffälliges an sich. Es war einfach eine sehr große, alte Tasche, die mit Mappen und Formularen vollgestopft war. Für gewöhnlich stand sie friedlich in der Nähe ihres Besitzers und verhielt sich mucksmäuschenstill. Aber nur so lange, wie Ahasver Lukitsch nichts darin verstauen musste. Das heißt, wenn Ahasver Lukitsch irgendetwas aus der Tasche herausholen wollte, verhielt sie sich wie jede andere vollgestopfte Aktentasche: Sie spie überflüssige Mappen aus, verstreute Briefumschläge, vollgeschriebene Blätter oder Diagramme, und beim Herumkramen fand man alles Mögliche, nur nicht das Gesuchte. Öffnete man jedoch die Aktentasche, um etwas in sie hineinzustecken (seien es Geschäftspapiere oder ein Frühstücksbrot in einer Folie), musste man auf allerlei gefasst sein: eine Fontäne eiskalten Wassers zum Beispiel, stinkende Rauchwolken oder eine hochschießende Flammenzunge, ja sogar kleine Blitze, die von Donner begleitet waren. Wie ich beobachten konnte, nahm sich in solchen Momenten sogar Ahasver Lukitsch ein wenig vor seiner Tasche in Acht.

So viel zur Aktentasche.

Und jetzt das Telefon. Ahasver Lukitsch erhielt ziemlich oft Anrufe. Er nahm den Hörer ab und lauschte, dann antwortete er kurz – zum Beispiel »einverstanden«, »es geht nicht« oder einfach »jawohl«. Danach legte er den Hörer sofort wieder auf. Wenn er meinen Blick bemerkte, presste er sich eilends die kurzfingrige, immer etwas schmutzige Hand gegen die Brust und murmelte eine fast unhörbare Entschuldigung.

Er selbst aber rief wenig an, und wenn er es tat, sah es aus wie eine schlechte Nummer im Zirkus: Lächelnd, als wolle er um Verzeihung bitten, zog er den Telefonstecker aus der Dose und trug den Apparat in seine Ecke. Dort hob er den Hörer ab und begann, halb von mir abgewandt, etwas kaum Verständliches in die Sprechmuschel zu murmeln. Ich schnappte nur einzelne Wörter auf, fremdländische Ausdrücke, vielleicht auch Eigennamen, die mich damals sehr neugierig machten. Und es wirkte offen gestanden eher komisch als mysteriös auf mich, und so lachte ich schallend los – trotz der gedrückten Stimmung, in der ich mich damals befand. Ich nahm an, der kleine graue Clown wolle mich auf diese Weise aufheitern. Als ich entgegen meiner Gewohnheit jedoch einmal sehr früh aufwachte, beobachtete ich, wie er seine Telefonpantomime abzog, obwohl er glaubte, ich schliefe noch. Und da wusste ich, dass an dieser Sache überhaupt nichts Komisches war. Im Gegenteil. Es war schrecklich, so schrecklich, dass ich fürchtete, die Besinnung zu verlieren. Nein, von Komik konnte keine Rede sein …

Jetzt sitze ich in einem leeren Zimmer, dessen Wände mit billigen Tapeten beklebt sind, auf einem von Kalkspritzern übersäten Klappbett. Ich bin ganz allein. Ich warte und schaue ängstlich auf die Tür zum Kabinett, die wie immer sperrangelweit offen steht. Dahinter herrscht die gewohnte kosmische Finsternis, in der weißliche Flammen aufflackern und sogleich wieder verlöschen.

Ich schreibe all das nieder, da ich kein anderes Mittel sehe, um meine Erfahrungen weiterzugeben. Ich schreibe schlecht, »trist und fade«. Ich schreibe verworren, weil mich das, was ich gesehen habe, völlig durcheinandergebracht hat. Ich fühle mich elend, erniedrigt, ratlos und verloren.

Wir kennen das Gefühl tiefer Befriedigung, und wir kennen das Gefühl legitimer Entrüstung, aber um unser Selbstwertgefühl ist es seit eh und je schlecht bestellt. Stoßen wir nämlich mit unserer banalen Weisheit, die nicht tiefer reicht als ein Suppenteller, und unserer schlichten Erfahrung auf einen Flegel oder ausgemachten Gauner, ist es mit unserer Selbstsicherheit vorbei – ganz zu schweigen von Personen wie dem suspekten Ahasver Lukitsch oder seinem unheimlichen Kompagnon (oder Herrn? Schöpfer?). Und wenn es uns schon an Weisheit und Lebenserfahrung gebricht, müssten wir uns zumindest auf das Gefühl innerer Würde stützen können. Aber auch das ist uns völlig abhandengekommen, und so werden wir zynisch, höhnisch und sarkastisch. Es sollte sich daher niemand über die saloppe Ausdrucksweise wundern, wenn ich über die Erlebnisse dieser Zeit berichte. Sie waren weder lustig noch interessant. Im Gegenteil: Mir war und ist ganz schrecklich zumute. Die ganze Zeit über. Ich kann mich schon gar nicht mehr erinnern, seit wann ich mich so fühlte. Ich glaube, von Anfang an …

3. Der Empfangsraum gleicht einem Möbellager. Die 18,58 Quadratmeter große Fläche ist mit der dreißigteiligen jugoslawischen Möbelgarnitur »Architekt« vollgestellt. Zwei dreiteilige Spiegel stehen da und ein monströses, nicht zu übersehendes Bett, auf dem zwölf Polsterstühle liegen, in dem sich zwölf Fallschirmjäger mit ihren Mädchen herumwälzen könnten. Außerdem verglaste Schränke und eine winzige Bücherwand mit sehr echt wirkenden Buchattrappen. (Ich weiß noch: Als ich zum ersten Mal die Buchrücken sah, auf denen in Goldbuchstaben Namen wie Rudyard Kipling, Petronius Arbiter, Edgar Rice Burroughs zu lesen waren, dachte ich: »Die reiße ich mir unter den Nagel. Komme, was da wolle.« Aber wie groß war meine Enttäuschung, als ich, nachdem ich eins der heißbegehrten Bücher herausgezogen hatte, entdeckte, dass ich nichts als einen leeren Pappeinband in Händen hielt. Ahasver Lukitsch, der unter meinem Ellbogen hervorlugte, sagte mitfühlend: »Dekoration, Serjoscha. Alles nur Dekoration.« Aber mit der Zeit haben sich auch richtige Bücher dort eingefunden, und zwar eine ganze Menge. Allerdings handelt es sich ausschließlich um Wörterbücher, Lexika, Handbücher und Enzyklopädien: »Wörterbuch des Atheisten«, »Enzyklopädie Technik«, »Medizinisches Wörterbuch für Feldscher«, »Kleines Lexikon der Ästhetik«, »Morphologisches Wörterbuch«, »Diplomatisches Protokoll und Zeremonial«, »Gutachterlexikon für philatelistische Materialien«, »Windlexikon« und so fort. Anscheinend bedeutete es, dass ich mich allseitig bilden sollte. Und ich habe es versucht, wenn auch ohne besonderen Erfolg …)

Im Empfangsraum stehen zudem zwei mit glänzendem braunem Leder bezogene Sessel. Der eine ist für Besucher vorgesehen, und der andere? Ich weiß es nicht, denn in der Mitte der Sitzfläche ragt ein etwa zwanzig Zentimeter langer Stahlnagel heraus, der so spitz ist, dass man schon bei dem Gedanken, es könnte sich jemand daraufsetzen, eine Gänsehaut bekommt.

Außer dem Stahlnagel gibt es im Empfangsraum auch andere Gegenstände, die nicht zur jugoslawischen Möbelgarnitur passen. Unter dem Bett stehen zum Beispiel riesige, abgetragene Hausschuhe mit Querstreifen. Im hintersten Winkel, zu dem ich bis jetzt noch nicht vorgedrungen bin, lehnen dicke Rollen: Es könnten geografische Karten sein, Linoleum, Teppiche oder auch Papier. Neben den Rollen hängt, das Fenster halb verdeckend, ein Bild mit antikem Sujet: Susanna und die wolllüstigen Greise. Die Greise auf dem Bild sehen aus wie Greise und Susanna wie Susanna, nur dass sie aus unerfindlichen Gründen einen großen Penis hat, dessen anatomische Einzelheiten exakt dargestellt sind. Direkt daneben sind die Greise dargestellt: Von ihren runzligen Gesichtern, schmachtenden Augen – ja, sogar von ihren rötlich schimmernden Glatzen geht eine ganz besondere, gar nicht zu beschreibende Wirkung aus.

Und dann die vielen Fernseher. Anzahl und Modelle ändern sich ständig, aber es sind nie weniger als vier. Ich habe keine Ahnung, wie man sie ein- und ausschaltet, sie machen das von allein, ebenso Bildschärfe und Kontrast; sie wählen selbstständig ihre Programme aus, die, wie ich zugeben muss, meist sehr merkwürdig sind. Ich erinnere mich, wie ich plötzlich im Fernsehen eine Sendung aus einem Seziersaal sah. Genauer gesagt handelte es sich um einen Spielfilm, der von einem Pathologen handelte. Die Bilder waren gestochen scharf, die Farben lebensecht und man meinte, sogar Gerüche wahrnehmen zu können. Einen Kunden, der die Sendung zufällig sah, musste ich schnellstens in die Sanitätsstelle schaffen; doch vorher kotzte er mir einen Teil des Empfangsraums und den ganzen Korridor voll. (Ich weiß noch, es war der Zahlmeister des Baubataillons in N.; er war gekommen, um darum zu bitten, unser sowjetischer Rubel möge den Status einer frei konvertierbaren Währung erhalten.) Oder einmal führte das Modell JVC anderthalb Stunden lang in Schwarz-Weiß vor, wie man Düsennadeln von Primuskochern wiederherstellt. Dabei wusste ich gar nicht, dass es noch Primuskocher gibt und diese Nadeln …

Dann die Telefone. Es sind immer drei vorhanden. Eins steht auf meinem Tischchen. Es ist ein Luxusmodell mit Drucktasten und einer Speichervorrichtung für 256 Nummern, einem kleinen eingebauten Bildschirm und einem Diskettenlaufwerk. Es funktioniert aber nicht. Das zweite Telefon ist hinter meinem Arbeitsplatz angebracht. Es ist ein gewöhnlicher Münzfernsprecher, so dass man ein Geldstück einwerfen und seine Verwandten oder Bekannten anrufen kann, sofern man welche hat. Manchmal läutet der Apparat schrill. Ich nehme den Hörer ab, und der Demiurg sagt mir etwas, was nicht für die Ohren des Kunden bestimmt ist. In der Regel handelt es sich um einen Befehl aus dem Repertoire des Restaurant- und Hotelgewerbes. »Der und der bekommt zum Mittagessen eine halbe Portion Soljanka, möglichst heiß.« Oder: »Die Bettwäsche in den Zimmern ist wieder feucht. Achten Sie darauf.« Manchmal auch: »Sergej Kornejewitsch, ich bitte Sie um einen Freundschaftsdienst. Mir platzt der Schädel, und ich halte die Kopfschmerzen nicht mehr aus. Sie haben, wie mir scheint, Pentalgin …« Dann entschuldige ich mich beim Kunden und renne los, um mir meine Brötchen zu verdienen. Einen Sinn oder eine Logik kann ich in dem Ganzen schon lange nicht mehr erkennen … Und was das dritte betrifft: Es ist ein goldenes Telefon im Retrostil, das in der Dämmerung leuchtet. Aber es ist völlig nutzlos. Deswegen steht es oben auf dem Schrank, vor dem wiederum ein großer Spiegel steht, vor dem wiederum zwei aufeinandergestapelte Schränkchen für Bettwäsche stehen. Manchmal läutet das goldene Telefon.

Es hat einen angenehmen, melodischen Klang. Trotzdem ist es genauso unnütz wie die »Susanna«.

Jeden Morgen bahne ich mir mit dem Staubsauger zwischen all den guten Stücken mühsam einen Weg. Unser Staubsauger ist vortrefflich: Den Staub, den er aufsaugt, presst er zu Pellets. Gegen Quittung übergebe ich sie Ahasver Lukitsch, der eine Aktennotiz über die Ausbuchung schreibt und die Pellets in seine Aktentasche wirft. Die Quittung und die Aktennotiz muss ich dem Demiurgen persönlich übergeben. Ich kann überhaupt nicht verstehen, warum sich im Empfangsraum so viel Staub ansammelt. Es sind alle zwei Tage zweihundert Gramm Pellets …

Aus unerfindlichen Gründen ist es im Kleiderschrank besonders staubig. Er steht im Empfangsraum, ist unverschlossen und voll mit Kleidungsstücken – für jede Altersgruppe und jeden Geschmack etwas. Dort hängt ein nagelneuer, ungetragener Herrenanzug mit Weste und daneben ein zerknitterter Regenmantel, der am Ärmel mit Kot beschmutzt ist; in der Seitentasche steckt eine zerknautschte Schachtel »Prima«, die nur eine einzige, noch dazu aufgeplatzte Zigarette enthält. Ebenso hängt dort eine an den Ellbogen geflickte Jacke einer Schuluniform, ein prächtiger Herrenpelzmantel, ein Damenkostüm aus Leder mit dem Abdruck einer Gartenbank auf Hintern und Rücken sowie eine ganze Kollektion verschiedenfarbiger Herrenhemden, die alle über einen Bügel gehängt sind. Unten, wo alte und neue einzelne Schuhe stehen, fand ich gestern eine Tabelle, die einem gewissen Sergej Manochin, Schüler der Klasse 5 A der 328. Schule, gehört hat. Darauf waren alle Zensuren für das erste Viertel des Jahres 1958 verzeichnet – eine Vier für Geschichte und zwei Dreien in Zeichnen und Sport.

4. Am Abend des 1. August, wie ich mich erinnere (das war noch in Taschlinsk), hielt mich auf der Terenkurer Straße unser Fahrer Grinja an. Er nahm mich beiseite und …

Tagebuch, 12. Juli

... Das ist ungefähr fünfzehn Kilometer von der Stadt entfernt.

Nach zehn Kilometern muss man auf der in nordöstlicher Richtung verlaufenden Straße links abbiegen. Der dort beginnende sandige Weg schlängelt sich in Serpentinen durch eine hügelige Landschaft und verläuft parallel zur Taschliza, die hier zwischen hohen, abschüssigen Ufern aus weißer und roter Tonerde dahinfließt. Die Hügellandschaft, durch die der Weg führt, ist wie ausgedörrt und mit kurzem, stachligem Gras bedeckt. Die vom Auto aufgewirbelte Staubwolke reicht bis zum Himmel. Nach etwa zwei Kilometern erblickt man hinter einer Kurve linker Hand den alten Tierfriedhof – einen riesigen, schrecklichen Berg, der aus Schädeln, Wirbelsäulen, Schulterknochen und Rippen von Pferden, Schafen und Kühen besteht. Die Knochen sind weiß wie Staub, die Augenhöhlen schwarz. Der Ort ist beeindruckend und laut G. A. hundert, vielleicht auch zweihundert Jahre alt.

Hat man den Tierfriedhof passiert, kommt man nach genau drei Kilometern (wie der Kilometerzähler anzeigt) zu einem paradiesischen Fleckchen Erde – ein Bachtal, das zwischen den Hügeln liegt; große Bäume, die Schatten und Kühle spenden; weiches grünes Gras, das an manchen Stellen über einen Meter hoch ist. Die Taschliza macht hier eine Biegung, verbreitert sich und bildet ein Becken. Ruhiges dunkles Wasser, Wasserlilienblätter, Schilf, blaue Libellen – das verlorene und wiedergefundene Paradies.

Allerdings wird einem das schöne Fleckchen Erde durch den Anblick des »Flora«-Lagers ziemlich verdorben. Typisch, haben irgendwo eine alte Ballonhülle aufgetrieben und sie über die Wipfel junger Bäume und einen hohen Strauch geworfen. Jetzt sieht es aus wie ein riesiges, unordentliches, schmutziges Zelt. Das Gras ringsum ist niedergetrampelt und vergilbt. Zerknülltes Papier, kaputte Plastiktüten, Zigarettenstummel, leere Konservendosen und Flaschen – all das liegt in riesigen Mengen herum. Gestank, Fliegen, viele schwarze Brandflecken, die von Lagerfeuern herrühren. Es wird einem wirklich übel, wenn man das sieht.

Zwischen den Büschen sind Leinen gespannt, auf denen Lumpen trocknen: Unterhemden, Röcke, fleckige Overalls, Unterhosen in äußerst fragwürdigem Zustand … Auf anderen Leinen trocknen Fische. In der Taschliza gibt es also recht viele Fische. Wer hätte das gedacht! Einige Lagerfeuer rauchen, und in den kleinen, verrußten Kesseln, die darüberhängen, brodelt es. Vierzigtausend Jahre vor der Zeitenwende. Etwas abseits aber steht dicht an dicht eine schier unübersehbare Menge von Motorrädern mit ineinander verkeilten Lenkern.

Die »Flora« schenkte unserer Ankunft durchaus Beachtung, wenn auch passiv: Wer saß, blieb sitzen, wer lag, blieb liegen (niemand stand herum oder ging). Viele Gesichter wandten sich uns zu, viele Hände wurden erhoben – aber nicht zum Gruß, sondern um die Augen vor der niedrig stehenden Sonne zu schützen. Den Bewegungen der Lippen nach zu urteilen, folgte ein reger Austausch nicht vernehmbarer Bemerkungen. Damit hatte sich's.

All das erinnerte mich an ein Paviangehege. Es waren etwa zweihundert Personen, und G. A. erzählte, in jedem Sommer kämen sie aus der ganzen Sowjetunion hierher, um etwa zwei Wochen zusammen zu verbringen. Danach zögen sie an neue Orte weiter und machten Platz für andere. Unsere Taschlizer machen rund zehn Prozent von ihnen aus; dabei handelt es sich vor allem um Schüler. Ich hielt nach bekannten Gesichtern Ausschau, konnte aber keine entdecken.

G. A. holte einen Beutel aus dem Gepäckraum seines Wagens und ging quer über den Platz zu dem am dichtesten umlagerten Feuer. Dort saßen etwa fünfzehn Leute, und als wir näher kamen, rückten sie auseinander, um uns dreien Platz zu machen. Als G.A. sich hingesetzt hatte, murmelte er: »Wir möchten euch gern Gesellschaft leisten.« Ohne Eile holte er Graupen, Konserven, Fruchtbonbons, Nudeln und eine Salami heraus. Ohne aufzusehen reichte er die Lebensmittel an ein Mädchen weiter, das rechts von ihm saß. Die »Kinder der Flora« erwachten aus ihrer Lethargie und begannen sich zu bewegen. Ein riesengroßer Kerl trat heran. Er trug einen bis zum Gürtel herabgelassenen Fallschirmjägeroverall und war vom Scheitel bis zum Nabel von dichtem, schwarzgelocktem Haar bedeckt. Er ergriff eine Packung, riss sie auf, warf einen Blick hinein und schüttete den Inhalt – Nudeln – in den Kessel mit kochendem Wasser. Die »Flora«-Leute setzten sich nun bequemer hin. Wohlwollende Blicke trafen mich. Um mich herum hörte ich Worte, die ich zum größten Teil nicht verstand. Es war ein mir völlig unbekannter Jargon, eine fürchterliche Mischung aus verstümmelten Wörtern – russischen, englischen, deutschen und japanischen. Sie wurden mit einer so merkwürdigen Intonation gesprochen, dass ich mich an das Chinesische erinnert fühlte: Am Ende jedes Satzes wurde die Stimme angehoben. Mehrmals wiederholte ich für mich selbst: »Jeder Mensch ist ein Mensch, solange er durch seine Handlungen nicht das Gegenteil bewiesen hat« und schaute auf Michej. Michej sah aus, als ob er sich gleich übergeben müsste, und ich verstand nicht, warum G.A. ausgerechnet ihn mitgenommen hatte. Aha, unser Michej ekelt sich – aber er hat nicht das Recht, sich zu ekeln. Liebe und Ekel sind unvereinbar.

G.A. gab den Rat, zerkleinerte Wurst in den Kessel zu werfen. Ein kahlgeschorenes Mädchen mit schmutzigem Gesicht und einer riesigen, aus Wasserlilien geflochtenen Boa um die nackten Schultern machte sich sogleich daran, die Wurst zu schneiden. G.A. riet davon ab, die konservierten Garnelen in den Kessel zu schütten, und so blieb die Dose Garnelen stehen. G.A. hielt schon den Kochlöffel in der Hand, rührte damit im Kessel herum, schöpfte, pustete und kostete. Alle schauten ihm zu und warteten auf sein Urteil. Er sagte »Salz«, und sofort rannte man los, um Salz zu holen. Er sagte »Pfeffer«, aber Pfeffer gab es im Lager der »Flora« nicht.

Ich beobachtete sie, ganz unvoreingenommen, und versuchte für mich zu beantworten: Was sind das für Leute? (Ich fühlte mich nicht als Lehrer, sondern eher wie ein Ethnograf, äußerstenfalls als Arzt.) Was ich sah, war Folgendes: Die Jungen waren wie Jungen, und die Mädchen waren wie Mädchen. Ja, einige von ihnen hatten sich nicht gewaschen. Einige waren so schmutzig, dass es abstoßend wirkte. Aber das waren nur wenige. In den meisten Fällen blickte ich in junge, nette Gesichter – weder Krankheiten noch Furunkel, Trachome oder andere Gebrechen, von denen all jene, die die »Flora« hassen, so viel reden. Sie sind alle verschieden, was nur natürlich ist – und doch haben sie etwas miteinander gemein. Entweder liegt es an ihrem Gesichtsausdruck (die Mimik ist bei näherem Hinsehen weniger ausgeprägt) oder an der Körpersprache. Ihre Bewegungen sind fast herausfordernd langsam. Niemand legt einen Gegenstand auf den Boden, man lässt ihn einfach fallen, indem man träge die Hand öffnet. Und das nicht etwa dort, wo man sich den Gegenstand genommen hat, sondern da, wo man gerade geht oder steht, so als ob die Kraft nicht ausreichte, um den Arm auszustrecken …

Und noch etwas: ihre völlig unberechenbaren Handlungen. Ich würde nicht wagen, ihre Handlungen – und seien sie noch so einfach – vorherzusagen. Da saß einer schräg zur Seite geneigt. Es war an der Zeit, aus dem Kessel zu essen. Da stand er plötzlich auf, schlenderte träge davon und ging zum anderen Ende des Lagers, um sich an ein anderes Feuer zu setzen. Statt seiner erschien ein anderer Kerl, lang und dürr wie eine Bohnenstange, ebenfalls in einem Fallschirmjägeroverall. An seinem breiten Gürtel baumelte eine Feldflasche, an den Füßen trug er die berühmten »Wurzeln« – riesige grüngefärbte Fellschuhe. Er kam, setzte sich hin, machte die Feldflasche los, goss etwas Wasser auf seine »Wurzeln« und erklärte, ohne sich dabei an jemanden zu wenden: »Ich wachse hier an …« Und dann begann er, mit zusammengekniffenen Augen G. A. zu fixieren.

Ein fast nacktes Mädchen, das links von mir saß, rülpste leise und stöhnte, weil ihr warm geworden war, leckte ihren Löffel ab und sagte tief befriedigt: »Pobégi dásta.«

(Michej erklärte mir später, was das heißt: Es ist Russisch-Japanisch und bedeutet so viel wie »ausschlagen«. Früher hätten sie gesagt: »geil«; jetzt hieß es: »Es schlägt aus.« Die »Flora« eben …)

Nachdem sie sich satt gegessen hatten, widmeten sie sich der Verdauung. Der eine fing an zu rauchen. Ein anderer kaute Betel, wobei ihm orangefarbener Speichel aus dem Mund lief. Ein Dritter zerbiss Fruchtbonbons. Dann setzte das »grüne Rauschen« ein. Natürlich verstand ich nicht einmal die Hälfte von dem, was gesprochen wurde, aber da gab es meines Erachtens auch nicht viel zu verstehen. Der eine sagte plötzlich: »Es kitzelt. Die Würmer kriechen über die Wurzeln.« Der andere erwiderte: »Die Maden fressen überall rum. Und keine Spechte, die sie fressen. Kratzen kann man sich ja nicht.« – »Zu wenig Feuchtigkeit«, meinte der Dritte. »Mir ist so trocken, ihr Sträucher. Ich brauche mehr Feuchtigkeit …« Und so ging es endlos weiter. Es war deutlich zu merken, dass es ihnen gefiel – allen. Auf ihren Gesichtern lag ein seliges Lächeln, und die Augen leuchteten.

Dann stand plötzlich ein Junge in einer bunten Badehose und einem gestreiften Nicki auf. Er trat ein paar Schritte zur Seite, suchte sich eine ebenere Stelle aus und begann sich in einem langsamen, fast rituellen Tanz zu wiegen. Er tanzte nach der Musik, die in seinen Kopfhörern erklang; d. h. er hörte die Musik, und wir sahen nur den Rhythmus. Uns gefiel das, und solange er tanzte, hörte das »grüne Rauschen« auf. Alle schauten auf den Tänzer. Als er müde wurde, blieb er stehen. Dann setzte er sich und legte sich hin, alle schienen Luft zu holen, und meine Nachbarin zur Linken sagte erneut: »Pobégi dásta.«

Es wurde langsam dunkel, und der Mond tauchte über den Wipfeln der Bäume auf. Mücken machten sich bemerkbar. Nebel stieg auf und begann, die Büsche am Ufer einzuhüllen. Plötzlich knatterten Motoren los, Scheinwerfer flammten auf, in voller Lautstärke ertönte Musik, und ein ganzes Dutzend Motorradfahrer brauste davon. Sie verschwanden hinter dem nächsten Hügel, und dann wurde es wieder still.

Irgendein Jüngelchen auf der anderen Seite des Lagerfeuers (anscheinend ein Neuer, der mit dem Jargon noch nicht vertraut war) fing an, über den Prozess zu reden, der gestern in Taschlinsk stattgefunden hatte. Drei »Wühler« aus dem Technikum, die ein ganzes Jahr lang Autos geknackt und mit Ersatzteilen geschoben hatten, wurden nur zu einem Jahr Zwangsarbeit verurteilt, weil sie über goldene Hände verfügten und sich ausnahmslos jeder positiv über sie geäußert hatte. Und ein »Kind der Flora« – Kostik aus Chabarowsk, der Rothaarige, dem ein Vorderzahn fehlte – wurde dazu verdonnert, im Fleischkombinat einen Monat lang umsonst die Klosetts zu reinigen, weil er in einer Bäckerei zwei kleine Weißbrote gestohlen hatte, während man den Lieferwagen entlud.

Die »Flora« schwieg und verarbeitete die Informationen. Jemand murmelte: »Hier weht aber ein scharfer Wind.« Dann wurden Fragen gestellt: »Wie heißt der Richter?« – »Wie viele Beisitzer waren anwesend?« – »Warum nicht sechs?« – »Wie heißen sie?« – »Wer hat das Verfahren eröffnet?« Das Jüngelchen wusste fast nichts. Es war ihm nicht einmal bekannt, dass bei einer Gerichtsverhandlung gewöhnlich ein Verteidiger dabei ist. »Bist schweigsam, Strauch«, wurde ihm vorgeworfen. Danach ließen sie ihn in Ruhe.

Jemand fing an, vom Gericht in Tscheljabinsk zu erzählen, sprach aber in so starkem Jargon, dass ich nicht einmal verstand, ob es sich um ein gutes oder ein schlechtes Gericht handelte. Wer verurteilt wurde und weshalb, bekam ich ebenfalls nicht mit. »Richte nicht, damit auch du nicht gerichtet wirst«, rief in der Dunkelheit fast singend eine weibliche Stimme. Nach dem unverständlichen Gefasel im Jargon hörten sich diese durchdringenden, deutlich vernehmbaren Worte an, als seien sie Ausdruck der höchsten Wahrheit.

Und da begann der Nushi zu reden.

Es war eine Predigt in einer schönen, gepflegten Sprache. Dass er später in ihren Jargon verfiel, geschah nur, weil er eine wichtige Formulierung besonders hervorheben und sie selbst den Begriffsstutzigsten verständlich machen wollte.

Er sprach über die »Flora«. Er sprach über eine besondere Welt, in der jeder den anderen in Frieden lässt, in der das Universum mit der Welt, im Sinne von Ruhe und Freundschaft, verschmilzt. Wo es keinen Zwang gibt und keiner dem anderen zu irgendetwas verpflichtet ist. Wo keiner daran denkt, dem anderen Vorwürfe zu machen. Aus diesem Grund ist man dort glücklich – selig durch das Glück, das einem die Ruhe verleiht.

Du trittst ein in diese Welt, und die Welt umarmt dich. Sie umarmt dich so, wie du bist. Tut dir etwas weh, nimmt die »Flora« den Schmerz von dir. Bist du glücklich, empfängt sie dankbar dein Glück. Was immer mit dir geschieht und was immer du tun magst – die »Flora« glaubt an dich und weiß, dass du Recht hast. Die »Flora« drängt niemandem ihre Meinung auf, und dir steht es frei, dich zu äußern, worüber und wann es dir beliebt; die »Flora« wird dir aufmerksam zuhören. Jenseits der Grenzen der »Flora« bist du wie gejagtes Wild. Hier aber bist du der Zweig eines Baumes, das Blatt eines Strauches, ein Teil des Ganzen.

Er sprach über die Gesetze der »Flora«. Die »Flora« kennt nur ein Gesetz: Lass den anderen in Frieden. Doch möchtest du wirklich glücklich sein, musst du bestimmte Ratschläge – gute und weise – beherzigen. Wünsche dir niemals viel. Alles, was du wirklich brauchst, schenkt dir die »Flora«; alles andere ist überflüssig. Je mehr du begehrst, umso mehr störst du die »Flora« – und auch dich selbst. Tu nur das, wozu du Lust hast. Die einzige Einschränkung lautet: Störe nicht. Wenn du keine Lust hast zu sprechen, schweig. Wenn du keine Lust hast, etwas zu tun, dann tu nichts.

Die Säge ist stärker, aber der Baumstamm hat Recht.

Wenn du eine Geldbörse findest, hüte dich! Du schwebst in großer Gefahr.

Wünsche dir nur, was man dir zu geben bereit ist.

Du kannst dir nehmen – doch nur, was andere nicht brauchen.

Denke immer daran: Die Welt ist schön, die Welt war schön und sie wird immer schön sein. Du darfst sie nur nicht stören.

(G. A. sagte später dazu: »Werde zum Schatten vor dem Bösen, armer Sohn des Tuma, und der schreckliche Tscha wird dich nicht fangen können.« Und er fragte: »Woraus ist das?«)

Als die Predigt ihren Höhepunkt erreicht hatte, wurde ich durch ein seltsames Geräusch abgelenkt. Als ich versuchte, durch den Rauch hindurch etwas zu erkennen, erstarrte ich. Der stark Behaarte war gerade dabei, sich über seine kahlgeschorene Nachbarin herzumachen.

Ich spürte unerträgliche Scham. Ich schlug die Augen nieder und war nicht mehr imstande, hinzusehen. Besonders quälte mich der Gedanke, dass das alle sahen, sowohl Michej als auch G. A. Ich schämte mich auch wegen der »Flora-Kinder«, aber sie schien das überhaupt nicht zu schockieren. Ich merkte, dass einige von ihnen den sich Paarenden neugierig zuschauten, ja ihr Tun sogar billigten.

»Hinter einem Busch hervor drang das seltsame Stakkato eines Lauts, wie ich es noch nie gehört hatte: eine rasche Folge des Lautes Ö: ö – ö-ö-ö, wobei der erste Vokal stark und emphatisch erklang und von den übrigen durch eine deutliche Pause getrennt war. Dieser Laut wurde immer und immer wieder ausgestoßen, und nach zwei oder drei Minuten wurde mir klar, was da passierte: D. J. und ein Weibchen waren zusammen. Er kopulierte mit ihm …«

Frage: Woher stammt das? Antwort: Aus George Schallers »The Year of the Gorilla«.

Manuskript »O3« (4)

4. Am Abend des 1. August (das war noch in Taschlinsk) hielt mich auf der Terenkurer Straße unser Fahrer Grinja an. Er nahm mich beiseite und fragte mit einer Lässigkeit, die mir gespielt schien: »Und, wie steht's jetzt bei euch mit der Substanz?«

»Wo soll das sein – ›bei euch‹?«, fiel ich ihm ebenso gereizt wie ironisch ins Wort.

»Na, in Leningrad, in Moskau …«

»So wie überall«, sagte ich und spürte, dass sich meine Laune nicht besserte. »Siebzehn fünfunddreißig. Und wenn man Gluck hat, knapp über zehn.«

»Ach so, ja …«, redete Grinja unentschlossen dazwischen. »Wenn es sich aber um die spezielle handelt?«

»Die ›Spezial‹? Ich glaube, die Marke wird schon seit Jahren nicht mehr produziert.«

»Aber nein, ich meine doch nicht die Wodkasorte …«, sagte Grinja ungeduldig. »Ich frage dich: Wie sieht es mit der speziellen Substanz aus? Ich meine die immaterielle, die unabhängig von meinem Körper existiert.«

Ich sah ihn an, bemerkte aber nichts Auffälliges. Nach allem, was ich über Grinja wusste, trank er nicht und war auch sonst ohne Fehl und Tadel. Ein häuslicher Mensch. Er besaß das beste Gartengrundstück in der Nähe des Observatoriums – mit einem Häuschen darauf. Und er machte alles selbst: Neulich hatte er sich eigenhändig einen alten »Moskwitsch« zusammengebaut … Er interpretierte meinen Blick richtig und wurde leicht verlegen.

»Aber nein, so habe ich das nicht gemeint …«, sagte er ausweichend und fing plötzlich an, davon zu erzählen, wie im vorigen Jahr Künstler, die auf der Durchreise gewesen waren, seine Mutter betrogen hatten: Für nur einen Fünfer hatten sie ihr eine alte, noch vom Großvater stammende und sehr wertvolle Ikone abgeschwatzt, für die jedes Museum wer weiß was geboten hätte.

Ich hörte ihm verblüfft zu, dann hielt er auf einmal inne und schlug mir vor, in zwei Stunden in sein Häuschen zu kommen, um etwas zu »bezeugen«. Er plante anscheinend ein Geschäft und wollte eine zuverlässige Person dabeihaben.

Über diesen Vorschlag war ich nicht gerade begeistert, konnte aber seine Bitte nicht abschlagen. Grinja und ich sind schon seit Anfang der sechziger Jahre befreundet. Damals arbeitete ich als Leiter und er als Fahrer einer Expedition, die den Auftrag hatte, in Turkestan einen geeigneten Standort für das Große Teleskop zu finden. Grinja war mir in vieler Hinsicht zu Dank verpflichtet, und ich schuldete ihm auch so manches … In jungen Jahren hatten wir beide über die Stränge geschlagen, Grinja etwas mehr, ich etwas weniger.

So kam es, dass ich mich zwei Stunden später – schon zu vorgerückter Stunde – in Grinjas »Häuschen« einfand. Es lag ganz versteckt hinter üppigen exotischen Büschen auf seinem Gartengrundstück. Draußen herrschte tiefe Finsternis; wie im Süden sangen die Zikaden, es roch nach Gewürzkräutern und Blumen, und drinnen saßen wir zu dritt unter einer Lampe mit rosa Schirm an einem Tisch, auf dem eine alte, aber saubere und ehemals prachtvolle Tischdecke lag: Grinja (Grigori

Grigorjewitsch Bykin, erstklassiger Fahrer), ich (Sergej Kornejewitsch Manochin, Doktor der physikalisch-mathematischen Wissenschaften, wissenschaftlicher Mitarbeiter) und Ahasver Lukitsch (Ahasver Lukitsch Prudkow, Agent der Staatlichen Versicherung).

Grinja: fragt Ahasver Lukitsch, ob er etwas dagegen einzuwenden habe, wenn ich als Zeuge dabei sei.

Ahasver Lukitsch: hat nicht nur keine Einwände, sondern begrüßt sogar meine Anwesenheit; er kenne und schätze mich und ich genösse sein volles Vertrauen.

Grinja: schlägt vor, sofort zur Sache zu kommen, man wisse ja nie …

Ahasver Lukitsch: holt aus seiner übervollen Aktentasche eilfertig rosa Versicherungsformulare hervor und macht sich an die Arbeit.

Grinja (leicht besorgt): »Wozu ist dieses Zeug denn nötig?«

Ahasver Lukitsch (schreibt weiter): »Wie soll es denn sonst vonstattengehen, mein Lieber? Ohne das geht es nicht. Es ist das Tüpfelchen auf dem i.«

Grinja: blickt Ahasver Lukitsch erst voller Misstrauen an, dann hellt sich seine Miene plötzlich auf, als ob er etwas begriffen hätte.

Ich: kapiere nichts, fange an mich zu ärgern, schweige aber vorläufig.

Ahasver Lukitsch: händigt Grinja beflissen lächelnd eine Police der Unfallversicherung aus.

Grinja (liest die Police durch und sagt grinsend): »Genau drei Rubel. Du kannst sie später abziehen …«

Ahasver Lukitsch: »Natürlich, selbstverständlich. Ich habe alles berücksichtigt.« (Er holt aus der Aktentasche einen großen Bogen festen weißen Papiers heraus, der in kalligrafischer, nach links geneigter Schrift beschrieben ist.)

Grinja: braucht eine halbe Ewigkeit, um mit gerunzelter Stirn, die Lippen leise bewegend, den Text zu lesen.

Ahasver Lukitsch: lächelt freundlich.

Ich: habe keine Ahnung, was ich von der Sache halten soll, empfinde ein unangenehmes, aber noch sehr vages Misstrauen.

Grinja: schüttelt, nachdem er das Schriftstück ein zweites Mal gelesen hat, zweifelnd den Kopf.

Ahasver Lukitsch: »Bemerkungen? Ergänzungen?«

Grinja: »So geht das nicht. Hier heißt es zum Beispiel (er liest laut vor): ›Ich übergebe meine spezielle immaterielle Substanz, die von meinem Körper unabhängig ist …‹ Aber das geht nicht. Was die Substanz angeht, so habe ich Erkundigungen eingeholt; da ist vieles unklar … Vor allem das Wort ›speziell‹.«

Ahasver Lukitsch: »Verstehe ich. Vernünftiger Einwand.«

Grinja: »Zweitens: Ich übergebe sie Ihnen nicht, sondern verpachte sie Ihnen sozusagen …«

Ahasver Lukitsch: »Für die Dauer von neunundneunzig Jahren.«

Grinja: »Na ja … meinetwegen. Das ginge. Wir könnten uns vielleicht auf halbem Wege entgegenkommen … Aber gut. Und jetzt die Hauptsache! (Fordernd klopft er mit der Fingerkuppe auf das Papier.) Hier muss es heißen: ›In Dreirubelscheinen‹! Andere nehme ich nicht!«

Ahasver Lukitsch: »Einen Moment!« (Mit der Gebärde eines Zauberkünstlers holt er ein neues, ebenso schön ausgefertigtes Schriftstück aus seiner Aktentasche und präsentiert es Grinja.)

Grinja: macht sich, nachdem er einen misstrauischen Blick auf Ahasver Lukitsch geworfen hat, erneut ans Lesen.

Ich: muss mich nur wundern, was für Kniffe und Tricks ein Versicherungsagent heute wegen läppischer drei Rubel anwenden muss. Mir ist zudem aufgefallen, dass sich das erste kunstvoll ausgefertigte Schriftstück anscheinend in Luft aufgelöst hat; jedenfalls liegt es nicht mehr auf der alten und sehr sauberen Tischdecke … Das unangenehme Gefühl des Misstrauens verstärkt sich.

Grinja (reicht mir das Blatt Papier, nachdem er es durchgelesen hat): »Sieh es dir an, Kornejewitsch«, sagt er besorgt.

Ich: lese es, und die Haare stehen mir zu Berge.

Übergabeprotokoll

Ich, der unterzeichnende Grigori Grigorjewitsch Bykin, in Gegenwart eines Zeugen, des von mir benannten Sergej Kornejewitsch Manochin, verpachte vom heutigen Tage an, dem 1. August 19.., dem Besitzer dieses Schriftstücks für die Dauer von 99 (neunundneunzig) Jahren meine mythologisch-religiösen Vorstellungen, die aufgrund der Lebensprozesse in meinem Körper entstehen, für 2999 (zweitausendneunhundertneunundneunzig) im Jahre 1961 gedruckte Banknoten im Wert von je drei Rubeln. Diese Summe ist mir binnen vierundzwanzig Stunden, von der Unterzeichnung des vorliegenden Schriftstücks an gerechnet, zur Verfügung zu stellen.

Datum, Unterschrift

Völlig verwirrt lese ich es noch einmal.

Grinja (flüstert mir ins Ohr): »Das Religiöse … wie es dort heißt … das ist das eine, das juckt mich nicht … Aber bei der Substanz ist es etwas ganz anderes. Was meinst du, Kornejewitsch?«

Ahasver Lukitsch (verkündet liebenswürdig, ohne dass es mir richtig ins Bewusstsein dringt): »Sehr vernünftig, sehr richtig handeln Sie, Grigori Grigorjewitsch.«

Ich (wie immer, wenn ich aus dem Gleis geworfen werde und in eine idiotische, groteske Lage gerate, äußere mit typisch männlicher, etwas derber Ironie die erstbeste Banalität, die mir in den Sinn kommt): »Zur Feier des Tages spendierst du einen halben Liter, Grinja!«

Selbst die geringfügige geistige Anstrengung, die es mich kostete, obige Plattitüde zu äußern, schien meine Kraft zu übersteigen. Mir war, als würde ich bewusstlos oder bräche vor Erschöpfung zusammen. An die weiteren Geschehnisse erinnere ich mich nur noch bruchstückhaft. Ich nahm alles wie durch einen Schleier wahr. Aber ich entsinne mich genau, dass Ahasver Lukitsch – den Kopf ängstlich zur Seite gewandt – die Tasche öffnete und daraus wie aus einem Ofen mit glühenden Kohlen eine wabernde Lohe schlug. Es roch sogar nach Kohlendunst. Ahasver Lukitsch ergriff das (von Grinja offenbar schon unterzeichnete) Übergabeprotokoll, steckte es mitten in die purpurrote Glut und klappte den Deckel der Tasche wieder zu. Die Schlösser schnappten mit einem Klick ein.

»Es wird doch nicht etwa darin verbrennen?«, fragte Grinja ängstlich, der die Prozedur mit verständlicher Erregung verfolgte.

»Sollte es eigentlich nicht«, erwiderte Ahasver Lukitsch besorgt und hielt sein gesundes Ohr an die Aktentasche, um zu hören, was darin vorging.

Ich entsinne mich auch, dass Grinja sogleich ungeniert anfing, uns hinauszukomplimentieren.

»Los, los, Männer«, sagte er und stieß mich dabei leicht in den Rücken. »Und du versprichst, es mir unter dem Nussbaum auszuhändigen?«, fragte er Ahasver. »Oder unter der Platane? Vorsicht, die Stufen hier bei mir sind steil …«

Doch Ahasver Lukitsch antwortete: »Auf jeden Fall unter dem Nussbaum, Grigori Grigorjewitsch. Nur wenn es gar nicht anders geht, unter der Platane …«

Danach ging ich, wenn ich mich recht entsinne, mit Ahasver Lukitsch die Terenkurer Straße entlang. Es herrschte tiefste Finsternis, in der nur ab und zu ein paar Leuchtkäfer ihre

Lichtlein aufblitzen ließen. Ahasver Lukitsch lief laut schnaufend neben mir her und klammerte sich dabei an meinen Ellbogen. Da fragte ich ihn, ob er mir nicht erklären wolle, was da geschehen war. Aber ich kann mich beim besten Willen nicht erinnern, ob er mir geantwortet hat oder nicht. Wenn ja, habe ich vergessen, was er gesagt hat.

Heute weiß ich, dass ich schon in jener Nacht keine Antworten und Erklärungen mehr benötigte. Viele Details und Nuancen waren mir natürlich unverständlich, aber das sind sie auch heute noch. Doch ist das überhaupt von Belang?

Gerechterweise muss ich sagen, dass Ahasver Lukitsch aus seinen Transaktionen kein Geheimnis machte. Die Versuche, seine zweifelhafte Tätigkeit durch die damit verbundenen Versicherungsoperationen zu legalisieren, ließen sich freilich nicht ernst nehmen. Sie wirkten eher komisch. Was aber die Hauptsache anging, so war Ahasver Lukitsch immer vollkommen aufrichtig und, so möchte ich sagen, sogar sehr direkt. Er hatte nur einfach keine Lust, manche Dinge beim richtigen Namen zu nennen. Daher rührte sein fast kindlicher Hang zu plumpen Euphemismen. Doch waren es weniger Euphemismen im eigentlichen Sinn als vielmehr hölzerne Formulierungen, die, wie es schien, aus irgendwelchen merkwürdigen Lehrbüchern oder Leitfäden über den wissenschaftlichen Atheismus stammten. Übrigens zogen meines Wissens auch seine Kontrahenten Euphemismen vor. Lustig, nicht?

Mir ist nicht bekannt, ob es im Staatlichen Versicherungswesen Begriffe wie »Dienstgeheimnis«, »Bankgeheimnis« oder Ähnliches gibt. Auf jeden Fall schwatzte Ahasver Lukitsch außerordentlich gern. So erzählte er mir immer wieder komische Geschichten, die freilich immer anonym blieben; Ahasver Lukitsch vermied es tunlichst, die Namen seiner Kunden preiszugeben. Manchmal erriet ich, von wem er sprach, manchmal rätselte ich herum, aber in den meisten Fällen versuchte ich gar nicht erst dahinterzukommen. Jetzt werden all diese Geschichten wahrscheinlich von der Staatsanwaltschaft untersucht, und ich will hier nicht näher auf sie eingehen. Ich kann meine Bewunderung über die Gewieftheit des Genossen Stellvertreters Susloparin allerdings nicht verhehlen – während ich gleichzeitig über das Schicksal meines armen Freundes Karl Gawrilowitsch Rosljakow weinen muss.

Susloparin war (soviel ich weiß) der einzige Mensch, der ohne zu zögern alle Dinge beim rechten Namen nannte. Er wollte nicht von irgendwelchen Substanzen oder irgendwelchen religiösen Vorstellungen reden. Er forderte keinen geringen Preis: Keinen Weg voller Schlaglöcher und Furchen wollte er, sondern den glatten Aufstieg von seinem jetzigen Posten über den des Direktors eines wichtigen Betriebes – des bedeutendsten in unserem Gebiet – zu dem eines Ministers. Nicht mehr und nicht weniger. Doch obwohl er viel verlangte, bot er auch viel: Er war bereit, alle, die ihm direkt unterstanden, in Ahasver Lukitschs bodenloser Aktentasche verschwinden zu lassen. Konkret schlug er vor: seinen für die Versorgung zuständigen Assistenten I.A. Bubul; den Leiter der Kantine des Wohnheims, A.A. Kostoplujew, samt seiner Frau und seiner Schwägerin; den Neffen des Chefs der zum Observatorium gehörenden Garage, Schorka Attedow, der sowieso damit rechnen musste, seinen Posten bald zu verlieren, sowie laut Liste elf weitere Personen.

Kollege Susloparin selbst aber beeilte sich nicht, seinen Namen auf die Liste zu setzen. Er hielt es für verfrüht und äußerte die Befürchtung, ein solcher Schritt könnte missverstanden werden. Das brachte Ahasver Lukitsch schier zur Raserei. Er finde ein solches Verhalten unerhört und beispiellos. Einem Menschen wie Susloparin sei er nicht einmal in Uganda begegnet, wo er in einem separaten Palais für Ausländer untergebracht gewesen sei. Seine Lage habe sich extrem verkompliziert – nicht etwa weil eine solche Abmachung aus moralischen Gründen untersagt sei, sondern weil sie viele technische Komplikationen und Unannehmlichkeiten nach sich ziehe. Die Verhandlungen mit Susloparin zogen sich in die Länge, und ich erfuhr nicht, wie sie ausgingen.

Eine ganz andere Geschichte widerfuhr Karl Gawrilowitsch, dem Direktor des Observatoriums. Ich kannte ihn gut, denn wir hatten an derselben Fakultät studiert. Er war mir drei Studienjahre voraus gewesen. Ich spielte damals in der Volleyballmannschaft der Fakultät, und er war ein großer Sportfan. Mein Gott, wie er den Sport liebte! Wie er davon träumte zu laufen, zu springen, zu stoßen, zu werfen, einen Pass zu spielen oder bei einem Freistoß gemeinsam mit anderen eine Mauer zu bilden. Doch von Geburt an litt Karl Gawrilowitsch an einer atrophischen Lähmung des linken Arms und an einer angeborenen Luxation des linken Hüftgelenks. Diese traurige Besonderheit und die Tatsache, dass er einen hellen, klugen Kopf hatte, bestimmten sein Leben. Er machte in der Wissenschaft rasch Karriere und hatte schon längst seinen Doktor habil. erreicht, als ich noch über meiner Promotionsschrift schwitzte. Er besaß alle Auszeichnungen und Titel, von denen ein vierzigjähriger Wissenschaftler träumen konnte, und seine Wahl zum Direktor des neuesten und modernsten Observatoriums wurde sogar von seinen akademischen Widersachern als selbstverständlich und richtig angesehen.

Aber sein Arm wurde davon nicht heil, und er musste auch weiter durchs Leben hinken. Er litt noch an diversen anderen Gebrechen, seine Gesundheit verschlechterte sich zusehends, und als Ahasver Lukitsch ihm den bekannten Vorschlag machte, zögerte der arme Karl nicht eine Minute. Er war von den phantastischen Perspektiven wie geblendet. Sein sonst so scharfer Verstand versagte. Zum ersten Mal in seinem Leben verließ ihn seine Skepsis, die ihm seit langem zur zweiten Natur geworden war. Und zum ersten Mal in seinem Leben ließ er sich bedenkenlos auf ein Glücksspiel ein – und verlor.

Ich hatte noch Gelegenheit, ihn gegen Ende jenes Sommers zu treffen. Er war kräftig, stark, braungebrannt und ebenso geschickt wie präzise in seinen Bewegungen, völlig verwandelt also. Aber Karl Gawrilowitsch war nicht mehr froh. Er war gerade aus Jalta zurückgekehrt, wo sich die wundersame Verwandlung vollzogen hatte und er zum ersten Mal in den Genuss vollständiger Gesundheit gekommen war. Und da bemerkte er auch zum ersten Mal, dass etwas mit ihm nicht stimmte … Irgendwann hatte er es satt, Tischtennis mit hübschen Zufallsbekanntschaften zu spielen, und setzte sich abends hin, um ein einfaches Modell zu berechnen … Genau genommen weiß ich nicht, was mit ihm geschah. Ahasver Lukitsch schwor mir, die unheilvolle Aktentasche habe mit alldem nichts zu tun. Eher seien vor lauter Überanstrengung die geheimnisvollen Fäden, die das Körperliche und das Geistige im Organismus zu einem einheitlichen Ganzen verbinden, gerissen. Das mag stimmen oder nicht … Vielleicht handelt es sich bei der Summe des Physischen und des Intellektuellen im Menschen auch um eine unveränderliche Größe, und wenn an einer Stelle etwas hinzugefügt wird, muss an einer anderen etwas weggenommen werden. Das ist durchaus möglich. Und dennoch habe ich manchmal den Eindruck, dass sich Ahasver Lukitsch verstellt, dass seine Aktentasche doch mit im Spiel war und die glühende Hitze nicht nur die »spezielle immaterielle Substanz« meines Karl Gawrilowitsch aufzehrte, sondern auch seine »aktive Triebkraft« (beides Zitate aus dem »Wörterbuch des Atheisten«). Gegen Ende des denkwürdigen Monats August war Karl nur noch eine Maschine zum Unterzeichnen von Papieren, und jetzt, glaube ich, ist er Alkoholiker. Damals war mir jedoch sein Schicksal, wie ich zugeben muss, ziemlich egal. Die eigenen Probleme machten mir so schwer zu schaffen wie eine chronische Erkrankung …

Ich habe unaufhörlich darüber nachgedacht, wie ich diese schmähliche Stelle in meinem Bericht aussparen könnte, aber ich sehe jetzt, dass das unmöglich ist. So will ich wenigstens versuchen, mich kurz zu fassen. Auch wenn ich mich – genau genommen – nicht dafür zu schämen brauche. Denn was immer geschehen sein mag: Die Ehre der Entdeckung der Südwestlichen Schleppe gebührt mir. Und die elf kugelförmigen Anhäufungen, die ich als Erster in dieser Schleppe beobachtet habe, waren von mir vorausgesagt worden (ich hatte zehn bis fünfzehn solcher Anhäufungen prophezeit). Selbst wenn man aus meiner Habilitationsschrift das Kapitel über die »Sternenfriedhöfe« entfernen sollte, bleibt sie dennoch eine ungewöhnliche Arbeit, die den Anforderungen vollauf gerecht wird. Dass ich mehr erreichen wollte, steht auf einem anderen Blatt.

Jetzt sehe ich ein, dass ich mich damals zu sehr beeilt habe. Ich hätte Geduld haben und den Artikel nicht in der *Astronomischen Zeitschrift* veröffentlichen sollen. Und es war völlig überflüssig, diesen anmaßenden Brief an die *Astronomical Letters* zu senden. Hochmut kommt vor dem Fall. Mein Wunsch zu glänzen war allzu groß, das kann ich Ihnen sagen. Ich hatte es einfach satt, als ewig grübelnder, pedantischer Wissenschaftler zu gelten …

Als Gunn, Maier und Ishikawa unabhängig voneinander – der eine im *Astrophysical Journal*, der andere im *Royal Observatory Bulletin* – veröffentlichten, dass es ihnen nicht gelungen war, das Phänomen der »Sternenfriedhöfe« zu beobachten, war das noch halb so schlimm. All ihre Ergebnisse lagen an der Genauigkeitsgrenze, und ein negatives Resultat hätte an sich noch nichts bedeutet. Aber dann berechnete Senja Birjulin, wie das »Phänomen der Friedhöfe« im Millimeterwellenbereich aussehen müsste, machte ausreichend eigene Beobachtungen dazu und fand – nichts. Über dieses Ergebnis, das ihn verwirrte, berichtete er auf dem Leningrader Symposium im Juli. Und von da an befand ich mich in einem Zustand qualvoller Spannung.

Ich prüfte erneut alle meine Berechnungen. Fehler waren gottlob nicht vorhanden. Aber ich entdeckte eine Stelle … einen kleinen logischen Sprung … Hol's der Teufel, ich will jetzt nicht darüber schreiben. Ich mag nicht einmal daran denken, wie mir der kalte Schweiß über den Rücken lief, als ich daran dachte, ich könnte mich tatsächlich verrechnet haben … Aber nein, ich hatte bei den Berechnungen keinen Fehler gemacht, und bis jetzt hatte noch niemand das Recht, mich öffentlich anzuklagen. Aber es war bereits erkennbar, dass in der stählernen Kette meiner Logik ein schwaches Glied war, ein Mohnkringel sozusagen. (Ich schäme mich, das zuzugeben, aber bis heute habe ich mich nicht dazu durchringen können, einmal fest an dieser schwachen Stelle zu ziehen. Ich kann mich einfach nicht überwinden. Ich fürchte mich davor.)

Damals im August hatte ich sogar Angst davor, an das Thema zu denken. Ich wollte am liebsten die Augen zukneifen und den Kopf wie Vogel Strauß in den Sand stecken – egal, was passieren würde. Entlarvt mich, bestraft mich, tretet mich mit Füßen, bedauert mich.

Denn wofür schämt man sich am meisten? Nicht dafür, dass man sich geirrt, gelogen, sich mit fremden Federn geschmückt oder seine Wunschträume für wahr gehalten hat. Das kommt vor, und davon bleibt auch die Wissenschaft nicht verschont. Nein, es ist etwas anderes: Man hatte sich schon als Sieger gefühlt und begonnen, sich kleine Löchlein für die Goldmedaillen ins Revers zu stechen. Man sprach nicht mehr mit anderen Leuten, sondern verkündete nur noch lauthals. Einmal äußerte ich öffentlich (wenn auch ziemlich angeheitert) mein Bedauern darüber, dass für astronomische Entdeckungen keine Nobelpreise verliehen würden. Und den armen kleinen Doktoranden … Wie hieß der noch? … An seinen Namen erinnere ich mich nicht mehr … erledigte ich gründlich. Es kann durchaus sein, dass er mich in seinem bescheidenen Beitrag – einer wirklich unreifen Arbeit – ganz zu Recht kritisiert hatte. In der ersten Aufwallung aber sah ich in seinem lächerlichen kleinen Artikel nichts als Dummheit und Ungeschick, obwohl er vielleicht gerade nach diesem Mohnkringel gegriffen hatte und mein erstes Warnsignal hätte sein können …

Es war zu spät umzukehren; das war es, was mich zugrunde richtete. Zu viel war schon geschwatzt, geprahlt und versprochen worden; ich konnte mich nicht mehr hinstellen und sagen: »Pardon, ich habe mich geirrt.« So blieb mir also nur eins: zu warten und zu hoffen, dass alles wieder ins Lot käme – dass ich mich nicht geirrt hatte, die Amerikaner ihren »Aiolos« starten und die Ergebnisse im Röntgenbereich zu meinen Gunsten ausfallen würden.

Ich war schon so tief gesunken, dass ich mich nicht einmal überwinden konnte, nüchtern und ganz in Ruhe alle Schwachstellen von Neuem durchzurechnen: Ja – ja und nein – nein. Es ging einfach nicht! Meine Kraft reichte nur dazu, untätig dazuliegen – die Hände unter dem Kopf verschränkt – und zu warten, bis Senja seine Beobachtungen am Computer überprüft hatte oder »Aiolos« von den Amerikanern gestartet worden war.

Eigentlich kommt man gerade in solchen Situationen auf die verrücktesten, wahnwitzigsten und phantastischsten Ideen. Nur bleibt von diesen Ideen für gewöhnlich nicht viel übrig. Aber mir stand ja Ahasver Lukitsch zur Seite …

Ich würde Ahasver Lukitsch als einen Menschen mit vielseitiger, wenn auch geringer Bildung bezeichnen: Er weiß über alles ein bisschen Bescheid. Das Besondere an ihm ist aber seine Intelligenz. Intelligent und scharfsinnig – so müsste man ihn beschreiben. Was ein Kugelhaufen ist, wusste er nicht und hatte nie davon gehört; aber bemühte man sich, es ihm zu erklären, hatte er sofort das Wesentliche erfasst und fragte, ob man nicht nach etwas Ungewöhnlichem im Zentrum dieser gigantischen Sternenhaufen gesucht und, falls ja, was man dabei entdeckt habe. Mit den »Sternenfriedhöfen« war es komplizierter; schließlich handelte es sich dabei um ein sehr spezielles Problem. Hier blieb ihm manches unklar, doch äußerte er sogleich, die Tatsache, dass er die Sache nur unzureichend verstehe, sei für die Lösung meines Problems nicht so wichtig. Er begriff sehr rasch, worum es bei meinen Unannehmlichkeiten wirklich ging. Und dabei – das muss man ihm zugutehalten – bewies er großes Fingerspitzengefühl; er erinnerte mich an einen erfahrenen Chirurgen, der ebenso geschickt wie feinfühlig die klaffende Wunde eines Patienten versorgt.

Und mit der Sachlichkeit eines Arztes schlug er mir zwei bewährte Wege vor, wie mein Leiden zu heilen wäre. Ich aber lehnte sie beide auf der Stelle ab, fast ohne darüber nachzudenken. Ich habe keine allzu hohe Meinung von mir (besonders im Lichte dessen, was geschehen war), aber ich hatte auch nicht vor, sie bei der ersten großen Unannehmlichkeit einfach Knall auf Fall zu ändern. Und vor allem hatte ich nicht vor, nur meiner Ambitionen wegen völlig unschuldige, meist sympathische Menschen (das ganze Leben lang!) an der Nase herumzuführen.

Daraufhin erbat sich Ahasver Lukitsch eine Nacht Bedenkzeit und schlug mir am Morgen einen dritten Weg vor.

Kaum hatte er zu sprechen begonnen, fuhr ich zusammen: Mir schien, als hätte er meine eigene wahnwitzige Idee erraten. Das war jedoch, wie sich herausstellte, nicht der Fall, obwohl auch seine Idee total verrückt war. Er schlug vor, relativ kleine Veränderungen in der Verteilung der Materie in unserer Galaxis vorzunehmen, damit in absehbarer Zukunft (10^{12}–10^{13} Sekunden) meine Hypothese weder widerlegt noch bestätigt werden könne. Es ging um geringfügige Verschiebungen relativ unbedeutender Massen dunkler Materie im Raum und eine außerplanmäßige Explosion von zwei, drei Supernovae, die das Bild, das sich in meiner Südwestlichen

Schleppe beobachten ließ, wesentlich verändern würden. Die größte Schwierigkeit bestand darin, dass diese Veränderung, die in zeitlicher wie in räumlicher Hinsicht kosmologische Dimensionen besaß, von kleinen, aber sehr mühseligen und peinlich genau auszuführenden Korrekturen an den heute vorhandenen Archivunterlagen der beobachtenden Astronomie begleitet werden musste. Es sollte (auch wenn ich diese Notwendigkeit nicht ganz einsah) unbedingt der Eindruck erweckt werden, als hätte das neue Bild, das sich den Beobachtern bot, schon immer existiert und sei nicht gerade vor ihren Augen entstanden. Ich hielt mich aber nicht weiter damit auf, diesen Weg zu kritisieren, sondern schlug Ahasver Lukitsch einfach meinen vor.

Zuerst verstand er mich nicht. Dann begann er, lange darüber nachzudenken. Und da sah ich zum ersten Mal, wie aus Ahasver Lukitschs Mund grüner Rauch strömte – ein ziemlich beunruhigendes Schauspiel. Dann erwachte er aus seinen Gedanken und blickte mich irgendwie merkwürdig an.

Tatsächlich verstieß meine Hypothese über die »Sternenfriedhöfe« gegen kein einziges der fundamentalen Gesetze der Physik. Sie konnte falsch sein oder richtig – auf keinen Fall aber durfte sie als unmöglich bezeichnet werden. Die Natur konnte also durchaus so eingerichtet sein, dass irgendwo »Sternenfriedhöfe« existierten. Und sollte sich herausstellen, dass sie nicht existierten – warum dann nicht ein wenig nachhelfen, wenn es einen danach verlangte und die entsprechenden Möglichkeiten vorhanden waren? Es konnte sich bei den »Sternenfriedhöfen« ja um ein sehr seltenes Phänomen handeln – und ich bestand auch gar nicht darauf, dass es in der gesamten Galaxis vorkäme. Nehmen Sie zum Beispiel die Fuoren. In der ganzen Galaxis hat man bisher erst wenige Exemplare entdeckt. Sie sind nämlich eine ausgesprochene Seltenheit. Eine ganz besondere Kombination physikalischer Bedingungen. Mit meinen »Friedhöfen« konnte es ähnlich beschaffen sein. Hauptsache, es würde sie geben (falls es sie noch nicht gab). Ich war bereit, alle meine Berechnungen sofort zur Verfügung zu stellen.

Wie unlogisch und absurd der Mensch doch ist: Eigentlich hatte ich keinen Grund, auf irgendetwas stolz zu sein. Aber ich war stolz! Und zwar darauf, dass es mir gelungen war, Ahasver Lukitsch zu verblüffen. Er fing an, unruhig auf und ab zu gehen, und gab zu, dass ihm das alles eine Nummer zu groß sei. Dann versprach er, so bald wie möglich Erkundigungen einzuholen.

So also, auf tragikomischem Niveau, würde sich mein Schicksal in Zukunft abspielen. Und nun sitze ich hier auf dem höckrigen, mit Farbklecksen bespritzten Klappbett; draußen herrscht kaltes Novemberwetter, dicke weiße Flocken fallen vom Himmel, und im Zimmer ist es heiß, obwohl die Heizkörper noch nicht eingeschaltet sind. Ich bringe diese Geschichte zu Papier, ohne zu wissen, für wen, und warte zitternd darauf, dass sich die Schritte meines jetzigen Schicksals aus der kosmischen Finsternis des Kabinetts vernehmen lassen.

Gerade denke ich daran, wie Grinja jeden Tag in die Kantine gelaufen kam, um einen neuen Dreirubelschein zu wechseln. Zudem hatte er sich bei der Stadtverwaltung in die Bestellliste für ein Auto eintragen lassen, einen »Shiguli« … Der Untersuchungsbeamte der Bezirksstaatsanwaltschaft, der mich zu dem Fall verhörte, versuchte höflich, aber durchaus hartnäckig herauszubekommen, ob ich nicht in letzter Zeit gewisse Veränderungen im Charakter, im Verhalten und in der Lebensweise des Bürgers G. G. Bykin bemerkt hätte. Auch mich interessierte diese Frage. Ich würde selbst sehr gerne wissen, was letzten Endes mit Menschen geschieht, die zu »Opfern der betrügerischen Machenschaften des Bürgers Ahasver L. Prudkow geworden sind, der sich als Mitarbeiter der Staatlichen Versicherung ausgab«. Meiner Meinung nach glaubte mir der Untersuchungsbeamte nicht. Und als er sich von mir verabschiedete, versprach er mir mit ziemlich unangenehmem Gesichtsausdruck, dass wir uns noch begegnen würden.

Aber wir werden uns natürlich nie wieder begegnen.

5. Der Mann war hochgewachsen – er überragte mich um einen Kopf – und trug einen langen …

Tagebuch, 14. Juli

Gestern habe ich nichts aufgeschrieben, weil ich den ganzen Tag in der 4. Kinderklinik gearbeitet habe. Nach wie vor ist es für mich die größte Qual, bei Operationen assistieren zu müssen. Daher hatte ich mich für alle sechs gemeldet. Als ich vier Operationen glücklich hinter mich gebracht hatte, jagte mich Borissytsch vor der fünften in die Krankenzimmer zum Leeren der Bettpfannen, damit ich wieder zu mir käme.

Ins Lyzeum kehrte ich kurz nach neun mit dem Gefühl zurück, Blei in den Füßen zu haben. Ich legte mich gleich ins Bett in der Hoffnung, ich könne bis zum Morgen durchschlafen. Aber daraus wurde nichts. Um zwei Uhr nachts kam Michej in unser Zimmer – voll von Eindrücken. Er war mit Paschka und Irina losgezogen, um den recht bekannten Musiker Vega Dschihangir zu hören, und nun waren sie alle restlos begeistert von ihm. Das Stadion war voller Menschen gewesen: Dschihangir rockte, die Synthesizer dröhnten, die Massen gerieten außer sich, grelles Scheinwerferlicht, synchronisierte Lichteffekte, explodierende Knallkörper. Und das alles vier Stunden lang ohne Pause. Am Ende hatten die Fans Dschihangir auf ihren Schultern durch die ganze Stadt bis zum Hotel getragen.

Michej hatte nicht einen einzigen Song von Dschihangir behalten; stattdessen brachten die Herren Studenten der Universität ihm ihr Marschlied bei, das folgendermaßen begann:

Recho, recho, recho-cho-cho-cho!
Aga-nego, njam-njam-njam-njam,
Primusse, nja-a-jam!
Na also Demo! A scherwerwumba!
A scherwerwumba, wumba-wumba,
tsum-bai-quele,
tolmindado,
tsum-bai-quele, tsum-bai-qua …

Und so weiter. Ach, diese Taschlinsker Geistesriesen! Michej konnte kein Ende finden, aber ich war so müde, dass ich einschlief … und am Morgen zu spät aufwachte.

Bis zum Mittagessen schrieb ich fleißig an meiner Examensarbeit.

Güte und Barmherzigkeit. Freilich, diese Begriffe liegen eng beieinander. Aber es gibt doch einen Unterschied. Vielleicht unter dem Aspekt der »Aktivität«? Güte ist mehr als Barmherzigkeit, aber Barmherzigkeit geht tiefer. Und die Barmherzigkeit ist im Unterschied zu Güte immer aktiv. Zu diesem Thema gibt es umfangreiche Literatur, aber sie ist zu nichts nütze. Wenn man ein Meer von Worten eindampfte, bliebe nur ein Löffelchen Salz übrig. Ein Spatzendreck. Man müsste G.A. fragen: Weshalb wurden in den vergangenen zwei Jahrtausenden die intuitiv klarsten Begriffe mehr als andere verunglimpft?

(*Zusatz 16. Juli.* G.A. hat gesagt: »Weil der Subkortex Sitz der Intuition ist und der Kortex Sitz der Begriffe«. Verstehe ich nicht. Darüber muss ich nachdenken.)

Nach dem Mittagessen schickte mich G.A. in die Bibliothek, damit ich dort das neueste Heft der *Logik* läse. Warum? –

fragte ich mich. Wie sich herausstellte, war er mit den Leistungen unzufrieden, die Sanka der Igel und Sjowa Kriwzow mit meiner Hilfe im Fach Logik erbrachten. So was Blödes! Und ich dachte immer, dass sie die volle Punktzahl bekämen. Als bescheidener Mensch kann ich Selbstlob nicht leiden, aber wenn ich etwas gut mache, dann ist es normalerweise auch gut. Und nun stellt sich heraus, dass das gar nicht der Fall ist. Wir lieferten uns ein kleines Wortgefecht. Ein Wort gab das andere, und dann war's gut. Ich ging in die Bibliothek und ließ mir den letzten Jahrgang der *Logik* geben. Trotzdem ist G. A. ein Gott für mich. Er predigt uns zwar immer: Auf das Verstehen kommt es an, nicht auf das Wissen. Aber er selbst verfügt auch noch über Wissen. Alles weiß er! Und der Teuffel, solcherart beschämet, weinte bitterlich.

In der *Jugendzeitung* gibt es einen Artikel über das gestrige Konzert von Dschihangir: »Begegnung mit dem neuen Song«. Begeistert wird geschildert, welche Freude die Liebhaber des Synchrosongs in unserer Stadt bei der Begegnung mit dem populären, vielgeliebten Marco da Vega empfanden. Neue Texte … eine neue Manier … eine völlig neue Begleitung … »Leider gab es am Schluss dieser aufregenden Begegnung Randale vonseiten des eher unreifen Teils des Publikums. Gleichgültig, wer mit den Ausschreitungen begann – ob die auswärtigen ›Stachelschweine‹, die hiesigen ›Flora-Kinder‹ oder einfach betrunkene Studenten –, ein solches Verhalten ist weder zu entschuldigen noch zu rechtfertigen. Wir sind überzeugt, dass die Polizei die blindwütigen Hooligans mit Hilfe der Öffentlichkeit bald ermitteln und streng bestrafen wird.«

In den *Stadtnachrichten* heißt es in einer Spalte unter der Überschrift »Nächtliches Pandämonium«, dass von einem »Fest des Synchrosongs« gar nicht die Rede sein konnte. Das Stadion glich eher, so war zu lesen, einem Hexenkessel: In der großen Menschenmenge (viertausend Personen), die in der

Hauptsache aus sogenannten »Flora-Kindern« bestand, kam es zu wüsten, von Vandalismus begleiteten Raufereien. Im Stadion wurde beträchtlicher Schaden angerichtet. Einige Autos wurden demoliert. In der Umgebung des Stadions blieb keine Fensterscheibe heil. Mehrere Dutzend verletzter Randalierer wurden in Krankenhäuser eingeliefert, und mehrere Dutzend Personen verhaftet. Die Polizei hat Ermittlungen aufgenommen. Die Zeitung hatte sich im Vorfeld mehrfach dagegen ausgesprochen, diese »Verführer der Jugend« in die Stadt einzuladen. Das heutige nächtliche Pandämonium war ein weiterer, wenn auch beklagenswerter Beweis dafür, dass sie Recht hatte …

Irina und Michej behaupten, dass nichts dergleichen vorgefallen sei. Es sei sehr laut gewesen – aber friedlich.

Wem soll man glauben?

Vor dem Schlafengehen besuchten wir G.A., um uns ein wenig mit ihm zu unterhalten. Serafima Petrowna bewirtete uns mit Hefezopf und Aprikosenkonfitüre. Anfangs redeten wir über Belangloses, bis wir plötzlich auf das Thema Kriminalität zu sprechen kamen. (Nicht einen Augenblick zweifle ich daran, dass es G.A. war, der uns darauf gebracht hatte. Aber wann? Wie? Warum habe ich erneut nicht bemerkt, wo diese Wende in unserer Unterhaltung eintrat?)

Ich persönlich glaube, dass es heute drei Hauptfaktoren gibt, die, wenn sie zusammenkommen, einen Menschen zum Verbrecher werden lassen. Erstens: Im Laufe der Erziehung ist es nicht gelungen, ein Talent bei ihm zu entdecken, das seinem Leben eine Richtung hätte geben können. Der Mensch ist sich selbst überlassen und schmort im eigenen Saft. Zweitens: Er muss zum Abenteurer veranlagt sein – Risiko ruft bei ihm positive Gefühle hervor. Drittens: geistige Armut. Die geistigen Bedürfnisse werden durch materielle verdrängt. In der Welt, die ihn umgibt, locken ihn lauter herrliche Dinge – Autos, Klamotten, flotte Mädchen, Ess- und Saufgelage, Rauschgift. Er findet es langweilig und mühselig, sich das dafür erforderliche Geld selbst zu verdienen, weil er keine Arbeit hat, die ihm Spaß macht. Aber die Verführung ist zu groß. Er fängt an, sich all das zu nehmen, was ihm nach geltendem Recht nicht gehört, und setzt dabei seine Freiheit, sein Leben und seine menschlichen Lebensbedingungen aufs Spiel. Und das tut er nicht ohne Vergnügen, weil der Hang zum Risiko in ihm genetisch verankert ist.

Dieses Schema berücksichtigt freilich weder Nuancen noch die zahlreichen sozialen und persönlichen Unterschiede. Es ist eher grob, erklärt aber meines Erachtens den allergrößten Teil der Gewaltverbrechen.

Askold hingegen fragte: Gibt es so etwas wie das »Talent zum Verbrechen«? Schließlich kann man das Ersinnen und Ausführen eines Verbrechens im weitesten Sinne auch als Spiel ansehen, das außerordentliche Kreativität, gestalterische Ansprüche und psychologisches Einfühlungsvermögen verlangt.

Ja, das ist durchaus möglich. Und unsere Aufgabe besteht darin, alles dafür zu tun, dass den Menschen jedes andere Spiel mehr reizt als das Verbrechen. Aber wenn die Gesellschaft ihm nichts anderes zu bieten hat, als sich für ein Stück Brot krummzulegen, braucht man sich nicht zu wundern, dass er lieber Räuber und Gendarm spielt und alles auf eine Karte setzt. Wenn es uns gelänge, ihm von Jugend an Menschlichkeit und Barmherzigkeit einzupflanzen, wäre dies das sicherste Mittel, ihn sowohl gegen geistige Verarmung als auch gegen Kriminalität zu schützen. Aber was macht es für einen Sinn, darüber zu reden, wenn wir heute ebenso wenig dazu in der Lage sind wie vor tausend Jahren?

»Güte in die Seele eines Kindes einzupflanzen, ist eine Operation, die genauso schwierig ist, wie die Herzverpflanzung vor hundert Jahren.«

G.A. sagte unter anderem Folgendes zu mir: Das Gesetz bestraft niemals den *Verbrecher*, sondern nur ein zitterndes, jämmerliches, vor Angst verwirrtes und bereuendes Wesen. Es gleicht in keiner Weise jener abstoßenden, grausamen und mitleidlosen Bestie, die viele Tage zuvor eine Gewalttat verübt hat (und auch weiterhin bereit sein wird, sie zu verüben, wenn es ihm gelingt, sich der Bestrafung zu entziehen). Was folgt daraus? Einen Verbrecher kann man nicht bestrafen; denn er ist entweder nicht mehr oder noch nicht der, den man verurteilen und bestrafen muss. Gott sei Dank, ist die Todesstrafe bei uns abgeschafft.

Manuskript »O3« *(5–9)*

5. Der Mann war hochgewachsen – er überragte mich um einen Kopf – und trug einen langen Ledermantel. Beim Eintreten nahm er seine riesige Fellmütze ab, glättete mit der flachen Hand die Haare und sagte mit leiser Stimme: »Kolpakow. Ich bin für siebzehn Uhr herbestellt.«

Er schüttelte den nassen Schnee von seiner Mütze, legte sie auf das Tischchen neben dem Spiegel, zog den Mantel aus und hängte ihn (»Danke, ich danke Ihnen, aber das mache ich selbst«) akkurat, ja geradezu liebevoll auf einen Kleiderbügel.

Wir begaben uns in den Empfangsraum. Seine Schritte waren weit ausgreifend und lautlos. Beim Gehen rieb er sich unaufhörlich die Hände und streckte bei jedem Schritt wie ein Huhn den Oberkörper nach vorn.

Im Empfangsraum sah er sich rasch, aber genau um, als wollte er die Einrichtung taxieren, und als ich ihm den Sessel anbot, nahm er mit einem Gesichtsausdruck Platz, als sei er bereit, sehr lange und geduldig zu warten. Seine Aufregung verbarg er geschickt. Er hörte sogar auf, sich andauernd die Hände zu reiben. Ich setzte mich auf meinen Platz und sagte: »Bitte, sprechen Sie.«

Er sah sich wieder im Zimmer um, jetzt nur noch ein wenig verlegen – er fand sich bereits zurecht (offenbar besaß er einen guten Orientierungssinn). Dann begann er zu erzählen. Ich achtete darauf, wie er sprach, und mir fiel ein, dass Juri Pawlowitsch German solche Menschen immer als »schön, aber schwach« bezeichnete. Er war ein großer, kräftiger Mann mit breiten Schultern, dunkelblonden Haaren und stahlblauen Augen, seine Gesichtsfarbe war gesund und frisch … Gleichzeitig aber wirkte er auf seltsame Weise schwächlich: Seine Bewegungen waren langsam, seine Stimme leise, sein Tonfall zurückhaltend. Zurückhaltung – das war seine Losung. Zurückhaltend und akkurat.

Er sprach, ohne mich zu adressieren, in den leeren Raum hinein. (Wie und woher wusste er eigentlich, dass nicht ich sein Gesprächspartner war, obwohl sich außer mir niemand im Empfangsraum befand?) Er sprach wie bei einem Rapport vor dem Chef – ohne zu stocken und ohne besondere Emotion, so als ob er alles auswendig gelernt hätte. Nur von Zeit zu Zeit, wenn es um Zahlen ging, schaute er kurz auf einen winzigen Zettel, den er unauffällig in der Hand hielt. Und obwohl er am Anfang nicht gesagt hatte, worum es ging, war nach den ersten zwei, drei Sätzen klar, dass es sich um »notwendige organisatorische und personelle Maßnahmen handelte, die der Vorbereitung und Durchführung des Jüngsten Gerichts« dienten.

Er sprach, wie meine Stoppuhr zeigte, fast genau zehn Minuten (bis zum Ende der zehnten Minute fehlten nur achtzehn Sekunden). Als er fertig war, legte er seinen Spickzettel behutsam neben den Aschenbecher auf die polierte Ablage des großen Spiegels und verschränkte die Finger seiner großen weißen Hände über den Knien.

Der Demiurg schwieg eine Minute lang, bevor er die erste Frage stellte.

»Soll das heißen, dass Sie ›das Tier aus dem Meer‹ sind, Sie persönlich?«, fragte er.

Kolpakow zuckte merklich zusammen, antwortete aber unverzüglich: »Kein Einwand.«

Der Demiurg zitierte plötzlich sehr schön, mit der samtweichen Stimme und rollenden Sprechweise eines professionellen Schauspielers der alten Schule: »›Und das Tier, das ich sah, war gleich einem Parder, und seine Füße wie Bärenfüße und sein Mund wie eines Löwen Mund. Und der Drache gab ihm seine Kraft und seinen Stuhl und große Macht ...‹ Ich bin dann wohl der Drache?«

Kolpakow erlaubte sich ein zurückhaltendes, blasses Lächeln.

»Ich kann nicht zustimmen, verzeihen Sie. Laut Stellenplan ist für diese Aufgabe der Kollege Prudkow, Ahasver Lukitsch, zuständig.«

Absolute Stille trat ein, und das Lächeln verschwand von seinem bleichen Gesicht. Dann setzte der Demiurg das Zitat fort: »›... Und sie beteten den Drachen an, der dem Tier die Macht gab, und beteten das Tier an und sprachen: Wer ist dem Tier gleich, und wer kann mit ihm kriegen? Und es ward ihm gegeben ein Mund, zu reden große Dinge und Lästerungen, und ward ihm gegeben, dass es mit ihm währte zweiundvierzig Monate lang.‹ Sie haben keinen üblen Geschmack, Kolpakow.«

»In einigen Übersetzungen steht: zweiundvierzig Jahre«, erwiderte, kaum die Stimme hebend, Kolpakow.

»Und Sie ziehen natürlich diese Übersetzungen vor. Ja, Sie haben keinen üblen Geschmack. Und wie wollen Sie den dritten und letzten Krieg auslösen? Konkret!«

»Ein unbeabsichtigter Auslöser ... ein zufälliger, unglückseliger Einschlag ... Das würde wohl schon genügen ...«

»Erstens genügt es nicht!«, donnerte der Demiurg los. »Und zweitens: Selbst wenn Sie in der Lage sind, das Massaker zu organisieren – wie wird es enden? Wissen Sie das? Hat man Sie nicht gelehrt, dass in den ersten sechs Monaten zwischen fünfundneunzig und achtundneunzig Prozent der Bevölkerung sterben? Vor wem werden Sie zweiundvierzig Monate, von Jahren ganz zu schweigen, ›große Dinge und Lästerungen‹ reden?«

Nun war alles Blut aus Kolpakows Gesicht gewichen, doch er dachte gar nicht daran, sich geschlagen zu geben.

»Verzeihen Sie«, sagte er mit Nachdruck. »Aber ich hatte gar nicht vor, den Beginn des Chaos festzulegen. Ich war immer der Ansicht, das obläge Ihrer Entscheidung – sowohl die eisernen Heuschrecken des Abaddon als auch die berittenen Todesengel oder der Stern Wermut … überhaupt der ganze Komplex der Chaos auslösenden Maßnahmen … Ich möchte nicht die Verantwortung dafür übernehmen, dass hier die bestmögliche Wahl getroffen wird …«

»Er will keine Verantwortung dafür übernehmen«, rief der Demiurg mit donnernder Stimme. »Das ist aber die Hauptsache – die bestmögliche Wahl! Ist das nicht klar? Ein Maximum an Ziegen soll überleben, bei einem Minimum an Lämmern!«

»Erlauben Sie eine Bemerkung!« Kolpakow ließ nicht locker. »Wenn das Chaos da ist, kann ich alles Übrige übernehmen. Bei mir würden überhaupt keine Lämmer übrig bleiben, nicht ein einziges! Was aber die Organisation des Chaos betrifft … Geben Sie zu, dass das nicht in meine Kompetenz fällt!«

»Das ist doch das Letzte …«, bemerkte der Demiurg sarkastisch. »Unglaublich, was sich manche ausdenken … Übrigens, was verstehen Sie unter Lämmern?«

Auch das brachte Kolpakow nicht aus dem Gleichgewicht. Erneut antwortete er so, als läse er einen Text vom Blatt ab: »Soweit mein Verständnis der höchsten Ziele ausreicht, sind es die Säer. Sät das Vernünftige, Gute, das Ewige. So heißt es, wie ich meine, über sie.«

»Verstehe«, sagte der Demiurg. »Sie können gehen. Sergej Kornejewitsch, begleiten Sie ihn hinaus.«

Ich stand auf. Kolpakow blieb sitzen. Rote Flecken bildeten sich auf seinen Wangen. Er wollte die Lippen öffnen, aber der Demiurg rief mit lauter Stimme: »Hinausführen! Nicht in den Mantel helfen!«

Da stand der arme Kolpakow auf und ging mit gesenktem Kopf ins Vorzimmer, nahm seinen schönen schwarzen Ledermantel vom Bügel und begann, ihn wie geistesabwesend anzuziehen. Sein markantes Kinn zitterte, und Ahasver Lukitsch, der mit seiner allzeit bereiten Aktentasche aus dem Nichts aufgetaucht war, sprach wie aufgezogen – gurrte, girrte, plapperte: »Ärgern Sie sich nicht, mein Lieber, es ist nicht so schlimm. Sie sind weder der Erste noch der Letzte. Wer weiß – vielleicht ist es ja zu Ihrem Besten? … Zweiundvierzig Jahre lang – nichts als Mühsal und Arbeit, höllischer Druck, keine Minute Ruhe, keine Erholung … zum Teufel mit den globalen Maßnahmen! Man müsste die Hand erheben gegen sein Vaterland, ja, gegen die ganze Menschheit! Ist es das wert? Wäre es nicht besser, an sich zu denken und daran, was man selbst braucht? Persönlich sozusagen … innerhalb der realen Gegebenheiten … ohne Grundlegendes infrage zu stellen. Wie wäre es, sagen wir, mit dem Posten eines Abteilungsleiters? Für den Anfang?«

Ahasver Lukitsch hatte Kolpakow um die Taille gefasst, sah ihm von unten herauf ins Gesicht und begleitete ihn zur Tür hinaus. Dabei gurrte, girrte und schwatzte er in einem fort. Ich hörte, wie die beiden langsam die Treppe hinunterstiegen. Kolpakow, dem der Vorfall erst jetzt bewusst wurde, fing an, sich in einem hohen, beleidigten Tonfall zu beschweren; wegen des Nachhalls im Treppenhaus konnte man seine Worte aber nicht mehr verstehen.

Ich schloss die Tür, kehrte ins Wohnzimmer zurück, stellte den Sessel an seinen Platz und nahm den vergessenen Spickzettel von der Spiegelablage, um ihn zu lesen. Aber außer ein paar unverständlichen Abkürzungen, wie »schm.«, »def.« und

»II. Kgr.« konnte ich nichts entziffern. Daraufhin begab ich mich ins Zimmer und setzte mich in Erwartung von Befehlen auf das Klappbett. Es gab aber weder Befehle noch die üblichen, knurrigen Kommentare. Der schwarze geflügelte Klotz vor dem Fenster stand stumm und unbeweglich da – wie ein Monument des Widerwillens. Dann kehrte Ahasver Lukitsch ebenso zufrieden wie atemlos vom Treppensteigen zurück. Er schleuderte seine Aktentasche in eine Ecke, setzte sich neben mich und sagte: »Das ist wieder so ein Fall, der mir nicht die geringste Befriedigung verschafft. Und im Grunde habe ich ihn betrogen. Er braucht diesen ganzen Quatsch gar nicht, den ich ihm da aufgeschwatzt habe … Was er wirklich bräuchte, wäre ein hoher Posten! Er ist für den Dienst wie geschaffen: All seine Untergebenen – vor ihm in den Dreck, und er vor seinen Vorgesetzten – in den Staub. Und ich? Habe ihm eine Datscha in Peski versprochen …«

Ohne sich umzudrehen, sagte der Demiurg: »Das sind allesamt Chirurgen und Knocheneinrenker, kein einziger Therapeut darunter.«

Das war meines Erachtens auch ein Zitat, aber ich kam nicht darauf, woher es stammte. Wahrscheinlich verstand ich deshalb nicht, was er damit sagen wollte.

6. Gespräche über Geschichte. Über die Neue Geschichte, die Neueste Geschichte und – besonders häufig – über die Alte Geschichte. Ahasver Lukitsch weiß alles. Er hat nur zwei bis drei Bildungslücken (z. B. Mittelamerika, sechstes Jahrhundert – »hier besitze ich etwas oberflächliche Kenntnisse« …), aber sonst weiß er bestens Bescheid, ist beredt und hat eine Vorliebe fürs Paradoxe. »Das war alles anders«, pflegt er gern zu sagen. »Ganz anders.«

Judas? Ja, so einen gab es unter ihnen … Bedauernswertes Jüngelchen, arme Rotznase. Ein Verräter? Hören Sie auf, diesen Klatsch nachzuplappern. Er tat lediglich das, was man ihm aufgetragen hatte, nichts weiter. Er war zurückgeblieben, verstehen Sie? Schwachsinnig, wenn Sie es genau wissen wollen …

»Ich bin nicht gekommen, Frieden zu senden, sondern das Schwert.« Das wurde so nie gesagt. In der Aufzeichnung eines klügeren Menschen heißt es: »Nicht den satten Bauch verspreche ich euch, sondern die ewige Kälte des Geistes.« Aber dass der *Lehrer* diese Worte gewählt haben soll, um vor Scharen hungernder, zerlumpter und erniedrigter Menschen zu sprechen, ist auch eher unwahrscheinlich. Das wäre zu taktlos gewesen …

Natürlich, Er wusste alles im Voraus. Er fühlte es nicht, Er war kein Seher, sondern Er wusste es einfach. Denn Er selbst hatte es so eingerichtet, war gezwungen gewesen, es so einzurichten …

»Hosianna.« Was für ein »Hosianna« konnte es dort schon geben, wenn das Passahfest vor der Tür stand und zehntausend Religionsverkünder angereist waren, von denen jeder das seine predigen wollte. Der reinste Hyde Park! Niemand hörte dem anderen zu, überall Lärm, Taschendiebe, Nutten, die Wache lief sich die Hacken ab … Wer hätte dort das Gute und den Frieden predigen können – wo doch alle nur darauf warteten, die Römer, diese Okkupanten, zu zerfetzen. Und selbst wenn man jemandem zugehört hätte, dann höchstens den antirömischen Agitatoren. Warum hätte Er sich sonst entschließen sollen, sich kreuzigen zu lassen? Doch sicher nur, weil es für Ihn die einzige Chance war, um von möglichst vielen gehört zu werden! Ich gebe zu: ein seltsamer und schrecklicher Schritt. Aber es blieb ihm keine andere Tribüne als das Kreuz. Auch wenn sich das Volk nur aus Neugierde versammelte, nur um dabei zuzusehen, wollte Er ihnen mitteilen, wie man weiterleben muss. Aber es kam anders. Es versammelten sich nur wenige, und es erwies sich als unmöglich, vom Kreuze herab zu predigen. Deshalb war sein Schmerz so groß, so unbeschreiblich groß.

7. … Ich war völlig verzweifelt. Offenbar geriet ich in eine Hysterie, hatte mich nicht mehr im Griff … Ich kann mich nicht mehr erinnern, wie ich ins Treppenhaus gelangt war. In meinen Ohren rauschte es. Das Blut schoss mir in den Kopf und ich konnte nicht mehr klar denken. Ich hatte das Gefühl, als ob sich lauter Spiralen in meinem Schädel drehten. Im Treppenhaus hallte der Knall der Tür nach, die ich mit aller Kraft hinter mir zugeschlagen hatte.

Am ganzen Körper zitternd, aber schon wieder bei Sinnen, stieg ich in die nächste Etage hinunter und setzte mich auf einen Heizkörper. Auf den eiskalten Rippen saß ich sehr unbequem, aber ich hatte auch keine Kraft mehr zum Stehen. Ja, es war nicht einmal eine Frage der Kraft – mir wäre es gar nicht in den Sinn gekommen, aufzustehen. Ich konzentrierte mich voll und ganz darauf, mir eine Zigarette anzuzünden. Auf der Suche nach meiner Zigarettenspitze kramte ich in meinen Taschen. Ich brauchte eine Ewigkeit, bis es mir gelang, mit flattrigen Fingern eine Zigarette aus der Packung zu ziehen. Ich zerbrach zwei Zigaretten, ehe ich die dritte heil in die Zigarettenspitze steckte. Dann fing ich an, ein Streichholz nach dem anderen abzubrechen, um sie anzuzünden, aber schließlich schaffte ich es doch. Kaum hatte ich den ersten Zug getan, hörte ich Schritte.

Jemand kam die Treppe herauf – ungestüm, mit raschelnder Kleidung und laut atmend wie ein Sportler. Dabei sang er sogar etwas Klassisches wie »Im Morgengrauen an der Moskwa« oder »Gott schütze den Zaren«. Erbost dachte ich: Das hat uns gerade noch gefehlt – ein gut aufgelegter, energiegeladener Kunde. Hat bestimmt eine ausgemachte Gemeinheit im Sinn, eine Gemeinheit der Sonderklasse, eine solche Niederträchtigkeit, dass allen ringsum speiübel wird, dass die Frauen heulen, die Mauern kotzen und einhundert Schurken brüllen: »Schlag zu! Schlag zu!« …

Nun hatte er mich entdeckt und blieb auf dem unteren Treppenabsatz stehen. Es überraschte ihn offensichtlich, mir auf der Treppe zu begegnen. Jetzt hätte er eine respektierliche, möglichst imposante Haltung einnehmen müssen, damit sofort klar war, dass uns hier kein Hallodri aufsuchte, kein Schreihals aus dem Jugendklub, kein halbverrückter Fantast, sondern ein seriöser Mensch. Eine Persönlichkeit mit bedeutender Vergangenheit, Einfluss und Beziehungen. Ein Mann, der bereit war, eine Idee, die er in der Stille seines Arbeitszimmers wohldurchdacht und in Diskussionen mit verdienten und hochgestellten Persönlichkeiten ausgefeilt hatte, vorzubringen, weiterzugeben, zu opfern. Sein fast quadratisches, weißlich-fahles Gesicht kam mir irgendwie bekannt vor ... Es lag ein Anflug von jugendlicher Röte auf den wie gepudert wirkenden Wangen, und die frechen kornblumenblauen Augen mit den flauschigen Wimpern sahen aus wie die eines Päderasten. Irgendwo hatte ich diesen süßlichen Ausdruck schon gesehen, entweder auf einem Reklameständer oder auf einem Plakat. Ich glitt vom Heizkörper herunter. Die Zigarettenspitze in den Mundwinkel geklemmt, ging ich dem Kerl entgegen. Ich fühlte, wie ich meine Backenknochen fest aufeinanderpresste, und wie ich beim Gehen fortwährend mit der Handfläche auf das Treppengeländer schlug.

Er nahm den keck in den Nacken geschobenen Hut ab, drückte ihn an die Brust und machte mit dem Kopf eine ruckartige Bewegung, wie es früher die weißen Gardisten getan hatten; sein semmelblondes Haar fiel leicht auseinander. Und schon nahm seine widerliche Visage den für einen Gentlemen so charakteristischen Ausdruck an: Seriosität, Spuren einer bedeutenden Vergangenheit, Widerschein einer wohldurchdachten Idee. Da erinnerte ich mich plötzlich. Es war Marek Parasjuchin, Sjutschka genannt. Wir kannten uns aus der Mittelschule, die wir beide nach der zehnten Klasse abgeschlossen hatten. Er wurde später literarischer Mitarbeiter in einer unbedeutenden Jugendzeitschrift, die zudem einen zweifelhaften Ruf genoss. Ständig stolzierte er in schwarzer Lederkleidung durch die Stadt (ohne freilich zu wissen, dass das nicht nur die Uniform der motorisierten SS war, sondern auch die der amerikanischen Homosexuellen) und veröffentlichte Artikelchen, in denen er für die Rehabilitierung Faddej Bulgarins eintrat oder versuchte, die Blutsverwandtschaft von Fürst Igor und Odysseus von Ithaka nachzuweisen.

»Was hast du hier zu suchen, du Schwein?«, rief ich mit gepresster Stimme und ging auf ihn zu.

Da er gegen das Licht blickte, sah er mein Gesicht nicht und konnte mich nicht erkennen. Wenn ich heute an diese Begegnung zurückdenke, weiß ich, dass er bis zu einem bestimmten Zeitpunkt meine Worte und Handlungen als eine Art Kontrolle oder Überprüfung auffasste. Freundlich grinsend antwortete er: »Ich bin herbestellt. Mein Name ist Parasjuchin.«

»Du Hundsfott, du elender Lump«, zischte ich und packte ihn am Hemd.

Sein Grinsen wurde zurückhaltender, doch er fuhr fort: »Ich habe Bericht zu erstatten über ein Projekt, das provisorisch gutgeheißen wurde …«

»Was denn schon wieder für ein Projekt?«, fragte ich mit heiserer Stimme und drehte sein Hemd fest in meine Faust ein. Plötzlich trübte sich mein Blick, und es überkam mich das abscheuliche Gefühl, von vornherein straffrei zu sein. Denn all diesen Schweinen machte es ja nicht bloß Spaß, sich über diejenigen, die in ihre Klauen gerieten, lustig zu machen, sondern sie genossen auch noch die eigene Erniedrigung in den Klauen dessen, der über ihnen stand.

Parasjuchin piepste nur: »Aber … erlauben Sie …«, und fuhr sogleich fort: »Ich habe ein Projekt anzubieten für die vollständige und endgültige Lösung der nationalen Frage in den Grenzen Großrusslands. Unter Berücksichtigung der bedrohlichen Zunahme von Menschen fremder Herkunft … unter Berücksichtigung dessen, dass die Großrussen schon nicht mehr die absolute Mehrheit bilden … auf dem neuesten Stand von Kultur und Technologie … ohne übermäßige Grausamkeit, die der großen russischen Seele ohnehin nicht eigen ist, aber auch ohne Nachsicht, so wie es dem einzigartigen russischen Charakter entspricht … Allerdings … Ich muss etwas verschnaufen … leider … Besondere Aufmerksamkeit wird der Judenfrage geschenkt. Die Fehler des heiligen Adolf dürfen nicht wiederholt werden. Keine ›nützlichen Juden‹ mehr.«

Ich verpasste ihm einen solchen Schlag zwischen die Augen, dass ich mir alle Knöchel der linken Faust verletzte. Der Schmerz durchfuhr meinen Arm bis hinauf zur Schulter. Parasjuchin stöhnte auf und verstummte. Schwer atmend und Gesicht an Gesicht – wie zwei Ringer auf der Matte –, trugen wir auf dem Treppenabsatz unseren Kampf aus. Mit der rechten Hand hatte ich ihn fest an der Brust gepackt (völlig unbegreiflich war, warum ich ihn partout in die Nase beißen wollte), mein linker Arm hingegen hing herab; ich wollte mit der linken Faust zuschlagen, brachte es aber nicht fertig. Er wehrte sich nur schwach, seine Nase blutete, und seine Augen blickten verstört. Aber er fand dennoch die Kraft, erneut zu grinsen und fortzufahren: »Die Halbinsel Taimyr soll in Neugaliläa … oder in Eisgaliläa umbenannt werden … Es ist eine Region, deren gründliche Erschließung seit langem ansteht … Und sie wird niemandem ein Dorn im Auge sein … Der Dritte Weltkrieg hat schon begonnen … der Zionismus gegen die ganze Welt …«

Ich stieß ihn die Treppe hinunter und stürzte ihm hinterher. Mit der heil gebliebenen Faust schlug ich auf ihn ein und trieb ihn mit Fußtritten von Stufe zu Stufe. Parasjuchin aber verstand nichts und versuchte die ganze Zeit sich zu rechtfertigen. Sein Gesicht war blutig, und an seinem Mantel war kein einziger Knopf geblieben; seinen Hut hatte er auch verloren. Aber jedes Mal, wenn er sich wieder losgerissen und eine Beinlänge von mir entfernt hatte, klammerte er sich an das Treppengeländer und winselte mit weit aufgerissenen Augen: »Das Geschwür der Mischehen: mit glühendem Eisen … sonst wird es zu spät sein … zu spät, ihr Russen! …« Und plötzlich, auf irgendeiner Etage, erkannte er mich. Erst kreischte er wie ein Weib auf, befreite sich dann mit einem riesigen Sprung und floh bis zum nächsten Treppenabsatz. Doch ich hatte schon keine Kraft mehr. Ich setzte mich auf eine Stufe und fing, glaube ich, an zu weinen … vor lauter Schmerzen in meiner Hand, vor Kummer, vor Hoffnungslosigkeit.

Er stand eine Etage tiefer, zerschlagen und voller blauer Flecken, die Finger krampfhaft von sich gespreizt, die blutigen Zähne gebleckt. Er sah von unten zu mir herauf und stammelte: »Aber du … du … du …«

Und ich blickte von oben zu ihm hinab und dachte voller Verzweiflung, dass ich es wieder nicht fertiggebracht hatte, so ein verdammtes Schwein umzubringen – nicht einmal jetzt, wo es nötig gewesen wäre und wo offenbar alles in meiner Macht lag, es nur von mir abhing und niemand mich daran hindern konnte. Aber ich brachte es einfach nicht fertig. Ich fühlte mich schwach, erschöpft und kraftlos, gefesselt und handlungsunfähig durch einander widersprechende Prinzipien. »Zermalme das Scheusal …« »Du sollst nicht töten …«, »Wenn sich der Feind nicht ergibt …« – »Der Mensch ist des Menschen Freund …«, »Der Mensch ist von Natur aus gut …« – »Fort mit dem Unkraut …«. Wie viele Monate saß ich schon an der Quelle der allerhöchsten Macht und hätte mein Schicksal gestalten können! Und nicht nur meins und das meiner Nächsten – ich hätte versuchen können, das Schicksal der Welt zu gestalten! Aber es half nichts …

Da fand Sjutschka, das dreckige Schwein, endlich seine Sprache wieder und zischte mit einem Lächeln auf den Lippen: »Stimmt, deine Frau ist ja auch eine Halbratte. Du Judenknecht …«

Ich stürzte nach unten. Wahrscheinlich hätte ich ihn totgeschlagen. Ich sah gerade noch, wie seine Hand hochschnellte, und dann – ein lila Blitz, der Knall eines Schusses und ein schrecklicher Schlag gegen den Kopf.

Merkwürdig, mir war gar nicht in den Sinn gekommen, dass jemand wie Parasjuchin bewaffnet sein könnte. Aber als er auf mich schoss, war ich darüber auch nicht im Geringsten erstaunt.

Als ich wieder zu mir kam, saß ich an meinem Arbeitsplatz. Ich sah die geöffnete Schreibmappe vor mir, das Kugelschreiber-Sortiment, den Kalender, das Datum 16. November, einen dicken roten und einen dünnen schwarzen Filzstift. Alles lag für die Arbeit bereit.

Der Kunde war allerdings noch nicht so weit. Er wälzte sich in seinem Sessel, schniefte, zog mit schmerzerfüllter Miene die Luft durch die Lücken seiner zusammengepressten Zähne und kühlte sein Gesicht mit einem nassen, schmutzigen Lappen. Vor ihm auf dem Tisch lagen noch keinerlei Thesen; entweder hatte er es nicht geschafft sie hervorzuholen, oder er wusste alles auswendig.

Mein Kopf – besonders die rechte Seite – barst schier vor Schmerzen, und als ich mit der Hand vorsichtig die Schläfe betastete, merkte ich, dass Kopf und Hals dick mit Binden umwickelt waren.

Die Stimme des Demiurgen donnerte: »Woher haben Sie die Pistole?«

Der Kunde deklamierte würdevoll: »Jede wahre Idee muss imstande sein, sich selbst zu schützen. Sonst ist sie keinen Pfifferling wert.«

Geräuschvoll zog er den blutigen Rotz in der Nase hoch.

Das Telefon über meinem ramponierten Kopf gab einen quakenden Ton von sich. Ich nahm den Hörer ab.

»Ich gratuliere Ihnen, Sergej Kornejewitsch«, sagte der Demiurg. »Sie haben in meinen Diensten eine Verletzung erlitten. Sie sollen wissen, dass Ihnen das gutgeschrieben wird. Doch bitte ich Sie, auf Handgreiflichkeiten künftig zu verzichten. Ich komme ja auch ohne aus!«

»Ja«, erwiderte ich.

»Machen Sie sich jetzt an die Arbeit, damit der Kunde beginnen kann und damit es schneller geht.«

Ich legte auf und sagte zum Kunden: »Bitte, fangen Sie an. Und versuchen Sie, sich möglichst kurz zu fassen.«

8. Man hört immer wieder folgende Geschichte: Als man dem Genossen Stalin den gerade fertiggedrehten Film *Das unvergessliche Jahr 1919* vorführte, wurde die Atmosphäre im Vorführsaal von Minute zu Minute angespannter. Auf der Leinwand sah man den Genossen Stalin gemessenen Schrittes von einer historischen Situation zur anderen gehen, sah, wie er die Revolution mit den einzig richtigen Entscheidungen lenkte, und wie um ihn herum Lenin wuselte und immer wieder sagte: »Darüber muss ich mich mit dem Genossen Stalin beraten.« Es war also alles so, wie es sein sollte. Aber das Gesicht des Genossen Stalin, der wie üblich mit erloschener Pfeife in der letzten Reihe saß, weckte bei den Anwesenden bedrohliche Vorahnungen. Und als der Film zu Ende war, stand der Genosse Stalin schwerfällig auf und sagte, ohne jemanden anzuschauen, mit seinem georgischen Akzent: »Das war alles anders. Ganz anders.«

Der Film indes lief mit dem üblichen Erfolg in allen Kinos des Landes und bekam auch die ihm zustehenden Preise.

9. Alsdann: Das war alles anders, ganz anders.

10. Johanaan der Evangelist wurde im selben Jahr wie …

Tagebuch, 16. Juli

Als ich heute Morgen aus der Kantine kam und den langen Korridor entlangging, stieß ein Junge in vollem Lauf frontal mit mir zusammen. Dem Aussehen nach war er ein typischer »Strauch«: Er trug einen grün gefleckten Overall, war barfuß, und in seinen Haaren hingen lauter Kletten. Der Aufprall war so stark, dass die Kletten nach allen Seiten flogen. Er fragte mich, wo er G.A. finden könne. Erst wollte ich es ihm nicht sagen, da ich wusste, dass G.A. jetzt in seinem Arbeitszimmer saß und unsere Prüfungsaufgaben durchsah. Aber der »Strauch« ließ keine Ruhe, zappelte herum, wedelte mit seinen Zweigen und war den Tränen nahe. Seine rechte Wange war deutlich dicker als die linke und gerötet. Er begann mir leidzutun, und so hörte ich ihn an. Der Sinn seiner Worte blieb mir allerdings verborgen. Nur eins verstand ich: dass er äußerst beunruhigt war, fast verzweifelt, und daher führte ich ihn zu G.A.

Ich hatte den Vorfall schon vergessen, als G.A. plötzlich zu mir kam und wie gewöhnlich sagte: »Kommen Sie mit mir, Fürst.«

Auf G.A.s Gesicht lag das übliche Wohlwollen. Solange wir den Boulevard entlanggingen, grüßte er jeden, der ihm begegnete, und einmal blieb er sogar stehen, um mit einer stark geschminkten Frau von etwa fünfzig Jahren zu plaudern. Unbewusst aber spürte ich, dass er besorgt war, sehr sogar, viel mehr als sonst. Und da entsann ich mich des »Strauchs« und fragte ihn, ob ich ihm helfen könne. G.A. antwortete, dass ich bald selbst alles verstünde. Dann betraten wir das Gebäude der Stadtverwaltung.

Wir gingen geradewegs zum Bürgermeister. Die Sekretärin öffnete G.A., ohne ein Wort zu sagen, die Tür, so als würden wir bereits erwartet.

Der Bürgermeister kam uns schon auf dem Läufer entgegen und hieß uns auf das herzlichste willkommen. (Zu mir sagte er: »An dich erinnere ich mich, du bist Wassja Koslow.« G. A. und ich ließen es bleiben, ihn zu korrigieren.) Der Bürgermeister schien ebenfalls besorgt – das war leicht zu erkennen. Er und G. A. setzten sich am Tisch einander gegenüber, und ich nahm an der Wand Platz. Das nachfolgende Gespräch schrieb ich mit und gebe es ziemlich wortgetreu wieder.

Der Bürgermeister fing an über das Wetter zu reden, aber G. A. unterbrach ihn sogleich höflich und sagte: »Ich habe gehört, dass eine Aktion gegen die ›Flora‹ vorbereitet wird. Stimmt das?«

Das wohlwollende Lächeln des Bürgermeisters erstarb. Er wandte den Blick ab und faselte etwas in dem Sinne, dass es tatsächlich Überlegungen in dieser Richtung gebe. »Ich habe gehört, dass Sie die Absicht haben, sie fortzujagen«, sagte G. A. Der Bürgermeister redete weiter: Ob man sie vertreibe oder nicht, sei noch unklar. Es kristallisiere sich aber die Meinung heraus, dass man sie darum bitten sollte. Und zwar, nicht nur aus der Stadt und ihrer Umgebung, sondern überhaupt zu verschwinden. »Und was geschieht, wenn sie nicht damit einverstanden sind?«, fragte G. A. »Das ist ja das Problem!«, erwiderte der Bürgermeister verbittert.

G. A. wollte wissen, wer hinter dem Plan stecke, und wie man plötzlich auf das Thema gekommen sei. Der Bürgermeister antwortete, dass man wegen der verdammten »Flora« schon lange Druck auf ihn ausübe – von allen Seiten. Und seit dem verdammten Konzert im Stadion seien alle geradezu außer sich. G. A. sagte, nach seinen Informationen sei dort nichts Besonderes vorgefallen. Der Bürgermeister wandte ein, es seien immerhin vier Menschen schwer verletzt worden; Fensterscheiben im Wert von anderthalbtausend Rubel hätte man zerschlagen, einen Autobus umgestürzt und zwei PKWs demoliert. Insgesamt sei ein Schaden von fünfzehntausend Rubel entstanden.

G. A.: »Was hat das mit der ›Flora‹ zu tun?«

Der Bürgermeister: »Es wimmelte dort von ›Flora-Kindern‹. Ein Viertel aller Verletzten sind ›Flora-Kinder‹.«

G.A.: »Dort waren nicht nur ›Flora-Kinder‹. Dort waren auch Studenten, junge Arbeiter, Soldaten. Dort waren auch ›Stachelschweine‹.«

Der Bürgermeister: »Die ›Stachelschweine‹ sind längst auf und davon. Aber deine ›Flora-Kinder‹ sind hier, und sie sind allen ein Dorn im Auge, allen im Weg.«

G.A. wollte wissen, wen denn die »Flora-Kinder« persönlich störten. Es stellte sich heraus, dass die Leiterin der städtischen Abteilung für Volksbildung, Rebekka Samojlowna Ginsblit, die Hauptgegnerin der »Flora« war. Sie selbst spucke schon Gift und Galle, würde obendrein aber noch von den wütenden Eltern aufgehetzt. Die »Flora« ziehe die Kinder an wie ein Magnet. Sie liefen von zu Hause, aus dem Unterricht und aus Sportlagern weg, hätten schreckliche Manieren, schreckliche Sitten, zögen sich fürchterlich an, läsen nichts mehr, und selbst das Fernsehen interessiere sie nicht. Es gebe eine Unmenge sexueller Probleme, fürchterliche Sachen … Aber das Schrecklichste: die Drogen!

Zweitens – die Polizei. Diese behaupte, die Hälfte aller Fälle groben Unfugs und drei Viertel der kleineren Diebstähle in der Stadt gingen auf das Konto der »Flora«, zumindest in den letzen beiden Jahren. Überhaupt käme es durch die »Flora« täglich, ja, stündlich zu neuen Verbrechen. Zudem werde auch auf die Polizei Druck ausgeübt. Und zwar von Betriebsdirektoren, denen das Schwänzen und die Fluktuation der jungen Leute zu schaffen mache, den Klubleitern, dem Kommunistischen Jugendverband, den Wohnungsverwaltungen, den Veteranen, den freiwilligen Polizeihelfern, den Genossenschaftern und so weiter. Sie alle säßen ihm, dem Bürgermeister, seit mehr als zwei Jahren im Nacken. Und jetzt seien sie sozusagen alle von der Kette gelassen, so dass er fürchte, es könne jeden Augenblick zu Gewalttätigkeiten kommen, die er aber weder dulde noch dulden wolle. Wenn gewünscht, könne er aber auch gern seinen Rücktritt anbieten, zumal die nächste Sitzungsperiode vor der Tür stehe.

G. A.: »Du darfst auf keinen Fall den Dienst quittieren. Und sich vor lauter Kummer und Verzweiflung die Haare zu raufen, bringt auch nichts. Du bist der Bürgermeister – du bist verpflichtet, die Dinge unter Kontrolle zu halten. Du bist der erste Mann in der Stadt. Dazu wurdest du gewählt. Wenn du den Extremisten nachgibst, kommt Schande über ganz Russland, über die ganze Welt.«

Der Bürgermeister: »Mich brauchst du nicht zu überzeugen. Versuch lieber, die anderen umzustimmen.«

G. A.: »Da kannst du beruhigt sein. Doch ich brauche von dir die Gewissheit, dass du mich nicht im Stich lässt.«

Der Bürgermeister: »In deinen Augen sind sie Extremisten, aber für mich sind es wichtige Leute. Sie unterstützen mich, ich arbeite mit ihnen zusammen, und ohne sie wäre ich wie ein Mensch ohne Hände. Am schlimmsten aber sind – wenn du es wissen willst – die Eltern! Mit ihnen kann man nicht reden wie mit dir oder wie mit Rebekka. Logik hilft da nicht weiter.«

G. A.: »Mit Rebekka ist es auch nicht einfach. Zudem ist die ›Flora‹ für sie nur ein Vorwand. Sie hat etwas ganz anderes vor.«

Der Bürgermeister: »Ich weiß. Sie hat es auf dich abgesehen.«

G. A. (nachdem er demonstrativ zu mir herübergeschaut hat): »Leise, leise, Pjotr! Devant les enfants!«

Der Bürgermeister fing wieder an, darüber zu klagen, wie schwer er es habe, und dass die Herbstperiode vor der Tür stehe. Die einen forderten eine regionale Steuersenkung; den Vertrag mit den Georgiern hätten sie abgeschlossen, aber das Projekt sei bis heute noch nicht fertig. Im November finde eine gesamteuropäische Konferenz im Observatorium statt;

sogar Delonge komme, aber wo solle man sie unterbringen? Das alte Hotel sei abgerissen, das neue aber nicht einmal zur Hälfte fertig. Und so weiter. Mit einem Wort – es sei an der Zeit, den Dienst zu quittieren. G.A. tätschelte ihm die Hand, lachte, wirkte aber weiterhin besorgt. Der Bürgermeister war jedoch sichtlich erleichtert. Anscheinend hatte er einfach niemanden, dem er sein Herz ausschütten konnte.

G.A.: »Also, ich rechne auf dich.«

Der Bürgermeister: »Auf den Bürgermeister kannst du dich verlassen, aber mach bloß du keine Dummheiten.«

Beide lachten. In dem Moment trat mit einer Schreibmappe in der Hand ein Amtsträger ein. Er war lang wie eine Hopfenstange und hatte schlohweiße Haare, aber ein junges, scharf geschnittenes Gesicht (von so rotem Teint, dass man ihn für einen Indianer halten konnte). Er war tadellos gekleidet und roch stark nach Eau de Cologne. Anfangs gefiel er mir, zumal er sich gleich in das Gespräch einschaltete und für G.A. Partei ergriff.

G.A. sagte in seiner Gegenwart kein Wort; der Amtsträger aber überschüttete den Bürgermeister mit den gleichen unwiderlegbaren Argumenten. Der erste Mann der Stadt, Schande für ganz Europa, man dürfe keine Nachsicht gegen Schreihälse und Panikmacher walten lassen. Darüber hinaus erhob er respektvolle, aber doch harte Vorwürfe gegen den »Herrn Bürgermeister«: Er dürfe nicht so unentschlossen sein; sein Schwanken führe unweigerlich zu einer Niederlage, schon lange sei es an der Zeit, mit der Faust auf den Tisch zu hauen und zu zeigen, wer in der Stadt das Sagen habe.

Aus dem, was er sagte, schloss ich, dass er den Kulturbereich der Stadt leitete. Wie ich ihn verstand, ruhte unser ganzes kulturelles Leben auf seinen breiten Schultern und erhielt einzig und allein durch ihn Impulse – selbstverständlich mit der Unterstützung des »Herrn Bürgermeisters« und gegen den erbitterten Widerstand der Schreihälse und Panikmacher.

(Lobst du dich nicht selbst – wer dann?) Es stellte sich heraus, dass auch Dschihangirs Konzert im Stadion ihm persönlich zu verdanken war. Gegen die Einwände der Schreihälse und Panikmacher habe er Dschihangir den Orenburgern vor der Nase weggeschnappt, und jetzt schriebe ganz Europa über uns und nicht über die Orenburger.

Dem Bürgermeister gefiel das alles, er fasste – man konnte es direkt beobachten – wieder Mut. Doch plötzlich sagte G. A. mir nichts, dir nichts, mit einer unangenehmen, ja sogar zänkischen Stimme: »Pjotr Viktorowitsch, ich rechnete darauf, mit Ihnen unter vier Augen zu sprechen. Wenn Sie beschäftigt sind, kann ich später noch einmal vorbeikommen.« Es entstand eine peinliche Pause. Dem Bürgermeister klappte der Unterkiefer herunter, und das Gesicht des Kulturträgers lief dunkelrot an. Er verabschiedete sich nun sehr rasch – lächelte noch einmal, entschuldigte sich und sagte, als sei nichts gewesen, er habe nur rasch den Kostenvoranschlag unterschreiben lassen wollen. Der Bürgermeister unterschrieb denselben, ohne ihn durchzulesen, und der Kulturträger entfernte sich mit abermaligen Entschuldigungen. Danach verlief das Gespräch wie folgt.

Der Bürgermeister: »Nun, mein lieber Georgi Anatoljewitsch, ich muss über dich staunen. Den einzigen Menschen in der Stadt, der dich unterstützt, behandelst du wie einen Feind!«

G. A. (beinahe im Ton eines Moralpredigers): »Pjotr Viktorowitsch, ich bin aber nicht auf jede beliebige Unterstützung angewiesen. Ich, mein lieber Pjotr Viktorowitsch, bin ein wählerischer Mensch.«

Der Bürgermeister: »Ich dagegen bin nicht wählerisch. Vielen Dank. Ich bin aber der Meinung: Wer für eine gute Sache ist, ist mein Verbündeter, egal, ob er mir gefällt oder nicht, ob er mir sympathisch ist oder nicht.«

G. A.: »Es gibt Menschen, die nicht immer mit guten Absichten für eine gute Sache eintreten. Stell dir zum Beispiel vor, unsere Handelsgesellschaft, die für die Ausstattung des Militärs zuständig ist, hätte einen überschüssigen Vorrat an ausgemusterten Fallschirmjägeroveralls. Wer ist der Hauptabnehmer von diesen Overalls? Die ›Flora‹. Und wer wird ihr Hauptverteidiger sein? Der Direktor der Handelsgesellschaft für die Ausstattung des Militärs.«

Der Bürgermeister (sehr vorsichtig): »Worauf willst du hinaus?«

G.A.: »Vorläufig will ich auf gar nichts hinaus. Um eine gute Sache scharen sich verschiedene Menschen – gute und schlechte, auch Abschaum. Die ›Flora‹ ist ein Absatzmarkt für Drogen. Ein Schlag gegen die ›Flora‹ ist auch ein Schlag gegen die Drogenmafia. Du wirst noch an meine Worte denken: Wenn morgen in der Stadt die Diskussion darüber losgeht, werden die Zeitungen mich auch schon morgen beschuldigen, der Hauptmafioso zu sein. Und du mein Mitstreiter!«

Der Bürgermeister (fassungslos): »Ach du meine Güte! Daran habe ich überhaupt nicht gedacht.«

G.A.: »Dann denk darüber nach. Und mach dich auf einen noch wüsteren Kampf gefasst als bei den Wahlen.«

Als wir den Bürgermeister verlassen hatten, fragte mich G.A., was ich denke. Es ist nicht sonderlich angenehm, seinem Lehrer zu erklären, dass man ihm nicht zustimmt. Aber die Wahrheit ist kostbar, und so antwortete ich ehrlich: Die »Flora« gefalle mir überhaupt nicht und ich hielte sie für die Ursache alles Lasterhaften in dieser Stadt. Daher stehe ich auf der Seite seiner Gegner. Andererseits wäre ich gegen Gewaltanwendung und lehne Gewalt ab. Geschwüre müsse man heilen, nicht mit einem Fleischermesser aus dem Leib schneiden. In dieser Hinsicht sei ich also auf G.A.s Seite.

G.A. schwieg eine Weile. Dann fragte er, was ich von der freien Lebensweise denke. Ich antwortete, vollständige Freiheit müsse selbstverständlich gewährleistet sein, aber nur unter der Bedingung, dass die gewählte Lebensweise niemanden störe. »Also bist du in dieser Hinsicht auf der Seite der ›Flora‹?«, fragte G.A. ziemlich giftig. Ich war verwirrt, aber nicht länger als eine halbe Minute. Dann entgegnete ich ihm, ich hätte nie behauptet, dass die »Flora« in allem Unrecht hätte. Die »Flora« hätte selbstverständlich auch ihre guten Seiten. Sonst würde sie keine solche Anziehungskraft auf so viele Menschen ausüben.

Ich glaube, meine Ausführungen gefielen G.A. Allerdings endete unser Gespräch an dieser Stelle, weil wir in der Abteilung für Volksbildung angekommen waren und plötzlich Rebekkas Sekretärin gegenüberstanden. Die Sekretärin verschwand im Büro der Leiterin und kam ziemlich lange nicht wieder heraus. Wir standen also sinnlos herum und sahen uns eine Ausstellung von Kinderzeichnungen an, die noch von letztem Jahr an den Wänden hing. Mir gefiel ein kleines Aquarell mit dem Titel »Mein Lieblingslehrer«. Dargestellt war G.A. – aus irgendeinem Grund am Mittagstisch sitzend. In der einen Hand hielt er ein großes Stück Torte, in der anderen einen riesigen Kochlöffel mit Marmelade; außerdem stand auf dem Tisch vor G.A. ein riesiges Glas Marmelade. Offenbar hatte der Junge alle Dinge, die er liebte, auf dem Bild versammelt.

Danach begaben wir uns zu Rebekka Samojlowna. Sie begrüßte G.A., fragte aber gleich: »Und wer ist der junge Mann?« G.A. antwortete: »Er ist einer meiner Absolventen. Es wäre nützlich für ihn, wenn er zuhören könnte. Hast du etwas dagegen?« Rebekka wollte sichtlich etwas einwenden, änderte dann aber plötzlich ihre Meinung. Sie streckte mir ihre Hand entgegen, und wir machten uns miteinander bekannt. Ich setzte mich in eine Ecke, beobachtete und hörte zu.

Rebekka Samojlowna war nicht mehr jung, aber wirklich umwerfend schön. Daher war ich anfangs auch nicht ganz bei der Sache. Ich musste mir erst deutlich ins Gedächtnis rufen, in welchem Maß sie G.A.s Feindin war, um endlich keine

Frau mehr in ihr zu sehen. (Eigentlich kannten sie und G.A. sich seit ewigen Zeiten. Sie hatten zusammen am Taschlinsker Lehrerseminar und danach am Pädagogischen Institut in Orenburg studiert. Er war drei Jahre älter als sie. Ich glaube, auch ihre Väter waren gemeinsam aufgewachsen und hatten sogar gemeinsam gekämpft. In Afghanistan wahrscheinlich. Eine erstaunlich schöne Frau war sie. Wie musste sie erst vor dreißig Jahren ausgesehen haben?)

G.A. kam gleich zur Sache. Er sagte, er sei gekommen, um sie untertänigst zu bitten, eine weniger schroffe Haltung zur »Flora« einzunehmen. Er nannte sie Riwa und sah sie fast flehend an.

Sie erwiderte kühl, sie habe schon hundertmal mit ihm über das Thema gesprochen, und es sei einfach töricht, von ihr zu erwarten, dass sie in dieser Sache nachgäbe. Oder habe die »Flora« etwa aufgehört, die Ursache des Sittenverfalls zu sein? Oder habe sich G.A. neue Argumente ausgedacht, mit denen die Eltern, die vor Aufregung und Sorge beinahe den Verstand verlören, besänftigt werden könnten? Oder habe G.A. etwas gefunden, womit er die labilen Schüler von den niederen Versuchungen der »Flora« ablenken könnte? Habe er vielleicht irgendwelche Strahlen erfunden? Oder Mixturen? Sie nannte ihn übrigens Schorka und verhielt sich ihm gegenüber eher ironisch als feindselig.

G.A. ging auf ihre Ironie nicht ein. »Hast du dir gut überlegt, wie es werden wird?«, fragte er. »Diese Jungen und Mädchen wird man an den Füßen schleifen und sie, ohne lang zu fackeln, auf Lastautos werfen. Dann werden sie zusammengeschlagen und so übel zugerichtet, dass sie vor Blut nur so triefen. Später wird man sie dann auf offene Güterwagen werfen und sie wie Holzstämme irgendwohin transportieren. Erinnert dich das nicht an etwas?«

Sie erblasste, und ihr Gesichtsausdruck wurde ein wenig strenger. Sogleich warf sie G.A. vor, er trage zu dick auf – all diese fürchterlichen Dinge brauchten nicht zu passieren. Es werde korrekt und menschlich zugehen.

G. A. sagte: »Du weißt sehr gut, dass es bei so einer Aktion keine Korrektheit gibt. Unsere Polizisten und freiwilligen Helfer sind und bleiben Durchschnittsbürger: ebensolche, vor Aufregung und Sorge den Verstand verlierende Eltern und Verwandte, oder einfach Menschen, die die ›Flora‹ hassen. Beim geringsten Widerstand werden sie überstürzt handeln und zur Gewalt greifen. Danach, wenn sie wieder zur Besinnung gekommen sind, werden sie sich entsetzlich schämen und versuchen, sich ihres schlechten Gewissens zu entledigen, indem sie sich gegenseitig Rechtfertigungen liefern. So wird das schändlichste Kapitel in ihrem Leben auf einmal zur Heldentat – und ihre Psyche bleibt für das ganze weitere Leben verkrüppelt und verdorben.«

Sie zündete sich nervös eine Zigarette an, wobei sie ein paar Streichhölzer abbrach, und sagte erneut, G. A. würde übertreiben. Sie selbst sehe zwar auch nichts Gutes an dieser Aktion, sei aber keinesfalls gewillt, sie für eine kriminelle Tragödie zu halten. Die Hauptsache sei, dass alles sorgfältig und präzise geplant werde. Und natürlich werde man allen Beteiligten eintrichtern, dass sie im Namen des Guten handelten und selbst mit nichts als Güte handeln dürften …

G. A. ließ sie nicht ausreden. »Ich wette mit dir«, sagte er mit Nachdruck, »dass du selbst nicht den Mut haben wirst, an der Aktion teilzunehmen. Du planst alles sorgfältig und präzise, hältst die nötigen Reden und erteilst die besten Ratschläge. Aber selbst wirst du hierbleiben, an diesem Tisch, die Augen schließen, die Ohren zuhalten und quälend lange warten, bis man dir berichten wird, dass alles mehr oder weniger gut verlaufen sei.«

Sie konnte sich nur noch mühsam beherrschen und erklärte, sie wolle diese Unkenrufe nicht mehr hören. Sie sei überzeugt, dass nichts Furchtbares geschehen werde.

G.A. erwiderte traurig: »Du machst dir etwas vor – als könnte ich nicht sehen, wie wenig du davon überzeugt bist. Du bist sehr klug und kennst die Menschen: Du glaubst nicht an die magische Kraft von Instruktionen und guten Ratschlägen. Deswegen wirst du dich auch rechtzeitig darum kümmern, dass alle Krankenhäuser der Stadt in Alarmbereitschaft versetzt werden, du wirst auch die Sanitätsstellen in der näheren Umgebung mobilisieren, und im Rücken deiner Armee werden zehn, zwanzig, dreißig Rettungswagen stehen ... Schon die Entscheidung, diese Aktion zu organisieren, quält dein Gewissen. Aber jetzt hast du angefangen, dein Gewissen zu besänftigen, und wirst es auch weiterhin tun ...«

Da konnte sie nicht mehr an sich halten. »Hör sofort mit dieser Demagogie auf! Hör auf, mich zu quälen! Und glaub ja nicht, dass ich mit leerem Geschwätz mein schlechtes Gewissen einschläfere, wenn es um das Schicksal von Kindern geht, die tagtäglich von dieser Seuche heimgesucht werden ...«

Da revoltierte plötzlich wieder mein Magen, in einem völlig unpassenden Augenblick, und zwar so, dass mir die Augen hervorquollen und ich fast nichts mehr hörte. Ich wusste nicht, wie mir geschah. (Das ist bei mir altersbedingt. Ob somatisch oder psychisch, weiß ich nicht, denn wenn es mich packt, lässt sich das nicht mehr unterscheiden ... Am liebsten wäre ich aufgesprungen und davongestürzt, aber ich wusste nicht, wo sich die Toilette befand.)

Ich saß da, hielt mir den armen Bauch fest und betete, dass man meinem Gesicht nichts anmerken möge. Unwillkürlich dachte ich an Harakiri, an Magenkrebs und an das Fuchsjunge, das die Eingeweide eines jungen Spartaners auffrisst. Und jetzt bin ich stolz, dass ich trotz meines Unglücks weiterhin dem Gespräch lauschte, es mir einprägte und sogar aufschrieb. Aber leider nur das, was G.A. sagte. Was Rebekka betrifft, so blieb mir nichts als ihre schrille, fast hysterisch klingende Stimme im Gedächtnis, die, wie es schien, mit meinen Schmerzen resonierte und sie deutlich verstärkte. Aber je mehr sie G. A. anschrie, desto leiser und trauriger wurde er.

Menschlichkeit, sagte er, ist ein Ganzes. Man kann sie nicht teilen und in Kästchen packen. Aber die Menschlichkeit, die ihr die ganze Zeit über predigt, besteht nur aus Prinzipien. Alles ist auf Fächer verteilt, nichts ist von eurer Menschlichkeit übrig geblieben – nichts als Katechese. Dein Schüler verbrennt lieber seine alten Schuhe, als dass er sie einem barfüßigen »Flora-Kind« schenkt, und wird sich auch noch für human im höchsten Sinne des Wortes halten. »Geh und arbeite«, wird er sagen.

(Gerade entsinne ich mich: In der vergangenen Woche hat irgendein Schuft den »Flora-Kindern« einen Karton verdorbener Konserven hingeworfen. Ich werde mir wohl die Mühe machen, eine logische Begründung für den Standpunkt zu suchen, dies wäre eine Tat höchster Menschlichkeit. These eins: Die Menschlichkeit muss Fäuste haben … usw.)

Die Menschlichkeit steht über allen Prinzipien, sagt G. A. Sogar über solchen, die die Menschlichkeit selbst hervorgebracht hat.

Dann kamen sie auf die Lyzeen zu sprechen. Es stellte sich heraus, dass es zwei entgegengesetzte Positionen dazu gibt: Die einen fordern die Abschaffung der Lyzeen, weil es sich dabei um elitäre und mit der Demokratie unvereinbare Lehranstalten handelt. Die anderen sind der Ansicht, man müsse die Anzahl der Lyzeen enorm erweitern: Nicht drei Lyzeen im Land müssten jährlich eröffnet werden (wie das derzeit der Fall ist), sondern dreiunddreißig – oder gar dreihundertdreißig. Bemerkenswert ist allerdings, dass in dem einen wie in dem anderen Fall die Idee des Lyzeums als Schule für die Heranbildung künftiger Lehrer glücklicherweise bald überholt sein wird.

Ich weiß nicht, ob G. A. meinen Zustand bemerkte oder ob es nicht mehr nötig war, das Gespräch fortzusetzen. Aber auf einmal stand er unvermittelt auf und sagte: »Kommst du dir als weiblicher Machiavelli nicht abscheulich vor, meine liebe Riwa?«

Seine Stimme klang dabei so seltsam, dass meine Schmerzen mit einem Mal verschwunden waren. Ich kam wieder ganz zu mir, schweißgebadet zwar, aber ansonsten kerngesund.

Auf Rebekkas Haut bildeten sich rote Flecken; sie wirkte plötzlich alt und hässlich und erklärte herausfordernd: »Ich habe nicht die geringste Ahnung, was du meinst.«

Das war eindeutig gelogen. Sie wusste sehr gut, worauf er hinauswollte. Im Gegensatz zu mir.

Daraufhin sagte G.A., nun schon ganz leise: »Das Urteil über mich und meine Sache kann ich dir vom Gesicht ablesen.«

Wir gingen. Aber nicht, ohne uns vorher höflich verabschiedet zu haben.

(Wir bogen im Korridor rechts um die Ecke und standen auf einmal vor der Tür zur Toilette. Mir drängte sich nun die Frage auf: Befinden wir uns dort, weil G.A. ein bestimmtes Bedürfnis hat, oder weil er mir taktvoll die Möglichkeit geben will auszutreten? In letzterem Fall fragt sich, was besser ist: sich so taktvoll zu benehmen, dass sich der Jüngere, also ich, den Kopf darüber zerbrechen muss, ob ein so rücksichtsvolles Verhalten nicht auch eine gewisse Erniedrigung und Manipulation bedeutet? Oder hätte er lieber ganz direkt sagen sollen: »Die Toilette befindet sich rechter Hand, ich werde hier warten« – was mir, dem Jüngeren, im ersten Moment unangenehm gewesen und taktlos vorgekommen wäre, aber alle Zweifel und belastenden Gedanken vermieden hätte. Ich weiß es nicht. Ja, ich weiß nicht einmal, ob es wichtig ist und sich lohnt, darüber nachzudenken. G.A. selbst denkt über solcherart Nichtigkeiten gewiss nicht nach und handelt in diesen Situationen intuitiv. Indes, derselbe G.A. behauptet, in zwischenmenschlichen Beziehungen gebe es keine Nichtigkeiten.)

Auf der Treppe zitierte G.A.: »›Es gingen die Tölpel nach Hause und seufzten. Einer aber ergriff die Gusli und begann zu singen …‹ Woher stammt das?«, fragte G.A. Statt einer Antwort ergänzte ich sein Zitat: »›Rausche nicht, Mütterchen, du grüner Eichenwald …‹« Der Austausch solcher Repliken machte uns normalerweise sehr viel Spaß. Heute allerdings nicht. Jedenfalls mir nicht. Als wir auf die Straße traten, blieb G.A. plötzlich stehen, wandte sich mir zu, schien aber irgendwie durch mich hindurchzusehen. Dann sagte er nachdenklich: »Wenn ein guter Bürger in einem zivilisierten Land nicht mehr weiß, an wen er sich noch wenden soll, dann geht er zur Polizei.« So machten wir uns auf den Weg zur städtischen Polizeizentrale, die drei Stationen mit dem Bus entfernt lag. Es war ziemlich heiß, und es gab keinen Schatten.

Am Eingang zum »Schneewittchen« stand ein junger Mann. Fast schien es, als habe er auf uns gewartet. Er trat an G.A. heran, blickte starr vor sich hin und sagte mit leiser Stimme: »Sie machen schon die Busse fertig.« Ich erkannte ihn. Es war der »Strauch« von neulich; aber er hatte keine Kletten mehr in den Haaren, sondern war gewaschen und trug wie alle anständigen Bürger zivile Kleidung.

G.A. antwortete nicht, sondern nickte ihm nur zu – als Zeichen dafür, dass er verstanden hatte. Der junge Mann entfernte sich sogleich. G.A. jedoch ging nun langsamer weiter, als ob er flanieren würde. Er verschränkte sogar die Hände hinter dem Rücken. So spazierten wir bis zum Eingang des Gebäudes, in dem sich die Polizeizentrale befand. G.A. schwieg, und ich umso mehr … Vor dem Eingang blieb er auf einmal stehen. »Nein«, sagte er zu mir. »Zu diesem Gespräch bin ich noch nicht bereit. Gehen wir lieber nach Hause, Durchlaucht.«

Ich habe mir die Aufzeichnungen der letzten Tage durchgelesen. Folgendes gefällt mir nicht:

1. dass G.A. so aktiv für die »Flora« eingetreten ist. Barmherzigkeit ist gut und schön; aber hier muss eine Wahl getroffen werden zwischen dem Wohl des Abschaums und der sozialen Gesundheit meiner Stadt;

2. dass G.A. offensichtlich auf sich allein gestellt ist. Wenn nicht einmal ich ihn zu unterstützen gewillt bin, was ist dann erst von einem Wanja Drosdow oder Serjoscha Senko zu erwarten?

3. Mir gefällt auch nicht, was ich gerade geschrieben habe. Die Menschen sind nicht vergleichbar und lassen sich nicht mit demselben Maß messen. Bei der Unendlichkeit kann man ja auch nicht behaupten, die eine sei besser als die andere … Das weiß jeder. Und ich ziehe das eine auf Kosten des anderen vor … Das ist schlimm. Ich habe mich schon wieder verrannt.

Mir ist beklommen zumute. Ich werde zu Abend essen und mich dann gleich schlafen legen.

17. Juli (fünf Uhr morgens)

Die Ereignisse nahmen eine seltsame Wendung.

Etwa um Mitternacht klopfte G.A. an. Ohne jede Erklärung befahl er Michej und mir, uns anzuziehen. (Ich hatte drei Stunden geschlafen, Michej jedoch hatte kaum die Augen zugemacht.) Wir zogen uns an und stiegen ins Auto. G.A. setzte sich ans Steuer, und wir nahmen auf der Rückbank Platz.

Zuerst dachte ich, G.A. habe beschlossen, uns zur Nachtschicht in den Schlachthof zu bringen, aber wir fuhren ganz woanders hin, in Richtung Universität. Neben einem neuen Gebäude hielten wir an; es befand sich unweit vom dritten Block des Wohnheims für Verheiratete. Dort hieß G.A. Michej, sich ans Steuer zu setzen und zu warten. Er selbst stieg aus, lief durch die Grünanlagen und verschwand im fünften Aufgang.

»In-ter-es-sant«, sang Michej in falschen Tönen und fragte mich, ob ich bemerkt hätte, wie seltsam G. A. angezogen sei. Ich bejahte und fragte meinerseits, ob er bemerkt habe, wie ungewöhnlich dick und unbeweglich G. A. in diesem Leinenkittel wirkte. Auch Michej war das aufgefallen. Dann bat er mich auszusteigen und fing an, Bremslichter, Blinker und andere Teile der Elektrik zu kontrollieren.

Wir waren noch damit beschäftigt, als plötzlich G. A. in Begleitung eines unbekannten Mannes auftauchte. Er war sehr attraktiv und groß wie ein Basketballspieler. G. A. überragte er um drei Köpfe. Der Mann war vielleicht Anfang zwanzig und trug einen viel zu engen, nicht mehr ganz neuen Anzug aus rauem Wollstoff. Genauer gesagt, hatte er bislang nur die Hosen angezogen, denn die viel zu kleine Jacke hing noch völlig verdreht über seinen breiten Schultern, und er kam nicht in die Ärmel hinein. Anscheinend war er zu aufgeregt, um sich wie sonst in die Jacke hineinzuzwängen.

Als der Mann mich erblickte, blieb er wie angewurzelt stehen und fragte mit heiserer Stimme: »Was will der denn hier?« Dass ich mit von der Partie war, ging ihm offenbar gegen den Strich; er hörte sogar auf, mit seiner Jacke zu kämpfen. G. A. murmelte etwas in seine Richtung, was ihn beruhigen sollte, aber der Mann beruhigte sich nicht, sondern fragte in bittendem Ton: »Vielleicht brauchen wir ihn gar nicht, Georgi Anatoljewitsch?« G. A. gab jedoch nicht nach und befahl ihm hinten einzusteigen, was der Mann höchst widerwillig tat. G. A. setzte sich neben ihn, und ich nahm vorne neben Michej Platz. Dann nörgelte der Mann wieder herum, fragte, ob das Ganze nötig sei, ob es sich lohne und so weiter. G. A. aber schenkte ihm kein Gehör, sondern befahl Michej: »Zur Universität«, und wir fuhren los. Der Mann verstummte augenblicklich; anscheinend hatte er sich ins Unvermeidliche geschickt.

Wir näherten uns der Universität und wollten den Weg durch den Park nehmen, der zwischen den Gebäuden lag. G. A.

kommandierte: »Rechts, links«, doch der Mann riet ab: »Von der Hofseite wäre es besser, Georgi Anatoljewitsch …« Und so fuhren wir. Wir hielten im Hof eines Laborgebäudes. Alles schien wie sonst zu sein; nichts Geheimnisvolles oder Ungewöhnliches war zu bemerken.

G. A. hieß uns beim Auto bleiben und warten. Er selber ging mit dem Mann an der hinteren Wand entlang bis zu den Containern, hinter denen sie verschwanden. Irgendwo klappte eine Tür, und dann wurde es wieder still.

»In-ter-es-sant«, wiederholte Michej, aber weder er noch ich fanden es interessant – es war beunruhigend. Vielleicht gerade deshalb, weil es anscheinend gar keinen Grund dafür gab … (Wann hat man eine Vorahnung? Wenn gewöhnliche Dinge in einer ungewohnten Kombination auftreten, und dann noch irgendeine überraschende Kleinigkeit hinzukommt. Nehmen wir zum Beispiel den athletischen jungen Mann, der erschrocken war wie ein kleiner Junge. Er hatte nicht einmal seine Jacke richtig anziehen können; sie blieb auf dem hinteren Sitz liegen.)

Wir warteten nicht länger als zehn Minuten. Da ertönte direkt neben uns das markdurchdringende Quietschen von Eisen, und zwei Schritte vom Auto entfernt öffnete sich eine Ladeluke. Wie aus einer dürftig beleuchteten Gruft stieg der Mann von eben heraus. Und an seinem Hals hing unser G. A: Mit dem einen Arm hielt er den Riesen umschlungen, der andere baumelte wie leblos herunter. G. A.s Gesicht glänzte von schwärzlichem Blut.

Wir stürzten zu ihm, und G. A. wisperte uns zu: »Halt, halt, nicht so hastig, meine Kinder …« Dann sagte er mit kaum vernehmbarer Stimme zu dem vor Angst schlotternden Hünen: »In zwei Stunden müsst ihr aus der Stadt verschwunden sein. Knebeln und fesseln Sie diesen Hundsfott, lassen Sie ihn ruhig irgendwo liegen. Und Sie selbst ziehen Leine! …« Wieder zu uns gewandt brachte er mühsam hervor: »Bringt mich ins Auto, Kinder. Aber sachte, sachte … Es ist nichts Ernstes, kein Knochenbruch, er hat mir einfach eine verpasst …«

Wir bugsierten ihn vorsichtig auf den hinteren Sitz. Ich setzte mich neben ihn, damit er sich an mich lehnen konnte, und dann brausten wir los. Nur zwei Gedanken kreisten in meinem Kopf. Erstens: Wer hatte das getan? Und zweitens: Warum fühlte sich G. A.s Rumpf an beiden Seiten so hart an wie Holz?

Die Antwort auf die zweite Frage war rasch gefunden. Als sich Michej und ich daranmachten, G. A. im Sanitätsraum zu verarzten, schnitten wir den idiotischen Kittel auf, der vorne ganz mit Blut durchtränkt und an zwei Stellen vom Hals bis zum Bauch aufgeplatzt war. So sahen wir, dass G. A. darunter eine uralte Panzerweste trug, die wohl noch aus dem Afghanistankrieg stammte.

Am linken Unterarm hatte G. A. eine hässliche Wunde (er war entweder mit einem Knüppel geschlagen oder mit einem eisenbeschlagenen Stiefel getreten worden), über die rechte Gesichtshälfte zog sich eine lange Schramme, die Haut über dem Wangenknochen war abgeschürft, und das Ohr war in Mitleidenschaft gezogen worden (meines Erachtens hatte man ihm einen Hieb mit einem Schlagring versetzt, der ihn aber zum Glück nur gestreift hatte). Mit der Wunde am Arm befasste sich Michej, und ich widmete mich der Schramme. Ich konnte mich nur mit Mühe beherrschen – innerlich zitterte ich vor Wut (und vor Mitleid). Jetzt verstehe ich gut, warum es Ärzte vermeiden, ihre Verwandten und Freunde zu behandeln.

Wie zu erwarten, erzählte uns G. A. die ganze Zeit über Witze. Jetzt kann ich mich zwar an keinen mehr erinnern, aber ich weiß noch gut, wie er plötzlich voll Bitterkeit sagte: »Meine Reaktionsfähigkeit, Kinder, ist nicht mehr die beste. Und hier hatte ich es mit einem Profi zu tun, wahrscheinlich ein ehemaliger Fallschirmjäger.« Er hörte sich an wie ein Junge, der sich dafür rechtfertigte, dass er in einer Rauferei unterlegen war. Und ich fand das, ehrlich gesagt, ebenso merkwürdig wie rührend. (Zuerst wollte ich darüber gar nichts schreiben; denn meine Notizen könnten ja von jemand anderem gelesen werden. Aber dann entschloss ich mich, es doch zu tun.)

Wir waren fast fertig, als Michej und mir zur selben Zeit die Frage durch den Kopf ging: Was sollen wir jetzt Serafima Petrowna und unseren Freunden vorflunkern? G. A. erriet unsere Gedanken und verbot uns kategorisch, irgendwelche Märchen zu erfinden. Wir sollten nirgendwo anrufen und niemandem etwas erzählen. Ohne dringende Notwendigkeit solle man nicht lügen. Er hielt es daher für das Beste, in der kleinen Kammer zu übernachten, die zu seinem Arbeitszimmer gehörte. Der »Fürst« könne ihm zur Nacht eine Spritze geben, und am Morgen würde er, G. A., sich wie neugeboren fühlen.

Aber bevor er uns entließ, sagte er in ganz anderem Ton, und gar nicht mehr scherzhaft, sondern schroff und befehlend: »Ihr habt heute Nacht eure Betten nicht verlassen und nichts gesehen. Ich bin verletzt, weil ich auf der Treppe ausgerutscht bin. Und noch etwas: Lasst alle Versuche bleiben, euch zu erkundigen, etwas herauszufinden, Rache zu üben und dergleichen. Das ist sowohl ein Befehl als auch eine Bitte; ich weiß nicht, was für euch besser ist. Das gilt besonders für dich, Miguel de Saavedra!«

Wir kamen um zwei Uhr nachts nach Hause. Jetzt ist es fünf. Mehr als zwei Stunden haben wir uns den Kopf zerbrochen: Was hat das alles zu bedeuten? Wer war der große Mann? Was wollte G. A. in dem Keller? Er wusste schon vorher, dass es gefährlich werden würde, und hatte deswegen die Panzerweste angezogen. Aber warum nahm er uns nicht mit? Was für ein Profi war dort aufgetaucht? Alles ist unklar. Nichts als Ärger und Sorgen.

Ich gehe jetzt ins Bett. Michej schläft schon.

Nein, er schläft nicht. Er dreht sich zu mir um und sagt nachdenklich: »Und der liegt jetzt da unten, gefesselt und mit einem Knebel im Mund. Hm?«

Was sollte ich darauf erwidern?

17. Juli (abends)

Gegen Mittag holte mich G. A. ab und nahm mich mit zur städtischen Polizeizentrale. Es ging ihm gar nicht schlecht. Der Arm war verbunden und schmerzte fast nicht mehr. Und was die Schramme anging, so hatte das Teramidonpflaster Wunder gewirkt. Das Gesicht war überhaupt nicht geschwollen, nur der äußere Winkel des rechten Auges war ein wenig verzogen.

Major Kromanow ließ uns nicht warten. Ich sah ihn nicht zum ersten Mal, wundere mich aber stets von Neuem, wie jemand dem Leiter einer Polizeizentrale so unähnlich sein kann: Major Kromanow ist dick und schwammig, in seinen Bewegungen äußerst träge und liebt es, kleine Schwätzchen zu halten. Eine halbe Stunde lang unterhielten er und G. A. sich über verschiedenste Fälle, bei denen Menschen von Treppen gesturzt waren. Es war auch von Stürzen auf Gangways, steilen Aufgängen und sonstigen gefährlich geneigten Flächen und Wegen die Rede. Dann kam G. A. zur Sache.

Welche Haltung hat die städtische Polizei zu den Aktionen, die gegen die »Flora« in Vorbereitung sind? Was denkt er, Michail Tarassowitsch, persönlich darüber? Was ist besser: Soll die Polizei direkt an der geplanten Aktion teilnehmen, oder soll sie Zurückhaltung üben und als neutraler, für Ordnung und Disziplin sorgender Faktor wirken? Begreife Michail Tarassowitsch, wie heikel seine Position sei?

Michail Tarassowitsch war sich seiner heiklen Position sogar sehr bewusst. Die »Flora« sei nichts als ein Haufen Scheiße. Je weniger man ihn anrühre, desto weniger werde man stinken. Dies sei seine persönliche Meinung. Ideal wäre es, wenn man diesen ganzen Haufen binnen einer Stunde auf eine große Schaufel packen und ohne Aufsehen in das benachbarte Gebiet schaffen könnte. Aber das ließe sich nicht lautlos bewerkstelligen. Läge allerdings ein Befehl der Verwaltung für innere Angelegenheiten vor, wäre das Problem gelöst: Dann sei es gar nicht mehr wichtig, ob der Befehl lautlos oder von Krawall begleitet ausgeführt würde. Aber einen solchen Befehl gebe es nicht, und er stünde auch nicht in Aussicht (warum das so war, konnte er sich nicht erklären). Es gebe jedoch eine gesellschaftliche Bewegung, die ohne Zweifel stark und geeint sei. Die Leitung der Stadtverwaltung fördere sie aber bisher nicht, ja sporne sie nicht einmal an.

»Sehen Sie, mein lieber Georgi Anatoljewitsch: Die ›Flora‹ verstößt gegen kein Gesetz und lässt sich daher nicht verbieten. Es handelt sich um eine nicht-formelle jugendliche Massenorganisation, die keine kriminellen Ziele verfolgt – Artikel 42 des Zivilgesetzbuches, Punkt A, B, C. Andererseits aber gibt es eine gesellschaftliche Massenbewegung mit dem Ziel, die Welt von der ›Flora‹ zu befreien. Hierbei handelt es sich um eine Willensbekundung der Mehrheit – einer erdrückenden Mehrheit. Jener Mehrheit, der zu dienen Sie und ich verpflichtet sind, lieber Georgi Anatoljewitsch. Drittens hat man mir diesen Posten gegeben, damit ich die öffentliche Ordnung schütze. Was aber heißt das? Das heißt, es darf keine Ausbrüche von Gewalt geben und keine Exzesse – schon gar nicht solche, die Massencharakter tragen. Folglich bin ich verpflichtet, auf jede erdenkliche Weise die ›Flora‹ zu schützen, auf jede erdenkliche Weise an ihrer Vernichtung teilzunehmen und bei alledem zu verhindern, dass irgendetwas passiert.«

G. A. räumte ein, dass schwere Zeiten für die Polizei angebrochen seien.

M. T. (schwärmerisch die Augen verdrehend): »Ich erinnere mich, wie ich noch Offiziersschüler war ...« (Und er erzählt eine Geschichte von früher, als er an der großen Schlacht zwischen den alten »Stachelschweinen« und den heute ausgestorbenen Rockern teilnehmen musste. Die Polizei erwies sich als machtlos. Also wurde aus Orenburg eine Einheit motorisierter Schützen angefordert – und schon war Schluss mit den Diskussionen. Die ganze Aktion dauerte nur dreißig Minuten, nach dieser Uhr hier! – demonstrativ klopfte er mit dem Fingernagel gegen das Glas seiner alten »Rolex«.)

G. A.: »Und wenn Sie Order erhielten, sich neutral zu verhalten?«

M. T.: »Von wem? Etwa von Pjotr Viktorowitsch?«

G. A.: »Vielleicht ... oder aus Orenburg, über Ihre amtliche Leitung.«

M. T.: »Mein lieber Georgi Anatoljewitsch, alles verstehe ich, nur eines nicht: Was liegt Ihnen an der ›Flora‹? Sie ist ein Dreckhaufen, weiter nichts. Warum geben Sie sich solche Mühe?«

Als G. A. das gehört hatte, schwieg er eine Weile und sagte dann (wörtlich): »Die ›Flora‹ verstößt gegen kein Gesetz. Das heißt, was man vorhat, ist ungesetzlich. Die ›Flora‹ ist unschuldig. Die Stadt möchte Unschuldige bestrafen. Das ist ungerecht. Sowohl ungerecht als auch gegen das Gesetz. Wie soll ich mich da verhalten?«

M. T. (äußerst erregt): »Was heißt hier ungerecht? Unsere Kinder laufen hin zu dieser Bande! Drogen, Rowdys, Promiskuität, verzeihen Sie den Ausdruck. Faulenzerei! Es spielt keine Rolle, dass es dagegen kein Gesetz gibt, denn das bedeutet nur, dass unsere Rechtswissenschaft hinter der Zeit zurückbleibt, hinter den Ereignissen herhinkt ... Ich schwanke nur deshalb, weil ich offizieller Vertreter des Gesetzes bin –

wäre ich im Ruhestand, würde ich morgen als Erster gegen die ›Flora‹ kämpfen, und ich wäre im Recht!« (Er ließ sich noch lange über dieses Thema aus, aber ich notierte mir nur, was mir am meisten gegen den Strich ging. Er berief sich noch viermal auf die Zeit, als er Offiziersschüler war und Stabsfeldwebel, vierundzwanzigmal auf seine Großneffen und Schwägerinnen zweiten Grades.)

G. A. (versuchte zu erklären): »Sie laufen nicht zur ›Flora‹, sie *sind* die ›Flora‹. Überhaupt laufen sie nicht ›hin‹, sondern ›weg‹. Sie flüchten vor uns, vor unserer Welt. Flüchten in ihre Welt, die sie nach ihren eigenen, wenn auch schwachen Kräften und Möglichkeiten gestalten. Diese Welt gleicht der unseren nicht und kann ihr auch nicht gleichen, weil sie ja als Antiwelt und Vorwurf gegen unsere gedacht ist. Wir hassen ihre Welt und geben ihr die Schuld an allem, aber wir müssen uns selbst die Schuld geben.«

M. T. war das alles gleichgültig. Erst brüllte er los, dann gab er sich wieder leutselig. »Das, Verehrtester, ist alles Philosophie«, sagte er (und zwar in seinem eigenen Namen, das war kein Zitat!). »Was für einen Rat wollte ich Ihnen eigentlich geben? Ach ja: Nehmen Sie keine Verbindung zu Orenburg auf. Orenburg schweigt zurzeit. ›Handle der Situation entsprechend‹ – das ist alles, was man von dort zu hören bekommt! Und ich verstehe das sehr gut. Im Übrigen handle ich der Situation entsprechend. Neulich wollten diese Schmutzfinken schon in Nowosergijewka aus dem Zug steigen, der von Orenburg nach Tscherma fährt; aber die Eisenbahner haben sie gemeinsam mit der Polizei wieder höflichst in die Waggons verfrachtet und dem Lokführer Signal gegeben. So fuhren sie weiter … Orenburg hat offiziell nicht ein Wort gesagt, aber zu verstehen gegeben, dass man auch in Zukunft so verfahren sollte. In Orenburg wird man nicht mit Ihnen sprechen, Georgi Anatoljewitsch! Man wird es zur Kenntnis nehmen, Ihnen irgendetwas versprechen, da Sie immerhin Abgeordneter und ein verdienter Lehrer sind. Aber mehr wird nicht geschehen. Man wird Ihnen ausweichen. Und es gibt nichts und niemanden, der Sie zwingen könnte, sich gegen die Demokratie, gegen das Volk zu wenden.«

G. A. schwieg eine Zeit lang, stützte mit dem angewinkelten Arm behutsam den verletzten und sah mich dann plötzlich an. Ich stand sofort auf und bat darum, gehen zu dürfen. G. A. erlaubte es (dankbar) und hieß mich, im Imbissraum auf ihn zu warten und dort eine Bouillon mit Fleischpastete für ihn zu bestellen; es mache nichts, wenn sie kalt würde.

All das brachte er in sehr liebenswürdigem Ton vor, und dennoch war ich beleidigt. Ich kann nichts dagegen tun. Es ist auch nicht das erste Mal. Ich verstehe es ja, und es ist völlig überflüssig, dass sich G. A. später immer bei mir entschuldigt – ich bin trotzdem beleidigt. Das hat wahrscheinlich mit meinem Alter zu tun. Es ist, als schnitte man mir den Bauch auf.

Um mich abzulenken, versuchte ich mir den weiteren Verlauf des Gesprächs vorzustellen. Etwa so: »Nun gut, Michail Tarassowitsch. Es ist mir nicht gelungen, Sie zu überzeugen. Daher erlauben Sie bitte, dass ich Sie besteche. Hier haben Sie tausend Rubel fürs Erste.«

G. A. ließ fünfzehn Minuten auf sich warten. Dann kam er, ohne ein Wort zu sagen. Ganz in Gedanken versunken löffelte er seine Bouillon, biss ein Stück von der Pastete ab, besann sich plötzlich und entschuldigte sich bei mir. Zu meinem Erstaunen hielt er es sogar für nötig, mir etwas zu erklären. Sie hätten ohne mich angeblich streng vertrauliche Informationen ausgetauscht.

Als wir nach Hause kamen, wartete im Vorzimmer ein unbekannter kleiner Mann auf G. A. Ich erwähne ihn jetzt aus einem einzigen Grund: So einen seltsamen Menschen hatte ich mein Lebtag noch nicht gesehen (und zwar nicht nur ich, wie sich später herausstellte …).

Er und G.A. verschwanden im Arbeitszimmer, und ich verstand nach wie vor überhaupt nichts. Der Mann besaß eine völlig ausdruckslose Physiognomie, und sein Benehmen war so gekünstelt, dass es an Speichelleckerei grenzte. Das eine Ohr war rot und das andere gelb. Der Jackenknopf über dem runden Bäuchlein hing am letzten Faden. Und die Stiefeletten! Woher hatte er bloß solche Stiefeletten? Nur Charlie Chaplin hat so welche getragen. Und da durchzuckte mich ein Gedanke: Der kleine Mann war so, wie er war, aus einer Filmkomödie der Stummfilmzeit direkt in unser Lyzeum geschneit. Er schien sich nicht einmal umgezogen zu haben.

Nach dem Abendessen fragte ich G.A., wer da zu ihm gekommen war. Mir schien, als sei G.A. ziemlich beunruhigt. »Erinnert dich dieser Mann nicht an jemanden?«, fragte er mich. Ich antwortete: »An Charlie Chaplin.« – »Charlie Chaplin? Merkwürdige Idee«, sagte G.A., und damit war unser Gespräch beendet.

Diesen Tag beende ich gekränkt, enttäuscht und verwirrt.

Manuskript »O3« *(10–14)*

… Das war alles anders, ganz anders.

10. Johanaan der Evangelist wurde im selben Jahr wie der Nazarener geboren. Eigentlich kam er nicht allein zur Welt, sondern mit seinem Zwillingsbruder. Dieser hieß Jakow der Ältere, weil er einige Minuten früher als Johanaan das Licht der Welt erblickt hatte. Übrigens bedeutet Johanaan (Johannes, Iwan, Jan, Jean) »Gottes Gnade« (»Jahwe ist gnädig«). Man müsste nachschlagen, was Jakow (Jakobus, Jacob, Jacques) bedeutet. Der Name des kleinen Fischerdorfs am Ufer des See Genezareth, wo die Zwillinge zur Welt kamen, ist vergessen, und der Ort selbst wurde von den Römern während des Jüdi-

schen Krieges völlig zerstört. Was jedoch überliefert wurde, ist der Name des glücklichen Vaters. Er war Fischer und Fischhändler und hieß Zebedäus. In Zebedäus' Familie gab es außerdem neun Töchter; sie spielen in unserer Erzählung aber keine Rolle.

Johannes und Jakobus waren in ihrer Kindheit richtige Halunken und Herumtreiber. Der Legende nach gab ihnen der Nazarener den Beinamen Boanerges (»Söhne des Donners«), als sie über dreißig waren. Aber das stimmt nicht: Es waren die Nachbarn, die sie so nannten, und das schon zu der Zeit, als die zwei Banditen in die Pubertät kamen. Aber man muss gleich hinzufügen, dass die Übersetzung des Beinamens Boanerges nur nach heutiger Auffassung furchtgebietend und edel klingt: Für die Nachbarn waren sie nicht »Söhne des Donners«, sondern Galgenstricke, Gottesgeißeln, geile Böcke … Kurzum: Scheiße vor dem Herrn.

Es war eine dunkle, unruhige Zeit – eine Zeit der Erwartung bedeutender Veränderungen, eine Zeit großer Prophezeiungen und kleiner Aufstände. Wie die ganze galiläische Jugend jener Zeit wollten auch die Boanerges nicht dem Pfad der Demut folgen. Sie wollten weder Fische fangen noch ihren Erlös beim Zöllner abliefern. Sie wollten überhaupt nicht arbeiten. Wozu auch? Sie wollten Spaß haben, gefährlich und draufgängerisch leben – mit Messern spielen, Mädchen verführen, mit Dirnen tanzen und sich an Alkohol berauschen. Gleichzeitig aber träumten sie davon, große Heldentaten im Namen des alten Gottes und des alten Volkes zu vollbringen; in den Visionen, die sie überkamen, hörten sie die Stimmen mächtiger Propheten, das Krachen der zusammenstürzenden Mauern Jerichos und das jammervolle Geschrei der sterbenden Andersgläubigen. Mit einem Wort: Sie waren hervorragendes Material, aus dem eine erfahrene Hand fertigen konnte, was ihr beliebte – fanatische Mörder ebenso wie fanatische Märtyrer.

Als ihnen jedoch Johannes der Täufer begegnete, trennten sich die Wege der Boanerges-Brüder. Als Jakobus die erste Rede des berühmten Propheten vernommen hatte, spuckte er seinen Priem in den Staub, zog den Gürtel mit dem römischen Schwert enger und fragte leise: »Nun, was ist? Gehen wir zu den Weibern?« Aber Johannes ging nicht zu den Weibern. Er blieb. Die paradoxe Idee der Liebe zu den Menschen und der allgemeinen Brüderlichkeit hatte von ihm Besitz ergriffen.

»Sei kein Spielverderber!«, sagten die anderen zu ihm. »Lass doch den alten Furzer und komm mit uns, den süßen Wein aus Ephesus trinken!« – »Selber Furzer«, erwiderte er. »In einem einzigen Büschel Haar dieses alten Furzers ist mehr Verstand als in all eurem Geschwätz.« – »Aber was er lehrt, ist völlig sinnlos!«, erklärten sie ihm. »Wie kannst du nur so einen Quatsch glauben?« – »Ich glaube gerade, weil es sinnlos ist«, antwortete er, den ehrwürdigen Quintus Septimus Tertullian um viele Jahre vorwegnehmend. »Aber versteh doch: Seine Lehre widerspricht dem gesunden Menschenverstand!« So redeten sie auf ihn ein. *»Kisch mir in tuches* mit eurem gesunden Menschenverstand«, erwiderte er bissig, *»und sej gesunt!«* (Auf Aramäisch klang das selbstverständlich anders, aber der Sinn war der gleiche: Ihr könnt mich mal mit eurem gesunden Menschenverstand, und auf Wiedersehen.)

Aber dann kam der Mann aus Nazareth (den sie später den Nazarener nannten), und Johannes wandte sich ihm mit ganzer Seele zu. Er wurde sein Schüler und, wann immer erforderlich, sein Leibwächter und Versorger. Mit anderen Worten: Er wurde sein Apostel – einer von den zwölf und einer der beiden, die der Nazarener am meisten liebte. Der andere Lieblingsapostel war Petrus.

Traditionell steht Petrus für die exoterische, volksnahe Seite des Christentums: die Katechese, die Unterweisung aller und eines jeden im Glauben – Johannes dagegen für die esoterische Seite: die mystische Erfahrung, die nur wenigen Auserwählten zuteilwird. Die Kirche war immer bestrebt, das Prinzip des Petrus durch das des Johannes zu ergänzen. Die Häretiker jedoch – die Gnostiker im zweiten Jahrhundert und die Katharer in der Zeit vom elften bis zum dreizehnten Jahrhundert – versuchten auf jede nur erdenkliche Weise den Gegensatz zwischen Johannes und Petrus herauszustellen. Doch das sind Vermutungen, die im Grunde unwichtig sind. Wichtig – und das ist der einzige wahre Kern – ist hier nur der Gegensatz.

Sie konnten sich tatsächlich nicht ausstehen. Johannes mochte Petrus nicht, weil er ihm nicht vertraute (wie die Ereignisse zeigten – zu Recht). Petrus dagegen war eifersüchtig: Er konnte nicht verstehen, warum der *Lehrer* diesen ungestümen, scharfzüngigen und sich nie von seiner Waffe trennenden Sünder mit ihm, dem sanftmütigen, aufgeklärten, frommen Petrus, auf eine Stufe stellte.

Petrus war solide und gesetzt, Johannes hingegen dreist und schroff.

Petrus war redselig und weitschweifig, Johannes ein Spötter und Schmäher.

Mit Petrus war dem *Lehrer* leicht zumute. Mit Johannes fühlte er sich sicher.

Und es war Johannes, der sich während des Abendmahls dem *Lehrer* an die Brust warf. Und das geschah keineswegs aus Sentimentalität; vielmehr sagte ihm plötzlich sein Instinkt, in den Sträuchern draußen vor den Fenstern werde gleich leise das Sirren einer Bogensehne ertönen und ein Pfeil das Herz des geliebten Menschen durchbohren. So verdeckte er schützend dieses Herz, und als er es pochen hörte, fühlte er plötzlich mit Schrecken, wie das Wissen um das bevorstehende Leid auf ihn, Johannes, überströmte. Ihn überkam eine quälende Vorahnung, die ihm Kraft und Hoffnung raubte.

Und es war Johannes, der als Einziger von allen mit dem Schwert in der Hand den Kriegsknechten den Eingang versperrte und blutüberströmt, mit abgehauenem Ohr, gegen sie kämpfte – immer wieder im Blute ausgleitend, das aus seinen Wunden und denen seiner Feinde schoss. Er wich nicht einen Schritt zurück, und erst als der *Lehrer,* dem die Stimme versagte, von hinten heranstürzte und ihm das Schwert entwand, bahnte er sich mit bloßen Händen einen Weg in die Freiheit und flüchtete, ohne noch sehen zu wollen, was weiter geschah. Denn er wusste, was geschehen würde.

Er hatte viel Blut verloren und wäre noch in derselben Nacht gestorben, wenn ihn nicht gute Menschen aus dem Graben am Weg gezogen hätten. Wie durch ein Wunder blieb er am Leben. Das Wort »Wunder« ist hier nicht als Floskel zu verstehen: Johannes war fest davon überzeugt, dass er nur durch ein Wunder gerettet worden war – jener mystische Eingriff, und der erste mystische Eingriff in sein Leben. (Mit dem Namen Johannes verband die Tradition immer mystische Motive. Byzantinische Autoren gaben ihm den Beinamen »der Myste«, und die kirchenslawischen nannten ihn einen »Taïnnik«, einen in die Geheimnisse Eingeweihten.)

Zwei Monate nach dem Tod des Nazareners, als Johannes zum ersten Mal auf Krücken nach draußen gehumpelt war, um sich in der Sonne zu wärmen, machte Jakobus der Ältere ihn ausfindig. »Nun reicht es aber mit dem Unsinn«, sagte der ausgekochte Gauner. »Komm, dort steht mein Wagen.« Von diesem Augenblick an hörte Johannes für eine Zeit lang auf, Christ zu sein. Wahrscheinlich konnte man ihn sogar einen Abtrünnigen nennen. In Wirklichkeit aber konnte von Abtrünnigkeit im strengen Sinn des Wortes keine Rede sein. Er hatte einfach aus Kummer und Verzweiflung jedes Ziel aus den Augen verloren und führte ein ausschweifendes Leben.

Einige Jahre später, als die Boanerges gerade in einer Spelunke am Stadtrand von Alexandria ihre Beute mit Huren und Falschmünzern verprassten, stieß Jakobus seinen Bruder plötzlich an.

»Schau, wer gekommen ist«, sagte er.

Johannes blickte auf und sah an der Schwelle des Lokals einen Bettler stehen, lang und dürr wie eine Bohnenstange. Mit schmutzigen Fingern aß er ebenso hastig wie gierig etwas Unappetitliches aus einer ramponierten Tonschüssel.

»Aber das ist doch Ahasver!«, sagte Jakobus. »Botadeus – der, der Gott schlug!«

»Ich kenne niemanden mit diesem Namen«, erwiderte Johannes, »und möchte auch niemanden kennen. Meiner Meinung nach hat Gott ihn geschlagen, und nicht er – Gott.«

Da erzählte ihm Jakobus rasch, was sich am Tag der Hinrichtung zwischen dem *Lehrer* und Ahasver auf dem Weg zur Schädelstätte Golgatha zugetragen hatte – gerade zu der Zeit, als Johannes wegen seines großen Blutverlustes in der Obhut guter Menschen fast gestorben wäre.

Johannes hörte sich die Geschichte aufmerksam bis zum Ende an und fühlte sich plötzlich wie von einem inneren Druck befreit. Er stellte fest, dass er nichts vergessen hatte. All die Jahre hatte ihn der Gedanke gequält, dass es Judas gelungen sein könnte, seiner Strafe zu entgehen. Dem aber war nicht so, und auch Kaiphas hatte es längst erwischt. Pilatus blieb unerreichbar. Und es gab noch Tausende von ihnen. Aber sie hatten Ihn nicht getötet, sie hatten Ihn nur beleidigt. Es waren Tausende, und sie waren namenlos. Aber da, endlich, erschien einer mit einem Namen. Ein dürrer, ausgemergelter und trauriger Mann, der sich von Abfällen ernährte. Einer, der Gott geschlagen hatte.

»Dieser Mann muss streng bestraft werden«, sagte Johannes laut. Er wusste nicht, dass der Mann genug gestraft war – und zwar so hart, wie Sterbliche nicht zu strafen vermögen. Und es wäre Johannes nicht im Traum eingefallen, dass er, wenn er diesen armseligen Dreckfresser bestrafte, gegen den

Willen desjenigen handelte, den er als Einzigen von den Lebenden und Toten liebte.

Niemand achtete auf seine Worte, er aber schob die schläfrige Griechin von seinen Knien, stand behände auf, trat dicht an den Bettler heran und stieß ihm unterhalb der ramponierten Schüssel das lange Messer, mit dem er gerade eine Hammelkeule in Stücke geschnitten hatte, in den Leib – die ganze Klinge, bis hinauf zur Brust.

So endete Ahasver alias Espera-Dios alias Botadeus. Der, der Gott geschlagen hatte.

Danach verschlug es die Boanerges-Brüder an die Grenzen des Römischen Imperiums. Ihre Namen standen bereits in den Fahndungslisten von zwanzig Städten. Dreimal waren sie zu immensem Vermögen gekommen, und dreimal hatten sie es wieder durchgebracht. Viermal waren sie an Meutereien gegen römische Statthalter beteiligt gewesen, und unzählige Male hatten sie räuberische Überfälle auf Kaufleute, Besitzer von Latifundien, Zöllner, zufällige Passanten – einmal sogar auf ein Piratennest – verübt, ehe es sie nach Rom verschlug und sie bei einem ganz und gar nichtigen Vergehen ertappt wurden.

Da es sich um einen Bagatellfall handelte (sie hatten einem betrunkenen Römer, der gerade aus dem Bad zurückgekehrt war, die Kehle durchgeschnitten und waren dabei in flagranti ertappt worden), wurde die Sache in einer Gerichtsverhandlung entschieden. Die beiden Brüder gaben selbstverständlich falsche Namen an. Jakobus der Ältere gab sich als Flüchtling aus Pergamon aus, und Johannes, der wie in einer plötzlichen Eingebung den Namen Ahasver nannte, behauptete, ein Töpfer aus Jerusalem zu sein. Dem Herrn Distriktrichter, der ein eingefleischter Judenhasser war und seit dem Morgen an einer Alkoholvergiftung litt, war alles egal. »Ach, ein Pergamoner!«, rief er voller Hohn. »Und das mit solchen Peies! Dann sag doch mal: Auf dem Berge Ararat ranken rote Reben satt!«

Der Fall war klar: Die zwei Vagabunden aus den Kolonien hatten einen römischen Bürger ermordet und wurden zum Tod durch Gift verurteilt.

In der Nacht vor der Hinrichtung wurde Johannes von einer einzigen, idiotischen Frage gequält: Weshalb hatte er sich ausgerechnet Ahasver aus Jerusalem genannt? Was war das – ein übermütiger Banditenstreich, ein übler Scherz vor dem Tod? Oder kalte Berechnung? Wenn ich den Namen eines Toten angebe, können sie ewig suchen. Oder war es der unbewusste Wunsch, den schmachvollen Namen noch einmal zu entehren?

Dass es Vorherbestimmung war, sollte Johannes erst viel später erfahren.

Nachdem er das Gift geschluckt hatte, starb Jakobus ziemlich schnell, obgleich er noch eine Weile – nämlich genau in dem von der imperialen Rechtsprechung vorgesehenen Maße – leiden musste. Johannes aber starb nicht. Dreimal goss man dem Gefesselten das todbringende Getränk in den Mund, und dreimal brach er, sich in Krämpfen windend, alles wieder aus. Das kam selten vor, passierte aber nicht zum ersten Mal, und wie bei den früheren Fällen wurde verfügt, Johannes mittels siedenden Öls zu töten.

So blieb er noch eine Nacht am Leben. Das Gift aber, so schien es, war dennoch in seinen Organismus gedrungen. Denn bis zum Morgen hatte er quälende Visionen und glaubte, Stimmen zu hören. Er konnte überhaupt nicht begreifen, wer mit ihm sprach und was man ihm sagte. Nein, das war nicht der Nazarener. Aber es war jemand, der Ihm ebenbürtig war, wenn er auch keine Liebe gab und keine Freude spendete. Der Sinn seiner Worte blieb Johannes verborgen. Er begriff nur, dass man ihn von Neuem verurteilte und von Neuem bestrafte.

»Du hast Ahasver erstochen und somit gegen des *Lehrers* Willen verstoßen«, wurde ihm gesagt.

»Du hast Ahasvers Namen angenommen und dir somit dein eigenes Urteil gesprochen«, wurde ihm gesagt.

»Vom heutigen Tag an bis zum Jüngsten Gericht wirst du durch die Welt wandern«, wurde ihm gesagt.

»Und du wirst etwas, etwas und etwas tun«, wurde ihm gesagt.

Aber was das sein sollte, konnte Johannes in dieser Nacht nicht begreifen.

Frühmorgens führte man ihn zur Porta Latina, und in Anwesenheit einer kleinen Anzahl von Menschen steckte man ihn, die Füße voran, in ein großes Gefäß mit siedendem Öl. Die Schmerzen waren unerträglich, und Johannes verlor das Bewusstsein. Aber wiederum starb er nicht.

Als er zu sich kam, bemerkte er, dass er auf dem steinernen Boden des Gerichtssaals lag, in dem sein Urteil gesprochen worden war; die Mitglieder des römischen Richterkollegiums stritten sich seinetwegen. Wie sich erwies, durfte kein Verbrecher dreimal verurteilt werden. Jemanden ein drittes Mal hinzurichten bedeutete, den Langmut der Götter aufs Spiel zu setzen. Das wollte, mit Ausnahme des Herrn Distriktsrichters, niemand wagen. Andererseits aber durfte ein Verbrecher natürlich nicht ungestraft davonkommen. Deshalb fällte das Richterkollegium folgendes Urteil: Ahasver aus Jerusalem wird für immer in eine der verrufensten Kolonien Roms verbannt, nach Asien, auf die kleine Insel Patmos. Und so geschah es.

(*Notiz:* Patmos, eine winzige Insel im Ägäischen Meer, vierzig Kilometer südlich der Linie, die die Inseln Ikaria und Samos miteinander verbindet. In der Zeit, die hier beschrieben wird, war sie von einigen Dutzend wilder Phrygier besiedelt, deren Sprache aus zwei Dutzend Wörtern bestand und die sich von Ziegenkäse, Dörrfleisch und Tang ernährten. Außer Phrygiern und Ziegen lebten, was Großsäuger betraf, dort nur noch Verbannte.)

Johannes verbrachte vierzig Jahre auf Patmos.

Von großer Bedeutung war, dass er die ganze Zeit über ununterbrochen mit seinem Schüler und Diener Prochoros zusammen war. Prochoros, ein höchst bemerkenswerter Mensch, war sechzehn Jahre alt, als Johannes an der Porta Latina ins siedende Öl gesteckt wurde. Er war Grieche und heimlicher Christ aus Überzeugung. Nur aus Zufall war er damals an den Ort der Hinrichtung geraten. Begeisterung hatte ihn gepackt, als er miterlebte, wie der aus dem blubbernden Öl herausragende Kopf mit verdrehten Augen heiser die Worte der großen Lehre verkündete, vermischt mit seltsamen Offenbarungen und wundersamen Beschreibungen. Halb Rom hatte sich inzwischen um den Kessel versammelt. Und in dem Moment, als die Urteilsvollstrecker schon nicht mehr an den Erfolg ihrer Bemühungen glaubten und auch den Rest des zugemessenen Öls verbraucht hatten, erkannte Prochoros plötzlich: Dieser Mensch war nicht von dieser Welt. So entschied sich an diesem Morgen sein Schicksal: Er folgte Johannes in die Verbannung nach Patmos. Er ahnte Großes und nahm reichlich Pergament und Tinte mit sowie für die erste Zeit einen Beutel getrockneter Feigen. All das hatte er bei seinem früheren Herrn gestohlen, in dessen Laden er Schreiberlehrling gewesen war.

Damit endet die Vorgeschichte des Johannes Ahasver. Auf der Insel Patmos beginnt nun seine eigentliche Geschichte.

11. Schweigend stiegen wir bis in die elfte Etage hinauf und blieben vor der Tür ohne Ziffer stehen. Mischa sagte, ein wenig nach Luft ringend: »Hör zu, Serjoscha. Sprechen werde ich, und du hältst die Klappe.«

Ich erwiderte nichts, aber innerlich zitterte ich wie im Schüttelfrost. Denn auf der Treppe war mir plötzlich klargeworden, dass ich meinen alten Freund gerade in eine für ihn äußerst gefährliche Sache hineinzog. Und weder die Tatsache, dass es sein Beruf war, noch, dass er selbst auf diesem Besuch bestanden hatte, rechtfertigten mein Handeln. Am liebsten hätte ich ihm gesagt: »Lass gut sein, Mischa, ist nicht nötig. Soll sie doch alle der Teufel holen.« Aber auch dazu konnte ich mich nicht entschließen! Irgendwie musste man diesen Teufelskreis doch durchbrechen können …

Im Vorzimmer half ich Mischa aus dem Regenmantel, hängte diesen auf einen Kleiderbügel und legte die nasse Baskenmütze auf die Ablage. Mischa kämmte sich vor dem Spiegel die schon stark gelichteten dunkelblonden Haare. Er kam mir absolut ruhig vor, so als wollte er einem Freund einen Besuch abstatten, um ein Gläschen Kognak mit ihm zu trinken und etwas Zitrone dazu zu essen.

»Wohin jetzt?«, fragte er leise, pustete seinen Kamm ab und steckte ihn wieder ein.

»Gleich, warte eine Minute«, antwortete ich.

Ich wollte nicht, dass Mischa in dem Sessel Platz nahm, aus dem heraus die abscheulichen Bittsteller ihre Gespräche führten. Und überhaupt – sollte er doch alles mit eigenen Augen sehen.

»Wozu warten? Gehen wir«, sagte ich und marschierte geradewegs in das Zimmer.

»Ruhig, Serjoscha, ruhig«, murmelte Mischa hinter meinem Rücken. »Es ist alles in Ordnung …«

Das Zimmer war leer. Ich trat zur Seite und ließ Mischa vorangehen, damit er alles sah: die verdammte Liege an der Wand, die beiden glänzenden Metallstreifen, die vom Fenster des Zimmers bis zu den Türen des Kabinetts gespannt waren. Die Tür zum Kabinett stand wie immer offen und gab den Blick in die bodenlose Finsternis frei, in der man trübe, pulsierende Funken aufblitzten sah. Mischa sah sich rasch im Zimmer um, und auf seinem Gesicht entdeckte ich einen mir unbekannten Ausdruck. Ihm war etwas bang, schien mir, so, als müsse er gleich ein Glas voll Rizinusöl trinken.

Der Demiurg rief mit Donnerstimme: »Ins Sprechzimmer mit dem Kunden! Was für Freiheiten erlauben Sie sich?«

Ich biss die Zähne zusammen und antwortete wütend, mit gepresster Stimme: »Er ist kein Kunde. Ich möchte Sie bitten, herauszukommen und mit ihm zu sprechen.«

»Tun Sie, wie Ihnen geheißen!«

Mischa packte mich am Ellbogen und sprach in Richtung des Kabinetts: »Ich heiße Michail Iwanowitsch Smirnow. Ich bin Major der Staatssicherheit und möchte mich mit Ihnen unterhalten.«

Der Demiurg schien sich in keiner Weise zu wundern. »Handelt es sich um ein Gespräch oder um ein Verhör?«, erkundigte er sich.

»Ich bin inoffiziell hier«, antwortete Mischa. »Ich möchte Ihnen einfach ein paar Fragen stellen.«

»Warum mir?«

»Ich möchte herausfinden, ob Ihre Tätigkeit für meine Dienststelle interessant ist. Ich präzisiere: Es steht Ihnen frei, auf meine Fragen zu antworten.«

»Sie brauchen nicht zu präzisieren. Dieses Recht habe ich immer … Sergej Kornejewitsch, ich komme trotzdem nicht heraus, hoffen Sie nicht darauf. Bitten Sie den Gast, Platz zu nehmen.«

»Ich habe heute den ganzen Tag gesessen«, sagte Mischa. »Aber ich würde Sie, ehrlich gesagt, gerne sehen.«

»Das fehlte noch … Aber gut, ich überlege es mir. Wir werden sehen, wie Sie sich verhalten. Einstweilen können Sie mir Ihre Fragen stellen.«

Vor lauter Aufregung wurde mir schlecht. Ich schwankte zur Liege hinüber und setzte mich. Die beiden redeten schon miteinander, und zwar so lebhaft, dass man glauben konnte, sie seien alte Bekannte und hätten gerade mit einem Rätselspiel begonnen.

»Wer sind Sie?«

»Ich habe viele Namen. Ich bin der Töpfer, der Schmied, der Weber, der Zimmermann, Hephaistos, Gu, Ilmarinen, Chnum, Vishvakarma, Ptah, Jahwe, Mulungu, Morimo, Mukuru ... Das reicht, nehme ich an.«

»Ich frage nicht nach Ihrem Namen. Ich frage Sie, wer sind Sie?«

»Ich bin ein Töpfer, ein Schmied, ein Zimmermann, ein Weber ... Ist das zu wenig? Und ich bin der Demiurg.«

»Aber Sie sind, wie ich annehme, ein Mensch.«

»Selbstverständlich! Unter anderem auch ein Mensch.«

»Und was noch?«

»Wissen Sie nicht, wer der Demiurg ist? Schauen Sie im Lexikon nach.«

»Gut. Ich werde nachschauen. Und sind Sie schon lange hier?«

»Über ein halbes Jahr ... Obgleich ... Das hängt davon ab, wie man rechnet. Hören Sie, ist Ihnen das nicht gleichgültig?«

»Nein. Aber wenn es Ihnen schwerfällt zu antworten, lassen wir diese Frage vorerst beiseite. Woher sind Sie gekommen?«

»Wissen Sie, Herr Major, ich möchte Sie warnen. Wenn ich anfange, auf Fragen zu antworten, die Raum und Zeit betreffen, wird Sie das mit Sicherheit weder freuen noch zufriedenstellen.«

»Gut, ich nehme das zur Kenntnis«, sagte Mischa geduldig. »Also, woher sind Sie gekommen?«

»Von nirgendwoher. Ich war schon immer hier.«

»In diesem kleinen Zimmer?«

»Dieses kleine Zimmer war nicht immer hier, Herr Major. Aber ich – immer. Gewissermaßen. Dabei hier und nicht nur hier.«

»Das ist interessant. Soviel ich weiß, verfügen Menschen nicht über solche Fähigkeiten. Gestatten Sie mir die Schlussfolgerung, dass Sie demnach kein Mensch sind?«

»Ein Mensch verfügt nicht über diese Fähigkeit. Richtig. Dafür besitze ich die Fähigkeit, ein Mensch zu sein. Und nicht nur ein Mensch.«

»Nun ja, das Recht haben Sie. Das ist nicht gesetzlich verboten. Aber jetzt nennen Sie mir bitte, wenn möglich, den Zweck Ihres Aufenthalts.«

»Mir scheint, Sie haben oft mit Ausländern zu tun.«

»Wie kommen Sie darauf?«

»Sie haben eine sehr korrekte Ausdrucksweise und sehr ungezwungene Manieren. Und Sie sind es offensichtlich gewohnt, die Frage nach dem Zweck des Aufenthalts zu stellen.«

»Übrigens bin ich es auch gewohnt, Antworten auf diese Fragen zu erhalten. Wie lautet Ihre Antwort?«

»Ich suche den Menschen.«

»Wen bitte?«

»Ich suche den MENSCHEN – großgeschrieben!«

In der ganzen Zeit, in der die Fragen und Antworten rasch aufeinanderfolgten, blieb Mischa nicht eine Minute lang ruhig stehen. Ich hatte sogar den Eindruck, dass er sich seine Fragen nicht besonders sorgfältig überlegte und nicht sehr genau auf die Antwort achtete. Mit lautlosen Schritten ging er im Zimmer umher, wobei er die Wände aufmerksam betrachtete und betastete. Den Kopf in den Nacken gelegt, stand er eine Weile unter einer herabhängenden schwarzen Schnur und sah sie sich mit zusammengekniffenen Augen genau an. Dann hockte er sich hin, um die Metallstreifen näher in Augenschein zu nehmen; er klopfte sogar mit dem Fingernagel dagegen – erst gegen den einen und dann gegen den anderen. Verzweifelt und enttäuscht beobachtete ich, wie auf seinem Gesicht immer deutlicher zum Ausdruck kam, dass er die nutzlos vertane Zeit bedauerte. Ich konnte seine Gedanken direkt lesen: Mit ausgemachtem Unsinn befasse ich mich hier, ich werde das Kreiskommando der Polizei anrufen. Sollen sie doch einen vom Revier herschicken, der das Ganze …

Als er die Worte vom großgeschriebenen Menschen vernahm, erhob er sich, zwinkerte mir zu und sagte mit gespieltem Ernst, während er mit leisen Schritten auf die Tür zuging: »Dann nehmen Sie doch mich.«

Zum ersten Mal blieb die Antwort aus. Mischa schaffte es noch, zwei vorsichtige Schritte zu tun. Da kam ihm aus der Finsternis der Demiurg entgegen, blieb an der Schwelle stehen und richtete seine riesigen, wild blickenden Augen auf ihn. Ich sprang auf. Ich war zu Tode erschrocken. Mischa dagegen wich einen Schritt zurück und machte eine seltsame Bewegung mit dem rechten Arm. Entweder wollte er ihn schützend hochheben, oder etwas hing (trotz seiner gegenteiligen Behauptung) unter der Achsel seines linken Armes. Er wurde kreidebleich, und sofort traten große Schweißtropfen auf seine Stirn. Da sprach der Demiurg mit dröhnender Stimme: »Ich werde mir Ihren Vorschlag überlegen.«

Er sprach die Worte aus und verschwand wieder in der Finsternis.

12. Im Vorraum wollte ich Mischa in den Regenmantel helfen, aber er nahm ihn mir aus der Hand und sagte: »Gib her! Was soll die übertriebene Höflichkeit!« Während er seinen Mantel zuknöpfte und sich vor dem Spiegel die Baskenmütze aufsetzte, wartete ich darauf, dass er mir noch etwas sagen würde – und wenn nicht hier, dann auf der Treppe … Aber da rauschte nebenan die Spülung, ein Riegel schnappte, und aus dem Bad trat Ahasver Lukitsch. Mit beiden Händen knöpfte er sich die Hose zu und brachte es dabei noch fertig, mit drei Fingern der rechten Hand seine geliebte Aktentasche festzuhalten.

»Pardon, Pardon, Pardon!«, rief er freudestrahlend und musterte Mischa Smirnow mit einem taxierenden Blick. »Gestatten Sie, mich vorzustellen: Ahasver Lukitsch Prudkow, Staatliche Versicherung, stets zu Ihren Diensten. Die Hand gebe ich Ihnen nicht – wegen meines letzten Aufenthaltsortes … Doch möchte ich die Gelegenheit beim Schopfe packen. Die Staatliche Versicherung, verehrter Michail Iwanowitsch, empfiehlt Ihnen folgende Dienstleistungen …«

Und in einem phänomenalen Tempo, das keineswegs die Verständlichkeit seiner Worte beeinträchtigte, pries Ahasver Lukitsch dem verblüfften Mischa all die Perlen von Dienstleistungen an, die unser System der staatlichen Versicherung jedem ordentlichen Bürger zu bieten hatte.

Mich wunderte, dass Mischa anscheinend alles, was ich ihm zuvor über Ahasver Lukitsch erzählt hatte, völlig vergessen hatte. Er hielt ihn offenbar für einen ganz normalen, aufdringlichen Versicherungsagenten, vor dessen unverhüllter Grobheit man sich kaum retten konnte. Mischa lächelte verlegen, machte abwehrende Gesten, presste sich dann die Handflächen gegen die Brust und sagte: »Ich danke Ihnen, aber ich habe schon …« Kurzum, er benahm sich nicht wie ein Spion, sondern wie ein Einfaltspinsel. Und als wir endlich im Treppenhaus standen und ich die Tür hinter mir zugeschlagen hatte, wischte er sich mit einer merkwürdigen Handbewegung, die wohl Erleichterung ausdrücken sollte, den imaginären Schweiß von der Stirn und sagte: »Uff … Mit knapper Not bin ich ihm entkommen!«

Wir stiegen die Treppe hinunter.

»Und, wie ist deine Meinung?«, fragte ich ungeduldig und aufgeregt.

Da trug sich etwas zu, woran ich jetzt noch mit Schaudern zurückdenke. Obwohl – was hätte ich sonst erwarten können? Während wir die ersten vier Stockwerke hinuntergingen, blieb Mischa recht einsilbig. Er sprach widerwillig, als koste es ihn Mühe, und als sage er nur deshalb etwas, weil er sich mir gegenüber verpflichtet fühlte. Er sei mir dankbar. Ich sei ein Mordskerl. Ich hätte richtig gehandelt, als ich mich an ihn gewandt hatte. Es braue sich da etwas zusammen, was kein Spaß mehr sei. Mit dieser Sache würden sich nun die dafür zuständigen Personen befassen. Meine weitere Anwesenheit hier sei völlig überflüssig, vielleicht sogar gefährlich ... Was hält dich hier eigentlich? Vielleicht brauchst du Hilfe? Sag es mir! Am besten, du verschwindest noch heute von hier, sofort ... Wegen einer Bleibe brauchst du dir nicht den Kopf zu zerbrechen, das wird alles geregelt ...

Im siebten Stockwerk hakte er sich bei mir ein und fing an, mir unter dem Siegel der Verschwiegenheit zu erzählen, dass sie schon einen ähnlichen Fall gehabt hätten – vor fünfzehn Jahren. Diese Schurken hätten es – nebenbei bemerkt – faustdick hinter den Ohren, aber es gebe bekanntlich nichts Neues unter der Sonne. Er brauche sich nur diese metallenen Richtkoppler anzusehen, da sei ihm gleich ein Licht aufgegangen. Es handle sich nicht um Richtkoppler, sondern um Zubringerlinien. Und im Kabinett stehe ein Generator. Manches könne er sich nicht erklären, aber das sei auch nicht sein Bier. Wir hätten damit gar nichts zu tun. Der für diese Wohngegend zuständige Polizist habe wohl geschlafen. Da sei in seinem Bezirk seit längerer Zeit eine Bande von Betrügern am Werk, und er merke nichts. Eines aber wunderte ihn:

»Womit halten sie dich hier? Bist du wirklich so leichtgläubig? Mein Gott, du bist doch ein Wissenschaftler, der sich in Kürze habilitiert ... Du wartest wohl so lange, bis man dich zusammen mit ihnen verhaftet? Es gibt einen Paragrafen ›Beteiligung an betrügerischen Machenschaften‹ ... Sie haben dich doch nicht etwa bestochen? Verstehe, verstehe: Sie haben dich hinters Licht geführt. Sogar ich wusste zuerst nicht, was da los ist – und ich habe weiß Gott schon viel erlebt ... Na gut, dann bleib. Ich glaube dir, ich bürge für dich, du trittst im

Prozess als Zeuge auf … Und dann geh bitte zurück an dein geliebtes Steppenobservatorium, beschäftige dich wieder mit deinen geliebten Sternen und vergiss das alles. Der Teufel hat dich hergebracht!«

Im dritten Stockwerk fasste er mich fest um die Schultern und redete schon in einem freundschaftlichen und vertraulichen Ton mit mir: Aber wenn ich bedenke, wie du in deinem Wohnheim im Steppenobservatorium gewohnt hast. Ein Zimmer? Und hier eine so nette Wohnung, du bist wirklich zu beneiden. Von deinem Schlafzimmer war ich begeistert. Ich werde Warja lieber nichts davon erzählen; sie lässt mich sonst überhaupt nicht mehr in Ruhe. Wo treiben die Leute nur solche Möbel auf! Und überhaupt, woher hast du die ganzen Bücher? Durch Beziehungen, nicht wahr? Ich sammle mein ganzes Leben lang »Kriegserinnerungen«, aber eine solche Auswahl … Schade, deine Sonja arbeitet so viel, wir haben uns schon eine Ewigkeit nicht mehr gesehen. Hör mal, was sind das für Sitten, mich einfach so zwischen Tür und Angel einzuladen? Wollen wir uns nicht, wie es sich gehört, einmal mit unseren Frauen und Kindern treffen? Meinen Sanja machen wir mit deiner Tanja bekannt … (Hier brach er in lautes Gelächter aus.) Wie sie aus der Toilette herausgestürzt kam … Ihr Gesicht war rot wie Klatschmohn … Ein hübsches Mädchen übrigens, sie wächst heran. Ja, Bruder, wir werden alt, haben bald die besten Jahre hinter uns. Noch fünf Jährchen, und es ist Zeit, die Kinder zu verheiraten … Wäre nicht schlecht, mal wieder einen Kognak bei dir zu trinken. Und wenn du mich besuchst, werde ich dir einen vorsetzen, wie du noch nie einen getrunken hast und nie wieder trinken wirst, wenn ich nicht dafür sorge … In Ordnung, danke für die Einladung, danke für die Bewirtung, danke für die Grüße … Nein, nein, du brauchst mich nicht zu begleiten. Ich weiß, da drüben ist die Haltestelle der Linie sechs.

Er umarmte mich kurz, klopfte mir auf den Rücken und rannte die Stufen hinunter. Ich blieb stehen, stützte mich mit der Hand von der regennassen, eiskalten Betonwand ab und sah Mischa nach, wie er leichtfüßig zur Straße lief, nach links und rechts blickte und sie dann überquerte, um zur Bushaltestelle zu gelangen.

13. Der Demiurg sagte: »Haben Sie noch Fragen?«

»Nein«, antwortete Mischa. »Ich danke Ihnen.«

Er hatte seine Fassung zurückgewonnen, und sein Gesicht nahm wieder Farbe an. Aber der Schweiß rann ihm immer noch von der Stirn über die Wangen und den Hals, und Mischa wischte ihn sich ständig mit einem zusammengeknüllten Taschentuch ab.

»Dann stelle ich Ihnen eine Frage«, sagte der Demiurg. »Nur eine einzige: Was wollen Sie?«

»Im Moment wünsche ich mir nur eins«, erwiderte Mischa mit einem schiefen Lächeln. »Dass Sie verschwinden. Und dass Sie niemals wiederkommen. Dass ich glücklich aufwache. Dass ich aufwache, dass Sie nicht mehr da sind und dass es Sie nie gegeben hat.«

»Eine wirklich seltsame Antwort!«, sagte der Demiurg. »Das habe ich nicht von Ihnen erwartet … Übrigens meinte ich aber gar nicht Sie persönlich.«

»Ach, Sie meinten … Wissen Sie, alles, was wir uns wünschen, steht im Parteiprogramm. Lesen Sie es sich durch, dort ist alles dargelegt.«

Die Donnerstimme des Demiurgen ertönte: »Ich danke Ihnen! Sie können gehen, Major. Sergej Kornejewitsch, begleiten Sie den Major bitte hinaus. Geben Sie ihm Mantel und Hut.«

… Und als ich mich wie eine alte Schindmähre, die zum Schlachthaus gezogen wird, zu meinem Platz im Empfangszimmer zurückgeschleppt hatte, sagte er: »Ich bitte Sie, Ihre

Freunde künftig nicht ohne vorherige Ankündigung herzubringen. Das ist hier kein Salon, sondern eine Dienststelle … In diesem konkreten Fall bin ich Ihnen jedoch dankbar. Denn Ihre Epoche ist die der großen Organisationen; ich hingegen habe die alte Angewohnheit, mich immer nur mit einzelnen Personen abzugeben. Sie haben mich auf einen neuen Gedanken gebracht, ich danke Ihnen.«

14. *Anmerkung:* Ich bin schon seit vielen Jahren nicht mehr verheiratet. Ich bin geschieden. Meine erste und einzige Frau hieß Alexandra. Mischa Smirnow hat sie nie gesehen. Kinder habe ich keine. Meine nahen Verwandten und Freunde sowie die mir bekannten Frauen, die Sonja, Sophie etc. heißen, haben ebenfalls keine Kinder.

Später habe ich Mischa Smirnow noch zweimal angerufen. Das eine Mal sagte man mir, er befinde sich auf einer längeren Dienstreise. Das andere Mal plauderte ich einige Minuten lang mit ihm am Telefon. Er war nett und freundlich, lehnte aber ein Zusammentreffen mit der Begründung ab, sehr beschäftigt zu sein. Als er sich verabschiedete, sagte er, dass er sich noch gern an den »großartigen Abend« erinnere, den er bei mir verbracht habe, und bestellte Grüße an »die liebe Sonja und an Tanja«.

Andere Bekannte hatte ich in den »großen Organisationen« nicht. Und mich direkt, über die offiziellen Kanäle, an diese zu wenden, hätte zu nichts geführt – höchstens ins Irrenhaus.

So blieb ich allein. Ganz allein.

15. Es war schon spät am Abend, fast Nacht. Ich lag …

Tagebuch, 18. Juli (Nachtrag zum 17.)

Genau wie Michail Tarassowitsch kann ich mir nicht erklären, weshalb G.A. so entschieden für die »Flora« eintritt.

Er hat um »Gnade für Gefallne« gebeten?

Nein, ganz und gar nicht. Ich weiß genau – das sehe und fühle ich –, dass er sie nicht für Gefallene hält. Wir alle halten sie in gewisser Weise für Gefallene, er aber nicht. Er akzeptiert diesen Begriff nicht. Alles, was die Gesellschaft hervorbringt, ist von den Gesetzen der Gesellschaft verursacht, ist daher gesetzmäßig und kann streng genommen nicht als schlecht oder gut eingestuft werden. Wir sind es, die alle sozialen Erscheinungen in die Kategorien »schlecht« oder »gut« einteilen – und wir richten uns dabei ebenfalls nach bestimmten Gesetzmäßigkeiten. (Gerade deshalb wird das, was im neunzehnten Jahrhundert gut war, im einundzwanzigsten Jahrhundert zu Recht entschieden abgelehnt. Rückhaltlose Ergebenheit zum Beispiel. Oder die blinde Ausführung von Befehlen.)

Verständnis und Herzensgüte.

Verständnis – das ist der Hebel, das Instrument, das Mittel, dessen sich der Lehrer bei seiner Arbeit bedient.

Herzensgüte – das ist das ethische Verhalten des Lehrers zum Objekt seiner Arbeit, eine Methode, auf andere einzugehen.

Wo Herzensgüte existiert, findet Erziehung statt. Wo Herzensgüte fehlt und alles außer Herzensgüte vorhanden ist, findet Dressur statt.

Durch Herzensgüte wird der MENSCH erzogen.

Fehlt es an Herzensgüte, entstehen solche Halbfabrikate wie Technikfreaks, Arbeitstiere, Knallköpfe. Und natürlich Barette aller möglichen Farben. Mordmaschinen. Profis.

Merkwürdig, dass die Menschheit so erfolgreich Halbfabrikate produziert. Das ist einfacher, nicht wahr? Oder hat nie die Zeit für die Erziehung eines MENSCHEN gereicht? Oder das Geld?

Nein, offensichtlich gab es nur einfach nie die Notwendigkeit dazu.

Gibt es sie jetzt? »Wenn man es kühl, aber gründlich besieht …« Ja, jetzt scheint es sie zu geben! Sonst hätte die neue Erziehungstheorie unmöglich den Dschungel des Althergebrachten besiegt, der in der Akademie der Pädagogischen Wissenschaften herrschte. Und das System der Lyzeen wäre nicht geschaffen worden. Und G. A. wäre jetzt bestenfalls ein führender Kopf unter den Lehrern der ziemlich mittelmäßigen 32. Taschlinsker Oberschule.

Selbstverständlich bestimmt das Sein das Bewusstsein. Das ist die Regel. Aber zum Glück gibt es auch Ausnahmen und es kommt häufig genug vor, dass das Bewusstsein das Sein überflügelt. Sonst lebten wir heute noch in Höhlen.

Michej ist aufgewacht. Er ist wie immer am Vormittag nicht ansprechbar.

18. Juli (abends)

Wir sind gerade aus dem Speisesaal zurückgekommen. Haben lange diskutiert. Jetzt tut mir der Hals weh, als hätte ich eine Militärparade kommandiert. Meine Laune ist mies; ich habe verdammt schlecht gesprochen. Bin eben kein Redner. Aber Askold, der ist einer!

Ich möchte jetzt nicht darüber schreiben.

G. A. geht es nicht besonders gut. Das Pflaster habe ich entfernt, aber sein Arm schmerzt. Michej ist besorgt und macht ein Gesicht, als sei er schuld. G. A. bekam heute eine Elektromassage. Serafima Petrowna rief Michej zu sich ins Arbeitszimmer, bewirtete ihn mit Schaumgebäck und bemühte sich eifrig, etwas aus ihm herauszubekommen.

Von elf bis vierzehn Uhr war ich im Krankenhaus. Ich half Borissowitsch bei den Krankengeschichten, trug (auf sehr hohem professionellem Niveau) die Bettpfannen hinaus und leitete dann die heilgymnastischen Übungen aller Patienten auf der dritten Etage.

Von fünfzehn bis neunzehn Uhr bereitete ich mich auf die Examensarbeit vor und exzerpierte Madame Töpfer. Verdammt schwieriger Stoff! Muss ich mich wirklich ernsthaft mit dieser verfluchten Psychogeometrie befassen? Hohe Pädagogik … kann mir gestohlen bleiben! Ich glaube nicht daran … Und wenn die Menschheit keine Fähigkeit zum abstrakten Denken besitzt? Immerhin leben wir in einer sehr grausamen Welt.

Ereignisse.

Am Vormittag gab es im Stadtfunk eine Ansprache unseres Polizeichefs. Michail Tarassowitsch hatte große Siege zu verkünden: Unsere heldenhafte Miliz hat eine geheime Rauschgiftfabrik entdeckt, die sich im Keller des Labortrakts der Universität befand, und sie ausgehoben. (»Aha!«, dachten Michej und ich sofort und blickten uns schweigend an.) Sechs Mann wurden verhaftet: ein Kurier, drei Dealer und zwei Wachposten. Auch der Hauptmafioso unserer Stadt wurde dingfest gemacht – es handelte sich um Tjutjukin, den Leiter der Kulturabteilung unserer Stadtverwaltung. (»Aha!«, sagte ich zu mir selbst und wechselte in Abwesenheit von G.A. einen Blick mit Askold.) Unter dem Verdacht, an den Machenschaften beteiligt zu sein, wurden zahlreiche weitere Personen verhaftet, u.a. der Verwalter des Chemikalienlagers, der Besitzer des Cafés »Schneewittchen«, einer der Gärtner der Universität und andere respektable Bürger. (Kein einziger Student darunter; das spricht für sich.) Die Ermittlungen würden fortgesetzt. Es gebe gute Gründe für die Annahme, dass unsere Stadt demnächst endlich von der Drogenmafia gesäubert sei.

Als Michej und ich unter uns waren, überlegten wir kurz, was das alles zu bedeuten hatte. Und wir zogen folgende, merkwürdige Schlussfolgerung: Es sah ganz so aus, als ob G.A. schon längere Zeit sowohl von der geheimen Drogenfabrik als auch von dem »Paten« in der Stadtverwaltung gewusst, aus irgendeinem Grund aber geschwiegen habe – bis vorgestern. Da entschloss er sich schließlich zu handeln, wenn auch auf recht seltsame Art und Weise. Wahrscheinlich hatte er den athletischen jungen Mann und andere Studiosi aus der Schusslinie der Polizei genommen. Nun lautete die Frage: Warum tat er das, und woher wusste er, dass Michail Tarassowitsch seine Operation in dieser Nacht durchführen würde?

Während unseres hastigen Gesprächs kam mir ein Gedanke – ein sehr sonderbarer Gedanke, aber er erklärte vieles. Ich beschloss, Michej nichts davon zu sagen. Und ich verzichte darauf, ihn schriftlich festzuhalten. Ich erinnere mich auch so daran.

G.A. weiß, was er tut – darauf vertrauen Michej und ich.

Die heutigen Zeitungen sind voll von Meldungen über die »Flora«. Rebekka hat sich (das war mir gestern entgangen) in einem großen Artikel in den *Stadtnachrichten* breit über die »Flora« ausgelassen, und jetzt erscheinen in allen Zeitungen Repliken. Dreihundertdreiunddreißig Aufschreie der Verzweiflung, des Kummers, des Schmerzes, des Hasses und der Rache. Es ist haarsträubend. Ich stellte mir vor, wie einer meiner Schützlinge, Sanka der Igel, in der erkalteten Asche neben der Feuerstelle liegt, die sonst so klaren Augen glasig, den sabbernden Mund halb geöffnet, und wie diese verrohten Menschen ohne jedes Interesse dabei zusehen, wie er sich fast von Sinnen mit einem Rasiermesser einen Schnitt nach dem anderen zufügt … Ich konnte mich nicht beherrschen und sagte, was ich dachte. Vor allen. Laut. Das geschah am Nachmittag. Sogar vor Frauen. Und ich entschuldigte mich nicht einmal. Allerdings achtete niemand darauf, nur Borissowitsch knurrte mit finsterer Miene: »Diesem Übel hätte man schon längst zu Leibe rücken sollen. Auf der Gynäkologie liegen zwei Mädchen von dort, das eine zwölf, das andere dreizehn Jahre alt. Wissen Sie, wie die sich nennen? ›Unterholz‹!«

Noch nie habe ich so etwas erlebt: In der Stadt tauchten plötzlich Warnposten auf. Ältere Leute, allem Anschein nach Rentner, standen zu zweit oder zu dritt vor billigen Etablissements und versuchten durch Zureden die Touristen vom Betreten der Lokale abzuhalten. Vor dem Lokal »Zum Hungerleider« standen zwei Graubärtige mit selbstgebastelten Plakaten. Auf dem einen war zu lesen: »Hier wurde mein Enkel drogensüchtig gemacht« und auf dem anderen: »Anständige Menschen besuchen diese Spelunke nicht«. Weitere Plakate fanden sich auf Zäunen und Mauern, und vor dem Stadtsowjet war quer über den Boulevard ein Banner gespannt. Darauf stand mit schwarzer Schrift auf rotem Hintergrund: »Deine Kinder sind in Gefahr! Rette sie!«, »Leg die Arbeit nieder! Zertritt die Natter!«, »Wir säubern die Stadt vom grünen Eiter!« …

Die Straßen waren voller Menschen. Auch Polizei war da. Nie in meinem Leben hatte ich so viele Polizisten auf einmal gesehen, höchstens im Stadion. Es herrschte eine ganz ungewöhnliche Stimmung in der Stadt: Etwas Erhebendes, Feierliches lag darin, und auch eine nervöse, fast fieberhafte Begeisterung. Es schien, als hätten sie alle etwas getrunken – die einen, um sich Mut zu machen, die anderen, um fröhlich zu sein. Man begrüßte sich mit euphorischen Rufen, schlug sich gegenseitig auf den Rücken, redete wild durcheinander. Es schien, als sei heute niemand zur Arbeit gegangen; man fühlte sich halb wie auf einem Bahnhof und halb wie bei einem Bankett. Es lag etwas in der Luft …

(Und das gefiel mir nicht. Es war mir ebenso unangenehm wie die Vorstellung, ein Chirurg riebe sich in der Vorfreude auf die Entfernung einer Geschwulst die Hände, versetzte seinen Assistentinnen einen Klaps auf den Hintern und kicherte aufgeregt.)

Von der »Flora« war niemand zu sehen. Das verwunderte auch nicht, denn gehörte ich zur »Flora«, wäre mir in dieser Atmosphäre auch bange gewesen. Vielleicht kommt es ja doch nicht zu Gewalttätigkeiten? Die »Kinder der Flora« sind schließlich nicht verrückt und verstehen, dass sie jetzt möglichst schnell von hier verschwinden und das Weite suchen müssen.

Am Ende des Boulevards blieb mir beinahe das Herz stehen: Ich sah, wie an einem Baum ein Gehenkter schaukelte ... Overall mit Tarnfärbung, grüne Bastschuhe ... Aber es war natürlich bloß eine Puppe. Zwei kleine Jungen, etwa zwölf Jahre alt, hantierten dort mit Streichhölzern und Feuerzeugen herum. Ich schimpfte sie gründlich aus: Erstens brennen Fallschirmjägeroveralls nicht. Zweitens ist es auch abscheulich, die Nachbildung eines Menschen in Brand zu stecken. Und drittens gleichen sie Ku-Klux-Klan-Anhängern, die einen erhängten Schwarzen anzünden wollen. Sie machten sich sofort aus dem Staub, und ich setzte meinen Weg fort. Es ist wirklich bitter, dachte ich, dass die Atmosphäre der Jagd auf Ungeheuer selbst Ungeheuer hervorbringt.

(Jetzt, im Nachhinein, scheint mir allerdings, dass ich meine eigene unsaubere Denkweise auf die der Kinder übertragen habe (wie das Pädagogen leider oft machen). Die Szene, der ich eine symbolische Bedeutung beimaß, hatte in ihren Augen weder etwas mit der »Flora« zu tun noch mit dem schrecklichen Vorhaben der Erwachsenen. In den gestrigen Nachrichten hatten sie gesehen, wie Demonstranten eine Puppe – eine Nachbildung des Ministerpräsidenten – vor dem Parlamentsgebäude verbrannten. Und heute, als die Kinder auf dem Boulevard zufällig auf eine Puppe stießen, regte sich in ihnen plötzlich der Wunsch, dass Feuer knistern und Rauch aufsteigen möge, dass ringsum alle von Panik ergriffen zusammenlaufen würden und die Feuerwehr angebraust käme … So ungefähr. Meine pädagogische Salve mit der Explosivkraft von einer Kilotonne TNT war also völlig danebengegangen und hatte bei den Jungen nur Verwunderung hervorgerufen. Sie flitzten nur deshalb so schnell davon, weil Schüler vor der Uniformjacke eines Lyzeaners großen Respekt haben. Vielleicht kennen sie mich auch, weil ich im vorigen Jahr Stunden bei ihnen gegeben habe, und sie hatten Angst, ich könnte sie ebenfalls erkennen. Pädagogik. Wissenschaft.)

Beim Abendessen fing die Diskussion damit an, dass Irina uns voller Empörung eine ganz abscheuliche Geschichte erzählte. Sie hatte am Morgen ihren Dienst im Sonderschulinternat »Kirschbäumchen« begonnen, und am Nachmittag tauchte ein Inspektor der städtischen Abteilung für Volksbildung dort auf, ein gewisser Andrej Maximowitsch Ljutikow. Er ließ das ganze Personal ins Lehrerzimmer kommen und machte dort folgenden »genialen Vorschlag«: Das ganze »Kirschbäumchen«, einschließlich der Gelähmten, Blinden und geistig Behinderten, sollte an der morgigen Kundgebung vor dem Stadtsowjet teilnehmen. Folgende Losung wurde für ihre Teilnahme an der Demonstration ausgesucht: »Wir klagen die ›Flora‹ an!« Das würde Wirkung haben. Das würde zünden.

Und es hatte Wirkung. Alle, die sich im Lehrerzimmer versammelt hatten, waren sprachlos. Genosse Ljutikow handelte sich von allen Seiten so viele Ohrfeigen ein, dass sein Gesicht dunkelrot anlief und er mit unnatürlich hoher Stimme schrie, er werde sie alle entlassen, gleich morgen. Er persönlich werde diesen Hort von »Flora«-Sympathisanten beseitigen und das ganze Internat auflösen. Da griff Sergej Fjodorowitsch zum Telefonhörer, rief Riwa an und erklärte ihr mit ein paar Worten, wie sich ihr Inspektor hier aufführte. Riwa befahl, den Bildschirm auszuschalten und Ljutikow den

Hörer zu übergeben. »Und der verfluchte Vampir begann zu zittern …«

Drei Minuten lang herrschte Totenstille im Lehrerzimmer. Schweigend hörte sich Genosse Ljutikow an, was Riwa ihm zu sagen hatte, legte vorsichtig den Hörer auf, nahm seine Aktentasche und verschwand, ohne noch ein Wort zu sagen. Da war sein Gesicht nicht mehr dunkelrot, sondern grau, was ihn allerdings auch nicht schöner machte.

Man kann sich kaum etwas Widerwärtigeres vorstellen als Versuche von Erwachsenen, Kinder vor ihren Karren zu spannen. Noch dazu solche, die es von Geburt an schwerhaben. Das lässt sich durch nichts rechtfertigen. Ich gebe zu, dass ich in dem Moment größte Sympathie für Riwa empfand, obwohl sie eigentlich nichts Besonderes getan hatte. Jeder normale Mensch hätte an ihrer Stelle genauso gehandelt – vor allem an *ihrer* Stelle. Entscheidend ist hier offenbar der Kontrast: Verglichen mit einem bösartigen Idioten erscheint einem selbst der gewöhnlichste Mensch als Engel.

Ich kann mich jetzt gar nicht mehr erinnern, wie die Diskussion überhaupt begann. Denn am Anfang, gleich nach Irinas Bericht, waren wir uns alle einig gewesen. Dann aber brach ein Heidenlärm los, jeder gestikulierte wild herum, und niemand war mehr bereit, einzulenken. Dabei waren wir nur noch zu sechst im Lyzeum – nicht auszudenken, was los gewesen wäre, wenn alle zweihundert so gebrüllt und mit den Händen herumgefuchtelt hätten.

Ein Bild: Im Speisesaal sind fast alle Lichter gelöscht. Dreißig leere, ungedeckte Tische. Wir sechs sind aufgesprungen. Stühle sind umgeworfen, das Abendessen ist nicht aufgegessen, und in der Tür zur Küche steht Irakli Samsonowitsch – sprachlos vor Verwunderung. Die weiße Haube auf seinem Kopf ist nach hinten geschoben, seine Augen blicken entsetzt, und in der Hand hält er die nicht abgeholte Schüssel mit der hellen Soße für die Klopse.

Was merkwürdig ist: Sieht man von Gefühlsausbrüchen einmal ab und von den fürs Lyzeum typischen, scharfsinnigen Gemeinheiten, die den Gegner um jeden Preis treffen wollen, von den gegenseitigen Beschuldigungen, die nichts mit dem Streit zu tun haben, bleibt erstaunlich wenig übrig. Nur ein paar Thesen.

Wir hatten das Gefühl, als stritten wir über eine Vielzahl von Fragen, aber in Wirklichkeit stritten wir uns bloß über eins: Hat G.A. Recht oder nicht? Und wie sollten wir damit umgehen? (Mein Gott, alle Lektionen über Rhetorik und Streitkultur waren vergessen. Irakli Samsonowitsch war Zeuge: Sechs Affen bewarfen sich mit Dreck und Bananenschalen.)

Und was noch merkwürdiger ist: Uns verbindet viel mehr, als uns trennt. Alle sind wir Schüler von G.A., und alle haben wir gelernt, dass wir – koste es, was es wolle – unseren Überzeugungen treu bleiben müssen. Wir alle hassen die »Flora«, vertreten also voll und ganz die Meinung der überwiegenden Mehrheit und sind insofern nichts Besonderes. Wir alle lieben G.A., aber keiner von uns versteht seinen Standpunkt; deswegen haben wir ein schlechtes Gewissen und hegen leichte Aggressionen ihm gegenüber.

Michej und ich fuchtelten vor allem deshalb so wild mit den Armen, weil wir uns gern von der Mehrheit absetzen. Ernsthafte Gründe dafür haben wir eigentlich nicht, und das ärgert uns am meisten. Aber zugleich finden wir auch keinen Grund, warum wir uns auf G.A.s Seite stellen sollten, und das beunruhigt uns. Denn eins steht fest: Wenn sich jemand irrt, dann sicher nicht G.A. Wir wissen das. Aber wir wissen nicht, wie es weitergehen soll. Lassen wir uns von unseren Überzeugungen leiten, so bedeutet das, dass wir den Kürzeren ziehen und obendrein G.A. verraten. Folgen wir jedoch G.A. blindlings, bedeutet das, dass wir unsere Überzeugungen mit Füßen treten; und das ist schlecht.

Für Irina ist es ganz einfach. Sie liebt G. A. und hat Mitleid mit ihm. Das genügt ihr, um ganz auf seiner Seite zu stehen. Und das bedeutet nicht, dass sie ihre Überzeugungen mit Füßen träte. Sie hat einfach keine solchen Überzeugungen: Ihr tut G. A. leid, alles andere ist ihr egal. Die Floren und die Faunen kommen und gehen, doch G. A. muss bleiben, und er bleibt ewiglich. Amen! Und wenn du noch mal kläffst, kriegst du diesen Haferschleim in die Visage.

Kirill hat es auch gut: Er fährt morgen nach Hause, hat eine Fahrkarte für 13:20 Uhr. Außerdem ist er ein Theoretiker: »Ich glaube, weil es absurd ist.« Menschenkunde ist keine Wissenschaft, sondern eine Spielart des Glaubens. Hier lässt sich nichts beweisen und nichts widerlegen. Menschenglaube. Entweder du glaubst, oder du glaubst nicht. Was dir lieber ist. Oder näher … G. A. ist Gott – er kennt die Wahrheit. Und selbst wenn eure gottverdammte Praxis beweist, dass G. A. nicht Recht hatte, werde ich trotzdem an ihn glauben. Ich werde über eure Praxis lachen und euch in der Minute eures jämmerlichen Sieges bedauern. Und dann, wenn eure ganze jämmerliche Praxis am Ende unter den Strahlen der Wahrheit zu Asche zerfällt, werde ich euch Abtrünnigen erlauben, an meiner Brust ein paar Tränen zu vergießen.

Soja stritt und gestikulierte am wenigsten von uns allen. Man hatte den Eindruck, dass ihr schon allein vom Sprechen über die »Flora« übel wurde … Sojas Herz ist so rein, dass es an Frigidität grenzt; sie kann die »Flora« unmöglich ertragen. (Es handelt sich dabei nicht um ein übermäßiges Ekelgefühl; denn während der Epidemie arbeitete sie, wie ich mich entsinne, mit uns allen zusammen und besser als viele von uns. Von morgens bis abends und von abends bis morgens: Laken voller Eiter, gelbrote Geschwüre, blutiger Kot von Sterbenden …) Aber die »Flora« ist für sie zu viel. Das sind keine Menschen, sagte sie, nicht einmal Tiere. Es sind abscheuliche, schleimige Pilze, die auf Kadavern gedeihen. Die »Flora« befindet sich außerhalb meiner Sphäre, außerhalb unserer Gesetze. Sie steht überhaupt außerhalb … G.A. ist ein Heiliger, aber ihr nicht. Und ich erst recht nicht. Und jetzt haltet um Himmels willen den Mund, wir haben genug diskutiert, es gibt Abendessen …

Es brachte mich also niemand wirklich zum Staunen. Außer Askold. Er hatte stets etwas von einem Superman, schon seit der ersten Klasse, und hat sich in dieser Rolle auch immer gefallen. Ich zumindest habe gedacht, dass es eine Rolle ist, ein Image. G.A. machte einmal einen Scherz darüber: »Mit solchen Manieren, lieber Askold, landest du auf direktem Weg als Lehrer in einer Kadettenanstalt.« Aber es waren gar keine »Manieren«. Askold spielte keine Rolle. »Der Müßiggang muss ausgemerzt werden«, forderte er. »Wir haben nur die Wahl zwischen der Welt der Arbeit und der Welt des Niedergangs. Deshalb kann ein Müßiggänger und Nichtstuer auch keine Lebensweise pflegen, sondern nur eine bestimmte Art des Untergangs. Und nur bei der Wahl dieser Art können wir uns eine gewisse Barmherzigkeit leisten. Das soll sich jeder Nichtstuer hinter die Ohren schreiben. Aber du und ich – wir müssen dafür sorgen, dass jeder potenzielle Nichtstuer, der kein Glück mit seinem Genotyp, der Familie, der Schule usw. hatte, möglichst eindringlich vor seinem unweigerlichen Untergang gewarnt ist. Und es ist völlig überflüssig zu toben, Rotz und Wasser zu heulen oder sich selbst zu opfern. Nötig hingegen sind unerbittliche Härte, eiserne Konsequenz und absolute Unnachgiebigkeit. G.A. ist ein Genie. Das steht außer Frage und bestreitet nicht einmal ein Dummkopf. Aber man darf nicht vergessen, dass auch Genies sich irren können. Newton, Tolstoi, Einstein … Wir sollten selber nachdenken, obwohl wir keine Genies sind. Wir müssen einen kühlen Kopf behalten und dürfen uns nicht vor lauter Verehrung und Begeisterung das Hirn verkleistern lassen …«

Wie immer fielen mir im entscheidenden Moment keine Argumente ein, und so blieb mir nichts anderes übrig, als wütend mit Dreck und Bananenschalen um mich zu werfen. Aber wie schön wäre es gewesen, wenn ich stattdessen folgendes Duett mit ihm hätte singen können:

Ich: »Nehmen wir an, du bist Arzt. Es grassiert eine neue, schreckliche Krankheit, die nur Halunken heimsucht. Wie verhältst du dich?«

Er (verächtlich): »Das gab es doch schon. Zuerst waren es die Geschlechtskrankheiten, dann kam AIDS. Eine alte Platte.«

Ich: »Überhaupt nicht. An Geschlechtskrankheiten und AIDS erkrankten ganz verschiedene Menschen, auch unschuldige. Aber jetzt stell dir vor, an einer Seuche erkranken ausschließlich Nichtsnutze. Wirst du in diesem Fall hart, konsequent und unnachgiebig bleiben?«

Er: »Was willst du von mir? Ich bin kein Arzt!«

Ich: »Nein, du bist kein Arzt. Du hast den Eid des Hippokrates nicht abgelegt. Aber du hast das Gelöbnis Janusz Korczaks akzeptiert! Menschen wie du wollen die Menschen immer in Schafe und Wölfe einteilen. Ein Arzt dagegen kann die Menschheit nur in Kranke und Gesunde und die Kranken nur in Schwerkranke und leicht Erkrankte einteilen. Eine andere Unterscheidung kann es für einen Arzt nicht geben. Wenn du so willst – ein Pädagoge ist auch ein Arzt. Er soll die Menschen von der Ignoranz, Gefühlsrohheit und der sozialen Gleichgültigkeit heilen. Heilen! Alle! Aber du hast, wie ich sehe, nur eine Medizin: die Würgschraube. Ein Mensch mit guter Erziehung wird dich nicht brauchen. Einen Menschen ohne Erziehung aber wirst du nicht brauchen. Womit willst du dich dann ein Leben lang beschäftigen? Mit dem Organisieren von Aktionen?«

(Nun begann Askold, in hilfloser Wut mit Dreck und Bananenschalen nach mir zu werfen.)

Wahrhaftig: Unsere überzeugendsten Siege erringen wir doch immer bei einem imaginären Gegner.

Gerade fiel mir ein, dass Askolds Schützlinge, Serjoschka Petuch und Achmet der Recke, sich merklich von meinen beiden und von der ganzen übrigen Klasse unterscheiden. Es sind eiskalte Schläger. Kadetten. Kleine Askolds. Und schon haben wir eine unkontrollierbare Vermehrung. Dabei reicht uns wirklich ein Askold. Meine ohnehin nicht sonderlich gute Stimmung war nun vollends verdorben. Arzt, heile dich selbst. Pädagoge, erziehe dich, bevor du dich daranmachst, andere zu erziehen. Sonst ziehst du einen heran, den hundert G. A.s nicht mehr umerziehen können.

Um mich aufzumuntern, ging ich ins Zimmer meiner Schützlinge. Es war leer und roch schon etwas staubig. An den Wänden aber hingen Bilder, die mich froh stimmten. Auf dem Fensterbrett entdeckte ich ein noch nicht ganz fertiges Modell des »Thermokrators«, und auf einem Tischchen befand sich ein völlig auseinandergenommener Computer. Joschik hatte sein T-Shirt mit der Aufschrift »It's the Time of Total Truth« vergessen, es hing über der Stuhllehne … Ich setzte mich ans Fensterbrett, lötete dem »Thermokrator« das fehlende Auge an, und da wurde mir leichter ums Herz. Man muss einfacher sein! Einfacher! Das Glück liegt im Einfachen.

Ich glaube, dass ich allmählich doch den Zusammenhang begreife, den G. A. zwischen dem alten Manuskript und meiner Arbeit sieht. Aber das ist eine lange Geschichte, und ich bin zu müde, um jetzt darüber zu schreiben.

(*Spätere Anmerkung:* Ich weiß nicht mehr, was ich da im Sinn hatte. Leider!)

15. Es war spät am Abend, fast Nacht. Ich lag unter der Bettdecke in meiner Kammer und las zum Einschlafen Ahasvers »Prekanonos«. Im Zimmer wurde noch gesprochen, anscheinend auch vor dem Einschlafen. Ich hörte nicht hin. Sie unterhielten sich wie immer in einer exotischen Sprache, die ich beim besten Willen nicht erlernen konnte; sie war kehlig und voller Hauch- und Zischlaute. Plötzlich wurden ihre Stimmen lauter. Und ehe ich mich's versah, schrien sie sich gegenseitig an. Beunruhigt setzte ich mich auf. Der Demiurg brüllte los, dass man meinte, es seien die Posaunen von Jericho, und Ahasver gab kreischende, markerschütternde Laute von sich. Noch nie in meinem Leben hatte ich so etwas gehört. Es war kein tierisches, kein mechanisches und auch kein elektronisches Kreischen. Es klang wie aus einer anderen Welt. Solche Laute würde man vom fahlen Pferd erwarten, wenn es rasend vor Wut die Scharen der Sünder niedertrampelt. Und sogleich schlug etwas Schweres gegen die Wand, so dass alle Waffen, die dort hingen, klirrend herunterfielen.

Nur mit einer Turnhose bekleidet, stürzte ich ins Zimmer. Und dabei ging mir nur der eine, ziemlich blöde Gedanke durch den Kopf: Sie werden noch das ganze Viertel aufwecken, diese Idioten.

Als ich eintrat, bot sich mir folgendes Bild:

Ahasver Lukitsch sah wüst aus, die Glatze war schweißbedeckt, ebenso der über dem Gürtel hervorquellende Bauch. Immerzu versuchte er mit seinen kurzen Armen und Beinen den Demiurgen anzuspringen, was mehr als grotesk wirkte: Mal hüpfte er an ihm hoch und wollte wie an einer Bohnenstange emporklettern, mal mühte er sich ab, um ihm mit Kampfmethoden, die vor zweitausend Jahren gebräuchlich waren, Verletzungen beizubringen.

Der Demiurg hingegen kehrte ihm seine geflügelte Schulter zu und machte sich an der berühmten Aktentasche zu schaffen. Zum ersten Mal sah ich seine Hände; sie waren schwarz und schillerten grünlich. Wie viele Finger sich an einer Hand befanden, konnte ich nicht erkennen, aber ich sah, wie lang und knochig die Finger waren; sie bewegten sich genauso kompliziert und abstoßend, wie die Beine einer Spinne, wenn sie eine Fliege einwickelt.

Vor meinen Augen öffnete er die Aktentasche. (Ahasver Lukitsch stieß von Neuem einen apokalyptischen Schrei aus.) Dann hielt er sie mit der linken Hand fest und griff mit der rechten Hand in die wabernde Glut … Tief, sehr tief steckte er sie hinein, mehrere Meter, wie mir schien; dann wühlte er darin herum, knurrte dabei hörbar und rollte mit den blutunterlaufenen Augen.

Das Ganze dauerte ein paar Sekunden, länger hielt er die Glut nicht aus – dann flog die Aktentasche im hohen Bogen zur Seite, und der von der Last befreite Arm schnellte hoch zur Decke. Ich sah, wie unwahrscheinlich lang dieser Arm war, und dass er eine ganze Reihe von Ellbogen hatte. Die Hand glühte und leuchtete in allen Farben, und von den weißglühenden Fingerspitzen stoben Funken und Tropfen, die rauchend im Zimmer umherflogen. Dann packte er mit der linken Hand den rechten Arm, riss ihn sich mit einem Ruck aus (es knirschte so, dass mich schauderte) und schleuderte ihn in die Ecke. Dann sperrte er den Rachen auf, ließ eine Kanonade unverständlicher, aber unverkennbar derber Flüche los, packte mit seinen Hechtzähnen den ersten verrenkten Ellbogen des linken Arms, schüttelte seinen riesigen kupferroten Schädel, dass sich die Haare der Perücke aufbauschten, und riss sich mit einem Ruck, bei dem es erneut laut knirschte, auch den linken Arm aus. Seine Augen waren jetzt so groß wie Melonen, und den ausgerissenen Arm spuckte er wie einen Zigarrenstummel in die bodenlose Finsternis hinter der Tür des Kabinetts.

Sogleich wurde es still. Der Demiurg drehte langsam den Kopf von einer Seite zur anderen und hob erst die eine und dann die andere geflügelte Schulter an, als wolle er zeigen, dass seine Kraft und Kampfbereitschaft keineswegs gemindert waren. Ahasver Lukitsch, der neben der Liege hockte, streichelte, betrachtete und beschnupperte liebevoll seine glücklich wiedererlangte Aktentasche. In der Ecke krümmte sich noch immer die schreckliche Hand; sie kühlte allmählich ab, und die verbrannten Fingerstümpfe scharrten dabei über das verkohlte Parkett und machten kratzende Geräusche. Es roch nach Schweiß, Brand und Kupferasche.

Auf einmal ließ sich Ahasver Lukitsch auf alle viere nieder und fing an, besorgt den Fußboden abzusuchen. Als er dort nicht fand, was er suchte, kroch er auf den Knien an der Wand entlang – die Aktentasche fest an seinen nackten Oberkörper gepresst. Da wurde mir klar, was er suchte: Im Eifer des Gefechts hatte er sein künstliches Ohr verloren.

Der Demiurg rief mit dröhnender Stimme: »Da liegt es doch, da, unter dem Heizkörper! Was kriechen Sie denn herum wie Hiob auf dem Misthaufen!«

Ahasver Lukitsch kroch schnell und ohne sich aufzurichten zum Heizkörper, befühlte den kostbaren Gegenstand und befestigte ihn freudig lächelnd wieder dort, wo er hingehörte.

»Besten Dank, Jahwe«, sagte er fröhlich.

So endete der Streit – einer von vielen übrigens. Bis zur Prügelei war es bisher aber noch nicht gekommen. Was war also diesmal los gewesen? Entweder hatte der Demiurg Ahasver Lukitsch etwas wegnehmen wollen, oder Ahasver Lukitsch hatte dem Demiurgen etwas stibitzt. Da war wirklich keiner besser als der andere …

16. Der Kunde hing mir jetzt endgültig zum Hals heraus. Alle möglichen Typen waren mir schon begegnet, aber der da war ohne Vergleich. Er war schon sehr alt, grünlich blass, dürr,

hatte aufgesprungene Lippen und die brennenden Augen eines Fanatikers. Weitschweifig und völlig unverständlich legte er seinen Vorschlag zur Rettung der Menschheit dar; dabei wiederholte er sich dauernd und verlor ständig den Faden. Sein Denken schien sich wie ein U-Bahn-Zug immer auf dem selben Gleis zu bewegen. Man konnte ihn unterbrechen, aber es war unmöglich, ihn abzulenken. Und dieser furchtbare kleinstädtische Akzent! … Es sei alles sehr einfach, erklärte er. Das Christentum habe die natürliche Entwicklung der menschlichen Beziehungen gestört. Die These Christi, man solle seinen Feind lieben und ihm immer wieder aufs Neue die Wange hinhalten, habe die Menschheit an den Rand der Katastrophe gebracht. Die gute alte Losung »Aug um Aug und Zahn um Zahn« sei in Verruf geraten, man habe sie in den Dreck gezogen und als menschenfeindlich verunglimpft. Und alle Übel seien genau darauf zurückzuführen. Diejenigen, die andere beleidigten und verleumdeten, würden unbehelligt durchs Leben spazieren und obendrein noch die schmähen, die sie zu Fall gebracht hätten. Dem, der frech, stark und böse sei, erlaube man alles, und es sei ihm nicht beizukommen. Nur mit Gesetzen von Menschenhand – und die seien einen Scheißdreck wert. Denn der Bandit verhöhne ungestraft den Schwachen, der Beamte verspotte ungestraft den Bittsteller, der Flegel trample ungestraft auf dem Wohlerzogenen herum, der Verleumder schädige ungestraft den Ruf des Wahrheitsliebenden. Und der Herrscher erniedrige sie alle – ungestraft.

Natürlich könne die Losung »Aug um Aug und Zahn um Zahn« allein noch nichts auf der Welt verändern. Aber jetzt, wo man ihr mystische Kraft verleihen könnte … wenn sie zudem auf Kriegsbannern erstrahlen, von starken Händen getragen würde …

Viermal erteilte mir der Demiurg den Befehl, diesen Interessenvertreter der Gekränkten und Beleidigten hinauszugeleiten. Und viermal verstummte dieser für einen Augenblick, fing aber sogleich seine Litanei wieder von vorne an. Ich musste ihn buchstäblich aus dem Sessel hieven, vom Kleiderschrank losreißen, an den er sich klammerte, und seine Finger vom Türpfosten lösen. Und während der ganzen Zeit, in der ich mich mit ihm abmühte, tat er, als bemerke er weder meine Kraftanstrengung noch seine eigene erniedrigende Lage, und erklärte in einem fort, das einzige Mittel, die Erniedrigten und Beleidigten ein für alle Mal zu schützen, bestünde darin, sie zu befähigen, dem, der sie kränkt, so etwas wie einen elektrischen Schlag zu versetzen.

Nur mit großer Mühe gelang es mir, ihn aus der Wohnung zu schaffen. Ich kehrte ins Empfangszimmer zurück und wischte mir angeekelt die Handflächen ab, die noch feucht waren vom kalten Schweiß des Interessenvertreters der Erniedrigten und Beleidigten. Da fragte der Demiurg: »Was meinen Sie, Sergej Kornejewitsch, warum ist das dritte Newton'sche Gesetz im Bereich der menschlichen Beziehungen nicht wirksam?«

Ich dachte nach.

»Aber es wirkt doch«, antwortete ich. »Schließlich weiß jeder: Wie man in den Wald hineinruft, so schallt es heraus. Nur gibt es in zwischenmenschlichen Beziehungen nicht diese klaren Begriffe von Wirkung und Gegenwirkung.«

Darauf erwiderte der Demiurg nichts, und nachdem ich eine Minute lang gewartet hatte, ging ich in die Küche. Inzwischen war es Mittag geworden.

17. Mit einem Einkaufsnetz in der Hand ging ich die Balkanstraße entlang. Ich wollte ins Milchgeschäft und dachte an nichts Besonderes, als plötzlich etwas sehr Ungewöhnliches geschah.

Das heißt, es fing ganz gewöhnlich an. Polternd und scheppernd fuhr ein stinkender Kipper an mir vorbei und bespritzte mich mit Schlamm aus einer großen Pfütze. Ich fluchte, blieb stehen und begann, die kalte Soße von meinem Regenmantel und meiner Hose abzuschütteln. Plötzlich hörte ich, wie hinter mir Stiefeltritte näher kamen und eine heisere, keuchende Stimme flehend rief: »Erlauben Sie! Bitte, erlauben Sie!«

Und ehe ich mich's versah, kniete sich ein mir völlig unbekannter, riesiger Kerl neben mich und fing an, mir mit seinen rissigen roten Pranken den Mantelsaum, das Hosenbein und den dreckigen Schuh abzureiben – ganz vorsichtig, so als würde es sich dabei um etwas sehr Kostbares handeln. Dabei murmelte er wie im Fieber: »Gleich! ... Einen Moment noch ... Nur eine Sekunde ...«

Entsetzt schaute ich mich um, aber es war niemand zu sehen. Nur der Kipper stand in etwa zwanzig Metern Entfernung quer zur Straße und verpestete mit dem laufenden Motor die Luft. Ich wich einen Schritt zurück; mich schauderte vor Abscheu und Widerwillen, aber der Kerl ließ meinen Mantel nicht los. Er rutschte auf den Knien rasch hinter mir her, heftete seinen hündischen Blick auf mich und rief heiser: »Mit der Zunge lecke ich sie ab. Glänzen werden sie ...«

Mir versagte die Stimme. Mit letzter Kraft versuchte ich mich loszureißen, und als es mir endlich gelang, machte ich, dass ich wegkam. Ich musste mich zusammenreißen, um nicht zu rennen; bis zur nächsten Ecke verfolgte mich die Angst, er könne mich einholen. Erst als ich in die Straße der Arbeit einbog, blickte ich verstohlen zurück. Der Verrückte hockte da, hielt den Kopf gesenkt und wischte sich langsam die Hände an seiner Wattejacke ab. Er sah aus wie jemand, den man gerade zum Tode verurteilt hatte ...

Mein seelisches Gleichgewicht war gestört, und kaum war ich ein paar Schritte auf der Straße der Arbeit gegangen, rempelte ich einen sehr ehrbar aussehenden Rentner an, einen Mann mit Hut und Spazierstock. Das heißt, eigentlich kam es gar nicht zu einem Zusammenprall, weil ich im letzten Moment ausweichen konnte; wir streiften uns nur leicht an den Schultern. Ich murmelte ein paar Worte der Entschuldigung. Er aber trat behände einen Schritt zurück, riss sich den Hut vom Kopf und rief theatralisch, mit hoch erhobenem Stock: »Verehrtester! Gestatten Sie, mich aufrichtigst bei Ihnen zu entschuldigen! Ich war in Gedanken versunken und habe mich daher äußerst unaufmerksam benommen.«

»A-ab…«, stotterte ich. »Eigentlich war ich derjenige, der unaufmerksam war … Ich habe Schuld … Noch einmal – Verzeihung.«

»Wir waren beide unaufmerksam«, sagte der Rentner sichtlich erleichtert und, wie mir schien, mit einem falschen Lächeln. »Überhaupt leben wir heute in einer Zeit, in der es besser ist, die Augen offen zu halten.«

»Da haben Sie Recht«, stimmte ich ihm zu, um die Szene nicht unnötig zu verlängern, und ging weiter.

Mich überkam eine unangenehme Vorahnung. Alles ringsum kannte ich in- und auswendig: den von vielen Rissen durchzogenen Asphalt mit den ewigen Pfützen; den Flecken vor dem Haushaltswarengeschäft, der im vorigen Jahr beim Verschütten von Farbe zurückgeblieben war und stark an die Zeichnungen des Cromagnon-Menschen erinnerte; die nassen, kümmerlichen Zweige der Anpflanzungen entlang des Bürgersteigs, die einen seltsamen Kontrast zu dem gigantischen Anschlag »Der Garten soll blühen!« an der Brandmauer eines ehemals rentablen Hauses bildeten, und die Schlange geduldiger Menschen, die vor dem Haushaltswarengeschäft für Tapeten anstanden. Passanten, Passanten, Passanten, Frauen mit Einkaufskörben, Taschen, Milchkannen und Hunde. Autos, Autos, Autos, meine Güte, wie viele Autos es heute in der Stadt gab! …

Alles schien wie immer zu sein, aber je weiter ich ging, umso unheimlicher wurde mir. Irgendetwas ging hier vor, aber ich kam nicht dahinter, was es war. Und ich wusste auch nicht, was ich tun sollte, um es herauszufinden.

Kein Zweifel: Die Autos fuhren zu langsam. Zwar gab es die Geschwindigkeitsbegrenzung auf vierzig Stundenkilometer auch schon gestern, nur hielt sich die Hälfte der Autofahrer nicht daran. Und alle Fahrzeuge hatten ihre Nebelscheinwerfer eingeschaltet. Buchstäblich alle! …

Warum lächelten mir alle zu? Ich sah diese Frau zum ersten Mal in meinem Leben, aber sie grüßte mich mit einem breiten Lächeln, das genauso falsch war wie ihre Zähne. Und die andere erst …

»Guten Tag … Auch ich wünsche Ihnen einen guten Tag … Ich grüße Sie …«

Auf einmal wusste ich, was es war: Sie verbargen alle ihre Augen … ihre Gesichter … Der eine versteckte sich hinter seinem Schirm, der andere blickte suchend zu Boden, als ob er ein Geldstück verloren hätte, der Dritte drehte sich zum Schaufenster um, obwohl es da gar nichts zu sehen gab (außer dass man dort gerade etwas reparierte). Aber wenn sich unsere Blicke einmal kreuzten, verzogen sie den Mund gleich bis zu den Ohren und verneigten sich unterwürfig: »Guten Tag! Einen wunderschönen guten Tag!« Erst dachte ich, die Bewohner der nächstgelegenen Viertel würden mich als persönlichen Sekretär des Demiurgen erkennen. Aber ehe ich dazu kam, mir über die Konsequenzen einer solch frappierenden Annahme Gedanken zu machen, bemerkte ich, dass sich auch alle gegenseitig grüßten, anlächelten und sich einen schönen Tag wünschten.

… Nein, nicht alle. Und es gefiel ihnen auch nicht, das war unverkennbar. Sie *mussten* sich so verhalten. Aber auch nur dann, wenn sich ihre Blicke trafen und sie gezwungen waren (wieso eigentlich?), ihrem Gegenüber Respekt zu erweisen, so als seien sie ewig miteinander bekannt. Man hatte den Eindruck, als hätten am Morgen glühende Verfechter der »guten alten Zeit« die Macht ergriffen und ihren Landsleuten unter Androhung körperlicher Gewalt nahegelegt, sich auf ihre Herkunft zu besinnen, zu den alten Gebräuchen zurückzukehren und mit beiden Händen in die Schatztruhe patriarchalischer Sitten zu greifen. Und entsprechend hatten sie sich – zumindest auf der Straße – zu verhalten.

Die Situation war alles andere als komisch. Ich wäre am liebsten wieder nach Hause gegangen – auch ohne Kefir und Butter, um bei Ahasver Lukitsch nachzufragen oder schlimmstenfalls den Fernseher einzuschalten. Aber uns war die Butter ausgegangen. Und außerdem musste man, verdammt nochmal, doch zumindest versuchen, selbst aus allem klug zu werden.

Im Milchgeschäft konnte ich auf den ersten Blick nichts Ungewöhnliches entdecken. Die Schlange an der Kasse war kurz, und für Sahne standen etwa zehn alte Frauen an. Sahne brauchte ich aber keine. Ich stellte vier Flaschen Kefir in meine Einkaufstasche, ging um das Regal herum, nahm drei Päckchen Butter zu zweihundert Gramm und stellte mich an der Kasse an.

Nein, auch hier stimmte etwas nicht. Die Schlange kam mir gar nicht vor wie eine Schlange, sondern eher wie ein Abendempfang. Die Leute unterhielten sich. Sie blickten nicht nach vorne wie sonst, sondern waren bemüht, sich einander zuzuwenden, um ja nicht irgendwem den Rücken zuzukehren.

Das Gesicht der Kassiererin schien schon ganz verkrampft vom liebenswürdigen Lächeln, ihre Hände flogen hin und her – sie tippten ein, rissen ab, zählten ab, gaben heraus –, und mit jedem Käufer wechselte sie einen Gruß, und zu jedem sagte sie danke. (Für gewöhnlich nörgelte sie: »Wieso kommt ihr alle mit Zehnrubelscheinen angelatscht? Ich habe kein Wechselgeld. Haben Sie Tomaten auf den Augen?« Sie heißt Aelita.)

Im Geschäft befanden sich auch Ladearbeiter, doch ich bemerkte sie nicht gleich, weil sie gar keinen Lärm machten. Es waren zwei aufgedunsene dicke Kerle in schmutzigen schwarzen Arbeitskitteln, und ihre mit Lebensmitteln beladenen Karren rollten und entluden sie völlig geräuschlos. Sie bewegten sich durch das Geschäft, als gingen sie auf Zehenspitzen, und sobald ein Käufer auf sie zukam, blieben sie augenblicklich stehen. Man hörte weder Klappern noch Poltern noch die sonst üblichen Rufe wie: »Walek! Zum Kuckuck, wieso hast du Mistkerl das hierhingestellt? … He, Muttchen, verzieh dich …«

An der Kasse standen noch acht Leute vor mir. Das bedeutete etwa zehn Minuten Wartezeit. In der Schlange plauderte man miteinander: »Es regnet und regnet, aber noch immer fällt kein Schnee …«

»Schnee ist bitter nötig. Für die Ernte.«

»Da haben Sie völlig Recht, meine Dame. Der Schnee ist im Winter das Allerwichtigste.«

»Ach, deswegen freut sich Ronald Reagan …!«

»Dort haben sie Taifune. Ich sage Ihnen – dann lieber Regen!«

Jetzt waren noch sechs Leute vor mir. Ein korpulenter grauhaariger Mann drehte sich halb zu mir um und sagte mit gepresster Stimme, nachdem er seine Scheu überwunden hatte: »Der Herbst in diesem Jahr zieht und zieht sich …«

Ich überwand mich ebenso und erwiderte: »Ja, ein halbes Jahr zieht er sich schon hin.«

»Sie sagen es. Wann wird das bloß ein Ende haben!«

Jetzt standen noch vier vor mir. Aber da kam aus der Sahne-Schlange eine Frau angerannt und reihte sich, Entschuldigungen stammelnd, als Zweite ein. Es stellte sich heraus, dass sie ihren früheren Platz wieder eingenommen hatte. Der Mann vor mir sah sich wieder bemüßigt etwas zu sagen: »Wenn es

Herbst ist, gibt es Regen. Ich entsinne mich nicht, je einen Herbst ohne Regen erlebt zu haben.«

Noch ehe ich mir eine Antwort überlegen konnte, warf jemand hinter mir ein: »Das haben Sie richtig gesagt. Nur in Afrika ist es anders.«

»Und in Australien!«, erklärte der Herr, der vor mir stand, mit unerwartetem Nachdruck, aber dann besann er sich plötzlich und bemerkte: »Obwohl ich das nicht genau sagen kann. Vielleicht regnet es in Australien auch. Immerhin, die südliche Hemisphäre …«

Ich war inzwischen der Dritte vor der Kasse. Doch da trat eine Frau mit einem Hut und einem Einmachglas voll Sahne in der Hand heran und bat den Mann vor mir: »Ich habe, glaube ich, vor Ihnen gestanden …«

»Aber bitte«, sagte er und machte bereitwillig Platz, indem er sich näher an mich herandrückte.

Die Frau stellte sich in die Reihe. Ich drehte mich um. Hinter mir standen nur zwei Personen. Doch sie musste unbedingt auf ihr Recht pochen … Aber gut, ich war der Vierte und würde es überleben … Und schon war ich wieder der Dritte …

Plötzlich war ein seltsamer Laut zu hören; es klang wie ein erstickter Schrei. Etwas zersprang. Das Einmachglas mit Sahne war auf die Bodenfliesen gefallen, wo sich sogleich ein vielzackiger weißer Stern bildete. Der Mann vor mir fuhr zurück und trat mir auf den Fuß, und ich sah, wie die Frau mit dem Hut langsam seitwärts aus der Reihe kippte und zu Boden sank; ihre Finger, die in schwarzen Garnhandschuhen steckten, griffen in die Luft … Eine Sekunde lang waren alle wie erstarrt. Ein kurzer Aufschrei ertönte. Ich stand, wie immer in solchen Situationen, wie angewurzelt da. Die Frau war wie ein Volleyballspieler weich auf den Rücken gefallen; sogleich aber bäumte sich ihr Körper wild auf, wobei sie mit dem Hinterkopf mehrmals heftig auf den Boden schlug.

Ich stand noch immer da und rührte mich nicht, starrte auf die sich in krampfartigen Zuckungen windende Frau, begriff, dass es ein Anfall war und man ihr zu Hilfe eilen musste. Und ich wollte ihr zu Hilfe eilen, schnell, aber wo sollte ich nur die verfluchte Tasche mit dem Kefir abstellen … Am schrecklichsten war, dass alle Leute, anstatt der Frau beizustehen oder sich zumindest ruhig zu verhalten, nach allen Seiten davonstürzten, möglichst weit fort, sich dabei gegenseitig umstießen, die Standregale und Trennwände niederrissen, unartikulierte Schreie von sich gaben und in panischer Angst aufkreischten.

Plötzlich flammte etwas vor meinen Augen auf, und ich wurde bewusstlos.

Das Erste, was ich hörte, als ich wieder zu mir kam, war das durchdringende, markerschütternde Gezeter von Aelita: »Was machst du da, du Trottel? Bist du total übergeschnappt? Das ist doch der Herr Wissenschaftler aus dem Neubau. Er kommt jeden Tag hierher!«

Ich lag mit der Wange auf den Fliesen, und jemand zog mir vorsichtig die Baskenmütze vom Kopf.

»Die sollen hinter dem Ohr so eine kahle Stelle haben …«, murmelte zaghaft eine heisere, mir unbekannte Bassstimme.

»Hinter welchem Ohr? Hinter dem rechten? Oder hinter dem linken?«, fragte eine andere Stimme, die ebenso heiser, ängstlich und gepresst klang.

Man drehte meinen Kopf vorsichtig um, so dass die andere Wange auf den Fliesen lag.

»Nein, da ist nichts – gar nichts«, sagte deutlich erleichtert und schon leicht ärgerlich eine zweite Stimme. »Weder hinter dem linken noch hinter dem rechten Ohr … Ein Idiot bist du, Bootsmann, und deine Scherze sind idiotisch.«

»Aber das habe ich euch doch gesagt!«, begann Aelita wieder zu zetern. »Er ist Wissenschaftler und wohnt in dem Neubau an der Balkanstraße!«

»Ja, aber was wollte er denn …«, sagte der Mann mit der heiseren Bassstimme in ebenso aggressivem wie schuldbewusstem Ton.

»Was wohl, was wohl … Der Mann stand in der Schlange, das ist alles!«

»Mag sein, aber warum hat er die Frau dann so angeschaut? Richtig angestarrt hat er sie, genau wie dieser …«

»Lass gut sein. Komm, wir richten ihn lieber ein wenig auf …«

Man packte mich unter den Armen und setzte mich ordentlich hin; mit dem Rücken lehnten sie mich gegen die Kühltruhe. Zwei aufgedunsene bläuliche Gesichter tauchten vor meinem Gesicht auf. Die zwei dicken Kerle betrachteten mich aufmerksam und voller Mitleid.

»Tut mir leid, mein Freund«, sagte der, der links von mir stand, mit heiserer Stimme. »Wir haben dich für jemand anderen gehalten … für den, weißt du, der Blitz und Donner schleudert … der mit einer elektrischen Entladung Menschen niederstreckt … Du hast diese Frau so seltsam angestarrt … ganz wild, wie dieser …«

Im Geschäft befand sich kein einziger Käufer mehr. Die Frau, die den Anfall erlitten hatte, lag mit dem Kopf in der Sahnepfütze. Sie blinzelte bereits wieder.

»Wie viele Lebensmittel zertreten sind!«, zeterte Aelita wieder los. »Sie haben schon wieder den Ladentisch zertrümmert! Nun, was steht ihr herum, ihr Quartalssäufer? Ruft die Polizei. Und einen Krankenwagen!«

18. Ich sagte zum Demiurgen: »Bitte beziehen Sie mich in Zukunft nicht mehr in Ihre Experimente ein.«

Der Demiurg gab keine Antwort, doch Ahasver Lukitsch rief mir mit sanfter Stimme ins Gedächtnis: »Serjoscha, ich hatte Ihnen doch gesagt, wir brauchen keinen Kefir. Wir kommen auch ohne aus. Ich hatte es Ihnen ausdrücklich gesagt!«

»Aber wir hatten doch kein Gramm Butter mehr im Haus«, entgegnete ich völlig verstört.

19. Die Insel Patmos erwies sich bei genauerer Betrachtung als …

Tagebuch, 19. Juli (morgens)

Bei Lem gibt es eine Erzählung, in der ein Mittel erfunden wird, das bewirkt, dass ein Mensch beim Beischlaf unerträgliche Qualen empfindet. Der Erfinder beabsichtigte damit, dem Geschlechtsakt eine ausschließlich funktionale Bedeutung zuzuweisen. An den Titel der Erzählung kann ich mich nicht erinnern. Michej fällt er auch nicht ein.

19. Juli (20:30 Uhr)

Heute Morgen hat der Trainer angerufen: Das Subaks-Training wurde heute abgesetzt. Überhaupt alle Trainingsstunden im Haus des Sports entfallen. Frage: »Weshalb?« Antwort: »Seid ihr schwer von Begriff? Könnt ihr euch den Grund nicht denken?«

Die heutigen Zeitungen enthielten das Gleiche wie die von gestern: Zornesausbrüche, Verwünschungen, erschütternde Fakten. Doch wurde auch versucht, theoretische Überlegungen anzustellen.

W. Kriwoschapkin, Leiter der Abteilung Arbeitskraftressourcen, schreibt in den *Stadtnachrichten*: »Wir sind eigentlich nicht gegen die ›Nichtsesser‹, die man allerdings richtiger als Personen mit freiwillig reduzierten Bedürfnissen (FRB) bezeichnen sollte. Wir sind reich genug, um sie zu ernähren, zu kleiden, mit Schuhwerk und sogar mit Wohnraum zu versorgen. Zumal das Niveau ihrer Bedürfnisse um das Drei- bis Fünffache unter dem in unserer Stadt üblichen Durchschnitt liegt und ein großer Teil der FRB sich an gesellschaftlich nützlicher Arbeit beteiligt. Übernommen werden (wenn auch nur sporadisch) vor allem solche Tätigkeiten, die am unattraktivsten und unangenehmsten sind. Ganz zu schweigen von dem wirklich interessanten Experiment einiger FRB-Familien, die sich ganz der Erziehung ihrer Kinder widmen; das verdient unsere allergrößte und wohlwollendste Aufmerksamkeit. Wir lehnen jedoch ganz entschieden alles Extreme ab. Und die ›Flora‹ stellt, egal, was ihre mitleidigen Verteidiger auch einwenden mögen, das widerwärtigste aller Extreme dar. Damit können wir uns nicht abfinden …«

Professor N. Mikawa präsentiert in der *Universitätszeitung* die vorläufigen Ergebnisse der ersten soziologischen Untersuchung über die »Flora« in unserer Region. Unter ihnen gebe es mehr Personen männlichen als weiblichen Geschlechts, mehr Fünfzehn- als Sechzehnjährige. (Und was besagt das?) 96,2% der Befragten hätten wenigstens einmal Drogen probiert. (Das wissen ohnehin alle.) Alkohol genössen etwa 30%. (Na und?)

Keine Schlussfolgerungen, keine Empfehlungen, nichts. Zuletzt bloß das stolze Eingeständnis: »Wir haben die komplizierten gesellschaftlichen Prozesse verschlafen, die zur Entstehung der »Flora« geführt haben. Und jetzt müssen wir Soziologen für diese unsere Sünde büßen. Zuvor aber bedarf es einer ernsthaften Auseinandersetzung mit diesem erstaunlichen sozialen Phänomen.« Direkt darunter stand die kurze Notiz einer Studentengruppe: Warum habt Ihr sie nicht einfach in Ruhe gelassen? Denken Sie an die »Hippies«, die »Beatniks«, die »Metaller«, die »Karakanaren«, die »Akutagas«, die »Helme« … Sie alle toben sich eine Weile aus und kehren dann wieder zum normalen Leben zurück. Zwei der Unterzeichner dieser Notiz sind ehemalige Angehörige der »Flora«.

Der Artikel des Prorektors hingegen ist die Höhe! Seiner Meinung nach soll die »Flora« daran schuld sein, dass in den Kellern der Universität Drogen hergestellt wurden. Mit glühendem Eisen müsse man das Geschwür ausbrennen! Mit einem großen Besen müsse die Stadt davon gesäubert werden! Mit Rattengift, mit Rattengift!

Die *Taschlinsker Agrarindustrie*: absolute Finsternis. Mittelalter. Nacht. Und die städtische Müllhalde brennt.

Im *Genossenschafter* warnen ausnahmslos alle Autoren die Mitbürger vor Extremismus und raten dringend davon ab, Warnposten vor den Betrieben aufzustellen. Zum Beweis ihrer unbedingten Loyalität fordern sie, Kavallerie gegen die »Flora« einzusetzen. Sie rufen zudem kategorisch dazu auf, die »Flora« nicht mit den friedlichen »Nichtsessern« zu verwechseln, und verwenden in etwa dieselben Argumente wie die *Stadtnachrichten*.

Die *Jugendzeitung* legt ein stolzes Schuldbekenntnis ab: Es sei nicht nur unser Unglück, es sei auch unsere Schuld. Warum war die Leitung des Komsomol so unachtsam? Warum waren die Komsomolorganisationen in den Betrieben und in den Lehranstalten so blind? Da hätte man sie nun, die Konsequenzen vorangegangener Fehler – der überorganisierten Komsomolarbeit einerseits und der allzu großen Nachsicht gegenüber primitiven Neigungen andererseits. Mit einem Wort: Was hast du persönlich getan, damit dein Freund nicht zur »Flora« geht? Eine famose Zeitung … Du bist ein Komsomolze? Fein! Willst du denn immer dämlich sein?

All das war noch harmlos, verglichen mit dem, was die *Taschlinsker Prawda* brachte. Eine ganze Seite. Drei Artikel – eine Diskussion, wenn man das so nennen kann.

Spiritus Rector ist ein gewisser K. P. Pljuchin. Aus dem, was er schreibt, ist sofort ersichtlich, dass er nie nähere Bekanntschaft mit der »Flora« gemacht hat, und er sie nur vom Hörensagen kennt. Sein ganzes Pathos liegt im Abscheu vor dem

Äußeren der »Flora-Kinder« begründet, denen er zufällig auf der Straße begegnet ist. Zudem in der sehr vernünftigen These, dass der Affe durch die Arbeit zum Menschen geworden ist und der Müßiggang diesen Prozess wieder umkehrt. Der heutigen Jugend seien die wirklichen Härten des Lebens völlig unbekannt. Von den Menschen, die Tjumen und Surgut erschlossen, die BAM gebaut und ihre internationalistische Pflicht erfüllt hätten, sei die heutige Jugend meilenweit entfernt. Und obwohl man davon ausgehen könne, dass in den meisten Jugendlichen »ein guter Kern« stecke, dürften wir auf keinen Fall die Augen vor den abscheulichen Normabweichungen verschließen, die in ihrem Milieu stattfänden.

Hier wäre nun der richtige Moment gewesen, um zu »Feuer und Schwert« aufzurufen, aber das tat Pljuchin nicht. Er forderte lediglich, wir müssten sämtliche verfügbaren Maßnahmen der erzieherischen, ideologischen und politischen Einflussnahme anwenden, die von unseren Pädagogen und Soziologen empfohlen würden. Der Komsomol müsse sich an die Spitze dieser Umerziehungsbewegung stellen, und die Strafverfolgungsorgane dürften nicht eine Sekunde aufhören, wachsam zu sein. Was die einzelnen extremistischen Tendenzen betreffe, die sich in letzter Zeit in der Stadt bemerkbar gemacht hätten, so seien diese als Panikmache und Willkür einzustufen und in dieser Situation genauso gefährlich wie eine rein passive Haltung. Soziale Aggressivität und soziale Passivität seien zwei Seiten einer abgegriffenen, falschen Münze billiger Politik, wie sie am Biertisch gemacht werde.

So in etwa äußert er sich.

Danach kommt in zwei Spalten unser G.A. zu Wort. Ein beißender, glänzend geschriebener Artikel. Er atmet seinen Geist und ist sehr persönlich gehalten. Man liest ihn und meint die ganze Zeit, man höre seine Stimme.

(*Spätere Anmerkung.* Dieser Artikel ist nicht erhalten geblieben. Ich konnte ihn nicht einmal in der öffentlichen Bibliothek ausfindig machen. Und ich bedaure, dass ich ihn in jener Julinacht nicht vollständig in mein Tagebuch übertragen habe, sondern mich darauf beschränkte, nur jene Thesen daraus zu erörtern, die mich damals besonders berührten.)

Ist die »Flora« eine Spielart des Verbrechertums? Unsinn. Nichts dergleichen. Verbrecher leben parasitär auf Kosten unserer Zivilisation, die »Flora« aber bildet ihre eigene Zivilisation. Ein Verbrecher steht uns eigentlich näher als die »Flora«, sowohl was die materiellen Werte als auch die Hierarchie äußeren Prestiges angeht. Die Zivilisation der »Flora« aber ist ganz anders. Unsere Werte bedeuten nichts für sie, und ihre Werte sind uns ebenso unverständlich wie die Sprache der Katzen.

Besteht die »Flora« aus Wilden, die nicht den Stand unserer Zivilisation erreicht haben? Nein. Die »Flora« ist unserer Zivilisation wie einer Humusschicht entsprossen. Ja, es sind Wilde, aber auf ganz besondere Art und Weise: ein Stamm, der unter unserer Zivilisation gelitten und das, was ihn quälte, angewidert ausgespuckt hat.

Der springende Punkt bei allem, was passiert, ist, dass niemand die »Flora« versteht. Aber am schlimmsten ist, dass sich auch niemand bemüht, die »Flora« zu verstehen. Denn alle glauben, hier gebe es gar nichts zu begreifen. Es sei auch so alles klar.

Die »Flora« ist nichts, was getrennt von uns existiert – nicht irgendein abscheuliches Tier aus dem Dschungel, das man töten oder verjagen muss. (Übrigens, wohin würde man es jagen wollen? In den benachbarten Bezirk? In die benachbarte Region? In die benachbarte Republik?)

Die »Flora« ist unser Schmerz, unser Leid. Vielleicht ist sie eine Krankheit, vielleicht eine schwärende Wunde. Aber dann braucht man einen Arzt, einen Fachmann, einen, der über ausreichend Wissen und Herzensgüte verfügt. Und keine Kurpfuscherei! Keine Schamanentänze! Keine Wunderdoktoren, die dem Patienten Wodka einflößen statt einer Narkose, und die mit einer Handsäge ans Werk gehen anstatt mit einer Lanzette.

Aber vielleicht entsteht vor unseren Augen auch eine völlig neue Komponente unserer menschlichen Zivilisation, eine neue Lebensweise, eine neue, selbstgenügsame Kultur? Und dann würden das Blut, die Schmerzen, die Unsauberkeit zu ihren Geburtswehen gehören! Das Kleinkind ist unansehnlich, manchmal sogar hässlich, es brüllt und nässt ein, aber es wird wachsen und in absehbarer Zeit seinen Platz in der Ordnung der Menschheit einnehmen. Und wenn es so ist, dann bewahre uns Gott vor schmutzigen Hebammen und geschäftstüchtigen Abtreibern!

Wer schreit am lautesten in unserer Stadt? Schaut euch um, schaut und hört genauer hin. Denkt doch mal nach!

Es schreien immer die am lautesten, die daran, was geschieht, die Hauptschuld tragen: Es sind die, die nicht in der Lage waren, junge Menschen zu erziehen und zu begeistern. Es sind die, die dazu verpflichtet gewesen wären, die als Fachleute galten und dafür Geld und Auszeichnungen erhielten – die schlechten Pädagogen in den Schulen, die gleichgültigen Lehrausbilder in den Betrieben und die unbegabten Kulturfunktionäre. Sie schreien sich fast die Seele aus dem Leib, um die Stimme des eigenen Gewissens zu übertönen und um all jene zum Schweigen zu bringen, die außer ihnen herauszufinden versuchen, wo die Schuldigen stecken.

Ebenso laut heulen die Verantwortlichen auf, die die oben erwähnten Pfuscher auf ihre Posten gehievt, befördert und gehätschelt haben. Jetzt versuchen sie sich reinzuwaschen und geben ihren Untergebenen die Schuld, oder sie schieben es auf die angeblichen Verführer, die allgemeinen Umstände oder die verderblichen Einflüsse von außen. Nicht minder laut schreien auch diejenigen, die sich bei der Sache nur wenig haben zuschulden kommen lassen. Denn sie haben gleich verstanden, dass sehr bald Posten geräumt werden und es für sie an der Zeit ist, politisches Kapital daraus zu schlagen. Deswegen demonstrieren sie ihre Objektivität – aber auch ihre Tüchtigkeit und Bereitschaft, die Situation wieder in Ordnung zu bringen und eine Wende zum Besseren zu vollziehen. Oh, dieser unausrottbare Stamm derer, die sich berufen fühlen, alles zu verantworten, und darum für nichts die Verantwortung tragen.

Und schon sind die Verfechter der guten alten Zeit wieder dabei, mit ihren heiseren Stimmen herumzuschwatzen, zu nörgeln und zu husten. Diese eingebildeten »alten Genossen«, die das Leben der letzten fünfzig Jahre nur noch aus Leitartikeln und Fernsehsendungen kennen. Diese alten Trabanten der Perestroika, von denen man eigentlich annehmen müsste, sie würden heute ihre Urenkel hätscheln und tätscheln und die Behaglichkeit des heimischen Herdes genießen. Aber weit gefehlt! Vorwärts – die alten Fahnen entrollt, auf denen noch die vergilbten Losungen stehen: »Kampf dem Heavy Metal! Kampf der fremden Kultur! Gefärbte Haare – mit der Wurzel ausreißen! Die ›Synchro-lightnings‹ – ausmerzen! Die ›Systemiker‹ – auf den Müll! Die ›Kontaktoren‹ – zertreten!«

Und es ertönen die blechernen Stimmen der Verfechter von Zucht und Ordnung, der Apologeten des Strammstehens, die felsenfest davon überzeugt sind, dass bei allen sozialen Problemen nur eine Medizin hilft: antreten, marschieren und ein flottes Lied, intoniert von einem Vorsänger. Wer aus der Reihe tanzt, verhält sich gesetzwidrig, mit dem wird kurzer Prozess gemacht.

Manche werden schon ungeduldig, weil sie wittern, dass sie bald eine Zeit lang ungestraft alle Hemmungen fallenlassen können, mit den Fäusten reinhauen und, ohne etwas von den Justizorganen befürchten zu müssen, über die Stränge schlagen dürfen. Sie johlen schon im Vorgefühl der lustigen Hatz – immer lauter von Stunde zu Stunde. Aber die Untaten dieser fanatischen Meute wird man all denen anlasten, die jetzt lauthals demagogische Reden vom Stapel lassen, anstatt zu schweigen und nachzudenken.

»Ich nenne keine Namen, obwohl ich es tun könnte«, schreibt G.A. am Ende seines Artikels. »Ich war hart und vielleicht sogar grob, aber ich entschuldige mich nicht dafür. Gut die Hälfte der Menschen, für die ich diesen Artikel geschrieben habe, sind meine Schüler und die Schüler meiner Schüler. Und alles, was ich hier geschrieben habe, ist ebenso gut an mich selbst gerichtet wie an sie. In den letzten Tagen lasten Kummer und Scham schwer auf mir; denn die Verantwortung für die Vorkommnisse übernehme auch ich persönlich – in dem Maße, wie sie ein Einzelner übernehmen kann. Ich bitte euch nur um eins: Schweigt still und denkt nach. Denn es ist eine Zeit angebrochen, wo man vorerst nichts weiter tun kann als das.«

Der Letzte in dieser Reihe von Artikeln ist der Beitrag des Dekans der Soziologischen Fakultät. Sein Artikel beschäftigt sich mit der Rolle das Schmarotzertums, insbesondere der »Flora«, als gesellschaftliche Erscheinung zu Beginn der zweiten wissenschaftlich-technischen Revolution. Was er schreibt, ist sehr vernünftig, akademisch und meines Erachtens unanfechtbar. G.A. offen anzugreifen, hat er sich gescheut – warum, weiß ich nicht, denn man merkt, dass er faktisch in keinerlei Hinsicht mit G.A. einverstanden ist, weder was den Inhalt noch was die Form angeht.

Eine Überlegung in seinem Artikel scheint mir jedoch erwähnenswert. Zunächst ist er überzeugt, dass es die »Flora« nicht gäbe, wenn man es geschafft hätte, jedem jungen Menschen eine Arbeit nach seinem Geschmack anzubieten. Anschließend sagt er: »Bis jetzt haben wir noch moralisch das Recht, die ›Flora‹ zu verurteilen. Denn es gibt nicht genug Arbeitskräfte, aber eine Menge unangenehmer und unattraktiver Tätigkeiten, auf die wir die ›Flora‹ vorwurfsvoll verweisen. Aber die Zeit ist nicht mehr fern, in der sich die zweite wissenschaftlich-technische Revolution vollzogen haben wird (in etwa vierzig bis fünfzig Jahren). Ausnahmslos alle unangenehmen, nicht attraktiven Arbeiten werden dann von Robotern erledigt. Was werden wir dann der ›Flora‹ antworten, wenn sie zu uns sagt: ›Also gut, her mit eurer Arbeit!‹ Wichtig ist, dass uns schon jetzt klar ist, wie merkwürdig diese Zeit, vom heutigen Standpunkt aus betrachtet, sein wird: Denn die Arbeit wird für immer aufhören, eine gesellschaftliche Notwendigkeit zu sein. Entsprechend sollten wir vielleicht die ›Flora‹ von heute als ein Modell der sozialen Situation einer schon nicht mehr fernen Zukunft ansehen.«

Was habe ich nun aus alldem begriffen?

Eine redaktionelle Anmerkung zu den Veröffentlichungen fehlt. Folglich hat das Stadtkomitee noch keinen Beschluss zu der geplanten Aktion gefasst. Überhaupt verhält es sich eher beschwichtigend als antreibend. Was mich allerdings stutzig macht, sind die Angaben zu den Autoren. Zu K. P. Pljuchin sind beispielsweise alle Titel angeführt: Veteran, Ehrenrentner, Verdienter Erzieher und Verdienter Arbeiter der RSFSR. Das Gleiche beim Dekan: Professor, Korrespondierendes Akademiemitglied, Preisträger und Abgeordneter. Bei G. A. hingegen heißt es einfach: G. A. Nossow. Man kann es so verstehen, dass jeder in der Stadt weiß, wer G. A. Nossow ist, und man ihn daher nicht weiter vorzustellen braucht. Man kann es aber auch als warnenden Hinweis interpretieren: Heute bist du noch ein Verdienter Lehrer, ein Preisträger, ein Abgeordneter und ein Mitglied des Stadtsowjets, morgen aber bist du nur noch G. A. Nossow – weiter nichts.

Kirill zog aus den Veröffentlichungen höchst optimistische Schlussfolgerungen. Das Stadtkomitee werde keine radikalen Aktionen zulassen. Es werde in der Stadt nur ein wenig Lärm und Geschrei geben, und dann werde alles wieder ruhig sein. Achtet auf den Ton des Artikels, den der Veteran verfasst hat, gab er uns zu bedenken. Berücksichtigt, dass in der Reihe der Autoren die erlauchte Riwa fehlt und dass ein Intellektueller zum Schiedsrichter gemacht wurde, und nicht ein Praktiker oder eine Amtsperson.

All das legte uns Kirill schon mit dem Koffer in der Hand dar. Er stand im Vestibül und war überzeugt von dem, was er sagte – doch wäre es in seiner Lage auch sonderbar gewesen, wenn er etwas anderes gesagt hätte. Zum Beispiel: »Tja, Leute, ihr sitzt ganz schön in der Tinte, aber ihr werdet euch schon etwas einfallen lassen. Ich muss jetzt jedenfalls los, auf Kreuzfahrt rund um Afrika.«

Kaum hatten wir uns von ihm verabschiedet, ließ G.A. mich zu sich rufen und sagte: »Gehen wir.« Unterwegs überlegte ich die ganze Zeit, wohin wir gingen, erriet es jedoch nicht. Schließlich erreichten wir das Fernsehzentrum und begaben uns schnurstracks zum obersten Chef, einem langen, verschwitzten, dicht behaarten und unsympathischen Mann mit einer gebückten Haltung. Es stellte sich sogleich heraus, dass er sich am Rande eines Nervenzusammenbruchs befand. Wir hatten kaum die Schwelle überschritten, da rief er schon schluchzend: »Was ist, Georgi? Was willst du denn noch?«

Ja, sagte er, er sei ein alter und treuer Freund von G.A. Zudem sei er ihm wegen seiner Tochter ewig zu Dank verpflichtet. Und es sei nicht das erste Mal, dass er seine Dankbarkeit bewiesen habe, sowohl mit Worten als auch mit Taten. Aber in dieser Situation könne er nichts machen. Ob er sich am Telefon etwa undeutlich ausgedrückt habe? Nein, über den Rundfunk sei es auch nicht möglich. Nein, es gebe weder Geheimnisse noch geheime Beweggründe, und er fürchte auch niemanden. Aber er sei jetzt mit seinen Kräften am Ende. Nein, er habe nicht vor, auf seine alten Tage noch sein Gewissen zu belasten, aber die kleinste Einmischung in die Geschehnisse würde unweigerlich dazu führen, dass er in den Schlamassel mit hineingezogen werde. Nein, es sei ein großer

Irrtum, dass es nicht schlimmer, sondern nur besser werden könnte. Es werde schlimmer, und zwar noch viel schlimmer kommen. Wie viel Mühe habe es ihn gekostet, auf die Ehre zu verzichten, Ansprachen der Leiterin der Abteilung für Volksbildung, des Vorsitzenden der Veteranenkommission oder des Chefredakteurs der Zeitschrift *Taschlinsker Agrarindustrie* auszustrahlen. Wenn jetzt G. A. im Fernsehen aufträte, müsste er allen genannten Personen und noch zwanzig weiteren die gleiche Möglichkeit geben – wütende Hunde, die an der Kette reißen und die Bürger dazu aufrufen würden, den großen Besen zu nehmen, hart durchzugreifen und die Zügel straff anzuziehen …

Es endete damit, dass G. A. ihn, den behaarten, unsympathischen Mann, trösten und ihm die Nase putzen musste. Er erinnerte ihn daran, wie sich früher einmal die Umstände zugespitzt hatten, sich aber dann alles zum Guten gewendet hatte. Schließlich brach der behaarte, unsympathische Mann in Tränen aus, und G. A. gab mir zu verstehen, ich solle sie allein lassen.

Auf dem Rückweg fragte ich G. A., was er von den Artikeln in der *Taschlinsker Prawda* halte, und er erwiderte: »Sie hätten viel schlimmer ausfallen können.« Nach kurzem Schweigen fügte er hinzu: »Aber vielleicht kommt es auch noch viel schlimmer. Wir werden sehen.« Danach schwieg er eine Weile und sagte dann leise, als spräche er zu sich selbst: »Jedenfalls werde ich mich jetzt an niemanden mehr wenden. Es ist zu spät.« Das war das Stichwort; G. A. lebte auf und deklamierte: »›Zu spät, zu spät‹, röchelte Wolf. Schaum und Blut flossen über sein Kinn.« Das Zitat versetzte ihn wie immer in gute Laune. Er schaute mich mit verschmitzten Augen an und fragte: »Haben Sie nicht manchmal den Eindruck, Fürst, dass wir in einer Zeit historischer Umwälzungen leben? Haben Sie nie dieses Gefühl? Wissen Sie, in Zeiten historischer Umwälzungen ist es furchtbar ungemütlich: Es zieht, es stinkt, es ist unruhig, schrecklich und unsicher. Indes – glücklich, wer diese Welt besucht in ihres Schicksals Augenblicken … Was meinen Sie, Fürst?«

Ja, wirklich: Was heißt es, in einer Zeit historischer Umwälzungen zu leben? Ich muss darüber nachdenken. Wenn auf Straßenkreuzungen Panzerwagen stehen, wenn Feuer qualmen, in denen alte Wahrheiten verbrannt werden, so ist das keine historische Umwälzung mehr. Dann hat schon die neue Geschichte begonnen. Ein Umbruch ist eine von der Zeit abgeleitete Größe. Es heißt, Herzkranke reagierten nicht auf schlechtes Wetter, sondern darauf, dass sich das gute Wetter ändert. Noch scheint die Sonne, noch ist es warm, die Luft ist rein, aber der Luftdruck ändert sich schon, und dem Herzkranken geht es schlechter. Vielleicht ist es mit der Geschichte genauso. Vielleicht reagiert G.A. feinfühlig auf Veränderungen, die gerade beginnen. Mich würde das nicht wundern, obwohl ich selbst keinerlei Veränderung wahrnehme.

Heute stehen noch mehr Warnposten herum als gestern. Die Losungen sind in etwa die gleichen. Für die ausländischen Touristen ist das sehr interessant; unaufhörlich leuchten ihre Blitzlichter auf, und nach allen Seiten surren Videokameras.

Ich habe Michej gefragt, was er als Komsomolmitglied getan habe, damit sein Freund – Fürst Igor und ebenfalls Mitglied des Komsomol – nicht zur »Flora« gegangen sei. Als Antwort bekam ich unverständliches Gemurmel zu hören.

Manuskript »O3« *(19–22)*

19. Die Insel Patmos erwies sich bei genauerer Betrachtung als ein ziemlich belebtes Fleckchen Erde. Sie lag damals anscheinend an einer Stelle, wo sich verschiedene »Pfade«, (wenn auch noch nicht »Wege«) der Küstenschifffahrt kreuzten. Beinahe jede Woche ging in der kleinen, südlichen Bucht ein

Schiff vor Anker, um seinen Süßwasservorrat aufzufüllen, sich mit gedörrtem Ziegenfleisch einzudecken oder den nächsten Verbannten abzusetzen.

Auf Patmos gab es jede Menge Verbannte. Sie nannten sich »Prikachten«, was Jargon war und so viel bedeutete, wie »Patenkind«. Es gab Patenkinder des Caligula, Patenkinder des Claudius und Patenkinder des Tiberius. Darunter waren überkandidelte Senatoren, gemaßregelte Schauspieler, fremdländische Fürsten, Meister und Liebhaber geistreicher Bemerkungen und unbequeme Reformatoren. Manche lebten mit Familie und Hausrat dort, manche hatten keine Ohren, keine Zunge, bisweilen auch keine Geschlechtsteile mehr.

Die Verbannten waren Teil einer Elite, selbst die ohne Geschlechtsteile. Sie standen sich sozial nahe. Der halbnackte, kahl gewordene Berufsverbrecher hingegen, den man in siedendes Öl gesteckt hatte, war für sie ein sozialer Fremdkörper. Genau genommen war er der Verbannung nicht einmal würdig: Wenn das Öl schon nicht gereicht hatte, um ihm den Garaus zu machen, wäre das Kreuz, und nicht die vornehme Gesellschaft, der rechte Platz für ihn gewesen. Einige Vorfälle verleideten ihm daher in den ersten Wochen den Aufenthalt auf der Insel.

Doch vielleicht wäre es treffender, wenn man sagte, dass nicht ihm, sondern den stolzen Prikachten das Leben in den ersten Wochen verleidet wurde. Sie bemühten sich nämlich das nachzuholen, was die Behörden versäumt hatten. Aber als man versuchte, den Verbrecher mit Hunden zu hetzen, mussten drei Hunde dran glauben; nicht sie töteten ihn, sondern er sie. Dann röstete er sie auf glühender Holzkohle und aß sie gemeinsam mit Prochoros auf. Anschließend sandte man vier Sklaven von Senator Varro aus, um die Hunde zu rächen. Doch sie kehrten verstümmelt zurück: Der Bandit hatte ihnen die Geschlechtsteile abgeschnitten, damit sie ihrem Herrn künftig in nichts mehr überlegen wären.

Schließlich veranstaltete man eine regelrechte Treibjagd auf ihn. Sie wurde von Offizieren der vierzehnten Legion geleitet, die in Ungnade gefallen waren, und endete ergebnislos: Man steckte die leere, verfallene Laubhütte in Brand, in der er es sich mit Prochoros bequem gemacht hatte, zerschlug den Topf, in dem sich noch ein Suppenrest vom Vorabend befand, und nahm ein paar Ziegen mit, die zufällig in der Nähe weideten, wohl aber kaum ihm gehörten.

Noch in derselben Nacht fing die Siedlung der »Prikachten« an zu brennen. Phrygische Schäfer hatten an vier Ecken das Feuer gelegt. Der Bandit aber, der sich den Hausrat des Senators Varro aufgeladen hatte, verschwand mit Prochoros in die Berge. So wurde aus dem lustigen Abenteuer, das die von Langeweile geplagten Patenkinder dreier Imperatoren begonnen hatten, ein erbitterter, sinnloser Krieg, den sie nun gegen die Ureinwohner führten. Er dauerte dreißig Tage und Nächte und endete mit einer Kapitulation zu entwürdigenden Bedingungen.

Johannes Ahasver lebte jetzt in den Bergen. Vom Standpunkt eines unbeteiligten Menschen aus betrachtet, war es wohl mehr ein Dahinvegetieren. Er tat nichts, aß und schlief. Prochoros holte Wasser und besorgte Nahrungsmittel. Gelegentlich kamen Schäfer vorbei. Ohne zu grüßen, nahmen sie am Feuer Platz und tranken sauren Wein, den sie in schäbigen Lederflaschen mitgebracht hatten. Dann betrank sich Johannes. Manchmal verlangte es ihn auch nach einer Frau. Da es alleinstehende Frauen auf der Insel nicht gab, trieb er es mit den Ziegen. Andere Bedürfnisse hatte er nicht. Eigentlich war er der glücklichste Mensch seiner Zeit: Er brauchte nicht zu arbeiten, und alles, was sein Herz begehrte, war in seiner Reichweite.

Um ihn herum passierte nichts.

In seinem Inneren hingegen vollzog sich ein erstaunlicher Wandel. Stundenlang lag er auf Fellen in seiner armseligen

Laubhütte und beobachtete ebenso beunruhigt wie verblüfft die Veränderungen. Angefangen hatte es mit dem römischen Gift, als er halbtot im eigenen Erbrochenen auf dem Boden des Hinrichtungsraumes lag. Und es geschah wieder, als man ihn an der Porta Latina ins heiße Öl tauchte und er unerträgliche Schmerzen erlitt. Seither hatte es nicht mehr aufgehört. Waren es vielleicht Stimmen, die ihm nun schon sehr klar und eindringlich die Prinzipien und Gesetze des Seins übermittelten? Ja, möglich. Vielleicht aber auch nicht. Vielleicht waren es Visionen – leuchtende, große Visionen davon, was war, was ist und was sein wird? Ja, auch das war möglich … Er sah, er roch, er spürte, erschrak und war begeistert. Aber er wahrte Abstand.

Lange Zeit dachte er, die Götter redeten mit ihm, bereiteten ihn auf eine große Tat vor und statteten ihn dafür mit nichtmenschlichem Wissen aus – sogar mit Allwissen. Aber in dem Maße, wie sich sein Bewusstsein entwickelte, wie das Universum um ihn herum und in ihm immer größer, verständlicher und klarer wurde in seinen unzähligen, in die Vergangenheit und Zukunft reichenden Verbindungen, indem es immer einfacher wurde in seiner unaussprechlichen Komplexität, festigte sich in ihm die Überzeugung, dass es keine Götter gab. Auch keine Dämonen, Magier oder Wundertäter. Es gab nichts außer dem Menschen, der Welt und der Geschichte. Alles, was ihn jetzt erleuchtete, kam nicht von außen, sondern von innen. Es kam aus ihm selbst. Und er brauchte auch keine besonderen Taten zu vollbringen: Ihm war einfach beschieden, ewig zu leben – mit dem Universum in seinem Innern.

In seinen wachen Minuten aber, während er gebratenen Fisch verschlang, gesäuerte Milch trank oder zu einer läufigen Ziege schlich, blieb er ganz der frühere Johannes Ahasver, das heißt, nicht einmal Johannes Ahasver, sondern einfach Johannes Boanerges – ein wilder, räuberischer Galiläer, der weder lesen noch schreiben konnte und die Welt nur durch seine fünf Sinne wahrnahm, ein Mann, der für seine Begierden lebte. Selbst die Erinnerung an den *Lehrer* war schon ganz in ihm verblasst; geblieben war nur das Gefühl einer unbestimmten, sanften Wärme.

Er hatte nie ein gutes Gedächtnis gehabt, es sei denn, es ging um Rache oder Hass. Wachte er als Johannes Ahasver, schlief das höchste Wissen in ihm wie der Leviathan in tiefen Gewässern. Hätte man ihn in solchen Stunden gefragt, weshalb die Gestirne am Himmel auf- und untergingen, hätte er nicht einmal die Frage verstanden. Und wäre ihm eine Frage in den Sinn gekommen, wie zum Beispiel: »Weshalb ähneln Kinder ihren Eltern?«, hätte er sich nur über die närrische Frage gewundert und nicht einmal versucht, eine Antwort darauf zu finden.

Das höchste Wissen in ihm erwachte unerwartet und stets gegen seinen Willen. In der Regel geschah das in Minuten höchster Erregung, wenn er ungeduldig oder wütend war, sich über andere Menschen ärgerte – über ihre Dummheit, ihre selbstgefällige Geschwätzigkeit, ihre tierische Natur. Und darüber, dass sie sich wie Sklaven an der eigenen Nichtigkeit ergötzten, was das Verhältnis zu höheren Kräften anging, zu Göttern, Opferpriestern oder Behörden.

Zum ersten Mal geschah es an einem heißen Sommerabend. Die Sonne war schon untergegangen, und an einem schwach glimmenden Feuer plätscherte ein Gespräch unter Männern dahin. Man trank reichlich vom jungen, selbstgemachten Wein. Die Unterhaltung wechselte wie immer von den Frauen zu den Ziegen über, und die Schäfer fingen an, Johannes und Prochoros den angenehmen Zeitvertreib sachkundig und bis in alle Einzelheiten auseinanderzusetzen: nach welchen Merkmalen man das Tier auswählen, wie man es vorbereiten und vor allem welche Maßnahmen man treffen sollte, damit das Vergnügen nicht geschmälert werde und nichts Unschönes dabei passierte (zum Beispiel kein Ungeheuer gezeugt werde).

Johannes Ahasver hatte weder etwas gegen ein Gespräch unter Männern noch gegen ein Gespräch über Ziegen. Aber dann fingen die Schäfer an, Unsinn über Ziegenmenschen zu faseln, sagten ihnen ein furchtbares Aussehen und blutrünstige Eigenschaften nach, verstiegen sich immer weiter in Lügen, die sie mit Lügen begründeten, sprachen schneller und lauter, beriefen sich auf Götter und Ahnen und führten zum Beweis gar Augenzeugen und Schuldige an, während sie sich gegenseitig die Ziegenfelle über der Brust zerrissen. Da hielt Johannes Ahasver es nicht länger aus. Er fing an zu reden. Er sagte den dummen Schreihälsen, es sei unmöglich, dass Ziegen Nachkommen von Menschen bekämen. (Ihm war gerade bewusst geworden, dass das so war, dass er das wusste und sogar die Gründe dafür kannte.) Er versuchte, es ihnen zu erklären. Zum ersten Mal in seinem Leben spürte er, wie qualvoll es war, wenn man alles wusste, aber nicht in Worte fassen konnte. Es war, als ersticke man beim Sprechen …

Sie verstanden ihn nicht. Er fing an zu schreien und hämmerte mit den Fäusten auf die steinige Erde. Er verhakte die Finger ineinander und löste sie in seinem Bemühen, ihnen die Mechanismen zu verdeutlichen. Er stammelte wie ein Gelähmter, er sabberte sich den Bart voll. Die Schäfer liefen erschrocken davon, und er blieb allein. Nur Prochoros saß noch neben ihm und beschrieb geschickt wie immer einen zerknitterten Bogen Pergament. Johannes brach in Tränen aus, schleuderte ein verkohltes Stück Holz nach Prochoros und fiel mit dem Gesicht auf die Erde.

Er musste lernen zu sprechen – und sollte sich bald als begabter Erzähler erweisen. Nun stellte er eine weitere Leidenschaft an sich fest: Er wollte sein Wissen mit anderen teilen. Mit dem Erzählen war es wie in der Liebe – man durfte nicht zu schnell sein, sondern musste (wollte man es wirklich genießen) dem Zuhörer gegenüber umsichtig, einfühlsam und liebevoll sein. Auch jetzt ereilten ihn noch Wutanfälle ob der menschlichen Sturheit, Selbstzufriedenheit oder Unwissenheit, aber das höchste Wissen bedurfte ihrer nicht mehr, um sich frei entfalten und mitteilen zu können. Es genügte schon ein berechtigtes Gegenargument. Das zwang Johannes, sich Partner zu suchen.

Er fand auf einmal Gefallen an klugen, intelligenten Menschen, die lasen und die ihrer Umwelt mit Neugier begegneten. Vom höchsten Wissen aus betrachtet, war ihre Belesenheit nicht mehr als systematisierte Unwissenheit, ein Sammelsurium falscher, fehlerhafter oder ungenauer Vorstellungen von der Welt; aber dank ihrer Belesenheit waren sie zu Logik und Skepsis fähig und begriffen, dass es immer unmöglich bliebe, das Unfassbare zu erfassen.

So wurde er in der Kolonie der Prikachten ein angesehener Mann.

Und Prochoros schrieb alles auf. Er war überzeugt, dass nicht ein einziges Wort seines geliebten Propheten nutzlos verhallte, aber es wäre auch falsch gewesen zu behaupten, dass er jedes Wort notiert hätte. Schon an der Porta Latina hatte er mit den Aufzeichnungen begonnen und auf der Galeere, die sie nach Patmos brachte, mitgeschrieben, was Johannes im Fieberwahn von sich gab. Auf Patmos, wo das höchste Wissen in ihm reifte, sprach Johannes im Schlaf, und Prochoros notierte auch dies – erhitzte Debatten, die Johannes mit eingebildeten Göttern führte. Prochoros machte seine Aufzeichnungen, als der in Wut geratene Johannes den erschrockenen Schäfern sein Wissen entgegenschleuderte, und notierte den Disput, den er mit Plinius dem Älteren führte, als dieser auf Patmos weilte, um einen begnadigten Germanenführer abzuholen. Ebenso den Disput mit Justus von Tiberia, der eigens nach Patmos gekommen war, um den erstaunlichen Gelehrten zu treffen. Er hielt viele weitere Dispute fest, bis er gelernt hatte, seine Fragen so zu stellen, dass sie den Propheten dazu brachten, sein Wissen mitzuteilen.

So entstand die *Apokalypse*, die »Offenbarung des Johannes«, ein berühmtes Werk der Weltliteratur. Johannes Ahasver nannte es nicht anders als »kescher« (ein Wort aus der aramäischen Gaunersprache, das so viel bedeutet wie der heutige Ausdruck »Knastlegende« – Geschichten, die sich die Diebe auf ihren Pritschen erzählen, um ihr Hungergefühl zu betäuben). Denn das, was Johannes erzählte, und das, was unter Prochoros' Feder entstand, hatte nichts miteinander gemein, außer vielleicht den Wunsch zu erzählen und zu überzeugen.

Johannes Ahasver redete, fantasierte und erzählte auf aramäisch. Prochoros aber konnte nicht mehr aramäisch, als er auf dem Markt benötigte, um einzukaufen. Er schrieb und dachte auf Griechisch, genauer gesagt, in der klassischen Koine.

Zudem fehlten Johannes Ahasver manchmal minutenlang die Worte, um Begriffe und Bilder des höchsten Wissens wiederzugeben. Er musste daher oft Gesten und Interjektionen zu Hilfe nehmen. Sein Bewusstsein umfasste das gesamte Universum, die ganze Unendlichkeit in Raum und Zeit – wie sollte er da einem aus Chaironeia gebürtigen jungen (oder auch älteren) Mann – Sohn einer iberischen Sklavin und eines Freigelassenen – Begriffe erklären wie Muskete, Graviplan, Spaltstoffstäbe, Pithekanthropus, Mutante, Homunculus, Parthenogenese, Nachschublinie, Protuberanz, mehrdimensionaler Raum, Inkunabel, Moskau, Papier, Panzerzug, Kapitalismus, Null-Transport, römisch-katholische Kirche, Magnetfeld, Wolkenstadt, Laser, Inquisition … Er selbst, Johannes Ahasver, war nicht in der Lage, diese Begriffe, Dinge und Erscheinungen zu benennen, geschweige denn zu erklären. Er *wusste* nur von ihnen, hatte von ihnen und den zwischen ihnen bestehenden Zusammenhängen eine Vorstellung – mehr nicht. Prochoros aber war ein großer Schriftsteller und besaß wie alle großen Schriftsteller ein angeborenes Talent zum Erfinden von Mythen. Seine Fantasie war in höchstem Maße entwickelt, und er füllte mit Freude und ohne jeden Zweifel alle klaffenden Lücken in den Geschichten und Erklärungen des Propheten nach eigenem Gutdünken aus.

Auch war Prochoros zutiefst davon überzeugt, er hätte einen leibhaftigen Propheten vor sich. Johannes Ahasver vermittelte Wissen – Prochoros hingegen schrieb Prophezeiungen auf. Die verworrenen, unverständlichen und unzusammenhängenden Erzählungen des Johannes bestärkten ihn noch in dem Glauben, es handle sich um Prophezeiungen. Und er sah es als seine Aufgabe an, den Äußerungen einen Sinn zu geben, sie in ein System zu fügen, sie an den richtigen Platz zu rücken und zu einem Ganzen zu vereinen. Er wählte die Kernaussagen aus, ließ Zweitrangiges gnadenlos weg, suchte nach allgemeinverständlichen Bildern und fand sie. Mal versuchte er, den Sinn zu erschließen und herauszuarbeiten, dann wiederum verschleierte er den Sinn, weil er es für nötig erachtete. Er baute das Sujet aus, schuf einen Rhythmus, flößte Angst ein, spendete Hoffnung, gebot Ehrfurcht, trieb zur Verzweiflung …

Das Ergebnis war ein literarisches Werk, das einen völlig selbstständigen ideellen und künstlerischen Wert besaß. Wie die meisten bedeutenden Werke der Weltliteratur hatte es nichts mehr gemein mit der Quelle, die den Autor zum Schreiben inspiriert hatte. Daher kann Prochoros' »kescher« auf die verschiedenste Weise gedeutet werden – je nach Weltanschauung und ästhetischem Empfinden des Exegeten.

Soweit bekannt, hat jedoch kein einziger Exeget die (vielleicht entscheidende) Tatsache berücksichtigt, dass Prochoros einen beachtlichen, und zwar den schöpferischen Teil seines Lebens – vierzig Jahre! – in einem brodelnden Kessel entgegengesetzter Meinungen und Kräfte verbrachte: Er war umgeben von Prikachten, und lebte Seite an Seite sowohl mit erbitterten Feinden als auch mit beflissenen Gefolgsleuten Roms. Es gab solche, die Rom als ein Völkergefängnis ansahen, und solche, die meinten, es sei höchste Zeit, mit dem verrotteten Liberalismus Schluss zu machen. Hier wurde wieder und wieder über alles diskutiert: über die allerneuesten Gerüchte, Klatsch, Tratsch, neue Theorien, Prophezeiungen, Befürchtungen, Anekdoten und Hoffnungen. Und Prochoros war zweifellos über alles bestens informiert. Und die Welt, die ihn umgab, übte auf ihn, wie auf jeden großen Schriftsteller, den allergrößten Einfluss aus.

All das lässt noch eine weitere Deutung der Apokalypse zu: dass sie nämlich ein zeitgemäßes, hochaktuelles politisches Pamphlet war, in dem die Elemente der Prophezeiung nur als literarisches Mittel dienten, um den Zeitgenossen das unvermeidliche, schreckliche Ende des römischen Imperiums nahezubringen. Der Zeitgenosse jedenfalls würde die bekannten Attribute der römischen Hierarchie, der römischen Elite und der römischen Infrastruktur in den scheußlichen Gestalten des Tiers, der eisernen Heuschrecke usw. sofort wiedererkennen. Der Prophet jedenfalls schlug sich vor Vergnügen auf die Knie, als Prochoros ihm Ende der sechziger Jahre ausgewählte Abschnitte aus seiner Apokalypse vorlas (er übersetzte sie gleich vom Blatt). Er lachte schallend und sagte: »Jawohl, mein Sohn, da hast du es ihnen aber gegeben. Man kann dir nur gratulieren, du bist ein Mordskerl ...« Zum Text machte er nur ein paar stilistische Bemerkungen, und nach dem Vorlesen prophezeite er: »Denke daran, Prochoros, deiner Apokalypse ist ein sehr langes Leben beschieden, und viele werden sich darüber den Kopf zerbrechen ...«

Natürlich ist heute, nach zweitausend Jahren, niemand mehr in der Lage, Prochoros' Apokalypse als politisches Pamphlet zu verstehen. Aber auch ein anderes großes Werk der Weltliteratur, Dantes »Göttliche Komödie«, wird nicht als politisches Pamphlet angesehen, obwohl es als solches konzipiert und geschrieben wurde.

Viele Jahre später, als es Prochoros, die Prikachten und das römische Imperium schon nicht mehr gab, ging Johannes Ahasver ein seltsamer Gedanke durch den Kopf: Prochoros' Apokalypse war weder eine mystische Prophezeiung über das Schicksal der Welt noch ein politisches Pamphlet. In Wirklichkeit war sie ein sorgfältig und genial verschlüsselter Plan für einen Generalaufstand der kolonialen Provinzen gegen Rom, eine gigantische Disposition vom Typ »Die erste Kolonne marschiert …«. Alles darin hatte eine eindeutig festgelegte politisch-militärische Bedeutung: sowohl das Posaunen eines Engels als auch die Farbe der Pferde, auf denen die Reiter in die Geschichte ritten, wie auch das Weib, das wider den Drachen stritt … Zum ersten Mal angewandt wurde die Disposition, wenn auch nur partiell, während des Judäischen Krieges, wobei sich (ganz wie bei Lew Tolstoi) im Zusammenprall mit der Realität ihre völlige Untauglichkeit erwies.

20. Am schwierigsten war es, das verfluchte Gemälde in den elften Stock hinaufzuschaffen. Ich hatte das Gefühl, als ob mir beide Arme abrissen, und war schweißgebadet. Zweimal fiel mir die Mütze vom Kopf, und jetzt war sie schmutzig und staubig. Ich zerkratzte mir am vergoldeten Rahmen die Wange. Auf halber Höhe knirschte dann plötzlich das Glas, und vor Schreck blieb mir fast das Herz stehen. Aber es ging alles gut. Schwer atmend, und unter Aufbietung meiner letzten Kräfte, schleppte ich das Bild durch den Korridor, trug es in das Zimmer und lehnte es an die Wand. Es war eineinhalb Meter mal eineinhalb Meter groß, verglast und hatte einen schweren Rahmen.

Ich rang nach Luft, wischte mir den Schweiß vom Gesicht und klopfte mit den steif gewordenen Händen die Mütze aus. Da erschien plötzlich Ahasver Lukitsch. Er kam aus dem Esszimmer und war offensichtlich gerade vom Tisch aufgestanden. Er roch nach gebratenen Zwiebeln, Essig und Koriander und kaute noch schmatzend und genüsslich an einem Bissen.

»M-m-m«, meinte er, nachdem er vor dem Bild stehen geblieben war, und zog einen Zahnstocher aus seiner Jackentasche. »Sehr gut, wirklich ... Wissen Sie, Serjoscha, das könnte ihn interessieren ... Haben Sie viel dafür bezahlt?«

»Nicht eine Kopeke«, antwortete ich, immer noch außer Atem. »Warum fragen Sie? Aber was ist, wenn es nicht hierherpasst?«

»Wie heißt es?«

»Ich erinnere mich nicht ... irgendwas mit Motorrad ... Da, auf der Rückseite, steht der Titel. Aber auf Deutsch, versteht sich.«

Ahasver Lukitsch kroch behände und auf allen vieren hinter das Bild. Fast verschwand er dahinter, nur noch sein abgewetzter Hosenboden war zu sehen.

»Aha«, rief er, als er wieder zum Vorschein kam. »Alles klar: ›Das Motorrad unter dem Fenster am Sonntagmorgen‹.«

Schweigend betrachteten wir eine Weile das Bild.

Es stellte ein Zimmer dar, in dem das Fenster weit offen stand, dahinter erahnte man die Morgensonne. Im Zimmer sah man links ein zerwühltes Bett, darauf viele Kopfkissen und Federbetten und rechts eine riesige Kommode mit einer herausgezogenen Schublade; auf der Kommode standen kleine Porzellanfiguren. In der Mitte des Zimmers sah man einen Mann in Unterwäsche. Seine Körperhaltung war merkwürdig, so als schliche er zum Fenster. In der nach hinten gereckten Hand hielt er eine Handgranate. Weiter war nichts zu sehen. Worum es ging, lag auf der Hand: ein allegorisches Bild zum Thema »Hüte den Schlaf deiner Mitmenschen«.

»Am meisten wird ihm die Handgranate gefallen«, sagte Ahasver Lukitsch zutiefst überzeugt, wobei er sich mit einem Zahnstocher im Mund herumstocherte.

»Eine Eierhandgranate«, murmelte ich unsicher. »Meines Erachtens wurde sie in unserer Armee längst aus dem Verkehr gezogen.«

»Richtig, eine Eierhandgranate«, bestätigte Ahasver Lukitsch zufrieden. »In Amerika nennt man sie übrigens ›pineapple‹. Und was heißt das?«

»Weiß ich nicht«, antwortete ich und zog den Mantel aus.

»Ananas«, sagte Ahasver Lukitsch. »Die Chinesen sagen ›shouliudan‹ dazu ... Vielleicht aber auch nicht; ›shouliudan‹ nennen sie die Handgranate schlechthin. Wie haben sie bloß die F-1 genannt? Ich kann mich nicht mehr erinnern. Ich fange an, alles zu vergessen ... Schauen Sie, sogar der Zünder ist eingesetzt. Ein sehr talentierter Maler. Und ein sehr schönes Bild ...«

Ich wandte mich um und ging ins Vorzimmer, um den Mantel aufzuhängen und mir etwas Bequemeres anzuziehen. Als ich zurückkam, stand Ahasver Lukitsch noch immer vor dem Bild. Er betrachtete es durch seine zwei Fäuste hindurch, so als blicke er durch ein Fernglas.

»Erstens«, sagte er, »sehe ich kein Motorrad. Er kann tausendmal ›Das Motorrad‹ schreiben, aber man sieht keins. Stattdessen sieht man vielleicht einen Leierkastenmann oder – noch schrecklicher – Jugendliche mit einer Gitarre ... Das zum einen. Und zweitens ...« Er verdrehte die Augen, und seine Stimme nahm einen gequälten Ton an. »Bei ihm ist alles statisch! Statisch! Die Luft spürt man, das Licht, den Raum kann man erraten. Aber wo ist die Bewegung? Wo ist sie? Serjoscha, können Sie mir vielleicht sagen, wo die Bewegung ist?«

»Bewegung gibt es im Kino«, antwortete ich, damit er mich in Ruhe ließ. Ich hatte großen Hunger.

»Im Kino«, wiederholte er unzufrieden. »Im Kino, im Kino ... Wir wollen sehen, wie sich die Dinge bei ihm weiterentwickeln!«

Der Mann auf dem Bild begann sich zu bewegen. Wie ein Raubtier schlich er zum Fenster, schleuderte mit einer katzenartigen Bewegung die Granate hinaus und warf sich unterhalb des Fensterbretts auf den Fußboden. Draußen blitzte es kurz auf. Von der Decke rieselte Putz auf mich und Ahasver Lukitsch herab. Die Fensterscheiben klirrten. Und dann stieg hinter dem gemalten Fenster Rauch auf, Fetzen flogen durch die Luft, und man sah einen Motorradreifen hochfliegen, dessen Speichen in der Sonne glitzerten.

»Oh«, rief Ahasver Lukitsch, und das Bild kam wieder zur Ruhe. »Jetzt wissen wir es. Es gibt tatsächlich ein Motorrad. Nicht irgendeinen Leierkastenmann, sondern ein Motorrad.« Mit seinen Händen formte er wieder ein Fernglas. »Und zwar nicht irgendein Motorrad, Serjoscha, sondern eine Zündapp. Das war damals ein gutes Motorrad …« Er hob die Stimme an und rief: »Schmied! Ilmarinen! Kommen Sie bitte her und schauen Sie, was wir für Sie haben … Hierher, hierher, noch näher … Wie gefällt es Ihnen? ›Das Motorrad unter dem Fenster am Sonntagmorgen‹. Mit Hilfe einer Handgranate vom Typ F-1 – einer Eierhandgranate, einer ›Ananas‹ – wurde geklärt, worum es sich handelte. Leider ist die Handgranate nicht erhalten geblieben. Wir hatten, wissen Sie, nur die Wahl zwischen zwei Dingen: entweder Handgranate oder Motorrad. Ich habe mich mit Serjoscha beraten, und wir kamen zu dem Schluss, dass das Motorrad Sie interessieren könnte … Amüsantes Gemälde, nicht wahr?«

Der Demiurg schwieg eine Weile.

»Es hätte noch schlechter aussehen können«, brummte er schließlich. »Warum glauben eigentlich alle, er sei ein Landschaftsmaler? Gut, ich nehme es. Sergej Kornejewitsch, geben Sie ihm zweihundert, nein, einhundertfünfzig Reichsmark dafür, seien Sie so freundlich. Aber lassen Sie mich in Zukunft aus dem Spiel. Nehmen Sie einfach alles, was er anzubieten hat … Wie sieht er aus?«

Ich zuckte mit den Schultern.

»Blasser Typ. Pickliges, aufgeschwemmtes Gesicht. Jung, eine schwarze Strähne hängt ihm in die Stirn …«

»Schnurrbart?«

»Kein Schnurrbart und kein Backenbart. Überhaupt kein Bart. Ein Dutzendgesicht.«

»Dutzendgesicht und mittelmäßige Malerei … Nur der Name ist ausgefallen.«

»Wie heißt er denn?« Ahasver Lukitsch sprang auf, beugte sich bis zum Fußboden hinunter und versuchte, den Namen in der untersten Ecke des Bildes zu entziffern. »Hier stehen nur Initialen, mein Ptah. A und S in lateinischer Schrift …«

»Adolf Schicklgruber«, brummte der Demiurg. Er war schon wieder in der Finsternis verschwunden. »Allerdings wird Ihnen der Name kaum etwas sagen …«

Ahasver Lukitsch und ich wechselten einen Blick. Er machte eine saure Miene und hob bedauernd die Arme.

21. »… Ich verstehe Sie nicht«, sagte ich schließlich zu Ahasver Lukitsch. »Ständig sagen Sie, Sie wüssten alles. Aber egal, was man Sie fragt, Sie erinnern sich an nichts. An die Apostel erinnern Sie sich nicht. Daran, wo Dmitris Reserveregiment stand, erinnern Sie sich nicht, obwohl Sie behaupten, Sie wären selbst dabei gewesen … Sie waren der Bibliothekar Iwans des Schrecklichen, aber wo sich die Bibliothek befand, können Sie nicht sagen. Was soll man davon halten?«

Ahasver Lukitsch stülpte die Unterlippe vor und setzte eine wichtige Miene auf.

»Was ist denn daran unverständlich? Wissen ist eins, Sich-Erinnern etwas anderes. Was ich weiß, weiß ich. Und ich weiß alles. Aber was ich gesehen, gehört, gerochen und angefasst habe, daran kann ich mich erinnern oder auch nicht. Ich nenne Ihnen ein einfaches Beispiel: die Blockade Leningrads. Sie wissen, dass es sie gab. Können Sie sich erinnern, wann das war?

Wissen Sie, wie viele Menschen genau verhungerten? Was wissen Sie über den ›Weg des Lebens‹? Dabei waren Sie selbst dort und wurden über diesen Verbindungsweg evakuiert. Können Sie sich noch an alles erinnern – Sie, der Sie sich Ihres jungen Gedächtnisses rühmen? Im Gegensatz zu mir, einem – mild ausgedrückt – alten Mann …?«

»Schon gut, schon gut, regen Sie sich nicht auf«, sagte ich. »Ich verstehe. Nur haben Sie wieder alles verwechselt. Ich war nicht im abgeriegelten Leningrad. Damals war ich noch gar nicht auf der Welt.«

22. In warmen Meeren, aber auch in den sauberen Flüssen des Nordens leben am Boden in nicht allzu großer Tiefe Weichtiere aus der Klasse der zweischaligen Muscheln (Bivalvia). Jeder kennt sie vom Hörensagen: Es handelt sich um die sogenannten Perlmuscheln. Die im Meer vorkommenden Perlmuscheln können sehr groß sein; ihr Durchmesser beträgt bis zu dreißig Zentimeter und ihr Gewicht bis zu zehn Kilogramm. Die Süßwassermuscheln hingegen sind viel kleiner; dafür werden sie bis zu hundert Jahren alt.

Es sind ganz gewöhnliche, undurchsichtige Muscheln, die man nur im Notfall verspeisen sollte. Und sie brächten überhaupt keinen Nutzen, wenn man aus den Muscheln nicht Knöpfe für Unterhosen herstellte und darin (in den Muscheln, nicht in den Unterhosen, natürlich) Perlen züchtete. Genau genommen bringen auch Perlen nicht viel Nutzen, viel weniger als Knöpfe, aber es ist seit alters so, dass die kleinen weißen, rosafarbenen, gelblichen oder auch schwarzen Kugeln aus kohlensaurem Kalzium sehr geschätzt und als Kostbarkeit angesehen werden.

Perlen entstehen in den Körperfalten eines Weichtieres, sozusagen an der intimsten Stelle seines Organismus, wenn durch Zufall oder Unachtsamkeit ein Fremdkörper – irgendein piekendes Sandkorn, ein Staubkorn oder gar ein Parasit –

dorthin gelangt. Um sich zu schützen, überzieht die Muschel den Reizerreger Schicht für Schicht mit ihrem Perlmutt. So entsteht und wächst eine Perle. Grob geschätzt kommt auf tausend Muscheln eine Perle. Wertvolle Perlen sind noch seltener.

Als Johannes Ahasver schon weit über achtzig Jahre alt war, entdeckte er im Zuge der unaufhörlichen Erweiterung seines gigantischen Wissens, dass zwischen Muscheln der Art P. Margaritaphera und Lebewesen vom Typ des Homo sapiens eine bestimmte Ähnlichkeit besteht. Nur dass man das, was man bei der P. Margaritaphera Perle nannte, beim damaligen Homo sapiens als Schatten bezeichnete. Charon setzte Schatten von einem Ufer des Styx zum anderen über. Für immer. Mit der Zeit bevölkerten sie immer mehr das rechte Ufer (oder das linke?) und wanderten dort, beladen mit den süßen Erinnerungen an das linke (oder das rechte) Ufer, stöhnend und klagend umher. Sie waren unendlich in der Zeit, aber diese Unendlichkeit war unerquicklich, und so hatten die Schatten damals im Unterschied zu den Perlen nur einen geringen Wert. Ehrlich gesagt, war er gleich null.

Die Menschen jener Zeit bildeten sich ein, jeder von ihnen besäße einen Schatten. (So stellen sich Muscheln der Art P. Margaritaphera vielleicht vor, jede von ihnen trage eine Perle.) Johannes Ahasver fand schnell heraus, dass das ein Irrtum war. Potenziell konnte zwar jeder Homo sapiens einen Schatten besitzen, aber bei weitem nicht jeder eignete sich dazu. Natürlich war es nicht bloß jeder tausendste, der einen besaß, sondern ungefähr jeder siebte oder achte.

Eine Zeit lang fand Johannes Ahasver Spaß an dieser für ihn neuen Realität. Die Leidenschaft des Klassifikators und Sammlers erwachte in ihm. Die Schatten erwiesen sich als sehr vielfältig, und diese Vielfalt barg zugleich ein erstaunlich schönes, regelmäßig gegliedertes System und eine erstaunlich facettenreiche und veränderliche Struktur. Er sah sich genötigt, das zu schaffen, was später einmal die Wahrscheinlichkeitstheorie, die mathematische Statistik und die Graphentheorie genannt werden sollte. (Er entdeckte also die Welt der Mathematik für sich, die ihn nun komplett in ihren Bann zog.)

Anfangs freute er sich, als er die verstreuten Ansammlungen von Schatten entdeckte – so wie sich ein Goldsucher freut, wenn er auf eine Goldader stößt. Er wusste noch nicht, wem und wie er die Schatten verkaufen würde, aber als praktischer, geschäftstüchtiger Mensch freute er sich über die Tatsache, dass er der bislang einzige Besitzer dieser seltenen Ware war. Er dachte darüber nach, eine Handelsgesellschaft zu gründen, die Nachfrage nach Schatten zu stimulieren, die Ware massenhaft anzukaufen, Absatzmärkte in Rom, Alexandria und Damaskus zu schaffen, den Export über die Seidenstraße ins Reich der Parther und weiter nach China … Aber er war dessen bald überdrüssig und ließ den Merkantilismus hinter sich, wie man in einem bestimmten Alter die erste Liebe hinter sich lässt.

Und da wusste er plötzlich, womit er die vor ihm liegende, unübersehbare Ewigkeit ausfüllen könnte: Er würde immer wieder neue Perlen suchen, entdecken und erwerben. Er würde gründlich und ohne Eile die Mechanismen ihrer Affinität und gegenseitigen Abstoßung beobachten, ihre Entstehung und Entwicklung studieren, sich bemühen, Gesetzmäßigkeiten dabei zu entdecken und vielleicht sogar lernen, tiefer in sie einzudringen, mit ihnen zu verwachsen und zu verschmelzen. Er würde lernen, die Geschichte des Homo sapiens so zu ergänzen und zu beeinflussen, dass er jene Sorten von Perlen züchten könnte, die ihn am meisten interessierten und entzückten. Er träumte schon davon, sie außerhalb der Muscheln zu züchten und – wer weiß – vielleicht sogar synthetisch herzustellen. Die Begeisterung hatte ihn gepackt; Gedanken an die Zukunft erfüllten ihn. Er war damals noch jung und naiv, und all seine Pläne schienen ihm grandios und unglaublich vielversprechend. So träumen kleine Jungen heutzutage von dem Glück, einmal ein Müllauto zu fahren …

Alles Material, das er auf Patmos bekommen konnte, besaß er schon nach einem Jahr. Seine ersten Perlen erhielt er für einen Schluck Wein, den Rest eines rostigen Messers oder für eine gut erzählte Geschichte. Er erwarb sie billig, und sie waren auch nicht viel wert – kleine, glanzlose und schmutzige Perlen für den dilettantischen Anfänger. Aber um die verlorene Zeit tat es ihm nicht leid; er verfeinerte seine Technik, machte die ersten kleinen Entdeckungen auf dem Gebiet der Muschelpsychologie, lernte, eine Perle durch die Schale hindurch zu sehen und ihren Wert exakt zu bestimmen, ohne sie in der Hand zu halten. Mehrere Male irrte er sich und lernte so, wie bitter und auch amüsant es ist, einen Fehler zu machen.

Er hätte längst die Insel verlassen, wenn Prochoros nicht gewesen wäre.

Prochoros war schon zu einem kleinen, vertrockneten, ziegenbockähnlichen und unsauberen Greis geworden. Er war kahlköpfig, stank und war ebenso hochmütig wie streitsüchtig. Doch er erwies sich als Träger einer Perle von verblüffender, ja, phantastischer Schönheit!

Prochoros' Apokalypse hatte unter dem Titel »Offenbarung des Johannes« große Verbreitung gefunden und war bereits Tausenden und Abertausenden von Kennern, Fanatikern und Skeptikern ein Begriff. Die ersten wütenden Kommentare waren bereits erschienen, und es gab auch schon die ersten Märtyrer, die seinetwegen gekreuzigt oder auf Basaren erstochen wurden. Der Name des Johannes war berühmt. Es verging kein Monat, in dem nicht ein neuer Anhänger auf der Insel erschien, um dem Propheten zu Füßen zu fallen, die Zipfel seiner Lumpen zu küssen und entzückt seinen Weisheiten zu lauschen. In der Regel waren sie alle ebenso fanatisch wie dumm und hörten nur, was sie in ihrer Beschränktheit zu hören imstande waren. Aber im Grunde waren sie taub, und Johannes schickte sie für gewöhnlich zu Prochoros.

Anfangs genierte sich Prochoros, diese Rolle zu übernehmen. Dann aber gewöhnte er sich daran und wies die Pilger nur noch dann scharf zurecht, wenn sie ihn Johannes nannten. Aber nach einer gewissen Zeit hörte er ganz auf, sie zu korrigieren. Tatsächlich ähnelte Prochoros eher einem Propheten als Johannes. Denn dieser alterte nicht, sondern blieb immer der gleiche kräftige fünfundvierzigjährige Mann mit den schelmischen Augen, in dessen Bart nicht ein einziges graues Haar zu finden war und dessen Erscheinung nichts anderes als die Bereitschaft zeigte, sich mit jedem beliebigen Menschen auf ein Gespräch einzulassen.

Um das Jahr neunzig litt Prochoros schon an Altersschwachsinn. Der Hochmut trübte sein Urteilsvermögen. Im Zustand der Verwirrung pflegte er Johannes mit Prochoros oder gar Procho anzusprechen und versuchte, ihm sein Evangelium zu diktieren, das besser werden sollte als alle anderen damals bekannten Varianten über das Leben des *Lehrers*. Es sollte die vollständigste, genaueste und ideell bedeutendste Darstellung werden. Daraus ergab sich zwangsläufig, dass sie als Einzige alle anderen überdauern würde. In den Minuten, in denen er bei klarem Verstand war, weinte er und versuchte, sich auf Johannes' Brust zu legen. Er verfluchte seinen übermäßigen Ehrgeiz und wünschte sich, immer neue Einzelheiten aus der Zeit zu erfahren, in der Johannes ein Jünger mit dem Ehrentitel eines Apostels gewesen war.

Man konnte ihn verstehen. Er war alt und hatte, als er die Apokalypse schrieb, eine gewaltige und hervorragende Arbeit geleistet. Er hatte sich daran gewöhnt, in Johannes' Rolle zu schlüpfen, und wünschte sich nun für den Rest seines Lebens, als echter Johannes Boanerges zu gelten.

So lag ein Abkommen nahe. Johannes machte einen zaghaften Vorschlag, der sogleich angenommen wurde. Insgeheim lächelte jeder von ihnen verlegen, weil er glaubte, er habe ein Kalb für ein Huhn bekommen. Sie verabschiedeten sich – zufrieden mit sich und dem anderen. Der kahl gewordene Prophet Johannes, der aussah wie ein Ziegenbock, brach auf, um eine Abordnung von Pilgern aus Ephesos zu empfangen. Und der kräftige, aggressive Ahasver ging, einen Beutel voll Perlen unter der Achsel, zum Hafen hinunter, um sich einen Platz auf der ersten Barkasse zu kaufen, die zum Festland fuhr.

Im Leben Ahasvers, des umherirrenden Ewigen Juden, begann nun ein neuer Abschnitt; er suchte und jagte ab sofort menschliche Perlen.

Zehn Jahre später hielt sich Ahasver in Yathrib auf, in der herrlichen Lagune des Menschenmeeres, die voller Perlen war. Dort erfuhr er von Ibn Qutaba, einem wandernden Poeten, der sich gerade zum Christentum bekehrt hatte, dass der heilige Johannes, genannt der Gottesgelehrte, großer Prophet und einer der Apostel Jesu Christi, mit achtundachtzig Jahren in Ephesos gestorben war.

Angestachelt von seiner unstillbaren Gier nach Ruhm war Prochoros nicht einfach gestorben, sondern hatte befohlen, ihn in Anwesenheit einer Menschenmenge bei lebendigem Leibe zu begraben.

Epiktet hatte wahrhaftig Recht, als er sagte: »Der Mensch ist ein Seelchen, von einem Leichnam belastet.«

23. Jetzt wohnten schon drei von ihnen bei uns, und jeder hatte …

Tagebuch, schon 20. Juli (nachts, 1:30 Uhr)

Etwa um elf Uhr rief Wanja Drosdow an und schlug ein Treffen vor. Es sei dringend. Wir wollten in die »Kleine Schänke« gehen, und schon auf dem Weg dorthin erklärte er: »Es ist so weit: Durch euren Nossow steckt ihr jetzt in einer aussichtslosen Lage.« Er war so aufgekratzt, dass ich erschrak. Der Artikel von G. A. habe die Stadt gegen ihn aufgebracht, sagte er, und jetzt würden alle nach seinem Blut lechzen und wollten unser Lyzeum beseitigen, als Brutstätte sozusagen. »Morgen früh«, sagte Wanja, »werden Warnposten auftauchen. Und ihr könnt froh sein, wenn es Warnposten aus unserer Molkerei sind. Bei uns gibt es immerhin keine solchen Schwachköpfe wie im Plattenwerk oder im ›Dreißigsten‹. G. A. dürft ihr auf keinen Fall allein in der Stadt herumspazieren lassen. Mindestens drei Kerle, und zwar möglichst starke – nicht solche wie du – müssen ihn begleiten …«

Ich muss zugeben, dass er mir einen ziemlichen Schrecken einjagte, aber ich wollte mich nicht einschüchtern lassen und sagte: »Was redest du für einen Unsinn? G. A. und ich sind den ganzen Tag in der Stadt gewesen. Warum willst du mir Angst einjagen, du Panikmacher?« – »Heute wart ihr da«, sagte er. »Morgen solltet ihr es bleiben lassen. Du weißt überhaupt nicht, was in der Stadt los ist. Hast du schon von der Kinderdemonstration gehört?« Ich sagte Ja, weil ich glaubte, er meine die Kinder aus dem Internat für Behinderte. Aber es ging um etwas ganz anderes.

Wie sich herausstellte, hatten die verfluchten Leiter der Pionierlager über dreihundert Kinder in Busse verfrachtet, sie auf den Platz fahren lassen, der sich vor dem Stadtsowjet befindet, und dort einen fürchterlichen Zirkus veranstaltet – übrigens mit der vollen Zustimmung ihrer idiotischen Eltern. Man drückte den Kindern Schilder mit schwachsinnigen Losungen in die Hand und hieß sie, ebenso schwachsinnige

Parolen zu rufen. Ringsum standen die tapferen strammen Jungs und gaben sich alle Mühe, im Stadtsowjet die Fensterscheiben einzuwerfen. All das hatte Wanja mit eigenen Augen gesehen; er hatte in der Sperrkette gestanden und versucht, die strammen Burschen zur Vernunft zu bringen.

Dieses Pandämonium dauerte etwa zwanzig Minuten, und dann war die schöne Riwa wie ein Orkan in ihrem Wagen herbeigefegt und hatte die Demonstration aufgelöst. Die Kinder fuhr man in zwei Tranchen zum Taschlinsker Zentrum, damit sie sich die neueste Folge des »Thermokrators« ansähen, und die Eltern wurden, nachdem man sie kräftig gerügt hatte, auseinandergejagt. Die strammen Burschen flüchteten, und alle Übrigen entließ Riwa; nur die Leute in der Sperrkette blieben zurück. Sie standen noch ein Weilchen, dann machten sie sich auf den Weg zur Arbeit.

Wanjas Bericht weckte die unangenehmsten Gefühle in mir. Zwar hatte die Vernunft gesiegt – aber diese Gewissenlosigkeit! Wie im zwanzigsten Jahrhundert! Vor allem konnte ich nicht verstehen, warum man die Demonstration abgehalten hatte. Was wollten diese Leute? Und wer steckte dahinter? Wanja behauptete, die Bürger seien mit dem Bürgermeister unzufrieden. Die ganze Stadt habe sich schon auf den »Subbotnik« eingestellt, alles sei vorbereitet, aber der Bürgermeister zögere und zögere. Man müsse dem Feigling Dampf machen. Große Schnauze, und nichts dahinter. Jetzt machten sie ihm eben Dampf.

»Und du, was wirst du tun?«, fragte ich. Auf einmal packte mich unbeschreibliche Wut und ich brüllte: »Du hast dich wohl auch schon auf den ›Subbotnik‹ eingestellt, was?! Und ich hatte dich für einen anständigen Menschen gehalten.« Wir gerieten sofort aneinander.

Aber ich konnte ihn nicht überzeugen. Vielleicht deshalb, weil ich selbst die Orientierung verloren hatte. Die Situation war idiotisch. Einer sagt: »So kann man es nicht machen.«

Der andere fragt: »Wie soll man es sonst machen?« Und man selber antwortet: »Ich weiß es nicht.«

Schließlich sagte Wanja mürrisch: »Lass gut sein. Ich bin nicht hergekommen, um mit dir zu streiten. Du hast deine Meinung, ich habe meine. Aber hast du das, was ich über deinen Nossow gesagt habe, verstanden?« Ich antwortete ihm, dass ich den ganzen Unsinn nicht glaubte. G.A. sei in der Stadt die Nummer eins, und daran sei nicht zu rütteln. Wanja entgegnete, Nossow sei vielleicht gestern die Nummer eins gewesen – heute stehe er bestenfalls noch auf Platz sechs. »Ich habe dich gewarnt, du Dummkopf«, sagte er mit düsterer Miene. »Dort braut sich jedenfalls etwas zusammen.«

Mit diesen Worten trennten wir uns, und ich eilte sofort zu G.A. Dort fand ich bereits alle in seinem Arbeitszimmer versammelt. Während meines Gesprächs mit Wanja hatte G.A. uns zu sich eingeladen. Über seine Kanäle hatte er die gleichen Informationen erhalten wie ich und erteilte uns nun Instruktionen, wie wir uns in der jetzigen Situation verhalten sollten. Ruhe, Geduld und Würde seien angeraten. In die Stadt sollten wir nur zu zweit gehen. Die Mädchen seien zu begleiten. Gewalt sei nur im äußersten Notfall anzuwenden. Auf Subaks sollten wir nicht zurückgreifen. Besser sei es zu reden, zu erklären und zu argumentieren. Die Situation trete nicht zum ersten Mal auf, sei aber inzwischen selten geworden: die Diskussion mit einer feindlich gesonnenen Menge – nicht mit einem Kollektiv, sondern mit einer Menge. Das sei eine gute Gelegenheit für uns, um praktische Erfahrungen zu sammeln. Das dürften wir uns nicht entgehen lassen. Und so weiter …

Ich stand auf und wollte wissen, wie es um seine, G.A.s Sicherheit bestellt war. Schließlich richte sich der Zorn der Bevölkerung hauptsächlich gegen ihn persönlich – nicht gegen uns und auch nicht gegen das Lyzeum. Zu meiner großen

Verwunderung erklärte sich G.A. auf der Stelle damit einverstanden, dass ihn eine Eskorte in die Stadt begleitete. Wir müssten wissen, fügte er hinzu, und stets daran denken, dass nicht nur er, G.A., einem Teil der städtischen Beamtenschaft seit langem ein Dorn im Auge sei, sondern auch unser Lyzeum als besondere Institution. Daher müssten wir bei künftigen Diskussionen bereit sein, für die Existenzberechtigung unseres Lyzeums einzutreten. »Die Tatsache, dass ich jetzt die Zielscheibe von Angriffen bin, ist halb so schlimm. Schlimmer ist, wenn die Situation ausgenutzt wird, um die Existenz unseres Lyzeums und der Lyzeen überhaupt infrage zu stellen.«

(*Spätere Anmerkung.* Ich möchte daran erinnern, dass sich die Ereignisse im Jahr dreiunddreißig zutrugen. Schon im darauffolgenden Jahr gab es den Beschluss der Akademie der Pädagogischen Wissenschaften über die Verschmelzung der Lyzeen mit den Einrichtungen zur Ausbildung von Berufsschullehrern, ein Beschluss, der später traurige Berühmtheit erlangte. Er führte dazu, dass das langfristige Regierungsprogramm zur Schaffung einer modernen Basis für die Ausbildung von Lehrern höchster Qualifikation unterbrochen wurde. Bereits seit Ende der zwanziger Jahre war ein stiller, verdeckter Kampf im Gange, der die Vernichtung des Systems der Lyzeen zum Ziel hatte: Sie widersprächen der sozialistischen Demokratie, weil sie eine Elite von Lehrern ausbildeten. Stein des Anstoßes war das Bewerbungs- und Auswahlverfahren für ein Studium am Lyzeum. Es galt als antidemokratisch, Kinder auszuwählen, die über ausgeprägte Fähigkeiten verfügten und sich mit großer Wahrscheinlichkeit zu pädagogischen Talenten entwickeln würden. Das Taschlinsker Lyzeum war das erste Opfer der damaligen Akademie der Pädagogischen Wissenschaften.)

Danach wechselten wir das Thema und sprachen über G.A.s Artikel. Wie sich zeigte, hatten wir ihn alle unterschiedlich aufgefasst. Am meisten wich – wie immer – Askolds Meinung ab, der behauptete, der Artikel sei ein großer Fehler gewesen. Nicht, was die grundlegenden Thesen betraf, mit denen er, Askold, völlig einverstanden sei, sondern weil sich G. A. in seinem Artikel als Poet und Soziologe hervorgetan habe. Es wäre jedoch notwendig gewesen, als Pädagoge und Politiker aufzutreten und die Wogen der Erregung zu glätten, anstatt sie weiter aufzupeitschen.

G. A. wandte ein, es sei überhaupt nicht sein Ziel gewesen, die Gemüter zu beruhigen. Er hätte sich eine ganz andere Aufgabe gestellt – nämlich all jene zum Nachdenken zu zwingen, die dazu in der Lage seien.

Askold erwiderte, G. A. hätte auch dieses Ziel verfehlt. Denn mit seinem Artikel hätte er es fertiggebracht, die ganze Stadt zu beleidigen, beinahe jeden guten Bürger. Vielleicht hätten zehn Bewohner begonnen nachzudenken, aber dafür seien jetzt auch zehntausend wütend.

G. A. ließ sich auf keinen Streit ein. Er sagte nur: »Zehn Personen, die nachdenklich geworden sind, ist gar nicht so wenig. Gebe Gott, dass jeder von euch im Laufe seines Lebens zehn Menschen zum Nachdenken bringt. ›Nicht zum Volk musst du sprechen‹«, fuhr er in ironisch-feierlichem Ton fort, »›sondern zu Gefährten. Um viele, viele von der Herde wegzulocken – dazu bist du gekommen.‹ Von wem stammt das?« Niemand wusste es, und G. A. sagte: »Von Nietzsche. Er war ein großer Dichter. Aber mit seinen Anhängern hatte er großes Pech.«

Dann hieß er uns schlafen gehen.

20. Juli (elf Uhr vormittags)

Wir werden belagert.

Um sieben Uhr früh wurden wir von wildem Gebrüll, lautem Klappern und ohrenbetäubendem Lärm geweckt. Ich stürzte zum Fenster. Eine ganze Horde durchaus anständig gekleideter Burschen stand aufgereiht entlang unserer Fassade. Stramme Kerle. Sicher zweihundert Mann. Sie schnitten Grimassen, ruderten mit den Armen und schrien uns unhörbar etwas zu. Neben jedem von ihnen stand ein Transistorradio, das auf volle Lautstärke gestellt war; außerdem hatten sie über ein Dutzend dröhnende Recorder dabei, jeder davon mit einer Leistung von hundert Watt und ebenfalls voll aufgedreht. Nein, faul waren die Burschen nicht gewesen: Sie waren früh aufgestanden, hatten Plakate gemalt und Tröten mitgebracht. Auf den Plakaten stand: »Nossow, verschwinde aus der Stadt!«, »Weg mit dem Adelsnest!«, »Studenten des Lyzeums, schließt euch uns an!« Schweißige, feiste Gesichter, die Münder weit aufgerissen, die Haare standen zu Berge wie bei Irren. Aber was sie brüllten, war wegen der Musik nicht zu verstehen.

Zwischen den strammen Burschen und dem Lyzeum stand eine dünne Kette der städtischen Patrouille auf dem Bürgersteig. (Zu meiner Freude erkannte ich Serjoscha Senko darunter, Renat Giattulin und Reinhard Hansen aus der biologischen Sektion sowie – was mich ganz besonders freute – meinen lieben Wanja Drosdow.) Ich weiß nicht, was sie mit den strammen Burschen abgesprochen hatten, aber näher als zwei Schritt kamen diese nicht an sie heran. Erst später bemerkte ich, dass ein wenig abseits zwei »Mondautos« und ein Haufen mürrischer Polizisten standen. Was hier vor sich ging, war – das sah man ihren Gesichtern deutlich an – nicht nach ihrem Geschmack. Auswüchse der Demokratie …

Anfangs fand ich das alles eher komisch. Später, als ich die Losungen gelesen hatte, wurde ich wütend. Aber Angst empfand ich keine.

Daran erinnere ich mich genau.

Fünf Minuten später musste ich mich dann um Askold kümmern: Es war eine schwierige Prozedur, ihn zu besänftigen. Askold – ein echter Superman und Stadtchampion im Subaks – war erbleicht, hatte den Unterkiefer vorgereckt und war die Treppe hinabgestürmt. Ordnung wollte er schaffen, mit eiserner Härte, unerbittlicher Konsequenz und absoluter Unversöhnlichkeit. Die Mädchen hatten sich kreischend von beiden Seiten an ihn gehängt, aber er bemerkte sie nicht einmal. Es war also Zeit einzuschreiten, und nur zu dritt gelang es uns, ihn erst zu bremsen und dann im Vestibül zum Stehen zu bringen. Seine Wangen röteten sich wieder, er entschuldigte sich für seine Heftigkeit, und wir machten uns auf den Weg zu G.A.

Erst in dem Moment wurde mir bewusst, in welcher Gefahr wir geschwebt hatten, und ich malte mir in meiner Fantasie aus, was geschehen wäre, wenn sich Askold von uns losgerissen und sich einen Weg zur Menge gebahnt hätte. Erst da begriff ich, dass jetzt alles an einem seidenen Faden hing. Er brauchte nur zu reißen, damit eine Woge der Gewalt über uns alle hereinbräche – die Patrouille und die Polizei eingeschlossen … Und nicht nur die Tiere da draußen würden uns in Stücke reißen, sondern wir alle würden zu Tieren werden …

(Furchtbare Sache – die ungezügelte Fantasie. Ich bin überzeugt, dass gerade sie Askold verführt hat. Er sah nach draußen, wunderte sich, dass es dort von Tieren wimmelte, und fürchtete sich. Aber da er Superman war, rannte er los, um einen Keil in die Menge zu treiben. Und mit jedem Schritt, den er dem Ausgang näher kam, verwandelte er sich selbst immer mehr in ein Tier.)

Auf dem Weg zu G.A. erzählten mir die anderen, dass das Lyzeum leer sei. Außer uns befand sich niemand mehr im Gebäude, weder der Koch noch der Bibliothekar, noch irgendein diensthabender Dozent – niemand. Nur Serafima Petrowna hatte keine Angst gehabt. Selbst der Nachtwächter war heimlich verschwunden. Anscheinend hatte er sich durch den Lieferanteneingang davongemacht.

G.A. kam uns auf der Treppe entgegen. Er war wie immer. Schon gab er Anweisungen: Sojka und Askold sollten in die Küche gehen, das Frühstück machen und zugleich das Mittagessen vorbereiten. »Serafima Petrowna ist schon dort«, sagte er. »Helft ihr. Die anderen erledigen, was sie zu tun haben. Wo ist übrigens de Saavedra?«

Just in diesem Augenblick tauchte de Saavedra auf. Wie sich herausstellte, war er die ganze Zeit über auf dem Dach gewesen und hatte die Belagerung mit der Videokamera aufgenommen, wenn auch leider ohne Ton. Michej sah ulkig aus: Er war völlig zerzaust, trug nur eine Turnhose und hatte sich die Kamera wie eine Maschinenpistole über die Schulter gehängt. G.A. blickte ihn wohlwollend an und fuhr mit seinen Anweisungen fort: Man solle nicht ans Fenster gehen – außer, es würde interessant. Aber auf keinen Fall dürfe man die Zunge herausstrecken, einen Vogel zeigen oder sich »allegorische Körperbewegungen erlauben«. Es wäre schade um die Fensterscheiben.

Wir begaben uns auf unsere Posten.

Die Rohrpost funktionierte noch, und ich konnte die Zeitungen durchsehen – mit Abscheu, wie ich zugeben muss, denn einen solchen Ausbruch von Wut und Hass hatte ich nicht erwartet. Nur die *Taschlinsker Prawda* war noch irgendwie im Rahmen geblieben.

Es war die Rede von einem Verhalten, das unvereinbar sei mit der höchsten Auszeichnung, der Auszeichnung des Volkspädagogen ... Von der Verbreitung absurder Behauptungen, die den höchsten Idealen des Sozialismus widersprächen … Von einer durch und durch schädlichen Propaganda, die den Frieden zwischen Arbeit und Schmarotzertum verkünde … Von Auffassungen, die die Erbauer des Kommunismus herabsetzten, und davon, dass G. A. die Rolle eines Gurus beanspruche, der eine neue Religion predige … Folgende Strafen wurden in Betracht gezogen: die Lehrtätigkeit verbieten, in Pension schicken, innerhalb von vierundzwanzig Stunden aus der Stadt entfernen (mittels administrativer Ausweisung und den geltenden Vorschriften entsprechend) …

Am meisten toben natürlich die alten Genossen mit den heiseren Stimmen. Dicht gefolgt von den Funktionären der Volksbildung, den Jugendführern, den Stellvertretern der Dekane und wichtigen Personen jeder Couleur. Dann einige Arbeiter aus der »Dreißigsten«, ein paar Meister aus dem Großplattenwerk und sogar drei »Nichtsesser«, die über das Ausmaß des Geschehens anscheinend zu Tode erschrocken sind. Zudem – warum auch immer – der Standortkommandant.

Es war bezeichnend, dass Rebekka sich nicht zu Wort gemeldet hatte. Die Miliz schwieg, ebenso der Stadtsowjet. Man gewann den Eindruck, als sei dieses ganze Gebrüll und Geheul tatsächlich die Stimme des Volkes. G. A. hatte mit seinem Artikel offenbar eine sehr empfindliche Stelle getroffen, auch wenn ich nicht weiß, welche. Über die »Flora« fast kein Wort, als sei sie in Vergessenheit geraten. Mir kam sogar der Gedanke, G. A. hätte den Artikel absichtlich veröffentlicht, um das Trommelfeuer auf sich zu lenken – damit sie die »Flora« in Ruhe ließen und sich an ihm abreagierten.

In einigen Zeitungen stieß ich auf Anspielungen, die ich nicht zu deuten wusste: »Können wir die Ausbildung künftiger Pädagogen einem Menschen anvertrauen, der sich in seinen eigenen Angelegenheiten als so hilflos erwiesen hat?« Und: »Muss man nicht annehmen, dass die rührende Sorge um die dem Müßiggang verfallene ›Flora‹ auf ganz persönliche Erwägungen zurückzuführen ist und überhaupt nichts mit Philosophie, Soziologie und Pädagogik zu tun hat?« Und wieder: »Sollte sich G. A. nicht lieber um seine eigenen, persönlichen Angelegenheiten kümmern und dann erst um die der Gemeinschaft?«

Ich zeigte Michej die Passagen. Er blickte mich merkwürdig an und fragte: »Weißt du wirklich nicht, was damit gemeint ist?« Ich wusste es nicht. »Wenn du erwachsen bist, Igor, wirst du es schon erfahren …« Aber ich wusste plötzlich, dass ich es gar nicht erfahren wollte. Es musste sich um etwas Niederträchtiges handeln. Zum Teufel damit!

… Hurra! Endlich fand unser Taschlinsk in der zentralen Presse Erwähnung. Ich kann nicht anders, ich muss es einfach wörtlich aus der »Iswestija« zitieren:

»Taschlinsk, 19. Juli. Zwei Monate früher als geplant wurde die vollautomatisierte Anlage zur Herstellung von erstklassigem Schafskäse im Taschlinsker Milchkombinat ›Jemeljan Pugatschow‹ in Betrieb genommen …« Und so weiter.

Und wir Idioten sitzen hier rum und fürchten uns …

Die Geräusche, die von draußen zu uns hereindringen, verändern sich. Zuerst war es ein wahnsinnig lautes Durcheinander, eine wilde Kakofonie. Dessen überdrüssig geworden (wahrscheinlich waren sie schon taub), fingen sie an, mit dröhnenden Stimmen ausgewählte Stellen aus den heutigen Zeitungen vorzulesen. Aber auch das hatten sie bald satt und begannen Possen zu reißen: »Achtung, Achtung!«, riefen sie. »In fünf Minuten wird das Lyzeum in die Luft gesprengt! Wir fordern alle im Gebäude befindlichen Personen auf, sich zu ergeben und unbewaffnet, einzeln, mit hinter dem Kopf verschränkten Händen, in Abständen von dreißig Sekunden herauszukommen. Als Erster tritt Nossow persönlich heraus …« An dieser Stelle konnte sich der Sprecher das Lachen nicht mehr verkneifen, so dass er und alle ringsum in schallendes Gelächter ausbrachen. Aber das wurde ihnen auch bald langweilig, und so fingen sie an, in voller Lautstärke Dschihangir vom Band zu spielen. Verschiedene Grüppchen begannen zu tanzen.

Askold hatte das Megafon einsatzbereit gemacht und schlug G.A. vor zu sprechen. »Damit die nicht denken, wir hätten Angst und würden uns verstecken.« G.A. aber erwiderte schroff: »Nein. Mir ist es egal, was sie denken. Sie sind mir jetzt zuwider. Ich möchte nicht mit ihnen reden.«

Manuskript »O3« (23–25)

23. Jetzt wohnten schon drei von ihnen bei uns. Und jeder hatte ein eigenes Zimmer, in dem er schlief, aß, Besucher empfing sowie Memoranden, Berichte, Instruktionen, Empfehlungen und Gedanken zu Papier brachte. Außerdem hatte jeder sein eigenes Tischchen in der gemeinsamen Küche.

Das Zimmer von Kolpakow war hell, sauber und leer. Er war ein Asket. Auf seinem Schreibtisch lagen zwei akkurat aufgeschichtete Stapel von Broschüren und Nachschlagewerken. Rechts vom Schreibtisch befand sich ein eiserner Safe, und hinter einem einfachen Wandschirm in der Ecke stand ein einfaches Klappbett, über das eine graue Wolldecke gebreitet war. Neben dem Bett, am oberen Kopfende, befand sich ein kleines Nachttischchen, darauf eine vom Moskauer Patriarchat herausgegebene Bibel. Am Tisch stand ein einfacher, ja sogar sehr einfacher Stuhl, und zwei weitere solcher Stühle standen am Fenster gegenüber dem Tisch. Die Wände waren kahl, weder Porträts noch andere Bilder hingen dort. Alles in Kolpakows Zimmer atmete Bescheidenheit und Würde, Nüchternheit und Zielstrebigkeit, Mäßigung und Akkuratesse. Unter dem Bett allerdings lag ein Koffer mit allergewöhnlichstem Krempel.

Parasjuchin hingegen war ein Apologet des ungehemmten Luxus. Er wollte leben, schnell, und das gelang ihm auch … Schweißüberströmt, ächzend und vor lauter Anstrengung manchmal pupend schleppte er die schönsten Möbel aus meinem Empfangszimmer: die Hälfte des riesengroßen Bettes, zwei Farbfernseher, zwei Glasschränke, die Bücherwand mit den Buchattrappen, die dicke, ungeheuer schwere Rolle (es handelte sich um Teppiche; ich dachte, er werde unter der Rolle zusammenbrechen …) und das Bild, das die penisgeschmückte Susanna mit den Greisen darstellte. Als er den Sessel für die Besucher wegschleppen wollte, gebot ich ihm allerdings Einhalt. Er nahm stattdessen den Sessel mit dem Stahlnagel. Aus dem Kleiderschrank wählte er Folgendes: den Trenchcoat (stark verschmutzt), einen dreiteiligen Anzug (neu, drei Nummern zu klein für ihn), einen flauschigen Herrenmantel, Herrenhemden unterschiedlicher Größe (zwölf Stück) und BHs unterschiedlicher Größe (sieben Stück). Er schleppte noch mehr in sein Zimmer, aber ich hatte es satt, alles aufzuschreiben und achtete nur darauf, dass er nichts von meinem Arbeitsinventar mitnahm.

Am Ende sah Parasjuchins Zimmer sehr luxuriös aus – wenn es auch ein wenig einem Laden für Gebrauchtwaren glich. Teppiche und kostbare Decken zierten es. Ein riesiger Schreibtisch mit einer ebenso riesigen Schreibgarnitur (keine Ahnung, wo er die aufgetrieben hatte) stand auch darin. An der einen Wand hing Susanna in einem schweren, vergoldeten Rahmen, an der anderen das Bild des heiligen Adolf: »Das Motorrad unter dem Fenster am Sonntagmorgen«, geschmückt mit Eichenlaub und einem schwarzen Moiréband als Zeichen der ewigen Trauer um den großen Mann. Den Sessel hatte er für Besucher hergerichtet; der Stahlnagel wurde von einem Klodeckel verdeckt, und darauf lag ein Kissen mit dem gestickten Spruch »Wer früh aufsteht, dem gibt Gott«. In der Ecke stand ein großer alter Spiegel, der schon stellenweise trüb geworden war. Vor ihm repetierte Marek Markowitsch Parasjuchin seine künftigen Reden. Pathos und Treue. Nordische Beharrlichkeit und unerschütterliche Überzeugung. Slawische Weite und arische Gemütlichkeit. Riechen tat es in seinem Zimmer allerdings wie in einem Puff …

Das Zimmer oder, genauer gesagt, die Behausung von Matwej Matwejewitsch Gerschkowitsch (eigentlich: Mordechaj Mordechajewitsch Gerschenson) sah genauso aus, wie man es von einem einsamen, wenn auch nicht ganz unbedeutenden Pensionär erwartete. Es roch immer nach Herztropfen und abgestandenem Essen. Das Fensterbrett war vollgestellt mit kleinen Töpfen, Soßenschüsseln und Einweckgläsern. Matwej Matwejewitsch ließ nie etwas in der Küche stehen, weil er befürchtete, es könnte ihm jemand etwas nicht Koscheres in die Suppe tun. (Er war zwar nicht besonders gläubig, hatte aber sein Leben lang mit anderen Leuten eine Wohnung teilen müssen, und das prägt einen Menschen, wie Sie wissen.)

Trat man bei ihm ein, sah man, dass in der linken Zimmerhälfte der Fußboden gebohnert war und glänzte. Das Nachtkästchen diente ihm als Apotheke: Kein Stäubchen lag darauf, und die Medizinfläschchen standen in Reih und Glied nebeneinander. Der Spiegel des Kleiderschranks glänzte. Der Gummibaum in der Ecke war sorgsam gegossen und mit einem speziellen Zerstäuber besprüht. In der rechten Zimmerhälfte dagegen fiel der Blick auf ein zerwühltes Bett, auf einen geöffneten, großen, alten Koffer, aus dem lila Flanellsachen hervorquollen. Die Stühle waren mit den Beinen nach oben auf den Tisch gestellt. Auf dem Fußboden lagen zerknüllte Papierfetzen, heruntergefallene Knöpfe und ausgetrocknete Tintenpatronen. Und inmitten dieses ganzen Durcheinanders saß Matwej Matwejewitsch zerzaust und begeistert auf einem flauschigen Badehocker und las genüsslich und zum x-ten Mal den Roman »Im Namen des Vaters und des Sohnes«.

Das war typisch für Matwej Matwejewitsch. Es mangelte ihm einfach an Ausdauer, um sein Zimmer von A bis Z aufzuräumen. Er war ein Denker, ein großer theoretischer Moralist. Und in der Theorie war er so unerbittlich, grausam und grenzenlos rachsüchtig, wie Jahwe selbst. Auge um Auge, Zahn um Zahn. Wer das Schwert nimmt, soll durch das Schwert umkommen. Der Feind, der den Streit sucht, wird vernichtet. Die Rache ist mein und nur mein … Ließe man ihm freie Hand, läge die halbe Welt in Schutt und Asche. Aber es mangelte ihm eben an Zielstrebigkeit und Ausdauer. Und es hinderte ihn seine angeborene Gutmütigkeit wie auch die tiefe Überzeugung, dass zwei erwachsene Menschen sich immer einigen können. Daher ging Matwej Matwejewitsch nie von der Theorie zur Praxis über. Wenn er einmal zufällig in die Lage gekommen wäre, eine seiner schrecklichen Losungen zu verwirklichen, hätte er, glaube ich, sich zutiefst erschrocken und heftig geschluckt; womöglich wäre er auch vor Kummer gestorben, weil sich alles so furchtbar gefügt hatte.

Er war einer von den berühmt berüchtigten Juden, die es fertigbrachten, sogar bei Meir Kahane oder Theodor Herzl, dem Theoretiker des Zionismus, einen Anfall von jähem Antisemitismus hervorzurufen. Morgens erschien er in der Küche und setzte dem unausgeschlafenen, schlecht gelaunten Parasjuchin aufdringlich auseinander, dass er sich mit der Witwe aus dem Haus gegenüber geeinigt hätte, dass diese ihn, Matwej Matwejewitsch, in Pension nähme. Für fünf Rubel täglich. Das sei nicht teuer. Mit Mittag- und Abendessen. Frühstücken werde er jedoch weiterhin hier, denn er habe ja immer die Möglichkeit, sich frische Eier und Milchprodukte zu besorgen. Und wenn ihm das nicht genüge, könne er sich immer noch etwas dazukaufen. »Mögen die anderen ihre Eier zum Stückpreis von einem Rubel dreißig nehmen – ich sehe zum Beispiel, dass Sie sie immer zu diesem Preis kaufen –, ich aber kann sie für neunzig Kopeken bekommen, und sie sind besser als Ihre. Ihre sind angeschlagen, meine dagegen ganz. Sie – junger Mann – begreifen nicht, dass die Ernährung die Hauptsache ist …«

Wer konnte das aushalten? Höchstens Pjotr Petrowitsch Kolpakow. Er stand da, Matwej Matwejewitsch halb zugewandt, lächelte höflich und kochte sich, wie immer sehr korrekt, Milch in einer kleinen Kasserolle. Er dachte offenbar genauestens darüber nach, wie er Matwej Matwejewitsch einordnen sollte: zu den Krethi oder zu den Plethi? Zu den Lämmern oder zu den Zicklein? Sollte er ihn im geplanten Armageddon vernichten oder ihn im Gegenteil zu Höherem berufen?

Aber der unausgeschlafene, grimmige Antisemit Parasjuchin ertrug es nicht. In der Küche wurde es schwärzer als schwarz, wie es in dem bekannten Brief eines bekannten Schriftstellers an einen bekannten Historiker heißt.

Doch im Unterschied zu dem bekannten Historiker verstand Matwej Matwejewitsch weder Euphemismen noch Anspielungen, noch literarische Reminiszenzen. Ihm kam nur in den Sinn, dass auf der Welt ausnahmslos dumme, selbstsüchtige Menschen lebten, alles könne man nur unter der Hand bekommen, Beziehungen seien das Wichtigste, und ohne diese käme man nicht weiter – besonders, wenn man sich nicht ordentlich mit Lebensmitteln eingedeckt hatte.

Flugs griff er den Gedanken auf und führte ihn noch weiter aus. Marek Parasjuchin aber, der am Gasherd stand, seinen Haferbei umrührte, damit er ihm nicht anbrannte, und daher nicht einmal die Möglichkeit hatte, mit zugehaltenen Ohren die Flucht zu ergreifen, stöhnte laut auf und klagte: »Großer Gott! Nirgendwo hat man Ruhe vor ihnen. Überall sind sie, überall, wo man hinkommt!«

Der einfältige Matwej Matwejewitsch nickte schon vorher mit dem Kopf – bereit, auch dieser Behauptung zuzustimmen. Da trat Ahasver Lukitsch in die Küche, der nach dem

Duschbad etwas munterer geworden zu sein schien. In der rechten Hand hielt er ein Tässchen Kaffee, in der linken einen Keks und sang das unsterbliche Liedchen: »Kommt kein Wasser aus dem Hahn – war's der Jud', der vor dir dran …«

So kam es zu einer doppelten Explosion. Parasjuchin explodierte, weil er Ahasver Lukitschs dummes Scherzlied als böswilligen Angriff auf die seit Jahrhunderten anerkannten und theoretisch fundierten Grundsätze hinsichtlich der bekannten Frage auffasste. Matwej Matwejewitsch hingegen explodierte, weil er absolut humorlos war und das Scherzlied als eindeutige, offensichtliche Beleidigung seiner Religion ansah.

So ging es im Duett:

»Das ist überhaupt nicht komisch, Ahasver Lukitsch! Ich finde es sehr befremdlich, dass Sie – mit Ihren Erfahrungen und Kenntnissen! – diese Sache mit Witzchen abtun wollen, wo es um die Bedrohung der gesamten slawischen Zivilisation geht! Sie sind doch Russe! Was finden Sie daran also komisch? Jawohl: Wenn kein Wasser aus der Leitung kommt, bedeutet das, dass die Juden es vorher weggetrunken haben! Im direkten oder übertragenen Sinn! Und daran ist nichts komisch! Gar nichts …«

»Was heißt hier – Juden? Warum sind schon wieder die Juden daran schuld? Warum sind bei allen Dingen immer nur die Juden schuld? Schämen Sie sich nicht, Ahasver Lukitsch? Sie haben doch selbst alte jüdische Wurzeln! Und woher wollen Sie wissen, dass es kein Wasser gibt? Bitte, es ist Wasser da! Trinken Sie! Öffnen Sie den Wasserhahn und trinken Sie! …«

Pjotr Petrowitsch Kolpakow lächelte zurückhaltend. Anscheinend dachte er gerade darüber nach, in welche Kategorie er Marek Parasjuchin einordnen sollte. Ahasver Lukitsch sah zufrieden aus. In der Küche stank es nach angebranntem Haferbrei. Und da trat ich ein und fragte – mich mit Mühe von einem Wutausbruch zurückhaltend: »Wer von Ihnen hat schon wieder vergessen, die Spülung zu betätigen? Wenn ich den erwische, packe ich ihn am Schlafittchen und tauche ihn mit der Nase ins Klo! Jawohl, ins Klo …«

Das einundzwanzigste Jahrhundert steht vor der Tür. Noch immer diese »Kommunalkas«, noch immer sich mit anderen Leuten eine Wohnung teilen müssen … Und auf der weiß gekachelten Küchenwand stand mit schwarzem Filzstift geschrieben: »Lasciate ogni speranza.«

Was hält mich hier eigentlich? Worauf hoffe ich noch? Wieso habe ich nicht schon längst die Flucht ergriffen?

Irgendetwas hält mich zurück. Ich hoffe auf etwas, ja, ich erwarte noch etwas.

In letzter Zeit geschehen merkwürdige Dinge mit mir. Durch das Zusammenleben mit diesen Leuten bin ich anscheinend schon so an sie gewöhnt, dermaßen von der Atmosphäre unserer schmutzigen Wunder durchdrungen, dass ich jeden von ihnen zu jeder beliebigen Zeit sehen und beobachten kann, sogar durch die Wand.

Jetzt zum Beispiel. Ich schreibe in meinem Kämmerlein und weiß genau, dass Parasjuchin, durch vier Wände von mir getrennt, mit irgendeiner Nutte auf seinem Luxusbett sitzt. Ich höre nicht, was er sagt, aber ich weiß, dass er ihr von den Vorzügen eines echten Ariers erzählt – um genau zu sein: von den Vorzügen eines arisch-slawischen Geschlechtsorgans. Vor allem im Vergleich zu dem eines schlitzäugigen Asiaten oder (ganz besonders) eines verfluchten Juden. Die müde, nicht mehr ganz junge Nutte raucht eine lange schwedische Zigarette und hört ihm mit halbem Ohr zu. Über Geschlechtsorgane weiß sie bestens Bescheid.

Heute ist der sechzehnte November. Schon wieder. Und wieder liegt der gleiche Matsch auf dem Fahrdamm. Mal fällt Regen, mal fällt Schnee vom grauen Himmel.

Vielleicht beginnt das höchste Wissen jetzt auch in mir zu wachsen und verwandelt mich in einen zweiten Ahasver?

24. Es begann damit, dass Ahasver Lukitsch zu mir kam – strahlend wie ein glänzendes, weißes Tellerchen mit rotem Kaviar unter einem hellen Lüster – und mir mit einer kleinen Verbeugung eine Zeitschrift mit sehr bekanntem Titelblatt entgegenstreckte … Es war die neueste Ausgabe des *Astrophysical Journal* und mindestens zur Hälfte meinen »Sternenfriedhöfen« gewidmet.

Gunn, Maier und Ishikawa entschuldigten sich unabhängig voneinander für die Ungenauigkeiten in ihren früheren Veröffentlichungen zu dem Thema. Außerdem übertrafen sie sich fast in ihren Berichten über Beobachtungen, die das von Dr. Manochin vorhergesagte Phänomen und seine verschiedenen Effekte bestätigten. Der Anfang November gestartete »Aeolus« tat ein Übriges.

Semjon Birjulin, der ihnen in keiner Weise nachstand, bestätigte unter Verwendung von Daten, die man mit Hilfe unseres »Strahls« gewonnen hatte, meine »Friedhöfe« im Millimeterwellenbereich und legte theoretisch dar, wie es im Submillimeterwellenbereich aussehen würde. Und Carpenter kam im Submillimeterwellenbereich zum selben Ergebnis. Des Weiteren ein langer methodologischer Artikel von de Pragues sowie zwei Briefe von unbekannten Chinesen …

Seltsam, aber das alles ließ mich völlig kalt – so als ginge es mich gar nichts an. Als hätte ich weder etwas damit zu tun gehabt, noch jemals Gewissensbisse, Scham oder Angst vor öffentlicher Schande empfunden. So als hätte ich den primitiven, erniedrigenden Dienst aus ganz anderen Gründen angetreten, als darum, endlich in dieser Ausgabe des *Astrophysical Journal* blättern zu können.

Wie oft hatte ich mir vorgestellt, wie ich die Zeitschrift begierig durchblättern, ja, mit den Augen verschlingen würde und sie mit großer Erleichterung, Schadenfreude und befriedigtem Stolz betrachtete. Jetzt aber blätterte ich sie völlig gleichmütig, ja, desinteressiert durch und dachte daran, dass ein Knopf an meiner Manschette abgerissen und ins Waschbecken gefallen war und dass ich nun wegen eines einzigen Knopfes bei solch eisigem Schneeregen zum Kurzwarengeschäft laufen müsse.

Als ich zu Ahasver Lukitsch aufsah, bemerkte ich, dass das freudige Strahlen auf seinem Gesicht verschwunden war. »Was ist los mit Ihnen, mein Lieber?«, sagte er gekränkt und vorwurfsvoll und hielt mir sogleich eine Standpauke.

Ob ich nicht wüsste, wie mühselig es für ihn, Ahasver Lukitsch, gewesen sei, eine mir wohlbekannte Person dazu zu bringen, meine launische wissenschaftliche Idee wahrzumachen? Ob mir nicht bekannt sei, welch übergroße Anstrengung es diese Person gekostet habe, erst die gestellte Aufgabe zu verstehen und sich dann bis in die Details mit meiner völlig fremden und für ihn gänzlich uninteressanten Theorie vertraut zu machen? Und ob mir nicht bewusst sei, dass die Person bis zum Äußersten hatte gehen müssen – bis nur noch eine Winzigkeit sie von der Grenze trennte, hinter der das absolute Nichts beginnt. Und das alles wozu? Nur um einen vertrackten Schwachsinn in die Tat umzusetzen, das Hirngespinst eines launischen, verwöhnten Theoretikers!

Von all dem wusste ich fast nichts, weil sie mich in die Sache nicht eingeweiht hatten. So blieb ich unter dem Hagel von Vorwürfen und Belehrungen, mit denen mich Ahasver Lukitsch überschüttete, vollkommen gleichgültig. Ich hatte schon vergessen, womit die Geschichte eigentlich angefangen hatte. All meine damaligen Gefühle waren verwelkt, verdorrt, der Kummer verflogen und das Gift ausgetrocknet, wie Sir Rudyard Kipling zu sagen pflegte. Das große Gewicht der neuen Eindrücke, des neuen Wissens und der neuen Verantwortung hatten den früheren Sergej Manochin mit seinen kleinen Ambitionen, seinen kindischen Launen und mikroskopischen Leidenschaften buchstäblich aus mir herausgepresst und sich dann in Dunst aufgelöst. Eigentlich hatte ich schon längst aufgehört, Manochin zu sein. Ich war jetzt ein kleines Äffchen, das einem unbegreiflichen Ungeheuer ständig zu Diensten war und sich von den Lemuren im »Faust« nur dadurch unterschied, dass es sich seine Erkenntnisfähigkeit bewahrt hatte. Ich war noch bemüht, mich in den Geschehnissen zurechtzufinden, sie so zu vereinfachen, dass ich sie verstehen und folglich – horribile dictu! – beeinflussen konnte.

Ahasver Lukitsch konnte meine Gedanken natürlich erraten und lenkte das Feuer seiner Schelte sofort auf die andere Flanke. Er erklärte, dass er sich schon lange Sorgen um mich mache. Ich äße schlecht, würde kaum mehr lächeln und hätte aufgehört zu scherzen. Sogar sein Versuch, mich mit einer Frau zusammenzubringen, um meine geistige und körperliche Gesundheit zu verbessern, sei unbefriedigend verlaufen …

Ihm, Ahasver Lukitsch, sei völlig klar, worauf mein lethargischer Zustand zurückzuführen sei. Ich hätte die Orientierung verloren, und mir seien die Ziele abhandengekommen. Und das allein deshalb, weil ich von Anfang an – nun schon seit vielen Monaten – die Welt um mich herum nicht mehr begreifen könne.

Anfangs, in der Eile und völlig unbedacht, hätte ich mir eingebildet, ich sei der Sekretär, der Majordomus und Lakai des Antichrist, der auf der Erde erschienen sei, um das sogenannte Jüngste Gericht vorzubereiten, von dem in den alten Quellen immer die Rede gewesen war. Diese Idee sei ebenso primitiv wie wahnsinnig und habe bei mir, einem eingefleischten Atheisten, zu einem Trauma geführt. Dieses habe sich nun in meinem Bewusstsein eingenistet; es sei die Folge eines erbitterten Kampfes, der sich zwischen meinen anerzogenen materialistischen Vorstellungen und der eisernen Logik meiner Beobachtung abgespielt hätte. Und dies gefährde meine geistige Gesundheit erheblich, weil ein konsequenter Materialist nicht für längere Zeit ungestraft in die Welt des objektiven Idealismus eintauchen dürfe.

Zum Glück zerstörten weitere Beobachtungen, die ich im Laufe der Zeit machte, die ursprüngliche, apokalyptische Hypothese. (Zum Beispiel waren bei uns im Hause solche Perlen der Schöpfung aufgetaucht wie Marek Parasjuchin, der Revierinspektor Spirtow-Wodkin und die unbeschreibliche Selena Blagaja). Meine Vernunft war gerettet, doch nicht für lange Zeit.

Ich kam zu einer neuen Hypothese. Die wohlbekannte Person verwandelte sich aus dem mythischen Antichristen in eine Art Kosmokrat, der ungeheuer mächtig, allgegenwärtig und übermenschlich war – wissenschaftlich betrachtet, ein außergewöhnliches Phänomen. Der Kosmokrat habe die Erde ausgewählt, weil er beabsichtige, an der Menschheit ein grandioses Experiment vorzunehmen, dessen Sinn für den heutigen Erdbewohner natürlich unbegreiflich sei. Und so habe er hier, in dieser Wohnung ohne Nummer, Menschen versammelt, die von ganz konkreten Ideen besessen seien, zum Beispiel, wie man die arme Menschheit bestmöglich kränken, erniedrigen und beleidigen könne. Aber wozu? Nun, damit der Kosmokrat ihnen die Freiheit gebe, zu tun und zu lassen, was ihnen beliebe, so dass er selbst mit großem Interesse verfolgen könne, wie die Menschheit auf all diese Kränkungen, Erniedrigungen und Beleidigungen reagierte.

Und diese Vision von der armen Menschheit, die unsägliche Leiden erdulden und erbarmungslose Vivisektionen über sich ergehen lassen musste, habe mich jetzt an den Rand der Verzweiflung und Hoffnungslosigkeit gebracht, hinter dem erneut das Gespenst des Wahnsinns lauere.

Denn trotz allem liebe ich die Menschen – trotz ihres stumpfsinnigen Strebens nach Selbstvernichtung, trotz des Drangs, ihre niedrigsten Bedürfnisse auf Kosten höchster geistiger Wonnen zu befriedigen, trotz der zahllosen Dummheiten, Gemeinheiten, Scheußlichkeiten und Verbrechen, die die Menschheit seit Jahrtausenden hervorbrachte und erduldete, und, schließlich, trotz der Tatsache, dass meine eigene Persönlichkeit, für sich genommen, völlig inkommensurabel sei mit dieser grandiosen Naturerscheinung, deren Teil ich doch trotz allem bliebe.

Doch die Liebe sei bekanntlich tückisch. Sie gebäre die erstaunlichsten Vorhaben und stachle den Liebenden zu Handlungen an, die genauso widernatürlich wie edel seien – edel bis zum Widersinn, ja, bis zur Perversion. Wenn man hier überhaupt noch von Logik sprechen könne, sehe die meine wie folgt aus: Wenn der Kosmokrat so darauf versessen sei, ein gigantisches Experiment an Millionen von Menschen durchzuführen, könne es ihm stattdessen doch auch gefallen, Millionen von Experimenten an einem Einzelnen vorzunehmen? Denn vom wissenschaftlichen Standpunkt aus betrachtet, sei das ein und dasselbe, d. h. seien die beiden Situationen invariant. Es komme nur auf das Können des Experimentators an. Was das Versuchskaninchen betreffe, so stehe es hier, direkt vor Ihnen! Schauen Sie und treten Sie näher!

Ahasver Lukitsch, der mich voller Mitleid, entzückt und angewidert zugleich betrachtete, klatschte immer wieder in die kleinen Hände und sagte in einem fort: Was für eine absurde Einfalt! Was für eine edle Beschränktheit! Was für eine unangebrachte Fehlinterpretation des großen Vorbildes! Schande! Verblendung! Was für eine heillose Verblendung! …

Ich gebe zu, dass es ihm schließlich doch gelang, mich aufzurütteln. Das Gefühl, dass er tief in mich hineinblicken konnte, war höchst unangenehm (noch dazu mit den Augen eines versierten Mikropsychologen). Aber gleichzeitig fühlte ich mich erleichtert – wie ein Mensch, dessen Krankheit endlich beim Namen genannt und als heilbar erkannt wurde, war sie auch noch so schwer, peinlich oder anstößig. Ich suchte nach Worten, um eine passende Antwort zu geben, und spürte, wie das Blut in meinen Schläfen hämmerte und eine heilsame Wut in mir aufstieg. Doch ich fand nicht die richtigen Worte, und so fuhr Ahasver Lukitsch fort: Woher bloß meine Präsumption des Bösen komme? Woher der unablässige Drang, Schrecken auf Schrecken und Leiden auf Leiden zu häufen? Was sei das für ein infantiler Masochismus? Natürlich wisse er, Ahasver Lukitsch, woher das bei mir rühre. Aber ich sei doch immerhin Wissenschaftler. Mein Beruf, meine Ideologie sozusagen würden mich doch geradezu verpflichten, die größeren Zusammenhänge zu erkennen, gewissenhaft zu analysieren und dem, was auf der Hand liege und jedem halbgebildeten Idioten verständlich sei, mit besonderer Vorsicht zu begegnen. Von Natur aus könne ich natürlich nicht der Verlockung widerstehen, über alles in meiner Umgebung Hypothesen aufzustellen. Ohne Hypothesen fühle ich mich nicht wohl, ja, könne ich nicht leben. Und wirklich! … Doch weshalb müsse ich – selbst wenn ich diese Angewohnheit hätte – immer so schreckliche Hypothesen aufstellen, dass mir selbst ganz angst und bange werde? Weshalb könne ich nicht einfach etwas für möglich halten, was gut, angenehm und herzerfreuend sei? Weshalb zum Beispiel könne ich nicht annehmen, dass die wohlbekannte Person, nachdem sie schließlich darauf verzichtet hatte, das Universum untergehen zu lassen, sich nun entschieden habe, die Welt vom Bösen zu befreien? Wie gefiele mir die Idee, die abscheulichen, diktatorischen und unverbesserlichen Vertreter aller Spielarten des Bösen hier in dieser Wohnung zu versammeln und sie dann allesamt in der Tuscarora-Tiefe zu ersäufen? »Alle ersäufen!« Faust. Puschkin.

Ich dürfe mich jedoch nicht der Illusion hingeben, dass diese Hypothese in irgendeiner Weise der realen Lage der Dinge entspräche. Sie sei, was ihr Niveau und ihre Tiefe betreffe, ebenso unzulänglich wie die anderen beiden Hypothesen. Aber entdecke ich hier nicht wenigstens einen Vorzug – den des Optimismus?

Es ist nicht schwer zu erraten, was mich daran hinderte, dem Optimismus den Vorzug zu geben vor all den anderen Hypothesen des Herumstrampelns im Sumpf der apokalyptischen und pseudowissenschaftlichen Schrecken. Schon das Äußere einer ganz bestimmten Person trug nicht sonderlich dazu bei, dass man ein gutes Gefühl bekam. Diese unangenehme Übernatürlichkeit. Seine Grobheit. Seine Art, gegenüber Leuten wie mir leichten Widerwillen an den Tag zu legen. Seine hysterischen Anfälle und seine Angewohnheit, die Augen weit aufzureißen, was selbst Ahasver Lukitsch unwillkürlich zusammenzucken ließ …

Ja, das treffe zu, sagte Ahasver Lukitsch. Zugleich aber müsse mir doch auch sein fieberhaftes Tun, sein Hasten und seine erschöpfte, aber doch unstillbare Neugier aufgefallen sein? Und das schwere Kreuz, das, auch wenn ich es nicht sehen und verstehen könne, auf seinen gequälten Schultern laste. Zudem seine Vergesslichkeit, seine seltsamen Versprecher und die unbegreiflichen Anweisungen … Ob ich imstande sei mir vorzustellen, was es bedeute, gleichzeitig in mehr als achtzig Dimensionen unseres Raums, in allen vierzehn parallelen Welten und in allen neun Ejektoren von Schicksalen gegenwärtig zu sein?

Ob ich nachfühlen könne, wie es sei, an einen Ort zurückzukehren, wo einen die Leute kennen, ehren und lobpreisen, um dann aber festzustellen, dass einen doch niemand erkenne? Niemand. Nie. Dies ginge so weit, dass sie einen sogar für jemand anders hielten, für einen ganz und gar anderen. Für denjenigen nämlich, den man verachte und der es nicht wert sei, erkannt zu werden! Diese verdammten Jahre. Was sie aus uns machten!

Ob ich überhaupt in der Lage sei zu begreifen, was das bedeute: *eingeschränkt* allmächtig zu sein? Wenn man alles erschaffen könne – aber nie eine Vorderseite ohne Rückseite, nie das Linke ohne das Rechte … Wenn alles Gute, was man tue, könne und erschaffe, immer auch die Last des Bösen trage? Könne ich begreifen, dass das Universum sogar für ihn zu groß sei und dass die Zeit unaufhörlich rinne und rinne – für ihn, durch ihn hindurch und an ihm vorbei …

Ahasver Lukitsch war in heftige Erregung geraten. Noch nie hatte ich ihn in einem solchen Zustand gesehen – als sei er begeistert von der Selbsterniedrigung. Ich hörte ihm mit verhaltenem Atem zu, doch im Moment des höchsten Pathos erdröhnte über uns die bekannte Stimme mit dem gereizten, verächtlichen Unterton: »In der Küche! Im vierten Topf fehlt etwas! Klaut ihr einem alles unter dem Hintern weg?«

25. Ich hatte das Klingeln nicht gehört. Wahrscheinlich hatte es aber auch gar keins gegeben. Ich erwachte davon, dass ich in der Nähe Stimmen hörte, und diese Stimmen allmählich immer lauter wurden. Ich verstand kein einziges Wort und begriff auch nicht gleich, wer da bei uns mitten in der Nacht stritt – kehlig und wütend, mit gehauchten Lauten, in einer mir völlig unbekannten Sprache.

Aber ich bekam ziemlich schnell mit, dass Ahasver Lukitsch eine der Personen war. Dann begann ich langsam zu verstehen, worüber sie sprachen. Zuerst erschloss sich mir der allgemeine Sinn, dann die einzelnen Wörter. Das eine wie das andere, vor allem aber der immer schriller werdende Ton missfielen mir. Ich zog mir rasch die Hose an, nahm einen Streitkolben von der Wand und steckte den Kopf durch die Tür.

Im Korridor war es dunkel und leer, das Kabinett schlief. Aber im Vorzimmer brannte Licht, und ich erblickte Ahasver Lukitsch. Ich sah nur sein Profil, aber ich konnte mir denken, dass er das Gesicht seinem Gesprächspartner zugewandt hatte. Und diesen Gesprächspartner, den ich nicht sehen konnte, weil er im toten Winkel stand, ließ Ahasver Lukitsch, wie ich vermutete, nicht über die Schwelle.

Es sah ganz danach aus, dass Ahasver Lukitsch direkt aus dem Bett gekommen war: Er trug die mir noch aus dem Wohnheim des Steppenobservatoriums bekannten beigefarbenen Flanellunterhosen mit Steg, und unter seinem Hemd lugte ein Zipfel des schwarzen Wolltuchs hervor, das er sich jede Nacht um die Hüfte band, um einem Hexenschuss vorzubeugen. Er hatte nicht einmal seine Ohrprothese aufgesetzt; sie lag in einem geschliffenen Glas mit Agar-Agar …

Der für mich unsichtbare Besucher schrie etwas von Dämonen des Bösen und des Untergangs, denen zwar große Macht gegeben sei, nicht aber jene, einem Mann den Weg zu versperren, der um die Gnade des Barmherzigen bitte. Denn so stand es geschrieben: Dem Sklaven ist nicht gegeben zu kämpfen, er hat die Kamelstuten zu melken und ihnen die Euter hochzubinden.

Als Antwort auf diese seltsame Mitteilung zitierte Ahasver Lukitsch fast in singendem Ton: »›Verteidigt eure Äcker, gewähret dem um Gnade Flehenden Obdach und verjagt den Vermessenen.‹ Warum gebrauchst du mir gegenüber nicht diese Worte, Mudscha ibn Murara? Oder widerstreben sie deiner Lästerzunge, da sie jener gesprochen hat, den du verrietst?«

Ich ging ins Vorzimmer und stellte mich mit dem Streitkolben in der Hand neben ihn. Jetzt erst erblickte ich den Bittsteller. Es war ein schwergewichtiger, beinahe feister alter Mann in blauseidenen Pumphosen, die bis zu den goldbestickten Schnabelschuhen hinabreichten. Die Pumphosen rutschten ihm fast von den Hüften. Sein riesiger, graubehaarter Bauch mit dem eingesunkenen Nabel hing tief herab. Er hatte dicke Brüste wie eine Frau, die runden, schweißigen Schultern glänzten, und der frischrasierte runde Kopf war rußgeschwärzt. Sein Körper war übersät von schwarzen Streifen, die von rußigen Fingern herrührten, und auch sein Gesicht, von der Sonne dunkel gebräunt, war mit Ruß verschmiert. Sogar der weiße, zerzauste Bart zeigte Spuren von rußigen Fingern. Die kleinen schwarzen Augen gingen nervös hin und her, als ob sie nicht wüssten, wohin sie blicken sollten.

Die Tür zum Treppenhaus fehlte. Statt ihrer sah man eine dreieckige Öffnung, aus der der Zipfel eines prächtigen bunten Teppichs hervorragte; er reichte bis zum Linoleumboden des Vorzimmers hinunter. (Neulich, als Baldur Langnase erschienen war, hatte sich gar ein riesiger Berg tauenden Schnees in unser Vorzimmer gewälzt.) Der Bittsteller stand auf seinem Teppich. Entweder hinderte Ahasver Lukitsch ihn daran, weiter vorzudringen, oder er selbst hatte Angst davor, das glatte, grünglänzende Linoleum zu betreten.

»Dämon des Bösen und des Sturzes, Abu Sumama!«, rief nach kurzem Schweigen der Bittsteller. »Immer von Neuem verfluche ich dich. Vor dir steht ein Sterblicher, den Rahman jetzt braucht!«

»Mudscha ibn Murara«, erwiderte, ihn unverhohlen parodierend, Ahasver Lukitsch. »Du unbedeutendster unter den Sterblichen, der den Lehrer und Wohltäter seines Stammes verriet, Maslama von der Jamama, stets aufs Neue werde ich dir sagen: Rahman braucht dich nicht!«

Mudscha ibn Murara fuhr sich unwillkürlich mit der Zunge über die ausgetrockneten Lippen und warf einen Blick über seine fetten Schultern hinweg in die Finsternis hinter der dreieckigen Öffnung, als ob er darauf wartete, dass man ihm etwas soufflierte.

Die dort herrschende Dunkelheit war – das sei kurz erwähnt – nicht ganz undurchdringlich. Dort schwelte ein rötliches Feuer – vielleicht ein Lagerfeuer oder ein Kohlenbecken –, und in der Zugluft flackerten die Lichter von Öllampen. An einer unsichtbaren Wand hing etwas metallisch Schimmerndes, möglicherweise Waffen. Und in diesem unwirklichen

Licht glaubte ich ein weißes Gesicht zu sehen, mit schwarzen, schreckerfüllten Löchern anstelle von Augen und Mund …

»Ich bin Zeuge: Du lügst, Abu Sumama!«, rief mit heiserer Stimme der Fettwanst, nachdem er aus der Finsternis keinerlei Bestätigung erhalten hatte. »Rahman braucht mich! Wenn er es will, ertränke ich in seinem Namen Ägypten im Blute.«

»Er will nicht«, entgegnete Ahasver Lukitsch gleichgültig. »Und Umar ibn al-Chattab kommt auch ohne dich zurecht. Er wird Ägypten mit dem Schwert Amra erobern. Übrigens ohne großes Blutvergießen …«

»Umar ibn al-Chattab ist ein jämmerlicher Hund und Emporkömmling«, kreischte der Dicke auf. »Er wurde nur deshalb Kalif, weil der Prophet durch Rahmans Nachlässigkeit einen wohlwollenden Blick auf seine kränkliche Tochter werfen konnte! Ich schwöre bei der dunklen Nacht, beim schwarzen Wolf und bei der Bergziege, dass Umar nichts außer dieser Tochter hat, nichts in der Vergangenheit, nichts in der Gegenwart und nichts in der Zukunft!«

»Und ich schwöre bei der finsteren Nacht und beim kühnen Wolf«, sagte Ahasver Lukitsch, »dass du nicht einmal eine Tochter hast, von Söhnen ganz zu schweigen; denn Rahman ist gerecht. Verschwinde, Rahman braucht dich nicht.«

Der Dicke raufte sich den Bart mit beiden Händen. Seine Augen traten beinahe aus den Höhlen. »Ich bitte nicht um eine Stelle«, röchelte er. »Ich bitte um Gnade … Ich kann nicht zurück; ich habe Kunde davon, dass ich diese Nacht nicht überleben werde … Ich möchte Rahman bitten, ihm zu Füßen liegen zu dürfen!«

»Für dich ist zu Rahmans Füßen kein Platz, Mudscha ibn Murara, Verräter. Geh zu den Saluken, wenn sie dich nehmen. Denn es heißt: ›Näher als wir steht dir die Familie – der ewig nicht Satte, der gefleckte Kurzwollige, die stinkende Langmähnige …‹ Nur werden die Saluken, ja, nicht einmal die Tariden dich nehmen: Du bist zu alt und zu fett geworden, als dass noch jemand bei deinem Anblick erzitterte …«

Von dem, was hier vor sich ging, verstand ich so gut wie nichts. Ich hatte bloß den Eindruck, als ob Ahasver Lukitsch den fetten Greis aus pädagogischen Erwägungen heraus quälen wollte, um am Ende so zu tun, als sei er besänftigt, und ihn dann vor die erhabenen Augen treten zu lassen. Aber ziemlich bald begriff ich, dass er ihn nicht durchlassen würde. Um keinen Preis. Niemals.

Und offensichtlich hatte der fette, alte Mudscha das auch begriffen. Seine vorgequollenen Augen verengten sich. Sie hatten aufgehört, unstet umherzublicken, und sprühten jetzt vor Hass.

»Du Schamloser, der es wagt, sich Abu Sumama zu nennen«, zischte er und sah Ahasver Lukitsch starr an. »Ich habe dich erkannt. Ich habe dich am abgeschlagenen Ohr erkannt, Nahar ibn Unfuwa, genannt Rachal! Ich schwöre beim heißen Samum und beim toll gewordenen Kamel, dass ich dir mit meiner jemenitischen Klinge gleich das zweite Ohr abschlagen werde!«

Krampfhaft tastete er mit seiner kurzfingrigen Hand die linke Hüfte ab, wo sich aber nichts weiter als die Schnur seiner halb heruntergerutschten Pluderhose befand. Ahasver Lukitsch erschrak nicht im Geringsten. »Ich schwöre dir beim leeren Krug und beim ausgesogenen Knochen«, sagte er spöttisch, »du haust hier niemandem etwas ab, Mudscha ibn Murara. Hier ist nicht die Jamama. Pass nur auf, dass man dir nicht noch das Letzte, was an dir herunterhängt, abschneidet. Verschwinde, oder ich befehle meinen Ifrits und Dschinns, dich wie einen räudigen Hund hinauszuwerfen.«

Plötzlich hörte ich hinter mir hastigen Atem. Ich schaute mich um. Die Ifrits und Dschinns waren bereits eingetroffen. Die ganze Brigade. In voller Besetzung … Wahrscheinlich waren auch sie wach geworden und auf das Geschrei hin herbeigeeilt. Alle waren nur halb bekleidet, sogar Selena, die Gute. Nur Pjotr Petrowitsch Kolpakow hatte es für nötig erachtet, einen Sportanzug mit dem Aufdruck »Adidas« anzuziehen.

Vom Standpunkt eines Arabers, der im Mittelalter lebte, boten wir sicher einen ebenso scheußlichen wie phantastischen Anblick. Doch Mudscha redete unbeeindruckt weiter. Entweder war er ein furchtloser Bursche, oder er hatte sich schon mit seinem Schicksal abgefunden und redete nur noch, um sein Gesicht zu wahren, und längst nicht mehr, um sein Leben zu retten. Er würdigte uns nicht einmal eines flüchtigen Blickes und schaute nur zu Ahasver Lukitsch; er schwitzte, atmete schwer und spreizte seine plumpen Finger, während sein Körper sich immer mehr verkrampfte.

»Du, Rachal, bist ein grindiger Vagabund und nichts als ein räudiger Köter«, stieß er atemlos hervor. »Du wagst es, mich einen Verräter zu nennen? Du, der den Propheten Muhammad verraten und sich auf die Seite des verabscheuenswerten Maslama geschlagen hat! …«

»Und ich erinnere mich an Zeiten, wo du ebendiesen Verabscheuenswerten mit ›gnädiger Maslama‹ anredetest!«, versetzte Ahasver Lukitsch, aber Mudscha hörte nicht zu.

»Und du bist der ehrlose Feigling, der den Befehl gab, den Friedensboten zu vierteilen! Erinnerst du dich an Habib ibn Said, den sogar der verabscheuenswerte Maslama in Frieden ziehen ließ, weil er es nicht fertigbrachte, wider Gerechtigkeit und Sitten zu handeln? Aber du befahlst, ihn, den friedlich Zurückkehrenden, zu ergreifen und ihm beide Hände und Füße abzutrennen – du, Rachal, dessen Zähne im Feuer gar den Berg Uhud übertreffen sollen!«

»Du redest Unsinn«, sagte Ahasver Lukitsch verächtlich. »Und du beschuldigst mich grundlos; denn du weißt selbst am besten: Der verabscheuenswerte Habib tötete Jünglinge, vergiftete Brunnen und entweihte die Felder. Alles, was Maslama gesegnet hatte, vergiftete er, damit es umkam. Ich befahl lediglich, die Füße, die den gemeinen Schurken trugen, und die Hände, mit denen er Gift ausstreute, abzuhacken.«

»Ich bezeuge, dass du lügst!«, schrie Mudscha verzweifelt und wischte sich mit der flachen Hand den Schaum von den Mundwinkeln. »Du weißt besser als ich, dass gerade die Segenssprüche des Lügners Maslama Gift für die Kinder, die Erde und das Wasser der Jamama waren! Du, Rachal, Sklave des falschen Propheten, den du auch verrietest, erinnere dich an die Schlacht bei Aqraba! Vielleicht empfindest du jetzt – endlich – brennende Scham? Du ließest dein Heer vor dem Beginn der Schlacht im Stich; deinetwegen mussten die Besten der Banu Hanifa unter den Säbelhieben des grausamen Chalid sterben! Du hast sie im Stich gelassen, und alle fielen sie dort, bei Aqraba, alle bis auf einen – dich!«

»Und du, der du angeblich Fesseln an deinen vom Blut des Kampfes unbefleckten Händen trugst, sahst von Chalids Zelt aus ungerührt zu, wie sie starben, deine Stammesbrüder …«

»Oh, wie du lügst! Mir schnitten die eisernen Fesseln durch das Fleisch bis auf die Knochen, die Tränen brannten blutige Wadis in meine Wangen, doch als der geeignete Moment kam, rettete ich die Frauen und Kinder der Banu Hanifa vor dem grausamen Chalid. Ich täuschte Chalid! … Du, der du falsche Beschuldigungen erhebst, denke lieber daran, warum du von Aqraba fortgaloppiert bist, wie vom schwarzen Samum gejagt! Die Wollust trieb dich! Das schwöre ich beim schwarzen Wolf – es war die Wollust, die Wollust, die Wollust! Wegen eines Weibes ließest du alle im Stich – deinen falschen Propheten, dem du mit allen Eiden Freundschaft und Treue geschworen hattest, seinen Sohn Schurhabil, den Maslama deiner Treue und Weisheit anvertraut hatte, deine Freunde und deine Krieger, die noch im Sterben schrien: ›Rachal! Rachal ist mit uns!‹ Du ließest sie alle wegen einer schmutzigen christlichen Hure im Stich, die du zuerst dem kraftlosen Ziegenbock Maslama untergeschoben hattest, in der Hoffnung, auf diese Weise sein Herz zu gewinnen …«

»Ich rate dir nicht, darüber zu sprechen«, sagte Ahasver Lukitsch in einem so seltsamen Ton, dass ich das Gefühl bekam, als kröche mir eine riesige Spinne über die nackte Brust.

Aber Mudscha hörte schon nicht mehr. »… doch der falsche Gnädige erwies sich als zu alt für dein Geschenk, und du hattest das Nachsehen: Weder gewannst du die ersehnte Gunst, noch blieb dir das heißbegehrte Weib! O Rachal, du Teufel des falschen Propheten. Weit hast du es mit deiner Niederträchtigkeit gebracht!«

Mudscha verstummte. Er rang nach Luft; doch sein Bart bewegte sich weiter, als spräche er. Ich schwöre: Er lächelte, ohne den gierigen Blick von Ahasver Lukitschs versteinertem Gesicht abzuwenden. Dieser erwiderte langsam, mit derselben schrecklichen Stimme, die mir das Blut in den Adern gefrieren ließ: »Du spürst einfach das Nahen deines Todes, Mudscha. Vor dem Tode sagen die Menschen oft das, was sie denken. Sie haben nichts mehr zu verbergen und brauchen sich vor nichts mehr zu fürchten. Ich sehe, du glaubst selbst an das, was du sagst, und dreimal versichere ich dir, Mudscha: So war es nicht, so war es nicht, so war es nicht.«

Da fing Mudscha an zu lachen. »Der Zettel!«, rief er und erstickte fast vor Lachen und Wut. »Erinnere dich an den Zettel, Rachal!«, wiederholte er keuchend und mit lautem Lachen, so dass die herabhängenden Brüste und der riesige Bauch wackelten. »Der Zettel, den man dir am Tag vor der Schlacht brachte … Du erinnerst dich an ihn. Ich sehe, du hast es nicht vergessen! Hör mir zu und behaupte später niemandem gegenüber, du hättest es nicht gehört! Deine Sadschah ritt gerade auf dem mächtigen Schweif eines meiner Männer, als sie den Zettel bekritzelte. Du kennst ihn: Bara ibn

Malik – heißblütig und wild wie ein Hawasinerhengst, gefüttert mit gebratenem Schweinefleisch und sehr geschickt darin, bei Frauen alles zu erreichen, was er wollte. Und erreichen wollte er damals, dass der Teufel Rachal, von der Wollust getrieben, das Heer Maslamas verließ – und zwar im entscheidenden Moment!«

»Du hast die Grenze des Erlaubten überschritten«, fiel ihm unvermittelt Nahar ibn Unfuwa, genannt Rachal, ins Wort. »Dafür wirst du hart bestraft.«

»Polizei!«, schrie jetzt hinter mir Matwej Matwejewitsch. Er wusste, was jetzt geschehen würde. Wir alle wussten es. Auch Mudscha ibn Murara … Seine Hand verschwand in der Finsternis der dreieckigen Öffnung und zog ein Schwert mit breiter, schartiger Schneide daraus hervor. Rachal trat einen Schritt nach vorn, man sah für einen kurzen Augenblick eine lange, schmale Klinge aufblitzen. Dann hörte man einen seltsamen, schmatzenden Laut, und das breite schwarze Gesicht über dem schmutzigen Bart wurde plötzlich schmal und grau. Es ertönte ein Schnauben wie bei einem Pferd, und dann war das schreckliche Plätschern einer Flüssigkeit zu hören, die sich auf das Linoleum ergoss.

Ich wurde, glaube ich, für einen Moment bewusstlos.

Das ganze Vorzimmer schwamm in Blut. Matwej Matwejewitsch schrie gellend: »Polizei! Polizei!« Marek Parasjuchin lehnte mit der Stirn gegen den Spiegel und musste sich unaufhörlich übergeben … Doch Ahasver Lukitsch, bleich wie Wachs, hob und senkte beschwichtigend seine blutbefleckten Hände. In beruhigendem Ton brummte er: »Leise, leise, Leute! Es ist nichts Schlimmes passiert, alles wird geregelt. Gehen Sie, gehen Sie, ich werde hier selbst Ordnung schaffen …«

Exit Mudscha ibn Murara, Statthalter der Jamama.

26. Begonnen hatte die ganze Geschichte vor 1350 Jahren …

Tagebuch, 20. Juli (13 Uhr)

Michej ist nicht mehr hier.

Sein Vater ist aus Nowosergijewka gekommen, um ihn abzuholen. Die ganze Nacht ist er wie ein Verrückter mit dem Auto hierhergefahren. Es gab ein furchtbares Theater, weil sich Michej natürlich weigerte, uns zu verlassen. Aber der Vater sagte, die Mutter habe einen schweren Anfall erlitten, nachdem sie die Zeitungen gelesen und die schrecklichen Gerüchte gehört hätte, und Michej hätte sie auf dem Gewissen, wenn er nicht auf der Stelle mitkäme. Der Vater war ein großer, gutaussehender Mann mit grauen Haaren und traurigen Augen. Seine Lippen bebten, die Hände zitterten. Ich konnte es nicht mit ansehen und verschwand.

Selbstverständlich gab Michej nach. Ich hätte auch nachgegeben. Jeder hätte in seiner Situation nachgegeben, zumal hier bei uns zurzeit nichts Schlimmes passiert: Die Reihen haben sich gelichtet; wahrscheinlich wurde den Leuten langweilig, und es war auch Zeit fürs Mittagessen. Die Kumpel von der Patrouille stehen nicht mehr in der Kette, sondern haben sich beim Eingang versammelt und legen eine Rauchpause ein. Nur die Polizisten stehen nach wie vor auf ihrem Posten, der finstere Ausdruck auf ihren Gesichtern ist jedoch fast verschwunden.

Michej hat demonstrativ nichts von seinen Sachen mitgenommen. Er sagte, er werde in zwei Tagen zurück sein.

Ohne Michej gefällt es mir hier nicht.

20. Juli (15 Uhr)

Es sieht nicht gut aus.

Um zwei Uhr wurde an der Tür geläutet. Es war der Erste Sekretär des Gebietskomitees der Partei in Begleitung einer weiteren Amtsperson, die sehr elegant gekleidet war und eine Brille mit getönten Gläsern trug. Ich öffnete ihnen. Ich weiß noch genau, dass ich bereits in dem Augenblick dachte: »Es sieht nicht gut aus.« Dabei wusste ich noch gar nicht, dass es tatsächlich so war, und weshalb es so war.

Der Erste Sekretär grüßte, stellte sich vor und sagte, er wolle G.A. sprechen. Ich begleitete ihn. Der Weg war gesäumt von den traurigen Resten unserer Garnison, die auf das Klingeln an der Tür herbeigeeilt waren und die beiden Männer nun mit ihren Blicken verfolgten. Auf der Treppe geruhte der Erste Sekretär zu scherzen: »Und, wie geht es euch Belagerten hier? Habt ihr schon alle Ratten aufgegessen?« Mir war nicht zum Scherzen zumute.

Ich ließ sie in G.A.s Arbeitszimmer eintreten und setzte mich ins Vorzimmer. Die Mädchen und Askold blieben eine Weile bei mir und widmeten sich dann wieder ihren Aufgaben. Sie waren alle sehr optimistisch, weil sie dachten: Der Erste ist selbst hergekommen, das heißt, dass alles gut wird.

Aus dem Arbeitszimmer war kein Ton zu hören. Ich wartete. Und je länger ich wartete, umso klarer wurde mir, dass nichts Gutes zu erwarten war. Wenn der Erste zu einer solchen Zeit und in einer solchen Situation G.A. einen Besuch abstattete, konnte das nur eins bedeuten: »Lieber Georgi Anatoljewitsch, wir schätzen Sie hoch und verehren Sie sehr, doch müssen Sie uns verstehen … die Demokratie … die Haltung der Parteibasis … die Volksbildung … der Komsomol … Es ist unmöglich, und es wäre auch nicht richtig, gegen den Willen der ganzen Stadt zu handeln, der so eindeutig zum Ausdruck gebracht wird … Selbstverständlich werden wir Ihre

Überlegungen berücksichtigen, sie sind für uns sehr wertvoll, wir werden sie künftig bei der Ausarbeitung unserer langfristigen Politik unbedingt in Betracht ziehen, aber heute, wissen Sie, jetzt … Und achten Sie nicht auf die Angriffe der Extremisten … Die Kultur des Streitgesprächs ist hierzulande bei weitem noch nicht entwickelt. Sie haben sich aufgeregt, und jetzt ereifern sie sich … Aber wir alle werden nicht eine Minute lang vergessen, dass Sie der Stolz unserer Stadt, des ganzen Bezirks, ja, der ganzen Sowjetunion sind! …«

Ich stellte mir das so deutlich vor, als hätte ich es wirklich gehört. (Aber vielleicht hatte ich es gehört? Nur nicht mit den Ohren. Ich hatte so etwas schon früher an mir bemerkt, wenn ich mich in einem Zustand außergewöhnlicher Erregung befand.)

Als sie aus G.A.s Arbeitszimmer kamen, konnte ich mich noch beherrschen. Solange das Händeschütteln und der übliche Austausch von Liebenswürdigkeiten beim Abschied andauerte, riss ich mich zusammen. (G.A. aber machte ein solches Gesicht, dass ich ihn nur einmal kurz ansah und jeden weiteren Blick vermied.) Ich hatte mich auch noch unter Kontrolle, als ich die beiden Herren den langen Korridor entlangführte und zur Treppe begleitete. Aber da war es auf einmal mit meiner Beherrschung vorbei. (G.A. war schon in sein Arbeitszimmer zurückgekehrt.)

Leider – vielleicht auch zum Glück – kann ich mich nicht mehr genau erinnern, was ich zu ihnen sagte. Und fragen kann ich ja niemanden; es war keiner von den anderen in der Nähe. Ich glaube, ich nannte sie Verräter. Sie hätten ihn verraten, sagte ich. Er habe so auf sie gehofft, bis zur letzten Minute auf sie gehofft. Er hatte sonst niemanden mehr in dieser Stadt, auf den er seine Hoffnung setzen konnte, und sie hätten ihn verraten. (Der Stutzer mit der Sonnenbrille versuchte mich, glaube ich, zu stoppen: »Vergiss nicht, mit wem du sprichst!« Und da sagte ich zu ihm: »Schweigen Sie und hören

Sie mir zu!«) Vielleicht, sagte ich, bildet ihr euch auch noch ein, dass eure Komplimente und schönen Worte ihm etwas bedeuten? Er braucht weder eure Komplimente noch eure Lobhudeleien. Er hätte eure Unterstützung gebraucht! …

Dessen, was ich sonst noch in dieser Art sagte, kann ich mich nicht mehr entsinnen. Das Einzige, was ich noch weiß, ist, dass er mich unterbrach und ehrlich erstaunt fragte: »Glaubst du denn an all die Fantasien G.A. Nossows?« – »Nein«, erwiderte ich wahrheitsgemäß. »Leider nein. Mein Verstand reicht nicht aus, daran zu glauben. Aber eins weiß ich: Auch wenn es sich um Fantasien handelt, auch wenn er sich irren sollte, so ist sein Irrtum doch hundertmal besser, nützlicher und hoher zu bewerten als all eure richtigen Entscheidungen.«

Sie ließen mich stehen und gingen die Treppe hinunter. Da rief ich ihnen nach (vielleicht rief ich es auch nicht, sondern dachte es nur): »Jetzt lasst ihr ihn ans Kreuz nageln. Damit habt ihr euer Gewissen für immer, für das ganze weitere Leben, befleckt. Es wird eine Zeit kommen, da werdet ihr euch noch die Haare raufen und euch an diesen Tag erinnern, an dem ihr ihn in seinem Arbeitszimmer allein zurückgelassen habt, allein und traurig, und einfach in der Menge verschwunden seid, in der man euch liebedienerisch zulächelte und vor euch stramm stand …«

Und mit böser Schadenfreude stellte ich fest, dass ihre aufrechten Rücken und akkurat rasierten Nacken nichts als Verlegenheit, Verwirrung und Unzufriedenheit mit sich selbst ausdrückten …

20. Juli (17:30 Uhr)

Nachdem ich mich halbwegs beruhigt hatte, besuchte ich G.A., um zu sehen, wie es ihm ging. Alle saßen schon bei ihm. Serafima Petrowna stellte Milchbrötchen auf den Tisch. Wir tranken Tee und schwiegen. Irina bedachte mich mit seltsamen Blicken, Soja dagegen servierte mir andauernd Milchbrötchen. Anscheinend hatten sie doch mitbekommen, dass ich den Gebietsparteisekretär angeschrien hatte. Vielleicht hatten sie aber auch nichts gehört. Vielleicht genügte allein mein Anblick, damit sie wussten, dass ich mich noch immer nicht richtig beruhigt hatte.

Da schaute G.A. auf die Uhr und schaltete den Fernseher ein. Es stellte sich heraus, dass unser Bürgermeister Pjotr Viktorowitsch beschlossen hatte, eine Woche früher als vorgesehen seine monatliche Fernsehansprache zu halten.

Es war die übliche zwanzigminütige Rede. Er gab sich wie immer jovial, einfach, witzig und herzlich. Er sprach sowohl über unsere Erfolge und als auch darüber, was noch unfertig, mangelhaft und nicht durchdacht war. Einerseits seien Mittel erschlossen worden, andererseits würden die Fristen nicht eingehalten; einerseits sei ein Zufluss von Devisen zu verzeichnen, andererseits würden qualifizierte Arbeitskräfte abwandern; einerseits könnten wir noch nicht so arbeiten, wie es sich gehöre, andererseits hätten wir völlig verlernt, richtig auszuspannen …

Erst sehr spät und ohne besonderen Nachdruck, so, als ob er über Dinge redete, die allen hinlänglich bekannt seien und keiner Erklärung bedürften, sprach er zunächst über die städtische Hygiene (die ungenügende Kontrolle der Kläranlagen und die erfolgreiche Bekämpfung der saisonbedingt auftretenden Epizootie bei Zieselmäusen) und dann, ganz am Schluss, sagte er: »In der näheren Umgebung unserer Stadt, in ungefähr zehn Kilometern Entfernung, an der Flussbiegung der Taschliza, gibt es jahrein, jahraus eine in hygienischer Hinsicht bedenkliche Situation. Es wäre falsch zu behaupten, dass wir nichts dagegen unternommen hätten. Wir redeten gut zu, warnten, klärten auf. Aber leider waren unsere Bemühungen umsonst. Sie wissen ja: Kater Wasska hört zu, frisst aber trotzdem weiter. Alle notwendigen Maßnahmen sind seit langem vorbereitet. Wir haben uns also nichts vorzuwerfen, außer dass wir uns Zeit gelassen haben, was auf unsere vielleicht allzu große Geduld zurückzuführen ist. Ich kann Ihnen mitteilen, dass wir heute die letzte Warnung ausgesprochen haben. Jede Geduld hat einmal ein Ende, und in unserer Stadt ist es jetzt so weit.« Dann sprach er wieder über die Trockenlegung des Jereminsker Sumpfs und die Maßnahmen gegen herumstreunende Tiere. Am Ende gab er sich noch zwei Minuten arglos und jovial und endete dann mit den Worten: »Bis zum nächsten Mal. Vielen Dank für Ihre Aufmerksamkeit.«

So war es also. Vielen Dank, Pjotr Viktorowitsch. »Auf den Bürgermeister kannst du dich verlassen, aber mach bloß du keine Dummheiten«, hatte er gesagt, und: »Wer für eine gute Sache ist, ist mein Verbündeter.« …

G.A. schaltete den Fernseher aus. Er schaute kein einziges Mal in unsere Richtung, und ich dachte unwillkürlich, dass er sich schämte, uns, seine Schüler, anzusehen. Der gesamten Menschheit wegen schämte er sich vor uns. Mir jedenfalls ging es so, und auch ich bemühte mich, niemanden anzusehen, mit Ausnahme von G.A., den ich mit gerunzelter Stirn musterte.

Da zog G.A. den Telefonapparat zu sich heran und wählte eine Nummer. Auf dem kleinen Bildschirm erschien der Polizeichef. Michail Tarassowitsch wirkte ziemlich müde und kraftlos. Er sah aus, als hätte man ihn grob aus seiner wohlverdienten Ruhe gerissen. Aber er freute sich sichtlich, als er sah, wer ihn da störte. G.A. wurde laut und wortreich begrüßt und musste sich dann in gutmütig-vorwurfsvollem Ton Michail Tarassowitschs Meinung über seinen gestrigen Artikel anhören.

G.A. unterbrach ihn sogleich: Was soll das? Wieso findet morgen jetzt doch eine Aktion statt? Michail Tarassowitsch wechselte die Farbe und hob hilflos seufzend die Arme: Was solle man machen, so sei das Leben. G.A. sagte sehr schroff: »Schämen Sie sich nicht? Sie hatten doch versprochen! …« Michail Tarassowitsch hörte auf zu lächeln und erwiderte von oben herab: »Was habe ich Ihnen denn versprochen? Nichts habe ich Ihnen versprochen!«

G.A.: »Schämen Sie sich, Kromanow. Schämen Sie sich! Ich jedenfalls schäme mich Ihretwegen. Und was geschieht, wenn ich allen von unserer Abmachung erzähle?«

M.T.: »Von welcher Abmachung? Es hat keinerlei Abmachung zwischen uns gegeben … Reden Sie nur, Georgi Anatoljewitsch, aber reden Sie keinen Blödsinn. Ich bin im Dienst. Ich bin für Sie nicht irgendwer, ich treffe mit Privatpersonen keine Abmachungen!«

G.A. blickte ihn schweigend an; seine Augenlider waren geschwollen und leicht gesenkt. Und je länger er ihn ansah, umso mehr versteinerte Michail Tarassowitsch und verwandelte sich nicht bloß in einen vorbildlichen Chef der städtischen Polizei, sondern gar in ein Denkmal eines vorbildlichen Chefs der städtischen Polizei.

M.T. (die Worte deutlich artikulierend): »Ich möchte Sie bitten, nicht ausfallend zu werden. Anspielungen und Beleidigungen werde ich mir nicht gefallen lassen. Als ein Mann mit Verdiensten sollten Sie erst recht maßzuhalten wissen und es verstehen, auf Ordnung zu achten …«

Es fielen weitere Worte dieser Art, die mit Würde und betonter Dienstbeflissenheit vorgetragen wurden.

G.A. schwieg. Und er schaute Michail Tarassowitsch nicht nur einfach an, sondern fixierte ihn richtig. Michail Tarassowitsch hielt dem prüfenden Blick nicht stand. Er stockte beim Sprechen, blies die Wangen auf und ließ die Luft langsam wieder aus ihnen entweichen.

M.T. (eine Tonlage tiefer): »In Ihrer Situation würde ich mich lieber sehr still verhalten. Eine Abmachung … Was für eine Abmachung kann es schon in solchen Dingen geben? Ich könnte, wissen Sie, auch eine Klage gegen Sie anstrengen! … Zurückhaltung von Informationen, die wichtig für die Ermittlungen sind … Beihilfe zu einem Verbrechen … Begünstigung von Straftaten! Das sind alles keine Scherze. Sie können nicht nur Ihr Mandat als Abgeordneter verlieren, sondern alles andere dazu …« (Er wandte die Augen ab, dann sah er G.A. flüchtig an, sah wieder weg und meinte dann schon recht friedfertig:) »Machen Sie sich keine Sorgen, Georgi Anatoljewitsch! Bei der Operation wird nichts Schreckliches passieren. Die Anführer der Hooligans sitzen bei mir ein, laut Gesetz bleiben sie achtundvierzig Stunden in Gewahrsam. Das Personal ist instruiert; Exzesse werden wir im Keim ersticken … Was willst du noch, Georgi Anatoljewitsch? Ich bin doch selbst daran interessiert, dass alles glatt läuft, ohne Schlägereien und ohne Blutvergießen … Verstehst du das nicht?«

G.A. schaltete das Telefon ab.

Er schaute uns sehr aufmerksam der Reihe nach an, als suche er etwas an uns zu entdecken, was ihm Hoffnung geben könnte. Aber er konnte nichts entdecken und sagte: »Das war der letzte Versuch. Jetzt kann man nichts mehr machen. ›Die übliche Methode schlechter Regierungen ist es, die Wurzeln des Bösen zu stärken, indem sie seine Folgen unterbinden.‹ Von wem stammt das?«

»Von Kljutschewski«, antwortete Askold.

»Richtig«, sagte G.A. schon etwas zerstreut. »Eine Chance bleibt uns übrigens doch noch …«

Er wählte eine Nummer, und auf dem Bildschirm erschien das unzufriedene Gesicht einer alten Frau. G.A. begrüßte sie kurz und bat sie, Garik ans Telefon zu holen. Nach zehn Sekunden sah man ihn auf dem Bildschirm. Es war der grüne Strauch, der damals mit den Kletten im Haar ins Lyzeum gerannt war. Ungefähr folgendes Telefongespräch wurde geführt:

G.A.: »Garik, ich muss so schnell wie möglich den Nushi sprechen.«

Garik: »Der Nushi schläft.«

G.A.: »Er soll herkommen, sobald er seine Knospen öffnet.«

Garik: »Er öffnet seine Knospen, wenn die Zeit der Bewässerung da ist.«

G.A.: »Sag ihm, er soll möglichst bald herkommen. Ich werde ihn erwarten.«

Garik: »Das Gras schwankt im Wind.« (Oder etwas in dieser Art.)

Den Kommilitonen blieb der Sinn dieses Telefongesprächs verborgen. Niemand von ihnen hatte je der »Flora« angehört, niemand wusste, wer der Nushi war. Aber ich wusste es, und obwohl ich den Jargon nicht verstand, erriet ich, dass G.A. den Leader der »Flora« zu sich rief, damit er seine Leute überredete, aufzubrechen und bis zum Morgen verschwunden zu sein. Das war wahrscheinlich die letzte Chance. Und der beste Ausweg – sowohl für sie als auch für uns als auch für die ganze Stadt. Aber die letzte Chance war sehr klein: Wenn es so einfach wäre, sie zum Weggehen zu überreden, hätte G.A. es längst getan.

Mit erschöpfter, schuldbewusst klingender Stimme bat uns G.A., ihn allein zu lassen, und wir erhoben uns, um zu gehen. Da fragte Askold plötzlich: »Wie soll man diese Worte über das Vorenthalten von Informationen und Beihilfe zum Verbrechen verstehen?« (Askold, dieser Idiot, kennt wirklich kein Pardon!) G.A. schwieg lange, so dass ich schon dachte, er werde überhaupt nicht antworten. Aber schließlich tat er es doch.

»Das muss man so verstehen«, sagte er, »dass es bislang viele Fälle gab, wo Schüler ihren Lehrer verrieten. Aber ich entsinne mich keines einzigen Falls, in dem ein Lehrer seine Schüler verraten hätte.«

20. Juli (19 Uhr)

Weil er sonst aufhören würde, Lehrer zu sein. Und weil er als Lehrer nichts mehr bedeuten würde.

Ich wollte losgehen, um mit Wanja Drosdow und den anderen aus der Patrouille zu sprechen und herauszufinden, was sie für den morgigen Tag geplant hatten. Würden sie geschlossen losmarschieren? Mit ausgerollten Fahnen? Sich vielleicht etwas Mut antrinken? Eine solche Aktion war immerhin eine neue, völlig ungewohnte Sache!

Aber ich hatte es mir zu spät überlegt. Vor dem Lyzeum war niemand mehr. Nur noch ein Häuflein strammer Burschen stand um den letzten Lautsprecher herum und stritt sich darüber, wer ihn wegschaffen sollte. In der Ferne sah man noch immer Ordnungshüter patrouillieren.

Da erschien Irakli Samsonowitsch. Lange und umständlich erklärte er, dass man ihn am Morgen nicht durchgelassen hätte. Am nächsten Tag aber wolle er für uns eine kräftige Suppe kochen.

Nun kam auch die Bibliothekarin. Sie schimpfte mich, weil ich die heutigen Zeitungen nicht zurückgebracht hatte. Ich schimpfte grob zurück. Was bin ich doch für ein Flegel.

Ich fühle mich niedergeschlagen und traurig. Askold möchte ich nicht sehen (das ist dumm von mir!). Sojka ist auch gedrückter Stimmung, aber Irina schwört darauf, dass alles gut wird.

26. Die Geschichte hatte vor 1350 Jahren begonnen. Der Prophet Muhammad war bereits gestorben, und der erste arabische Kalif Abu Bakr schickte sich an, die Arabische Halbinsel zum Islam zu führen.

Ein gewisser Nahar ibn Unfuwa, der den Beinamen Radjal oder Rachal trug, was so viel bedeutete wie »der viel zu Fuß Gehende«, »der Umherziehende« oder einfach »Vagabund«, »Landstreicher«, war anfangs ein Schüler und Vertrauter Muhammads. Er wohnte bei ihm in Medina, las den Koran und festigte sich im Glauben. Später entsandte Muhammad ihn als Missionar und Verbindungsmann in die Jamama zu Musailima, dem Führer und Glaubenslehrer des Stammes der Banu Hanifa.

Freilich nannte ihn damals niemand Musailima. Alle redeten ihn nur mit »ehrwürdiger Maslama« an, »Prophet Maslama« oder sogar »gütiger Maslama«, faktisch also »Gott Maslama«. Muhammad selbst nannte ihn damals seinen Mitstreiter im Glauben. Ihre Lehren glichen sich tatsächlich in vielem, doch gab es auch Unterschiede, die, sobald sie in der praktischen Politik zum Tragen kamen, dazu führten, dass sie sich entzweiten, und zwar in einem Maße, dass man in Medina aufhörte, Maslama ehrwürdig zu nennen, und ihm den abwertenden Namen Musailima gab, was so viel bedeutete wie »dreckiger kleiner Maslama«.

Rachal entschied sich für Maslama. Er blieb in der Jamama, der Kornkammer Arabiens, und wurde seine rechte Hand. Er erfüllte Maslamas heikelste Aufträge und verborgenste Wünsche, erwies sich als Meister der Organisation und Gegenpropaganda und entwickelte einen politischen Spitzeldienst für seinen Meister. Rachal war, da er den Koran in- und auswendig kannte, unschlagbar bei offenen Disputen mit den Missionaren, die Muhammad beharrlich in die Jamama entsandte.

Rachals Ruhm verbreitete sich, aber es war ein schlechter Ruhm. Es hieß, bei Maslama habe sich ein Teufel eingenistet, dem er nun widerspruchslos gehorche, und daher vor nichts mehr zurückschrecke. Der Prophet selbst bezeichnete Rachal kurz vor seinem Tode als einen Menschen, dessen Zähne im Feuer den Berg Uhud überträfen. (Der Uhud war anscheinend ein Vulkan, und der seltsame Ausspruch ist so zu deuten, dass Rachals Zähne, wenn er in die Hölle käme, wie ein vulkanisches Feuer aufflammten.)

Zuerst beschloss Muhammads Nachfolger, Kalif Abu Bakr, die Jamama zu befrieden, doch hatten seine Heerführer zu der Zeit noch keine Kampferfahrung. Die plötzlichen Kavallerieattacken von Ikrima ibn Abu Dschahl wurden ebenso wie die von Schurhabil ibn Hassan erfolgreich an den Grenzen abgewehrt. Trotzdem geriet die Jamama in eine schwierige Lage: Im Westen war das Land nach wie vor von Schurhabil ibn Hassan bedroht und im Osten von al-Ala ibn al-Hidrimi; im Süden bestand die Gefahr, dass Ikrima, der zurückgeschlagen worden war, wieder vorrückte, und im Norden war die christliche Prophetin Sadschah aus Dschasira mit zwei Einheiten von wilden, auf Pferden und Kamelen reitenden Banu Tamim in die Jamama eingefallen und bis zum Haram (Maslamas Wohnsitz) vorgedrungen.

Anfangs verachtete Sadschah sowohl Maslama als auch Abu Bakr. Sie war Christin. Als gotteslästerliche Entstellung des Christentums war ihr der Islam aus tiefster Seele zuwider. Sie war nur in die Jamama gekommen, um sich Getreide zu verschaffen und Beute zu machen.

Maslama gelang es, einen Pakt mit ihr zu schließen, obwohl beide Seiten keine gute Meinung voneinander hatten. Die Bewohner der Jamama nannten die nomadisierenden Tamimiten »Filzläuse«, und die Banu Tamim sagten zu den Ackerbauern: »Bleibt doch in eurer Jamama und wühlt weiter im Dreck herum. Ihr seid Sklaven, einer wie der andere.«

Die Einzelheiten des militärischen Abkommens müssen uns nicht interessieren. Die muslimische Überlieferung stellte die Abmachung später in einem frivolen, anstößigen Licht dar. Aber das stimmte nicht. Maslama war sowohl in seinen Überzeugungen als auch in seiner Lebensführung ein Asket. Und auch sein Alter tat ein Übriges …

Nein – bei dieser Geschichte gab es nichts Anstößiges … Dafür entstand eine Liebe, eine große, fantastische Liebe, die plötzlich und unerwartet zwei völlig verschiedene Menschen erfasste: Sadschah, die wilde und phanatische tamimitische Schönheit, und Rachal – unansehnlich, aber schon legendär, geheimnisumwittert; er glaubte weder an Gott noch an den Teufel und war Freund, Heerführer und Gehilfe des Maslama. Die Geschichte dieser erstaunlichen und die Fantasie beflügelnden Liebe besang, so wurde erzählt, ein wandernder salukischer Dichter, den man auch einen zweiten Antara ibn Schaldad nannte. Es hieß »Die Mutter der verwirrten Sternbilder« oder »Der Polarstern«. Das Poem wurde leider nicht überliefert.

Das Glück war nur von kurzer Dauer, und Sadschah kehrte zurück in den Norden. Entweder war sie des verliebten Teufels Rachal überdrüssig geworden, oder die Politik verlangte ihre Anwesenheit in Mesopotamien. Maslama verlor eine mächtige Verbündete. Schlimmer noch: In Abwesenheit ihrer Anführerin erhoben sich die Banu Tamim gegen ihn. Abu Bakr nutzte die neue Situation ohne zu zögern aus: Die Armee Chalid ibn al-Walids, des besten Heerführers der Muslime in damaliger Zeit, rückte gegen die Jamama vor.

Und da betrat unser Bekannter, Mudscha ibn Murara, den Schauplatz. Er war ein Scharif, gehörte dem Militäradel der Jamama an und war ausgesprochen ehrgeizig. Die verschiedenen Auslegungen und Nuancen des Islams interessierten ihn nicht. Er wollte Macht: Maslama stürzen und über die Jamama herrschen.

Zu Beginn des Feldzuges lief er zu Chalid über und unterbreitete ihm einen sorgfältig ausgearbeiteten Plan für die Eroberung der Jamama in der Annahme, Abu Bakr würde ihn, Mudscha ibn Murara, zum Statthalter der Jamama machen, wenn der Sieg errungen sei.

Sein Plan sah zum einen vor, den Teufel Rachal im entscheidenden Moment durch eine List von den Truppen der Jamamer wegzulocken. Zum anderen traf er Vorsorge, dass sich die Besiegten nach Beendigung der militärischen Operationen freiwillig ergaben. Rachal sollte mit Hilfe eines gefälschten (wer weiß, vielleicht auch echten) Briefes seiner geliebten Sadschah weggelockt werden. Mudscha selbst würde in der Zwischenzeit die Rolle des von Chalid gequälten Patrioten und Märtyrers spielen: Halbtot vor Hunger und Durst sollte er in Ketten herumgeführt werden, um den »grausamen« Chalid in einem »günstigen Augenblick« zu »überlisten«. Chalid würde auf die List »hereinfallen«. So wäre garantiert, dass sich der Ruhm Mudscha ibn Muraras, der »für sein Volk gelitten« und es verstanden hatte, den »grausamen Heerführer« Chalid hinters Licht zu führen, in der ganzen Jamama verbreitete. So würden nun alle Banu Hanifa seinen Namen, den Namen ihres neuen Herrschers Mudscha ibn Murara, loben und preisen.

Alles lief genau nach Plan.

Obwohl Rachals Abwesenheit entgegen aller Erwartung keine große Rolle spielte: Sowohl in der Schlacht bei Aqraba als auch bei der Einnahme des Haram Maslamas kämpften die Jamamer so wild und tapfer, dass sie lieber den Tod wählten, als die Flucht. Der gegenseitige Hass war grenzenlos. Die Mutter Habibs, dem Rachal einmal Hände und Füße wegen Spionage hatte abschlagen lassen, schwor, dass sie sich nicht mehr waschen wollte, bis der verfluchte Musailima getötet sei; sie kämpfte wie von Sinnen, und im Gefecht um den Haram verlor sie einen Arm und trug zwölf Verletzungen davon. Schurhabil, der Sohn Maslamas, der vor dem Kampf seine Krieger aufgerufen hatte, für ihre Frauen und für ihre Ehre zu streiten (sie an den Glauben zu erinnern, vergaß er), erstickte unter einem Haufen von ihm selbst erschlagener und erstochener Feinde. Der oben erwähnte »wilde und heißblütige Hengst« Bara ibn Malik wurde bei der Einnahme des Haram so rasend, dass er seinen Kriegern befahl, ihn über die Mauer desselben zu werfen. Dort schlug er sich, umzingelt von kämpfenden Jamamern, zum Tor durch, ließ seine Soldaten in den Haram hinein, schloss das Tor und schleuderte den Schlüssel weg …

Bei den Kämpfen starben zehntausend Jamamer, die nun nicht mehr zum militärischen Potenzial der Banu Hanifa gezählt werden konnten. Aber auch die Verluste der Muslime waren schrecklich: Allein auf der Liste der Edlen, die im Kampfe gefallen waren, standen die Namen von eintausendzweihundert Männern.

Mudscha ibn Murara spielte seine Rolle gut. Bedauernswert und erschöpft wanderte er mit klirrenden Ketten über die Schlachtfelder und suchte die Leichen der wichtigsten Feinde Chalids zu identifizieren; von seiner grausamen Eskorte wurde er dabei immer wieder mit Säbelscheiden in den Rücken gestoßen. Er erkannte den Leichnam Muhakkimo, des Kommandeurs des Garderegiments von Maslama. Er erkannte den Leichnam von Maslama selbst und den seines Sohnes, Schurhabil. Und selbstverständlich erkannte er auch den Leichnam Rachals, worauf die Nachricht vom Tode des Teufels sich sogleich in der ganzen Jamama verbreitete.

Als sie den Leichnam Maslamas gefunden hatten, eines gelbhäutigen, breitnasigen Mannes von kleinem Wuchs, kamen die Menschen zusammengelaufen, und in Anwesenheit der vielen Zeugen entspann sich zwischen Mudscha und Chalid folgendes Gespräch:

»Da liegt er, der Hauptfeind des Islams«, erklärte Mudscha. »Jetzt seid ihr ihn los.«

»Nicht möglich!«, rief Chalid mit gut gespielter Verwunderung. »Hat wirklich dieser Kahlkopf euch dahin gebracht, wo ihr jetzt seid?«

»Ja, Chalid«, antwortete Mudscha zerknirscht, »so ist es.« Doch richtete er sich sogleich stolz auf und wandte sich an alle umstehenden Menschen: »Aber ich schwöre bei Gott – mögest du dich zu früh gefreut haben! Bisher waren es nur die Bogenschützen der Vorausabteilungen, die überhastet gegen dich antraten, doch die wirklich Kampferprobten warten in den Festungen auf dich, und mit ihnen wirst du kein so leichtes Spiel haben.«

Als Chalid auf Hadschr vorrückte, erblickte er auf dessen Mauern eine riesige Zahl von Kriegern in blitzenden Harnischen: Es bot sich ihm ein sehr beeindruckendes und bedrohliches Schauspiel. In Wirklichkeit aber handelte es sich nur um Frauen und Halbwüchsige; echte Krieger gab es in den Mauern der Hauptstadt kaum mehr.

Chalid begann demonstrativ nachzudenken und fragte dann, zu den Ratgebern gewandt: »Was sagt ihr, Hochverehrte?« Die Hochverehrten äußerten sich prompt in dem Sinne, dass genug Blut vergossen und es daher angezeigt sei, dem Gegner sofort Bedingungen für die Kapitulation vorzuschlagen, und zwar: Vom Gold und Silber alles, was vorhanden, von den Panzerhemden und Pferden alles, was vorhanden, von den Gefangenen die Hälfte.

Man begann zu verhandeln. Mudscha trat als Abgesandter von Chalid auf, und es endete um vieles leichter, als man in Hadschr befürchtet hatte. Und schließlich folgte die letzte Szene.

Die Tore der Festung öffneten sich. Chalid kam in die Stadt, und man stellte bald fest, dass sich dort nur Frauen und Kinder befanden. Auf dem Marktplatz, auf dem sich viel Volk versammelt hatte, stampfte Chalid in herrlichem Zorn mit den Füßen auf und brüllte Mudscha an: »Du hast mich betrogen!« Dieser hob erschöpft, doch stolz den Kopf und gestand: Ja, er habe ihn getäuscht, doch habe er ausschließlich im Namen und für sein Volk so gehandelt. Ein Sturm der Begeisterung brach los. Alle fielen ihm zu Füßen.

Vorhang.

Über das weitere Schicksal Mudscha ibn Muraras ist wenig bekannt. Er regierte die zum Islam bekehrte Jamama mit mehr oder weniger glücklicher Hand, zahlte regelmäßig Steuern an den Kalifen und unterdrückte Unruhen gnadenlos. Er starb unter sehr merkwürdigen Umständen. Eine Version besagt, ein Zauberer hätte ihm Tag und Stunde seines Todes prophezeit. Und tatsächlich wurde er zur vorhergesagten Zeit auf dem Teppich in seinen Gemächern erstochen aufgefunden. Wer ihn tötete und warum, blieb ein Geheimnis. Manche, die Bescheid wussten, brachten den Mord mit Mudschas Forderung in Verbindung, den Feldzug der Muslime nach Ägypten anzuführen.

27. Sadschah.

O Sadschah!

Sadschah aus Dschasira!

Deine Brüste …

Als Rachal den Zettel erhielt, zögerte er nicht eine Sekunde. Auf dem Zettel stand in Aramäisch: »Liebster! Ich erwarte dich in Basra. Beeil dich, denn du könntest zu spät kommen.« Vier Monate hatte er auf diese Nachricht gewartet, und nun war sie gekommen. Er verließ das Zelt, ohne sich bei Schurhabil zu entschuldigen. Er kehrte dem Kriegsrat den Rücken und hatte ihn im selben Augenblick vergessen. Halblaut erteilte er die Befehle. Das Ausrüsten der Kamele dauerte eine Ewigkeit. Schließlich wurde ihm gemeldet, dass alles fertig sei. Aus den Händen des Schweigenden Parden nahm er eine kostbare, mit Schweinsleder überzogene Schatulle entgegen und schnallte sie selbst an den Sattel des Weißbäuchigen.

Zehn Minuten später hatte er Aqraba, die schlafende Armee und das Schlachtfeld von morgen hinter sich gelassen. Er hatte sie bereits vergessen. Basra lag dreißig Tagesmärsche mit der Karawane entfernt. Er musste die Strecke in zehn Tagen oder noch schneller zurücklegen. Das war möglich. Sie ritten auf den besten Dromedaren Arabiens, und auch die Reiter waren die besten Arabiens: zwanzig ehemalige Tariden, Parias ohne Geburt und Stamm, zwanzig Leibwächter, zwanzig Dichter, zwanzig Männer, mit denen er Brüderschaft getrunken hatte; Männer, die füreinander durch dick und dünn gingen und die ihn, Rachal, wie einen Gott verehrten. Aber vielleicht auch wie einen Teufel. Sie fragten ihn nie etwas, wie einen auch die eigenen Hände niemals etwas fragen. Wenn er gelegentlich an diese Männer dachte, wurde ihm warm ums Herz.

Er war wie von Sinnen. Die Liebe eines alten Mannes hat gewöhnlich etwas Komisches an sich. Sie vermag nicht einmal mehr Lächeln oder Mitleid hervorzurufen. Sie erregt nur Befremden. Und in diesem Sommer war Rachal sechshundertvierunddreißig Jahre alt geworden. Nichts konnte ihn aufhalten. Kein Heer, kein Samum und kein Erdbeben, nicht einmal das Meer, nicht einmal der Tod. So zumindest fühlte er sich. Er selbst war schrecklicher als jeder Samum, jedes Erdbeben und jeder Tod. Sie hatte ihn wieder »Liebster« genannt, und er lief Gefahr, sich zu verspäten.

Sadschah.

O Sadschah!

Sadschah aus Mesopotamien!

Deine Schenkel …

(Äußerst bedrückt und beklommen verfolgte ich den kleinen Ahasver Lukitsch mit meinen Blicken. Klein und hässlich war er, redete unsinniges Zeug, rannte in meinem Zimmer hin und her, riss mit den Schultern die an den Wänden hängenden Waffen herunter, zerrte an seinen Fingern, bis die Gelenke knackten, stürzte zur Tür, wo er, sich mit schwachen Händen an den Türrahmen klammernd, wie erstarrt stehen blieb, dann warf er sich wieder mit einem Schwung in den Sessel, der am Tisch stand, und hämmerte mit seinen kleinen Fäusten auf die Tischplatte, auf der das schartige jemenitische Schwert Mudscha ibn Muraras lag. Und er redete, redete, redete …)

Der Trupp ritt rasant und ungestüm durch die Wüste, und die Banden räuberischer Tamimiten, die ihn angreifen wollten, wendeten entsetzt ihre Pferde und stoben wie aufgescheuchte Wildenten in alle Richtungen davon.

Basra.

Sie war nicht mehr hier! Es hatte ein Kampf stattgefunden, die Perser hatten sie in die Flucht geschlagen, und sie war nach Hira geritten. Wirklich nach Hira? Ein im Sterben liegender, verletzter Tanuchide schwor bei seinem Gott, dass sie gesund, schön, aber unglücklich nach Hira geritten sei. War er wirklich zu spät gekommen? Hatte sie ihn wirklich hier, bei Basra, gebraucht? Verfluchte Perser!

Die Kaufleute der Karawane, auf die er zufällig stieß, warfen sich vor ihm mit dem Gesicht in den heißen Sand und verabschiedeten sich schon in Gedanken vom Gold und vom Silber, von all ihren Kostbarkeiten und vom Leben selbst … Er aber rief: keine Zeit! Später, Brüder, später! Vorwärts!

Hira.

Sie war hier gewesen. Noch rauchten die Trümmer der Garnisonskaserne; noch standen die Frauen vor ihren aus Lehm gebauten Hütten, in denen das Oberste zuunterst gekehrt war, jammerten und stießen Verwünschungen aus; noch baumelte der Strick am Querbalken, wo sie den romäischen Priester aufhängen ließ, der wegen seiner grausamen Rache gegenüber den Nestorianern berüchtigt war … Ruhm allen Göttern, der Sieg begleitete sie hier. Sie hatte die Romäer geschlagen und war nach Aleppo geritten … Wohin? Nach Aleppo? Hat sie den Verstand verloren? Mit einer Schar von Wilden reitet sie der Streitmacht der Romäer entgegen … Sie treibt zweifellos der Liebeskummer. Er wusste, wie sie fühlte. Sie war bereit, sich in den Kampf zu stürzen, nur weil der Geliebte nicht an ihrer Seite war. Er erinnerte sich daran, wie eine Waldlichtung am Ganges einmal nach den Liebesspielen eines Leopardenpaars ausgesehen hatte: als hätten dort Herden wilder Hengste einen ganzen Tag und eine ganze Nacht hindurch auf Leben und Tod miteinander gekämpft. So stark musste Sadschahs Liebeskummer sein. Aber der Geliebte kommt zu langsam voran! Ihm ist, als kröchen sie durch die endlosen Sandwüsten … Pferde müssen her! Aber woher Pferde nehmen?

Zwei Tagesmärsche von Hira entfernt stieß er auf das Lager eines unbekannten Stammes. Sie hatten Pferde, viele Pferde. Aber die Nomaden verkannten ihre Lage: Da sie in der Überzahl waren, dachten sie, sie könnten einen vorteilhaften Tausch machen. Umso schlimmer für sie, denn die Zeit war zu kurz, um zu feilschen. Der unbekannte Stamm blieb für immer unbekannt. Nie mehr hat man etwas von ihm gehört. Aber wir behalten unseren Bruder Scharan, den Grauen Bruder und Bruder Hassan den Zahnlosen in guter Erinnerung. Sie konnten nicht begraben werden. Keine Zeit! Vorwärts!

Siffin.

Sie hat Aleppo nicht erreicht. In der Nähe von Siffin traf sie auf eine Brigade von Panzerreitern, befehligt von General Ammon und dem Presbyter Eupraxios. Sie haben Sadschah getötet. Es gelang ihnen, sie lebendig gefangen zu nehmen. Dann ließ der Presbyter Eupraxios Sadschah hier, auf dem Widderkopf, als Ketzerin und falsche Prophetin eines schrecklichen Todes sterben.

Sadschah.

O Sadschah!

Sadschah, Tochter der Tanuch und Tamim!

Dein Schoß …

Er hatte Tausende von Frauen gehabt. Er war nie ein Asket gewesen, immer ein Genießer. Trotz seines Alters und seines unansehnlichen Äußeren konnte er auch heute noch an keinem Rock vorbeigehen. Warum aber sehnte sich seine Seele von diesen Tausenden und Abertausenden immer nur nach ihr allein? Warum hat die Erinnerung an sie, an diese eine, seine Seele immer gequält, quält sie noch und wird sie ewig quälen? Warum tut diese Liebe so weh? Es gibt sie schon so lange nicht mehr, es liegt dreizehn Jahrhunderte zurück! Warum bereitet der Gedanke an sie noch immer solche Schmerzen – wie die Stelle seines abgehauenen Ohrs noch heute bei schlechtem Wetter wehtut?

O Sadschah.

Der zu Tode erschrockene Siffiner zeigte ihm nicht nur, in welche Richtung die Romäer davongeritten waren, er erklärte sich auch bereit, mitzukommen, um ihm den Weg zu weisen. Schon am dritten Tag erblickte Rachal den Rauch ihrer Feuer. Alles Weitere war eine Frage der Technik … In der Morgendämmerung des vierten Tages ritt Rachals Schar bereits zurück. Quer über dem Rücken eines Reservepferdes, das neben dem Schweigenden Parden lief, lag ein Sack, in dem der Presbyter Eupraxios zappelte und brüllte (man hatte ihn mit heruntergelassenen Hosen gefangen genommen, als er gerade seine Notdurft verrichtete).

Auf dem Widderkopf tat nun Rachal dem Presbyter dasselbe an, was dieser seiner Geliebten angetan hatte. Menschen, die Zeugen von Sadschahs Tod geworden waren und nun die Szene beobachteten, stöhnten laut auf vor Entsetzen. Wobei man die Prozedur abwandelte, weil es sich um einen Mann handelte. Der Presbyter schrie zwei volle Stunden lang ohne

Unterbrechung. Rachal hörte ihn nicht. Seine Gefühle waren tot. Er erinnerte sich nur …

Deine Lippen …

Deine Augen …

Was hatte es mit dem denkwürdigen Brief nun wirklich auf sich? Vielleicht sollte man späteren Gerüchten glauben, wonach er eine Fälschung gewesen war: Ein listiger Feind habe ihn angeblich geschrieben, um den grausamen Teufel dazu zu bringen, alles stehen und liegen zu lassen und nach Norden zu reiten, wo ihn niemand erwartete und niemand brauchte. Es könnte wahr sein. Sadschahs Verhalten nach zu urteilen, verschwendete sie damals keinen Gedanken und kein Gefühl mehr an den früheren Geliebten, sondern lebte nur nach ihrem Vergnügen – kühn, verwegen, blutrünstig. Ihr wäre nie in den Sinn gekommen, dass er zu ihr eilen könnte. Daher schickte sie ihm weder Verbindungsleute noch Reiter oder Boten. Nur in seinem Liebeswahn konnte der sonst so listige, erfahrene und vorsichtige Rachal Sadschahs Verhalten als Liebestollheit einer ebenso listigen, erfahrenen und vorsichtigen Kriegerin deuten.

Die Version des gefälschten Briefs tröstete ihn lange Zeit. Daraus folgte, dass sie keine Hilfe von ihm erwartet, in keiner Weise mit ihm gerechnet und in ihren letzten, schrecklichen Minuten durch den blutigen Nebel hindurch nicht Ausschau gehalten hatte, ob am Horizont seine Säbel aufblitzten. Man konnte den bösen Feind, der ihm die Fälschung überbringen ließ, nur dafür verfluchen, dass sie ihm viel zu spät zugestellt worden war. Denn hätte Rachal sie drei Tage früher erhalten, hätte alles ein anderes Ende genommen.

Natürlich hatte sie einen Geliebten gehabt. Der nüchterne, vernünftige Teil Rachals ahnte, ja, wusste, dass dieser Liebhaber wahrscheinlich jung, heißblütig und ausdauernd gewesen war. Es ging das Gerücht, es sei ein Abessinier gewesen, der älteste Sohn des tollkühnen Wachschia ibn Harb – derselbe, der Maslama auf der Schwelle des Haram erschlug. Rachal empfand ihm gegenüber jedoch keine Eifersucht. Er wusste genau: Der Abessinier hatte – gespickt von romäischen Pfeilen, getroffen von romäischen Schwertern und durchbohrt von romäischen Spießen – bis zu seinem letzten Atemzug für Sadschah gekämpft. Er war so sehr von seinem eigenen und von fremdem Blut überströmt gewesen, dass man später weder sein Gewand noch sein Gesicht erkennen konnte.

Der prächtige hohlköpfige Hengst Bara ibn Malik konnte jedenfalls nicht ihr Liebhaber gewesen sein. Das war völlig ausgeschlossen und passte auch nicht zum zeitlichen Ablauf der Ereignisse. Mudscha ibn Murara hatte ihn im Angesicht seines herannahenden Todes umso tiefer verletzen wollen und ihn angelogen. Und er hatte genau gewusst, dass sich niemand so gut zum Schüren der glühendsten Eifersucht eignete wie Bara ibn Malik.

Aber ging es denn um den Rivalen? Was für eine Rolle spielte es schon, ob es der Abessinier, Bara ibn Malik oder ein anderer gewesen war: Es konnten Dutzende gewesen sein. Es gab keinen Mann, der sich nicht in einen feurigen Leoparden verwandelt hätte, sobald er sie erblickte. Sie brauchte nur zu wählen … Aber Rachal, der sich seiner körperlichen Unvollkommenheit sehr wohl bewusst war, wollte sich nicht von seiner Eifersucht beherrschen lassen. Es genugte ihm, dass Sadschah ihn wenigstens für einige Tage auserwählt hatte …

Mudscha ibn Murara hatte eine verharschte Wunde aufgerissen und ihn sehr verletzt, denn ihm wurde plötzlich klar, dass die Nachricht durchaus keine Fälschung zu sein brauchte. Und augenblicklich malte ihm seine erhitzte Fantasie ein wirklich teuflisches Bild: ein junger, raffinierter, ausdauernder und käuflicher Liebhaber, der ihr von gemeinen Schurken untergeschoben worden war, diktierte der vor Leidenschaft bebenden Sadschah, was sie tun und was sie schreiben sollte.

Warum war er damals, vor dreizehn Jahrhunderten, nicht auf diese einfache, so einleuchtende Idee gekommen? Er hätte diesen käuflichen Hengst schon ausfindig gemacht. Doch heute ließe sich nicht einmal mehr der Mergel finden, in den sich seine Gebeine verwandelt hatten …

Deine Lippen in Erwartung leidenschaftlicher Wonnen geöffnet,
Dein Schoß, eine unberührte saftige Wiese,
Deine unsagbar weiche, wogende Brust
und dein verhangener, lockender Blick …

(Ich sah, wie er bittere, greisenhafte Tränen weinte. Ich war tief betroffen, begriff ihn nicht und dachte: Nein, die Kette der Zeiten reißt offensichtlich niemals ab; denn wahrlich, Liebe ist stark wie der Tod, und ihr Eifer ist fest wie die Hölle. Ihre Glut ist feurig …)

28. Ich ging zur Sparkasse und stand dort eine Dreiviertelstunde lang an …

Tagebuch, 20. Juli (etwa um Mitternacht)

Merkwürdig, wir hatten nie über G. A.s Familienleben nachgedacht. Vom Hörensagen wussten wir sehr wenig darüber, aber das reichte uns vollkommen. Es war für uns unwesentlich. Wir wussten, dass seine Frau vor fünfzehn Jahren gestorben war. Sie war wohl Epidemiologin gewesen und hatte sich infiziert, als die erste »afrikanische« Grippe grassierte. Wir wussten, dass er zwei Kinder hatte, einen Sohn und eine Tochter, aber wo sie steckten und was sie machten, interessierte niemanden von uns. G. A. war für uns immer G. A. – alleinstehend, einzigartig und selbstgenügsam. Er war mit keiner Frau liiert. Es machte uns auch nichts aus, dass er keine Affären hatte. Sie hätten uns bestimmt sogar gestört.

G. A. begleitete den Nushi zum Ausgang, und ich hörte zufällig, was sie sprachen. Es war der hoffnungslose Schluss eines hoffnungslosen Gesprächs. Der Nushi sagte: »Papa, du hast mich umsonst zu dir gerufen, und ich bin umsonst hier gewesen. Du hast deine Schüler, und ich habe meine. Ihr habt eure Wahrheit, Papa, und wir haben unsere.« Sie unterhielten sich noch kurz über etwas anderes, aber ich stand wie vom Donner gerührt da und hörte und begriff nichts mehr. »Papa!«, hatte er gesagt … Papa! Jetzt verstehe ich, worauf diese gemeinen Leute anspielten. Und ich weiß nicht, was ich schreiben soll. Es will mir nicht in den Kopf.

21. Juli (zwei Uhr nachts)

Es ist ohne Bedeutung. Erstens kann man sagen, dass sich die Natur in den Kindern von Genies auszuruhen pflegt. Zweitens ist der Nushi, wenn man es genau bedenkt, auch ein Lehrer, und zwar ein erstklassiger! Eine solche Herde im Zaum zu halten, diese hirnlose Wüste mit einer Idee zu befruchten …

Hatte G. A. etwa erraten, dass sie uns letzten Endes zwingen würden, ihnen Platz zu machen, wobei sie im vollen Recht wären – Gleichberechtigte und in Zukunft vielleicht sogar die Mehrheit? … Oh Gott, armer G. A.

Aber vielleicht ist er gar nicht so arm? Selbst wenn er einen pädagogischen Irrtum begangen hat, ist es ein Fehler von Format und kommt einer Entdeckung gleich!

Du kannst stolz sein, Igor Wsewolodowitsch Mytarin, du hast es gut formuliert: »… auch wenn er sich irren sollte, so ist sein Irrtum doch hundertmal besser, nützlicher und höher zu bewerten als all eure richtigen Entscheidungen.«

»The uncommon man wants to leave a world different from what he found: a better, enriched by his personal creation. For this he is willing to sacrifice much or all of the happiness that the common man enjoys.«

Manuskript »O3« *(28–29)*

28. Ich ging zur Sparkasse und stand dort eine Dreiviertelstunde lang an. Bis zum Mittag.

Als ich zurückkam, saß er schon in der Küche und löffelte aus einer emaillierten Schüssel jugoslawische Fertigsuppe. Er war hager, unbeholfen und eckig und hatte große, schmutzige Plattfüße, die sich schuppten. Sein Hals war dünn und mit Pusteln übersät – genau wie sein trauriges Gesicht. Er hatte eine sehr lange Nase, durch die er laut ein- und ausatmete, hervorstehende, tränende Augen, eine niedrige Stirn und verfilztes, scheckiges Haar. Er war kaum älter als sechzehn Jahre, mitten im Stimmbruch und sah aus wie ein zerzauster junger Ganter.

Als ich in die Küche trat, warf er mir einen verängstigten, fast panischen Blick zu. Aber als er merkte, dass ihm von meiner Seite keine Gefahr drohte, fuhr er sich bloß mit dem Finger unter der Nase entlang und aß weiter. Ich warf einen Blick auf seinen Burnus und wusste sofort, woher der seltsame Geruch rührte, den ich schon im Vorzimmer bemerkt hatte. Der Burnus war sicher noch nie gewaschen worden. Und er war sicher auch noch nie abgelegt worden. Er wurde nur getragen, am Tag wie bei Nacht. Und er war bestimmt noch kein einziges Mal unter Wasser getaucht worden.

»Wer ist das?«, fragte ich streng.

Meine Brigade, die den Jungen voller Mitgefühl umringte, blieb stumm – aus Feigheit und aus Schuldgefühl, wie mir schien.

»Wer hat ihn hereingelassen?«, fragte ich in etwas schärferem Ton. »Warum wurde er nicht desinfiziert? Gelten die

Instruktionen etwa nicht für euch? Wollt ihr unbedingt die Cholera bekommen?«

Es blieb ungeklärt, wer ihn hereingelassen hatte. Vielleicht war es ja tatsächlich niemand von ihnen gewesen und er war einfach hereingeweht worden. So etwas gab's und wäre nicht das erste Mal gewesen. Mit der jugoslawischen Beutelsuppe (Gemüsesuppe mit Gewürzen, siebenunddreißig Kopeken die Packung) hatte ihn der gutherzige Marek Parasjuchin bewirtet, bei dem sich bekanntlich nordische Barmherzigkeit mit slawischer Großmut verband.

Nachdem er die Suppe bis zum letzten Tropfen ausgelöffelt hatte, leckte er die Schüssel so geschickt aus, dass sie aussah wie neu. Und das passierte so geschwind, dass wir ihn nicht einmal daran hindern konnten. Dann begann er genauso hastig zu reden, wie er gegessen hatte. Er verschluckte sich fast dabei.

Mit Ausnahme der sich ständig wiederholenden Bitte, ihn dazulassen und zu verstecken, verstanden wir am Anfang kein Wort. Er erging sich in Klagen, die mit seinen Eltern zusammenhingen. Entweder war die Mutter bei seiner Geburt gestorben, oder er selbst wäre bei der Geburt fast gestorben … Der Vater war anscheinend reich, hatte aber nicht das Geringste für ihn gezahlt … Und alle hatten ihn geschlagen. Solange er klein war, hatten ihn die Kinder geschlagen, später hatten ihn sich die Erwachsenen vorgenommen. Sie hatten ihn einen Faulpelz geschimpft, einen Giermagen, einen Idioten, ein Schwein, einen Kotfresser, ein syrisches Fischblut, einen römischen Schleimscheißer, einen ägyptischen Kater, einen Pinscher, ein Watschengesicht, einen unbeholfenen Klotz, eine Bohnenstange … Die Mädchen hatten nichts mit ihm zu tun haben wollen. Überhaupt nichts, niemals. Nicht einmal die kilikischen Huren. Und immer war er hungrig. Einmal hatte er sogar vergammelten Fisch gegessen, den man ihm aus Jux vorgesetzt hatte, und wäre beinahe daran gestorben. Ja, er aß sogar Schweinefleisch … Nichts auf dieser Welt hatte er … weder Nahrung noch Frauen noch Freundschaft. Nicht einmal ein gutes Wort …

Und da erschien der Rabbi.

Der Rabbi legte ihm die Hand auf den Kopf, eine schmale, saubere Hand ohne Ringe und Armschmuck, und sofort wusste er, dass sich diese Hand nicht in sein Haar krallen, ihn nicht mit dem Gesicht gegen ein hochgerecktes Knie stoßen würde … Diese Hand verströmte Güte und Liebe. Es gab sie also doch – Güte und Liebe in dieser Welt …

Der Rabbi sah ihm in die Augen und fing an zu sprechen. Der Junge konnte sich nicht mehr erinnern, was genau der Rabbi gesagt hatte. Aber er hatte wunderbar gesprochen, zusammenhängend, ruhig und schön. Aber er verstand nicht, was der Rabbi sagte, und war auch nicht imstande, sich ein einziges Wort zu merken. Aber vielleicht sagte er auch kein Wort? Vielleicht war es nur Musik, die ihn beharrlich daran erinnerte, dass es in dieser Welt auch Güte, Freundschaft, Vertrauen und Schönheit gab …

Unter den Schülern des Rabbis war er selbstverständlich der letzte … Alle scheuchten ihn. Mal musste er Wasser holen, mal zum Markt laufen, zum Händler oder zum Gemeindevorsteher. Grab dem Herrn den Garten um – er hat uns einen Gefallen getan. Wasch dieser Frau die Füße – sie hat uns bewirtet. Hilf dem Sklaven des Kaufmanns – er hat uns Geld gegeben. Der furchteinflößende Johannes, der ewig den schrecklichen Dolch bei sich trug, warf ihm die Sandalen hin – dass er sie ihm bis zum nächsten Morgen richte! Der gemeine Thomas, ungenießbar wie verdorbener Fisch, gab ihm, um sich die Zeit zu vertreiben, idiotische Rätsel auf. »Errätst du sie nicht«, sagte er, »werd ich dir zeigen, wo's langgeht in Jerusalem.« Der hochmütige und langweilige Petrus hielt jeden Morgen dieselben lästigen Moralpredigten, die er ebenso wenig verstand wie das, was der Rabbi sagte. Nur dass der Rabbi nie böse wurde, Petrus hingegen schon – und obendrein auch noch nörgelte. Er pflegte sich morgens hinter das Haus zu hocken, um sein großes Geschäft zu verrichten, hieß den Jungen vor ihm stehen bleiben und nörgelte und nörgelte … drückte, krächzte und nörgelte.

Und trotzdem war er glücklich, denn er hatte immer den Rabbi in seiner Nähe. Er brauchte nur die Hand auszustrecken, um ihn berühren zu können. Er krault dich kurz am Ohr – und schon bist du den ganzen Tag glücklich wie ein kleiner Vogel.

… Aber als sie nach Jerusalem kamen, begann sich alles zum Schlechten zu wenden. Er wusste nicht, was vor sich ging. Er sah nur, dass alle unzufrieden waren und sich auf die Stirn des Rabbis ein Schatten von Furcht und Sorge gelegt hatte. Irgendetwas stimmte nicht, entwickelte sich nicht so, wie es sollte. Was tun? Er strengte sich sehr an. Er bemühte sich, jedem zu Diensten zu sein. Er bemühte sich, den anderen die Wünsche von den Augen abzulesen. Er stürzte beim ersten Wort los. Und trotzdem hagelte es Kopfnüsse. Und es wurden auch keine Späße mehr gemacht, nicht einmal dumme, grobe, und der Rabbi war zerstreut und nahm ihn gar nicht mehr wahr. Alle sehnten aus irgendeinem Grund das Passahfest herbei. Endlich war es soweit.

Alle zogen sich etwas Sauberes an (außer ihm – er hatte nichts Sauberes) und setzten sich zu Tisch, um das Abendmahl einzunehmen. Sie unterhielten sich und tauchten der Reihe nach das ungesäuerte Brot in die Schüssel mit Honig. Es herrschte Frieden bei Tisch, und sie waren alle einander wohlgesonnen. Nur der Rabbi schwieg und schien traurig. Da begann er plötzlich zu sprechen, und seine Worte waren voll Bitterkeit und schlimmer Vorahnungen. Nicht vom Guten, von Liebe, Glück und Schönheit war die Rede, sondern von Verrat, Misstrauen, Bosheit und Schmerz.

Nun redeten alle durcheinander – erst vorsichtig, verwundert, dann immer lauter. Gekränktheit, ja, sogar Empörung schwangen in ihren Worten mit. »Wer?«, riefen sie. »Sag es! Nenne uns seinen Namen!« Der furchteinflößende Johannes musterte mit wilden Augen die Gesichter der anderen; seine rechte Hand hatte sich schon um das Heft seines schrecklichen Messers gekrallt. Der Junge streckte indes verstohlen (denn er war noch gar nicht an der Reihe) seine Hand aus, um ein Stück Brot in den Honig zu stippen. Da sagte der Rabbi unvermittelt, und diese Worte galten ihm: »Und wenn er es wäre …« Es wurde plötzlich still, und alle Blicke richteten sich auf ihn. Er ließ vor Schreck das Brot in den Honig fallen und zog rasch seine Hand zurück.

Als Erster fing Thomas an zu lachen, schon kicherte Petrus höflich hinter vorgehaltener Hand, dann brach Johannes in schallendes Gelächter aus, wobei er sich mit dem ganzen Körper zurückwarf und beinahe von der Bank fiel. Und dann lachten alle. Ihnen war aus irgendeinem Grund zum Lachen zumute, und sogar der Rabbi lächelte, aber es war ein mattes, trauriges Lächeln.

Der Junge aber lachte nicht. Zuerst erschrak er, da er glaubte, sie würden ihn gleich dafür bestrafen, dass er außer der Reihe heimlich vom Honig genascht hatte. Dann aber erkannte er, dass sie das gar nicht bemerkt hatten, und wusste im selben Moment und auf unerklärliche Weise, dass sich etwas Furchtbares anbahnte. Woher rührte dieses Wissen? Es blieb ein Rätsel. Vielleicht war es auf das matte, traurige Lächeln des Rabbis zurückzuführen. Oder handelte es sich einfach um die instinktive Vorahnung eines Unglücks?

Sie lachten und wurden lauter, ihre Stimmung hellte sich auf; alle freuten sich, dass der Rabbi zum ersten Mal in dieser Woche einen Scherz gemacht hatte und dass der Scherz so gelungen war. Sie verzehrten das Brot, befahlen ihm, den Tisch abzuräumen und schickten sich an schlafen zu gehen. Während er im Hof das Geschirr abwusch, kam der Rabbi zu ihm heraus unter das Sternenzelt, setzte sich auf einen umgedrehten Kessel und fing an, mit ihm zu reden.

Der Rabbi sprach lange, langsam und geduldig und wiederholte immerfort ein und dasselbe: Er erklärte ihm, wohin er jetzt gehen, wen er fragen und was er, sobald sie ihn vor den Gesuchten führten, sagen und was er weiter tun sollte. Der Rabbi wiederholte es für ihn und verlangte dann, dass er das Gesagte wiedergab, damit er es sich einprägte: wohin, wen, was sagen und was dann tun.

Als er, schon am frühen Morgen, den Auftrag richtig und ohne zu stocken wiederholt hatte, lobte der Rabbi ihn und ging mit ihm ins Haus zurück. Und dort, im Hause, befahl der Rabbi ihm mit lauter Stimme – damit es die, die nicht schliefen und schon wach waren, hören konnten –, einen Korb zu nehmen und unverzüglich auf den Markt zu gehen, um Lebensmittel für den heutigen Tag einzukaufen. Dann gab er ihm Geld, das er sich von Petrus aushändigen ließ.

Er ging durch die noch kühlen Gassen der Stadt, wobei er das vierte, fünfte und sechste Mal im Stillen »wen, was sagen und was dann tun« wiederholte. Er lenkte seine Schritte nicht zum Markt, sondern dorthin, wohin zu gehen ihm geheißen worden war. Und er wunderte sich, dass ihn die dunkle, instinktive Vorahnung auch jetzt, wo er den Befehl des Rabbis ausführte, nicht verließ, sondern sich mit jedem Schritt noch verstärkte. Und aus irgendeinem unerfindlichen Grund meinte er, in den blauen Schatten der Gassen die wilden Augen des furchteinflößenden Johannes zu erblicken und die Klinge seines langen Messers aufblitzen zu sehen …

Er kam dorthin, wohin zu gehen ihm geheißen worden war, und fragte den, den er fragen sollte. Zuerst ließen sie ihn in einem riesigen, von einer einzigen Fackel kaum erhellten Raum quälend lange warten, so dass ihm die Füße auf dem Steinfußboden zu frieren begannen. Dann führten sie ihn dorthin, wo er, ohne zu stocken und (zum Glück!) ohne einen einzigen Fehler zu machen, alles herunterleierte, was zu sagen ihm geheißen worden war. Und er sah, wie eine seltsame, fast widernatürliche Freude das gepflegte Gesicht des reichen Mannes überzog, vor dem er stand. Als er geendet hatte, lobten sie ihn und drückten ihm einen Beutel Geld in die Hand. Alles war genauso, wie es der Rabbi vorausgesagt hatte. Man lobte ihn und gab ihm Geld. Und da zeigte er den Kriegsknechten den Weg.

Die Sonne stand hoch am Himmel, und die Gassen waren voller Menschen; alle machten ihm Platz, da die Kriegsknechte hinter ihm gingen. Alle, wie der Rabbi vorausgesagt hatte. Aber das Unglück kam immer näher, und man konnte nichts dagegen tun, weil alles so verlief, wie es der Rabbi prophezeit hatte – das heißt, so verlief, wie es sollte.

Wie geheißen, ließ er die Kriegsknechte an der Schwelle warten und betrat allein das Haus. Alle saßen um den Tisch herum und lauschten dem Rabbi. Der furchteinflößende Johannes jedoch presste sich aus irgendeinem Grund so fest an den Rabbi heran, als ob er mit seinem Körper dessen Brust schützen wollte.

Beim Eintreten sagte er, wie ihm geheißen: »Ich bin gekommen, Rabbi«, und der Rabbi, der sich liebevoll aus Johannes' Armen befreite, erhob sich, ging ihm entgegen, umschlang ihn, drückte ihn an sich und küsste ihn, wie ein Vater seinen Sohn küsst. In diesem Augenblick stürmten die Kriegsknechte herein. Mit einem entsetzlichen Geheul sprang Johannes über den Tisch und stürzte ihnen mit erhobenem Schwert entgegen. Der Kampf entbrannte.

Ihn schlugen sie sofort nieder und trampelten auf ihm herum. Er wurde bewusstlos, hörte und sah nichts mehr, und als er wieder zu sich kam, lag er hilflos, in einem erbarmungswürdigen Zustand, in der Ecke. Alle Knochen schmerzten. Vor ihm hockte Petrus, sonst war niemand im Raum. Der ganze Boden war übersät mit zerbrochenen Töpfen, zerschlagenen

Möbeln und zertrampelten Speisen, und an allem klebte Blut wie in einem Schlachthaus.

Petrus blickte ihm direkt ins Gesicht, schien ihn aber nicht zu sehen. Er biss sich in die Finger und murmelte, zum größten Teil undeutlich, vor sich hin. »Was soll jetzt bloß werden?«, sagte er leise und riss ratlos die Augen auf. »Was soll ich jetzt tun? Wo soll ich bloß hin?« Als er endlich merkte, dass sein Gegenüber aus der Ohnmacht erwacht war, packte er ihn mit beiden Händen am Hals und fing an, laut zu schreien: »Du hast sie hergeführt, du Missgeburt, oder war es dir befohlen? Sprich!« – »Es war mir befohlen«, antwortete er. »Und von wem?«, schrie Petrus noch lauter und hieb ihm den Beutel mit dem Geld ins Gesicht. »Es war mir befohlen«, sagte er verzweifelt. Und da ließ Petrus ihn los, erhob sich und ging fort. Im Gehen steckte er den Beutel ein, blieb an der Schwelle noch einmal stehen, drehte sich zu ihm um und sagte, als ob er seine Worte ausspucken würde: »Du elender Verräter, Judas!«

An dieser Stelle der Erzählung verstummte unser junger Besucher jäh, fing an, am ganzen Leib zu zittern, und sah erschrocken zur Tür. Da blickten auch wir dorthin. Aber es war nichts Besonderes zu sehen. In der Tür stand bloß, die Aktentasche unter die Achsel geklemmt, Ahasver Lukitsch, schaute mit einem unbestimmten Gesichtsausdruck auf den Jungen (entweder spiegelte sich Mitleid auf seinem Gesicht oder traurige Verachtung, vielleicht aber auch eine gewisse nostalgische Trauer) und winkte ihn mit dem Finger zu sich. Der Junge kroch auf allen vieren zu ihm und schrie winselnd: »Es war mir befohlen! Befohlen! Er selbst befahl es mir! Und er befahl auch, es niemandem zu sagen! Ich hätte es dir, Furchtgebietender, gesagt, aber er befahl mir doch, zu niemandem auch nur ein Sterbenswörtchen zu sagen! …«

»Steh auf, du kleiner Scheißer«, sagte Ahasver Lukitsch. »Und schnäuz dir die Nase. Das ist schon so lange her und längst vergessen. Komm. Er möchte dich sehen.«

29. Heute ist endlich der Siebzehnte – aber nicht November, sondern Juli. Die Sonne scheint sehr hell. Der Schlamm unter den Fenstern ist getrocknet und hat sich in eine harte, graue und rissige Fläche verwandelt. Das Laub der Pappeln auf dem Boulevard der Arbeit ist schon grün, die Kätzchen sind abgefallen. Es ist heiß. Man weiß nicht, was man anziehen soll, um auf die Straße zu gehen. Das Sommerlichste, was ich besitze, sind ein T-Shirt aus Nylon und kurze Hosen.

Schon seit dem Morgen trug Parasjuchin das schwarze Lederzeug eines Soldaten der motorisierten SS (oder eines Patrons der »Blauen Auster«) und lag dem Demiurgen mit der Bitte in den Ohren, ihn in die »Welt des Wunschtraums« abzukommandieren. Dreimal hatte der Demiurg ihm die Bitte abgeschlagen und ihn jedes Mal in sachlichem, didaktischem Ton gefragt, welche Welt und wessen Wunschtraum er denn meine. Selbst ich, der ich mich über das, was sich da abspielte, innerlich amüsierte, spürte in dieser beharrlichen Frage eine gewisse Drohung, eine Klippe ... Eine dunkle, unangenehme Erinnerung wurde in mir wach, und ich ängstigte mich sogar ein wenig um unseren Parasjuchin.

Aber trotz seiner nordischen Intuition und seiner vielgepriesenen inneren Stimme, deren er sich ständig vor allen rühmte, schien der rotwangige Schwätzer nichts zu spüren. Er redete unbekümmert drauflos: Nur die Welt *eines* Traums komme infrage, bei allen übrigen würde es sich um Fata Morganas und um böse Ränke handeln ... Dieser Traum sei rein wie der kristallklare Quell, der in den reinen Tiefen der reinen Heimat des Volkes entspringt ... Es sei sein ganz persönlicher, sein Parasjuchin'scher Traum, ein Traum des Volkes ...

Damit wurde er abkommandiert.

Bald ist es Zeit, Mittag zu essen, und er ist immer noch nicht da.

Ein Abiturientenpaar ist gekommen, ein Junge und ein Mädchen mit heißen Komsomolherzen. Beide tragen ausgebleichte grüne Overalls, auf die BAMSTROJ und die Namen anderer Großbaustellen aufgedruckt sind, dazu die entsprechenden Jahreszahlen (unter anderem auch 1997, was mich etwas in Erstaunen versetzte). Ihre Gesichter wurden vor Verlegenheit rot und glühten vor Begeisterung.

Ehrerbietig unterbreiteten sie uns das Projekt »Über die Befreiung der Menschheit von der Furcht«. Grundlage und Mutter unserer Zivilisation sei die Furcht … Auch das Gewissen beruhe oft auf Furcht … und dergleichen. Das ganze Projekt basiere auf mikroskopisch kleinen persönlichen Erfahrungen und dem irgendwo gelesenen Satz: »Man braucht nur an irgendeiner schlechten Eigenschaft des Menschen zu kratzen, und zum Vorschein kommt ihre Grundlage – die Furcht.« (Er ist formuliert, als sei er von Bernard Shaw, stammt aber nicht von ihm.) Angst hemme und unterdrücke: das Gerechtigkeitsgefühl, das Gerade-, Ehrlich- und Offensein, den Stolz, die eigene Würde, die Prinzipienfestigkeit …

Der Demiurg brachte sie spielend aus dem Konzept. Es sei nicht zu leugnen, sagte er, dass die Angst auch Folgendes unterdrücke und hemme: den Sadismus-Masochismus, das Streben nach leichtem Geld, Aggression, Rache, die Neigung, anonyme Briefe zu schreiben, und die idiotische Prinzipienfestigkeit. Und wenn man an der Oberfläche irgendwelcher *guten* menschlichen Eigenschaften kratze, komme auch dabei häufig besagte Angst zum Vorschein … An sich sei die Idee nicht schlecht, es lohne sich, darüber nachzudenken, doch sei es erforderlich, ihr nach sorgfältigster Prüfung den letzten Schliff zu geben. Geleiten Sie sie hinaus! Bewirten Sie sie mit unserem Most! Geben Sie ihnen die Mäntel!

Welche Mäntel mitten im Juli? Ich führte sie in die Küche, um ihnen unseren Most zu trinken zu geben. Da erschien Parasjuchin.

Er stürzte in den Korridor, als krache eine Schicht Putz von der Decke herunter, und fiel wie ein schwerer Sack voller

Knochen auf den Boden. Zu meiner Überraschung sah ich, wie er Arme und Beine an sich zog und sich fest an die Wand presste. Dabei hielt er die gespreizten Hände, die Ellbogen, ja sogar die Knie schützend vor sich und lugte mit schreckgeweiteten Augen durch die Finger. Ein übler Geruch breitete sich im Korridor aus. Ich machte mir erst gar nicht die Mühe herauszufinden, ob er sich in die Hosen gemacht oder ob ihn jemand vor nicht allzu langer Zeit in den Abort geworfen hatte. Ich schrie nach der Brigade. Sie stürzte sogleich herbei, und ich erteilte meine Anweisungen. Parasjuchin wurde in den Desinfektionsraum geschleift. Kolpakow führte den Auftrag wie gewöhnlich schweigend und dienstbeflissen aus, Matwej Matwejewitsch winselte und klagte, während Spirtow-Wodkin mit obszönen Ausdrücken um sich warf, als leide er am Tourettesyndrom.

Es bewahrheitete sich nun, was ich insgeheim befürchtet hatte, und ich erinnerte mich genau und in allen Einzelheiten an das, was ich selbst in der Traumwelt des Matwej Matwejewitsch Gerschkowitsch erlebt hatte …

Die Welt des Wunschtraums, so belehrte ich das Mädchen und den Jungen, die die Vorgänge aufgeregt und mit großer Neugier verfolgten, ist eine komplizierte und sehr gefährliche Sache. Selbstverständlich muss man träumen. Man muss träumen. Aber bei weitem nicht jeder sollte träumen. Es gibt Menschen, für die es geradezu schädlich ist zu träumen, besonders dann, wenn es um Welten geht.

Der Junge und das Mädchen verstanden mich natürlich nicht. Und ich wollte ihnen nichts einreden. Ich bewirtete sie einfach mit Most, während aus dem Desinfektionsraum allerlei derbe Worte zu hören waren.

Es war schon Abend, als Ahasver Lukitsch erschien. Er war nicht allein gekommen.

»Ecce homo!«, rief er aus, fasste den Gast um die Schultern und dirigierte ihn zu mir. Der Gast lächelte zerstreut: Er war mittelgroß, um die fünfzig und trug einen Anzug mit seltsamem Schnitt. Auf der rechten Wange sah ich etwas Rosafarbenes, das wie ein Pflaster aussah, aber keines war; es schien eher ein Rest von Schminke zu sein, die nachlässig abgewischt worden war. Mit dem linken Arm war etwas nicht in Ordnung, er hing wie leblos herab und schien kürzer zu sein als der andere; die Fingerspitzen ragten kaum aus dem Ärmel heraus.

Das war mein erster Eindruck von ihm. Er schien etwas verwirrt, nicht ganz gesund, aber sehr neugierig.

»Darf ich vorstellen?«, rief Ahasver Lukitsch fröhlich. »Georgi Ana…«

(*Anmerkung von Igor W. Mytarin:* Hier bricht der Text des Manuskripts »O3« ab. Ich habe nie eine Fortsetzung zu Gesicht bekommen und weiß nicht, ob eine existiert. Wahrscheinlich hat G. A. die folgenden Seiten selbst entfernt, vielleicht aus Bescheidenheit. Ich halte es durchaus für möglich, dass die herausgenommenen Seiten des Manuskripts hauptsächlich von ihm handelten. Es sind natürlich auch andere Erklärungen möglich. Es gibt sogar mehrere. Aber welchen Sinn hätte es, sie hier anzuführen? Sie sind alle wenig glaubhaft.)

Notwendige Schlussbemerkung

Verständlicherweise brachen meine Aufzeichnungen am zwanzigsten Juli ab und wurden erst im Winter wieder fortgesetzt. Vierzig Jahre sind seitdem vergangen, und heute bin ich nicht mehr in der Lage, genau und im Zusammenhang zu schildern, was sich am frühen Morgen des einundzwanzigsten Juli zutrug. Warum standen wir alle in der kalten Morgendämmerung zusammen mit G. A. neben seinem Auto? Wie hatten wir es nach den Aufregungen des Vortages geschafft, so früh aufzustehen? Vielleicht waren wir überhaupt nicht zu Bett gegangen? Vielleicht hatten wir erraten, welche Entscheidung G. A. getroffen hatte, und taten die ganze Nacht kein Auge zu, um ihn nicht alleine fahren zu lassen? Ich weiß es nicht mehr.

Ich erinnere mich aber daran, dass er sich gleich ans Steuer setzte.

Und daran, wie G. A. in ungewohnt drohendem, befehlendem Ton erklärte, dass die Mädchen nicht mitführen.

Ich erinnere mich, wie Sojka, blass wie der Tod, sich in die Fingerspitzen biss – bei Gott, wie in einem alten Melodram.

Und ich erinnere mich, wie Irina laut weinend zum Auto stürzte, die Tränen schossen ihr aus den Augen wie bei einem kleinen Kind.

Und ich erinnere mich sehr gut an Askold – daran, wie er entschlossen vortrat, Irina von hinten an den Ellbogen packte und beruhigend zu G. A. sagte: »Machen Sie sich keine Sorgen, fahren Sie, ich halte sie hier fest.«

Mein ganzes Leben lang werde ich die Worte nicht vergessen: *»Fahren Sie, ich halte sie hier fest.«*

(Ich verstehe und ahne, dass es dir, Askold Pawlowitsch, heute sehr unangenehm ist, diese deine Worte zu lesen. Ich nehme an, dass du es während der letzten vierzig Jahre geschafft hast, sie zu vergessen. Vermutlich hast du ihnen damals überhaupt keine Bedeutung beigemessen: Worte sind Worte. Aber in Anbetracht dessen, was dann geschah, klingen sie – da wirst du mir zustimmen – ziemlich mies. Aber was hilft's? Man kann kein Wort aus einem Lied streichen. Ja, und wem sollte es nützen, das zu tun?)

An die Fahrt durch unsere Stadt kann ich mich fast nicht mehr erinnern. Mir ist nur dunkel im Gedächtnis geblieben, wie verwundert ich war, dass so früh am Morgen schon so viele Menschen auf der Straße waren.

Ich erinnere mich noch, welches Bild der Tierfriedhof in der Morgendämmerung bot. Mir schien damals, als bewegten sich die Gebeine, als blickten uns die Schädel mit den leeren Augenhöhlen an.

Die »Flora« schlief nicht. Viele Feuer waren heruntergebrannt, und zwischen den Feuerstätten schlichen verfrorene Gestalten mit hängenden Köpfen herum. Es roch nach angebrannter Grütze, nach Apotheke und nach feuchten Lumpen. An die Gerüche kann ich mich aus irgendeinem Grund noch gut erinnern. Eigenartig!

G.A. ging zum allergrößten Feuer und setzte sich dort hin. Neben den Nushi. Neben seinen Sohn. Und sofort fingen alle um uns herum an zu reden. Ich erinnere mich an keinen einzigen Satz mehr, zumal im Jargon gesprochen wurde. Ich entsinne mich nur, dass es Klagen und Flüche waren. Sie verfluchten G.A. wegen des Unglücks, das er heraufbeschworen hatte, und beklagten sich bei ihm, wie schrecklich ihnen nun zumute war und wie verloren sie sich fühlten. G.A. schwieg, er betrachtete nur die schreienden, weinenden und hysterisch keuchenden Gestalten.

Danach waren alle irgendwohin verschwunden. Wir saßen nur noch zu dritt am Lagerfeuer, und der Nushi fing an, seinen Vater zu überreden, das Lager zu verlassen, solange noch Zeit war. Er sagte etwas über Sinn und Sinnlosigkeit, über Schicksale und Opfer, über Hoffnung und Verzweiflung. In einem normalen, ich würde sogar sagen, normierten und völlig reinen Russisch. G.A. antwortete ihm: »Du hast deine Schüler, und ich habe meine. Ihr habt eure Wahrheit, und wir haben unsere Wahrheit.« Dann ging auch der Nushi fort.

Ich erinnere mich, wie furchtbar mir zumute war. Meine Zähne klapperten. Sicher fühlt man sich so vor einer Hinrichtung. Ich zitterte am ganzen Körper. G.A. fasste mich um die Schultern und drückte mich an sich. Er war erregt, hoffnungsvoll und ungebrochen, aber gleichzeitig sah er so klein, dünn und verletzlich aus, und ich bemerkte zum ersten Mal, dass ich einen ganzen Kopf größer war als er und doppelt so breite Schultern hatte.

Da erschien dieser dickliche, fast kahle Mann am Feuer. Er trug einen merkwürdigen Anzug und unter dem Arm eine ebenso merkwürdige, prall gefüllte Aktentasche.

(Ich weiß bis heute nicht, wer er war. War er tatsächlich aus der Vergangenheit aufgetaucht, oder war er den Seiten dieses seltsamen Manuskripts entsprungen? Ich spürte, dass ihn ein großes Mysterium umgab, das heißt – wenn ich damals am Lagerfeuer nicht bloß von ihm geträumt hatte, was durchaus möglich war …)

An jenem Morgen aber, so erinnere ich mich, dachte ich nicht an das Manuskript. Für mich war er nur ein irritierender, kauziger Kerl, der hier völlig fehl am Platz war und sich zur unpassendsten Zeit an G. A. hängte.

Sie sprachen eine Weile miteinander. Kurz und unverständlich. Ich erinnere mich an keine Einzelheiten. Ich habe nur im Gedächtnis behalten, dass der komische Kauz mit einer Stimme und in einem Tonfall redete, die weder zu seinem Aussehen noch zur Situation passten. Ach, wie sehr bedaure ich heute, dass ich damals ihrem Gespräch nicht gelauscht habe. Mir sind nur die letzten Worte G. A.s in Erinnerung geblieben – wohl, weil ich sie sogleich auf mich selbst bezog: »Ach, hören Sie doch damit auf. Was bin ich schon für ein Therapeut? Ich bin ein ganz normaler Patient …«

Die Sonne kam bereits zwischen den Hügeln hervor, und ich sah, wie sich im Westen – dort, wo die Straße entlangführte – eine gelbe, in helles, heiteres Licht getauchte Wand auftürmte. Eine Wand aus Staub. Es war eine Autokolonne. Sie bog von der Chaussee ab und kam langsam auf uns zu.

S. Jaroslawzew

AUS DEM LEBEN DES NIKITA WORONZOW

»Das sind keine Gedanken«, antwortet der Künstler. »Das sind flüchtige Stimmungen. Ihr habt selbst gesehen, wie sie entstanden und wie sie verschwunden sind. Mit solchen Seifenblasen wie diesen Stimmungen kann man nur törichte Kinder – wie etwa Euer Gnaden – erstaunen und unterhalten.«

D. Pissarew

Ein Junggesellenabend

An einem regnerischen Juniabend des Jahres 1978 läutete in der Wohnung des Schriftstellers Alexej T., der in der Kulturabteilung des ZK kein Unbekannter mehr war, das Telefon. Als er den Hörer abgenommen hatte, vernahm er mit großer Freude, dass der Anrufer sein alter Freund Warachassi S. war, der als Untersuchungsrichter in der städtischen Staatsanwaltschaft arbeitete. Ihr Gespräch nahm ungefähr folgenden Verlauf.

Nach ein paar derben Begrüßungsfloskeln, die sie schon seit der Studentenzeit miteinander austauschten, fragte Warachassi: »Ist deine Familie noch im Süden?«

»Nächste Woche kommen sie zurück«, antwortete Alexej. »Warum fragst du?«

»Nur so ... Ich habe meine auch gerade nach Jalta geschickt. Vor drei Stunden sind sie losgefahren. Vielleicht treffen wir uns? Ein Junggesellenabend, nur du und ich. Trinken einen auf die alten Zeiten.«

»Gleich heute?«

»Warum warten? Ist doch eine gute Gelegenheit.«

Alexej T. blickte zum weit geöffneten Fenster hinüber. Die dunklen Wolken hingen tief, es regnete in Strömen.

»Eine gute Gelegenheit, ja ...«, sagte er. »Aber draußen gießt es ... Und ich habe nichts mehr im Haus, die Läden haben schon ...«

»Keine Ausreden!«, rief Warachassi. »Ich habe alles da!

Mach dich gleich auf den Weg! Und keine Angst – du wirst schon nicht aufweichen …«

Und so trafen sie sich kurz darauf in Warachassis gemütlicher Dreizimmerwohnung. Konserven wurden geöffnet (darin war irgendwas Exotisches in Ketchup und Öl), die Kartoffeln dampften, und die finnische Salami wurde in dünnen Scheiben aufgeschnitten. Dann stellten sie zwei Flaschen »Pschenitschnaja«-Wodka auf den Tisch, und Warachassi versprach, es werde sich noch anderes finden, falls das nicht reiche …

Was brauchen alte Freunde mehr? Manchmal muss es einfach sein: Man schickt Frau und Kinder an die azurblaue Meeresküste, und vergnügt sich selbst zu Hause – im Asphalt- und Betonklotzparadies. Darüber plauderten sie nach dem ersten Glas … Sie saßen einander am Tisch gegenüber und tauschten gerührte Blicke, der Schriftsteller Alexej T. (die Haare nass, der nackte Körper in Warachassis Morgenrock gehüllt) und der Untersuchungsrichter Warachassi S. (in Shorts und offenem Hemd), während draußen der Regen rauschte, plätscherte und heftig gegen das Fenster prasselte.

Nach dem zweiten Glas hatten sie das exotische Etwas in Ketchup zur Hälfte aufgegessen und das Öl auf die Kartoffeln geträufelt. Alexej T. erklärte, dass den meisten Menschen das neunzehnte oder gar achtzehnte Jahrhundert durchaus genügt hätte, das zwanzigste ihnen unbegreiflich und schrecklich vorkäme, und sie es bis heute nicht annehmen könnten. Nachdem er ein Stück Kartoffel gegessen hatte, äußerte er sogar die Vermutung, dass die Leute, die gegenwärtig den Bau der transsibirischen Eisenbahn vorantrieben, von denselben Beweggründen beseelt waren wie die Kosaken der Eroberer Sibiriens Jermak Timofjejewitsch und Semjon Deschnew im sechzehnten Jahrhundert.

Sie tranken das dritte Glas, und Warachassi stimmte seinem alten Freund in gewisser Hinsicht zu. Als Beispiel führte er seine Schwiegermutter an: Die Alte, sagte er, hat den Ersten Weltkrieg, die Revolution, den Bürgerkrieg, das Chaos und den Hunger überstanden, den Terror, den Zweiten Weltkrieg und so weiter. Sie gehört der Generation an, die die ganze Last der schrecklichen Ereignisse des zwanzigsten Jahrhunderts zu tragen hatte. Wie soll sie die heutige Zeit verstehen, wie soll sie sich nicht fürchten? Andererseits aber …

Nach dem vierten Glas wollte Warachassi seinen Gedankengang anhand eines weiteren Beispiels illustrieren und schaltete seinen noblen Farbfernseher ein, der auf einem Ständer in der Ecke der großen Küche stand. Es war ein Schlagerkonzert mit ausländischen Interpreten zu sehen, gerade traten Deutsche auf. Ein Dutzend junger Mädchen in kompliziert konstruierten Büstenhaltern und knielangen, mit Spitzenrüschen verzierten Hosen wackelten mit ihren Hintern und tanzten um einen jungen Mann herum, der in einem karierten Anzug steckte und etwas über Liebe sang. Das Ganze erinnerte an schmalzige Filme mit Marika Rökk … Da war sie wieder, die dreiste und zugleich wohlmeinende deutsche Art, unverändert seit Bismarcks Zeiten! Hopsende Dämchen in Hosen, schmierige Typen im Schottenkaro, und dahinter eine finstere Visage mit tief sitzendem Stahlhelm. Habtacht! Und hervorquellende Soldatenaugen, wie wenn ein Kater ins Futter scheißt …

Alexej T. verlieh seinem Abscheu lauthals Ausdruck, und Warachassi schaltete schnell den Fernseher aus. Er gab zu, dass das Beispiel schlecht gewählt war, und machte die zweite Flasche auf. Und trotzdem, sagte er, gibt es viele Menschen, die in den Begriffen des zwanzigsten Jahrhunderts leben und denken, und ihre Zahl nimmt jeden Tag zu. Je mehr wir uns dem Ende des Jahrhunderts nähern, desto stärker wächst sie in direkt geometrischer Progression. (»Exponentiell«, brachte er schließlich hervor, während er das fünfte Glas einschenkte.

»Verdammt, ich habe völlig den Faden verloren. Worüber sprachen wir noch gleich?«)

Alexej T. hielt sein Glas vor sich wie eine Kerze und sagte finster, das Abscheulichste auf dieser Welt sei der Kult der Stärke. Deswegen hasse man auch die Besatzer. Ebenso wie die Bande halbstarker Randalierer, die auf der Straße einen wehrlosen Passanten überfällt. Trinken wir darauf, dass sie alle verrecken! Um ihn zu trösten, erzählte Warachassi, dass neulich eine Bande von Raufbolden, die lange Zeit im Sokolniki-Park ihr Unwesen getrieben hatte, unschädlich gemacht worden war. Um nicht zurückzustehen, berichtete nun Alexej, dass man einen Mitarbeiter der Auslandskommission erwischt hatte, als er Flaschen von der Banketttafel stahl.

Jetzt näherte sich unaufhaltsam die Melancholie, und nach dem sechsten Glas bat Alexej seinen alten Freund, ihm etwas vorzusingen. Warachassi zierte sich nicht lange – er hatte ohnehin Lust dazu. Er ging ins Nebenzimmer, holte seine alte siebensaitige Gitarre und setzte sich in den Sessel.

»Ich singe dir ein neues Lied vor. Vor einem Monat hat es ein Bekannter von mir, ein Rechtsanwalt, bei einem geselligen Abend gesungen, und es hat mir sehr gefallen. Das Lied ist ukrainisch, aber man versteht trotzdem fast jedes Wort. Hör zu …«

Und er stimmte mit leiser, tiefer und angenehmer Stimme an:

Lass uns eilen in das Land, wo man
Auf uns warten kann jahrein, jahraus …
Wo du auch bist, Freund,
Wo du auch bist, Freund,
Denk daran, denk daran:
Selbst der Kranich fliegt zurück nach Haus.

Kaum noch Briefe schreiben wir, wir schicken
Eilig Grüße aus der Welt, der weiten.

Und hinter uns Jahre,
Und hinter uns Jahre –
Wie Brücken, wie Brücken,
Über die wir niemals wieder schreiten …

Sonderbar schön war dieses Lied, ja, etwas Zauberhaftes ging von ihm aus … Und Warachassi hatte ein ausgezeichnetes musikalisches Gehör, seine Gitarre klang sanft wie ein Wiegenlied, sogar das Plätschern des Wassers vor der Tür schien stiller geworden zu sein.

Alexej räusperte sich und bat: »Bitte sing es noch einmal …«

Warachassi lächelte und reichte schon mit der Flasche zu ihm hinüber, doch Alexej schüttelte den Kopf, hielt die Hand über sein Glas und wiederholte: »Noch einmal bitte …«

Und Warachassi sang das Lied ein zweites Mal. Dann griff er abermals zur Flasche und schaute Alexej fragend an, doch dieser schüttelte wieder den Kopf und sagte: »Erst mal nicht. Lass uns lieber mit Tee weitermachen.«

Warachassi legte die Gitarre weg und setzte den Teekessel auf. Alexej traten Tränen in die Augen, er hustete heiser und sagte leise: »Wie wahr das ist: Hinter uns Jahre – wie Brücken, über die wir niemals wieder schreiten. Und wie traurig ist es, im Grunde genommen …«

Mit aller Härte wurde ihnen bewusst, dass sie schon über fünfzig waren. Nie mehr würde sie die jugendliche Zuversicht erfüllen, dass alles Gute noch vor ihnen lag. Sie wussten, dass ihre Wege längst bis zum Ende vorgezeichnet waren, und diese Wege konnte ihr eigener freier Wille nicht mehr ändern, höchstens eine weltweite Katastrophe, denn dann hatten alle denkbaren Wege ein Ende. Zugegeben, es war traurig. Aber andererseits: Früher war die Zeit gewesen zu nehmen, nun war die Zeit gekommen zu geben …

»Hör auf, Trübsal zu blasen«, versuchte Warachassi ihn aufzumuntern. »Ich singe dir jetzt dein Lieblingslied vor.«

Und er sang das Lieblingslied, und dann noch ein Lieblingslied; er sang »Das U-Boot« und »Meine ungestümen Pferde«, »Auf der Straße nach Smolensk« und »Euer Wohlgeboren, Frau Trennung«.

Dann tranken sie starken Tee (beide mochten ihn immer sehr stark), ein Glas nach dem anderen, und Alexej berichtete über seine letzten Abenteuer auf dem Feld der russischen Literatur. Das war sein ebenso froher wie wunder Punkt, seine Freud und sein Leid, sein Streitross, und er rief: »Teufel nochmal, jeder Beamte und Möchtegern-Literat will bestimmen, worüber ich schreiben soll und worüber ich nicht schreiben darf ... Ich aber weiß es hundertmal besser als er und fühle es eine Million Mal besser ... So denk ich mir, wart nur ab, du Mistkerl! Ich habe also ans ZK geschrieben, an die Kulturabteilung ...«

Warachassi hörte zu und goss immer wieder Tee nach. Was sein Freund erzählte, fand er ebenso interessant wie lustig. Als Alexej verstummte, um Luft zu holen, schüttelte er den Kopf und sagte wie gewöhnlich: »Ja, mein Lieber, du hast wirklich ein aufregendes Leben, das lässt sich nicht leugnen ...«

Worauf Alexej wie gewöhnlich knurrte: »Mir wäre es bedeutend lieber, wenn es nicht so aufregend wäre.«

Die Freunde schwiegen eine Weile. Mitternacht war längst vorbei, in dem Haus gegenüber brannte kein einziges Licht mehr. Der strömende Regen hatte nachgelassen, der Himmel schien aufzuklaren. Plötzlich wiederholte Alexej mit zusammengeschnürter Kehle: »Und hinter uns Jahre – wie Brücken, über die wir niemals wieder schreiten ...«

Warachassi warf ihm einen kurzen Blick zu. Alexej seufzte tief und wischte sich mit dem Ärmel des Morgenrocks die Augen trocken. Da fragte Warachassi: »Hör mal, Schriftsteller, hast du noch keine Lust, schlafen zu gehen?«

Alexej winkte müde ab. »Woher denn – schlafen ...«

»Bist du nüchtern?«

Alexej horchte in sich hinein, schürzte dabei die Lippen und schielte leicht zur Nasenwurzel. »Ich glaube, ja«, sagte er schließlich. »Aber das lässt sich ändern.«

Er wollte nach dem Wodka greifen, doch Warachassi hielt ihn zurück. »Warte«, sagte er. »Dafür ist später noch Zeit. Zuerst will ich dir etwas zeigen.«

Er verließ barfuß und mit lautlosen Schritten die Küche und kehrte nach einer Weile mit einer roten Büromappe zurück. Der Schriftsteller Alexej T. kannte diese Mappen zur Genüge: Fabrik »Der Osten«, OST 81.53-72, Art. 3707, Einzelhandelspreis 60 Kopeken, schmale weiße Bändchen. Er erschrak: »Was? Bist du am Ende auch unter die Schriftsteller gegangen? Dann nehme ich es lieber mit nach Hause, um mit klarem Kopf …«

»Aber nein.« Warachassi löste die weißen Bänder. »Das ist etwas anderes. Etwas viel Interessanteres. Schau mal her.«

Er zog ein gewöhnliches Heft mit schwarzem Wachstuchumschlag aus der Mappe und reichte es seinem Freund. Alexej nahm es zwischen zwei Finger.

»Was ist das?«, erkundigte er sich.

»Schau nach, schau nach«, drängte Warachassi.

Der schwarze Umschlag war mit unappetitlich aussehenden weißen Flecken übersät, die aber gottlob trocken waren. Alexej hielt sich das Heft unter die Nase und schnupperte daran. Es roch sonderbar, genauer gesagt, verströmte es einen schwachen, leicht fauligen Geruch.

»Mach nicht so ein Gesicht!« Warachassi war schon etwas ungehalten. »Schriftsteller …! Schlag das Heft auf und lies es von der ersten Seite an …«

Alexej seufzte und öffnete das Heft. Mitten auf der ersten Seite stand in Druckbuchstaben und hässlicher graublauer Farbe: »Tagebuch von Nikita Woronzow«. Das Heft war kariert, die Buchstaben, jeder drei Quadrate hoch, waren sorgfältig, aber mit nicht allzu geübter Hand geschrieben …

Alexej schlug die zweite Seite auf – in der Tat, ein Tagebuch. »2. Januar 1937. Heute habe ich beschlossen, wieder ein Tagebuch zu führen, und ich hoffe, dass ich es nicht gleich wieder seinlasse …« Die Tinte war blass, vielleicht ausgebleicht. Die Handschrift sauber, aber ungleichmäßig, wie von einem Halbwüchsigen. Er hatte eine dünne Stahlfeder benutzt.

Alexej brummte: »Hm, interessant – das Tagebuch eines Jungen aus dem Jahr 1937, aber doch nicht um zwei Uhr nachts?!«

»Lies nur, lies«, drängte ihn Warachassi mit angespannter Stimme. »Es sind ja alles in allem bloß sieben Seiten.«

Alexej begann zu lesen. Auf seinem Gesicht lag ein Ausdruck von nachsichtiger Fügsamkeit, die Lippen waren wie zum Pfeifen gespitzt. Doch schon bei der dritten Seite glätteten sich seine Züge, er hob die rechte Braue und blickte Warachassi fragend an.

»So lies doch!«, rief dieser ungeduldig.

Auf der siebten Seite endete der Text tatsächlich. Alexej blätterte das Heft durch, aber die restlichen Seiten waren leer.

»Nun?«, fragte Warachassi.

»Verstehe ich nicht«, antwortete Alexej. »Was soll das sein – die Aufzeichnungen eines Verrückten?«

»Nein«, widersprach Warachassi lächelnd. »Nikita Woronzow war nicht verrückt.«

»Aha. Dann muss ich es wohl noch einmal lesen.«

Und er begann wieder von vorne.

Tagebuch von Nikita Woronzow

Der Text war vermutlich mit einer Feder der Marke »Rondo« geschrieben, ein wenig schräg zum linken Rand hin. Die Handschrift war akkurat, wenn auch etwas unsicher, wie die eines Jungen:

»2. Januar 1937. Heute habe ich beschlossen, wieder ein Tagebuch zu führen, und ich hoffe, dass ich es nicht gleich wieder seinlasse. Am Morgen haben Serafima und Fedja Swetka mitgenommen und sind irgendwohin zu Fedjas Verwandten gefahren. Ich habe meinen Freund Mikael Chatschatrjan zu mir eingeladen und wir haben ›Kampf der Bataillone‹ gespielt. Dann sind wir spazieren gegangen und haben eine Schneeballschlacht gemacht. Mikael hat mir aus Versehen einen Schneeball ins Gesicht geworfen und mir dabei fast die Brille zerschlagen. Bis zum Mittag waren wir draußen, dann gingen wir zu Mikael und haben dort gegessen. Nach dem Mittagessen haben wir uns in seinem Zimmer eingeschlossen und über Mädchen geredet. Mikael sagte, er werde Silva Stremberg immer treu bleiben, und ich habe ihm anvertraut, dass ich mich in Katja Michanowskaja verliebt habe. Mikael meinte, dass Katja ihm auch gefalle, sie sei blond und wunderschön, aber er würde Silva lieben, was auch geschehen möge, alles andere wäre Verrat. Wir fingen an, uns zu zanken, und so ging ich nach Hause. Jetzt bin ich alleine hier und habe angefangen zu schreiben. Das Wichtigste ist jetzt, ein Tagebuch zu führen.«

»3. Januar 1937. Sie kamen gestern ziemlich spät nach Hause. Fedja war betrunken, Serafima schimpfte und Swetka heulte, vor Müdigkeit fielen ihr fast die Augen zu. Am nächsten Morgen gingen Serafima und Fedja zur Arbeit, und ich habe bis zehn Uhr im Bett gelegen und ›Das Dach der Welt‹ gelesen. Sehr gut geschrieben. Ich hätte gerne weitergelesen, aber als Swetka aufwachte, jammerte sie, sie hätte Hunger. Also sind wir aufgestanden, haben gefrühstückt, und sie ist zu ihren Freundinnen gegangen. Ich habe noch ein bisschen gelesen, aber dann wurde mir langweilig, und auf einmal war Mikael da. Er meinte, unser Streit wäre völlig unnötig gewesen. Mit einem Wort, wir haben uns versöhnt. Ich habe Mikael wirklich sehr gern. Er ist mein bester Freund. Wir gingen spazieren und beschlossen, uns fürs Boxen anzumelden, aber zu niemandem ein Sterbenswörtchen! Und wenn wir eines Tages Murza und seine Faschisten treffen, dann gnade ihnen Gott! Nach dem Mittagessen habe ich den Ofen eingeheizt und Swetka Gruselgeschichten erzählt. Komisch – sie hat solche Angst davor, und dennoch bettelt sie mich immer wieder an.«

»4. Januar 1937. Ich wollte morgens wieder länger im Bett bleiben und lesen, aber Swetka ist um acht Uhr aufgestanden, so als hätten wir keine Ferien. Also musste ich auch aus den Federn und ihr etwas zu essen machen. Eigentlich hätte ich ihr lieber einen Klaps gegeben (wie oft habe ich mir das schon vorgenommen!). Dabei weint Swetka nicht, sondern schiebt nur die Lippen vor und schaut mich mit großen Augen an. Und dann werde ich schwach. So erzählte ich ihr wieder ein Märchen, ging mit ihr spazieren und nahm sie am Ende sogar mit zu Mikael. Was für ein Theater! Susanna Amowna, Mikaels Mutter, gackerte über Swetka wie eine Henne über dem Küken, streichelte und frisierte sie, stopfte sie mit allerlei Leckerbissen voll und machte weiß Gott was für ein Theater mit ihr. Uns war das nur recht – so konnten wir in Ruhe Schach spielen. Später versuchten wir, aus dem Spielkasten ›Der Kleine Chemiker‹, den Mikaels Vater ihm gestern gekauft hat, schlau zu werden. Morgen beginnen wir mit den Experimenten.«

Es folgte eine Aufzeichnung, wahrscheinlich mit derselben »Rondo«-Feder, fette Druckbuchstaben, dieselbe ausgebleichte Tinte:

»Versuch Versuch Versuch«

»Ich kann und kann nicht sterben«

»Den einen hinauf, den anderen herunter, und mich schon wieder rückwärts, so fängt alles wieder von vorne an«

»Ich werde am 8. (achten) Juni des Jahres 1977 (siebenundsiebzig) um 23:15 Uhr Moskauer Zeit sterben.«

Dann mit derselben Feder hastig hingeschmiert, Tintenspritzer und Kratzer auf dem Papier, dieselbe ausgebleichte Tinte:

»Saschka Schkrjabun (Sommer '41, mit den Eltern nach Kiew, verschollen)«

»Boris Walkewitsch«

»Sara Jossifowna«

»Kostja Scherstobitow (verwundet an der Drut, Juni '44; heiratete Ljubascha aus Medwedkowo, Herbst '47)«

»Grischka Kabantschik, Pionier beim Militär«

»Unterleutnant Sirotin«

»Sergeant Pisjun«

»Gromobojew, ein Feigling«

»Mit einer Warze auf dem Augenlid, leichtes MG († bei Bolytschow)«

»Foma, trifft Vorsorge, mit vollem Tornister«

»Sanitätsinstrukteurin Marjana († an der Rusa bei Iwanowo)«

»Bataillonskommandeur Tschereda († Jadromin?)«

»Der säuberliche Richtkanonier (Iltschin? Ilmin? Ilkin?)«

»Kapitonow (1955 Werksleiter)«

»Stjoscha (Sohn wird sterben, Selbstmord, untersuchen)«

»Belski, rauchlose Technologie, Patent (ein paar Formeln, eine eilig hingeworfene Skizze)«

»Tossowitsch, Karate.«

»Werotschka Kornejewa, auch Woronzowa genannt oder Neko-chan.«

Wieder große Druckbuchstaben, dieselbe ausgebleichte Tinte:

»Nutzlos. Gedächtnis.«

»Ich werde am 6. (sechsten) Januar 1937 (siebenunddreißig) auferstehen, in der Nacht vom sechsten auf den siebten, im Bett. Achtung! Nichts überstürzen! Reglos im Bett liegend bis hundert zählen, dann mich auf den Bauch drehen, den Kopf über den Bettrand hängen lassen, den Mund aufmachen, mehrmals tief ein- und ausatmen, die Zunge rausstrecken.«

»Swetkas Bett zur linken Hand, Fedja und Serafima auf der anderen Seite des Korridors.«

Aufzeichnung mit einem stumpfen Bleistift, riesige Buchstaben, kreuz und quer gekritzelt, kaum lesbar:

»Neujahr. Neujahr.«

»Interessant zu wissen: Ist die Gurtschenko schon geboren?«

»Schwarze Zöpfe, nachdenklicher Blick«

»Sexuelle und Alkoholexzesse mit fünfzehn Jahren«

»Ach, du … Oh, was machst du … Nicht doch … Aah, ooh!«

»Woronzow, hör auf zu quatschen!«

»Drei fünfzehn, sechs zwölf, und für Swetka ein Eskimoeis.«

»Ajajaj, Galina Rodionowna!«

»Eine Ungenauigkeit. Letztes Mal hieß es: Galina, wenn ich darf, bleibe ich noch ein Weilchen bei Ihnen. Und jetzt ganz ohne Umschweife: Egal, was du sagst, ich bleibe bei dir. Übrigens, geblieben bin ich damals ebenso wie heute. Und das vorletzte Mal, wie mir scheint, ebenfalls. Kongruenz der Varianten.«

»Und unterdes hat Bonaparte, und unterdes hat Bonaparte die Grenze überschritten.«

»Ajajaj, Galina Rodionowna!«

Aufzeichnung mit schwarzer Tinte, gut lesbar, offensichtlich mit einer Füllfeder geschrieben:

»21. August 1941. Ich verstecke das Tagebuch bis '46 am gewohnten Platz.«

»Im Westen wieder nichts Neues.«

»Hab wenigstens diesmal Erbarmen mit mir! Was hast du davon, dass du ein so grausames Spiel mit mir treibst?«

Aufzeichnung mit einer billigen Stahlfeder, schlechte violette Tinte.

»9. April 1946. Habe das ganze Leben noch vor mir: noch 31 Jahre. Und was für ein Leben!«

»Der Pionier Grischa Kabantschik wurde bei Istra von einem Panzer überfahren. Seine ganze Familie ist umgekommen, es gibt niemanden, dem man den Orden überreichen könnte.«

»Fedja, wie immer, gefallen 1942 beim Rückzug von Charkow. Serafima ist so abgemagert wie ein wandelndes Skelett. Aber Swetka hat sich zu einem Prachtmädel entwickelt!«

Tod auf dem Granowski-Prospekt

Alexej klappte das Heft zu und legte es vorsichtig auf den Tisch.

»Eine merkwürdige Ausdrucksweise«, murmelte er nachdenklich. »Was hat das zu bedeuten: gefallen wie immer? Ist das nicht … eine Mystifikation?«

»Nein«, antwortete Warachassi. »Wundert dich nur das?«

»Nein, natürlich nicht … Aber weißt du sicher, dass es sich nicht um eine Mystifikation handelt?«

»Ganz sicher. Leider.«

»Warum ›leider‹?«, wunderte sich Alexej.

»Darum, mein Lieber. Weil ich kein Literat bin, sondern Untersuchungsrichter der Staatsanwaltschaft, und weil ich keine unlösbaren Rätsel mag.«

Die Freunde schwiegen eine Weile. Draußen wurde es schon hell, der Himmel über dem gegenüberliegenden Haus war wolkenlos und zartblau. Und es war sehr still, so still, wie es in einer weißen Juninacht nur sein kann.

»Gut«, sagte Alexej. »Du hast dein Ziel erreicht, ich bin wirklich total verblüfft. Du kannst also zufrieden sein. Und jetzt sei so gut und erzähl mir alles der Reihe nach. Darf ich Fragen stellen?«

»Gewiss doch«, antwortete der Untersuchungsrichter der städtischen Staatsanwaltschaft Warachassi S. »Alle Fragen, die du willst, auch solche, auf die ich keine Antwort weiß.«

Mit bloßem Auge konnte man sehen, wie zufrieden er war. Alexej dachte angestrengt nach.

»Also: Wer ist dieser Nikita Woronzow? Oder – nein, sag mir zuerst, wie dieses Heft in die Hände der Staatsanwaltschaft gelangt ist. Das finde ich noch interessanter.«

»Wie du willst.« Warachassi begann zu erzählen.

Am achten Juni des vergangenen Jahres war am späten Abend ein Mord auf dem Granowski-Prospekt begangen worden. Die Zeugen: eine Pensionärin und ein bejahrter Maler, die in der Nähe ihre Hunde Gassi führten. Sie beschrieben den Vorfall wie folgt: Auf dem Gehsteig, direkt vor einem der sechzehnstöckigen Betonburgen, hantierten fünf junge Burschen an einem Motorrad herum. Das Motorrad machte fürchterlichen Lärm, so dass bald an den Fenstern halbnackte Menschen erschienen und ihrer Empörung lautstark Luft machten. Die beiden Zeugen waren, wie sie später aussagten, schon auf dem Weg zu den Rowdys, um sie wegen der nächtlichen Ruhestörung auszuschimpfen, als plötzlich ein älterer Herr in weißem Anzug und mit einem Spazierstock in der Hand auftauchte und die Jugendlichen ansprach. Vermutlich beklagte er sich über den Lärm. Sofort scharten sich die fünf Burschen um ihn, was bedrohlich wirkte. Durch das laute Knattern des Motorrads konnten die Zeugen nicht hören, worüber gesprochen wurde. Sie sahen nur, wie der ältere Herr einen Burschen, der ihn besonders bedrängte, mit seinem

Stock in die Brust stieß. Dann folgte ein Wortwechsel, den die Zeugen wieder nicht mitbekamen. Dem älteren Herrn fiel plötzlich der Stock aus der Hand, woraufhin der Bursche mit der Faust zum Schlag ausholte und sie dem Alten mit aller Kraft ins Gesicht rammte. Genau in dem Augenblick verstummte der Motor. Unter der Wucht des Schlags fiel der alte Mann kerzengerade wie ein Stock auf den Rücken, und in der eingetretenen Stille konnte man hören, wie sein Kopf auf den Randstein krachte. Damit war der Vorfall beendet. Die Rowdys blieben noch eine Weile unentschlossen stehen, doch als sie sahen, dass ihr Opfer sich nicht mehr rührte, stoben sie in alle Richtungen davon – mit Ausnahme eines Einzigen, der noch immer versuchte, das Motorrad in Gang zu bringen. Eine Minute später heulte der Motor auf, und der Bursche machte sich ebenfalls aus dem Staub. Erst jetzt konnten die vor Schreck erstarrten Zeugen zu dem alten Mann laufen. Er lag der Länge nach auf dem Asphalt, die Arme angewinkelt, die Augen weit aufgerissen. Er war tot. Erst jetzt erkannte die halbblinde Pensionärin in dem Toten ihren Nachbarn, der eine Zweizimmerwohnung im sechzehnten Stock bewohnte.

»Das war … er?«, fragte Alexej und tippte mit dem Finger auf das Tagebuch. Doch es war weniger eine Frage, als eine Feststellung.

»So ist es. Es war Nikita Sergejewitsch Woronzow. Noch ein interessantes Detail, ein Kuriosum, wenn du so willst: Die Zeugin gab zu Protokoll, ihr Hund, ein Königspudel namens King, habe einige Minuten vor dem Mord gewinselt, an der Leine gezerrt und versucht, sein Frauchen zum späteren Tatort zu ziehen. Der zweite Zeuge hingegen erklärte, sein Hund, ein Mischling namens Agat, habe auf dieselbe Weise versucht, sein Herrchen vom späteren Tatort wegzuzerren. Aber das tut natürlich nichts zur Sache.«

»Diese Schweine«, stieß Alexej hasserfüllt hervor. »Hat man sie wenigstens erwischt?«

»Noch in derselben Nacht«, antwortete Warachassi sichtlich zufrieden. »Und sie packten auch gleich aus. Waren schließlich keine hartgesottenen Verbrecher, sondern nur schlecht erzogene Dummköpfe … Möchtest du noch etwas wissen?«

»Entschuldige«, riss sich Alexej von seinen Gedanken los. »Erzähl weiter.«

»Nun«, fuhr Warachassi fort. »Der Fall wurde mir anvertraut, ich arbeitete damals ja noch in diesem Bezirk.«

Der Fall schien also sonnenklar. Die Aussagen stimmten in allen Einzelheiten überein: die Aussagen der Zeugen, die der zu Tode erschrockenen Freunde des Beschuldigten und die des Beschuldigten selbst. Während seines Geständnisses wischte sich der Täter mit der riesigen Faust ständig Rotz und Tränen ab, und sein stoppelbärtiges Gesicht war verzerrt vor Leid und Entsetzen. Unbeabsichtigter Totschlag, Paragraf 106 des Strafgesetzbuchs der RSFSR – bis zu drei Jahren Lager oder bis zu zwei Jahren Besserungsanstalt. Es blieben nur noch ein paar Formalitäten zu erledigen.

Da der Tote alleine gewohnt hatte, führte Warachassi zuerst eine Hausdurchsuchung durch – Möbel, Hausrat, Kleider und so weiter. Dabei fand er auch Dinge, die offensichtlich nicht dem Toten gehörten: in der Diele Damenpantoffeln und Hausschuhe der Größe 34; im Badezimmer ein koketter Morgenmantel auf einem Kleiderhaken, Parfums und verschiedene Toilettenartikel auf der Glasplatte unter dem Spiegel; im Schlafzimmer mehrere Damennachthemden. Aber das Allerwichtigste fand er in einer fest verschlossenen Schreibtischschublade: Begraben unter einem Stapel von Beglaubigungsschreiben, Diplomen, Zeugnissen, Legitimationen für Ordensträger und sonstigen Papieren lag in einem zugeklebten Kuvert aus festem Papier das Tagebuch. Noch in der Wohnung las es Warachassi zuerst flüchtig, dann mit wachsender Aufmerksamkeit durch. Danach legte er das leicht schimmelig riechende Heftchen zurück ins Kuvert und schob es in seine Aktentasche.

Er versiegelte die Wohnung und kehrte in die Bezirksstaatsanwaltschaft zurück. Auf seinem Tisch wartete schon das ärztliche Gutachten über die Todesursache. Warachassi las es sich durch und stöhnte auf. Der sonnenklare Fall wurde plötzlich kompliziert. Nikita Sergejewitsch Woronzow war zwar tatsächlich nach dem Fausthieb gefallen, mit dem Hinterkopf auf dem Randstein aufgeprallt und hatte einen Schädelbruch erlitten – und das hätte wirklich zum Tode führen können. Allerdings hatte der Schlag ins Gesicht (gegen die rechte Backe, der Rowdy war Linkshänder) – vom Aufprallen des Kopfes auf den Randstein ganz zu schweigen – mindestens fünf bis sechs Sekunden nach dem klinischen Tod Woronzows stattgefunden. Der junge Trottel hatte also einen Toten niedergeschlagen.

»Wie ist das möglich?!«, wunderte sich Alexej. »Wenn ich richtig verstanden habe, stand doch Woronzow …?«

»Und was folgt daraus, dass er stand? Er war tot, nur noch nicht umgefallen. Das kommt vor. Aber darum geht es nicht …«

»Woran ist er denn gestorben?«

»Ich weiß es nicht mehr«, antwortete Warachassi ungeduldig. »Im Gutachten war die Todesursache angegeben, aber ich erinnere mich nicht mehr … plötzlicher Herzkrampf oder so was … Aber darum geht es nicht, sag ich dir.«

»Schon gut, entschuldige. Sprich bitte weiter.«

»Also gut. Kannst du dir meine Lage vorstellen?«

»Sogar sehr gut. Es ist eine Sache, wenn man einen Menschen niederschlägt und er stürzt zu Tode. Etwas ganz anderes ist es aber, wenn man einem Toten einen Schlag versetzt. Das ist natürlich auch nicht schön – aber ist es ein Verbrechen? Meinst du das?«

Warachassi lachte auf.

»So ungefähr. Kurz: Eine Menge uninteressanten und langwierigen Papierkrams kam auf mich zu. Ohne eine Sekunde zu verlieren, machte ich mich an die Arbeit. Als ich aber zum abschließenden Satz kam ›unter Einbeziehung der Zeugenaussagen und der Schlussfolgerungen des ärztlichen Gutachtens kann mit hinreichender Sicherheit festgestellt werden, dass der klinische Tod um 23:15 Uhr eingetreten ist‹.«

»Halt!«, schrie Alexej auf und griff nach dem Heft. »Wann, sagst du, ist das geschehen?«

»Am achten Juni vorigen Jahres, 1977«, antwortete Warachassi mit schiefem Lächeln.

Alexej suchte im Heft die entsprechende Seite und las laut, mit stockendem Atem:

»Ich werde am achten Juni des Jahres 1977 um 23:15 Uhr Moskauer Zeit sterben.«

»Ich habe damals genauso wie du nach dem Heft gegriffen. Interessant, was?«

»Und wie! Was weiter?«

»Weiter? Nun, ich bin ein guter Beamter und habe keine Geheimnisse vor meinen Vorgesetzten. Ich habe das Heft also erst einmal dem Staatsanwalt gezeigt. Es kam, wie ich erwartet hatte: ›Eine Fälschung‹, rief er, ›ein Verrückter, ein zufälliges Zusammentreffen. Lass mich in Ruhe, hast du nichts Besseres zu tun?‹ Also entschied ich mich, das Rätsel auf eigene Faust zu lösen. Sozusagen privat, aber unter Ausnutzung meiner dienstlichen Stellung.«

»Sehr richtig«, stimmte Alexej eifrig zu.

»Richtig oder nicht, wer weiß das schon. Aber ich hatte das Gefühl, als öffne sich vor mir ein Abgrund, in den noch niemand geblickt hatte. So fing ich – das hättest du wohl auch getan – mit der Biografie des Verstorbenen an.«

Biografie von Nikita Sergejewitsch Woronzow

»Nikita Sergejewitsch Woronzow wurde 1923 in Moskau geboren. Als er drei Jahre alt war, starben seine Eltern, und er wurde von seiner älteren Schwester (aus der ersten Ehe des Vaters) aufgezogen, Serafima, die damals zwanzig Jahre alt war und im Betrieb ›Hammer und Sichel‹ (vormals Fabrik von Guschon) arbeitete. Serafima war, so scheint es, ein gutes Mädchen: Obwohl der dreijährige Junge ihr Leben ziemlich verkomplizierte, schob sie ihn nicht in ein Waisenhaus ab, sondern schickte ihn in den Kindergarten und brachte ihn später, als er etwas älter war, in der betriebseigenen Schule unter.

Ein Jahr nach dem Tod ihres Vaters heiratete Serafima Fjodor Kriwonossow, einen Arbeitskollegen, und nach drei Jahren brachte sie eine Tochter zur Welt, die den Namen Swetlana erhielt. Nach allem, was wir wissen, mochte Nikita seine Nichte sehr, und auch sein Verhältnis zu Fjodor war gut.

Die Familie bewohnte zwei Zimmer einer riesengroßen Gemeinschaftswohnung in einem hohen Backsteinhaus auf der Andrejewskaja-Straße. Bis heute wohnen dort zwei alte Leute, die sich an Serafima und Fjodor, Nikita und Swetlana erinnern, aber leider konnte ich von ihnen nichts Konkretes über Nikita erfahren – in ihren armen Köpfen wurde in den vergangenen stürmischen Jahren wohl zu vieles durcheinandergewirbelt.

1940 beendete Nikita die zehnjährige Mittelschule, und obwohl ihm das Lernen leichtfiel und er den Abschluss fast mit Auszeichnung machte, wollte er nicht studieren. Er begann in dem nun schon zu gewissem Ruhm gelangten Betrieb ›Hammer und Sichel‹ zu arbeiten, anfangs unter Fedja, der zum Werkmeister aufgestiegen war.

Bei Kriegsausbruch meldete sich Nikita freiwillig zur Armee. Er war, wie es schien, ein tapferer Soldat und schonte sich nicht: zweimal verwundet, eine Kontusion, ›Orden des Ruhmes‹, drei ›Rote Sterne‹, zwei Tapferkeitsmedaillen. Das Kriegsende erlebte er in Mukden …«

(»Wo?«, unterbrach Alexej. »Na, in Shenyang«, erklärte Warachassi. »Wo ist das?« – »Na, in China! In der Mandschurei!« – »Ach ja, natürlich. Entschuldige.«)

»In der Mitte des Jahres 1946 wurde Nikita aus dem Militärdienst entlassen und kehrte in die Andrejewskaja-Straße zurück. Dort erwartete ihn Schlimmes: Fjodor war gefallen. Serafima lebte mit einem Drückeberger von Major aus dem Kriegskommissariat zusammen und soff. Swetlana hatte sich mit einer kriminellen Bande eingelassen – Diebe oder noch Schlimmeres.

Nikita verlor keine Zeit. Er ging in seinen Betrieb zurück, in die alte Abteilung, und wurde dort bald wieder heimisch. Dann biss er die Zähne zusammen und machte zu Hause reinen Tisch. Erst versetzte er dem Bürohengst von Major, der Serafima wie ein Dienstmädchen behandelte, eine ordentliche Tracht Prügel. Das hätte unangenehm enden können, aber der Major war verheiratet und Mitglied der Partei, also vertuschte er die Sache lieber. Bald kehrte er (angeblich aufgrund einer Order) in die Kaserne zurück und ward nicht mehr gesehen. Von der unglücklichen Serafima musste Nikita bittere Vorwürfe einstecken.

Vielleicht aber nicht gar so bitter, denn Nikita nahm sich ernsthaft seiner Nichte an. Er konnte sie überreden, sich von ihren gefährlichen Freunden zu trennen, und tat alles, um ihr in der Buchhaltung seines Betriebs einen Posten zu verschaffen – die Schule hatte sie 1944, nach kaum sieben Klassen, verlassen.«

»Doch diese Details«, fügte Warachassi hinzu, »sind im Moment nicht so wichtig.«

»1947 begann Nikita ein Abendstudium am Moskauer Institut für Stahl und Legierung, das er 1952 beendete. In seinem Betrieb stieg er zum Schichtingenieur auf.

1955 starb Serafima an einem Herzinfarkt. 1956 heiratete Swetlana, und als Arbeitskräfte für den hohen Norden angeworben wurden, folgte sie diesem Ruf. Nikita Woronzow blieb allein. Er blieb übrigens bis zum Ende seiner Tage Junggeselle, wobei die Schuld, den Daten nach zu urteilen, nicht bei den Frauen lag.

1957 wechselte Woronzow vom Betrieb ›Hammer und Sichel‹ zu einem Institut, das der Geheimhaltung unterlag. 1971 bekam er eine Wohnung auf dem Granowski-Prospekt und verließ die zwei Zimmer auf der Andrejewskaja-Straße.

Am späten Abend des 8. Juni 1977 starb er im Alter von vierundfünfzig Jahren.«

»Ist das alles?«, fragte Alexej enttäuscht.

»Alles, abgesehen von ein paar Details. Willst du ihn dir mal ansehen?«

»Selbstverständlich.«

Warachassi zog aus einer roten Mappe ein Foto hervor und reichte es dem Freund. Ein ganz gewöhnliches Foto, Format sechs mal neun, und das ganz gewöhnliche Gesicht eines älteren Mannes: hohe Stirn, schütteres Haar, sorgfältig nach hinten gekämmt. Tief liegende Augen, halb von den Lidern bedeckt, scharfe Furchen zu beiden Seiten des trockenen, streng zusammengepressten Mundes. Glatt rasiert. Was noch? Leicht abstehende Ohren. Ein graues Jackett über einem einfarbig schwarzen Pulli. Man konnte wirklich nichts Ungewöhnliches an ihm entdecken …

»Schade, dass man die Augen nicht gut sieht«, sagte Alexej, als er das Foto zurückgab.

»Ja«, stimmte Warachassi zu. »Das ist tatsächlich sehr schade.«

»Warum?«

»Nikita Sergejewitsch hatte, wie sich eine Dame ausdrückte, kluge und schwermütige, aber auch beängstigende Augen. Mehrere andere Menschen, die ihn gekannt haben, behaupten, er habe einen sonderbaren Blick gehabt – wobei sich natürlich jeder etwas anders ausdrückte …«

»Aha«, sagte Alexej. »Verstehe. Und jetzt her mit den Einzelheiten!«

Es war schon hell geworden, der Himmel schimmerte durchsichtig blau, und auf die höheren Stockwerke des gegenüberliegenden Hauses fiel der hellrote Widerschein der aufgehenden Sonne.

Einzelheiten über Nikita Woronzow

»Wie gesagt«, fuhr Warachassi fort, »ich war entschlossen, das Rätsel zu lösen, und habe es nach allen Regeln der Kunst versucht. Ich war im Kriegskommissariat, im Betrieb ›Hammer und Sichel‹, in dem sekretierten Institut, wo er später arbeitete. Ich ging seine Biografie so gründlich wie irgend möglich durch, aber ich habe nichts gefunden, was ein Licht auf die rätselhaften Dinge in seinem Tagebuch hätte werfen können. Das heißt – er ist wirklich Ende August 1941 mit seiner Einheit an die Front gegangen, er hat wirklich westlich von Moskau gekämpft, drei Jahre später den Fluss Drut überquert und so weiter. Und dann, vor fünf Jahren, hat er tatsächlich mit einem gewissen Belcki ein Patent für eine rauchlose Technologie erworben. Aber der Lösung des Rätsels hat mich das alles keinen Schritt näher gebracht.

Es war also Zeit, sich in der näheren Umgebung Nikita Woronzows, bei seinen Freunden, Verwandten und Bekannten umzusehen, Einblick in sein privates, vielleicht auch intimes Leben zu gewinnen. Ich muss allerdings gestehen, dass ich eigentlich kein Recht dazu hatte. Aber Toten kann man nicht mehr wehtun, und ich war an einem Punkt angekommen, an dem ich nicht mehr aufhören konnte. Ich spürte, dass sich hinter dem Rätsel etwas Großes, ja, beinahe Globales verbarg … Übrigens, du wirst selbst sehen und dir ein Urteil bilden.

Ich habe etwa zwanzig Menschen befragt. Von den meisten erfuhr ich nichts Interessantes. Er war ein feiner Kerl, liebte Gesellschaft, arbeitete sehr professionell, ein netter, gutherziger Mann … Er hatte nichts gegen einen guten Tropfen und stand beim Trinken seinen Mann; er erzählte Witze, dass man sich totlachen konnte; vor der Obrigkeit verteidigte er Menschen, denen Unrecht geschah, ohne ein Blatt vor den Mund zu nehmen, den einen oder anderen hat er so vor dem Gericht retten können; wieder einem anderen hat er vom Zentralrat der Gewerkschaften eine Einweisung ins Sanatorium für dessen Kind besorgt. Er fürchtete sich anscheinend vor nichts, und für sich selbst verlangte er nie etwas. Einem guten Freund verpasste er einmal öffentlich eine Ohrfeige, weil dieser sich einer älteren Technologin gegenüber grob benommen hatte … Mit einem Wort: ein Engel in Menschengestalt. Bei der Gelegenheit habe ich auch einen gewissen Bobkow kennengelernt, früher Judolehrer, heute Säufer mit einer ebenso verächtlichen wie beleidigten Visage. Nikita Sergejewitsch hatte Mitte der fünfziger Jahre bei ihm trainiert und war sein bester Schüler gewesen. Wie Bobkow sich ausdrückte: ›Mit ihm, mit Nikita, konnte man Pferde stehlen, ein Mordskerl …‹

Nur von fünf Leuten habe ich etwas Wichtiges erfahren, aber die Informationen machten das Rätsel nur noch komplizierter – vom Blickwinkel der staatsanwaltlichen Vernunft aus betrachtet, versteht sich. Es handelt sich um folgende Personen.«

Warachassi entnahm seiner roten Mappe einige Papierbogen, die mit einer großen Büroklammer zusammengeheftet waren.

»Wera Fomitschnina Samochina, geborene Kornejewa, 46 Jahre alt, von Beruf Chemieingenieurin, eine Kollegin Woronzows aus dem wissenschaftlichen Spezialinstitut. Sie lernte ihn 1958 kennen.

Walentina Mirlenowna Samochina, Tochter von Wera Samochina, 24 Jahre alt, Angestellte der Bibliothek des Patentamtes. Sie lernte Woronzow 1974 kennen und wurde seine Geliebte.

Swetlana Fjodorowna Panikejewa, geborene Kriwonossowa, Hausfrau, 47 Jahre alt, Nichte Woronzows.

Mikael Grikorowitsch Chatschatrjan, 54 Jahre alt, Kapitän zur See im Ruhestand, Schulfreund von Woronzow.

Und schließlich Konstantin Pantelejewitsch Scherstobitow, 55 Jahre alt, Arbeiter der Maschinenfabrik von Mytyschtsche, Frontkamerad Woronzows. Er lernte ihn 1942 beim Reserveregiment kennen.

Das ist alles. Ich habe die Gespräche auf Tonband aufgezeichnet, und die, die sich als nutzlos erwiesen haben, gelöscht. Die Tonbänder mit den Gesprächen dieser fünf Leute aber habe ich aufgehoben und mir sogar schriftliche Notizen daraus gemacht – von den Stellen, die mir am bemerkenswertesten vorkamen. Die Bänder der Reihe nach abzuspielen würde zu viel Zeit kosten, lieber lese ich dir meine Notizen vor und mache da, wo es nötig ist, ein paar Kommentare. Einverstanden?«

Alexej nickte eilig und schenkte Wodka ein, stürzte sein Glas hinunter und trank kalt gewordenen Tee nach. Dann sagte er mit belegter Stimme: »Lies schon!«

»Fein, lesen wir also. Anfangen werde ich mit Wera Fomitschnina Samochina. Mir ist die Tagebuchnotiz ›Werotschka Kornejewa, auch Woronzowa, auch Neko-chan‹ aufgefallen, du erinnerst dich? Also: ›Wir haben uns bei einer Abendgesellschaft kennengelernt. Ich weiß nicht mehr, ob es ein Geburtstag oder sonst ein Feiertag war – ist ja schließlich fünfundzwanzig Jahre her! Aber ich erinnere mich, als ob es gestern gewesen wäre: Er saß am Tisch schräg gegenüber von mir und wandte den Blick nicht von mir. Ich habe aus den Augenwinkeln beobachtet, wie er mich anstarrte, aber wenn ich hinsah, senkte er die Augen … Nun, ich war damals sechsundzwanzig, an Verehrern fehlte es mir nicht, dennoch fühlte ich mich geschmeichelt. Aber das tut nichts zur Sache. Später, als der Tisch an die Wand geschoben wurde und die Leute anfingen zu tanzen, forderte er mich auf – und da habe ich ihm zum ersten Mal in die Augen geschaut. Es war, als spürte ich einen elektrischen Stromschlag. Nein, nein, missverstehen Sie mich nicht, es hatte nichts mit Erotik zu tun. Seine Augen waren irgendwie … furchteinflößend, aber auch klug und voller Wehmut. Das heißt, die Augen waren ganz normal, grau-grün, aber wie er blickte … Ich wusste sofort: Nein, das ist nicht der Mann meiner Träume. Ansonsten war er geistreich und witzig, es gab Frauen, die sich ihm direkt an den Hals warfen. Aber seitdem haben wir uns nie mehr in die Augen geblickt.‹

›War Ihr Mann damals auch dabei?‹

›Nein. Nein, er war zu Hause geblieben, Walja war damals noch klein, drei oder vier Jahre alt … Aber jetzt kommt das Sonderbarste: Ich war müde und setzte mich aufs Sofa, um mich ein wenig auszuruhen. Woronzow setzte sich neben mich, legte die Hände auf seine Knie und sagte leise, ohne mich anzusehen: ‚Wera Fomitschnina, machen Sie sich keine Sorgen, mit Ihren Mandeln wird alles gutgehen.' Mir fielen fast die Augen aus dem Kopf. Mit den Mandeln hatte ich seit meiner Kindheit zu tun. Seit Jahren wollte ich sie operieren lassen, konnte mich aber nicht dazu entschließen. Aber woher wusste er das? Ich fragte ihn: ‚Woher wissen Sie über meine Mandeln Bescheid?' Da beugte er sich zu mir herüber und sagte leise, fast flüsternd: ‚Ich weiß noch viel mehr über Sie, Wera Fomitschnina! Zum Beispiel haben Sie einen bezaubernden Leberfleck am …' Und er nennt, entschuldigen Sie, eine Stelle am Körper, die auch der eigene Mann nicht oft zu sehen bekommt. Ich war sprachlos, mir klappte der Kiefer herunter, und ich wusste nicht, ob ich ihm eine Ohrfeige geben sollte oder nicht. Da stand er auf und ging. Verließ die Abendgesellschaft …‹

›Aber den Leberfleck haben Sie?‹

›Das ist es ja eben – ich habe ihn … Genau an der Stelle!‹

›Und wie war das mit den Mandeln, ist alles gut ausgegangen?‹

›Bestens. Ob Sie mir glauben oder nicht, plötzlich war die Angst wie verflogen, und eine Woche später ging ich zur Operation. Sagen Sie, Genosse Untersuchungsrichter, ich sehe, Sie befassen sich mit Woronzow auch nach seinem Tod … Glauben Sie auch, dass er eine Art Zauberer oder Hellseher war?‹

›Und wie denken Sie darüber, Wera Fomitschnina? Ich habe ihn ja nie lebend gesehen, aber Sie waren fast zwanzig Jahre lang seine Kollegin im selben Institut und haben auch gesellschaftlich mit ihm verkehrt, sich mit ihm unterhalten … Welchen Eindruck hat er auf Sie gemacht?‹

›Ich weiß gar nicht, wie ich das ausdrücken soll … Privat haben wir uns danach ja nicht mehr getroffen, sondern uns nur noch bei der Arbeit gesehen, auf dem Flur oder in der Kantine – Guten Tag, wie geht's, das war alles. Es ist ja nun wirklich schon zwanzig Jahre her, und was sich nicht alles in dieser Zeit ereignet hat! Ich habe so viel vergessen, aber ihn an jenem Abend sehe ich noch vor mir, als sei es gestern gewesen!‹

›Und seit damals hat er Sie nicht ein einziges Mal angesprochen?‹

›Kein einziges Mal. Er fühlte wohl …‹

›Was?‹

›Er jagte mir Angst ein, Genosse Untersuchungsrichter! Ich fürchtete ihn wie die Pest. Wie sich kleine Kinder vor dem Schwarzen Mann fürchten. Als Walja mir von ihrem Verhältnis mit ihm erzählte, grämte ich mich eine Woche lang vor Kummer und Angst. Heute klingt das vielleicht lächerlich, aber damals wollte ich zum Parteikomitee laufen, zur Miliz, Gott weiß wohin … Nur gut, dass mich mein Mann daran hinderte. Das hätte schön ausgesehen: Ein alter Lustmolch verführt ein armes Kind – und das arme Kind ist dreiundzwanzig …‹

›Wie hat übrigens Walja auf den Tod Woronzows reagiert?‹

›Erstaunlich ruhig. Kein Wort, keine Träne … Vielleicht hat sie ihn doch nicht so sehr geliebt.‹

›Vielleicht. Sagen Sie, Wera Fomitschnina, hat man Sie je beim Spitznamen Neko-chan gerufen?‹

›Neko-chan? Nein, das höre ich zum ersten Mal. Was ist das?‹

›Ein japanisches Wort, es bedeutet Kätzchen.‹

›Kätzchen – so hat mich meine Mutter genannt, als ich noch klein war.‹«

»So weit die Samochina«, schloss Warachassi. »Beeindruckend, was?«

»Allerdings«, räumte Alexej ein. »Und wo hatte sie nun den Leberfleck?«

»Unanständiger Kerl«, sagte Warachassi mit Abscheu.

»Verzeih, ich habe Spaß gemacht. Lies weiter.«

»Jetzt kommt die Tochter der Samochina an die Reihe, Walentina Mirlenowna, genannt Walja. Ein entzückendes Persönchen, sage ich dir. Mit ihr habe ich zuerst gesprochen. Sie hatte sich von selbst bei mir gemeldet mit der Bitte, ihr die Sachen, die von ihr in Woronzows Wohnung geblieben waren, zurückzugeben. So sind wir ins Gespräch gekommen. Ich lese also:

›Wie wir uns kennengelernt haben? Ganz einfach und fast zufällig. Im Oktober, nein, im November vorigen Jahres hat mir die Bibliotheksleitung aufgetragen, möglichst schnell ein Handbuch über das österreichische Patentrecht zu rezensieren. Allerdings kann ich kein Wort Deutsch; auf der Uni habe ich Englisch gelernt. Weil es aber der erste wichtige Auftrag vonseiten der Bibliothek war, fühlte ich meinen Ehrgeiz herausgefordert. Also habe ich alle möglichen Wörterbücher zusammengetragen, einen Tag über dem Text gehockt, dann einen zweiten – und steckte noch immer auf der ersten Seite. Nein, dachte ich mir, so wird das nichts. Was tun? Ich bin in Gedanken alle meine Freunde und Bekannten durchgegangen – und, wie zum Trotz, keiner konnte Deutsch. Manche konnten Englisch, manche Spanisch, einer sogar Esperanto, aber Deutsch kein Einziger. Schließlich bat ich meine Eltern um Rat, vielleicht kannten sie ja jemanden. Ich ging also zu ihnen … Mama, es war Samstag, hatte Gäste, zwei Ehepaare aus ihrem Institut. Genossen, sage ich, ich habe ein Problem, ich bräuchte schnell jemanden, der gut Deutsch kann. Nichts leichter als das, rufen sie, unser Kollege Woronzow, Nikita Sergejewitsch, spricht fließend Deutsch. Onkel Sjowa schaut gleich in sein Notizbuch und gibt mir die private Telefonnummer Woronzows. Aber Mama protestiert heftig: Belästige bloß keinen fremden Menschen. Doch die anderen haben es ihr ausgeredet: Woronzow ist ein guter Kerl, ihm wird das nichts ausmachen, und so weiter. Also gehe ich ins Vorzimmer und rufe ihn an, stelle mich vor und erkläre, warum ich ihn zu Hause störe. Er schwieg ein paar Sekunden und sagte dann leise: Es wird mir ein Vergnügen sein, Ihnen zu helfen, Walja. Ich habe Zeit, Sie können gleich kommen, wenn Sie wollen. Er hat mir seine Adresse gegeben, und ich fuhr sofort zu ihm.‹

›Und? Hat er Ihnen geholfen?‹

›Nein. Er hat mir nicht geholfen – er hat alles allein gemacht. Als ich zwei Tage später nach der Arbeit bei ihm vorbeikam, wie wir es verabredet hatten, war die Rezension fertig – auf der Schreibmaschine getippt, in zwei Exemplaren, tipptopp. Ich wollte ihm danken, er aber schüttelte nur den Kopf und sagte: nicht nötig, Walja. Ich habe es in meinem eigenen Interesse getan – damit wir heute nicht arbeiten, sondern Champagner trinken können … Seine Augen waren auf einmal ganz anders – traurig und doch irgendwie strahlend, solche Augen habe ich noch nie gesehen. Und in dem Moment habe ich mich wohl in ihn verliebt. Nun, ich bin ein entscheidungsfreudiger Mensch, und so nahm ich vor seinen Augen den Telefonhörer ab, rief zu Hause an und log, dass ich bei einer Freundin übernachten würde.‹

›Liebe auf den ersten Blick, kann man also sagen?‹

›Was soll das sein – Ironie?‹«

Warachassi unterbrach das Lesen.

»Ich habe dir schon erzählt, dass Walentina Mirlenowna eine ganz bezaubernde Frau war. Und sie sprach ganz ungeniert mit mir, als hätte sie nur auf eine Gelegenheit gewartet, um ihr Herz auszuschütten. Meine scherzhafte Bemerkung über die Liebe auf den ersten Blick ließ einen Anflug von Zorn über ihr Gesicht huschen – es blieb zwar wunderschön, dieses Gesicht, aber doch anders …

›Was soll das sein – Ironie?‹, sagte sie.

›Warum Ironie, Walentina Mirlenowna? Gott behüte …‹

›Sie haben ihn nicht gekannt … Niemand hat ihn gekannt, nicht einmal seine engsten Freunde. Nur ich habe ihn wirklich gekannt, vielleicht weil er der erste Mann in meinem Leben war. Ich habe ihn sehr geliebt. Wahnsinnig geliebt. Aber ich wusste schon von diesem Abend an, dass dieses Glück nicht lange dauern würde …‹

›Hat er Ihnen gesagt, dass er bald sterben würde?‹

›Unsinn! So etwas konnte er nicht sagen. Er war gesund, vollkommen gesund, und er war sehr, sehr zärtlich … Meine Mutter war nie so zärtlich zu mir wie er. Nur einmal …‹

›Was?‹

›Kurz vor … Es war zwei Wochen vor seinem Tod, da sagte er plötzlich mitten in der Nacht, ich war schon eingeschlafen, laut und deutlich: Bald werden wir voneinander Abschied nehmen müssen. Ich fragte ihn, noch im Halbschlaf: Warum? Und er antwortete: Weil du weitergehen musst, und ich – zurück, Neko-chan.‹

›Entschuldigen Sie, wie hat er Sie genannt?‹

›Neko-chan. So nannte er mich manchmal. Er war einmal in der Mandschurei gewesen und hatte sich in eine Japanerin verliebt, die so genannt werden wollte. Das ist ein Kosewort, Neko-chan. Mir gefiel es, wenn er mich so nannte …‹«

»Jetzt kommt ein Mann an die Reihe«, fuhr Warachassi fort. »Konstantin Pantelejewitsch Scherstobitow, der im selben Regiment wie Woronzow an der Front kämpfte. Er hat mir viel Interessantes erzählt, und ich habe mir viel davon notiert. Aber ich werde dir nicht alles vorlesen, nur einen kurzen Auszug. Hör zu.

›An der Drut hat es mich dann erwischt. Wir haben den Fluss ohne anzuhalten überquert, aber als wir uns den Steilhang hochkämpften, krachte es – weiter kann ich mich an nichts erinnern. Erst im Sanitätsbataillon bin ich wieder zu mir gekommen, das halbe Bein war weg … Ich lag kraftlos da, die Tränen rannen mir übers Gesicht, aber man konnte nichts machen. Und plötzlich, eine Stunde, bevor man mich ins Hinterland bringen sollte, kam Nikita. Er lebte, war gesund und munter, wenn auch von oben bis unten mit Staub bedeckt, und lachte über das ganze Gesicht. Sein linker Arm steckte in einem Verband, aber es war eine leichte Verletzung, so dass er im Regiment blieb. Wie er sich zu mir durchgeschlagen hatte, weiß ich nicht, ich weiß es wirklich nicht. Wir haben nur schnell ein paar Worte gewechselt, und ich erfuhr, dass der neue Bataillonskommandeur auch schon gefallen war. Als wir uns zum Abschied küssten, schob er mir ein zusammengefaltetes Blatt Papier in die Hand und sagte: Mach alles so, wie ich es dir aufgeschrieben habe, genau so! Vergiss es nicht, sonst werde ich dich nach dem Sieg schon finden und dir – obwohl du Invalide bist – als alter Freund eine ordentliche Tracht Prügel verpassen. Und weg war er. Ich faltete den Zettel auseinander und las. An den genauen Wortlaut kann ich mich nicht mehr erinnern, es sind ja seither viele Jahre vergangen. Aber sinngemäß stand dort: Wenn ich im Herbst '47 Ljubascha aus Medwedkowo heirate, muss ich Nikita unbedingt zur Hochzeit einladen. Nicht mehr und nicht weniger.‹

›Was haben Sie damals gedacht, Konstantin Pantelejewitsch?!‹

›Was ich mir gedacht habe? Ich hatte bisher weder von einer Ljubascha noch von einem Ort namens Medwedkowo gehört. Das Erste, was ich mir damals gedacht habe, war, dass Nikita mir einfach Mut zusprechen wollte, ungefähr so: Das Leben geht weiter, du bist auch ohne Bein ein gutaussehender Mann, Kopf hoch, nach dem Krieg sehen wir uns wieder. Ich erinnerte mich an manches, was ich mit ihm erlebt hatte – ich habe Ihnen schon davon erzählt, Genosse Untersuchungsrichter –, und mir wurde leichter ums Herz. Später, als ich von einem Krankenhaus ins andere zog, habe ich das Ganze, ehrlich gesagt, vergessen. Den Zettel habe ich irgendwo verloren, die Ärzte haben mich ganz schön gequält, wissen Sie. Zweimal haben sie an meinem Bein herumgesäbelt ... So kam mir die Sache erst vier Jahre später, im Sommer 47, wieder in den Sinn ...‹

›Erzählen Sie, bitte.‹

›Gerne, denn es war wirklich merkwürdig. Ich arbeitete schon im Betrieb in Mytischtsche. Einmal bin ich bis spät nachts in der Werkstatt geblieben, weil ich mir noch etwas dazuverdienen wollte. Es war Ende August; abends wurde es schnell dunkel, und außerdem regnete es die ganze Zeit. Ich humpelte also im Dunkeln nach Hause. Die Straße war ein einziges Schlammbad, dazu voller Schlaglöcher, und der Gehsteig aus Brettern war seit Kriegsbeginn nicht ausgebessert worden. So fiel ich in eine Grube. Mein Beinstumpf grub sich in die Erde, und ich saß fest. Ich stöhnte, konnte nicht aufstehen, nichts sehen; um mich herum war alles pechschwarz. Plötzlich hörte ich eine sanfte Stimme sagen: Haben Sie sich verletzt? Ich blicke nach oben und sehe neben einer Zauntür etwas Weißes leuchten, ein Kleid. Ich bin gefallen, Fräulein, sage ich, und wie soll man hier nicht fallen, wenn die Leute neben ihren Häusern ganze Wolfsgruben ausheben, und ich habe doch nur ein Bein! Kurz: Sie half mir aufzustehen, führte mich in ihr Zimmer, setzte mich auf eine Couch und kümmerte sich um mich. Und so nebenbei erzählte sie mir: Die Straße ist hier wirklich miserabel, aber das Haus gehört nicht mir, ich wohne hier nur zur Untermiete. Zu Hause bin ich in Medwedkowo. Und wie heißen Sie?, fragte ich. Ljuba heiße ich, antwortete sie. Gott im Himmel, wie vom Donner gerührt saß ich da und erinnerte mich an alles.‹

›Und Sie haben sie geheiratet?‹

›Natürlich, was denken Sie?! Dreißig Jahre leben wir nun glücklich zusammen, zwei Söhne haben wir großgezogen …‹

›Und haben Sie Woronzow zur Hochzeit eingeladen?‹

›Selbstverständlich! Ich habe ihn über das Adressenbüro wiedergefunden, er wohnte damals auf der Großen Andrejewskaja-Straße, später habe ich ihn noch zweimal besucht. Ja, bei meiner Hochzeit war er zu Gast. Aber etwas ist doch schiefgelaufen: Am Tag vor der Hochzeit habe ich Ljubascha dummerweise die ganze Geschichte erzählt …‹

›Warum dummerweise?‹

›Es hat sich eben herausgestellt, dass es dumm war. Bei der Hochzeitsfeier hat Ljubascha ihn die ganze Zeit angesehen, als sträube sich etwas in ihr gegen ihn. Er hat es sicherlich nicht bemerkt. Er war gut gelaunt, ließ sich alles gut schmecken, küsste uns, prostete uns zu … Erst lange danach kamen wir einmal auf ihn zu sprechen, und Ljubascha beschwor mich: Wenn du mich liebst, dann sieh zu, dass du nichts mehr mit ihm zu tun hast. Ich war äußerst erstaunt. Warum?, fragte ich. Er hat, sagte sie, einen bösen, unheilvollen Blick.

Zuerst habe ich sie ausgelacht und beschämt, dann wurde ich wütend. Doch es nutzte nichts – sie blieb stur, wiederholte nur immer: Wenn du mich liebst ... Was konnte ich tun? Ich habe mich zwar noch ein paarmal heimlich mit Nikita getroffen, aber so haben sich unsere Wege getrennt ...‹«

Alexej nahm wieder das Tagebuch zur Hand und fand die Aufzeichnung: »Kostja Scherstobitow (verwundet an der Drut, Juni '44; heiratete Ljubascha aus Medwedkowo, Herbst '47)«.

»Ein ganz gewöhnlicher Fall von Hellseherei«, murmelte er sarkastisch und legte das Tagebuch zurück auf den Tisch. »Lies weiter!«

»Weiter kommt, wenn du gestattest, wieder ein Mann«, sagte Warachassi. »Kapitän zur See im Ruhestand Mikael Grikorowitsch Chatschatrjan, ein Jugendfreund Woronzows.

›Nikita ist also tot ... Ach, wie die Leute um uns herum sterben! Meine Mutter ist auch vor kurzem gestorben, allerdings war sie schon achtzig Jahre alt. Schade um Nikita, wirklich, sehr schade. Von den Jungs aus unserer Klasse waren nur wir beide am Leben geblieben, alle anderen sind im Krieg gefallen. Sie wollen also etwas über seine Schuljahre hören ... hm ... Wenn ich fragen darf: Wozu brauchen Sie das?‹

›Mich interessiert, ob Sie damals, als Sie noch zur Schule gingen, in Nikita Woronzows Charakter, in seinen Gewohnheiten oder in dem, was er sagte, etwas Merkwürdiges, Ungereimtes oder Unnormales bemerkt haben.‹

›Hm ... In einem gewissen Sinn war Nikita wirklich ein sonderbarer Junge. Wir waren eng miteinander befreundet damals, unzertrennlich, wie man so sagt. Aber es gab auch Zeiten, da hatte ich, ehrlich gesagt, Angst vor ihm. Er verhielt sich normalerweise eher wie ein Erwachsener – zugeknöpft, wenn Sie verstehen, was ich meine, sehr zurückhaltend ... Aber wenn er einmal in Rage geriet, hatte ich direkt Angst vor ihm ...‹

›Ich fürchte, ich verstehe nicht ganz.‹

›Lassen Sie es mich an ein paar Beispielen erklären. In unserer Schule gab es eine Bande, etwa zehn Halbstarke mit einem gewissen Grischka-Mursa an der Spitze. Ich weiß nicht, warum sie es gerade auf Nikita und mich abgesehen hatten, aber sie fingen an, uns regelmäßig zu verprügeln. Wo immer sie uns trafen, schlugen sie zu. Sie nahmen uns das Frühstück weg, das Taschengeld, rissen uns die Mützen vom Kopf und warfen sie irgendwohin, wo wir sie schwer finden konnten. Sie wissen, wie es mitunter bei Halbwüchsigen zugeht, ursprüngliche Grausamkeit … Nikita und ich haben es zwei, vielleicht drei Jahre lang ausgehalten, das weiß ich heute nicht mehr so genau. Wir haben sie nicht bei den Lehrern verpetzt, das hätte im Übrigen auch nichts geholfen. Was machten wir also? Wir suchten Deckung oder versuchten möglichst schnell Reißaus zu nehmen. Bis zu diesem einen Mal: Nikita drehte sich blitzschnell um und schlug Grischka-Mursa die Faust auf die Nasenwurzel. Ich schwöre, ich habe es krachen gehört. Es war so unerwartet, dass die ganze Bande vor Staunen erstarrte. Nikita aber stieß dem einen seinen Fuß in die Leistengegend, packte den anderen bei den Haaren und rammte den Kopf gegen sein angewinkeltes Knie; den schlug er auch nieder. Bald kamen sie zur Besinnung und stürzten sich allesamt auf Nikita, mich haben sie vergessen. Ich stand da wie betäubt, mir war schwarz vor Augen und ich habe so laut gebrüllt, dass es in der ganzen Straße widerhallte. Sie haben Nikita übel zugerichtet, aber sie selbst blieben auch nicht heil. Zum Glück sind dann einige Passanten zusammengelaufen … Ja, und seit diesem Tag war es Nikita, der ihnen auflauerte, jedem einzeln, und sie verdrosch. Manchmal war ich auch dabei. Das war schrecklich. Unglaublich grausam. Es sah so routiniert und, fast würde ich sagen, geschäftsmäßig aus. Das heißt, er schlug sich nicht, wie sich Jungen für gewöhnlich schlagen – um dem anderen wehzutun, ihn zu demütigen, seine Überlegenheit zu beweisen. Es war, als arbeitete er. Den Anfang machte er mit Mursa. Er erwischte ihn auf der Schultoilette und verprügelte ihn die ganze Pause hindurch, geschäftsmäßig und brutal. Alle die Kleine-Jungen-Regeln: nur bis zum ersten Blut, nicht, wenn ihm der Atem ausgegangen ist, kein Bein stellen, einen Liegenden schlägt man nicht – all diese Regeln missachtete er einfach. Schon nach einer Minute lag Mursa auf dem gefliesten Boden und röchelte, während Nikita ihn mit Fäusten, Schuhen und anderem Zeug traktierte. Wir waren starr vor Schrecken, niemand wagte sich einzumischen, selbst die Jungs aus den höheren Klassen nicht. Ich schwöre, eine so eiskalte Grausamkeit habe ich später nur noch in Gangsterfilmen im Kino gesehen.‹«

Warachassi unterbrach für eine Weile.

»Es ist erstaunlich«, meinte er lächelnd, »dass in einem erwachsenen Mann noch immer der kleine Junge steckt! Ein Oberst über fünfzig und im Ruhestand – aber er geriet so in Fahrt, dass ich es fast mit der Angst bekam: Er rollte die Augen, fuchtelte wild mit den Armen, sprang auf, machte vor, wie Nikita diesen Mursa mit Tritten traktiert hatte … Er sprach ziemlich lange darüber, aber wir werden uns nicht weiter damit aufhalten. Gehen wir also zum nächsten Punkt über. Ich fahre fort.

›Ich verstehe, Mikael Grikorowitsch. Können Sie mir noch ein anderes Beispiel nennen?‹

›Wozu?‹

›Sie haben versprochen, mir seine Eigenheiten an einigen Beispielen zu erklären. Eines haben Sie angeführt. Und das zweite?‹

›Hm … Ein zweites Beispiel. Offen gesagt, habe ich nicht gedacht … Wenn ich es erzähle, denken Sie aber bitte daran, dass ich von Eindrücken spreche – mit eigenen Augen habe ich fast nichts gesehen … Also, es war so: Seit einiger Zeit hatte ich bemerkt, dass Nikita ungewöhnlich frei mit den Mädchen umging. Sie wissen ja, wie sich vierzehn-, fünfzehnjährige Burschen Mädchen gegenüber normalerweise verhalten: Man möchte gern, ist aber so schüchtern. Man beobachtet sie heimlich, kichert, es wird einem abwechselnd heiß und kalt, und überhaupt sind es meist fruchtlose Träume. Nikita aber war auf einmal richtig dreist geworden, und ich bin fast sicher, dass er etwas mit einer Mitschülerin hatte …‹

›Ich verstehe. Mikael Grikorowitsch, Sie haben gesagt: seit einiger Zeit. Genauer können Sie sich nicht erinnern?‹

›Doch. Ich kann es Ihnen sogar ganz genau sagen. Nikita hatte einmal eine Art Gehirntrauma. Im Allgemeinen war er ein gesunder Bursche, gar nicht kränklich, aber diesmal musste er im Bett liegen, hatte hohes Fieber, verlor sogar das Gedächtnis. Das Ganze dauerte einige Tage. Ob es die Folge einer Erkältung war oder eines Schlags auf den Kopf – ich weiß es nicht. Aber die merkwürdigen Dinge, die uns später an ihm auffielen, traten kurz nach dieser Krankheit auf.‹

›Wann war das?‹

›Das weiß ich noch: Es war in der siebten Klasse, während der Winterferien. Ich erinnere mich deshalb so genau, weil wir in diesen Ferien begannen, uns für Chemie zu begeistern. In der achten Klasse habe ich das Interesse daran verloren und mich der Elektrotechnik zugewandt, aber Nikita ist Chemiker geblieben.‹

›Wer ist Galina Rodionowna?‹

›Galina Rodionowna? Galina Rodionowna? … Hm … Ich erinnere mich nicht …‹

›Vielleicht auch ein Mädchen aus Ihrer Schule?‹

›Richtig! Galina Rodionowna, ja, natürlich! Wir hatten eine Englischlehrerin, die so hieß; sie kam direkt von der Hochschule zu uns … Nebenbei gesagt, Nikita sprach geradezu perfekt Englisch …‹«

Alexej warf das Tagebuch auf den Tisch und fragte, sichtlich müde: »Wer ist dir noch geblieben?«

»Eine einzige: Swetlana Fjodorowna Panikejewa, geborene Kriwonossowa, die Nichte Woronzows und seine einzige Erbin.«

»Und da gab es was zu erben?«

»Einiges. Er hat eine hervorragende Bibliothek hinterlassen, Möbel, Kleidung ... Wie du dich wohl erinnerst, hat Swetlana seinerzeit geheiratet und ist mit ihrem Mann in den hohen Norden gezogen. Anfang der sechziger Jahre kehrten sie zurück – mit einem Haufen Geld und einer Menge Kinder. Sie ist eine unkomplizierte, einfache Frau, aber für ihre siebenundvierzig Jahre sieht sie noch sehr gut aus ... Schön, das nur so nebenbei. Jetzt lese ich dir den kurzen, aber, wie ich meine, interessantesten Auszug aus meiner Unterhaltung mit ihr vor.«

»Ich bin gespannt.«

»›Dass er die Gabe hatte, die Zukunft vorauszusehen, wusste ich schon als kleines Mädchen. Nikita mochte mich sehr gern, hatte Mitleid mit mir und hat oft mit mir gespielt. Er las mir aus Büchern vor und sang, wenn ich krank war. Als Kind war ich oft krank ... Manchmal sang er mir Lieder vor, die man von niemandem sonst hören konnte; ich habe diese Lieder erst wieder als Erwachsene wieder gehört, lange nach dem Krieg. ‚Ach, ihr Wege, endlos, steppenweit' sang er, den ‚Schwarzen Kater' und ‚Es poltert durch die Gasse Stiefelschritt'. Er wusste, dass es Krieg geben würde, er wusste wann und wie es sein würde ... Ich erinnere mich an sein Lieblingslied; ich mochte es auch sehr gern, obwohl ich natürlich wenig davon verstand. Er sang: ‚Gemeiner Krieg, ach, was hast du uns angetan' – und da kam mein Vater ins Zimmer. Nikita sang nicht gern in Anwesenheit von anderen Menschen, außer mir natürlich. Aber diesmal brach er nicht ab, sondern sang das Lied zu Ende. Vater fragte: Wovon handelt das Lied, Nikita? Und er antwortete: Über den Krieg, Fedja, über den Krieg. Über welchen Krieg denn?, fragte Vater. Über den, der nächstes Jahr ausbrechen wird und in dem so viele Menschen ihr

Leben lassen werden. Ach, mal nicht den Teufel an die Wand, sagte Vater. Und ich sehe noch heute, wie er meinen Vater anblickte – mit Tränen in den Augen.‹«

Alexej sah Warachassi zu, wie er die zusammengehefteten Blätter und das Heft im schimmeligen schwarzen Umschlag in seine Mappe steckte. Dann blickte er zum Fenster. Draußen leuchtete schon ein heller, sonniger Morgen.

»Nun, was sagst du dazu?« Warachassi band die weißen Bändchen der roten Mappe zusammen.

»Und du? Hast du das Rätsel gelöst?«

»Ich habe da so meine Ideen, das will ich nicht leugnen ...«

Alexej lächelte ironisch. »Ein Hellseher? Ein Zeitreisender?«

»Nein – ein Hellseher, das wäre ja banal ... Ein Zeitreisender – das trifft es schon eher ...«

»Wenn man sonst nichts hat, rasselt man mit Schellen.«

»Dann lass uns doch diskutieren«, schlug Warachassi vor. »Wenn du nicht zu müde bist.«

»In Ordnung«, sagte Alexej. »Aber vorher machen wir den ›Pschenitschnaja‹ leer.«

Er langte nach der Flasche, in der es noch für zwei, vielleicht auch noch für drei Gläser reichte.

Die Diskussion

»Fügt man alle Informationen zusammen«, hob Warachassi an, »ergibt sich ein recht paradoxes Bild. Und zwar, dass Nikita Woronzow einige Leben gelebt hat, wie viele, wissen wir nicht. Die romantische Literatur kennt Figuren, die mehrere Leben durchlebt haben – um nur Jack Londons Sternenwanderer zu nennen, der in seiner Zwangsjacke von Epoche zu Epoche eilt – wie ein Mensch mit Durchfall von Abort zu

Abort. Der Fall Nikita Woronzow ist jedoch ganz anders: Von ihm ließe sich eher behaupten, dass er nicht viele Leben, sondern ein und dasselbe viele Male durchlebt hat. Nach dem zu urteilen, was wir wissen, war das schwer, traurig und ermüdend.

Ja, Nikita Woronzow war tatsächlich ein Zeitreisender gewesen, aber nicht aus freiem Willen und auch nur in sehr beschränktem Maße. Woronzow lebte also wohlauf bis zum Abend des 8. Juni 1977. Um 23:15 Uhr Moskauer Zeit ließ eine unbekannte Kraft sein Herz stillstehen und sein Bewusstsein in Blitzeseile in die Zeit vor vierzig Jahren reisen: in die Nacht des 7. Januar 1937, wo es sich im Gehirn des heranwachsenden Woronzow festsetzte – mit allen Erfahrungen und Informationen, die sich in vierzig Jahren in seinem Bewusstsein angesammelt hatten. Dabei verdrängte es all das, was der junge Woronzow bis zu dieser Nacht gewusst und im Gedächtnis behalten hatte. Woronzow lebte abermals wohlbehalten bis zum Abend des 8. Juni 1977, und abermals tötete ihn dieselbe unbekannte Kraft und übertrug sein Bewusstsein, bereichert um die Erfahrungen und Informationen weiterer vierzig Jahre … und so weiter und so fort.

Das wiederholte sich viele Male – wie viele, wissen wir nicht. Möglicherweise hat Nikita Woronzow tausendundein Leben gelebt. Vielleicht hatte er in seinem letzten Leben schon längst vergessen, wann es ihm zum ersten Mal widerfahren war. Vielleicht hat es aber auch dies erste Mal gar nicht gegeben … (Jetzt bloß nicht ratlos mit den Achseln zucken und die Augen verdrehen: Die Wissenschaft hat als Form menschlicher Vorstellung viele unbekannte Karten, aber die Natur hat ihrer ungleich mehr!)

Wir dürfen nicht vergessen, dass all diese Leben natürlich nicht identisch waren. In jedem Leben gibt es zu viele Zufälle und zu viele Situationen, die einen vor die Wahl stellen; es gibt zu viele soziale und menschliche Varianten und Möglichkeiten. Woronzow konnte zum Beispiel in einem Leben Wera heiraten, in einem anderen Kleopatra, in einem dritten Rosa – und im vierten ganz darauf verzichten und sich einen Urlaub von Familiensorgen leisten. Es kann sogar sein, dass er einmal so schwermütig wurde, dass er sich noch vor dem Krieg erhängte, und ihn ein anderes Mal ein feindliches Geschoss in Stücke riss, wieder ein anderes Mal kam er vielleicht lange vor der ihm gesetzten Frist in einer Flugzeugkatastrophe um. Aber wann und unter welchen Umständen auch immer sein Leben zu Ende ging, er kehrte stets zur Nacht des 7. Januar 1937 zurück und begann die nächste Spanne von vierzig Jahren.

Es hat keinen Sinn«, fuhr Warachassi mit erhobenem Zeigefinger fort, »sich den Kopf darüber zu zerbrechen, wie und warum das mit Woronzow passierte und warum ausgerechnet mit ihm. Die Wissenschaft ist noch nicht so weit und wird wohl auch in absehbarer Zeit nicht so weit vordringen – geht es doch hier um das Wesen der Zeit! Und die Zeit ist ein Phänomen, mit dem sich jeder von uns ebenso gut auskennt, wie eine Koryphäe der Akademie der Wissenschaften. Vielleicht entspricht meine Hypothese nicht den tatsächlichen Gegebenheiten des Universums – aber soll nur jemand versuchen, sie zu widerlegen! Es wäre nämlich vergebliche Mühe, sich vorstellen zu wollen, wie sich die verschiedenen Realitäten des Nikita Woronzow zu unserer Realität, der einzigen, die wir kennen, verhalten. Zweifellos haben wir es hier mit höheren, uns noch unbekannten Phänomenen der Dialektik der Natur zu tun. Das menschliche Gehirn kann solche Erscheinungen noch nicht verarbeiten – insbesondere das eines durchschnittlichen Literaten, also lassen wir es lieber, sonst platzt es noch vor Anstrengung. Wir müssen es einfach als gegeben akzeptieren: Nikita Woronzow war beschieden, viele Male Brücken zu überqueren, ›über die wir niemals wieder schreiten …‹«

Hier fiel Alexej seinem Freund ins Wort. Er wollte wissen, ob es ein Zufall gewesen war, dass er ihm dies schöne Lied vorgesungen hatte.

Warachassi beteuerte, es sei wirklich reiner Zufall gewesen.

Nun knöpfte Alexej seinen Morgenmantel zu, stand auf und begann mit seiner Rede. »Ich will nicht verhehlen«, sagte er, »dass die sonderbaren Begebenheiten aus dem Leben Nikita Woronzows mich sehr beeindruckt haben. Ich leugne auch nicht, dass deine Hypothese mich durch ihre Originalität und Kühnheit wirklich verblüfft hat. Und obwohl ich nur ein durchschnittlicher Literat bin, garantiere ich dir, dass deine Hypothese dich sicher bald auf den Gipfel des wissenschaftlichen Olymps tragen und dir dort einen Platz zwischen Lomonossow und Einstein sichern wird.

Die sorgfältige Prüfung aller angeführten Fakten kann aber, wie ich finde, auch zu einer ganz anderen Hypothese führen. Du wirst sicher nicht leugnen, dass man sich die sonderbaren Begebenheiten im Leben Nikita Woronzows auch ausgedacht haben könnte, um bei seinen Freunden, besonders aber bei den Studentinnen der juristischen Fakultät, Eindruck zu schinden? Und du stimmst mir sicher zu, dass es für moderne Kriminalisten ein Leichtes ist, ein verschimmeltes Heftchen zu produzieren und ein paar Seiten davon mit ausgebleichter Tinte zu bekritzeln. Ich bin zwar nur ein durchschnittlicher, aber eben doch ein Literat, und deshalb kann ich dir garantieren, dass dein originelles Unterfangen dich auf einen der vielen Ausläufer des literarischen Olymp heben und dir dort einen Platz zwischen Münchhausen und Prutkow sichern wird.«

Nach diesen gewichtigen Worten setzte sich Alexej wieder, schlug die Beine übereinander und blickte den Freund mit einem Ausdruck milder Nachsicht an.

Warachassi nickte ein paarmal nachdenklich, legte die Stirn in Falten und kratzte sich hinter dem Ohr. Dann ergriff er wieder das Wort.

»Nicht schlecht und ziemlich überzeugend«, rief er. »Feine Ironie, und der Stil – alle Achtung. Besonders gefällt mir das Plätzchen zwischen Münchhausen und Prutkow.«

»Ich habe natürlich ein bisschen übertrieben«, sagte Alexej rasch. »Im Eifer des Gefechts sozusagen. Die beiden hätten sich natürlich nicht zu solcher Mystik herabgelassen.«

»Mystik?«, wunderte sich Warachassi. »Du weißt anscheinend gar nicht, was das ist. Ihr möchtet am liebsten immer alles ganz einfach haben. Wie schrieb noch einer von euch: ›Wassja steckte den Fuß in Vaters Stiefel und polterte in den Hof hinaus. Arischka sprang aus dem stillen Örtchen und kreischte: Hohoho! Die Traktoren haben begonnen, den Boden für die Wintersaat zu granulieren, und ihr wartet noch immer!‹«

»Wahrhaftig – Lomonossow!«, witzelte Alexej.

»Das sind die Worte eines deiner Kollegen«, parierte Warachassi kühl. »Abramow.«

Die Freunde schwiegen eine Weile, dann zischte Alexej erbost: »Her mit dem Tagebuch!«

Er blätterte einige Seiten durch und vertiefte sich in die Lektüre. Warachassi räumte unterdes den Tisch ab und spülte das Geschirr.

»Soll ich Tee kochen?«, fragte er. Und da Alexej schwieg, fragte er noch einmal: »Soll ich jetzt Tee kochen oder nicht?«

Alexej klappte das Tagebuch zu, warf es auf den Tisch und rieb sich mit der Hand über die Stirn. »Setz dich und hör zu!«, sagte er nur.

Warachassi kam zum Tisch zurück, und Alexej, der seine vor Müdigkeit geschwollenen Augen durch den Raum schweifen ließ, begann:

»Interview des Zeitenwanderers Nikita Woronzow mit dem Schriftsteller und Journalisten Alexej T.:

›Sagen Sie, Herr Woronzow, was fühlen Sie bei Ihrer Wiederauferstehung?‹

›Schmerz. Und dann ein paar Tage lang Wehmut und Entsetzen.‹

›Warum Wehmut und Entsetzen?‹

›Weil jedes Mal Krieg bevorsteht, Bosheit und Dummheit allerorten, und ich das alles unweigerlich durchleben muss.‹

›Unweigerlich? Jedes Mal?‹

›Ja. Das sind die gegebenen Umstände. Sie bilden den unabänderlichen Hintergrund für jedes Leben.‹

›Haben Sie nie versucht, das Unglück abzuwenden? Jemanden zu warnen, Briefe zu schreiben, sich dagegen aufzulehnen?‹

›Habe ich. Das ist sehr lange her, wohl an die tausend Jahre. Ich erinnere mich nur noch dunkel daran. Es war nutzlos. Ich musste deswegen sogar Selbstmord begehen. Einmal bin ich in einem Konzentrationslager verfault. Dreimal hat man mich erschossen, und einmal haben sie mich mitten auf der Straße mit Eisenstangen erschlagen, zehn Minuten lang, das war äußerst qualvoll. Doch alle Wahrsager und Augenzeugen brannten bisher auf Scheiterhaufen! Und ich war Wahrsager und Augenzeuge in einer Person. Nein, ich wusste immer, dass ein einzelner Mensch nichts ausrichten kann, doch manchmal habe ich es einfach nicht mehr ausgehalten.‹

›Ich verstehe. Das betrifft die, wie Sie sich ausdrückten, gegebenen Umstände. Aber in alltäglichen Situationen … Ich hätte zum Beispiel, wenn ich es im Voraus gewusst hätte, meinen Vater gerettet. Ich hätte ihn einfach an diesem Tag nicht aus dem Haus gelassen, sondern in der Wohnung eingesperrt.‹

›Das nützt auch nichts. Die alltäglichen Situationen gestalten sich in jedem Leben verschieden. Was ist mit Ihrem Vater passiert?‹

›Er ist von einem Lastwagen überfahren worden.‹

›Nun – in einem zweiten Leben wäre der Lastwagen Ihrem Vater nicht begegnet. Er wäre vielleicht eine Minute später oder früher vorbeigefahren oder hätte einen Monat vorher einen Unfall gehabt und wäre Schrott gewesen. In einem früheren Leben habe ich Werotschka Kornejewa geheiratet, aber diesmal bin ich ihr begegnet, als sie schon verheiratet war und eine Tochter hatte.‹

›Aber ihr Muttermal …‹

›Das Muttermal erscheint wohl auch wegen der gegebenen Umstände, nur sind diese nicht politischer Natur.‹

›Entschuldigen Sie, wir sind vom Thema abgekommen. Sie sind also der Meinung, dass man auch im alltäglichen Leben niemanden warnen oder vor einem Unglück bewahren kann?‹

›Ja, es ist nutzlos. Urteilen Sie selbst. Ich warne Fedja, den Mann meiner Schwester Serafima, dass er an der Front bei Charkow fallen werde. Was hätte er tun sollen – desertieren? Um die Verlegung an eine andere Front ersuchen? Sich eine Kugel durch den Kopf jagen, nur damit sich die Prophezeiung nicht erfüllt? Ganz zu schweigen davon, dass er mir natürlich kaum geglaubt hätte. Außerdem wurde er nur in meinen letzten fünf Leben bei Charkow getötet und starb in den zweihundert Jahren zuvor regelmäßig eines anderen Todes …‹

›Das ist gewiss eine schwere Last – zu wissen und nichts tun zu können.‹

›Ja. Manchmal empfinde ich es als unerträglich und würde am liebsten sterben – so wie alle anderen …‹

›Aber es gibt doch auch Freude in Ihrem Dasein!‹

›Selbstverständlich. Und ich versichere Ihnen, niemand von Ihnen erfreut sich seines Glücks so wie ich.‹

›Könnten Sie mir ausführlicher darüber erzählen?‹

›Nein, das möchte ich nicht. Und Sie würden es auch nicht verstehen.‹

›Wein, Liebe, Reisen?‹

›Das sind Vergnügungen, kein Glück. Vergnügungen sind für Sie und für mich gleich, nur das Glück ist etwas anderes.‹

›Sagen Sie, es war doch kein Zufall, dass Sie vor Ihrem Tod Ihr Tagebuch nicht vernichtet haben?‹

›Nein, es war kein Zufall. So habe ich meinen Tod arrangiert.‹

›Sie wollen damit sagen …‹

›Ja. Mein Tagebuch sollte nicht meiner Nichte in die Hände fallen, dieser dummen Gans, sondern dem Untersuchungsrichter der städtischen Staatsanwaltschaft Warachassi S.‹

›Ich danke Ihnen. Auf Wiedersehen im nächsten Leben.‹«

»Wie gefällt dir das?«, fragte Alexej zufrieden.

»Ein außerordentlich ungleichmäßiger Stil!«, brummte Warachassi. »Man merkt sogleich, dass das kein Mensch geschrieben hat. Es fängt ganz ordentlich an und endet eben hundsmäßig. Außerdem: Das ist die Stimme eines Mannes, keines Knaben. Wenn du aber öfter …«

Wer weiß, welchen Rat Warachassi seinem Freund geben wollte, aber in diesem Moment läutete es an der Tür. Warachassi kehrte mit einem Telegramm in der Hand zurück.

»Gut angekommen eingerichtet«, las er laut, »küssen lieben Mann Papa – Sascha Glascha Dascha.«

Warachassi gähnte wohlig und streckte sich.

»Na schön«, sagte er. »Gehen wir schlafen. Ich mache dir im kleinen Zimmer das Bett, du hast doch nichts dagegen? Gut, dass wir heute nicht arbeiten müssen. Und der Junggesellenabend war wunderbar, findest du nicht?«

»Ja, herrlich«, stimmte Alexej zu. Auch er gähnte wohlig. Doch plötzlich klappte er den Mund zu, dass man die Zähne aufeinanderschlagen hörte, und fuhr zusammen.

»Weißt du was?«, flüsterte er heiser. »Ich glaube, es ist besser, zu den Teufeln in die Hölle zu fahren als zurück …«

Warachassi schwieg. Vielleicht hatte er es nicht gehört.

S. Jaroslawzew

EIN TEUFEL UNTER DEN MENSCHEN

Der Schlaf des Gewissens
gebiert Ungeheuer.

1

Aber welche Blasphemie
Musst er von dem Mönche hören!
Dieser sprach: der Tausves-Jontof
Möge sich zum Teufel scheren.
»Da hört alles auf, o Gott!«,
Kreischt der Rabbi jetzt entsetzlich …

Ein alter Bekannter von mir, der inzwischen verstorbene Milizmajor S., hatte mich gebeten, alles niederzuschreiben, was ich vom Fall des Kim Sergejewitsch Woloschin weiß. Er wollte, dass ich die ganze Geschichte so erzähle, wie sie sich mir und einigen anderen Zeugen dargestellt hat, ohne irgendeine Einzelheit zu verschweigen. Ich erinnere mich, dass ich seinerzeit diese Bitte für ein Zeichen von einer Art Lokalpatriotismus hielt. Er liebte unser Taschlinsk innig und aufrichtig und tat alles, um seinen Ruhm über die Jahrhunderte hinweg zu festigen, und ich weiß noch, wie wild er sich freute, als sich herausstellte, dass sich der Stab des aufständischen Pugatschow eine ganze Woche lang bei uns einquartiert hatte. Doch offen gesagt, was war denn Taschlinsk in meiner Jugendzeit? Nichts, was man in jedem Atlas findet. Eine große Siedlung vielleicht. Auch heute ist es ja noch eher eine Siedlung als eine Stadt, obwohl es sich Stadt nennt. Ein kleines Bezirkszentrum im vormals Nowoisotowsker Gebiet, das jetzt wieder Oldenburger Gebiet heißt. Ein Fleischwarenkombinat, mechanische Werkstätten, das Bezirkskomitee der Partei, fünf Kinos.

Andererseits – Major S. Derselbe, der in unserer Großen Schlucht mit sechs Schüssen acht streunende Katzen und eine alte Bettlerin erlegt hatte. Er folgte seiner eigenen Logik, und der war wohl nichts entgegenzusetzen. Nehmen wir zum Beispiel Nazareth. Das war schließlich auch kein zweites Karthago, kein drittes Rom, und heute ist es weltberühmt! Wenn also die Geschichte mit Kim Woloschin irgendwann einmal aufgerollt und veröffentlicht wird, kann es durchaus sein, dass in irgendwelchen Annalen der Medizin oder zumindest in der Kriminalchronik der Begriff »Taschlinsker Phänomen« auftaucht. So soll es sein. Und da, Alexej Andrejewitsch, gibt's nichts dran zu sabotieren. Ich habe Ihnen seinerzeit nach Kräften geholfen, also seien Sie so freundlich.

Ich wich lange aus, berief mich – und zwar wahrheitsgemäß – bald auf gesundheitliche Probleme, bald auf Zeitmangel. Und dann starb Major S. plötzlich. Er war an die zehn Jahre jünger als ich; ich erfuhr, dass er an keiner der Krankheiten gestorben war, an denen er bekanntermaßen litt. Da wurde mir klar, dass das Schicksal eingegriffen hatte. Und ich setzte mich an die Schreibmaschine.

2

> Es heißt, in der grausam zerbombten japanischen Hauptstadt habe man in den Ruinen oft »schwarze Puppen« gefunden, verbrannte Menschen, die sich, als sie noch lebten, fest aneinander geklammert hatten. Und auch im belagerten Leningrad sah man einander im Tode umarmende skelettähnliche Leichen. Ja, da war etwas, was die Menschen im Augenblick des Todes aneinanderdrängte! 1918 wurden Marinekadetten ertränkt, Jungen, die gerade mal fünfzehn, sechzehn waren. Man fesselte ihnen die Hände hinterm Rücken, hängte ihnen rostige Gitter an den Hals und stieß sie über Bord. Einen nach dem anderen, immer an derselben Stelle. Das Wasser war erstaunlich klar, und Neugierige stellten fest, dass sich die Ertränkten in den letzten Sekunden ihres irdischen Daseins an den Haufen der schon Toten drängten, als wollten sie sich ein gemütliches Fleckchen suchen, sich zu einer einzigen Masse *zusammenballen*.

Ich erinnere mich ja nicht einmal, wann ich Kim Woloschin zum ersten Mal begegnete und mich mit ihm anfreundete. Es war eine schwere Zeit. Die Männer wurden vom deutschen Stahl in Stücke gerissen, und die Frauen klotzten ran, beteten und weinten nachts bis zur Erschöpfung. Die Losung der Zeit hieß: »Alle nach Golgatha!« Und damals erschien er in unserem Taschlinsk – er, der später unsere Ruhe stören sollte, ein abgehärmter, abgerissener, kaum der menschlichen Sprache mächtiger Junge namens Kim. Wie erschien er? Na einfach nach dem Willen einer auf den Tod erschöpften Beamtin, die eilig endlose Papiere ausfüllte. Später, schon als Student, hörte ich ein anonymes Lied zur Gitarre:

> Aus dem neu befreiten Land
> – tote Erde, schwarzgebrannt –
> schickten sie uns Flüchtlingszüge,
> schickten Kinder zur Genüge …

Züge hin, Züge her, aber ein Dutzend Kinder wurde von irgendwem zugeteilt. Schon im ersten Kriegswinter schickten sie ein ganzes Kinderheim aus der Westukraine her. Dahin kam auch Kim. Nein, ich will nichts Schlechtes über diese Einrichtung sagen. Aus diesen Heimzöglingen sind ganz ordentliche Leute geworden. Besagter Major S. beispielsweise. Oder (sein Pech) der Erste Sekretär unseres Stadtkomitees … Klar, Mistkerle waren auch darunter; ihre Namen werde ich nicht nennen, sie sind schon abgekratzt und sollen in der Hölle schmoren. Sie hatten alle einen schweren Tod, und es ist nicht an mir, ihrem Arzt, breitzutratschen, was man mir über sie erzählt hat, und erst recht nicht, was sie mir vor dem Tode im Delirium gestanden haben. Von den Toten soll man bekanntlich entweder nichts sagen [illegible] Warum eigentlich? Aber um die geht es ja nicht.

Also, Kim kam bei uns zu den Bengeln aus der Westukraine. Und dort fingen sie natürlich an, ihn als offenkundigen Kazap gnadenlos zu verprügeln. Ihn auf Schritt und Tritt zu kränken, ihm ins Bett zu pissen, ihm das Essen wegzunehmen. Man kennt das ja. Jungen und Tiere – die einen wie die anderen. Aber da waren sie an den Falschen geraten. Als sie ihn wieder einmal grausam vertrimmt, ihm die guten Armeeschuhe abgenommen und ihm beim Abendbrot die kärgliche Schüssel Brei und den kärglichen Kanten Brot weggenommen hatten, stand er ganz leise auf, schlich zu seinem schlimmsten Peiniger, der satt unter drei Decken schlummerte, und hieb ihm mit voller Kraft einen Schemel auf den Kopf. Ironie des Schicksals: Dieser Holzkopf hätte einen Monat später zur Armee eingezogen werden sollen. Aber nach der Gehirnerschütterung von dem Schemel drückte er sich fast fünf Monate im Krankenhaus herum, und das hat ihn im Grunde gerettet. Ich habe ihn später gesehen: Den Krieg hat er als Politstellvertreter oder so was hinter sich gebracht, ein Orden, Medaillen und eine Fresse, die man zu dritt nicht zuscheißen kann. Instrukteur unseres guten alten Oldenburger … 'tschuldigung, damals noch Nowoisotowsker Gebietskomitees. Eine mächtig bedeutende Persönlichkeit, jetzt übrigens in Rente.

Also was Kim angeht: Die Sache mit dem Schemel wurde im Kinderheim natürlich vertuscht. Da vertuschten sie noch ganz andere Dinge. Drei Direktoren, fünf Wirtschaftsleiter, eine nicht genau bekannte Anzahl an Köchinnen und Kinderfrauen kamen vor Gericht, Banden von vor Hunger rasenden Zöglingen raubten Vorratskeller, Läden und Hütten aus, die Hausfrauen wehrten sich mit Mistgabeln und Äxten, die Leichen der Jungen und Mädchen wurden heimlich irgendwo verscharrt, die Verkrüppelten weggebracht, keiner weiß wohin … Das ist allgemein bekannt. Und was Kim angeht, so hörten sie auf, ihn zu drangsalieren, aber Freunde fand er im Kinderheim auch nicht. Sie waren alle für Golgatha bestimmt. Und Kim freundete sich mit mir an.

Erstens war er in der Schule mein Banknachbar. Das bringt einen sowieso schon näher. Und vor allem – meine Mama. Irgendetwas an Kim gefiel ihr sehr. Und wenn er zu den Hausaufgaben zu uns kam, kriegte er immer etwas vorgesetzt: gestampfte Kartoffeln, kräftig gesalzen, Zwiebeln hineingeschnitten und Magermilch drüber. Und wir schaufelten drauflos. Mein Gott, wie wir reinschaufelten, ich darf gar nicht dran denken! Nur Brot gab es natürlich zu wenig – so ein kleines Ränftchen Brot pro Nase.

Und natürlich redeten wir damals ausgiebig über alles Mögliche, wie das unter Jungen immer ist.

3

Der Henker tanzte nicht auf dem Grab. Das kam der armen Katheline in ihrem Wahn nur so vor. Er trat einfach die Erde auf der frischen Grabstätte fest.

Sein genaues Alter wusste Kim nicht, die fünf Jahre hatte man ihm nach Schätzung zugeschrieben. Er kannte auch seinen Familiennamen nicht und ebenso wenig den Namen des Vaters, er wusste nur, dass seine Mutter Dunja hieß, die Großmutter Vera und dass der Großvater in der Familie »Alter« genannt wurde. Vaters- und Familiennamen gaben sie ihm nach einem Soldaten, der Sanitäter oder Koch war und bei dem er mitlief, bis er ins Hinterland geschickt wurde. Schönen Dank dem unbekannten Sergej Woloschin, dass ihm die Erde leicht sei. Und wenn wir schon einmal bei Namen sind, so hat mir Kim einmal gestanden, dass er eigentlich Klim hieß (zu Ehren des Ersten Marschalls, scheint's), doch als sie ihn befragten, zitterte er noch am ganzen Leibe und verschluckte einen Buchstaben, so dass statt Klim Kim herauskam, und das schrieben sie auf …

Er stammte irgendwo aus dem Süden, aus Bataisk oder aus Rostow. Der Vater zog gleich zu Beginn in den Krieg und kam um, jedenfalls hatte Kim keinerlei Erinnerung an ihn. Als die Deutschen der Stadt nahe kamen, nahm die Mutter den kleinen Sohn und schlug sich zu den Eltern durch. Anscheinend irgendwo in der Nähe. Schon nach ein paar Tagen stießen die Deutschen kampflos in diesen Flecken und stürmten weiter. Nach Osten, nach Osten! Nach Stalingrad!

Von der deutschen Besatzung hatte Kim weiter keine Erinnerungen behalten. Es hat sogar den Anschein, dass das die schönste Zeit in seinem kleinen Leben war. Opa Alter und Oma Vera hatten einen Narren an ihm gefressen, Kartoffeln mit saurer Sahne, Eier und Mohrrüben gab es mehr als genug, ein weitläufiger Hof und ein Gärtchen standen ihm zur vollen Verfügung, nur die Mutter verging von Tag zu Tag mehr … Dann kam jener schreckliche Winter, in dem der Krieg sich den Jungen richtig vornahm.

Wahrscheinlich hatte dieser Flecken große strategische Bedeutung, warum sonst hätten die beiden mächtigsten Armeen der Welt tagelang (stundenlang? wochenlang?) über den Köpfen der beiden Alten, der jungen Frau und des Kindes, die sich vor Angst im Keller in einem Haufen Kartoffeln vergraben hatten, dröhnen, krachen, klirren sollen? Die Erdwände entlang rannten von Panik erfasste Ratten, es rieselte reichlich von der Decke, und immerfort wackelte alles in der Stockfinsternis … Eine Minute lang herrschte Stille, und Opa Alter kroch die Erdstufen hinauf und schaute vorsichtig hinaus, und er kam sofort wieder herunter und teilte mit, die Hütte liege in Trümmern, und wo der Abort gewesen sei, türmten sich entweder Säcke oder Körper. Dann dröhnte, krachte, klirrte es wieder, sogar noch stärker. Die Mutter legte sich über Kim und bedeckte ihn mit ihrem hinfälligen Körper, Oma Vera betete laut, Opa Alter hustete und rumorte im Finstern, er versuchte immer wieder, seine Lieben tiefer in den Kartoffeln zu vergraben, und der kleine Kim lag da, vom Körper der Mutter zu Boden gepresst, kriegte keine Luft und machte in die Hosen … Und da trat jemand die Kellertür ein und warf eine Handgranate herein.

Ein Deutscher? Einer von uns? Egal! Die aufgebrochene Tür zerbarst, ein graues Licht erhellte den Keller, dann prallte etwas nebenan auf den Boden und krachte. Eine ganze Ewigkeit lag Kim unter den Leichen der Menschen, die sich um ihn kümmern konnten. Dann dauerte es noch eine ganze Ewigkeit, bis er sich unter ihnen hervorgearbeitet hatte. Er kam hervor, von Blut und Ausscheidungen überströmt, kroch auf den Erdboden und begann zu heulen. Er heulte und konnte und konnte nicht aufhören. Später wusste er nicht mehr, wie sie kamen, wie sie ihn herauszogen, dunkel erinnerte er sich, wie jemand über ihm weinte, jemand grimmig fluchte, dann wurde er gewaschen und abgetrocknet, und jemand Nacktes mit ungleichmäßig geschnittenen Haaren schüttete unerträglich heißes Wasser über ihn und rieb ihn mit einem harten Bastwisch ab. Und dann steckte er sauber in einer zurechtgenähten und trotzdem viel zu großen Soldatenuniform, mit Leinwandkoppel und Schulterklappen, in riesigen Stiefeln, mit Lumpen ausgestopft, in richtigen Wickelgamaschen, eng um seine dünnen Beine gewickelt, und stand unter der Obhut des prächtigen Sanitäters und Kochs Onkel Serjoscha und stürmte mit der ganzen Armee nach Westen, nach Westen, nach Berlin!

Bis nach Berlin schaffte er es nicht, sondern er befand sich plötzlich in einem Flüchtlingszug, in einem Kälberstall voll lauter solchen rotznasigen Unglücksraben wie er selbst: ein Kesselchen wunderbar schmackhaften Hirsebrei mit Rindfleisch (für zwei Kinder pro Tag), ein Laib Brot, das auch wunderbar gut schmeckte (für fünf Kinder pro Tag), Nowoisotowsk, das Verteilerlager, Taschlinsk. Fertig.

4

Die alliierten Seeleute beklagten sich, dass sie, wenn sie nach den Härten der Arktis an Land kamen, bei uns die Zärtlichkeiten der Frauen entbehren müssten und deswegen womöglich ungewollt abspritzen könnten. Da wandte sich das Stadtkomitee an die Komsomolzinnen im Alter von siebzehn bis zwanzig mit dem Vorschlag, unsere Waffenbrüder zu erfreuen. Die lehnten die Freuden natürlich nicht ab. Was sollte man machen, es waren schwere Zeiten, und da gab es Konserven, Schokolade, Whisky und Strümpfe. Doch als der Krieg vorbei war, wurden sie alle zu Vaterlandsverräterinnen erklärt, auf Lastkähne geladen und ins offene Meer geschleppt. Auf die Insel Salm, wie man ihnen sagte. Doch bis zur Insel Salm wurden sie nicht gebracht, sondern von einem U-Boot mit Torpedos versenkt. Es schien die rote Mitternachtssonne, der Himmel stand weiß über dem fernen Rand des ewigen Eises, der Ozean war spiegelglatt, und bis zum Horizont sah man auf dem Wasser Frauenköpfe – schwarze, blonde, braune …

Als einer der Ersten kehrte der Bruder der Mutter, Onkel Kostja, aus dem Krieg zurück. Er hatte ein Bein, eine einsame Tapferkeitsmedaille auf der breiten Brust, einen mageren Gepäcksack mit simplen Habseligkeiten und dazu ein großartiges Akkordeon, dass er nach seinen Worten (und ich glaube ihm) aus einem von ihm selbst abgeschossenen deutschen Panzer geholt hatte.

Ich weiß noch, es war Abend. Bei uns hatten sich eine Menge Frauen versammelt. Auf dem Tisch türmten sich gekochte Kartoffeln und Salzgurken, und es mangelte nicht an Selbstgebranntem. Kim und ich wurden in die Ecke gedrängt, doch in die Becher, die wir zwischen den Frauen hindurch vorstreckten, wurde unbesehen eingeschenkt, und das kam uns gerade zupass. Wir zwinkerten uns hinter den Rücken nur zu. Dann erkundigte sich Froska, ein dickes freches Weibsstück, das von Anfang an an dem Helden klebte, spielerisch, warum es bei ihm auf der Brust so ziemlich leer sei. Sie wurde ausgezischt, und Onkel Kostja griff an seine Medaille, verzog das Gesicht und erklärte der losen Froska, was sie so einem Wanja als Belohnung für einen Angriff verpassen und wohin, und wofür so eine Tamara den Roten Stern kriegt. Alle waren niedergeschlagen, jemand kicherte, jemand weinte ein bisschen. Froskas dicke Backen wurden violett.

»Na schön«, erklärte Onkel Kostja. »Ich werd euch lieber was singen. Dann wird's vielleicht klarer.«

Er nahm das Akkordeon aus dem Futteral und begann zu singen. Es war ein sonderbares Lied, und die Melodie war auch sonderbar – irgendwas zwischen einem Marsch und Schwermut vor dem Tode.

Da sind Panzer von rechts, Kinder, Panzer, ja dort!
Die Granaten macht fertig, wir dürfen nicht fort.
He, Serjoschka und Pawel, nun strengt euch mal an
Und rollt das Geschütz an die Brustwehr heran!

Sergej der Student hat 'ne Flasche voll Wein,
Keine Zeit zu verlieren, los, helft sie euch ein!
Es wird nicht lang dauern, wir erfahrn früh genug,
Ob am Himmel was dran ist oder alles Betrug …

Das Pack mit den Kreuzen kommt näher, was nützt
da so'n Fünfundvierziger-Abwehrgeschütz?
Noch kaum Munition, und ich steh schon allein,
Schlaf ruhig, Pawluschka, ich hol dich bald ein.

Es wurde still in der Hütte. Und plötzlich drehte mein Kim neben mir durch, ließ den Becher fallen und begann bald mit hysterischem Lachen, bald mit Schluckauf zusammenhanglos zu schreien: »Abschlachten! ... Mit Kreuzen oder ohne – alle abschlachten! In kleine Stücke hauen! Dass kein einziger ...! Zerstampfen! Zu blutigem Brei! ...«

Ihm blieb ein Schrei im Halse stecken, und er warf den Kopf zurück, als wolle er den Nacken an die Schulterblätter legen. Die Frauen stützen ihn, begannen ihm ins Gesicht zu pusten, ihm zwischen den zusammengebissenen Zähnen Wasser einzuflößen.

Onkel Kostja fragte angewidert: »Was ist denn das für einer?«

Die Mutter erklärte eilig: Na, der Freund von Ljoschka, aus dem Kinderheim, und weiter erklärte sie nichts, aber Onkel Kostja hatte auch so schon begriffen. Er setzte das Glas ab, aß eine Gurke und murmelte, während er die Kerne ausspuckte: »Von da also ... Na, was soll man dem Jungen vorwerfen, da sind schon ganz andere weggetreten ...« Und er fügte ganz à la Gorki hinzu: »Aber das Lied hat er mir nun doch verdorben, dass ihn ...«

Und bald ergab sich ein weiterer Vorfall. Es kehrten noch ein paar Versehrte zurück, und sie kamen darauf, sich bei uns zu treffen, zu trinken und ihre wilden und schrecklichen Lieder zu singen. Mutter seufzte nur, aber sie konnte sie schließlich nicht fortjagen ... Erst recht Kim und ich – wir waren ganz Ohr. Einmal sangen sie ein besonders wildes und schreckliches Lied:

Wir, die Invaliden, Krüppel, halb zerschossen,
Sind vom großen Kriege ausgespuckte Bissen,

Doch die meisten von uns wissen unverdrossen,
Dass wir singen, lustig sein und saufen müssen!

So, Invaliden, trinkt und singt im Chor
Und steigt auf Wodkaflügeln hoch empor,
Lasst euer heisres, wüstes Lachen hören,
Denn dass wir froh sind, wer kann's uns verwehren?

Wer nicht so wie wir gestöhnt hat und gestunken
Dort im Lazarett, den Tod vorm Angesicht,
Wird sich sicher wundern, sieht er uns betrunken,
Aber lachen so wie wir, das kann er nicht!

So, Invaliden, trinkt und singt im Chor …

Und Schluss. Und plötzlich war das Lied verstummt. Das Akkordeon quietschte ein letztes Mal und war auch still. Ein Gewicht beengte mir die Seele, die Augen füllten sich mit Tränen. Die Versehrten schwiegen, wechselten betrübt und verwirrt Blicke. Kim aber hatte vom Schweiß ein ganz nasses Gesicht bekommen, die hervorquellenden Augen waren nach oben verdreht, und er rutschte langsam von der Bank zu Boden. Eine Minute später fassten sich die Invaliden, ohne noch ein Wort gesagt zu haben, und gingen. So hat es sich ereignet.

Vielleicht war das der Anfang von allem? Das erste Anzeichen? Keine Ahnung. Ich weiß nicht genug, und lügen will ich nicht. Es ist ja auch lange her.

Und übrigens kam dann auch mein Vater zurück, Gardehauptmann, lebendig und verhältnismäßig unversehrt, und die Invaliden kamen bei uns nicht mehr zusammen.

5

> Das hat mir noch die Großmutter beigebracht: »Wenn du getrunken, den Eimer mit dem Deckel zugemacht hast, dann pass auf, dass du die Schöpfkelle mit dem Boden nach oben aufs Brett legst. Denn wenn du sie mit dem Boden nach unten hinlegst, pass auf, dann kacken die Teufel rein …«

Ich glaube, es war in der sechsten Klasse, als sich Kims und meine Wege trennten. In Taschlinsk wurde eine Berufsschule eröffnet, und Kim ging dort sofort in die Lehre – entweder als Reparaturschlosser für irgendetwas Landwirtschaftliches oder als Dreher für Ersatzteile. Überhaupt leerte sich in jenem Jahr unsere Schule um ein Drittel: Bei den meisten Kindern hatte die Familie den Vater verloren, und in der Berufsschule gab es immerhin was zu essen, eine Uniform und sogar einen Zuverdienst – einen winzigen natürlich, aber eben doch richtiges Geld.

Jedenfalls trafen wir uns kaum noch, zumal die Berufsschule in einem anderen Teil von Taschlinsk lag und überhaupt auf dem anderen Ufer unseres prächtigen Flüsschens Taschliza. Und die Zeit eilte dahin, Monate und Jahre verflogen, und der Schnurrbärtige ging hinüber, wie man bei uns sagte, und auf dem Thron machte sich der Große Maister breit, und ich verlor bei einer lustigen Witwe die Unschuld, und Kim kam wegen bösartigen Rowdytums beinahe vor Gericht, und wir wurden beide siebzehn, achtzehn und verabschiedeten uns von den heimischen Kochtöpfen. Und da verloren wir einander endgültig aus den Augen. Für mehrere Jahre jedenfalls, und ich beispielsweise vergaß einfach, dass es meinen ehemaligen Freund Kim Woloschin gab.

Es gelang mir, mich vor der Armee zu drücken. Wie? Ich will keine Geheimnisse verraten, und außerdem geht es ja nicht um mich. Es reicht, wenn ich sage, dass ich rechtzeitig am Tomsker Medizinischen Institut war und, um Gott nicht zu versuchen, nicht einmal in den Ferien nach Hause kam. Und als ich dann doch kam, kam ich als Arzt des Rettungsdienstes. Und erst da erfuhr ich rein zufällig, dass Kim nicht in Taschlinsk war, weil ihm eine nahezu märchenhafte Geschichte widerfahren war.

Erzählt hat sie mir ein Mechaniker der ehemaligen Maschinen-Traktoren-Station, die jetzt Reparatur-Technische Station heißt, den ich wegen eines Anfalls von Stenokardie behandelte. Es stellte sich heraus, dass Kim auch nicht zur Armee gekommen war. Doch ihn hatten sie einfach für untauglich erklärt, bei ihm war ein Herzfehler entdeckt worden – höchstwahrscheinlich erworben. Ich greife vor und sage, dass ich mich davon selbst überzeugt habe, als ich ihn ein Jahrzehnt später einmal untersuchte. Genau gesagt, ein rheumatischer Mitralklappenfehler. Als er aus dem Wehrkreiskommando kam, begab er sich unverzüglich zur »Selchostechnika« und ließ schon tags darauf auf der MTS unter der einfühlsamen Leitung meines Mechanikers das Eisen scheppern.

Er arbeitete nicht schlecht, findig, machte sich aber auch nicht tot, wie es übrigens auch heute noch unter den Landtechnikern üblich ist. Wichtig ist aber etwas anderes: Kim fing an, für unsere Bezirkszeitung *Taschlinsker Prawda* zu schreiben! Und niemand ahnte davon seinerzeit etwas, denn seine kleinen Artikel und Zuschriften zeichnete er anonym als Rabkor, und unter dem wahren Namen kannten ihn nur der Redakteur, der verantwortliche Sekretär und der Kassierer.

Ich habe mir die Zeit genommen, einen Abend in der Stadtbibliothek über den gebundenen Zeitungsbänden zu verbringen. Die alte Bibliothekarin hat mir allein und nicht ohne Stolz Kims Werke herausgesucht. Es war nichts Besonderes, lauter Zeug à la »Es blüht die Taschlinsker Erde«, »Gebt den Arbeitern den Duschraum zurück«, »Wo hat die Kantinenkommission ihre Augen?«. Aber für einen Amateurjournalisten auch wieder gar nicht so übel. Aus den Worten der Bibliothekarin folgte übrigens, dass Kim bei ihr Stammleser war. Er kam mindestens einmal pro Woche und lieh sich Bücher aus. Hauptsächlich Klassiker. Von Belinski und Gogol bis zu Nekrassow und Saltykow-Schtschedrin. Weiter gab es auch kaum etwas, Broschüren und alle möglichen Bubennows und Aschajews …

Diese Zeitungs-Maschinenreparatur-Idylle, ab und zu von Skandalen im Wohnheim unterbrochen (»hat das Licht bis in die Nacht brennen lassen«), zog sich bei Kim fast vier Jahre lang hin. Doch dann tauchte *sie* auf.

Sie – das war Nina Wostokowa, zwanzig Jahre, Studentin am Moskauer Institut für Journalistik und einzige Tochter von Nikolai Wassiljewitsch Wostokow.

Nikolai Wassiljewitsch Wostokow war ein russisch-sowjetischer Literaturwissenschaftler, Professor, ein in gewissen Kreisen ziemlich bekannter Spezialist für die journalistische Tätigkeit von Uljanow-Lenin sowie einer der in der Öffentlichkeit halbwegs sichtbaren Leiter des Moskauer Instituts für Journalistik.

Nina Wostokowa kam in unser riesiges Taschlinsk zum Praktikum. Wahrscheinlich hätte sie ohne weiteres zu jeder führenden Zeitung gehen können, doch entweder hatte der Professor entschieden, seine Tochter solle sich Provinzwind um die Nase wehen lassen, oder sie hatte selbst darauf bestanden, jedenfalls erschien sie eines Tages im verqualmten Arbeitszimmer des Redakteurs unseres Bezirksblättchens. Sie wurde mit der gebührenden Aufmerksamkeit empfangen, äußerte die angemessene Freude aus Anlass der Begegnung und die Hoffnung auf die Hilfe so erfahrener Kollegen, konnte aber, was hilft's, aus Unerfahrenheit ihre treuherzige Überlegenheit ihnen gegenüber nicht verbergen, ja nicht einmal die noch weniger schmeichelhaften Gefühle, die sie für sie empfand. Die Kollegen waren gekränkt, ließen sich aber nichts anmerken, sondern brachten sie einfach mit dem Volkskorrespondenten K. Woloschin zusammen. Bitteschön, wir sind auch nicht auf der Wurstbrühe hergeschwommen, und inmitten unserer Lesermassen reifen unsere aktiven Helfer heran, und wir machen sie aktiv ausfindig und führen sie an die aktive Mitarbeit heran. Was dagegen aus Ihnen wird, meine Liebe, weiß man noch nicht.

Die Begegnung mit dem Volkskorrespondenten K. Woloschin machte auf das hochnäsige Mädchen gewaltigen Eindruck. Sie konnte nämlich, wie sich herausstellte, bisher nur eine einzige kleine Notiz im »Moskauer Komsomolzen« vorweisen, und die in Petit, zu einem läppischen Gegenstand und ohne Unterschrift, und dieser Arbeiter präsentierte ihr ein ganzes Album mit Zeitungsausschnitten. Nina Wostokowa war baff. Sie war begeistert. Nach den Vorgaben ihres Vaters hatte sie immer an das schöpferische Potenzial der werktätigen Massen geglaubt, doch nun sah sie zum ersten Mal eine schöpferische werktätige Persönlichkeit mit eigenen Augen. Und wo! Wo sich die Füchse gute Nacht sagten! Die Ärmste konnte nicht einmal neidisch sein. Sie küsste Kim, sie küsste den Redakteur und lief, ohne ein Wort zu sagen, ins Stadtkomitee des Komsomol. Und alle Welt erfuhr es.

Und nach den Gesetzen dieses Lebensgenres verliebten sie sich natürlich augenblicklich ineinander.

Der Redakteur der *Taschlinsker Prawda,* ein alter Freund meines verstorbenen Vaters und mein Patient, beschrieb sie so: nicht übermäßig schön, mit dunklem Teint, etwas vorstehenden Wangenknochen, kräftig, immer in einem verblichenen Serge-Anorak, Komsomolabzeichen, riesige Brusttasche, aus der ein Notizblock mit Kugelschreiber hervorschaute.

»Unruhig war sie, geschwätzig«, erinnerte er sich nachdenklich. »Eine Idealistin. Pawka Kortschagin, Oleg Koschewoi und so weiter. Enthusiastisch. Ein bisschen dumm. Natürlich, bei dem Vater …« Da brach er etwas unerwartet ab, begann zu krächzen und teilte mit: »Irgendwas bläht heute. Ganz wie von Milchbrei. Was hab ich für Milchbrei essen müssen …«

Termingerecht reiste sie zu sich nach Hause in die Hauptstadt ab, und ungefähr einen Monat später erhielt Kim eine Nachricht, dass er fürs erste Semester am Moskauer Institut für Journalistik immatrikuliert sei. Es gab ein Abschiedsgespräch im Bezirkskomitee, es gab eine stille kleine Feier in der Redaktion, es gab einen ziemlich wüsten Ausstand in der Werkstatt, und Kim Woloschin fuhr ab. Und geriet in Taschlinsk sehr bald in Vergessenheit. So an die zwei Jahre lang hielt sich in den Berichten des Bezirkskomitees der Satz: »Vom Niveau der kulturellen Arbeit im Bezirk zeugt schon allein die Tatsache, dass einer unserer Mechanisatoren, K. S. Woloschin, der als ständiger Volkskorrespondent unserer Zeitung hervorgetreten war, in Moskau Beachtung fand und ohne Aufnahmeprüfung an einer der Fakultäten des Moskauer Instituts für Journalistik immatrikuliert wurde.« Doch dann kam ein neuer Erster Sekretär, und der Satz verschwand sang- und klanglos.

So war denn, als ich als Rettungsarzt in die heimatliche Hütte zurückkehrte, Woloschins Name gründlich vergessen, und auch ich selbst, muss ich gestehen, erinnerte mich an ihn nur wegen einer beiläufigen Bemerkung meines Patienten, des Meisters. Ich erinnerte mich und war natürlich interessiert, begann sogar nachzufragen. Doch die Jahre vergingen, mein Interesse erlosch allmählich, und ich vergaß Kim abermals, und zwar gründlich. So gründlich, dass ich, als ich ihm wieder begegnete, nicht gleich begriff, wen ich vor mir hatte.

6

Bald schon, bald schon liegen wir,
Kopf nach Norden, ausgestreckt,
Bald schon, bald schon werden wir
Von des Nordens Gras bedeckt …

Damals hatte ich schon seit ein paar Jahren die unruhige, aber für einen richtigen Mediziner so notwendige Arbeit beim Rettungsdienst aufgegeben und war in unserem Krankenhaus Internist geworden, und zwar leitender, so gut wie die Nummer zwei nach dem Chefarzt. Einmal hatte ich Dienst, und es war meiner Erinnerung nach ruhig, nur abends kam ein Notruf von der RTS »Morgenröte« wegen einer Gebärmutterblutung bei einer zweiunddreißigjährigen Frau. Es war eine stille Mondnacht mit leichtem Frost. Bis zur »Morgenröte« waren es fünfzehn Kilometer, so dass ich leichten Herzens unsere Klapperkiste losschickte, denn ich war immer der Ansicht, dass wir unsere Pferdchen möglichst schonen sollten. Nach dem Rundgang setzte ich mich wie üblich im Ärztezimmer fest, bestellte bei der diensthabenden Schwester Tee und befasste mich selbst damit, meine ziemlich vernachlässigte Dokumentation in Ordnung zu bringen. Daraus wurde nichts. »Kater« Wassja (der Rettungsarzt) rief von der »Morgenröte« an und teilte mit, der Zustand der Kranken sei ernst, und er habe beschlossen, sie zu uns zu bringen. Na ja, nichts Ungewöhnliches; ich rief den Chirurgen an, der auch unser Gynäkologe ist, dito unser Urologe et cetera, weckte ihn und bestellte ihn ein, dann gab ich Anweisung, den Operationssaal vorzubereiten.

Nach einer Stunde brachte man sie. Wie sich herausstellte, war ihr Mann mitgekommen, und das traf sich gut, denn sie war bewusstlos, und die Anamnese musste vervollständigt werden. Alle Leute, die ich zur Verfügung hatte, waren im Behandlungszimmer im Einsatz, und ich musste mich selbst mit der Krankengeschichte befassen. Ich ging in den Vorraum hinaus. Auf dem abgewetzten Sofa saß da, das Gesicht in den Händen verborgen, ein Mann in schäbigem Anzug; auf dem Fußboden neben ihm lagen als unordentlicher Haufen Pelzmäntel, Kleider von unansehnlicher Farbe, noch irgendwelche Klamotten, obenauf blutige Handtücher oder zerrissene Laken.

»Sie sind der Ehemann?«, fragte ich laut und geschäftsmäßig.

Er hob den Kopf und blickte mich an. Sein Gesicht war schmal, hager, gelblich, die hellen Haare abrasiert, unter dem Stoppelbart schauten verheilte Narben hervor, und eine breite schwarze Binde lief über Gesicht und Schädel und verdeckte das linke Auge. Billy Bones, schoss es mir unnötigerweise durch den Kopf.

»Ja«, antwortete er heiser und erhob sich schwerfällig. Er war groß, sogar ein Stück größer als ich, aber unglaublich dünn. Geradezu krankhaft. Und außerdem registrierte ich automatisch, dass ihm an dem ramponierten Jackett Knöpfe fehlten. Und unter dem Jackett trug er einen grauen grobgestrickten Pullover mit offenem Kragen.

Ich führte ihn ins Ärztezimmer, ließ ihn auf dem Schemel mir gegenüber Platz nehmen, holte den Notizblock hervor und schraubte die Kappe des Füllfederhalters ab.

»Name?«, fragte ich.

»Meiner?«, fragte er und räusperte sich.

»Nein, Ihrer vorerst nicht. Der Name der Kranken.«

»Ja, natürlich, entschuldigen Sie. Sie heißt Woloschina, Nina Nikolajewna.«

»Geburtsjahr?«

»Neununddreißig.«

»Verheiratet?«

»Ja. Mit mir. Seit über zehn Jahren.«

»Schwanger?«

»Nein. Nein, nein. Definitiv nein.«

Er rutschte auf dem Schemel hin und her, setzte sich bequemer und legte die gefalteten Hände vor sich auf den Tisch. Riesige schwielige Extremitäten, gefärbt von Rost und Maschinenöl, die sich eingefressen hatten. Etwas war nicht in Ordnung mit diesen Extremitäten, doch näher hinschauen wollte ich nicht. Ich legte den Füller weg und fragte: »Was ist mit ihr passiert?«

»Ich weiß nicht genau«, antwortete er mit tönender Stimme, und ich begriff, dass er am Rande der Hysterie war. »Wahrscheinlich hat sie was Schweres gehoben, sich verhoben. Bei uns in den Baracken ... Also, Doktor. Notieren Sie: Fünfundsechzig hatte sie eine Fehlgeburt aus nervlichen Gründen, und dann war sie in Behandlung ... Ja, und sie ist rhesusnegativ.«

»So. Und in was für einer Behandlung?«

»In psychiatrischer. Sie hat zwei Jahre in der Klapsmühle gesessen.«

Ich schrieb es auf und schaute wieder auf seine Pfoten. Aha ... An der rechten Hand fehlte der kleine Finger. Ein Stummel, fast am Gelenk abgetrennt.

»So«, sagte ich. »Und hatte sie früher schon solche Blutungen?«

Er kam nicht zum Antworten. Die Tür wurde einen Spalt geöffnet, die diensthabende Schwester lugte herein und sagte sachlich: »Alexej Andrejewitsch, kommen Sie schnell.«

Ich stand auf.

»Bleiben Sie hier sitzen«, sagte ich. »Warten Sie einen Moment.«

Ich wusste schon, was los war. Hinter der Tür bestätigte die Schwester flüsternd: »Sie ist gestorben ...«

Das Behandlungszimmer war schon leer, nur der Chirurg wusch sich über dem Becken in der Ecke. Als ich eintrat, wandte er mir die schuldbewusst-aggressive Physiognomie zu: »Nichts zu machen. Klinischer Tod.«

Ich trat an den Tisch. Sie lag auf dem Rücken, der ganzen nicht besonders großen Länge nach ausgestreckt, nackt, bläulichgrau, erstaunlich mager, so dass alle Rippen zu sehen waren, und die Kniegelenke ließen die Schenkel, grade wie Stöcke, nicht zusammenkommen, und die hellroten Fünfer der flachen Brustwarzen wirkten wie auf die Rippenlandschaft der Brust gemalt. Die Augen waren geschlossen, das faustgroße Gesichtchen ganz wie bei einer Puppe, bläuliche Zähne glänzten trocken zwischen halboffenen weißen Lippen, und in dem üppigen schwarzen Haar, dass sich übers Kopfende ausbreitete, waren graue Strähnen ...

»Wie heißt sie, Alexej Andrejewitsch, wissen Sie das?«

»Ich glaube, Woloschina«, murmelte ich automatisch. »Ich habe es notiert ...«

Ich hatte noch nicht zu Ende gesprochen, als mich eine irre, aber exakte Vermutung erleuchtete, und plötzlich wusste ich, wessen Leiche da vor mir lag und wer im Ärztezimmer auf mich wartete. Ich habe nie verstanden und werde gewiss auch nie verstehen, wie das Unterbewusstsein funktioniert. Es gab ja genug Woloschins auf der Welt. Und nichts war mir in jener Januarnacht ferner als Kim Woloschin, und niemand hätte mich weniger an Kim erinnern können als der hagere Mann im Jackett mit den abgerissenen Knöpfen, mit der schwarzen Binde überm Auge, mit der verkrüppelten Hand ...

»Was?«, fragte ich.

Die Schwester stand da, ein Laken in den Händen, und schaute mich fragend an. Und der Chirurg betrachtete mich neugierig.

»Ja«, sagte ich ohne Festigkeit. »Natürlich. Bringt sie' raus.«

Die Schwester deckte die Leiche zu, trat vom Tisch zurück und bekreuzigte sich.

»Alexej Andrejewitsch«, sagte der Chirurg. »Und was wird mit der Anamnese? Ihr Mann soll mitgekommen sein, man könnte sie wenigstens nach seinen Angaben zusammenstellen …«

»Das mach ich selber«, sagte ich rasch. »Ich mache das. Und du entwirf erst einmal die Diagnose und den Rest, du trägst es später ein …«

Ich biss die Zähne zusammen und ging wieder ins Ärztezimmer. Als ich eintrat, hob er den Kopf und fixierte mich mit seinem einzigen Auge. Ich schluckte, ging langsam um den Tisch herum und setzte mich ihm gegenüber. Dann begann ich zu sprechen, den Blick abgewandt: »Ja, also dann. Die Sache, weißt du, Kim, ist die …«

Er unterbrach mich. Mit fast geschäftsmäßiger Stimme. »Sie ist tot?«

Ich nickte und begann hastig zu erklären, dass die Autopsie die Einzelheiten ergeben würde, vielleicht hätte eine Transfusion geholfen, sie hatte eine Menge Blut verloren, aber sie ist ja rhesusnegativ, wie du weißt, und solches Blut ist nicht nur in Taschlinsk nicht zu kriegen, sondern wohl nicht einmal in Oldenburg, womöglich sogar in Moskau nicht.

Er hörte zu, ohne mich zu unterbrechen, und ließ das schwere dunkle Lid übers Auge sinken, und als ich, ins Schwitzen gekommen, verstummte, wartete er ein paar Sekunden und sagte: »Du brauchst dich nicht zu rechtfertigen, Ljoschka. Nichts hätte sie retten können. Weder Oldenburg noch Moskau … Wenn nicht heute, dann übermorgen, so oder so. Die Arme hat ausgelitten.«

Ich langte sofort in den Schreibtisch, holte eine Flasche Spiritus und ein Glas heraus, goss hundert Gramm ein, füllte aus der Wasserflasche auf und reichte es ihm. »Trink, Kim.«

Er lächelte hölzern. »Na, wenn die Medizin nichts dagegen hat …«

Er leerte das Glas mit einem Zug, rieb sich das tränende Auge, und ich packte nervös die von zu Hause mitgebrachten Schnitten aus.

»Iss was.«

Er brach ein Stück ab, roch daran und begann zu kauen.

»Im Grunde«, sagte er fast im Ton einer Erörterung, »war sie schon lange dem Tode geweiht. Liebe, Güte, Großmut – so was wird grausam bestraft, Ljoschka. Grausam und unweigerlich.«

Ich wurde ärgerlich. Anscheinend hatte ich mich schon wieder gefangen.

»Das ist alles Philosophie, Kim. Die Idee zu drei Kopeken. Aber wie ist sie in so einen Zustand gekommen? Hast du sie etwa hungern lassen?«

Er schüttelte langsam den Kopf.

»Das ist eine lange Geschichte, Ljoscha. Aber in letzter Zeit hat Nina fast nichts gegessen. Sie konnte nicht. Sie behielt nichts bei sich. Ich habe mich bemüht, sie bei Ärzten unterzubringen. Nicht dran zu denken. Dort in der Baracke haben die Weiber versucht, sie mit Gewalt zu kurieren. Haben irgendwelche Wunderdoktoren geholt, weise Frauen … Kräuter, Aufgüsse, Besprechungen … Sie hatten sie sehr gern. Aber es hat nichts geholfen, wie du siehst. Sie war ja nicht ganz normal, was willst du …«

Er klopfte mit dem leeren Glas gegen die Spiritusflasche. Ich goss ein. Er trank aus und brach noch ein Stück Brot ab, begann angestrengt zu kauen. Er sah jetzt nachdenklich aus.

»Und bist du schon lange hier?«, fragte ich.

»In Taschlinsk? Ja, also nicht besonders … Wir sind letzten Sommer angekommen. Gott sei Dank kriegten wir in der Baracke gleich ein Zimmerchen, brauchten nicht umherzuirren.«

»Und ich hab's gar nicht gewusst«, sagte ich und fügte unaufrichtig hinzu: »Du hast doch nicht die ganze Zeit in deiner ›Morgenröte‹ herumgelungert, bist sicherlich ab und zu in die Stadt gekommen … Warum hast du mich nicht besucht?«

»Und was hast du von mir?«, erwiderte er gleichgültig. »Und ich von dir … Natürlich, wenn Tante Glascha noch leben würde …« (Meine verstorbene Mutter hieß Glafira Fjodorowna.)

»Ich habe dich nicht gleich erkannt«, murmelte ich, um irgendetwas zu sagen.

»Ich dich sofort.«

Er nahm die Flasche, goss das Glas voll und kippte es hinunter, dann trank er glucksend direkt aus der Wasserflasche. Das Wasser floss ihm über die Brust, und ohne die Flasche abzusetzen, begann er, es mit der verkrüppelten Hand wegzuwischen.

»Das reicht jetzt«, sagte ich entschieden und packte die Spritflasche weg.

»Wenn's reicht, reicht's«, murmelte er träge und ließ das dunkle Lid übers Auge sinken.

Dann wurde er ein wenig unbändig und ausgesprochen weinerlich, redete unverständliches und zusammenhangloses Zeug und schlief plötzlich mitten im Satz ein, wobei ihm der Kopf auf den Tisch fiel. Ich rief die Schwester und Kater Wassja, und wir schleppten ihn aufs Sofa, wo wir ihm aus Mänteln und Schals ein Bett machten. Während dieser mühsamen Prozedur sagte er nur einmal ganz deutlich: »Wozu soll ich sie mir denn ansehen? Ich hab schon genug von ihr gesehen. Und wir haben uns schon längst voneinander verabschiedet …« Sagte es und war wieder völlig weg.

Am Morgen war er nicht mehr im Krankenhaus. Er war mitsamt seinen Mänteln verschwunden, und zwar so geschickt, dass es nicht einmal die Schwester gemerkt hatte. Und wieder war Kim Woloschin aus meinem Gesichtskreis entschwunden. Nach diesem Dienst hatte ich etwas außerhalb der Stadt zu erledigen, und just zu der Zeit kamen sie aus der »Morgenröte« mit Schlitten, um die Leiche zum Begräbnis abzuholen. Es heißt, sie bekam einen ganz anständigen Sarg, und da war ungefähr ein Dutzend warm angezogener Frauen – wahrscheinlich Nachbarinnen der Woloschins in der mir unbekannten Baracke. Der Zug von drei Schlitten fuhr aufs andere Ufer der Taschliza zum Neuen Friedhof, und den ersten Schlitten, den mit dem Sarg, soll der einäugige Kim selbst geführt haben; er ging mit schwerem Schritt voran und führte das reifbedeckte Pferd am Zügel. Sie begruben Nina Woloschina, und ohne nach Taschlinsk zurückzukehren, fuhren sie am rechten Ufer entlang direkt in ihre »Morgenröte«.

Die Arbeit stand mir wie immer bis übern Kopf, und nur gelegentlich dachte ich zerstreut und verständnislos daran, wie es wohl dazu gekommen sein mochte, dass ein Zögling des ruhmreichen Moskauer Instituts für Journalistik in die Werkstätten einer gottverlassenen RTS tief in der Provinz geriet und eine Journalistin und Tochter von Professor Wostokow ihr Grab in der gefrorenen hinterbaschkirischen Erde findet … Und außerdem empfand ich so etwas wie Ärger auf den plötzlich aus dem Nichts hervorgeschnellten Kim, den ich mir selber nicht richtig erklären konnte; er hatte es also nicht für nötig befunden, na gottbefohlen, Freundlichkeit lässt sich nicht erzwingen. Und ich wollte auch gar nicht zwangsweise freundlich sein.

Alles in allem hätte sich wegen des Alltagskrams und dieses Gefühls einer leichten Abneigung Kim wohl wieder aus meinem Gedächtnis verflüchtigt, doch da trat ein ungewöhnlicher Umstand ein.

Aber zuvor will ich einen weiteren Helden in die Geschichte einführen. Sein Name ist Moissej Naumowitsch Goldberg.

7

Am Himmel fliegen lauter schwere Bomber,
die wollen uns verschütten, joksel-moksel.
Und ich, ein junger Bursche, grad mal siebzehn,
lieg da, so gut wie ohne Bein.
Da kommt die Sanitäterin Tamara:
»Ich werd dich jetzt verbinden, joksel-moksel,
und leg dich in den Sani-Stunderbeker,
fein still, und bete dann für dich …«

Das war seinerzeit unser unübertrefflicher Prosektor, der »Totenarzt«, ein überaus begabter Greis, der unausweichliche Schrecken aller neuen Fachärzte – der Rotznasen, die Peritonitis mit Peritonismus verwechselten und in Operationswunden Tupfer vergaßen. Er ist voriges Jahr gestorben, ein altes Arbeitstier und ein Märtyrer, mit geschlossenen Augen und einem zufriedenen Lächeln – er war wohl froh, den Alptraum überstanden zu haben, den phantastischen Fall des Kim Woloschin.

Von seiner Vergangenheit weiß ich nicht viel. Er war ein Schüler von Ippolit Wassiljewitsch Dawydowski, dem führenden Pathologie-Anatomen der UdSSR, höchstpersönlich und erfreute sich dessen Wertschätzung. Desselben, will ich für die Außenstehenden hinzufügen, der der Initiator und Verfasser der berühmten Verfügung von 1935 war, nach der alle Kranken, die in einer medizinischen Einrichtung sterben, seziert werden müssen. Den Krieg hatte Moissej Naumowitsch von A bis Z mitgemacht. Er diente unter dem berühmten Generalleutnant Kotschin als Chefpathologe der Armee, bekam den Roten Stern und eine Waffe mit eingraviertem Namen verliehen, weil er einer im Heer entstehenden Meningitis-Epidemie zuvorgekommen war, die er anhand von Autopsieberichten entdeckt und unterbunden hatte. Es muss eine herausragende Arbeit gewesen sein.

Nach dem Krieg büßte er seinen Stern natürlich ein, die Pistole mit seinem Namen wurde ihm weggenommen, alsbald kamen auch richtige Unannehmlichkeiten, und mit Moissej Naumowitsch ging es steil abwärts. Und zu unserem Glück fiel er bis zur Oldenburger Gesundheitsbehörde, die ihn dann nach Taschlinsk entsorgte. So wurde er der Pathologie-Anatom unseres Krankenhauses und zugleich – vertretungsweise und aus Mangel – Gerichtsmediziner. Und ein volles Vierteljahrhundert, sein ganzes restliches Leben, verbrachte er in einem Zimmerchen, dass ihm die Justizbehörde (!) im sogenannten Bezirkspensionat zugeteilt hatte. Übrigens, soviel ich weiß, war er völlig allein, ohne einen Verwandten auf der ganzen weiten Welt.

Zwischen ihm und mir herrschte ziemlich lange ein Zustand wachsamer Neutralität. Doch Gott sei Dank hatte er an meiner Arbeit nie etwas auszusetzen, und nach und nach fing er an, zu mir nach Hause zu kommen – Schach spielen, ein Teechen trinken und auch mal bei uns essen. Ich freundete mich mit ihm an, und Alissa (meine Frau) hatte einfach einen Narren an ihm gefressen. Aber dieses Verhältnis zwischen uns entstand, wie gesagt, nicht gleich; mit den sogenannten einfachen Leuten freilich, insbesondere mit den Patienten, die in unserem Krankenhaus behandelt wurden, wurde er ungewöhnlich schnell warm. Natürlich ist ein gutes Wort für einen Kranken ein großer Halt, doch in Moissej Naumowitschs unerschöpflichem Arsenal gab es nicht nur gute Worte. Ihn, den »Totenarzt« ersten Ranges, konsultierten die etwas älteren und klügeren unter meinen Kollegen natürlich auch in schwierigen Fällen bei den Lebenden. »Ich bin ein alter Arzt, Alexej Andrejewitsch«, sagte er mit einem Lächeln. »Und ein Toter ist auch ein Kranker, nur dass er keine Medikamente mehr braucht und auch kein Mitgefühl.« Wie dem auch sei, in dem Vierteljahrhundert, da er der Stadt diente, hatte er eine Menge gute Bekannte gewonnen, besonders unter den älteren Leuten, und man lud ihn gern zu Familienfeiern ein, sogar zu Kindtaufen aller möglichen Enkel und Urenkel (»wenn auch Jude«), und zu Begräbnissen und Gedenkfeiern unbedingt. Apropos, zu seiner Beliebtheit trug auch nicht unwesentlich bei, dass er sich niemals zierte, den Verwandten von Hingeschiedenen die pathologieanatomischen Bescheinigungen auszustellen, ohne die es bei uns bekanntlich kategorisch untersagt ist, jemanden der Erde zu übergeben.

So viel zunächst über Moissej Naumowitsch Goldberg, Ehre seinem Andenken; an jenem Tag aber – es war wohl der erste Sonntag nach der Beerdigung Nina Woloschinas – saßen wir beide bei mir zu Hause im Arbeitszimmer und spielten Schach. Und plötzlich klingelte das Telefon.

8

> Alles erträgt er, aus dunkler Vergangenheit steigt er zur Sonne, zur Freiheit, zum Licht. Schad nur um eines: das Leben.

Am Apparat war ein alter Bekannter, der ewige Redakteur unserer *Taschlinsker Prawda*.

»Aljoscha«, krächzte er in den Hörer, »hast du sehr viel zu tun?«

Ich antwortete vorsichtig, es sei nicht sehr viel.

»Bei mir hier ist jemand«, sagte der Alte, »der muss unbedingt mit dir reden. Und dringend. Kannst du ein halbes Stündchen erübrigen?«

Ich antwortete, dass ich das wohl könne, aber nicht allein sei, dass Moissej Naumowitsch bei mir sei. Der Redakteur kannte Moissej Naumowitsch gut – er hatte sich ein paarmal in der Zeitung zu medizinischen und hygienischen Fragen geäußert.

»Moissej Naumowitsch? Sehr gut. Wir kommen also jetzt zu dir.«

Ich schaute bedauernd aufs Schachbrett und antwortete, ich würde sie erwarten. Der äußerst feinfühlige Moissej Naumowitsch war im Begriff aufzustehen und zu gehen, doch ich hielt ihn kategorisch zurück. Das fehlte noch! Dass an meinem gesetzlichen arbeitsfreien Tag in meinem eigenen Haus meine Freunde – und so weiter.

Und sie kamen.

Zu meiner Verwunderung erwies sich der Jemand als sympathische Brünette um die dreißig, mit hübschen Grübchen auf den vom Frost geröteten Wangen, gekleidet, würde ich sagen, nach Hauptstadtmode. Nachdem ich mich von dem momentanen Schock erholt hatte, beeilte ich mich, der Besucherin aus dem luxuriösen Pelzmantel zu helfen. Es erwies sich, dass die Brünette tatsächlich aus der Hauptstadt gekommen und eine Journalistin namens Jekaterina Fjodorowna war. Da kam auch meine Alissa in den Korridor, und es sah schon nicht mehr nach einem halben Stündchen aus, sondern nach unserem üblichen Teetrinken von drei Stunden. Alle wurden ins Wohnzimmer geschickt und rings um den Samowar gesetzt. Ich warf einen Blick auf Moissej Naumowitsch: Er sah gutgelaunt und sogar zufrieden aus – erstens saß er gern beim Tee, und zweitens war die Partie in einer für ihn ungünstigen Position unterbrochen worden. Ich konnte mir kaum ein Kichern verkneifen.

Doch kaum war das Klappern der Teelöffel beim Umrühren verstummt, verfinsterte sich Jekaterina Fjodorownas Miene, und sie fragte mich, ob man sie im Krankenhaus richtig unterrichtet habe, dass ich beim Tode von Nina Woloschina zugegen gewesen sei und mit ihrem Mann gesprochen habe. Die gelöste Stimmung, die mich erfasst hatte, verflüchtigte sich sofort, und ich erkundigte mich, warum sie das interessiere. Der alte Redakteur setzte zu Beteuerungen an, dass hier natürlich alles in Ordnung sei, doch Jekaterina Fjodorowna gebot ihm mit einem Wink des weißen Händchens Einhalt und sagte, sie werde selbst alles erklären.

Wie sich herausstellte, war sie eine alte Freundin der Verstorbenen, noch aus der Zeit am Institut, und sogar mit Kim befreundet gewesen. Als die Katastrophe geschehen war, hatte sie Nina mit ganzer Kraft unterstützt, hatte sie sogar bei sich aufgenommen, obwohl das, Sie verstehen, ziemlich riskant war, und sie hatten sich erst Mitte vorigen Jahres getrennt, als

Kim zurückgekommen war und sie hierher nach Taschlinsk mitgenommen hatte. Vorige Woche hatte sie von Kim ein Telegramm erhalten, war sofort zum Flughafen gestürzt, doch der Flug hatte sich wegen des Wetters verzögert, und zur Beerdigung war sie zu spät gekommen. Gestern war sie in der »Morgenröte« bei Kim gewesen. Wie üblich war von ihm nichts Brauchbares zu erfahren, doch die Nachbarinnen, sehr liebe und gute Frauen, hatten einiges erzählt, so dass sie nach der Rückkehr sofort ins Krankenhaus gegangen war, und dort hatte eine sehr liebe Person, anscheinend eine Krankenschwester, sie freundlicherweise an mich weiterverwiesen ...

»Das waren doch Sie, der in jener Nacht Dienst hatte, Alexej Andrejewitsch?«

Ich bestritt es nicht.

Doch sich direkt an mich zu wenden, hielt sie für unpassend. Wer weiß, wie ich es aufgenommen hätte, wenn sie aus heiterem Himmel bei mir hereingeplatzt wäre. Und sie versicherte sich der Unterstützung des Kollegen, bei dem Nina seinerzeit – wie lange das her ist! – ihr Praktikum gemacht hatte. Nina hatte ihm, wenn sie von ihm sprach, immer Bewunderung entgegengebracht. (Das Antlitz unseres Alten überzieht sich von dem Lob mit purpurnen Flecken, die betrübt herabhängenden Mundwinkel rücken unwillkürlich ein Stückchen höher. Was Moissej Naumowitsch betrifft, der ist hingerissen.) Sie hat dem Redakteur ihre Bitte unterbreitet, und nun ist sie hier.

Das alles brachte sie mit geschliffenen und literarisch abgerundeten Sätzen zum Ausdruck. Mir kam der Gedanke, dass sie ihren Auftritt vorher durchdacht und vorbereitet habe. Und noch etwas war klar: Sie glaubte, mir seien die Umstände wohlbekannt, die die Woloschins aus Moskau ins gottverlassene Taschlinsk verschlagen hatten, Umstände, die anscheinend nicht einfach tragisch, sondern auch unheilvoll waren.

Tatsächlich.

Was war das für eine Katastrophe, die Kim und Nina ereilt hatte?

Warum musste die Tochter von Professor Wostokow zu einer Freundin ziehen, und sei es auch zu einer besonders guten?

Wieso war diese Übersiedlung mit einem Risiko für die Freundin verbunden?

Woher war Kim Mitte vorigen Jahres zurückgekehrt?

Ich war kein so großer Dummkopf und Muttersöhnchen, dass mir nicht ein gewisser Verdacht gekommen wäre. Ich räusperte mich und sagte: »Hm-ja, also. Womit kann ich Ihnen dienen, Jekaterina Fjodorowna?«

»Eigentlich«, sagte sie, »wüsste ich sehr gern, wie Nina gestorben ist. Und zweitens, ob sie vor dem Tod etwas gesagt hat. Und wenn ja, was.«

Da schaltete sich unversehens Moissej Naumowitsch ein. In trockenem Protokollton teilte er mit, dass Nina verblutet war, dass sie äußerst ausgezehrt war, dass man sie in bewusstlosem Zustand ins Krankenhaus gebracht hatte und dass sie verstorben war, ohne zu Bewusstsein zu kommen. So dass sie nichts sagen konnte.

Jekaterina Fjodorowna nickte eifrig.

»Ja-ja, so habe ich die Krankenschwester auch schon verstanden. Ich wollte nur ... Und noch etwas. Man hat mir gesagt, dass Sie mit Kim gesprochen haben. Könnten Sie nicht darlegen ... Mir hat er nichts erzählt, aber vielleicht Ihnen ...«

»Augenblick, Jekaterina Fjodorowna«, sagte ich und nahm meine ganze Dreistigkeit und Unverblümtheit zusammen. »Ich erlaube mir doch, Sie um ein paar Erklärungen zu bitten. Ich werde Ihnen gern von meinem Gespräch mit Kim erzählen, doch zuvor möchte ich einige Umstände klären. Sie haben sie zu Beginn unseres Gespräches angedeutet, aber ... Vielleicht weiß mein alter Freund etwas von diesen Dingen?«

»Nichts, Aljoscha, absolut nichts!«

»Sehen Sie, ihm ist auch nichts bekannt.« (Ich war mir dessen nicht sicher, aber ich konnte ihn ja nicht durchdringend anstarren, und die Klippe war wohl auch schon umschifft.) »Urteilen Sie selbst, Jekaterina Fjodorowna. Hier haben wir uns vor zehn ... nein, sogar vor zwölf Jahren von Kim verabschiedet, haben ihn in ein neues Leben ziehen lassen, erfolgreich und beneidenswert, in die Hauptstadt, in einen angesehenen Beruf ..., und noch dazu unter die Fittiche einer privilegierten Persönlichkeit.«

Ich nahm einen Schluck von dem kalt gewordenen Tee und holte Luft. Alle blickten mich an. Moissej Naumowitsch zwinkerte mir billigend zu.

»Ja ... Und vor einer Woche taucht er plötzlich in höchst unansehnlichem Zustand bei mir im Krankenhaus auf, ziemlich versehrt und mit einer halbtoten Frau, und wie sich herausstellt, ist er schon seit einem halben Jahr hier ... Und heute erscheinen Sie, und Sie reden andeutungsweise von irgendwelchen Katastrophen, und Sie müssen dringend (sonst wären Sie nicht gekommen) erfahren, was die Woloschina vor dem Tode gesagt hat und worüber ich mit Kim gesprochen habe. Wie auch immer, Jekaterina Fjodorowna, haben Sie die Güte, sich zu erklären.«

Ich verstummte. Sie schaute mich verwundert an, dann den Redakteur und wieder mich.

»Was denn«, sagte sie stockend, »wissen Sie wirklich nicht, was mit ihm los war?«

Ich schüttelte schweigend den Kopf.

Sie senkte den Blick. »Wahrscheinlich hätte ich mich nicht an Sie wenden sollen«, sagte sie.

Ich zuckte mit den Schultern, und Moissej Naumowitsch sagte leise: »Es gibt kein Zurück, meine Liebe. Sie haben uns zu neugierig gemacht.«

Da überlegte sie und entschloss sich.

In Moskau begannen die Woloschins ein ruhiges und glückliches Leben. Nina verliebte sich in Kim bis über beide Ohren. Sie wohnten in der Wohnung des Professors, in Ninas Zimmer. Kim büffelte wie verrückt. Er las viel, ihm stand die ganze überaus reichhaltige Bibliothek des Schwiegervaters zur Verfügung, und er brauchte nicht in der Lenin-Bibliothek Schlange zu stehen. Und der Schwiegervater war stolz auf ihn und erwähnte ihn wohl mehr als einmal im Gespräch mit der Institutsleitung. Es kam die ersehnte Zeit, Nina erhielt ihr Diplom und begann bei der »Sowjetkunst« zu arbeiten, und noch zwei Jahre später wurde auch Kim fertig und bekam nicht ganz ohne Rückenwind vom Schwiegervater eine Aspirantur. Alles lief glatt.

Und plötzlich wurde Kim verhaftet.

Es war wie ein Blitz aus heiterem Himmel. Es stellte sich heraus, dass er sich schon im vierten Studienjahr der »Union der demokratischen Jugend gegen Regierungswillkür« (UDJRW, sechsundzwanzig Leute) angeschlossen hatte. Es stellte sich heraus, dass er aktiv das »Informationsblatt« verbreitet hatte, das rechtswidrige Handlungen des KGB, der Staatsanwaltschaft und der Parteielite enthüllte. Es stellte sich heraus, dass er an einer grässlichen Verschwörung gegen Leib und Leben von Mitgliedern des Politbüros beteiligt war. Und die Ermittlungen liefen an.

Nina stürzte zum Vater, bat ihn, sich für Kim einzusetzen. Doch der Spezialist für die journalistische Tätigkeit von Uljanow-Lenin war außer sich. Den Schwiegersohn nannte er nicht anders als einen dreckigen Sowjetfeind, einen stinkenden Verräter und eine Schlange, die er, der Schwiegervater, an seinem Busen genährt habe. Er schlug sich gegen die kahle Stirn und schrie etwas von einem Wolf, den du noch so gut füttern kannst, er frisst doch doppelt so viel auf und spuckt dir noch ins Gesicht. Und er verlangte, dass Nina unverzüglich die Scheidung einreichte und so den

Schandfleck vom ruhmreichen Familiennamen der Wostokows tilgte …

Nina sagte sich nicht von Kim Woloschin los, und da sagte sich ihr Vater von der Tochter los.

Nina ging von zu Hause weg, und Jekaterina Fjodorowna nahm sie bei sich auf. Natürlich hatte sie Angst, doch diese Angst entsprang weniger der Wirklichkeit als vielmehr Vorurteilen. Denn Jekaterina Fjodorowna war nirgends fest angestellt, und wenn ihre Auftraggeber überhaupt etwas wussten, ließen sie es sich nicht anmerken. Außerdem erfasste sie eine Art Eifer, sie spürte in sich eine Art Widerstandsgeist. Kühn geworden, rückte sie Wostokow auf die Bude und verlangte von ihm Ninas Sachen und sogar einen Teil der Habe, die bekanntermaßen Ninas verstorbener Mutter gehört hatte. Wostokow, mit eingefallenem Gesicht und blass, sperrte sich nicht.

Nina aber lief von Pontius zu Pilatus, flehte, schrieb unzählige Bittbriefe. Von der Arbeit wurde sie natürlich abgeschoben, doch das bemerkte sie nicht einmal. Die Ärmste, die vom glücklichen Leben verwöhnt war und ihre edel-idiotischen Illusionen noch nicht verloren hatte, hoffte unverdrossen, die Sache werde gut enden. Und da schlug das Böse auf einmal über ihr zusammen.

Nina war schwanger. Bei einer der höchsten Instanzen wurde sie grob angebrüllt, mit auf den Tisch gehauenen Fäusten und Füßestampfen. Und sie erlitt eine Fehlgeburt. Und sie bekam einen Knacks im Kopf weg. Und verbrachte fast zwei Jahre im Irrenhaus. Jekaterina Fjodorowna besuchte sie dort. Sie saß auf dem Bett, still, fast reglos, und verging wie eine Kerze. Dann erklärte man sie für geheilt, und Jekaterina Fjodorowna nahm sie wieder zu sich. Arbeiten konnte sie natürlich nicht mehr, es hätte sie ja auch niemand eingestellt, und sie führte den gemeinsamen Haushalt, lautlos und grau wie eine Maus … Materiell stand übrigens alles zum Besten: Sie verkaufte nach und nach Sachen, außerdem wurden noch ziemlich regelmäßig anonym kleine Summen überwiesen. Bei Ninas Ansprüchen …

So weit zu Nina. Von Kims Leben in jener für die Woloschins schrecklichen Zeit wusste Jekaterina Fjodorowna wenig und nur in groben Zügen. Er erinnerte sich nicht gern. Obwohl es manchmal doch aus ihm herausbrach.

Im Untersuchungsgefängnis (der berühmten »Matrosenstille«) schlugen sie ihm ein Auge aus. Im ersten Lager (Kotlag, Wolotny Mys) schlugen ihm die Kapos, weil er sich weigerte, zur Arbeit hinauszugehen, mit dem Stechbeitel einen Finger ab. (»Ich habe ihn dann dort auch selber begraben.« – »Wen?« – »Na, den Finger … Übrigens, der eigene Finger – ist das ›wer‹ oder ›was‹?«) Im dritten Lager (Worlag, Medweshja swadba) wurde ihm in erbitterten Kämpfen ums Überleben die Hälfte der Rippen gebrochen und der Kopf mit Stöcken zerschlagen. Gott allein – oder der Teufel? – weiß, wie er es fertigbrachte, am Leben zu bleiben. Andererseits kann man, wenn man Kims Charakter kennt, ohne Weiteres annehmen, dass er nichts schuldig blieb. Irgendwie erwähnte er beiläufig, dass man ihn zwei Jahre vor der Entlassung (Surlag, Sopletschistka) in Ruhe ließ (»die Lager-Paten hatten das so angeordnet, ganz klar«), und er konnte sich nach seinen Worten ein wenig erholen.

Er wurde vorfristig entlassen. Entweder wurde seine Schuld als nicht gar so groß eingeschätzt. Oder die Untersuchungsrichter, die seinen Fall bearbeitet hatten, waren in Ungnade gefallen. Oder die Fürbitten hochgestellter Verwandter von irgendwelchen seiner Komplizen hatten gefruchtet. Am ehesten waren irgendwelche geheimnisvollen Prozesse im System der Strafverfolgungsorgane im Gange, und die Sieger beeilten sich, möglichst viele Anklagen gegen die Verlierer zusammenzubekommen, um sich mit neuer Kraft auf die zu stürzen, die sie für die wahren Ketzer hielten.

Und so kam er nach Moskau zurück. Die abgemagerte Nina mit eingefallenen Augen tippte ihm unsicher mit dem Finger an die Brust und murmelte: »Du?« Er begann zu weinen, drückte sie an seine stinkende Wattejacke.

Daran, sich in der Hauptstadt einzurichten, konnte der ehemalige Aspirant nicht einmal im Traum denken. Ihm fiel ein, dass er einmal (vor langer Zeit) ein passabler Mechaniker gewesen war. Etliche Tage Herumlaufen, etliche lakengroße Formulare und Anträge, und er fuhr mit Nina über die Arbeitsvermittlung ins Oldenburger, damals noch Nowoisotowsker Gebiet, und hier war es dann nicht weiter schwierig, in den Taschlinsker Bezirk geschickt zu werden.

»Den Rest kennen Sie«, schloss Jekaterina Fjodorowna. »Besser als ich.«

Nachdem sie verstummt war, sagte eine Zeit lang niemand ein Wort. Alissa schluchzte auf und rieb sich die Augen mit dem Taschentuch. Der alte Redakteur saß da, den Kopf tief gesenkt. Moissej Naumowitsch betrachtete in Gedanken versunken seinen Teelöffel.

Schließlich entschloss ich mich und sagte vorsichtig: »Das ist wahrlich eine bemerkenswerte Geschichte, Jekaterina Fjodorowna, und wir sind Ihnen alle aufrichtig dankbar … Aber ich verstehe immer noch nicht Ihr Interesse an den letzten Worten der unglücklichen Nina Woloschina und an meinem Gespräch mit Kim. Ich habe keine Geheimnisse, und ich bin bereit, Ihnen dieses Gespräch Wort für Wort wiederzugeben, doch wenn Sie sich erklären würden …«

Sie unterbrach mich: »Nein. Dieses Gespräch interessiert mich nicht mehr. Aber ich will mich erklären. Sehen Sie, ich bin nicht auf eigenen Wunsch hergekommen. Ich bin, sehen Sie, Wostokows Frau. Wir sind schon lange verheiratet, noch als Nina in der Klapsmühle war …«

Sie stand auf. Wir alle erhoben uns ebenfalls. Ich zuckte mit gespielter Gleichgültigkeit mit den Schultern. Schaute den alten Redakteur an. Natürlich, er hatte alles gewusst. Doch was kümmerte es mich?

Jekaterina Fjodorowna fuhr fort, auf die Stuhllehne gestützt: »Eigentlich bin ich im Auftrag meines Mannes hier. Er ist sehr krank, sonst wäre er selbst gekommen. Er wollte … Eigentlich wollte er wissen, ob sich Nina nicht vor dem Tod an ihn erinnert hat. Sehen Sie, er ist überzeugt, dass er auch bald sterben wird. Er fürchtet sich sehr vor einigen Begegnungen auf der anderen Seite des Weltalls. Eine Psychose natürlich, aber ich konnte es ihm nicht abschlagen. Ich selber weiß ja, dass Gott in seiner unendlichen Barmherzigkeit ihm alles verzeihen wird – und uns allen auch … Vielen Dank für die Bewirtung, ich muss jetzt gehen.«

Und sie ging zusammen mit dem alten Redakteur. Als ich, nachdem ich sie zur Tür begleitet hatte, wieder aus dem Korridor kam, wusch Alissa das Geschirr ab. Plötzlich fragte sie: »Und Sie, Moissej Naumowitsch, glauben Sie an Gott?«

Mein »Totenarzt« erstarrte für einem Moment, das Wischtuch in der Hand. Dann sagte er langsam: »Wohl kaum, meine liebe Alissa Igorewna. Ich glaube an das unergründliche Schicksal – eine Funktion von Temperament, Umständen und Taten.«

9

> Dieser Typ roch ständig widerwärtig-süßlich nach fauligem Obst. Ganz Kaperna schwor irrtümlich Stein und Bein, er schwitze Lewisit aus. In Wahrheit war alles viel einfacher: Er hatte eine Flechte, schmierte sie mit geriebenen Äpfeln ein und wusch sie wochenlang nicht ab.

Im Laufe der Zeit vergaß ich Kim allmählich wieder (wie er sicherlich mich vergaß). Doch da ergab sich ein Umstand, von dem mir der alte Redakteur ziemlich ausführlich berichtete. Bei der *Taschlinsker Prawda* kam es nämlich zu einer Kaderkrise. Man wollte sich um Hilfe nach Oldenburg wenden, doch dem Redakteur kam ein glücklicher Einfall. In der Tat, zwei Schritte von der Stadt entfernt rackerte sich in einem Haufen ewig defekter Landwirtschaftstechnik ein überaus wertvoller Kader ab – ein Diplomjournalist, noch dazu aus Taschlinsk gebürtig, noch dazu ein Arbeiterkind, unverkennbar Angehöriger der führenden Klasse … Er hat wegen einer politischen Sache gesessen? Aber er ist ja vorzeitig entlassen worden. Wir wollen ihn ja nicht zum Führungskader machen, nicht zum politischen Leiter, sondern ihn bloß auf den bescheidenen Pfad eines literarischen Mitarbeiters bringen … Und überhaupt, wie lange ist das her!

Der Fall war verblichen.

Die Redaktion lag nicht weit vom Krankenhaus, und ich begann, Kim auf der Straße zu begegnen. Meistens ging er mit einem Kopfnicken vorbei. Viel seltener blieb er stehen und redete von irgendwelchem Kram, aber da musste das Wetter schon sehr schön sein. Bei schlechtem Wetter aber oder bei Frost ging er raschen Schrittes vorbei und streifte mich mit einem zerstreuten, abwesenden Blick. Er hatte etwas zugenommen, war immer bescheiden, aber durchaus anständig angezogen (die Stellung verpflichtet), an die Stelle des unordentlichen schwarzen Lappens über dem Auge war eine akkurate Seidenbinde getreten, ebenfalls schwarz, aber unter bestimmtem Winkel betrachtet mit einem grünlichen Schimmer … Kurzum, ein einfacher Provinzintelligenzler. Ich muss sagen, dass unsere bescheidene Zeitung mit ihm interessanter wurde, soweit eine Bezirkszeitung interessant werden kann.

Und so zog sich Jahr um Jahr der vertraute und ziemlich farblose Bezirksalltag hin, mit Ansporn und idiotischem Ärger von oben und dumpfer, aber beständiger Sabotage von unten, mit fortwährendem Mangel an diesem oder jenem und fortwährender melancholischer Nörgelei allenthalben, mit Trunksucht, Rowdytum und Schlamperei. Einmal kam Kim ins Krankenhaus und lud mich zur Einzugsfeier ein. Er hatte neun Jahre lang gewartet und eine Einzimmerwohnung in unserem armseligen Neubauviertel hinter der Großen Schlucht bekommen. Ich ging aus Neugier hin. Und wurde ein wenig enttäuscht. Nichts Besonderes. (Denn ich erwartete schon damals von Kim irgendetwas Besonderes.) In dem Zimmerchen drängten sich die Mitarbeiter der Zeitung mit dem Redakteur an der Spitze und an die zehn alte Kumpel Kims aus den Werkstätten. Man trank viel, aß eine kolossale Gans auf, redete dummes Zeug und sang laut Lieder aus alten Filmen. Ich ging früh, und Kim hielt mich nicht zurück.

Doch da fingen manche Schwulitäten an, wie Alexander Halitsch zu sagen pflegte. Alles in Taschlinsk wurde aufgerührt und erstarrte dann, horchte und sah sich vorsichtig um. Es wurden Maßnahmen getroffen, damit das Alte unerschütterlich bestehen blieb. Es entstanden Bewegungen, die das Alte vom Antlitz der Welt hinwegfegen wollten. Unseren guten alten Redakteur schickte man mit geheuchelter Ehrerbietung in Rente, man setzte einen neuen ein (aus Oldenburg), und es ging das Gerücht, der neue sei so gut wie am ersten Tag gleich unversöhnlich mit Kim aneinander geraten. Ich überprüfte diese Gerüchte nicht, ich hatte keine Zeit, ich lag damals selber mit der Bezirks-Gesundheitsbehörde im Clinch …

Und dann kam auch der 26. April 1986. Der Herr suchte unser Land heim, und es geschah die schreckliche Tragödie der Wermutstadt. Die Information darüber drang zu uns in Taschlinsk in drei aufeinanderfolgenden Strömen von unterschiedlicher Güte durch: zuerst völlig erlogen, dann nebulös-ungenau und schließlich wahrheitsgemäß, aus erster Hand. Mit diesem dritten Strom überschüttete uns plötzlich Kim Woloschin.

10

Und Er sprach mit großer Wehmut: »Ich sollte euch alle, ihr Lumpen, vernichten bis auf den letzten, aber ich bin müde. Ich bin schrecklich müde.«

Mitten im Sommer jenes Jahres verschwand Kim aus der Stadt. Der pensionierte Redakteur teilte mir beiläufig mit, dass er seinen Jahresurlaub genommen und dann noch einen Monat unbezahlten Urlaub drangehängt hatte. Er hatte telegrafisch drum gebeten, und der neue Redakteur hatte die Bitte nur zu gern bewilligt. Doch er hatte sich zu früh gefreut. Es erwies sich, dass Kim die Urlaubsmonate in der Wermutstadt verbracht hatte. Und er war nicht zum Geldverdienen hingefahren, wie man ihm später unterstellte, obwohl einfache Arbeitskräfte in der Wermutstadt gut und sogar fürstlich bezahlt wurden.

Und Kim machte dort tatsächlich den einfachen Arbeiter. Er war ja ein guter Mechaniker und fuhr alle Arten von Kraftfahrzeugen. Als er hinging, befürchtete er zunächst, man könnte ihn wegen seiner Gebrechen nicht nehmen, doch da hatte er sich umsonst Sorgen gemacht. Am Fuße der riesigen Ruinen des Atomofens fragte niemand danach, ob man zwei gesunde Augen und alle zehn Finger an den Händen hatte. Da hast du die Ausrüstung, da hast du eine Gasmaske, da hast du einen Bulldozer. Und Kim arbeitete die ganzen zwei Monate lang als Bulldozerfahrer – entweder stopfte er dort irgendeinen Tunnel zu, oder er machte im Gegenteil einen Tunnel frei.

Und eine Woche nach seiner Rückkehr unterbreitete er dem neuen Redakteur einen großen Artikel (oder Essay?) »In der Wermutstadt ist ein Stern gefallen«. Der Redakteur las ihn, war entsetzt und sagte, das käme nur über seine Leiche. Kim trug den Artikel ins Bezirkskomitee, legte ihn dem Ersten Sekretär auf den Tisch. Der Erste machte sich damit vertraut, ließ Kim und den Redakteur kommen und erkundigte sich kalt, bei welchem von beiden eine Schraube locker sei. Der dabei anwesende Bezirksideologe, der den halb vielsagenden, halb norwegischen Namen Knut trug, bemerkte gereizt, dass den Taschlinsker Bezirk Ereignisse in anderen Republiken Gott sei Dank vorerst noch nichts angingen. Dann wurde der Artikel Kim vor die Füße geworfen, und er kroch ziemlich lange auf dem Teppich umher, um die verstreuten Seiten aufzusammeln.

Mir ist heute nicht ganz klar, warum der Erste und Knut an jenem Tag davonkamen, und der neue Redakteur auch. Am ehesten wohl, weil der auf den Knien herumrutschende Kim weder Empörung noch Ärger empfand, sondern Schadenfreude. Er wusste schon, was er tun würde. Unregelmäßigkeiten kommen auch in der zentralen Presse vor, von der Bezirkspresse ganz zu schweigen. Und wenn sich jemand mit Unregelmäßigkeiten auskannte, dann der ehemalige Absolvent des Instituts für Journalistik. So oder so, eines schönen Tages, als der Redakteur auf eine Konferenz in Oldenburg gefahren war, brachte es Kim fertig, aus der aktuellen Nummer unserer guten *Taschlinsker Prawda* die Hälfte der Texte hinauszuwerfen und stattdessen den Artikel »In der Wermutstadt ist ein Stern gefallen« einzurücken, unterzeichnet vom Sonderkorrespondenten K. Woloschin. Und am nächsten Morgen waren die Taschlinsker angenehm überrascht.

Den Artikel hier ausführlich wiederzugeben hat keinen Sinn; heute kennen wir Einzelheiten, die vielleicht noch krasser sind. Ich beschränke mich auf das, was sich mir damals besonders einprägte. Und nicht nur mir. Das Krankenhaus summte aufgeregt, Patienten, Schwestern, Ärzte rissen einander die Zeitung aus den Händen, Besucher wurden erbarmungslos heimgejagt, um sie zu holen (wer sie abonniert hatte), oder zu den wenigen Kiosken (wo sie schon um neun ausverkauft war). Dazu muss man noch den ewigen informationell-sensorischen Hunger bei uns in der Provinz bedenken …

Der Artikel begann mit einer aus drucktechnischen Gründen miserablen Reproduktion eines Passierscheins. Links ein Foto drei mal vier, alles wie sich's gehört, mit schwarzer Binde überm Auge. Passierschein Nr. soundso. In schwarzem (?) Rahmen: ÜBERALL. Berechtigt zum Betreten des Sperrgebiets. Organisation: US-60B. Name Vorname Vatersname: Woloschin Kim Sergejewitsch. Geltungsdauer (handschriftlich): ständig. Undeutlicher Stempel. Unterschrift unter der Abbildung: »Solch einen Passierschein, in Folie eingeschweißt, trug der Sonderkorrespondent an einer Schnur um den Hals.«

Es folgten die Tatsachen, die mich damals frappierten.

Die Einwohner haben dort eine neue Zeitrechnung: vor dem Krieg (das heißt vor dem 26. April) und nach dem Krieg (nach dem 26.).

Auf der Fernstraße in voller Fahrt ein Autobus. An den Seiten steht auf Englisch geschrieben: »Challenger«, und unter der Frontscheibe ein Schild: »Zu vernichten.« Der Bus ist voller Passagiere. Und die vor Entsetzen starren Leute in den entgegenkommenden Wagen begreifen nicht gleich, dass nicht die Fahrgäste zu vernichten sind, sondern der verseuchte Bus.

Aufs Dach eines leeren zweistöckigen Hauses war ein Mann gesprungen, bis an die Augen mit Bart zugewachsen, ganz staubig und schmutzig. Er stand da, verzerrte das Gesicht und sang mit wüster Stimme:

In der Wermutstadt ist ein Stern gefallen,
In der Wermutstadt in den Brunnen allen
In der Wermutstadt ist das Wasser verdorben,
In der Wermutstadt sind bald alle gestorben.

Und wieder und wieder von vorn. Man sagte Kim, niemand wisse, was das für ein Mann sei. Sie hatten versucht, ihn zu fangen und wegzubringen, doch er lief wie ein Hase, und niemand hatte Lust, ihn unter der Gasmaske über die Dächer zu verfolgen.

Kims Brigade war im zehnten Kindergarten untergebracht. Winzige Schränkchen, winzige Möbel. In der Ecke ein Haufen Spielzeug. Sie wuschen sich, indem sie sich vor den Waschbecken hinhockten oder hinknieten.

Schon nach einem Monat wurden zwei Arbeiter weggebracht. Sie hatten einen grauen Star bekommen – die Linse hatte sich unter dem Einfluss ionisierender Strahlung getrübt. Später wurden noch an die zehn Leute fortgebracht.

Solche Tatsachen waren das. Und noch andere. Und der Hass auf die Vorgesetzten. Auf die Herren aus der Behörde. Und zum Schluss – die Antwort Knuts: »Den Taschlinsker Bezirk gehen Ereignisse in anderen Republiken Gott sei Dank nichts an.« Wenn ich richtig verstand, hatte Kim diese Kundgebung von Krautjunker-Patriotismus erst in letzter Minute in den Artikel aufgenommen, wobei er es nicht versäumte, den Kundgebenden mit vollem Namen und Dienststellung zu nennen.

Natürlich war der Teufel los. Kim flog bei der Zeitung hinaus. Im Übereifer schloss man ihn aus der Partei aus, doch es erwies sich, dass er schon seit fast zwanzig Jahren nicht mehr drin war. Noch mehr in Fahrt gekommen, wollten sie Kim mit irgendeiner absurden Anschuldigung vor Gericht stellen, doch es wurde ihnen erläutert, dass K. Woloschin, da er bereits entlassen sei, er schon die höchstmögliche Disziplinarstrafe erhalten habe … und überhaupt brächen sonderbare Zeiten an … Lieber vertuschen.

Es wurde vertuscht. In der Tat brachen sonderbare Zeiten an. Materiell hatte Kim nichts zu leiden: Das Geld, das er in der Wermutstadt verdient hatte, reichte fürs Erste, und Aufträge zur Reparatur von Privatfahrzeugen bekam er wie Sand am Meer. Doch der Tag war schon nicht mehr fern, da die Ereignisse seines Privatlebens eine für unser kleines Provinzstädtchen völlig überwältigende Wendung nahmen. Ich zitiere einen meiner Lieblingsschriftsteller: »Die Ereignisse überstürzten sich, es war, als entrolle sich ein Papyrus mit allen Hieroglyphen des Schreckens bis zum Boden.«

Moissej Naumowitsch und ich vermochten diese Hieroglyphen nicht gleich zu entziffern, und als wir es konnten, ergriffen uns Bestürzung und Furcht. Die Rolle Kims dabei erschloss sich uns nicht sofort, und überhaupt kann sie vom Standpunkt der modernen Wissenschaft aus schwerlich nachgewiesen werden; dennoch kam der Moment, da wir uns, getrieben von unseren Vorstellungen von Bürgerpflicht, auf die Suche nach der Wahrheit machten – indem wir Kims Koordinaten in Raum und Zeit während des jeweils nächsten »grausamen Wunders« ermittelten. Vieles passte zusammen. Unserer Überzeugung nach passte alles zusammen, und hätte man nachgehakt, wären noch viele weitere Wunder entdeckt worden, die sich außerhalb unseres Gesichtskreises zugetragen hatten und von gleichgültigen Beamten registriert worden waren – oder gar nicht …

Wie es sich mir jetzt darstellt, begann es für uns an einem trüben Herbsttag, dem ersten Herbsttag des Jahres, als Kim aus der offiziellen Ideologie verstoßen worden war. Er erschien im Krankenhaus und kam zu mir ins Arbeitsszimmer, ohne anzuklopfen, als eine kurzatmige Alte von gut siebzig Jahren noch dabei war, sich krächzend und stöhnend anzuziehen. Ich hob den Blick von meinem Geschreibsel, drauf und dran, eine ärgerliche Erwiderung loszulassen, schaute hin und war sprachlos.

»Mein Gott …«, sagte ich und stand unsicher auf.

Das hatte ich nicht einmal von Kim erwartet. Er war völlig kahl. Wie eine Billardkugel. Die violetten Narben auf seinem Kopf sahen aus, als hätte jemand ein Glas Farbe darüber ausgegossen. Und auf seinem Gesicht, soweit die schwarze Binde es freiließ, war auch kein Härchen. Weder Wimpern noch Brauen.

»H-hör mal«, brachte ich hervor, »wo sind deine Haare?«

Er griff sich ins Hemd, holte ein rundliches Paket hervor und legte es auf den Tisch.

»Da«, sagte er. »Alles da. Na, ein paar Härchen fehlen vielleicht.«

Die Alte hatte es endlich mit dem Kopf durch den Kragen des ausgedehnten Zellwollkleides geschafft und starrte Kim nun ebenfalls an, den zahnlosen Mund offen. Ich fasste mich.

»Gehen Sie, gehen Sie, Oma«, sagte ich, nahm sie beim Arm und führte sie zur Tür. »Ich komme dann zu Ihnen ins Zimmer. Und sagen Sie im Korridor Bescheid, dass alle gehen und so in einer Stunde wiederkommen sollen …«

Als ich zum Tisch zurückkam, saß Kim schon da und musterte mich mit kaltblütigem Interesse.

»Also«, sagte ich geschäftsmäßig, während ich mich setzte. »Erzähl. Wie ist das passiert? Wann?«

»Heute Nacht. Ich stehe am Morgen auf, und meine ganze Pracht bleibt auf dem Kopfkissen liegen. Schade, ich hatte mir solche Locken wachsen lassen, du kannst sie dir ansehen« – er tippte an das Paket auf dem Tisch –, »prächtige Locken. Und nirgends am ganzen Körper ist ein Härchen geblieben. Nicht unter den Achseln, nicht im Schritt, nicht auf der Brust. Alles entweder auf dem Laken oder in der Hose …«

»Zieh dich aus«, sagte ich. »Ganz.«

Er zog sich aus. Ich überzeugte mich. Und zugleich beneidete ich ihn ein bisschen: Sein Körper war sehnig, hager, muskulös. Wir sind vom gleichen Jahrgang, aber mein sündiger Leib ist ziemlich schlaff, mit Fett, keine Spur von sportlich.

»Du treibst Sport«, murmelte ich.

Er sagte wegwerfend: »Sport … Wie komme ich dazu? Bin ich vielleicht ein Junger Pionier?« Und plötzlich machte er ein großes Auge. »Aber das stimmt ja, Ljoschka! Ich habe bemerkt, dass ich neuerdings abnehme. Die Hosen fangen an zu rutschen, das Jackett hängt wie auf 'nem Bügel … Das also auch noch …«

»Na schön«, sagte ich. »Zieh dich vorerst nicht an. Wirf dir den Kittel da über.«

Ich rief unseren Hautarzt an und bat ihn, unverzüglich zu kommen. Während wir warteten, fragte ich ihn, wozu er seine ganzen Haare mitgebracht hatte.

Er grinste. »Als Beweisstück. Komischer Kauz, woher soll ich wissen, was ihr Mediziner braucht?«

Ich nickte zustimmend und packte das Bündel auf. Ich hatte keine Lupe, doch man sah mit bloßem Auge, dass die Haare tatsächlich ausgefallen und nicht, sagen wir, herausgerissen worden waren, ja, sie waren eigentlich nicht einmal ausgefallen, sondern herausgeglitten: einmütig und im selben Moment. Und dann kam auch der Hautarzt. Kim wiederholte seine kurze Erzählung. Der Hautarzt machte »hm«, untersuchte ihn und sagte, er solle sich wieder anziehen. Dann schaute der Hautarzt mich an, und ich schaute den Hautarzt an. Er hob und senkte kaum merklich die Schultern.

Unerwartet sagte Kim, während er sich die Hosen anzog, abfällig: »Ihr braucht nicht zu raten, Doktoren, übernehmt euch nur nicht. Woher ich das habe, weiß ich auch ohne euch. Ihr sollt mir sagen, wie ich mich kuriere!«

Die Absurdität dieses dreisten Ausfalls war offensichtlich. Erstens kann ein Arzt dem Patienten nicht sagen, wie er sich kurieren soll, wenn er noch keine Diagnose gestellt hat. Und zweitens … und zweitens kann er es eben nicht! Unzufrieden knurrte ich etwas in dem Sinne, dass es da nichts zu schwätzen gebe.

Mein Hautarzt fasste es aber richtiger auf: »Und Sie wissen also, woher Sie das haben?«

Kim, der sich gerade einen Schuh zuband, erwiderte ganz wegwerfend: »Und ob ich das weiß … Die Wermutstadt!«

Und ich konnte gerade noch den augenblicklichen Impuls des Postmeisters unterdrücken, aufzuschreien, mir mit aller Kraft vor die Stirn zu schlagen und mich öffentlich vor allen ein Rindvieh zu nennen. Der Hautarzt aber war mit zwei Schritten bei Kim und sagte heftig: »Warten Sie. Sie sind Woloschin? Derselbe?«

»Welcher?«, erkundigte sich Kim abweisend und zog das Jackett über.

»Der … der in der Zeitung … über die Wermutstadt …«

»Und?«

»Freut mich, Sie kennenzulernen …«, murmelte der Hautarzt, der bei uns als Freigeist und Dissident galt, befangen. »Das heißt, es freut mich eigentlich nicht … Es tut mir natürlich leid, dass es solche Umstände …« Da räusperte er sich, fand wieder zum professionellen Ton und erklärte trocken: »Ich fürchte, Woloschin, dass Sie von unserem Krankenhaus nichts zu hoffen haben. Wir haben keine Spezialisten für Strahlenschäden.«

Da hatte mein Hautarzt recht. Wenn ich beispielsweise von mir ausgehe, dann übersteigen unsere Kenntnisse auf dem Gebiet von Strahlenkrankheiten – ich meine das medizinische Personal im Bezirk – wohl kaum das Wissen im Handbuch für den Sanitätsinstrukteur der Armee – oder wie die da heißen.

Ich saß schon am Tisch und füllte Formulare aus.

»Du gehst und lässt alle Analysen machen«, sagte ich dabei. »Blut, Urin, Stuhl, Röntgen … Die meisten Strahlungsschäden laufen auf eine Schwächung des Immunsystems hinaus … Deine Haare kriegst du von uns natürlich nicht wieder, aber an Diphtherie, Ruhr oder einer anderen gewöhnlichen Schweinerei lassen wir dich nicht sterben.«

Kim nahm von mir die Formulare und drehte sie in den Händen. »Und wenn nichts von alledem gefunden wird?«

»Dann schicken wir dich …«

»Wohin?«

Ich stockte. Ehrlich gesagt, ich hatte keine Ahnung, wohin.

»Na, zum Beispiel …«, ließ sich der Hautarzt plötzlich vernehmen. Er holte ein Notizbuch hervor, blätterte und las ab: »Moskau, Schuklinskaja-Straße sechs. Sechstes Krankenhaus der dritten Hauptverwaltung. Einverstanden?«

»Na ja, meinetwegen das sechste«, sagte ich gewichtig und verbarg mein Erstaunen. »Wir machen es beim Bezirk klar, und gute Fahrt.«

»Moskau«, sagte Kim und lachte. »Das ist der nächste Weg, freilich …« Er nickte uns zu und ging.

Ich fragte den Hautarzt: »Hör mal, woher kennst du dieses Krankenhaus?«

Er kicherte. »Das ist geheim. Aber natürlich nicht vor Ihnen, Alexej Andrejewitsch. Dort arbeitet ein Freund von mir. Jetzt ist er allerdings in der Wermutstadt. Eine vielfältige Praxis, schreibt er …«

Am Abend desselben Tages erzählte ich das alles Moissej Naumowitsch. Wieder vor einer Schachpartie, wie ich mich entsinne. Er schüttelte betrübt den Kopf, seufzte, zeigte aber kein großes Interesse. »Dreckszeug ist das, die Strahlung«, murmelte er, wie ich mich entsinne. »Aber Ihren Läufer, Alexej Andrejewitsch, nehme ich mit Vergnügen. Bei allem Respekt vor Ihnen …«

Weder mit den Analysen noch mit der Bitte, ihn nach Moskau zu schicken, ließ sich Kim Woloschin blicken. Zugegeben, ich hatte keine allzu große Sehnsucht nach ihm. Das war nicht mein Patient, und als Mensch gehörte er auch nicht zu mir. Von Moissej Naumowitsch ganz zu schweigen. Für den war Kim damals nur der Verfasser einer Skandalveröffentlichung.

Doch ungefähr einen Monat später geschah ein Ereignis, nach dem meine Vorstellung von der Wirklichkeit erst allmählich ins Rutschen kam und sich dann immer schneller überschlug. Die Erzählung von diesem Ereignis hörte ich aus erster Hand: von der Sekretärin unseres Ersten. Und zwar am selben Tage.

11

Zieht Sankt Georg stolz einher,
In der Hand den langen Speer,
Setzt das kühne Ross in Marsch,
Spießt den Drachen in den Arsch.

Diese dürre spitznasige Dame war eine uralte Freundin von Alissa (sie hatten anscheinend schon im Kindergarten nebeneinander auf dem Töpfchen gesessen), sie verbrachte ihre reife Jungfernschaft zusammen mit ihrer betagten Mutter nicht weit von unserer Wohnung und kam öfters vorbei, um über die Bezirksobrigkeit zu tuscheln, und wenn sie mit diesem bewegenden Thema fertig war, ging sie mit Alissa ins Schlafzimmer, wo sie sich, soviel ich weiß, spezifischen Gesprächen widmeten, die nicht für grobe Männerohren bestimmt sind. Ich kann nicht sagen, dass sie mir zuwider gewesen wäre; nun ja, manchmal fand ich sie lächerlich und ein bisschen lästig, aber ihre kleinen Gerüchte waren mitunter interessant, und an jenem Abend war ich ganz Ohr, um mir ja nichts entgehen zu lassen.

Und wie hätte ich da auch nicht zuhören können!

Es begann damit, dass gleich nach dem Mittagessen der Erste Sekretär höchstpersönlich mit raschem Schritt in sein Arbeitszimmer ging, ihm auf den Fersen Knut und dicht hinter Knut »derselbe, der uns mit der Zeitung so hintergangen hat, Woloschin. Stellt euch vor, ich hätte ihn kaum erkannt! Nur an dieser schwarzen Binde überm Auge. Kahl wie ein Ei, die Visage nackt, richtig unangenehm anzusehen, Ehrenwort! Und das Auge funkelt! Wirklich, die Spitzbuben zeichnet Gott …« Im Vorzimmer warteten schon drei Besucher, alles Sowchos-Direktoren; sie waren im Begriff aufzuspringen, doch der Erste begrüßte sie mit einer knappen Handbewegung und sagte im Vorübergehen: »Bleibt sitzen, Genossen.« Und die Tür zum Arbeitszimmer schloss sich.

Wie das Gespräch hinter verschlossener Tür ablief und worum es ging, wusste die Sekretärin nicht. Etwa zehn Minuten später wurde die Tür aufgerissen, und ins Vorzimmer kam Woloschin und fast direkt hinter ihm Knut. Woloschin blieb am Tisch der Sekretärin stehen und stützte sich mit der Hand, wo der Finger fehlte, auf den Rand. Knut ging auf die Tür zum Korridor zu, blieb aber kurz bei Woloschin stehen und sagte leise: »So, Woloschin. Und wenn du Sperenzchen machst, nehmen wir uns dich richtig vor. Dann geht dir's dreckig.« Nach diesen Worten ging er mit seinem üblichen gemächlichen Schritt durchs Vorzimmer und verließ es. Im Vorzimmer trat Stille ein, die Besucher vermieden es sorgfältig, Woloschin anzublicken, die Sekretärin begann, irgendwelche Papiere umzuschichten. »Himmel, Genossen, ich weiß nicht mal, welche. Mir ist es in solchen Situationen immer schrecklich peinlich. Seit zwanzig Jahren sitze ich dort und kann und kann mich nicht dran gewöhnen, versteht ihr das?« Und da ertönte die Klingel, die sie ins Arbeitszimmer rief.

Sie sprang auf. Hier ist ein Umstand anzumerken. Knut war im Gebietskomitee dafür bekannt, dass er immerzu vergaß, hinter sich die Tür zuzumachen. So hatte er auch diesmal die Tür zum Arbeitszimmer hinter sich angelehnt gelassen, dass ein ziemlich breiter Spalt blieb, und die zum Korridor sperrangelweit offen. Die Sekretärin sprang also auf das Klingeln hin auf und sah plötzlich, dass einer der Besucher Woloschin mit hervorquellenden Glotzen anstarrte und sich nach hinten gegen die Stuhllehne drückte, die Mappe schützend hochgehoben. Sie schaute Woloschin ebenfalls an. Und war entsetzt. »Er war blau, Genossen! Versteht ihr? Blau wie eine Leiche!« Sein Auge war blutunterlaufen. Den kahlen Kopf hatte er zwischen die Schultern gezogen, die Glatze triefte vor Schweiß. Sein Mund war verzerrt, er zischte ein paar widerwärtige Worte, und er stand ganz krumm da.

Nach den Worten der Sekretärin wurde ihr vor Entsetzen schwarz vor Augen. »Als ob es finster geworden wäre.« Und in diesem Augenblick ertönte aus dem Korridor ein dumpfes Poltern, als wäre etwas Schweres und Großes umgefallen. Jemand schrie heiser auf. Und genau wie ein Echo erklang aus dem Zimmer des Ersten ein durchdringender Schrei. Auf dem Korridor ertönten eilige Schritte und Stimmengewirr, und ins Vorzimmer stürzte buchstäblich unser Erster. Er presste die Hand an die Wange, zwischen den Fingern hervor rannen breite rote Rinnsale. »Einen Arzt ...«, murmelte er. »Sofort ... Einen Arzt!« Er schwankte. Die Besucher, die sich aus der Erstarrung gelöst hatten, stürzten zu ihm, zerrten ihn zurück ins Arbeitszimmer und legten ihn aufs Sofa. Die Sekretärin zeigte sich der Situation gewachsen. Sie griff sich aus dem Schränkchen ein Handtuch, machte es aus der Wasserflasche nass und legte es auf die verletzte Wange. Dann, nachdem sie die Besucher angewiesen hatte, diese Kompresse festzuhalten und anzudrücken, stürzte sie zum Telefon. »Und stellt euch vor, Genossen, beim Rettungsdienst wussten sie schon Bescheid! Der Wagen war schon unterwegs! Natürlich war daran weiter nichts Übernatürliches, den Rettungswagen hatten sie eine Minute vorher für Knut angerufen, der die Treppe hinuntergestürzt war ...«

Dem Ersten war aber folgendes Unglück widerfahren. Er hatte einen Lieblingsfarbstift, blau-rot, immer an beiden Enden gut angespitzt. Als Woloschin und Knut hinausgingen, nahm er diesen Stift, um im Tischkalender etwas anzustreichen.

Und da wurde ihm plötzlich schlecht. Er konnte noch nach der Sekretärin klingeln, verlor das Bewusstsein und fiel mit dem Gesicht auf den Tisch. Und der Stift stach ihn glatt durch die Wange. (»Gut, dass es nicht ins Auge ging!«, resümierte unsere alte Jungfer treuherzig.)

Nach der Gleichzeitigkeit der Geräusche und Schreie vom Korridor her und aus dem Arbeitszimmer zu schließen, erwischte es Knut in denselben Sekunden. Er ging gemächlich die Treppe in den zweiten Stock hinauf, wobei er sich herablassend mit jemandem unterhielt, verstummte plötzlich mitten im Wort, fuchtelte schwach mit den Händen und stürzte die Stufen hinab.

Es liefen Ärzte und Sanitäter herbei, es kamen Leute aus allen möglichen Organen, es begannen Befragungen und Verhöre, alles in allem ein schreckliches Drunter und Drüber. Immerhin waren in ein und derselben Sekunde zwei Leiter des Bezirkskomitees außer Gefecht gesetzt worden! Da, liebe Genossen, kommt man auf Trab.

»Und was geschah mit Woloschin?«, fragte ich, als sie fertig war und die spitze Nase in die Teetasse senkte.

»Mit Woloschin?«, fragte sie erstaunt zurück. »Was soll mit dem gewesen sein?«

»Ja, was denn … Er war doch im Vorzimmer, als dieses ganze, wie Sie sagen, Drunter und Drüber losging. Sie haben doch erzählt: Blau wie eine Leiche, schweißüberströmt … Ist er auch umgekippt? Hat ihm jemand Erste Hilfe geleistet?«

Die Sekretärin stellte die Tasse ab und schaute mich an, dann wandte sie den Blick zu Alissa.

»Ja, woher soll ich das wissen? Den hab ich da völlig vergessen … Alle schreien, rennen herum, das Blut strömt … Also wenn er umgekippt ist, dann hat er eben dagelegen und sich erholt, sollte man meinen … Oder vielleicht haben die Ärzte ihn auch behandelt, was weiß ich? Um den ging's doch gar nicht, liebe Genossen …«

Der Gedanke, dass Woloschin unter diesen seltsamen Umständen auch gelitten hatte, stand anscheinend außer Zweifel, obwohl eine vage Idee ganz anderer Art schon damals in meinem Kopf aufkam, derart dubios kam mir Kim vor, doch die Idee war wahrlich verrückt, und ich löschte sie eilig aus, kaum dass sie mir ins Bewusstsein gedrungen war …

»Schön, meine Damen«, sagte ich und stand auf. »Ihr könnt hier zwitschern und euch vergnügen, aber ich hab dringend zu tun.«

Ich ging in mein Zimmer und rief auf Arbeit an. Der diensthabende Arzt war völlig auf dem Laufenden und sprudelte nur so von giftigem Sarkasmus. Klar, auf einen Streich zwei Bezirkssekretäre! Der Terrorismus schlaft nicht! Säbel blank! Skalpelle bereit! Die Klistiere fest geschlossen! Unser ruhmreicher Erster: griff nach einem speziell präparierten Stift, trat momentan weg und erwachte mit dem Stift in der Wange. Einen rechten Hauer hat er sich auch noch gelockert. Stift auf Gift untersuchen, das am Kampfplatz vergossene Blut auf Alkohol. Der heldenmütige Knut: gab auf der Treppe einem jämmerlichen Klubleiter wegweisende Anweisungen, wurde von einer Portion Nervengas betäubt und fand sich auf dem unteren Treppenabsatz mit gebrochenem Schlüsselbein und einem Horn an der Stirn wieder. Das Horn ist offensichtlich eine Spezialanfertigung für den Export. Beide Verletzten wurden von unserer fortschrittlichen Medizin sorgfältig untersucht: Die Wunde in der Wange ist genäht, der Arm in der Schlinge, das Horn an der frischen Luft belassen. Gegenwärtig sitzen oder liegen sie zu Hause. Im Krankenhaus war jemand Zuständiges, hat ein bisschen geschnuppert, gefragt und sich mit einer Visage davongemacht, auf der deutlich zu sehen war, dass da was faul ist. Kim Woloschin? Ja, der wurde erwähnt. Mehr noch, es ist der Eindruck entstanden, dass er aus Sicht des zuständigen Genossen wie eine Säule aus der Masse der übrigen Augenzeugen herausragt. Im Krankenhaus ist er nicht aufgetaucht, wohin er verschwunden ist, weiß man nicht. Anscheinend wird er gesucht. Und ein Unglück kommt selten allein. Vor Kurzem hat der Lump angerufen, der das Lager des Bezirksgroßhandels leitet, und mitgeteilt, dass er sich auch nicht gut fühlt. Durch die Machenschaften der ideologischen Feinde hat er sich auf einen Nagel gesetzt und sich die Hose aufgerissen, und vielleicht nicht nur die Hose, und womöglich überhaupt nicht die Hose. Der Rettungswagen ist hingeschickt worden …

In dem Stil konnte der diensthabende Arzt, vormals Kater Wassja und vormals Rettungsarzt, endlos weitermachen, doch ich ließ ihn gewähren, denn als Arzt war er sehr begabt. Schließlich nannte ich ihn einen Hohlschwätzer und legte den Hörer auf, und buchstäblich eine Minute später rief mich der Chefarzt an. Er war natürlich schon im Bilde.

»Zufällige Übereinstimmungen kommen vor, Alexej Andrejewitsch«, erklärte er vernünftig, »dass es zwei gleichzeitig erwischt – auch wenn es derart bedeutende Persönlichkeiten sind –, so was kommt doch vor! Erinnern Sie sich, wie voriges Jahr im Stadion die angefaulte Bank durchgebrochen ist? Da wurden gleich fünf auf einmal verletzt. Ich weiß, ich weiß, das Bezirkskomitee ist kein Stadion, aber wir werden trotzdem nicht in Panik verfallen, Alexej Andrejewitsch …«

Ich verfiel gar nicht in Panik. Doch wie sich zeigte, mochte ich keine zufälligen Übereinstimmungen. Am Morgen stellte sich heraus, dass auch Moissej Naumowitsch zufällige Übereinstimmungen nicht leiden konnte. Nachdem er mich nach Einzelheiten ausgefragt hatte, schwieg er eine Zeit lang und blies leise Luft durch die Lippen, dann sagte er finster: »Trotzdem schade, dass man nicht mit diesem Woloschin sprechen kann.«

Bald stellte sich übrigens heraus, dass man mit Woloschin gesprochen hatte. Wir hätten davon nichts erfahren, wenn nicht S. gewesen wäre, damals noch Leutnant der Miliz, derselbe, dem ich es verdanke, dass ich jetzt an der Schreibmaschine sitze. Ein guter Bursche war das, gutwillig und einigermaßen vertrauensselig, und meine Zuneigung gewann er dadurch, dass er mich bereitwillig mit der Taschlinsker Kriminalchronik unterhielt.

Der also kam einige Tage nach den Ereignissen im Bezirkskomitee zu mir zur »Durchsicht«, kriegte die üblichen Spritzen in beide Hinterbacken und teilte unter dem Siegel der Verschwiegenheit mit, dass die zuständigen Genossen Kim am selben Abend doch noch ausfindig gemacht hatten. Er saß bei sich zu Hause, trank mit einem Nachbarn Fusel und fluchte grässlich. Den ungebetenen Gästen erklärte er, wenn es die Sekretäre erwischt habe, dann verdientermaßen, es gebe eben doch einen gerechten Gott, wofür es aber ihn erwischt habe, das wisse er, Kim, nicht, und er halte das für ein Versehen … Außerdem kam bei diesem ungeordneten Gespräch heraus, worum es gegangen war. Kim hatte vom Bezirkskomitee eine Entschuldigung für die ungesetzliche Entlassung bei der Zeitung verlangt, seine Wiedereinstellung und eine finanzielle Entschädigung für die unfreiwillige Arbeitspause. Und natürlich hätte er ebensogut mit der Wand reden können.

Wenig später aber ereignete sich das »Hundemassaker«.

12

Auf Russisch bedeutet »Prokasa« Aussatz – Entsetzen und Verzweiflung, einen Alptraum, der den Mitmenschen Leid verkündet, den Tod des Fleisches, das seiner Scheußlichkeit gewahr wird. Doch nicht nur das. »Prokasa« bedeutet außerdem auch Schabernack – Freude, Genuss, eine Ausgelassenheit, die den Mitmenschen nicht immer angenehm ist, die Freude des Fleisches, das das Übermaß seiner Kräfte fühlt.

Und abermals sahen wir nichts selbst, die Fakten strömten auf unseren Verstand und unsere Seele über Augenzeugen ein, über Gerüchte, über primitive Phantasien und das Wirrwarr selbstsicherer Meinungen.

Übrigens, es kriechen ja seit alters her genug Gerüchte durch Taschlinsk. In jenem strengen frühen Winter beispielsweise wanderten authentische Mitteilungen darüber von Mund zu Mund, dass aus dem Viehfriedhof zwanzig Werst vom Stadtrand nachts entweder Wölfe oder Werwölfe hervorkämen, den Mond anheulten und mit menschlichen Stimmen klagten … Und ein Bezirkskrankenhaus war und ist bekanntlich zu allen Zeiten der ideale Sammelpunkt für Gerüchte. Die Kranken, die Pflegerinnen, die Schwestern, die Besucher, oft sogar die Ärzte erörtern auf Teufel komm raus, wer wobei erwischt worden ist, ob es den Wodka auf Karten geben wird, wer eine unangenehme Begegnung auf dem Friedhof hatte, welche Schweinerei ein gewisser Verkaufsstellenleiter angerichtet hat …

Und nun die seltsamen Gerüchte von einem »Hundemassaker« in der Pugatschowka.

Man muss anmerken, dass die Pugatschowka bei uns eine sehr alte Straße ist, vormals vor der Stadt. Ihr Aussehen hat sich seit der Zeit Stolypins nicht verändert: Fest im Erdboden verwachsene Holzhütten mit kleinen Fensterchen, die nachts mit kräftigen Läden verschlossen werden, Flechtwerk und Zäune, morsche Bänkchen an den Zauntüren, die Straße selbst aber ist ziemlich breit, wenn auch natürlich nicht gepflastert, und man sieht heute des Öfteren neben den Häuschen Lkws, deren Fahrer entweder schon immer hier lebten oder sich eingemietet haben.

Und natürlich gibt es hinter den Holz- und Flechtzaunen und einfach am Straßenrand eine Unmenge von Hunden – ohne Rasse, verkommen, oft herrenlos –, die ständig auf der Suche nach Nahrung und Unterhaltung sind.

Einmal ging ungefähr ein Uhr nachts mitten auf der Pugatschowka ein leicht angetrunkener Mann durch den knirschenden Schnee. Er hatte weder einen Knüppel noch einen Stock noch sonst ein Mittel zur körperlichen Ermahnung bei sich, ohne das selbst die Anwohner ungern in die Umgebung gehen. Er schritt einfach leicht schwankend über den überfrorenen Schnee. Und da begannen allein, zu zweit, zu dritt alle möglichen Köter unter den Zäunen durchzukriechen, übers Flechtwerk zu springen oder aus der ägyptischen Finsternis der Seitengassen hervorzuschnellen. Mindestens zwanzig Köpfe erschienen auf der Straße und folgten dem Passanten, stimmten ein schadenfrohes und drohendes Gebell an und luden alle ein, sich dem Überfall anzuschließen.

Zu einer Meute versammelt, werden Hunde wild und geraten bei der geringsten Provokation in Raserei. Wie Menschen in einer Menge. Sie legen die Ohren an, strecken die Schwänze gerade aus, blecken die Zähne und beginnen zu geifern. Wie Menschen, was die Zähne angeht. Sie werden immer dreister, springen auf einen zu, kommen von der Seite und von vorn, und die Ungeduldigsten beißen von hinten nach Beinen und Kleidung, um das Opfer zum Laufen zu bringen, und dann beginnt die Hauptsache. Eine lustige Verfolgungsjagd.

Als Arzt bin ich auf ebendieser Pugatschowka wiederholt in ähnliche Situationen geraten, doch die Verwandten und Nachbarn des Kranken haben mich jedes Mal erbarmungslos herausgehauen. Der Passant aber war ganz allein und unbewaffnet. Als er sich im Mittelpunkt der Aufmerksamkeit fand, blieb er stehen und wandte sich zu den Widersachern um. Und wurde augenblicklich umzingelt. Es war ein Höllenlärm, denn die Angreifer stachelten einander aus zwei Dutzend Kehlen zu den entschiedensten Maßnahmen an. Der Passant versuchte, sich mit Fußtritten zu wehren, doch das steigerte nur noch den Eifer der Angreifer. Der Passant brachte es fertig, einen der Hunde am Schlafittchen zu packen und über die Schulter zu werfen. Das fliegende Hundevieh heulte sicherlich auf, doch das war im allgemeinen Krach nicht zu hören. Schon zerrten sie den Passanten an der Kleidung und schnappten nach den Beinen …

Und plötzlich war Stille.

Ohne jeden ersichtlichen Grund hörte das Hundegebell auf, wie abgeschnitten. Ohne jeden ersichtlichen Grund wich die Wut dem Entsetzen, und die Hunde schossen schweigend nach allen Seiten auseinander. Und das war wohl alles. Ungefähr ein Dutzend Rüden und Hündinnen blieben im Schnee liegen. Tot. Nur ein lebendes Wesen war auf der Straße – der Passant. Und es war Stille, eine auf der Pugatschowka ganz ungewohnte Stille. Mit nichts zu vergleichen. Kein einziger Hundelaut im Umkreis von einem Kilometer.

Vielleicht eine Minute lang stand der Passant leicht schwankend inmitten der toten Hunde. Dann fluchte er laut und unflätig, wandte sich um und ging seiner Wege. Und er ging nun schon mit durchaus nüchternem Schritt, immer schneller, und bald war er nicht mehr zu sehen.

Ungefähr so erzählte diese Geschichte im Ärztezimmer die Wirtschaftsschwester Gripa, die beste folkloristische Gerüchteköchin im Krankenhaus. Als sie fertig war, rief der vormalige Kater Wassja, nun Wassili Dormidontowitsch, neidvoll aus: »Und woher hast du diesen Unsinn?«

Als Antwort warf ihm Gripa einen listigen Blick zu, der leicht als die angestammte Devise aller Gerüchtemacher in der Rus zu interpretieren war: »Wie ich's gekauft hab, so verkauf ich's auch, wenn's dir nicht passt, dann hör nicht hin, aber stör nicht beim Lügen.«

Moissej Naumowitsch indes nahm dieses Märchen zu meiner Verwunderung sehr ernst. Als wir allein waren, erklärte er, diese Sache müsse eingehend untersucht werden, insbesondere müsste man in der Pugatschowka echte Zeugen ausfindig machen. Zu meiner Schande muss ich gestehen, dass ich damals noch blind war, Moissej Naumowitsch aber schon erleuchtet. Er war eben ein alter und weiser »Totenarzt« …

Ich Dummkopf aber platzte damals heraus: »Ja, was beunruhigt Sie denn, Moissej Naumowitsch?«

»Die Übereinstimmungen, Alexej Andrejewitsch, die Übereinstimmungen …«, antwortete er widerwillig und nicht ganz verständlich.

Wie überall in der Stadt, hatte er auch in der Pugatschowka ein paar Freunde und Freundinnen. Und über sie fand er Augenzeugen. Es waren vier. Eine in Rage geratene Mama, die mit dem Reisigbesen in der Hand aus der Zaunpforte gekommen war, ihrer missratenen Tochter entgegen, die unerlaubt zu einer Freundin gegangen war. Ein Liebespaar, das sich an die zwei Stunden an der Schwelle des Mädchenhauses nicht trennen konnte. Und ein Arbeiter aus der Molkerei: Der konnte nicht schlafen und war vor die Tür gegangen, um eine zu rauchen.

»Er lebt bei seiner Großmutter, und die verträgt keinen Rauch.«

»Ein ungewöhnlich rücksichtsvoller Enkel«, bemerkte Moissej Naumowitsch. »Es geht nicht jeder bei solchem Frost zum Rauchen raus …«

»Da wäre jeder rücksichtsvoll. Jede andere Großmutter würde er zum Teufel schicken und die Bude vollqualmen. Aber nicht die, wo denkst du hin! Das ist eine allgemein bekannte Hexe, er hat vor ihr eine Heidenangst. Läuft bei ihr am Schnürchen, liefert den ganzen Lohn ab …«

Reden konnten wir nur mit zweien von den Augenzeugen. Der festgeklebte Liebhaber wohnte am anderen Ende der Stadt, und der rücksichtsvolle Enkel hatte Spätschicht. Dafür bestätigten die Angaben der Mama und der Geliebten beängstigend genau Moissej Naumowitschs Unruhe. Sie unterschieden sich nur in Kleinigkeiten und entsprachen im Großen und Ganzen dem Märchen, das unsere Gripa erzählt hatte. Ein Detail kam hinzu: Der Passant hatte einen voluminösen Pelzmantel bis zu den Füßen an und eine riesige Pelzmütze. Und nebenbei stellte sich ein merkwürdiger Umstand heraus: Seither wagt sich kein einziger Hund in der Pugatschowka auf die Straße, und sogar die bösartigsten Kettenhunde auf den Höfen bleiben in ihren Hütten … Danach erkundigte sich Moissej Naumowitsch, was nach Ansicht der Augenzeugen geschehen sei. Die Mama erklärte, es gebe viel zu viele Hunde, und man sollte sie abschießen, ehe sie anfingen, kleine Kinder zu zerreißen. Das junge Mädchen indes, zweifellos von dem Galan darauf gebracht, antwortete überzeugt, der geheimnisvolle Passant habe auf die Hunde aus einer Gaspistole ausländischen Fabrikats geschossen.

Beim Besuch in der Hütte des rücksichtsvollen Enkels wurde Moissej Naumowitsch von der Großmutter und Hexe empfangen, einer krummen Greisin, in gründlich verschlissenes Schwarz gekleidet. Ihr Antlitz war entsprechend den landläufigen Vorstellungen gelb und faltig, das spitze Kinn und die Hakennase strebten unaufhaltsam aufeinander zu, beim Gehen stützte sie sich auf einen von den Jahrzehnten polierten knotigen Stock. Und obwohl sie sich ziemlich wacker bewegte, kam Moissej Naumowitsch zu dem Schluss, dass sie nicht die Großmutter des Molkereiarbeiters war, sondern mindestens die Ur-, wenn nicht die Ururgroßmutter.

Er wurde freundlich empfangen und mit einem Glas aromatischem, etwas bitterem Kräutertee bewirtet. Er hatte sogar den Eindruck, er sei erwartet worden. Sein Versuch, den Zweck des Besuchs zu erklären, wurde sofort mit einer Bewegung der safrangelben knochigen Hand weggewischt.

»Du brauchst nicht zu fragen, sie haben dir alles richtig erzählt«, sagte die hexende Großmutter mit heiserer Tenorstimme. »Ich hab es zwar nicht mit eigenen Augen gesehen, weiß aber alles. Das hätte ich auch mit Hunden machen können, mit den stummen Tieren, und mit Leutchen auch. Ich konnte es mal, aber jetzt kann ich's nicht mehr, die Knochen tun mir weh, woll'n in die Erde …«

»Was, meinen Sie, konnten Sie?«, erkundigte sich Moissej Naumowitsch, etwas aus dem Konzept gebracht.

Die Alte blickte ihn eindringlich an. »Da grämst du dich nun, bist betrübt. Und richtig, du bist ein guter Mensch, wenn auch ein Jud. Aber eins musst du wissen. Die Teufel macht nicht Gott. Die Menschen bringen sie mit ihren Sünden hervor, und dann mühen sie sich selber vergeblich, sie zu bannen. Die einen mit Büchern, die anderen mit dem Feuer, wieder andere noch anders … Nur, während sie sie bannen, quälen sie sich ab und bringen mit ihrer Qual wieder neue Teufel hervor und bannen sie wieder … Und so geht das auf der Welt von Anfang an …«

Moissej Naumowitsch murmelte entschuldigend: »Verzeihen Sie, Großmutter, aber ich fürchte, ich verstehe Sie nicht ganz …«

»Woher auch? Wissen tun wir vielleicht sogar dasselbe, aber wir verstehen's unterschiedlich. Deine Vorväter sind aus Sand und Stein gekommen, meine aus Quellen und Gräsern. Und so hat jedes Geschlecht seine Natur …«

Da fragte Moissej Naumowitsch, der seine Gedanken eilig gesammelt hatte, geradezu und ohne Umschweife: »Das heißt, Großmutter, dieser Mann in der Nacht, der mit den Hunden fertig geworden ist, ist von Ihrer Sorte? Ein Hexer? Ein Zauberer?«

»Nein«, antwortete die Großmutter und Hexe. »Er ist kein Zauberer. Er ist ein von den Fesseln Befreiter. Ein Eggel.«

»Ein Engel?«

Die Großmutter begann leicht zu zittern, als sie in Gelächter ausbrach und sich mit den knochigen Händen auf die spitzen Knie schlug. »Kein Engel, guter Mann! Ein Eggel! Du kennst anscheinend nicht einmal das Wort, was?«

Moissej Naumowitsch stand auf, legte einen Zehner auf den Tisch, verbeugte sich steif und ging. Dieses Gespräch machte großen Eindruck auf ihn. Da er wie die meisten Prosektoren zum Mystizismus neigte, war er frappiert.

Auf dem Rückweg kam er bei mir vorbei und erstattete ausführlich Bericht. Und zum ersten Mal erfasste mich Unruhe. Ich weiß noch, wie Moissej Naumowitsch an dem heißen Tee nippte (mit einem Löffel Kognak pro Tasse, wie üblich), und wie ich zusammenhanglos murmelte: »Hunde, Gas, eine Hexe, Teufel … irgend so ein Eggel … Herrgott, was soll das alles heißen?«

»Kommt Zeit, kommt Rat«, gab er sich seufzend selber Antwort.

Die nächste Hieroglyphe erschien schon zwei Tage danach in unserem Gesichtsfeld. Der Rettungswagen brachte den notorischen Säufer Timofej Bassalyga, bekannt unter dem Spitznamen »Mussmal«, ins Krankenhaus. (Der Spitzname hat nichts mit der Verrichtung natürlicher Bedürfnisse zu tun, sondern geht auf Bassalygas Lieblings-Redewendung zurück – »muss mal«. Muss mal einen auf den Kater trinken. Man muss mal, Chef, 'ne Flasche rausrücken. Man muss mal, du Dreckstück, dir den Hals umdrehen.) Das war ein fast würfelförmiger Klotz, eins siebzig groß, hundertzehn Kilo schwer, mit grauer, sich schuppender Fresse, immer geschwollen und unrasiert, mit unerträglich großen Fäusten und, obwohl er kaum über dreißig war, mit einer ansehnlichen Glatze. Keine kriminelle Vorgeschichte, aber zahlreiche Einlieferungen und etliche Wochen Krankenhausbehandlung wegen diverser Folgen von Alkoholmissbrauch.

Der Rettungsarzt erzählte. Der Anruf war aus einer Telefonzelle gekommen, eine Frau hatte aufgeregt mitgeteilt, dass da auf der Straße ein Mann einen Anfall hatte, er wand sich im Schnee, versuchte auf die Füße zu kommen und schaffte es nicht, schrie unverständlich, und die Männer waren alle feige, hatten Angst, hinzugehen und ihm zu helfen ... Doch als der Rettungswagen eintraf, wand er sich nicht mehr und schrie nicht mehr, sondern lag ruhig im Schnee, die Augen geschlossen, und stöhnte nur leise. Der Vorfall ereignete sich vor dem Eingang zu einem Laden, wo eine Schlange nach Wodka anstand, und bei dem Körper standen nur fünf, sechs Leute, die schon welchen abgefasst hatten. Der Körper wurde mit Mühe in den Wagen geschleppt – wobei er, als man ihn auf die Trage legte, mit seinem kolossalen Hintern die Leinwand durchriss –, und da hörte er auf zu stöhnen, schlug ein Auge auf und sagte vernehmlich: »Muss mal liegen, Leute ...«

Im Krankenhaus wurde bei dem Mussmal nichts Ernstes gefunden, er war nicht einmal betrunken, obwohl er unter einem Kater litt. Der Rettungsarzt war verblüfft: Dort vor dem Laden hatte der Kranke alle Anzeichen eines bevorstehenden Schlaganfalls gezeigt. Der Mussmal lag auf dem Liegebett und musterte alle mit suchendem Blick. Man hieß ihn aufstehen. Er stand auf, wischte die graue Frikadelle von einer Nase mit dem Ärmel ab und stieß überlaut hervor: »Man müsste ein Gläschen Sprit, Genossen Ärzte …« Da drängte sich unsere Gripa zu ihm durch, die Wirtschaftsschwester. Alle wussten, dass sie aus irgendwelchen Gründen, am ehesten wohl von familiärer Art, den Mussmal auf den Tod hasste. »Sprit willst du, du versoffene Wanze?«, schrie sie. »Und das willst du nicht?« Und sie fuchtelte mit den Fäusten vor der geschwollenen Visage des Mussmal, beide Daumen zwischen den Fingern durchgesteckt. Der Mussmal nahm den Kopf zurück und sagte gewichtig: »In der Medizin muss man sich benehmen.« Gripa wurde abgedrängt und der Mussmal aufgefordert, zu erzählen, was ihm passiert war. Er erzählte bereitwillig. Er habe still und friedlich angestanden und gewartet, dass der Laden nach der Pause aufmacht, und plötzlich sei ihm übel und schwarz vor Augen geworden, und weiter erinnere er sich an nichts, sondern sei erst im Rettungswagen zu sich gekommen, und das müsse man verstehen, statt einen Patienten zu kränken. Und darauf wurde er hinausgeführt.

Doch damit nicht genug. Unsere rachsüchtige Gripa glaubte nicht, dass der Mussmal still und friedlich angestanden habe, und beschloss, Belastungsmaterial über ihn zu finden, damit sich die Miliz mit ihm befasste. Nachdem sie aus dem Fahrtenbuch des Rettungsdienstes die Adresse des Ladens ermittelt hatte, stürzte sie sich in Nachforschungen. Taschlinsk ist nicht die Hauptstadt, die Bekanntschaftsketten sind bei uns kurz. Und bald stieß sie auf eine gewisse Tante Dussja, die Mutter einer Freundin von der Frau ihres, Gripas, älteren Bruders. Diese Tante Dussja spekulierte ein bisschen mit Wodka und stellte sich jeden Tag vor dem Laden im Erdgeschoss ihres Hauses an. An jenem Tag hatte sie das Glück, unter den ersten zehn zu sein, und direkt hinter ihr stand der kahle Kim Sergejewitsch, ihr Nachbar auf der Etage. Und alle standen geduldig an, als plötzlich unmittelbar, bevor das Geschäft aufmachte, der Mussmal erschien, die vorn Stehenden beiseite schob und sich zur Tür durchdrängte. Die Schlange begann natürlich zu murren, doch sich mit ihm anzulegen war gefährlich. Auf die Protestrufe hin wandte der Mussmal seine Schnauze nach hinten und knurrte heiser: »Muss mal sein, klar?«

Er hatte sich schon vor der Tür aufgebaut, als hätte er immer dort gestanden, als plötzlich Kim Sergejewitsch aus der Schlange nach vorn kam, an ihn herantrat, ihn mit beiden Händen am Schlafittchen packte und zurückriss. Natürlich überstieg es seine bejahrten Kräfte, so eine Kommode umzustoßen, doch der Mussmal trat zurück und wandte sich um. Er war weniger wütend als verblüfft. »Was soll das, du Idiot, einäugiger?«, zischte er. Und bei unserem Kim Sergejewitsch wurde das Gesicht weiß, geradezu blau, und begann vor Schweiß zu glänzen. Und er sagte ziemlich laut: »Stell dich in die Reihe, du Vieh!« Der Mussmal glotzte ihn an und sagte: »Dir muss man mal das letzte Auge ausdrücken, Mistkerl.« Und er streckte seinen dicken schmutzigen Finger zu Kim Sergejewitschs Gesicht hin aus. Alle erstarrten, nur ein Dämchen sagte »Oi!«.

Doch der Mussmal brachte seinen schmutzigen Finger nicht bis an Kim Sergejewitschs Gesicht. Etwas geschah mit ihm, mit dem Mussmal. Seine Fresse wurde ganz schwarz, er wankte, fuchtelte mit den Armen und stürzte der Länge nach in den Schnee. Er lag ein Weilchen still, dann begann er zu zappeln, wollte offensichtlich aufstehen, konnte es aber nicht, etwas krümmte und verzerrte ihn, und was er brabbelte, war nicht zu verstehen. Kim Sergejewitsch sah sich vielleicht eine Minute lang an, wie die Teufel ihm zusetzten, dann ging er weg. Und da wurde der Laden geöffnet, alle stürzten hinein, und als sie die ihr von Gesetzes wegen zustehenden zwei Flaschen genommen hatte, kam Tante Dussja wieder heraus, sah aber nur, wie der Rettungswagen davonfuhr …

Gripa erzählte hingebungsvoll und schadenfroh, spielte sogar vor, und sie wusste damals nicht, wer jener Kim Sergejewitsch war, der heldenhaft dem verhassten Mussmal entgegengetreten war, und dass sich Tante Dussjas Laden im selben Hause befand, wohin mich Kim vor einer Ewigkeit zur Einzugsfeier eingeladen hatte. Zum Abschluss teilte Gripa vor Glück strahlend mit, dass sie vorgehabt habe, den Mussmal bei der Miliz wegen Rowdytums anzuzeigen, sollte er doch ein paar Tage im Kittchen schmoren; aber offensichtlich habe sich der Herrgott selbst mit dem Schurken befasst, ihn an Ort und Stelle bestraft, und was ist die Miliz gegen Gott? Toi-toi-toi, unberufen … Aber solchen mutigen und gerechten Menschen wie dem Kim Sergejewitsch muss man untertänigst die Füße waschen …

Als ich mit Moissej Naumowitsch aus dem Ärztezimmer eine rauchen ging, sagte ich: »Was ich wissen möchte: Wird sich der Mussmal jetzt auf der Straße blicken lassen und heulen?«

Moissej Naumowitsch warf mir einen betrübten und strengen Blick zu. »Ein schlechter Scherz, Alexej Andrejewitsch«, sagte er. »Das hätte ich nicht von Ihnen erwartet …«

Ich schämte mich.

Bald stellte sich heraus, dass mein Scherz wirklich nicht besonders gewesen war.

13

Wenn es nur die Brände und die Fahrstühle gewesen wären, nur die Unannehmlichkeiten auf Arbeit! Sogar mit seinen Tauben passierten sonderbare Dinge. Eine Tümmlertaube fiel aus dem zweiten Stock und brach sich ein Bein.

An einem trüben Tag mit Schneetreiben wurde ich ins Aufnahmezimmer gebeten. »Es wurde nach Ihnen persönlich gefragt, Alexej Andrejewitsch«, sagte die Schwester. Und wer stand auf und kam mir entgegen, als ich eintrat? Kim Sergejewitsch Woloschin höchstpersönlich, in seiner ganzen haarlosen und einäugigen Pracht, just wie anderthalb Jahrzehnte zuvor, nur stark gealtert und sehr ordentlich angezogen. Ein gelber Pelzmantel, eine riesige Pelzmütze von durch und durch kaukasischem Aussehen und noch etwas von Fell und Pelz lagen auf der Bank. Er lächelte breit, reichte mir die Hand und sagte mit seinem etwas heiseren Bass: »Grüß dich, Ljoschka. Da, sie hat eine Lungenentzündung. Leg sie bei dir hin und kurier sie.«

Erst da bemerkte ich die auf einem Polsterstuhl sitzende Frau. Sie war kränklich, von kleinem Wuchs, und sogar unter dem dicken Pullover konnte man ahnen, dass sie spitze Schultern und Ellbogen hatte, und die Beine, die in den breiten Schäften von Filzstiefeln verschwanden, wirkten dünn und beinahe ohne Muskeln. Das Gesicht war auch klein, und auf den Wangen lag eine ungesunde Röte.

»Das ist meine Frau«, sagte Kim, der schon nicht mehr lächelte. »Swetlowa, Ludmila Semjonowna. Sieh zu, dass du … die günstigsten Bedingungen … aus alter Freundschaft.«

»Du kannst beruhigt sein«, erwiderte ich trocken.

Trocken nicht etwa, weil ich keinerlei Grund sah, für Kims Frau besondere Bedingungen zu schaffen, sondern um meine Verwirrung zu verbergen. Wie ein Klassiker gesagt hätte, es war, als ob jemand mit dem Rührlöffel in meinem Gehirn herumfuhr. Ein alter Knacker, aber immer noch unverdrossen, sie ist halb so alt wie er … Es passt nicht. Kim und Heirat – das geht nicht zusammen, ist unvereinbar, fällt aus dem Rahmen … Doch was geht's mich an? Aber da – der voluminöse gelbe Pelzmantel auf der Bank, die Mütze von unglaublichen Ausmaßen … die Hunde … der Mussmal … Die besten Bedingungen? Gewiss doch!

Ich sagte Kim, dass er auf mich warten solle, und ging selber los, um die Bedingungen zu schaffen. Das tat ich. Mit Hilfe von unserer Gripa, die zu Ljussja sofort eine außerordentliche Zuneigung fasste (klar doch, die Frau des Mutigen und Gerechten, den sie nach Tante Dussjas Beschreibung sofort identifiziert hatte), wurde die neue Patientin in einem bequemen Dreibettzimmer neben dem Sonderzimmer für Chefs untergebracht.

Unerforschlich sind die Wege unseres Schicksals. Unerforschlich, doch das heißt nicht, dass sie nicht von jemandem vorherbestimmt wären. Just in jenen Tagen litt im Sonderzimmer kein Geringerer als der Stellvertreter des Vorsitzenden des Stadtexekutivkomitees, Rudolf Timofejewitsch Baraschkin, an Radikulitis. Und mit seiner Radikulitis hatte er sich zu mir in die Abteilung für Inneres gedrängelt; er hätte besser in der Neurologie liegen sollen, wo er hingehörte, auch wenn es dort eng war und ein bisschen stank …

Als alles geregelt war, lud ich Kim ins Ärztezimmer ein, eine rauchen und mal richtig schwatzen und bei der Gelegenheit die Anamnese ausfüllen. Diesmal redete Kim viel und bereitwillig. Als ich ihm sagte, der Fall sei banal und es bestehe Hoffnung, dass er seine Frau in drei, vier Wochen zurückbekäme, seufzte er und sagte: »Ein Jammer. Wir wollten vor Neujahr heiraten, und jetzt wird daraus nichts mehr …«

Sie kam wie er aus einem Kinderheim, war dreiundzwanzig Jahre alt, arbeitete als Kassiererin im Kino »Sonnenaufgang«, einem elenden Laden, der größtenteils von Berufsschülern, Soldaten aus dem Baubataillon und dergleichen Pack frequentiert wurde. Und es widerfuhr ihr, dass sie sich mit achtzehn mit einem ehemaligen Klassenkameraden einließ. Wie es so geht, wurde sie schwanger, und da rief ihn das Vaterland zur Fahne. Sie wollten zum Standesamt gehen, doch die Eltern widersetzten sich dem vehement. Er versprach ihr hoch und heilig, sie zu heiraten, sobald er zurück wäre, und fuhr ab. Termingemäß brachte sie ein Mädchen zur Welt. Sie wollte bei seinen Eltern unterkommen, wurde aber mit wütendem Abscheu zurückgewiesen. Da zog sie zu einer alten Frau, die nicht nur außerstande war, in den Laden zu gehen oder den Ofen zu heizen, sondern manchmal nicht einmal aufs Klo gehen konnte. So lebten sie irgendwie zu dritt, die Alte, die Junge und der Säugling. Fünfunddreißig Rubel Rente von der Alten, dazu die sechzig, die sie verdiente, außerdem strickte die Alte ein bisschen, und die Junge verkaufte es auf dem Markt … Es gab düstere Augenblicke, sie dachte daran, die Tochter in ein Heim zu geben, hielt sich aber jedes Mal zurück: Der ihr vom Schicksal Bestimmte würde zurückkehren, fragen, wo sie denn die Tochter habe …

Und zurück kehrte der ihr vom Schicksal Bestimmte in einem Zinksarg aus Afghanistan. Weiß der Teufel, warum, aber die Eltern des Helden machten sie für dieses Unglück verantwortlich, jagten sie mit dem Kind vom Begräbnis fort und verboten ihr, ihnen jemals wieder unter die Augen zu kommen. Sie könne sagen, was sie wolle, Beweise gäbe es keine, im Ausweis nicht die Spur davon, und Bälger kann sich jede Schlampe haufenweise machen lassen, um ans Familienvermögen heranzukommen …

Es war beunruhigend und traurig, diese Geschichte anzuhören, und noch beunruhigender und interessant war es für mich, Kim anzuschauen, der so gesprächig und offen war. Die Stimme brach ihm immer wieder und wechselte das Timbre, von Zeit zu Zeit schien er trocken zu schlucken, und drei-, viermal holte er ein sauberes Taschentuch hervor und wischte sich das einzige Auge. Dann verstummte er.

Ich wartete ein wenig und fragte: »Und jetzt wohnt sie bei dir?«

»Natürlich. Sie und das Mädchen. Ich habe sie vorige Woche geholt. So dass ich jetzt auf einmal Ehemann und Vater bin.«

Plötzlich verdüsterte sich sein Gesicht, in den Winkeln des schmallippigen Mundes traten deutlich Falten hervor.

»Was hast du?«, erkundigte ich mich. Aus irgendeinem Grunde wurde mir schwer ums Herz.

»Die Tochter«, sagte er. »Tassja. Sie ist taubstumm.«

Und jetzt ist es an der Zeit, sich wieder dem erwähnten Stellvertreter des Vorsitzenden des Stadtexekutivkomitees Rudolf Timofejewitsch Baraschkin zuzuwenden, der sich mit seiner Radikulitis in meinem Zimmer für die Machthaber breitgemacht hatte.

Er war ein notorischer Ignorant (Bildung, wie es heißt, Kirchgemeindeschule plus Parteihochschule), doch er brachte es fertig, selbst die erbärmlichen Brocken von Wissen, die sich wie durch ein Wunder in seinem Schädel hielten, ziemlich geschickt seinen Bedürfnissen dienstbar zu machen. Wahrhaftig, ich habe es mit eigenen Ohren hören können. In der Morgenröte seiner nebelhaften Jugend hatte ihn ein enthusiastischer Pädagoge dazu zwingen können, die bekannten klagend-stolzen Verse auswendig zu lernen: »Verstand wird Russland nie verstehen, kein allgemeines Maß es messen …«

Aus diesen Versen zog jener Baraschkin folgenden Schluss: Wenn schon Leute, die es wissen müssen, der Meinung sind, dass man zum Verständnis von Russland keinen Verstand braucht, dann ist das so, und den Verstand braucht man, um zu verstehen, wo und was in Russland nicht niet- und nagelfest ist, um das dann nicht mit dem allgemeinen, sondern mit dem eigenen Maß zu messen und sich entsprechend zu bedienen.

Und Baraschkin war ein Flegel. Meine Schwestern brachte er zum Weinen, fluchte grässlich, und wenn ihn die Empfindungen der Radikulitis nicht daran hinderten, versuchte er die Jüngeren zu begrapschen. Die Patienten, die gehen konnten, vermieden es, an seinem Zimmer vorbei zur Toilette zu gehen, um sich nicht seinen Bosheiten auszusetzen. Einmal drohte ich ihm, ihn aus meiner Abteilung zu entfernen. Darauf antwortete er voller Verachtung: »Versuch's doch, du Klistierspritze. Ich mach dir so eine Abteilung, dass du ewig an mich denkst.« Worauf er brüllend loslachte und hinzufügte: »Hast du den Film *Tschapajew* gesehn? Wie er dort mit euresgleichen umgeht … Klistierspritzen, kehrt marsch!« Aus Dummheit ging ich zum Chefarzt, doch wie zu erwarten, kriegte ich nur unverständliche Ermahnungen zu hören. Besonders betonte er, dass der Genosse Baraschkin nicht mir zugeteilt sei, sondern der Neurologie, woraus sonderbarerweise folgte, dass ich Geduld üben und die Beziehungen nicht zuspitzen sollte …

Solch ein Schatz also versaute mir mein Sonderzimmer bis zum ersten Januar 1987.

Ich habe keine Angst einzugestehen, dass an Feiertagen die Vorschriften bei uns wie in allen Krankenhäusern nicht so streng eingehalten wurden. Vom frühen Morgen an kamen Besucher, die Kittel wurden knapp, Wohlgerüche aus Einkaufsnetzen, Körben und Schachteln überdeckten die Krankenhausgerüche, auch die Patienten wurden nicht vergessen, die keinen Besuch erwarteten. Die Schwestern liefen in die Krankenzimmer und erinnerten die, die sich zu lange aufhielten, daran, dass eine Schlange nach den Kitteln anstand, und wenn sie wieder herauskamen, hatten sie fettige Lippen oder kauten sogar im Gehen. In meiner Zeit als Arzt habe ich viele, viele Male solche Bilder gesehen …

Doch das Bild dieses ersten Januars wurde plötzlich von einer dicken schwarzen Linie durchgestrichen.

14

Der Drache litt Not, denn es geboten über ihn die finstersten und schändlichsten Organe seines Körpers.

An jenem Tag war ich mit Alissa bei einem alten Freund, den ich seinerzeit aus einem schweren Infarkt geholt hatte. Residenz in der Militärsiedlung an die vierzig Kilometer entfernt. Ein Wagen, der uns abholte. Frost und Sonne. Vier Paar Gäste. Begrüßung des Neuen Jahres mit Sekt. Nächtlicher Spaziergang. Süßer und angenehmer Schlaf. Morgens ein leichtes Frühstück. Wieder Frost und Sonne. Ein hervorragender Skiausflug, feierliches Mittagessen, Mittagsschlaf. Préférence und dazu etwas Kognak. Um zehn Abrechnung, leichter Imbiss, Zapfenstreich. Früher Morgen, wieder Frost und Sonne. Umarmungen zum Abschied: »Und doch sehen wir uns zu selten, Alter!« Vierzig Kilometer zurück auf glattgewalzter Straße. Halt dort vor dem Haus, Freund. Danke. Einen Fünfer in die von allen möglichen Treib- und Schmierstoffen gebräunte Hand. Ein schönes Leben hat Pu der Bär!

Ich ahnte nicht einmal, was für Kalamitäten mich erwarteten. Wie Sam Weller es ausdrückte: »Wenn Sie wüssten, wer hier dicht bei is, Sir, dann würden Sie wohl doch 'n andern Ton anschlagen. Wie der Habicht mit muntrem Lachen zu sich spruch, als er um die Ecke das Rotkehlchen singen hörte.«

Ich zog gerade wieder meine Alltagskleidung an, als im Arbeitszimmer das Telefon schellte. Es war der diensthabende Arzt. Ich hatte mich kaum gemeldet, als er losbrüllte: »Alexej

Andrejitsch? Gott sei Dank, endlich! Der Chef sucht sich tot nach Ihnen …«

»Alles Gute zum Neuen Jahr!«, sagte ich streng und fühlte körperlich, wie mir das Herz in die Magengrube rutschte.

»Ja, ja, natürlich … Ihnen auch … Alexej Andrejitsch, sofort ins Krankenhaus! Wie haben hier ein Problem …«

»Moment. Was heißt – wir? Bei euch in der Chirurgie?«

»Ganz im Gegenteil. Bei Ihnen in der Inneren. Der Chefarzt sucht seit gestern nach Ihnen.«

Ich konzentrierte mich und ging in Gedanken die schlimmsten Möglichkeiten durch. Nein, das war es alles nicht. Sogar wenn die Hälfte meiner alten Frauen und Infarktpatienten auf einmal wegstarb, hätte unser Chef nicht den Feiertag für die Suche nach dem Leitenden Internisten vergeudet. Dazu war er nicht der Typ. Aber was dann?

Wie als Antwort flüsterte die Stimme im Hörer: »Baraschkin hat gestern die Hufe hochgerissen.«

»Er ist tot?«

»Mausetot«, bestätigte der Diensthabende mit Nachdruck.

»An Radikulitis gestorben?«, fragte ich verdattert. Ich war natürlich nicht ganz bei mir und fasste mich sofort. »Gut. Ich komme.«

Alles wurde glasklar. Baraschkin hatte auf meinem Territorium die Hufe hochgerissen, und selbst wenn die Todesursache der Biss einer Viper gewesen wäre, würde ich es sein, der diesen Brei auslöffeln musste, und ich sah mich schon in einem Meer von Berichten, Rechtfertigungen, wütenden Klagen der Angehörigen und unheilvollen Anfragen aus den Behörden versinken. Denn das war Baraschkin und nicht irgendein unbekannter Rentner aus der Pugatschowka … Mit beklommenem Herzen und auf schweren Füßen begab ich mich ins Krankenhaus, wobei ich mir beinahe laut über den toten Baraschkin, den bei bester Gesundheit lebenden Chefarzt und mein launisches Schicksal Luft gemacht hätte.

Der diensthabende Arzt erwartete mich schon. Er teilte mir mit, dass der Chef in seinem Zimmer sitze, in Panik sei und mich erwarte, um gewisse Fragen zu erörtern. Schön, sagte ich, das kommt später. Was ist passiert und wie? Der Diensthabende erinnerte mich freundlich daran, dass er erst gestern Abend den Dienst angetreten habe, als alles Wesentliche schon geschehen war, im Krankenhaus aber herrsche bloß sinnloses Wirrwarr, hervorgerufen von zuständigen Leuten in unterschiedlichen Stadien alkoholischer Begeisterung.

Schön, sagte ich, aber ich wüsste trotzdem gern, was passiert ist und wie. Du verstehst doch, alter Junge, ehe ich vor den Chef trete und Fragen erörtere … Wenn er fragt, sag, dass ich bei mir bin. Und ich sah zu, dass ich auf mein heimisches Territorium kam. Baraschkin ist Baraschkin, dachte es in mir unablässig, und der Schatten des Staatsanwalts baute sich hinter mir auf.

Nachdem ich eine Pflegerin angewiesen hatte, die Oberschwester ausfindig zu machen, ging ich zu mir ins Arbeitszimmer. Ich sah mich auf dem Tisch um – die Krankengeschichte war nicht da. Als die Oberschwester hereinkam, vergaß ich den Gruß und fragte: »Wie lautet die Diagnose?«

»Akute Koronarinsuffizienz.«

»Und wo ist die Krankengeschichte?«

»Beim Chefarzt.«

So. Ich stützte die Wange auf die Faust und wies an: »Erzählen Sie, wie und was.«

Sie druckste herum – gestern hatte sie wie ich auch gefeiert. Noch ein Nagel zu meinem Sarg. Doch da strömte das ganze anwesende medizinische Personal ins Arbeitszimmer, dazu noch drei Omas, die gestern Zeugen des Vorfalls gewesen waren. Die drei waren heute hereingekommen, um zu schauen, was aus alledem wurde. So verstand ich sie und hörte nicht weiter hin, als eine von ihnen, unsere älteste Pflegerin Elvira, mit unanständiger Direktheit erklärte: »Wir mussten doch unseren Freundinnen die frohe Botschaft bringen …« Und sie waren es auch, die mir erzählten, wie und was.

Gestern nach dem Mittagessen erschien bei Baraschkin seine Gattin. Natürlich wartete sie nicht zusammen mit dem Pöbel, bis ein Kittel frei wurde, sondern stürmte gleich im Sealmantel und mit bestickten Filzstiefeln herein. Ihrem leidgeprüften Gemahl bescherte sie Mitbringsel, alles von Feinsten: »Da gibt es Kaviar zum Schmaus und Käse, Wein und allerlei …« Kaviar war tatsächlich da, »und allerlei« wurde von einem gedörrten Störrücken und gekochtem Schinken vertreten, und statt Wein wurde unser armer Kranker mit einer Flasche Kognak beschenkt, wie er sonst in unseren Breiten nicht vorkommt. Und dabei war sie, die Gattin, betrunken. (»Angeheitert«, sagte die feinfühlige Sanitäterin Simotschka, »im Stoff«, bestätigte die grobe Sanitäterin Galina aus der Chirurgie, »voll wie eine Strandhaubitze«, entgegnete Tante Elvira.) Die Gattin hielt sich übrigens nicht lange auf. Sie werden wohl ein Gläschen aufs Neue Jahr gekippt haben, und sie legte ab und ließ ihren Gebieter allein mit der Flasche zurück.

Eine Zeit lang ging alles still und friedlich, doch plötzlich wurde die Tür zum Sonderzimmer krachend aufgerissen, und auf der Schwelle erschien Baraschkin – den luxuriösen Kittel sperrangelweit offen, in einer bunten handgestrickten Unterziehjacke und warmen Unterhosen gegen die Radikulitis, das ganze Inventar draußen. Die Kranken und Besucher, die es sich auf den Bänken unter den mickrigen Krankenhauspalmen bequem gemacht hatten, erstarrten vor Überraschung. Baraschkin aber musterte sie drohend und begann zu reden. Und er hatte, das muss man ihm lassen, ein bemerkenswertes Organ. Als er zu brüllen anfing, zitterten die Glasscheiben, das Geschirr klirrte, und meine armen alten Patientinnen steckten vor Angst den Kopf unter die Decke. Seine öffentlichen Auftritte waren in der Regel allesamt entlarvend und drohend. So war auch sein letzter Auftritt.

Das Repertoire war, wie aus den Angaben der Augenzeugen folgte, das übliche mit den üblichen unvorhersehbaren Sprüngen von einem Thema zum anderen. Er wird diesen und jenen Kurpfuschern nicht erlauben, an ihm ihre dreckigen Versuche durchzuführen und über ihn ihre gelehrten Artikel zu schreiben. Er weiß sehr genau, dass das Krankenhaus gegen Schmiergelder mit allen möglichen Schmarotzern angefüllt ist, die sich hier auf Staatskosten einen Fetten machen, um sich zu drücken, und dann auch noch an seiner Tür vorbei zum Abort latschen. Er wird alle entlarven, die im Krankenhaus das Volk bestehlen und das Volk mit Abfall füttern …

Die Besucher versuchten, ihn zur Vernunft zu bringen – er drohte, er würde sie verfaulen lassen. Eine Sanitäterin versuchte ihn zurück ins Zimmer zu schieben – er verkündete, jetzt sei nicht die Zeit, wo man jemandem den Mund verbieten könne. Der völlig verwirrte diensthabende Arzt kam gelaufen – Baraschkin hieß ihn, sich binnen einer Woche nach Israel zu scheren. Tante Elvira fasste ihn sanft um die unermessliche Taille und versuchte ihn zu überreden, er solle gehen und sich hinlegen – er sperrte sich und begann lauthals und stotternd zu erklären, wer Tante Elvira war und wer ihre nächsten Verwandten waren …

Und so geschah es. Gerade war Baraschkin dazu übergegangen, die sexuellen Beziehungen der längst verstorbenen Eltern von Tante Elvira zu enthüllen, als er plötzlich verstummte. Mitten im Wort. Als hätte man ein Radio ausgeschaltet. Simotschka, die sich entsetzt hinter dem Rücken des diensthabenden Arztes versteckt hatte, sah alles mit eigenen Augen. Baraschkin verstummte, seine Visage lief blau an, er schluckte, schluchzte auf und stürzte hin. Man konnte ihn nicht einmal mehr auffangen. Er fiel hin, zappelte mit den Beinen und erstarrte mit verdrehten Augen. Schluss.

»Was ist unternommen worden?«, fragte ich perplex.

Es wurde alles unternommen, was möglich und vorgesehen war. Defibrillation. Intubation. Es half nichts. Eine Leiche ist eine Leiche. Ebenso gut hätte man jemandem eine Spritze ins Holzbein geben können. Baraschkin war abgekratzt. Und tschüß. Richtig hatte es der Woloschin gesagt, von ganzem Herzen. Er kam heraus, schaute hin und sagte: »Dem Hunde einen Hundetod ...«

Mir stockte das Herz.

»Halt, halt«, brachte ich mit ungelenker Zunge hervor. »Wer, sagst du, kam heraus?«

»Woloschin ... Sie wissen doch, der Einäugige ...«

»Wo kam er heraus?«

»Ja aus dem Nachbarzimmer! Was denn, Alexej Andrejewitsch, haben Sie's vergessen? Dort liegt Ljussenka, seine Frau ...«

Während ich meine Gedanken ordnete, stellte sich heraus, dass Kim ein sehr fürsorglicher Gatte war. Er besuchte seine Frau fast jeden Tag und brachte immer etwas mit. Er hatte sich einen Krankenhauskittel genäht, er wusch ihn offensichtlich selber und stärkte ihn sogar. Oft brachte er die Tochter mit. So eine dünne, strohige, aber gut betreut, die Haare immer gekämmt, mit Schleifen, und ordentliche Kleider. Und gestern war er auch mit der Tochter da. Die Ärmste hört nichts und kann nicht sprechen, aber sie kriegt alles mit, und den Vater versteht sie auf den ersten Blick. »Sie sind gestern gekommen«, erzählte Tante Elvira, »und er hat im Zimmer ein ganzes Festmahl veranstaltet. Ich hab ihnen natürlich heißes Wasser gebracht. Die kleine Tassenka hat Tee eingegossen und verteilt. Und Kringel hatten sie – zum Totessen, sie waren noch warm, er hatte sie offensichtlich selber gebacken ...«

»Warte, Tante Elvira«, unterbrach ich sie. »Was redest du da von Kringeln ... Als Baraschkin den Abgang machte, war Woloschin da auf dem Korridor?«

»Er war nicht auf dem Korridor«, sagte Tante Elvira entschieden. »Ich sag doch, er kam später raus …«

»Stimmt«, bestätigte Galina aus der Chirurgie. »Als Baraschkin hinknallte, lief ich los, um Grigori Ruwimowitsch zu helfen, und dieser Woloschin kam gerade aus dem Zimmer und stieß mir die Tür an den Hintern …«

Als ob sie etwas witterten, schauten mich alle erwartungsvoll und neugierig an. Aber ich fragte nur: »Was war danach?«

Danach wurde der Leichnam nach den notwendigen und nutzlosen Prozeduren in die Totenkammer gebracht, und gegen Abend rückte ein Trupp Schmarotzer an, entweder aus der Miliz oder von der Sicherheit, großtenteils wegen des Feiertags im Stoff, und mit ihnen die Frau … die Witwe des Verstorbenen. Die lief völlig neben der Rolle und verlangte nur immerzu, wenn nötig, solle man den Körper ihres Mannes in kleine Stückchen zerschneiden, Hauptsache, man fände heraus, wer diesen Terroranschlag verübt hatte. Sie nahmen sich den diensthabenden Arzt vor: Ob er den Genossen Baraschkin nicht geschlagen oder gestoßen habe, als der sich im Eifer des Gefechts unangebrachte Äußerungen erlaubte. Dann verhörten sie das Personal. Einer drang sogar ins Heizhaus vor, wo man ihn heute Morgen fand, wie er Arm in Arm mit unserem betrunkenen Heizer schlief …

Ich hörte zu und war doch nicht bei der Sache. Also wirklich Kim, ging es mir fieberhaft durch den Kopf. Ich durfte den Kopf nicht in den Sand stecken, mich nicht mit irgendwelchen Banalitäten über zufällige Übereinstimmungen einlullen. Übereinstimmung hin, Übereinstimmung her, aber gütiger Gott, wo ist denn da Dein Wille? Zu gegebener Zeit werden wir es natürlich erfahren. Wie vor vielen Jahren der einbeinige Onkel Kostja gesungen hatte, der Träger der einsamen Medaille: »Es wird nicht lang dauern, wir erfahrn früh genug, ob am Himmel was dran ist oder alles Betrug …«

Mir war, als wäre da eine Bewegung in der leeren Ecke hinter Simotschkas Schulter. Ich schaute hin. Da war die blau angelaufene Fresse Baraschkins, mit gebleckten Goldkronen und verdrehten Glotzen hing sie da, verzerrte sich wüst und verschwand. Ich wischte mir den Schweiß von der Stirn. Crescendo, fiel mir ein. So nennt man das. Crescendo. Erst das Bezirkskomitee. Dann das Hundemassaker. Dann der Sturz des Mussmal. Und jetzt Baraschkin. Nicht einfach Baraschkin, sondern der ermordete Baraschkin.

Ich begleitete unsere Mädchen und Tantchen aus dem Zimmer und ging zum Chefarzt. Aus den trüben Strudeln eines undurchdringlichen Geheimnisses ins vertraute warme Flachwasser des Alltags. Höchstens knöcheltief. Man sieht deutlich jeden kleinen Trilobiten, der am sandigen Grund krabbelt. Der Chefarzt war kein Kim Woloschin, er war durchsichtig wie Glas: ein Nichtskönner, Speichellecker und Feigling. Der Traum seines Lebens war eine Stellung als Referent bei der Gebiets-Gesundheitsbehörde. Und folglich keinerlei besondere Vorkommnisse. Bei ihm im Krankenhaus gab es keine BV, gibt es keine und wird es nie welche geben. Solange er Chefarzt ist, gibt es keine BV, es gibt nur nachlässige Leute, Abenteurer und Großtuer, die sich zu viel einbilden und die er rechtzeitig und vorher den zuständigen Stellen meldet. Erst recht eine solche Persönlichkeit wie der verstorbene Baraschkin. Ein Fleck auf dem guten Ruf des Krankenhauses. Die Untersuchung wird eingehend und peinlich. Dafür streichelt einem die Staatsanwaltschaft nicht das Köpfchen. Ein Hoch auf den Chefarzt! In mir kam Bosheit hoch. Eine fröhliche Bosheit, würde ich sagen. In den Ecken geisterten keine Toten mehr. Noch ein bisschen. Und da kam er, sein höchster Trumpf: »Und beachten Sie, Alexej Andrejewitsch, niemand wird für Sie die Kastanien aus dem Feuer holen. Wenn sie einen auf die Matte rufen, gehen Sie, nicht ich. Es kostet mich gar nichts, für die Zeit krank zu werden.«

Ich reckte mich dreist, gähnte, stand auf, ging aus dem Zimmer und ließ ihn hübsch verständnislos zurück – ob ich womöglich verrückt geworden wäre und er mich nicht in eine Zwangsjacke stecken und mit einem entsprechenden stämmigen Begleiter an den entsprechenden Ort bringen lassen sollte.

Ich ging ins Sektionszimmer hinunter. Moissej Naumowitsch saß auf dem »Trauertisch« (so nannte er diese unheilverkündende Vorrichtung aus künstlichem Marmor) und rauchte. Er würdigte mich kaum eines Blickes und murmelte: »Ganz wie ein gesunder Kerl. Wollen Sie das Protokoll lesen?«

Ich schüttelte den Kopf. »Nein. Sollen sie es in der Neurologie lesen. Übrigens, welche Diagnose haben Sie gestellt?«

Er schwieg erst einmal, dann stieg er ächzend vom »Trauertisch«. »Die Diagnose … Normal. Dieselbe, wie der diensthabende Arzt. Akute Koronarinsuffizienz. Was kann ich denn anderes diagnostizieren? Plötzlich bleibt mir nichts, dir nichts das Herz stehen. Kommt doch vor?«

Ich stimmte automatisch zu, dass das vorkommt.

Plötzlich begann Moissej Naumowitsch zu lachen. »Stellen Sie sich vor, Alexej Andrejewitsch, dieses Dämchen … die Witwe … bestand auf einer unverzüglichen Sektion, und zwar vor ihren Augen. Damit die Mörder in den weißen Kitteln nichts vertuschen könnten. Ich versuchte es ihr auszureden, sie abzudrängen – i wo! Es schalteten sich diese … wie heißen sie … Untersuchungsführer, was? Die mit den roten Klappausweisen schalteten sich ein. Nun ja, mit denen konnte ich mich nicht anlegen. Schön, sag ich, Sie haben's so gewollt, haben sich's selber zuzuschreiben …« Und wieder lachte er – irgendwie ungut, ihm gar nicht ähnlich, wie schadenfroh. »Ich hatte kaum angefangen, als es sie erwischte. Sie haben mir hier alles vollgekotzt und sind abgezogen. Und die Witwe haben sie mitgenommen … Schwache Menschen, wie der Genosse Koba gesagt hätte.«

»Moissej Naumowitsch«, sagte ich. »Ich habe Neuigkeiten für Sie.«

»Das ist schlecht«, sagte er. »Erzählen Sie, Alexej Andrejewitsch.«

Ich erzählte. Er hörte zu. Sein Gesicht wurde steinern. Vielleicht eine Minute lang schwiegen wir, dann krächzte er: »Wie hat dieser Woloschin gesagt? Dem Hunde einen Hundetod … Das sieht ganz aus wie bei Freud, es verweist auf die Pugatschowka …«

Plötzlich hatte er es eilig. Während er sich seinen abgetragenen Pelzmantel überwarf und sich irgendwie den Schal um den Hals wickelte, sprach er rasch und unverständlich vor sich hin: »Und es ist ihm wieder nicht gelungen! Das Hirn ist auseinander geschnitten, die Eingeweide sind zerschnippelt … Das hat er offensichtlich nicht vorausgesehen. Warten wir also auf den nächsten Fall …«

Den Sinn dieses seltsamen Ausspruchs erklärte er ein paar Tage später.

15

Eine riesige Hyäne, gefleckt, mit großem Kopf und bernsteinfarbenen Augen, rollte einen abgebissenen Menschenkopf über die Anlegestelle. Wie ein verspieltes Kätzchen ein Wollknäuel über den Teppich rollt.

Als er wieder zur Durchsicht und wegen seiner Injektionen kam, teilte mir Leutnant S. (natürlich wie immer unter dem Siegel der Verschwiegenheit) mit, dass bei ihnen in der Dienststelle ein besonders besonderes Vorkommnis stattgefunden hatte. Schon seit der merkwürdigen Geschichte im Gebietskomitee hatte nämlich die Miliz nach einem Hinweis der Staatssicherheit einen gewissen Kim Sergejewitsch Woloschin unter Beobachtung genommen. (»An den müssen Sie sich doch erinnern, Alexej Andrejewitsch, das ist der, der in der Zeitung über die Wermutstadt … Nach den Fällen im Bezirkskomitee hatten wir nach ihm gefahndet, ich habe es Ihnen erzählt …«) Und nun nach dem Tode Baraschkins wurde er in die Dienststelle vorgeladen. Mit ihm sprach der Hauptmann selbst im Dienstzimmer hinter verschlossener Tür.

Plötzlich riss Woloschin die Tür auf und brüllte: »He, Bullen! Euer Alter ist grade weggetreten!« Sie stürzten hin. Der Hauptmann lag mit dem Kopf auf dem Tisch und stöhnte. Wie sich zeigte, hatte er sich in die Hosen gemacht. Der Rettungswagen war noch nicht da, als der Hauptmann zu sich kam, sich mit wildem Blick umsah, Woloschin erblickte und mit schwacher Stimme befahl, ihn aus der Dienststelle zu entfernen. Was auch freudig und leichthin getan wurde. Der Rettungsarzt stellte einen leichten Krampf der Hirngefäße fest und empfahl den Mitarbeitern, den unglückseligen Vorgesetzten zum Waschen zu bringen.

Ich gestehe, mich erfüllte Schadenfreude. (Stark ist der Feind des Guten im Menschen!) Und ob! Für die ist es ein Kinderspiel, irgendeinem lausigen Grigori Ruwimowitsch die Hölle heiß zu machen, oder, sagen wir, dem Direktor der zweiten Schule (so was war vorgekommen), aber nun waren sie an einen Teufel geraten – und hatten die Hosen voll …

»Ja, und weiter?«, erkundigte ich mich und demonstrierte Unbedarftheit und nahezu jungfräuliche Unschuld. »Ihr habt ihn natürlich wieder vorgeladen?«

Doch Leutnant S. hatte sich anscheinend auch seine Gedanken über Teufel gemacht. Er äußerte die Ansicht, sich mit diesem Typ lieber nicht anzulegen. Und alle in der Dienststelle dächten ebenso. Auch der Hauptmann. Nein, das sei kein Fall für die Miliz. Darüber könne man nicht einmal einen ordentlichen Bericht schreiben. Stellen Sie sich vor, Alexej Andrejewitsch, wie unser Oberst in Oldenburg das Papier kriegt! Und dann noch, wie sich der Hauptmann eingesch… Aber wenn es die von der Staatssicherheit juckt, sollen sie sich selber damit befassen, und wir schauen zu …

Als S. fort war, stürzte ich zu Moissej Naumowitsch. Nachdem er mich angehört hatte, grinste er freudlos und äußerte mit tonloser Stimme die Befürchtung, dass es noch schlimmer kommen würde. Und er behielt Recht. Es wurde so schlimm, dass ich nicht einmal daran denken mag. Doch in diesem Lied darf man kein einziges Wort auslassen.

Wir erfuhren von dieser schrecklichen Sache von der auf den Tod erschrockenen Wirtschaftsschwester Gripa, und die hatte es von besagter Tante Dussja, der Nachbarin der Woloschins, die sich in letzter Zeit sehr an Ljussja und deren arme Tochter angeschlossen hatte. Eine stabile Informationskette, würde ich sagen, ganz wie in dem Fall mit dem Mussmal … und sehr bequem für uns, falls der Ausdruck hier angebracht ist.

Kim saß also bei sich zu Hause und bastelte irgendetwas auf dem Fensterbrett, wobei er ab und zu einen Blick auf die Stieftochter warf, die im Hof spielte. Ljussja und Tante Dussja schwatzten in der Küche und sangen ein bisschen, Kim pfiff dazu und schaute immer wieder nach, damit Tassja, Gott behüte, nicht vom Hof auf die Straße liefe, wo die Autos fuhren. Es war ein schöner Tag, und im Hof hatten sich so anderthalb Dutzend Mädchen im Vorschulalter und aus der ersten Klasse versammelt, sie rutschten auf Rodelschlitten oder Brettern oder einfach so einen Schneehügel hinunter. Die Jungen spielten wie üblich für sich. So war die Lage zu Beginn der Tragödie.

Bekanntlich sind Kinder die Blumen des Lebens. Aber ziemlich oft wenden sie sich ohne ersichtlichen Grund alle zusammen gegen einen, und zwar in der Regel gegen den Schwächsten, den Schüchternsten oder am allerliebsten gegen einen Behinderten. An jenem Tag hetzte das Böse die Kinder auf Tassja. Die Kampagne begann die Tochter eines Monteurs, der ein Stockwerk über den Woloschins wohnte, eine Schülerin der zweiten Klasse, ein großes, grobes und streitsüchtiges Mädchen. Sie stieß Tassja um und begann, sie mit dem triumphierenden Schrei »Blöde taube Kuh!« auf dem Gesicht durch den Schnee zu schleifen. Die fröhlichen Freundinnen zögerten nicht mitzumachen. Und Kim sah das alles.

Er brüllte los, sprang auf, verhedderte sich mit den Beinen im umgestürzten Schemel, zerschlug ihn, stieß die Frau, die in den Korridor gerannt war, beiseite und schoss ins Treppenhaus hinaus. Er sprang zwei Absätze hinunter, rutschte auf den Stufen des dritten aus, fiel mit Schwung auf den Hintern und blieb so sitzen, die Hände an den Kopf gepresst, schweißüberstömt, die Glatze lila angelaufen. Sicherlich war genau das der Augenblick, in dem die Tötung geschah. Die Kinder spritzten mit Entsetzensschreien nach allen Seiten auseinander, und am Ort des Geschehens blieben zwei zurück: Tassja, die im Schnee lag und vor Angst unartikuliert brüllte, und die reglos hingestreckte Tochter des Monteurs. Tot. Unabänderlich tot.

So erzählte es uns zitternd und die Augen verdrehend unsere Gripa. Gleich am folgenden Tag. »Plötzlicher Tod«, wie es eine Koryphäe aus der kardiologischen Brigade des Rettungsdienstes formulierte. »Reflektorischer Kreislaufstillstand«, wie Moissej Naumowitsch mit ersterbender Hand in die Bescheinigung eintrug.

Dann begannen die Folgen. Den Nachbarn und vor allem den Eltern war völlig klar, dass die Ärzte entweder nichts verstanden hatten oder den Leuten etwas vormachten, dass nichts »reflektorisches« mit dem Mädchen passiert war, sondern dass Kim Woloschin, der allgemein bekannte Zauberer und Verbrecher, sie ermordet hatte. Wer daran zweifelte, bekam die Präzedenzfälle vorgesetzt – die Sache mit dem Mussmal und den Tod Baraschkins. Bald schon kochte die ganze Stadt vor Erregung am Rande einer Panik.

Natürlich wurden Erklärungen verlangt, und es liefen schreckliche Gerüchte um. Die Materialisten behaupteten, der Verbrecher Woloschin sei mit einem kleinen Gaswerfer bewaffnet, die Mystiker faselten etwas von bösem Blick, Verderben und irgendeiner awestischen Magie. Doch nicht nur Erklärungen wurden verlangt, sondern auch unverzügliche Rache. Beim Bezirkskomitee, bei der Miliz, bei der Zeitung ging eine Flut von Briefen ein. Verhaften und eine lückenlose Untersuchung durchführen. Wenn nötig, unter Verwendung verschärfter Verhörmethoden. Und noch besser – einfach nehmen und auf dem Leninplatz aufhängen …

Und es gab entsprechende Abordnungen. Von Partei- und Arbeiterveteranen. Vom Tierschutzverein. Von den militanten Atheisten und den militanten Patrioten. Im Bezirkskomitee sagte man ihnen, das Problem sei kompliziert, es fehle an den notwendigen Spezialisten, man habe beim Gebiet welche angefordert. Bei der Miliz erklärte man, keinerlei Tat des K. S. Woloschin falle unter die Paragraphen des Strafgesetzbuches der RSFSR, Versuche der Selbstjustiz an K. S. Woloschin aber werde man streng und rücksichtslos unterbinden. Und der Redakteur unserer ruhmreichen Zeitung hätte zwar gern mit dem ehemaligen Mitarbeiter abgerechnet, hatte sich aber selbst ins Aus manövriert, denn er hatte erst vor Kurzem einen Rüffel wegen eines Artikels über die Landung Außerirdischer im Nachbargebiet eingesteckt.

Typischerweise waren die Bürger nicht überall in der Stadt in gleichem Maße empört. Am aufgeregtesten waren sie in den Stadtteilen, die vom Neubauviertel am weitesten entfernt lagen – auf der anderen Seite der Großen Schlucht. Im Hause aber, wo die Woloschins wohnten, und in der nächsten Umgebung verhielt sich die Bevölkerung mucksmäuschenstill und machte sich kleiner als die kleinste Ameise. Nachdem er die Tochter begraben hatte, brachte der Monteur seine Frau, die vor Leid von Sinnen war, unverzüglich zu Verwandten weg, und alles erstarrte. Einige folgten dem Beispiel des Monteurs und brachten ebenfalls ihre Familien fort – weg von der unbekannten Gefahr. Auf dem Hof spielten keine Kinder mehr. Die wildesten Draufgänger, Schüler der oberen Klassen, Berufsschüler, junge Arbeiter, verschwanden Hals über Kopf um die nächste Ecke, wenn Kim aus seinem Bau kam, um einzukaufen oder mit Tassja spazieren zu gehen. (Ljussja tat keinen Schritt aus dem Haus. Nur Tante Dussja kam heimlich, wenn der Hausherr fort war, zu ihr zu Besuch. Nach ihren Worten saß Ljussja, eingefallen und bleich, tagelang auf dem Bett, die Hände auf den Knien, schaute zum Fenster hin, sprach wenig und widerwillig.)

Es verging eine Woche, und der Monteur kehrte mit seiner Frau ins Haus zurück. Am Abend ging die Frau des Monteurs, betrunken und struppig, nachdem sie den Mann weggestoßen hatte, der sie zurückzuhalten versuchte, zur Wohnung der Woloschins hinunter und begann mit Fäusten und Füßen gegen die Tür zu hämmern, wobei sie aus vollem Halse schrie.

»Mörder!«, schrie sie. »Mach auf, du Mörder! Wo ist meine Tochter, verdammter Vampir? Du denkst, du hast sie ermordet, und fertig? Da irrst du dich! Ich werde dir keine Ruhe lassen! Ich lass dich ins Gras beißen! Ich bring dich dazu, dass du dich selber aufhängst! Mach auf, ich kratze dir das letzte Auge aus!«

Es ist anzunehmen, dass das ganze Haus mit Entsetzen dieser Herausforderung lauschte. Tante Dussja versuchte, die unglückliche Mutter wegzuführen, wurde aber mit lauter Wut zurückgestoßen. Der Mann versuchte es, lenkte damit die Aufmerksamkeit der Frau aber nur auf sich und überhaupt auf alle Männer im Haus.

»Geh weg, zieh ab, du elender Feigling!«, kreischte sie. »Warum hast du den Mörder deiner Tochter nicht umgebracht? Warum lebt er und schert sich nicht drum? Hast du Angst, Schleimer? Ich bin hier die Einzige, die keine Angst hat! Ihr anderen zittert doch alle, habt euch verkrochen, Egoisten, verdammte! Männer wollen das sein! Beschissene Säufer! Seid zu feige, zusammen einen einzigen Vampir kaltzumachen!«

So wütete sie, wurde völlig heiser, schlug hysterisch um sich, schrie schon gar nicht mehr wiederzugebendes Zeug. Mit einiger Vorstellungskraft kann man sich denken, was damals in der Wohnung der Woloschins vor sich ging. Wie Ljussja, um nichts zu hören, sich die Ohren zuhielt und den Kopf unters Kissen steckte. Wie die kleine Tassja verständnislos dreinschaute, durch ihre Taubheit von den Ereignissen abgeschnitten. Wie Kim zähneknirschend auf und ab lief, wie ihm das Blut zu Kopfe stieg, wie er immerzu versuchte … Nein, da versagt meine Phantasie. Ebenso gut kann ich mir vorstellen, wie er am Tisch sitzt, Wodka trinkt, das schwere bläuliche Lid überm Auge geschlossen, und sogar leicht sein boshaftes teuflisches Grinsen grinst …

Die Frau des Monteurs verstummte abrupt und verlor das Bewusstsein, und ein paar Minuten später kam sie wieder zu sich – als Kretin, wie er im Buche steht, zudem hatte sie das Gedächtnis und die Fähigkeit zu sprechen verloren. Eine Stunde später fiel es jemandem ein, den Rettungsdienst zu rufen, und sie wurde weggebracht. Danach verlor sich ihre Spur.

Die Nachricht von der neuerlichen Untat (und dass es eine Untat war, bezweifelte in der Stadt niemand mehr) verbreitete sich noch in derselben Nacht auf die übliche wunderbare Weise in unserem Publikum. Als ich um neun ins Krankenhaus kam, wussten davon jedenfalls alle Kranken, alle Schwestern und Pflegerinnen. Ich setzte mich mit Moissej Naumowitsch in Verbindung. Er wusste auch schon alles. Ich schlug vor, zum Gespräch an die frische Luft zu gehen. Im Krankenhaus gab es zu viel Volk und zu viele Ohren. Wir trafen uns in der Mitte des Hofes und begannen zu rauchen.

16

Durch den dichten Tabakrauch
Sprach der alte Schütze auch:
Alles kann er, der Soldat,
Wenn er Grips im Kopfe hat.

Ich sagte nachdrücklich: »Man muss etwas tun, Moissej Naumowitsch.«

Er zuckte fröstelnd mit den Schultern unter dem übergeworfenen Mantel. Sein Gesicht war zerquält.

»Man müsste«, murmelte er.

»An die Gebiets-Gesundheitsbehörde schreiben? Ans Ministerium?«

»Das ist nicht mal komisch …«

»Vielleicht kennen Sie in Moskau jemanden? Irgendwelche alten Beziehungen … Nein?«

Er winkte hoffnungslos ab.

Ich sagte gereizt: »Da kommen doch Menschen um, Moissej Naumowitsch! Vielleicht sollten wir zur Staatssicherheit gehen?«

»Hören Sie, Alexej Andrejewitsch. Wenn man Ihrem Leutnant von der Miliz glauben darf, weiß der KGB auch ohne Sie schon alles … Und dann …«

Er verstummte und schaute plötzlich schreckhaft zum Himmel, von wo in der ruhigen Luft ein wenig Schnee herabrieselte. Als erwarte er, es würden jeden Moment irgendwelche Messerschmitts im Sturzflug herabstoßen.

»Was – dann?«, sagte ich scharf, um die Angst zu unterdrücken. »Was – dann, Moissej Naumowitsch? Reden Sie doch, wir sind nicht zum Spaß hier!«

»Alles, was wir beide wissen, wissen die auch ohne uns. Aber mit wem sie es zu tun haben, das wissen sie nicht …«

»Und Sie wissen es?«

Er senkte den Kopf und flüsterte kaum hörbar: »Ich weiß es. Doch sie werden es nicht glauben. Sie sind nicht reif dafür.«

»Aber wenigstens mir können Sie es doch sagen?«, schrie ich. »Ich bin doch, glaube ich, schon für alles reif! So reden Sie doch, zum Teufel, also wirklich! …«

Und er redete, und ich hörte zu, die Augen aufgerissen und offenen Mundes. Nein, dafür war auch ich nicht reif.

Kim Woloschin, erklärte Moissej Naumowitsch, ist kein lebendiger Mensch im vollen Sinne des Wortes. Vielleicht ist er überhaupt kein Mensch. Kim ist vor langer Zeit gestorben, wurde in die Hölle geworfen, zu ewiger Qual verdammt, doch es gelang ihm zu fliehen. Genauso zu fliehen, wie man in unserer Welt aus Gefängnissen, Lagern und dergleichen Orten flieht, die viel näher liegen. Und ein Flüchtling aus der Hölle muss genauso wie ein flüchtiger Sträfling möglichst schnell in der Menge untertauchen, mit ihr verschmelzen. Denn die Höllendiener, denen er entwischt ist, durchstreifen die ganze Welt, um ihn einzuholen, zu ergreifen und wieder in die Tiefe unausdenklicher Qualen zu bringen! Doch da gibt es einen Haken. Niemand kann sich vorstellen, welche Verletzungen und Verstümmelungen das jenseitige Fleisch von all den Pfannen, Kesseln und glühenden Zangen bekommt, doch die erste Sorge des Flüchtlings ist es offensichtlich, seine verkrüppelte jenseitige Gestalt gegen den normalen Körper eines Bewohners unserer Welt zu vertauschen. Sonst wird er auch bei uns nicht angenommen, und die Verfolger holen ihn in Handumdrehen ein. Und daher …

Moissej Naumowitsch schwieg und schaute mich bedeutungsvoll an.

»Was – und daher?«, fragte ich benommen. Ich war wie vor den Kopf gestoßen. Immerhin hatte ich einen der klügsten und gebildetsten Menschen vor mir, die ich je gekannt hatte. Einen Materialisten, zum Teufel! Einen Mediziner!

»Und daher sucht er einen neuen Körper«, erläuterte Moissej Naumowitsch. »Und das ist nicht einfach. Die Körper von im Krieg Getöteten oder bei Katastrophen Umgekommenen sind schwer beschädigt. In sie hineinzufahren, ist dasselbe, als wolle man eine zerschlissene Wattejacke gegen eine ebensolche tauschen. Und an jemanden, der eines mehr oder weniger natürlichen Todes gestorben ist, kommt er nicht rechtzeitig heran, weil diese sterblichen Hüllen fast sofort bei den Prosektoren landen. Und fertig.«

»Warten Sie, Moissej Naumowitsch! Und fertig, und fertig … Wie passt das alles zusammen …«

»Keine Ahnung, wie das zusammenpasst. Ich habe nie von derlei gehört. Nehmen wir an, er hat begonnen, sich die Leichen selber herzustellen. Oder er braucht nicht unbedingt einen Leichnam, sondern … sagen wir, einen Lebenden, aber ohne Verstand. Und nehmen wir an, dass er bei der Flucht eine höllische Waffe seiner Peiniger mitnehmen konnte … Es kommt doch vor, dass Verbrecher bei der Flucht von den Wachmannschaften Pistolen, MPis, was weiß ich mitnehmen …«

Ich fasste ihn bei der Hand und sagte sanft: »Moissej Naumowitsch, gestehen Sie, wo haben Sie diesen ganzen grandiosen Unsinn aufgeschnappt?«

Er wandte sich ab und machte die Hand los. »Na ja, ich will's nicht verhehlen. Auf die Idee hat mich ein Film gebracht. Ein amerikanischer Horrorfilm. Obwohl darin nicht alles genauso ist … Aber das ist kein Unsinn, glauben Sie einem alten Mann, Alexej Andrejewitsch! Vielleicht habe ich es unklar dargelegt … nicht alle Einzelheiten berücksichtigt … Aber im Großen und Ganzen, in der Hauptsache habe ich Recht, ich bin mir sicher …«

»Ja«, sagte ich bitter. »In der Hauptsache haben Sie natürlich recht. So eine Version anzunehmen, sind sie beim KGB zweifellos nicht reif. Etwas anderes ist es mit unseren Pflegerinnen und alten Weibern. Die werden sich an diese Version klammern, noch Einzelheiten hinzufügen …«

»Und wenn es wenigstens die Pflegerinnen und die alten Weiber sind!«, sagte er und reckte stolz seine riesige alte Nase. »Volkes Stimme, wissen Sie …«

Ich fasste ihn um die Schultern. »Kommen Sie, Moissej Naumowitsch. Sie sind ganz durchgefroren … Und wissen Sie, was der schwächste Punkt an Ihrer Version ist?«

»Ich weiß«, brummte er gekränkt. »Sie lässt Vieles unerklärt.«

»Wenn es nur das wäre! Vor allem kann man sie nicht praktisch anwenden. Verstehen Sie, Moissej Naumowitsch, irgendeinen aus dem Gefängnis entwischten Brecheisen-Wanja können unsere wackeren Organe noch fangen … Aber einen aus der Hölle Entflohenen erwischen, noch dazu, wenn er eine unbekannte höllische Waffe hat … Also da, verzeihen Sie, ist der König mit all seinen Mannen überfordert … Und was die Stimme des Volkes angeht: Sie sollten die Perlen Ihrer Phantasie nicht wahllos verstreuen. Zur unrechten Zeit, und sie treffen noch jemanden ins Auge … Ich garantiere Ihnen, bei uns in den Kranken- und auch in den Ärztezimmern werden schon derlei Versionen ausgearbeitet. Und wenn jetzt auch noch Sie mit Ihrer Autorität …«

»Hören Sie auf, Alexej Andrejewitsch«, unterbrach er mich ärgerlich. »Ich bin kein kleines Kind und weiß, wo ich was darf und wo nicht.«

»Na-na«, sagte ich, und wir trennten uns.

Und doch war ich angesprungen, und Moissej Naumowitschs absurde Hypothese – ich schäme mich nicht, es einzugestehen – hatte auf mich Eindruck gemacht. Ich ermahnte mich zu kaltem Blut und gesunder Skepsis, ich schalt mich, dass ich so leicht zu beeindrucken war, und wunderte mich abfällig über mich selber, als mir während der Visite plötzlich klar wurde, wo mich der Schuh drückte. Ja, das Märchen meines Freundes war absurd, mit nichts vereinbar, doch es enthielt ein sehr treffendes Wort, und dieses Wort war »Hölle«. Freilich nicht in dem Sinne, wie Moissej Naumowitsch es gebraucht hatte. Dennoch fühlte ich intuitiv, dass der ganze Alptraum mit Kim Woloschin gerade von der Hölle her betrachtet werden musste. Die Hölle erklärt alles. Und schon zum Ende der Visite hatte ich mir alles erklärt.

Leichter wurde mir davon allerdings nicht. Denn meine Erklärung hatte denselben Makel wie Moissej Naumowitschs Version: Sie konnte nicht als Leitfaden zum praktischen Handeln dienen …

17

> Nur nicht gezagt, Bursche, lad eine Frau und schieß aus ihr in die große bunte Welt. Und sie wird eine Kanone verschießen oder einen Kanonier, und die schießen ihrerseits, auch Kanonen oder Kanoniere, und so geht das weiter, Schuss auf Schuss, bis die große bunte Welt schwarz wird, und dann, siehst du, kommt eine Feuerpause. Frieden kommt, verstehst du, Bursche? Schwarze Welt und Frieden! Und je eher du deine Frau lädst, und besser lädst du nicht eine, sondern möglichst viele, um so eher kommt er, der Frieden.

Mit meinen trüben Gedanken schleppte ich mich fast bis zum Mittag hin, und inzwischen begann die Stadt zu brodeln und heizte sich auf. Alles traf sich schließlich in meinem Krankenhaus. Wir hatten alle Hände voll zu tun, das Wasser im Kühler des Rettungswagens kochte.

Wieder gab es Petitionen und Delegationen. Irgendwo wurden Meetings abgehalten. Irgendwo wurden Bürgerwehren gebildet. An der Endhaltestelle des Überlandbusses wurde ein Bierkiosk zertrümmert. Zwei Verletzte. Der Mussmal prügelte sich mit Berufsschülern, und die vertrimmten ihn gehörig mit Fahrradketten. Es entstanden mehrere Brände. Drei Leute mit Verbrennungen, fünf mit Rauchvergiftungen. Vom Gerüst eines Fünfgeschossers, der auf der Schriftsteller-Penkow-Straße errichtet wurde, stürzte ein betrunkener Arbeiter. Schwere Knochenbrüche. Schüler der zehnten Klasse in der Schule Nr. 2 versuchten unehrenhaft mit einer jungen Lehrerin umzugehen, die kürzlich aus Jerewan zu uns strafversetzt worden war; es erwies sich, dass sie Karate beherrschte, und vier verhinderte Vergewaltiger wurden mit Verletzungen ins Krankenhaus eingeliefert …

Unser weiser Chefarzt brachte die allgemeine Meinung zum Ausdruck, dass die Moral in unserer Stadt rapide gesunken sei, rief uns auf, alle Kräfte anzuspannen und sie nicht auf Kleinkram zu vergeuden, und verschwand ins Exekutivkomitee. Und die Gerüchte waren sofort zur Stelle und schrieben das ganze Chaos selbstsicher dem bösen Zauberer mit dem schwarzen Auge zu. Ich war ja immer der Ansicht gewesen, dass, um unsere Stadt in einen schweinischen Zustand zu bringen, ihre eigenen, inneren Kräfte durchaus genügen, jetzt aber, wessen konnte ich jetzt gewiss sein?

Kurz vor Ende des Arbeitstages treffen neue Meldungen im Krankenhaus ein. Es brachte sie ein rotblonder Lümmel mit kräftig erfrorener Nase und erzählte sie einer Sanitäterin, mit der er verwandt war. Wie sich zeigte, näherte sich gegen fünf Uhr abends der Brücke über die Große Schlucht, die die Stadt vom Neubauviertel trennt, eine grimmige Menschenmenge von etwa dreißig Leuten, bewaffnet mit Knüppeln, Äxten und sogar ein paar Jagdgewehren. Die Menge war ausgezogen, um das verfluchte Nest auszuräumen, den verfluchten Zauberer in Stücke zu reißen und bei der Gelegenheit sein verfluchtes Hexenweib mitsamt ihrem verfluchten Auswurf in Gestalt einer taubstummen Missgeburt abzuhaken. Niemand behinderte diesen tödlichen Marsch der Rächer, nur in der Ferne versteckten sich ängstlich zwei, drei Milizionäre in der hereinbrechenden Dunkelheit. Wohl mit der Absicht, Meldung zu machen, wenn alles vorbei wäre.

Die Menge ging schon zur Brücke hinunter, doch da tauchte vom Neubauviertel her eine zweite, größere Menge auf, an die fünfzig, ebenfalls bewaffnet. Beide Mengen gingen aufeinander zu, trafen sich in der Mitte der Brücke und blieben dicht voreinander stehen. Ich nehme an, sie alle zitterten vor Aufregung, waren erhitzt und dampften wie Pferde. Eine Zeit lang herrschte Schweigen, dann erkundigte man sich aus der Menge vom Neubauviertel, was der Anlass des Besuches sei. Die aus der Stadt erklärten ihre Absichten und baten, sie vorbeizulassen. Die anderen verkündeten leise, aber entschlossen, dass sie das nicht tun würden. Die aus der Stadt gaben sich ihrer Lieblingsbeschäftigung hin – saftig und wütend zu fluchen. Als die größten Schreihälse allmählich müde wurden, schlugen die aus dem Neubauviertel immer noch leise und verständlich vor, die aus der Stadt sollten wieder abziehen. Hier würde sowieso niemand durchkommen.

Nehmen wir an, ihr kommt bis zu seinem Haus. Und dort erledigt er euch alle auf einen Streich. Habt ihr vergessen, was mit den Hunden auf der Pugatschowka passiert ist?

Zur Antwort begannen die aus der Stadt sehr kränkend zu lachen und zu pfeifen, und jemand rief, von der Sache mit den Hunden wisse niemand, ob das wahr sei oder nicht. Es wurde jedoch bemerkt, dass ein paar von der Stadt sich aus der Menge lösten und zurückmarschierten.

Von der anderen Seite erinnerte man sie daran, dass, da Kim Woloschin ein Zauberer sei, niemand wissen könne, was er vermöge und was nicht, aber von den Umgebrachten wisse man ganz genau.

Nun zeigte sich, dass sich auch Materialisten unter die von der Stadt gemengt hatten, und einer von ihnen erklärte völlig inkonsequent, dass es auf der Welt keine Zauberer gebe und man deshalb ohne Weiteres mit Woloschin kurzen Prozess machen könnte. Jetzt lachten und pfiffen die aus dem Neubauviertel. Die rechtgläubigen Rächer ballten sich sofort um den Ketzer und seine beiden Claqueure zusammen, sprachen ihnen handfest ihr Missfallen aus und verstießen sie aus ihren Reihen, und die trotteten unter Drohungen und Flüchen zurück zur Stadt.

Unterdessen war es vollends Nacht geworden, der Frost drang bis auf die Knochen durch, am Grunde der Schlucht ballte sich bedrohliche Finsternis zusammen. Und überhaupt war die Luft raus, und es war klar geworden, dass man sie jedenfalls nicht ins Neubauviertel lassen würde, und der Rausch verflog. Und dann trat noch einer vom Neubauviertel vor, schnäuzte sich und sagte: »Reißen wir uns etwa wegen euch Dummköpfen die Beine raus? Ihr seid uns doch allesamt schnuppe, bringt euch doch um, ist nicht schade. Aber was wird er machen? Womöglich schlägt er mit seiner Bosheit und seiner Kraft nicht nur nach euch, ihr Blödmänner, sondern nach der ganzen Umgegend? Wir haben doch hier unsere Familien, Frauen, Kinder, Alte ... Bis zu euren Häusern in der Stadt reicht er ja vielleicht nicht, aber unsere sind dann jedenfalls erledigt. Wie können wir euch da durchlassen, ihr versteht doch ...«

Und die aus der Stadt machten auf einmal und schweigend, wie auf ein unhörbares Kommando hin, um hundertachtzig Grad kehrt und gingen von der Brücke zurück in die Stadt.

So ruhmlos (oder glücklich?) endete der erste und letzte Feldzug der Taschlinsker gegen die Höhle des Zauberers Kim Woloschin.

Am selben Abend, als das Krankenhaus nach dem ungewöhnlichen Tag halbwegs zur Ruhe gekommen war, rief ich zu Hause bei Alissa an und sagte Bescheid, dass ich erst spät kommen würde. Ich war sehr müde, doch der Wunsch, meine Überlegungen mit Moissej Naumowitsch zu teilen, war übermächtig. Im Bezirkspensionat wurde ordentlich geheizt, und in Moissej Naumowitschs asketisch sauberem, spartanisch eingerichtetem Zimmerchen war es angenehm warm. Der Alte freute sich über meinen Besuch und begann sich um den Tee zu kümmern. Wir setzten uns an ein knarrendes Tischchen, der Tee dampfte in dicken Fayencetassen, und auf Tellerchen lag leicht gezuckerte Konfitüre von schwarzen Johannisbeeren. Ich sagte, weshalb ich gekommen war. Er warf mir einen scharfen Blick zu, sagte »Na?«, und ich begann mit meiner Darlegung.

Zu Beginn räumte ich ein, dass seine mystische Version einen wichtigen und rationalen Kern enthielt. Wichtig und rational, weil er mir als Ausgangspunkt für eine andere, durchweg rationalistische Hypothese gedient hatte. Dieser Kern war die Vorstellung von der Hölle als Ursache und Triebkraft des Phänomens Kim Woloschin. Was aber ist die Hölle? Bei Kipling steht – vorausgesetzt natürlich, die Übersetzung ist adäquat: »Wir gingen durch die Hölle, und ich kann schwören, dort gibt es keine Hexen, keine glühenden Kohlen, keine Teufel, dort gibt es nur den Staub …« Wirklich, Moissej Naumowitsch, seien Sie nicht gekränkt, doch was sollen da Teufel und glühende Kohlen! Und nicht nur der Staub von den marschierenden Stiefeln, obwohl es natürlich auch Staub bis obenhin gab. Da warfen sie noch Granaten auf Kinder und ließen die Ärmsten unter den zerfetzten Körpern der Eltern hervorkriechen. Da warfen sie einen hinter Stacheldraht, auf Gedeih und Verderben dem Abschaum der Menschheit ausgeliefert, der sich in blutiger Brutalität suhlte. Da liefen fröhliche Verrückte über die Dächer vergifteter leerer Häuser und sangen wüste Lieder. Und noch viel mehr gab es in der Hölle, durch die Kim Woloschin lebendigen Leibes gegangen war …

Ja, -zig Millionen waren da verreckt, und es werden noch Millionen verrecken, aber Woloschin ist nicht verreckt. Ein Zufall, natürlich. Eine sehr geringe Wahrscheinlichkeit, aber doch nicht gleich Null. Woloschin ist nicht umgekommen, sondern hat sich in eine Bombe verwandelt, angefüllt mit wahnsinnigem Hass und panischem Entsetzen. Und nicht vor Höllendienern fürchtet er sich, sondern vor neuen Bedrohungen von der menschlichen Hölle. Und er hat keine höllische

Waffe, sondern ist selbst zur Waffe geworden. Und genau das ist jetzt für uns am wichtigsten und am quälendsten.

Ich verstummte und sammelte meine Gedanken. Dieser Umstand, der am wichtigsten und am quälendsten war, gehörte in den Bereich jener finsteren Wissenschaften, wo nicht nur ein Provinzinternist ins Schwimmen kommt, sondern auch ein überaus begabter »Totenarzt«. Irgendetwas Vages über diese Dinge denken kann auch ein blutiger Laie, doch diese Gedanken darlegen, noch dazu, wenn einem der Kopf vor Müdigkeit brummt … Als hätte er meinen Zustand gespürt, kramte Moissej Naumowitsch im Schränkchen und stellte eine Flasche Likör aus eigener Produktion auf den Tisch. Neben der Flasche tauchten Gläser auf, die der Alte akkurat füllte. »L'chajim«, flüsterte er, und wir tranken. Es schmeckte.

»Fahren Sie fort, Alexej Andrejewitsch«, sagte er. »Ich höre aufmerksam zu. Sehr aufmerksam.«

»Es ist sehr schwer«, gestand ich, und die Gläser wurden sogleich wieder gefüllt.

»Ja, natürlich.« Moissej Naumowitsch nickte mitfühlend. »Eine Bombe, angefüllt mit Hass und Entsetzen – das ist natürlich schön, etwa wie die Büchse der Pandora, aber es ist ja nur Poesie …«

Ich trank aus und goss mir wieder ein. Dann begann ich zu sprechen, wobei ich die Worte mit Bedacht wählte und, wie ich hoffe, ab und zu rot wurde.

Die Einwirkungen der höllischen Bedingungen, denen Woloschin ausgesetzt war, oder genauer, die Kombination dieser Einwirkungen hat in seinem Organismus eine einmalige Veränderung bewirkt. Das psycho-physiologische Wesen dieser Veränderung ist uns unbekannt. Dafür kennen wir durchaus authentische Fälle, wo sie sich manifestiert hat. Die in der Hölle erworbene Gabe erlaubt es Woloschin, auf unerklärliche Weise Schläge auszuteilen, die a) einen kurzen Ausfall des Bewusstseins hervorrufen, b) vollständige oder fast vollständige Lähmung des Gedächtnisses und schließlich c) sofortigen Tod, der von der Medizin entweder als akute Koronarinsuffizienz oder als reflektorischer Kreislaufstillstand diagnostiziert wird. (Moissej Naumowitsch gab mir mit einem freundlichen Lächeln zu verstehen, dass er meinen Sarkasmus zu schätzen wusste.) Erwähnenswert ist auch der Umstand, dass in den von uns beobachteten Fällen die Ziele der Schläge Personen waren, die bei Woloschin Anfälle äußerster Wut oder direkten Hasses auslösten. Das erlaubt uns jedoch nicht, mit Sicherheit zu behaupten, er könne nicht auch völlig kaltblütig ein Opfer auswählen und treffen …

Ich nahm noch einen Schluck (den wievielten?) von dem unübertrefflichen Likör, fasste mir ein Herz und trug mit hölzerner Stimme eine kleine Abhandlung darüber vor, dass das Woloschin-Phänomen streng genommen nicht einmalig ist. Die weltweite historische Erfahrung gibt uns einigen Grund zu der Annahme, dass es zu allen Zeiten und in allen Gesellschaften eine Art böse Zauberer gab, die die Macht besaßen, mit Hilfe gewisser geheimer Sprüche Menschen und Tieren den Befehl zum Sterben zu geben, und Menschen und Tiere starben gehorsam ohne Anzeichen irgendwelcher Verletzungen. Die Geheimnisse östlicher Magie … afrikanische Zauberer … Schamanen …

Moissej Naumowitsch sagte mit sanftem Vorwurf: »Entschuldigen Sie, dass ich Sie unterbreche, Alexej Andrejewitsch. Aber ich möchte Sie warnen, dass diese Flüssigkeit sehr, sehr tückisch ist …«

Ich blickte verwirrt auf die nun halbleere Flasche. Doch der Dämon der Ungezwungenheit hatte sich meiner schon bemächtigt. Ich drohte Moissej Naumowitsch mit dem Finger und goss mir von der tückischen Flüssigkeit nicht mehr ins Glas ein, sondern in die Teetasse. Nachdem ich mit einem Zug ausgetrunken und vor Vergnügen mit der Zunge geschnalzt hatte, sagte ich mit sorgfältiger Artikulation: »Also bei Lermontow heißt es diesbezüglich: ›Sie denken vielleicht, ich habe einen Schwips? Macht nichts! … Ich kann Ihnen versichern, man fühlt sich viel ungezwungener …‹ Was haben wir also, Moissej Naumowitsch? Wieder Poesie haben wir. Ein Untier, plump und vielleicht sogar mit hundert Mäulern – umgerechnet auf die Anzahl der Opfer, die es auf einmal erledigen kann. Die Hunde in der Pugatschowka erinnern sich sicherlich heute noch daran, und das, obwohl Hunde ein elendes Gedächtnis haben … Erzählen Sie mir bloß nichts von einer Höllenwaffe! Da haben Sie sie, Ihre Höllenwaffe, und ganz ohne Mystik … Kim ist selber sowohl ein aus der Hölle Entflohener als auch ein Höllendiener als auch eine höllische Waffe …«

Da wurde mir klar, dass ich mich verausgabt hatte, dass ich sehr müde war und nach Hause gehen sollte.

Unterwegs, während ich mir Mühe gab, fest und sicher aufzutreten, und irgendwelches leichtsinniges Zeug vor mich hin sang, bemerkte ich plötzlich, dass sich ein paar Hunde an meine Fersen geheftet hatten. Sie folgten mir mit Abstand, sie bellten nicht und versuchten natürlich nicht, mich in die Beine zu beißen. Sie liefen mir völlig lautlos nach, und als ich mich umwandte, stoben sie mit jammerndem Winseln auseinander in die Schatten, die das Mondlicht ließ …

18

Dem Erscheinungsbild nach ähnelte er einem verschlafenen Toten: Die Haare standen starr zu Berge, die bleiche, grünliche Physiognomie voller eingetrockneter Flecke, reglose stumpfe Augen. Er ging einher und murmelte: »Du sollst nicht töten, du sollst nicht töten, du sollst nicht ehebrechen …« Ein Schwachsinniger.

Zwei Tage später stattete Kim der Stadt einen Gegenbesuch ab. Daran möchte ich mich ebenfalls nicht erinnern, doch es ist ebenfalls notwendig.

Gegen Mittag erschien er in seinem üblichen orangegelben Pelzmantel bis zu den Füßen und seiner ungeheuren Mütze auf dem Isotow-Prospekt. Diese Kleidung war der Hälfte der Taschlinsker zumindest gerüchtweise bekannt, und die Mutigsten unter denen, die ihm begegneten, gingen vorüber, den Blick starr geradeaus gerichtet; die Kleinmütigen aber beeilten sich, in Nebenstraßen abzubiegen oder in Läden zu verschwinden. Kim war unterwegs ins Neubauviertel, auf dem Rückweg von unserer armseligen Bezirksfiliale von »Optika«, wo er schon vor drei Monaten eine Brille für seine Frau Ljussja bestellt hatte. Er war, wie sich später herausstellte, in der Zeit an die zwanzig Mal in der »Optika« gewesen, und jedes Mal vergebens: Mal gab es kein passendes Gestell, mal keine Gläser und meistens beides nicht. Diesmal verlief sein Gespräch mit dem Verkäufer so:

»Dass mir morgen die Brille fertig ist.«

»Morgen ist sie fertig«, antwortete der Verkäufer düster, aber bereitwillig.

»Dass mir die Brille bis morgen um zwölf nach Hause gebracht wird.«

»Sie wird gebracht.«

Kim zeigte mit dem Finger auf den Lehrling, der aus der Werkstatt herauslugte: »Er soll sie bringen.«

Der Bursche wurde blau vor Angst und schüttelte verzweifelt den Kopf. Der Verkäufer machte ein finsteres Gesicht. »Ich bringe sie selbst«, sagte er.

Kim grinste freudlos. »Schön«, sagte er. »Du bringst sie selber, Alter, wenn dir die Beine nicht leidtun. Und merk dir: Bringst du sie rechtzeitig – Freiheit; wenn du mich zwingst, wieder herzukommen – Unfreiheit; wenn du den Auftrag nicht ausführst – Tod.«

Der Verkäufer erbleichte, erwiderte aber mit Würde: »Versuchen Sie nicht, mich einzuschüchtern, Bürger Woloschin. Mich haben die deutschen Panzer nicht eingeschüchtert. Wenn ich sage, ich bringe sie, bringe ich sie.«

Damit trennten sie sich. Der Verkäufer machte sich an die Arbeit an einer prächtigen Fassung, die für die älteste Tochter des Milizchefs bestimmt war, und Kim ging seiner Wege.

Anscheinend hatte er sich zum ersten Mal derart unverblümt und herausfordernd aufgeführt, zum ersten Mal die Waffe gezeigt. Und so, mit blanker Waffe, ging er den Isotow-Prospekt entlang. Die Nachricht hatte sich schon verbreitet, es waren nur noch wenige Leute auf dem Prospekt, niemand wollte diesem Teufel unter die Augen kommen, und es huschten vereinzelte Gestalten zwanzig Schritt hinter ihm vorbei, und die Flaneure gingen dreißig Schritt vor ihm eilig auseinander. Und ausgerechnet ein bekannter Ruhestörer heftete sich an ihn, der Zeuge Jehovas Panas Tscherkassenko …

Kim ging mit seinen üblichen langen Schritten, und der kleinwüchsige Zeuge sprang neben ihm her und verkündigte mit schriller Stimme. Etwas von Armageddon. Von irgendwelchen Hundertvierundvierzigtausend. Von einer neuen Erde. Kim ging weiter, als höre er nichts, dann sagte er, ohne stehen zu bleiben, ein paar abgehackte Worte. Der Prediger sprang hoch, riss wie in äußerster Entrüstung die Arme empor, holte Kim wieder ein und begann wieder zu verkündigen. Die diese Szene beobachteten, hielten den Atem an, manche blieben stehen, manche wichen zurück.

Und richtig. Panas Tscherkassenko torkelte plötzlich nach links, als wäre er betrunken, machte noch ein paar Schritte seitlich auf nachgebenden Beinen und fiel auf die Fahrbahn, exakt vor einen in voller Fahrt einherdonnernden Kipper. Der unglückselige Prediger konnte nicht einmal aufschreien, nur seine Knochen knackten deutlich, als sie unter den riesigen Rädern zermalmt wurden. Ein Knirschen, das Kreischen von Bremsen, und auf dem Isotow-Prospekt war Stille. Und da drang ein kläglich-erschrockenes Stöhnen aus den Kehlen der Zuschauer, Kim aber ging weiter, ohne sich auch nur umzuschauen, und bog bald in die Schriftsteller-Penkow-Straße ein – der kürzeste Weg zur Brücke über die Große Schlucht …

Doch nicht mit dem Tode des Zeugen Jehovas endete sein Ausflug in die Stadt. Unsere Schriftsteller-Penkow-Straße ist schmal, und damals war sie auch noch von Bauleuten aufgerissen, und die Passanten beobachteten das Geschehen sozusagen aus nächster Nähe. Vom Isotow-Prospekt her ertönte die Sirene der Verkehrspolizei oder des Rettungswagens, als Kim auf den huckeligen Pfad trat, der entlang der Fassade des im Bau befindlichen Fünfgeschossers in den Schnee getreten war, desselben, von dem am Vorabend der betrunkene Bauarbeiter gestürzt war. Kim ging grinsend ein paar Schritt und blieb plötzlich wie angewurzelt stehen.

Er stand an die fünf Sekunden, als durchs Gerüst aus einem Fenster im zweiten Stock ein schrecklich anzusehender Holzklotz geflogen kam – etwa von der Art, wie sie Fleischer bei der Arbeit benutzen. Er krachte praktisch direkt vor Kims Füßen auf den Trampelpfad, sprang hoch und rollte bis zur Mitte der Straße. Kim hob einen Augenblick lang den Kopf und schien in die Richtung zu schauen, woher der Klotz gekommen war, worauf er weiter seiner Wege ging.

Die sprachlosen Augenzeugen folgten ihm mit den Blicken, bis er verschwand, und erst da hörten sie die kläglichen Schreie und Hilferufe, die aus dem Inneren des Neubaus drangen. Die Meinungen waren geteilt. Jemand bestand darauf, die Miliz zu rufen. Jemand warnte vor übereilten Taten. Jemand verdrückte sich einfach. Doch es fanden sich auch Mutige. Nicht ohne Zittern gingen sie in das Haus und in den zweiten Stock hinauf, wo sie drei Burschen in beschmutzten schwarzen Halbpelzen vorfanden. Die Burschen irrten durch die Zimmer und betasteten mit schmutzigen Händen die Wände. Dabei flennten sie laut, heulten hysterisch auf, und ihre geschwollenen Fressen waren mit einem Gemisch aus Tränen und Baustaub verschmiert. Sie waren zu Tode erschrocken: Sie konnten partout nicht die Tür finden, um hinauszugehen …

Hier ist eine kleine Abschweifung notwendig.

Ich weiß nicht, wie es in den anderen Hauptstädten ist, aber in unserem Gebietszentrum Oldenburg tauchte diese Sorte von Persönlichkeiten des öffentlichen Lebens kurz nach 1985 auf, und zwar in weitaus größeren Mengen als wünschenswert. Zum größten Teil rekrutieren sie sich aus ehemaligen Sportlern und verhinderten Trainern in Kampfsportarten. Im Winter stellen sie schwarze Halbpelze zur Schau, die »Romanowsche« genannt werden – es ist eine patriotische Angeberei, eine Herausforderung an die ausländischen Schafpelze. Sie treiben sich in der Gegend von Möbelläden, in Eisenbahn-Lagerhäusern und bei Großhandelslagern für Lebensmittel und alkoholische Getränke herum. Abends sind sie gern in angesehenen Restaurants, wo sie sich normalerweise still und ruhig verhalten. Sie trinken wenig, essen Delikatessen, rauchen nur Marlboro. Sie belegen nicht die bequemsten Tische, sondern die, die in strategisch günstigen Richtungen stehen … Man mag natürlich darüber spekulieren, wer in Oldenburg diese Blödiane mit mikroskopischem Hirn und gusseisernem Gewissen angeheuert hatte, doch als Mediziner kann ich versichern, dass sie sich nie wieder in der Möbelbranche gesundstoßen werden, nicht in teuren Restaurants sitzen und keine Marlboro mehr rauchen werden …

Gegen vier Uhr nachmittags, schon mit all diesen Informationen belastet, schloss ich mich in meinem Arbeitszimmer ein. Mir war elend zumute. Wenn sich mein seelischer Zustand an meinen körperlichen Bewegungen gezeigt hätte, hätte ich gezittert wie von starkem Schüttelfrost. Doch ich konnte mich beherrschen. Mehr noch, mit einer vagen Verwunderung wurde mir bewusst, dass mich der Tod des Predigers und die augenblickliche Reduzierung von gleich drei Menschen auf das Niveau klinischen Schwachsinns nicht gar so sehr erschüttert hatten. Nein, was meine ganze Seele überflutete, war eine durchweg egoistische Angst um mich selbst und meine Nächsten. Ein nicht zu fassender, unverwundbarer, unbegreiflicher Teufel ging offen unter den Menschen umher, und es war unmöglich, vorherzusagen, wer sein nächstes Opfer sein würde. Und noch eins: Er witterte die Gefahr etliche Sekunden vor einem Angriff.

Und es war ja noch nicht bekannt, was in dieser Nacht geschehen würde. Kaum jemand wusste, dass nicht nur jene drei, sondern ganze siebzehn »schwarze Halbpelze« unsere Stadt überzogen hatten. Augenscheinlich hatte der Verlust der drei auf die anderen keinen ausreichenden Eindruck gemacht, und gegen Mitternacht bewegte sich der ganze Gangstertrupp auf die Brücke über die Große Schlucht zu. Und dort, mitten auf der Brücke, besorgte Kim es ihnen. Wohl ohne das Haus zu verlassen. Doch jene vierzehn kamen billig davon.

Sie lagen eine Weile im Schnee, standen mit zitternden Beinen auf und trollten sich, ohne einen Blick zurück zu werfen. Einige waren leicht durchgefroren, jemand hatte die Mütze verloren … Am Morgen stiegen sie allesamt in den Bus und verschwanden zurück nach Oldenburg.

19

Steinbock. Sie beginnen die Früchte Ihrer Arbeit zu ernten. Das inspiriert Sie zu neuen Heldentaten der Arbeit. Sie erhalten viel Hilfe von Freunden und Kollegen. Seien Sie freundlicher zu Verwandten und Nahestehenden, damit nicht nur auf Arbeit, sondern auch daheim alles zum Besten steht.

An jenem Tag aber saß ich in meinem Arbeitszimmer, schaute zu, wie sich vorm Fenster die Dämmerung zusammenballte, lauschte einem Ziehen in der Herzgrube nach und ließ niemanden zu mir. Dann rief Moissej Naumowitsch an und bat um die Erlaubnis, zu einer wichtigen Unterredung vorbeizukommen. Ihm machte ich natürlich auf, wir setzten uns an den Tisch und blickten einander an.

»Und, Moissej Naumowitsch?«, fragte ich schließlich.

»Eine gewöhnliche Sache«, antwortete er bitter. »Leichte Epilepsie, Bewusstseinsausfall, die Beine versagen und tragen den Pechvogel unter den Lkw.«

»Das meinte ich eigentlich nicht.«

»Ich komme auch nicht deswegen. Ist Ihnen aufgefallen, Alexej Andrejewitsch, dass er so an die fünf Sekunden stehen geblieben ist …«

»Ja. Es ist mir aufgefallen.«

»Mir auch. Und ich verstehe nicht, Alexej Andrejewitsch, wieso diese Eigentümlichkeit meiner Hypothese widerspricht …«

»Ich verstehe ja selber nichts mehr …«, antwortete ich geistesabwesend. Zu einer Diskussion fehlte mir die Kraft.

»Und trotzdem«, murmelte Moissej Naumowitsch. »Und trotzdem ist das eine Schweinerei – gedungene Mörder zu schicken …«

Ich war verblüfft. »Moissej Naumowitsch, um Himmels willen!«

»Ja, ja«, unterbrach er mich hastig. »Sie haben natürlich recht.«

Wir schwiegen.

»Eigentlich …«, begann er unentschlossen. »Eigentlich bin ich wegen ganz etwas anderem gekommen.«

»Ich bin ganz Ohr, Moissej Naumowitsch.«

»Eigentlich habe ich beschlossen, mich mit ihm zu treffen.«

»Mit wem?« Mir stockte das Herz. Ich hatte sofort begriffen, wen er meinte.

»Mit ihm«, sagte Moissej Naumowitsch irgendwie verwirrt, als wundere er sich über sich selbst. »Mit Woloschin.«

»Sie sind verrückt geworden …«

»Woher denn? Ich habe schließlich nichts gegen ihn. Ich habe nur Angst um die Menschen.«

»Und Sie wollen … zu ihm? Direkt zu ihm nach Hause?«

»Ja, natürlich. Zu mir wird er ja nicht kommen, oder?«

Mir drehte sich's im Kopfe. Unterbinden! Zurückhalten!

»Und wenn er ein Antisemit ist?«, platzte ich heraus.

»Ja und, dann gibt's einen Juden weniger in Taschlinsk.«

»Kokettieren Sie damit nicht, Moissej Naumowitsch!«

»Wie käme ich denn dazu, Alexej Andrejewitsch! Ich habe schreckliche Angst, deswegen scheint Ihnen das so. Aber was weiter? Der Opa ist ja alt, ihm kann es schnuppe sein.«

Und da entschloss ich mich. Er knirschte hörbar, als er sich streckte, mein eingerosteter, verkrümmter Wille. Und ich sagte:

»Gut. Aber wir gehen zusammen. Sie haben Recht, man muss die Punkte auf alle i's setzen.«

Es folgte eine Auseinandersetzung. Ich ging so weit, dass ich grob wurde. Und ich kriegte den Alten rum. Wir beschlossen, den Teufel zu zweit zu besuchen, gleich morgen nach der Arbeit. Ich weiß nicht, wie Moissej Naumowitsch in jener Nacht schlief. Was mich betrifft, werde ich die Nacht kaum angenehmer verbracht haben als die »schwarzen Halbpelze« auf der Brücke über die Große Schlucht …

Es war nicht nahe, und wir gingen auch ohne besondere Eile, so dass wir ins Neubauviertel kamen, als es schon ganz dunkel geworden war. Still war es da, keine Stimmen, kein Knirschen des Schnees unter den Füßen der Passanten, und Hunde schien es hier nie gegeben zu haben. Die Stille wurde vom Licht ausgeglichen. Ungewöhnlich, ungewohnt hell schienen die Straßenlampen, blendende, unheimliche Lichtblitze aus defekten Leuchtstoffröhren, abgehackt wie Schüsse, erhellten die leeren Schaufenster; die heil gebliebenen Lampen über den Hausfluren brummten vor Anstrengung. Und wir sahen niemanden auf der Straße, nur einmal bemerkte ich einen Pkw ohne Licht in einer Durchfahrt und daneben eine kaum auszumachende dunkle Gestalt. Mir ging der Gedanke durch den Kopf, dass Woloschin überwacht wurde.

Endlich waren wir da. Wir gingen in den Hausflur und stiegen die Treppe hinauf. Wir gingen langsam, blieben alle fünf, sechs Stufen stehen, damit sich Moissej Naumowitsch ausruhen konnte, den sofort Atemnot überkommen hatte. Sein Gesicht war trotz des Frostes grau. Und ich dachte wieder mit Entsetzen an alle möglichen und unmöglichen Überraschungen, die uns erwarteten. Wir erreichten den vorletzten Treppenabsatz und blieben stehen.

Auf dem Flur des zweiten Stocks stand eine gewichtige Alte, blickte von oben auf uns herab und lächelte freundlich übers ganze Plinsengesicht. Ich erriet, dass das Tante Dussja war, von der unsere Gripa erzählt hatte: Wer sonst konnte nachts vor der Wohnungstür des Zauberers und Teufels herumstehen? Und ich sagte: »Guten Abend, Tante Dussja.«

Sie antwortete, noch breiter grinsend: »Guten Abend, Alexej Andrejewitsch. Guten Abend, Moissej Naumowitsch. Kim Sergejewitsch erwartet Sie schon, kommen Sie bitte …«

Der Alte und ich wechselten Blicke und schauten eilig voneinander weg. Staunen? Gewiss. Erschrecken? Erst recht. Entzücken? Das wäre wohl durchaus möglich gewesen, doch bei mir jedenfalls rief Kim diese glückliche Emotion nicht hervor. Das war kein Kio. Kein Messing. Ein Teufel, ein Verderber, eine undeutliche tödliche Bedrohung. Und überhaupt, wenn man an der Schwelle zur Höhle des Teufels mit Staunen, Erschrecken oder gar Entzücken anfing, dann konnte das nur damit enden, ihm die Füße zu küssen. Oder die Hufe. Auf den Hexensabbaten, heißt es, küssen sie den Teufel auf den Hintern. Nein, das ist nichts für mich.

»Also los«, sagte Moissej Naumowitsch heiser, und wir brachten ohne Pause das letzte Stück Treppe hinter uns.

Tante Dussja huschte zur Tür der Woloschins und drückte sacht auf den Klingelknopf.

»Sie sollen hereinkommen«, erklang leise die bekannte Stimme.

Die Tür ging auf, und wir traten in den Korridor; Tante Dussja aber blieb im Treppenhaus.

»Hierher«, befahl Kim.

An die Einrichtung in der Wohnung der Woloschins erinnere ich mich undeutlich. Sauber, ordentlich, Gardinen, gerahmte Farbreproduktionen, unter den Füßen Läufer … Und fast ebenso wenig drang mir die blasse Ljussja im Hauskittel ins Bewusstsein, die auf dem Bett saß, und fast gar nicht bemerkte ich das kleine Mädchen, dass auf ihrem Schoß saß, die dünnen weißen Arme um den Hals der Mutter geschlungen …

Eine schreckliche Erregung erfasste mich. Ungeduld, dass alles recht bald vorbei wäre. Meine ganze Aufmerksamkeit konzentrierte sich auf meinen ehemaligen Schulfreund Kim Woloschin. Himmel, wann habe ich ihn zuletzt gesehen?, ging es mir durch den Kopf. Vor zwei, drei Jahren? Fünf? Jetzt kam er mir unverhältnismäßig massig vor. Er saß am Tisch, kahl wie ein Spiegel, eine schwarze Samtbinde über dem Gesicht, in einem bis oben zugeknöpften Hausrock. Er musterte uns mit dem entzündeten Auge und verzog seine schmalen trockenen Lippen zu einem unangenehmen Lächeln.

»Abzulegen braucht ihr nicht«, sagte er. »Das Gespräch wird kurz. Tee oder Wodka biete ich auch nicht an. Aus demselben Grunde …«

Er wandte sich seiner Frau zu und sagte in sanft befehlendem Ton: »Ljussja, ich hab jetzt mit den Doktoren was zu bereden. Nimm Tassja und geh ein bisschen zu Dussja, ich ruf euch dann.«

Sofort ging sie mit dem Kind und schloss hinter sich die Tür. Er schwieg, den Kopf zur Seite geneigt, als ob er lausche. Er runzelte die Stirn und sagte mit schrecklichem Sarkasmus: »Sie spionieren. Überwachen mich. Zittern mit vollen Hosen, aber überwachen mich trotzdem. Och, ich fürchte, ich werde böse werden, es übelnehmen … Wenn ihr zurückgeht, sagt ihnen, dass sie sich davonscheren sollen. Sie sind in der Nähe, um die Ecke … Sagt ihnen, ich gebe ihnen Zeit bis Mitternacht. Länger kann ich nicht an mich halten.«

Ich erinnerte mich an den Wagen und die dunkle Gestalt in der Durchfahrt und versprach mit belegter Stimme: »Ich sag's ihnen.«

»Schön. Und wenn sie mir ein Schock Sünden vergeben, ich zerquetsch sie doch wie eine Spinne. Obwohl, wenn man's recht bedenkt, was bedeutet mir schon ein Schock Sünden?«

Er schaute Moissej Naumowitsch an. »Mit dir fangen wir an, Alterchen. Du denkst also, ich bin aus der Hölle geflohen?

Du irrst dich, Moische, faselst was zusammen. Ich bin genauso wenig aus der Hölle geflohen, wie ein Kind bei der Geburt aus dem Mutterleib flieht. Genauer kann ich's nicht erklären, also versteh's, wie du willst. Und jetzt zu deiner zweiten Sache, Moische. Du hast Mitleid mit deinen Taschlinsker Mitbürgern gekriegt und bist gekommen, um mich zu bitten, dass ich die Stadt verlasse und anderswohin gehe. Und wohin ich gehen soll – hast du darüber nachgedacht? Willst du den Skorpion einfach von der eigenen Haut auf den ersten besten anderen setzen? Zu den Ukrainern? Zu den Balten? Zu irgendwelchen Ewenken? Aber am besten wär's natürlich, der Skorpion verschwände überhaupt ganz ins Ausland, so gehört es sich für Sowjetmenschen, was? Du hast doch richtig erkannt, Moische, dass ich überall ich selber bleibe, ändern kann ich mich nicht!«

Er lachte krächzend und wandte sich mir zu.

»Weißt du, Ljoschka, nach dem Krieg haben wir so einen Beutefilm gesehen, *Der Rächer aus Eldorado*. Da sagt einer von den Helden, ein mexikanischer Bandenchef: ›Wenn ich einen Chinesen erblicke, kann ich nicht an mich halten, ich schneid ihm sofort die Ohren ab …‹ Weißt du noch?«

»Ja, was denn – übst du Rache?«, fragte ich.

»Dummkopf«, antwortete er, wie mir schien, enttäuscht. »Er hat nichts verstanden. Ich sag ihm was von Ohren, und er kommt mir mit Rache … Na schön, geschenkt.«

Verzweiflung überkam mich. »Warte, Kim!«, rief ich atemlos. »Warte, hör mir zu! Irgendwelche Ohren, Rache – darum geht es nicht! Kim, du kannst doch nicht allen Menschen feind werden! Geh irgendwohin, wo dich niemand kennt, verbirg dich, reg dich nicht! Wehe dir, wenn sie sich gegen dich zusammentun! Wehe dir und auch den Menschen! Denk an deine Frau, an die Tochter … Sag dich los von der Kraft, über die du gebietest! Du warst doch ein prima Kerl, Kim … Denk an deine arme Nina, sie würde es dir nie verzeihen!«

Ich brüllte ganz außer mir, ihm aber stieg das blauviolette Blut ins haarlose Gesicht.

»Ljoschka!«, zischte er. »Reiz mich lieber nicht!«

Moissej Naumowitsch beugte sich erschrocken vor, als wolle er sich zwischen uns stellen.

»Zurück, Moische, halt dich raus!«, bellte Woloschin. »Und du, Ljoschka, hüte deine Zunge, sonst ...!«

»Was sonst?«, flüsterte ich und nahm mein letztes bisschen Mut zusammen. »Was, verfährst du mit mir wie mit den Hunden in der Pugatschowka? Oder wie mit Baraschkin? Oder wie mit dem Nachbarskind? Bedien dich, mein Bösewicht, genier dich nicht, mein Guter!«

Ich fühlte es schon. Fühlte, wie das Verhängnis nahte. In den Ohren begann es mir zu klingen, vor den Augen schwammen mir rote Flecke, eine widerwärtige Schwäche kroch von den Füßen den ganzen Körper hinauf. Und plötzlich sprang Moissej Naumowitsch auf.

»Einen Moment, einen Moment!«, schrie er mit durchdringendem Falsett. »Kim Sergejewitsch! Alexej Andrejewitsch! Nun, Sie haben sich erregt, und fertig! Machen wir Pause! Entspannen wir uns! Kommen Sie, ich zerstreue Sie ein bisschen!«

Er warf das Mäntelchen ab, steckte die Daumen seiner knochigen Hände unter die Achseln und begann zu hüpfen und zu singen:

Awraam, Awraam, Großväterchen du!
Itzok, Itzok, unser Alterchen du!
Jakow, Jakow, unser Vater du!
Chaime, Chaime, unser Hirte du!
Warum redet ihr denn nicht,
Warum redet ihr denn nicht,
Warum redet ihr denn nicht
Dem Herrgott für uns zu?

Mit kratzendem Falsett und ukrainischem Akzent sang er, der Nachkomme eines Schtetl-Possenreißers, dieses traurig-scherzhafte Liedchen, das aus den fernen Zeiten der Ansiedlungsgrenze auf ihn gekommen war, zusammen mit barbarisch umgedeuteten Geheimnissen der Kabbala und einer einfältig-listigen Ergebenheit ins Schicksal. Ich hörte das Lied nicht zum ersten Mal, er hatte es gelegentlich in lockerer Stimmung bei Familienfeierlichkeiten in meinem Haus gesungen, doch man konnte sicher sein, dass Kim Woloschin noch nie dergleichen gehört hatte. Mit halb offenem Mund und aufgerissenem Auge hörte und sah er zu, wie der Alte tanzte, die Beine in den abgetragenen Hosen und den altmodischen Tuchstiefeln hochwarf. Und ich fühlte, wie sich das Verhängnis entfernte und verschwand, bis nur noch ein Rinnsal kalten Schweißes davon blieb, das mir über die Wangen lief.

Warum redet ihr denn nicht
Dem Herrgott für uns zu?
Dass wir Häuser aufbauen können,
Unser Land freikaufen können,
In das Land fortziehen können,
Unserm Lande zu, unserm Lande zu!

»Fertig«, sagte Moissej Naumowitsch atemlos, ging wieder zu seinem Stuhl, setzte sich und hob den Mantel vom Boden auf. »Das Konzert ist beendet.«

Und da begann Kim laut zu lachen. Er lachte wohl fünf Minuten lang, wobei er vor und zurück schwankte, sich mit dem Ärmel das Auge wischte, hustete und zwischendurch fluchte. Wir betrachteten ihn schweigend und wischten uns auch über die Gesichter.

Als er fertig war mit Lachen, sagte er: »Stark. Da hast du mich abgewürgt, Moische, dank dir. Bist du von selber drauf gekommen? Oder eine Eingebung? Denn es hätte nicht viel gefehlt …«

»Gott behüte«, erwiderte Moissej Naumowitsch bescheiden. »Aber es freut mich, dass ich Sie zerstreut habe, Kim Sergejewitsch. Stets zu Ihren Diensten.«

Kim schaute ihn mit gesenktem Kopf an. »Nicht mehr nötig. Na schön, zum Teufel mit euch Doktoren. Eine Information als Entschädigung. Ich gehe weg. Gehe ganz fort aus diesem dreckigen Nest. Aber beachtet und sagt es denen, die es angeht: Mein Arm reicht jetzt weit. Ich kann …« Er holte krampfhaft Luft. »Ich kann es jetzt sehr weit. Von überall her.«

Wir schwiegen. Moissej Naumowitsch zog sein Mäntelchen an. Der Teufel zog plötzlich den lippenlosen Mund zu einem ungemütlichen Lächeln breit.

»Aber du, Moische, bist stark. Hast mich wirklich abgelenkt. Mir hat sogar leidgetan, dass Tasska es nicht gesehen hat. Es hätte sie ein bisschen aufgeheitert … die Arme … Sie hat nicht viel zu lachen, eigentlich, wenn man's bedenkt, gar nichts. Also dann, Doktoren. Die Audienz ist beendet. Es gibt keine Fragen und kann keine geben. Ihr dürft wegtreten.«

Wir gingen wortlos zur Tür.

Er sagte uns hinterher: »Ihr könnt ihnen ausrichten, diesen Bütteln, dass im ›Ural‹ … Hotel ›Ural‹, wisst ihr?«

Moissej Naumowitsch sagte leise. »Wir wissen. Hotel ›Ural‹. Am Platz.«

Der Teufel winkte gereizt ab. »Egal. Sie finden ihn selber. Zieht los.«

Wir gingen aus der Wohnung und die Treppe hinunter. Ich öffnete mit einiger Mühe die schwere Haustür, als oben eine kräftige Stimme Ljussja nach Hause rief. Und wir traten den Rückweg an.

Ich weiß nicht, wie es Moissej Naumowitsch ging, aber ich war in einem Zustand völliger Verwirrung. Ich war niedergeschlagen, verspürte Erleichterung und zugleich Ärger darüber, dass nichts klar geworden war und ich nichts Neues erfahren hatte, sondern nur für nichts und wieder nichts Angst ausgestanden hatte. Aus dieser düsteren Verfassung holte mich Moissej Naumowitsch, der sich nach meinen Eindrücken erkundigte. Ich kam zu mir. Ich umarmte den Alten und fühlte seine knochigen Schultern unter dem Mantel. Ich küsste ihn auf die stoppligen Wangen.

»Moissej Naumowitsch!«, rief ich aus. »Mein Lieber! Sie haben mir ja das Leben gerettet!«

»Ich bestreit's nicht«, erwiderte er und befreite sich vorsichtig aus meiner Umarmung. »Wie in der Klassik. ›Wie oft schon, Greis, hab ich gehört, dass du den Tod von mir gewehrt.‹ Was wahr ist, bleibt wahr. Es stand wirklich auf der Kippe. Ich dachte: alles oder nichts. Und traf ins Schwarze. Sehen Sie, Alexej Andrejewitsch, ich hatte mir schon früher gedacht, dass der Auslösemechanismus dieser höllischen Waffe …«

Wir gingen langsam die leere, hell erleuchtete Straße entlang, als uns niemand anders als mein Leutnant S. in den Weg trat. Er hatte einen hübschen weißen Halbpelz an, von einem Lederkoppel zusammengehalten, die schwarze Pistolentasche hatte er nach vorn geschoben, sie stand offen, und man sah den Pistolengriff. Er kam auf uns zu gelaufen, fasste mich am Ärmel und rief: »Guten Abend, Doktoren! Sie leben? Wohlauf?«

»So gut wie«, gab ich zur Antwort.

Da fiel es mir ein, und ich schaute mich um. Rechts war die Durchfahrt, dort stand immer noch der Wagen.

»Mir war sofort klar, wo Sie hin wollten«, fuhr der Leutnant fort. Er hüpfte geradezu vor Aufregung. »Ich wollte Sie aufhalten, aber dann war ich mir unsicher, fragte zurück … Als ich wieder aus dem Wagen kam, waren Sie schon weg. Also, wie war es da? Was macht er? Ist er in bedrohlicher Stimmung?«

Auf einmal verspürte ich eine schreckliche Müdigkeit. Und Moissej Naumowitsch hielt sich auch kaum auf den Beinen. Und nach Hause waren es an die fünf Kilometer.

»Hören Sie, Leutnant«, sagte ich. »Sie haben da den Wagen. Fahren Sie uns doch nach Hause.«

»Ich würde ja gern, Alexej Andrejewitsch«, stotterte er. »Aber sehen Sie, ich bin hier auf dem Posten …«

»Schön, dass Sie noch auf dem Posten sind«, murmelte Moissej Naumowitsch plötzlich. »Wie spät ist es jetzt?«

Der Leutnant schaute bereitwillig unter seinen Ärmel. »Halb zwölf. Warum?«

»Ebendarum, junger Mann«, sagte mein Alter. »Wenn Sie nicht auf meinen Trauertisch wollen, fahren Sie mit Höchstgeschwindigkeit hier weg. Er hat gesagt, dass er euch nur bis Mitternacht hier duldet.«

Leutnant S. wusste genau, was der »Trauertisch« war. Und er glaubte an die Medizin. Er machte kehrt und stürzte in die Durchfahrt.

»Das mit dem Wagen«, sagte Moissej Naumowitsch, während er ihm nachschaute, »war ein sehr guter Einfall. Ich muss nämlich gestehen, dass ich etwas erschöpft bin. Und irgendwie kalt ist mir … Es ist keine Freude, alt zu sein … Ja, und um auf unser Gespräch zurückzukommen, erlaube ich mir, Ihnen Vorwürfe zu machen. Sie haben sich leichtsinnig verhalten. Natürlich ist das edel – mit dem Hintern die Schießscharten zuzuhalten … ob aus Stolz oder aus persönlicher Gewissenhaftigkeit. Aber Sie müssen zugeben …«

Und ich gab alles zu. Ich liebte ihn. Mir kamen die Tränen. Ich umarmte ihn abermals und klopfte ihm im Überschwang der Gefühle auf die Schultern. Und da klappte auch schon die Wagentür, die Scheinwerfer flammten auf, der Wagen fuhr auf die Straße und hielt neben uns. Die Türen wurden aufgerissen, und eine junge freudig-erschreckte Stimme rief: »Steigen Sie ein, Genossen Doktoren!«

Während wir uns hinsetzten, teilte Leutnant S. mit: »Alle haben den Befehl, unverzüglich zurückzukehren.«

Der Wagen fuhr an und beschleunigte aus dem Stand. Wir fuhren zur Brücke über die Schlucht hinab. Ich bemerkte, dass irgendwoher noch drei Wagen hervorkamen und uns folgten …

Und so endete für uns dieser unheimliche Abend. Natürlich ließen Alissa und ich Moissej Naumowitsch nicht mehr weg, sondern gaben ihm Tee mit Feuerwasser zu trinken und legten ihn ins Bett, wo wir ihm alle Decken und Mäntel gaben, die sich fanden. Am Morgen stand er gesund, munter und zu philosophischen Überlegungen geneigt auf.

20

Ein dicker Bauch, ein dünner Phallus –
das blieb von ihm, und das war alles.
Der tiefbetrübte Körper weiß:
Das Ende erst bestimmt den Preis.

Das wäre wohl alles, was mir über das Taschlinsker Phänomen bekannt ist, wie der verstorbene Major S. diese Geschichte hochtrabend genannt hat. So oder so, meine vorschnell übernommene Verpflichtung habe ich erfüllt. Nach Maßgabe meiner Kräfte, meiner Erinnerung und meines Urteilsvermögens. Was noch?

Man geht allgemein davon aus, dass Kim Woloschin am 29. Januar 1987 spurlos verschwand. Ich glaube, niemand grämte sich deswegen. Da er in keinem Autobus gesehen wurde, muss man annehmen, dass er unsere Stadt per Anhalter verlassen hat. Obwohl er vielleicht auch – und ich bin bereit, auch das zu glauben – auf einer Wolke davongeschwebt ist oder sich auf noch unnatürlichere Weise fortbewegt hat. Doch am ehesten, glaube ich, wird er per Anhalter gefahren sein.

Wie zu erwarten war, beruhigte sich die Stadt längst nicht sofort. Noch ziemlich lange lebten ihre Bürger ängstlich, vorsichtig und auf neue Unbill gefasst. Öl ins Feuer gossen Klatschmäuler, Panikmacher und überhaupt Leute, die es nach Bekanntheit drängte und die behaupteten, sie hätten den Teufel gestern, heute, vor einer Woche gesehen, und zwar an den ausgefallensten Orten: mal auf dem Rauchfang des Bezirkskomitees (»mit dem Kloß zwischen den Zähnen«), mal in der persönlichen Limousine unseres Bürgermeisters, mal sogar in der Damentoilette des Theaters … Kurzum, das waren alles alberne Gerüchte, und sie entstanden im Laufe von zwei, drei Monaten, worauf sie untrennbar mit einem Mischmasch aus fliegenden Untertassen, übersinnlicher Wahrnehmung, wandelnden Toten, Vampiren vom Viehfriedhof und so weiter verschmolzen …

Doch es gab auch durchaus glaubhafte Informationen.

Einen Tag nach Kim Woloschins Verschwinden wurde in einem Zimmer des Hotels »Ural« eine Leiche gefunden. Ein Mann in mittleren Jahren mit unverkennbar semitischen Gesichtszügen, in einen erstklassig geschnittenen Anzug gekleidet. Er lag in absurder Stellung am Boden, als hätte ihn der Tod ereilt, während er unters Sofa schaute. Bei der Leiche fand man einen Ausweis auf den Namen Ilja Sacharowitsch Gerschson, einen Dienstreiseauftrag ins Taschlinsker Bezirkserfassungskontor und ein Rückreiseticket für einen Flug Oldenburg–Moskau. Der Tote wurde zu uns in die Pathologie gebracht. Moissej Naumowitsch stellte den Zeitpunkt des Todes fest: etwa zwei Tage vor der Entdeckung. Todesursache: akute Koronarinsuffizienz.

Die zuständigen Leute untersuchten den Fall. Es stellte sich heraus, dass der Bürger Gerschson sich vor einer Woche im Kontor gemeldet und danach nicht mehr blicken lassen hatte. Dass die Organisation, die den Bürger Gerschson auf Dienstreise geschickt hatte, in der Natur nicht vorkommt. Dass der Personalausweis zwar echt war, aber nicht ihm gehörte. Außerdem fanden sich Zeugen, die den falschen Bürger Gerschson vier Tage vor seinem Tode im Neubauviertel in Gesellschaft des berüchtigten K. Woloschin gesehen hatten. Ich beriet mich mit Moissej Naumowitsch, und wir beschlossen, uns mit unserer Information nicht aufzudrängen. Für die Untersuchung hätte es nichts genützt, aber sie hätten uns auf den Nerven rumgetrampelt …

Die zweite glaubhafte Geschichte betrifft Ljussja Woloschina.

Ljussja blieb mit ihrer taubstummen Tochter in der Wohnung wohnen, die sich uns eingeprägt hatte. Zur Ehre des Hause muss gesagt werden, dass sich ein hervorragendes Verhältnis ihr gegenüber entwickelte. Vielleicht, weil man sie für verzaubert, betrogen und verlassen hielt. Sie lebte sehr bescheiden, litt aber keine Not. Man fragte sie geradezu, und sie antwortete geradezu, dass der durchgebrannte Mann ihr auf der Sparkasse eine kleine Summe zum Leben zurückgelassen hatte. Das Haus war gerührt. Der Bösewicht hatte also doch nicht jedes Gewissen verloren. Und damit war die Frage erledigt. Und niemand machte der Strohwitwe einen Vorwurf, dass sie nicht arbeiten ging, sondern daheim bei dem armen Kind saß. Man steckte ihr sogar hin und wieder ein paar Lebensmittel zu; besonders wurde sie von Tante Dussja umsorgt. Und als es Frühling wurde, gingen auch Moissej Naumowitsch und ich manchmal vorbei und nahmen Süßigkeiten für das Mädchen mit …

Im Sommer tauchten bei Ljussja aus heiterem Himmel ihre verhinderten Schwiegereltern auf, die Eltern von Tassjas Vater, der in Afghanistan umgekommen war. Sie schneiten herein und verlangten die Enkeltochter, dazu gleich noch den Wohnraum der Enkeltochter. Doch da erschien Tante Dussja auf der Bühne, und es ging woanders lang. Auf das Geschrei hin liefen die Nachbarinnen zusammen und schalteten sich sofort ein. Unter ihrem mächtigen Ansturm trat das bejahrte Paar den Rückzug an, wobei sie mit dem Staatsanwalt drohten. Und noch am selben Abend geschah Folgendes: Den verhinderten Schwiegervater befiel eine schwere Lähmung, und die verhinderte Schwiegermutter stürzte auf dem Weg zum Abort und brach sich ein Bein. Als wir davon erfuhren, wechselten wir nur schweigend Blicke. Moissej Naumowitschs Gesicht wurde grau und fiel ein. Meins sicherlich auch …

Eine Woche darauf erkrankte Moissej Naumowitsch. Mir war klar, dass er im Sterben lag. Und ihm war es auch klar. Ich holte ihn aus dem Bezirkspensionat zu mir, nahm Urlaub. Seine letzten Tage und Stunden verbrachte ich bei ihm. Am ersten Juli abends um neun sang er mit heiserer Stimme: »Avraam, Avraam, Großväterchen du …« Er schwieg ein Weilchen und sang: »Warum redet ihr denn nicht dem Herrgott für uns zu …« Und dann noch kaum hörbar: »In das Land fortziehen können … unserm Lande zu …« Und er schloss die Augen und starb. Eine Art Lächeln stand auf seinem vertrockneten Gesicht, und da dachte ich, dass er froh war, eine Welt zu verlassen, in der Teufel ungehindert unter den Menschen umhergehen.

Und noch eine Woche später kam Ljussja Woloschina zu mir ins Krankenhaus. Mit Tassja natürlich. Beide ordentlich, sauber, ernst.

»Wir sind gekommen, um uns zu verabschieden, Alexej Andrejewitsch«, sagte Ljussja. »Wir fahren fort. Für immer.«

Ich fragte, wohin.

»Es hat sich ein Verwandter von uns gefunden. Der hat uns zu sich gebeten.«

»Na dann alles Gute, Ljussenka«, sagte ich.

Sie lebte plötzlich auf. »Und wissen Sie, meine Tassenka kann schon hören! Und zu reden fängt sie auch an … Tassja, sag was!«

Tassja plapperte etwas Unverständliches, und ich zeigte mich begeistert. Und sie gingen. Mir war natürlich klar, wer dieser Verwandte war. Und gut, wenn Ljussja möglichst weit weg von unserem Taschlinsk war …

Und die Zeit verfliegt. Nun geht schon der Sommer '89 dem Ende zu. Niemand denkt mehr an Kim Woloschin. Eine öffentliche Versammlung jagt jetzt die andere, und dann verdirbt uns auch noch die Wasserfrage. Es ist genug, dass ein jeglicher Tag seine eigene Plage habe. Nehmen wir nur mich. Vorigen August haben sie unseren Chefarzt, den Dummkopf und Feigling, endlich in die Gebietsgesundheitsbehörde geholt. Und mich zum Chefarzt ernannt. Jetzt mache ich bei uns im Krankenhaus den Chef-Dummkopf und -Feigling. Eine anstrengende Rolle, kann ich Ihnen sagen.

Was tun! Ich habe meine Alissa. Ich habe meine Tochter. Ich habe einen klugen, ernsthaften Schwiegersohn, der auch Arzt ist. Ich habe meinen Lieblingsenkel Sanka. Ein kleines Orchester der Hoffnung, vom Stab der Liebe dirigiert. Doch irgendwo, irgendwo auf unserem Planeten geht dieser unheimliche Teufel um, die Ausgeburt der irdischen Hölle, die ständig aktive Psychobombe!

Aber wissen Sie, unsere Wirtschaftsschwester Gripa hat nun doch den Timofej Bassalyga, genannt Mussmal, geheiratet. Sie prügelt ihn mit einem Besenstiel und holt regelmäßig seinen Lohn ab.

Damit enden die Aufzeichnungen des Chefarztes des Taschlinsker Krankenhauses A.A. Kornakow, die er auf Wunsch des inzwischen verstorbenen Majors der Miliz S. angefertigt hat. Diese Aufzeichnungen tragen zweifellos das Siegel einer gewissen Rätselhaftigkeit, doch noch weitaus rätselhafter erscheinen die dabei aufgefundenen Beilagen, die hier willkürlich als drei Epiloge bezeichnet werden. Die Verfasser jener Epiloge konnten nicht ermittelt werden.

Erster (phantastischer) Epilog

Die Handlung spielt an einem heißen Sommertag in Moskau in einer konspirativen Wohnung. Anwesend sind: Oberst Titow (KGB), Oberst Plotnik (Mossad), Oberst Hightower (CIA).

Hightower, der vor Hitze vergeht, liegt halb auf dem Sofa und fächelt sich mit einer Zeitschrift Luft zu. Plotnik sitzt ihm gegenüber in einem Sessel und hat die gekreuzten Beine auf ein rundes Tischchen gelegt. Titow geht nervös im Zimmer auf und ab.

H. *(mit geschwächter Stimme)*: Meiner Meinung nach soll, wer die Suppe eingebrockt hat, sie auch auslöffeln.

T. *(gereizt)*: Wieder die alte Leier! Wir widersprechen ja gar nicht! Aber, Oberst, was haben Sie dann in Moskau verloren?

H.: Wieder die alte Leier. Wir brauchen Informationen! Wir müssen doch wissen, was wir tun sollen, wenn dieser Teufel von euch doch noch im Westen auftaucht …

T.: Solche Informationen haben wir nicht, Oberst! Wie oft soll ich das noch sagen?

P.: Bis die Wahrheit zum Vorschein kommt, Oberst. Wo ist er jetzt?

T.: In der Gegend von Krasnodar.

H.: Das ist am Jenissej?

T.: In der Gegend von Krasnodar, hab ich gesagt, und nicht Krasnojarsk!

H.: Das habe ich verstanden. Am Jenissej?

Titow winkt hoffnungslos ab.

P.: Krasnodar liegt am Kuban. Und am Jenissej Krasnojarsk. Wie ich sehe, sind Sie immer noch der alte Russlandkenner, Oberst.

H.: Aha … Am Kuban … Einen Moment!

Er holt einen Atlas aus der Aktentasche und beginnt zu blättern. Plotnik wendet sich Titow zu.

P.: Hören Sie mal, Oberst, finden sich hier nicht ein paar Bottles kaltes Bier?

T.: Ein paar was?

P.: Ein paar Flaschen, wenn Ihnen das verständlicher ist.

Titow geht zu dem mächtigen Kühlschrank in der Ecke, schaut in die Fächer, bleckt böse die Zähne.

T.: Haben alles ausgeräumt, die Mistkerle … Eiskalter Wodka ist da. Wollen Sie, Oberst?

P.: Vorläufig nicht, Oberst. Wodka …

H.: Einen Moment Aufmerksamkeit bitte. Also. Krasnodar liegt wirklich am Kuban. Und das Interessante: Da gibt es einen großen Stausee. Da drängt sich ganz von selber eine Idee auf. Den Aufenthaltsort des Objekts genau bestimmen. Dann ein Dutzend geschickte Kerle … Haben Sie ein Dutzend geschickte Kerle, Oberst? Wenn nicht, schick ich von uns welche. Die nähern sich dem Objekt am Grunde dieses Sees, dann den Jeni… äh, den Kuban hinab, und erledigen ihn in null Komma nichts.

P.: Und am Morgen tragen die Wasser des Kuban ein Dutzend Leichen zum Schwarzen Meer.

T.: Tun sie nicht. Dort gibt es versumpfte Schilfufer. Da bleiben die Ärmsten hängen und verfaulen.

H. *(betreten, aber aggressiv)*: Wieso denn unbedingt Leichen? Sie nähern sich doch unter Wasser an …

T.: Er bemerkt sie, Oberst, da können Sie Gift drauf nehmen. Und zerquetscht sie im Handumdrehen. Sie können nicht einmal piep sagen.

H.: Aber gehen denn die Psychowellen durchs Wasser? Radiowellen zum Beispiel …

P.: Radiowellen und Psychowellen – das ist ganz was anderes, Oberst.

H.: Was ist das – eine exakte Information?

T. *(finster)*: Durch und durch exakt.

H.: Na sehen Sie, etwas ist doch bekannt …

P.: Nach der Methode von Versuch und Irrtum, Oberst.

T.: Klar, mit Versuchen wurde nicht gegeizt.

H.: Und mit ihm eine Übereinkunft zu treffen hat niemand versucht?

T. *(zu Plotnik)*: Erzählen Sie's ihm, Oberst. Wenn Sie wollen, natürlich.

P.: Warum denn nicht, Oberst … Mit allem Respekt. Das war noch in Taschlinsk. Na ja, ich habe einen Mann mit den denkbar größten Vollmachten zu ihm geschickt: Geld, Luxus, politisches Asyl … das Standardpaket für russische Patrioten. Und für das alles – einen delikaten Auftrag. Nicht einmal in Russland, sondern in so einem mickrigen islamischen Land …

H.: Noch in Taschlinsk … Das »weiße Kamel«, ja?

P.: Darum geht es nicht, Oberst. Sie wollten doch wissen, wie es mit einer Übereinkunft ist … Nun, zunächst ging alles glatt, es hieß, dass sich das Objekt nicht sträubte … Und einen Tag später macht mein Mann den Abgang. Akute Koronarinsuffizienz. Tante Franja lässt grüßen. Und das Objekt saß zu Hause in sechs Kilometer Entfernung. So ist das mit der Übereinkunft.

T. *(finster)*: Inzwischen wissen wir, dass für ihn auch sechstausend nicht die Grenze sind.

H.: Sechstausend Kilometer … dreitausendsiebenhundertfünfzig Meilen!

P.: Sie rechnen wie der selige Archimedes, mein Porthos.

H.: Was? Ja … *(zu Titow:)* Und da behaupten Sie, Oberst, Sie hätten keinerlei Informationen!

T.: Und Sie glauben, Oberst, dass solche Informationen Ihnen nützen werden?

H.: Na ja, immerhin …

Pause.

H.: Der einzige Trost – von den Sowjets hat er sich auch nicht vereinnahmen lassen.

Pause.

H.: Und wenn man aus dem Weltraum zuschlägt?

T.: Wenn man wohin schlägt? Auf Krasnodar? Und wenn wir als Antwort irgend so einem Philadelphia von Ihnen eins verpassen?

H. *(griesgrämig)*: Nicht doch, Oberst, Sie haben mich falsch verstanden … Aber hören Sie, er hat doch eine Frau, ein Kind …

P.: Zwei Kinder, Oberst. Seit vorigem Jahr zwei Kinder.

H.: Dann erst recht! Ich bin sicher, dass wir alle wissen, dass es ein bestimmtes Arsenal von Methoden gibt …

T. *(scharf)*: Das sind nicht unsere Methoden, Oberst!

P.: Und was, Meister, markieren Sie hier den Heiligen? Nicht eure Methoden … Sie haben doch Profis vor sich!

H.: Eben. Schämen Sie sich, Oberst!

T.: Ich versichere Ihnen … Was wollte ich eigentlich sagen? Ja! Krasnodar!

H.: Genau. Waren Sie selber an diesem Jenissej?

P. *(bricht in Gelächter aus)*: Am Kuban, Oberst! Nicht am Jenissej, nicht am Rhein, nicht am Mekong, so wahr ich leb! Am Kuban!

H.: Schön, am Kuban … Waren Sie also selber am Kuban?

T.: Bis jetzt nicht.

H.: Ich auch nicht. Und im Übrigen …

P.: Und im Übrigen sollten wir jetzt vielleicht … Oberst, Sie haben gesagt, dass es hier eiskalten Wodka gibt.

T.: Und das war nicht gelogen, Oberst. Nehmen Sie doch mal die Beine vom Tisch, was für Manieren …

Er holt den Wodka aus dem Kühlschrank und stellt ihn auf den Tisch. Eine Sekunde lang betrachtet er hingebungsvoll die beschlagene Flasche, dann breitet er entschuldigend die Arme aus.

T.: Aber wir werden natürlich ohne was zu essen …

P.: Und genau da, mein Lieber, werden wir Sie korrigieren!

Er nimmt einen voluminösen Diplomatenkoffer auf die Knie, öffnet ihn und stellt einen solide Plastikschachtel auf den Tisch.

H.: Also, wenn das so ist … *(Er nimmt mehrere Pakete in Pergamentpapier aus der Aktentasche.)* Ein Amerikaner sollte nichts schuldig bleiben.

T.: Mir fehlen die Worte.

Er geht zur Anrichte und kommt mit Gläsern, Tellern und Gabeln wieder, worauf er sich munter ans Tischchen setzt.

T.: Na, na, Oberst, was haben Sie denn da?

H. *(packt die Pakete aus)*: Sandwiches, Oberst. Die berühmten amerikanischen Sandwiches. Da mit Schinken, da mit Geflügelsalat … und da mit Anchovis …

T.: Mmm! Wunderbar. Wo kriegen Sie das alles her, Oberst?

H.: Betriebsgeheimnis, Oberst … *(zu Plotnik:)* Und womit werden Sie uns erfreuen, Oberst?

P. *(nimmt den Deckel von der Plastikschachtel)*: Bei mir ist es bescheiden, wie zu Hause.

H. *(misstrauisch)*: Was ist das?

Titow beugt sich über die Schachtel, schnuppert. Auf seinem Gesicht malt sich Entzücken.

T.: Nicht möglich! Grieben? Gänsegrieben?

P.: Genau, Oberst. Unverfälschte Grieben. Und beachten Sie, frische. Die Gans ist gestern noch auf der Geflügelfarm herumspaziert. Und was erst die Meisterschaft der Köchin angeht …

H. *(ungeduldig)*: Zur Sache, zur Sache! Oberst, seien Sie so freundlich, disponieren Sie …

Titow schenkt Wodka ein, alle haben die Gläser.

T.: Zum Wohl, Oberst. Zum Wohl, Oberst.

P.: L'chajim, Oberst! L'chajim, Oberst …

H.: Ganbei, Oberst. Ganbei, Oberst!

T.: Was ist denn das für eine Sprache, Oberst?

H.: Chinesisch, Oberst.

T.: Auch schön. Also los, auf Ex!

H.: Auf Ex!

Alle stoßen an, trinken aus und stürzen sich auf die Grieben.

H.: Wunderbar. Sie sagen also, Oberst, Sie kennen hier eine Geflügelfarm und eine Köchin …

P.: Ein Provokateur, so wahr ich leb …

T.: Also dann, zum Zweiten.

Er gießt Wodka ein. Alle trinken und nehmen sich die Sandwiches vor. Hightower sinkt plötzlich an die Sofalehne zurück.

H.: Sonderbar, mir wird so schläfrig zumute …

P.: Bei mir genau das Gegenteil, ich bin in Fahrt gekommen. Also, wie wär's mit dem Dritten, Oberst?

Titow schenkt bereitwillig ein.

H. *(mit schwacher Stimme)*: Mir bitte nicht. Wenn Sie nichts dagegen haben, lege ich mich ein bisschen hin …

T.: Seien Sie so gut …

Hightower macht sich auf dem Sofa lang, die Aktentasche unterm Kopf, und lässt fast sofort ein beneidenswertes Schnarchen ertönen. Plotnik und Titow schauen ihn verständnislos an.

P.: Was ist denn mit ihm los? Von zwei Gläschen …

T.: Sicherlich die Hitze …

P.: Vielleicht auch die Hitze … Macht nichts, er wird sich ausschlafen. Hören Sie, Oberst, Sie wollen mir also wirklich nichts sagen?

T.: Ich habe nichts zu sagen. Ich weiß nichts. Ich weiß nur eins.

P.: Reden Sie.

T. *(finster)*: Im Himmel gibt es nur einen Gott, auf Erden nur einen Stellvertreter für ihn. Eine Sonne erhellt das Weltall und gibt ihr Licht den anderen Himmelskörpern. Alles, was Moskau nicht gehorsam ist, muss … *(Er verstummt, als habe er sich gefangen, kippt hastig sein Glas hinter und beißt die Hälfte von einem Sandwich ab.)*

P.: Alles, was Moskau nicht gehorsam ist, muss … Klar. Der Teufel ist also euer Werk? Nach der Methode von Versuch und Irrtum, wie Tante Bassja zu sagen pflegte.

Hightower spricht, ohne die Augen zu öffnen.

H.: Was tuscheln Sie da?

P.: Ich versuche ihn anzuwerben, und der komische Kauz lässt sich nicht …

Hightower nimmt ächzend eine sitzende Haltung ein.

H.: Ein toller Ort zum Anwerben … Hier ist bestimmt in jeder Wand eine Wanze.

P.: Sie haben Recht, Oberst. Mein Fehler. Ach, zum Teufel mit alledem. Ich schlage vor, wir vergnügen uns. Was könnte man … Also wenigstens … Ich werde Ihnen was vorsingen und vortanzen!

Titow lacht krampfhaft.

H. *(abfällig)*: Tanzen werden Sie … Zum letzten Mal habe ich Sie in Al-Kuntilla tanzen sehen. Mit einer Schlinge um den Hals. Und Ihre göttlichen Füßchen in abgewetzten Teppichlatschen bewegten sich einen Fuß überm Erdboden …

P.: Immerzu verwechseln Sie was, Oberst! Am Galgen tanzte dort nicht ich, sondern der arme Madcap Hugh, den Sie …

T.: So hören Sie doch auf, sich zu streiten, also wirklich!

P.: Richtig. Genug, genug, genug. Zum Teufel mit der Arbeit! Sehen und hören Sie zu!

Oberst Plotnik springt auf, steckt die Daumen unter die Achselhöhlen, wirft die Füße hoch und beginnt zu singen:
Awraam, Awraam, Großväterchen du!
Itzok, Itzok, unser Alterchen du! …

Zweiter (einfältiger) Epilog

Innerer Monolog von Kim Woloschin. Er sitzt an einem Augustabend am Ufer des Flüsschens Bejsug und gibt sich fruchtlosen Überlegungen über die Wechselfälle seines seltsamen Schicksals hin. Die Sonne neigt sich dem Untergang zu, vom Fluss her stinkt es ein bisschen, die Mücken kommen massenhaft zur Nahrungssuche heraus, doch keine einzige nähert sich dem Teufel.

Die Götter hatten es gut. Zeus zum Beispiel. Trank, aß, haute mit dem Blitz hin, wo es nötig war, ließ es donnern, wo nötig, und zurück ans Essen und Trinken. Sogar wenn sie danebenhauten, passierte weiter nichts. Da füttert diese Hebe den Adler des Vaters und verschüttet, zwei linke Hände, den donnerbrauenden Pokal, wie eine unachtsame Schlampe die Kasserolle mit Bohnen in der Gemeinschaftsküche. Und grinst einfach – genau so war's ja vorgesehen … Die sollte mal an meiner Stelle sein! Aber wenn sie diesen Pokal dem Papa Zeus über den Bart gekippt hätte – da wär was los gewesen! Er hätte dem Töchterchen Hören und Sehen vergehen lassen …

Ja, Götter sind heute nicht mehr im Schwange. Und ich bin mit all meiner Macht beileibe kein Gott. Mein armer Menschenverstand, er hält mit der Macht nicht Schritt. Andererseits könnte ich auch stolz sein. In meiner Person ist ein beispielloser juristischer Präzedenzfall entstanden. Welches Prinzip herrscht auf der ganzen Welt (und bei den Göttern auch)? Es wird ein Verbrechen festgestellt, und darauf folgt die Strafe. Hunderttausend Jahre lang hat dieses Prinzip geherrscht, und da kam ich und kehrte es um. Ich stelle kein Verbrechen fest. Als Beweis des Verbrechens dient meine Strafe. Hingerichtet – also ein Übeltäter. Um den Verstand gebracht – also ein Verbrecher. Die Hosen vollgemacht – also wollte er Kim Woloschin schaden …

Doch mir bringt das wenig Freude, überhaupt nur seelische Betrübnis. Erstens ist ein Übeltäter nicht wie der andere, die Strafe aber erfolgt aufs Geratewohl. Da hat dieses Mädchen Tassja durch den Schnee geschleift, eine Kinderdummheit, unschuldig – und sie ist tot. Aber die, die sich verschworen hatten, mich mit Raketen wegzuputzen, sind mit einem Durchfall davongekommen. Freilich, danach haben sie sich nicht mehr verschworen und es wohl auch anderen verboten …

Ha! Bitte sehr, da hat es noch einen erwischt. Und kräftig erwischt, sei seiner sündigen Seele gnädig, Herr … Wofür ich ihm das wohl verpasst habe? Es ist ärgerlich, dass es mir nicht immer vergönnt ist, das zu wissen. Aber im Großen und Ganzen ist das wohl so etwas wie der Selbsterhaltungstrieb des Verstandes. Wenn ich alles wüsste, würde ich sicherlich vor Entsetzen und Wut wahnsinnig werden. Es sind ihrer viele, viele, und sie sind stark, und alle gegen mich … Doch obwohl ich allein bin, bin ich stärker als sie, ich bin für sie ein Teufel, der Quell allen Übels … Sie haben den Teufel selbst geschaffen, und jetzt wollen sie ihn unbedingt in die Hölle jagen. Ob sie wohl wenigstens das begreifen? Ich glaube nicht. Sie sind einfach wie diese Mücken – drängen sich in der Nähe, wollen Blut saufen, aber wagen sich nicht heran …

Schön, wenn sie leben wollen, müssen sie lernen, mir aus dem Weg zu gehen. Sollen sie sich an die Koexistenz mit einem Teufel gewöhnen. Wenn sie Frieden wollen, sollen sie ihn haben, aber zum Krieg bin ich immer bereit. Und nicht um die mache ich mir Sorgen. Wasska, Wassenka, mein Wassilek, das Söhnchen. Es scheint ja alles gut zu sein. Ljussenka ist gesund, Tassja kann schon hören und redet ziemlich verständlich. Wasska ist rosig und wild, kriecht eifrig im Zimmer herum, lacht, wenn man ihn zur Zimmerdecke hochwirft … Und dass die sich an sie heranmachen, habe ich ihnen abgewöhnt. Zweimal haben sie's versucht, ich will gar nicht dran denken. Vielleicht auch mehr als zweimal … Ja, vorerst scheint alles gut zu sein. Aber ich habe Befürchtungen, Befürchtungen, Kim Sergejewitsch!

Denn Wasska ist ja mein Fleisch und Blut. Ljussja fürchtete sich, ihn zur Welt zu bringen. Was, wenn er das alles von mir geerbt hat? Nein, ich habe keine Befürchtungen, sondern entsetzliche Angst. Ein Teufelsbalg. Die Mutter will ihm Grießbrei eintrichtern – eine Untat. Sofort der Schlag – und Schluss. Die Schwester lässt ihn beim Spaziergang nicht in die Pfütze – eine Untat. Schlag – und Schluss. Aber ein Schlag gegen die Mutter oder Tassja bedeutet den augenblicklichen Gegenschlag von mir. Meine Macht wird wie üblich meinem armen Verstand weit voraus sein … Nein, ich habe Angst, entsetzliche Angst. Aber vielleicht geht alles gut ab? Herrgott, es ist doch dumm, einen Säugling mit solchen Kräften auszustatten!

Und wieder. Es hat noch einen erwischt. Heute kommen sie wie die Fliegen. Sie wissen doch – der Angreifer wird vernichtet. Und doch kommen sie …

Genau das ist aus der wahnsinnigen Seele des berühmten Japaners herausgebrochen: Findet sich denn niemand, der mich im Schlaf sacht erdrosselt?

Dritter (Standard-)Epilog

Ohne Datum. Ohne Geographie.

Der Wagen hatte die kleine Anhöhe erreicht, und Oberst Titow bremste scharf und schaltete den Motor aus. Weiter vorn in vielleicht hundertfünfzig Schritt Entfernung gähnte mitten auf dem Feldweg eine tiefe Grube, von einem Wall aus einer erstarrten glasartigen Masse umsäumt. Aus der Grube stieg noch grauer Rauch auf, und ein chemischer Gestank wehte heran.

»Eine Thermomine?«, ließ sich Hightower halb fragend, halb feststellend vernehmen.

»Sie wissen aber auch alles, Oberst«, gab Titow scharf zurück.

»Wie sollte ich das nicht wissen … Sie haben Ihre ja von unserer abgekupfert.«

Ohne den Blick von der Grube zu wenden, stieg Hightower aus dem Wagen, zog aus der Gesäßtasche eine flache Flasche und nahm einen Schluck.

Oberst Plotnik stieg ebenfalls aus und stellte sich neben ihn. »Lassen Sie einen Schluck übrig, Oberst«, bat er.

Ohne hinzusehen, drückte ihm Hightower die Flasche in die ausgestreckte Hand. »Das war's dann wohl«, sagte er und wischte sich mit der Hand über die Lippen.

»Ja, der Teufel ist tot«, antwortete Titow.

»Wurde ja auch Zeit«, sagte Plotnik geistesabwesend und wischte sich ebenfalls die Lippen ab. Er hielt die Flasche Titow hin. »Wollen Sie, Oberst?«

Titow schüttelte schweigend den Kopf. Plotnik gab die Flasche Hightower zurück. Der setzte sie wieder an, ohne den Blick von der Grube zu wenden.

Von den verkrüppelten, kahlgerissenen Bäumen zu beiden Seiten der Grube stiegen graue und weiße Rauchfäden auf, es knisterte eine gegen die Sonne nicht zu sehende Flamme. Es kam ein Windstoß, und einer der Bäume fiel krachend quer über den Feldweg. Alle zuckten zusammen. Plotnik ging plötzlich zur Seite, bückte sich und hob aus dem Gras einen schwarzen Lappen auf. Auch der Lappen qualmte sacht – ein schmaler Streifen schwarzer Samt.

»Ja«, sagte Plotnik. »Schluss, und Gott sei Dank. Und rechtzeitig, rechtzeitig, meine Freunde. Wir steckten schon so tief in dieser kleinen Sache, dass es längst kein Spaß mehr war. Aber jetzt ist alles glatt erledigt. Und niemand wird sein Grab je kennen.«

Titow riss den Blick von der Grube los und schaute zum Himmel. Der Himmel war blau, träge zogen an ihm schneeweiße Wolken dahin. Ein guter Himmel. Herrliches Wetter. Und eine wunderschöne Landschaft. Nur die Grube stinkt … und wo kommen plötzlich so viele Krähen her? Schau, Dutzende, Hunderte sind herbeigeflogen! Und es kommen noch mehr … Und sie krächzen nicht, die Mistviecher, das ist seltsam … Ach, Unsinn. Alles ist in Ordnung. Schluss, und Gott sei Dank, obwohl ich anscheinend Atheist bin …

Und da zwinkerte etwas im riesigen Raum. Und sie waren verschwunden. Alle drei. Nur ein Streifen schwarzer Samt lag auf dem Gras. Doch bald verschwand auch der.

ANHANG

BORIS STRUGATZKI

Kommentar

Die Schnecke am Hang

Ab März 1965 taucht bei den Brüdern Strugatzki endlich ein ständiges Arbeitstagebuch auf. Man kann nicht sagen, dass die Einträge in diesem Tagebuch das Problem der Wiederherstellung vergessener oder verlorener Tatsachen grundsätzlich löst, einen gewissen Nutzen haben diese Aufzeichnungen aber doch. Just auf das Tagebuch gestützt hielt ich 1987 auf einer Tagung des Leningrader Phantastikautoren-Seminars einen Vortrag zu dem Thema »Wie ›Die Schnecke am Hang‹ entstand, Geschichte und Anmerkungen«. Und diesen Vortrag habe ich mit einigen notwendigen Korrekturen, Kürzungen und Ergänzungen als Grundlage des folgenden Textes verwendet.

Am 4. März 1965 kommen zwei junge, frischgebackene Schriftsteller – es ist noch kein Jahr her, dass sie in den Schriftstellerverband aufgenommen wurden – zum ersten Mal ins Haus der Schriftsteller in Gagry. Alles hier ist bestens – wunderbares Wetter, hervorragende Bedienung, sehr gutes Essen, beste Gesundheit, ausgezeichnetes Wohlbefinden und in der Hinterhand lauter neue Ideen und Situationen, die sich zur Ausarbeitung eignen. Alles ist sehr gut! Sie sind in einem Gebäude für auserwählte Persönlichkeiten untergebracht – später werden sie nie wieder hier arbeiten können. Damals aber war es möglich, denn es war Zwischensaison, und im

Haus der Schriftsteller in Gagry wohnten nur die Strugatzkis und die Fußballmannschaft »Zenit«, die in der Gegend trainierte.

Alles wäre bestens, wenn sich nicht plötzlich herausstellen würde, dass sich die Strugatzkis in einer schöpferischen Krise befinden! Vorerst wissen sie es nicht. Sie glauben, alles sei in Ordnung, es sei ihnen alles klar und verständlich – klar, womit sie sich beschäftigen sollen, und was sie schreiben werden. Immerhin haben sie einen gut angelegten Roman mitgebracht, das heißt, genau genommen ist es noch kein Roman, sondern nur eine gut erdachte Situation: Stellen Sie sich eine Insel vor. Auf dieser Insel landen Menschen, die zum Beispiel Schiffbruch erlitten haben oder mit einer Forschungsexpedition gekommen sind. Und sie treffen dort auf Affen. Diese Affen verhalten sich irgendwie falsch, irgendwie sonderbar, gar nicht wie Affen. Sie sind fett und behäbig und sie haben überhaupt keine Angst vor den Menschen. Im Gegenteil – sie suchen ihre Nähe. Auf der Insel beginnen sich nun rätselhafte Dinge zu ereignen: Menschen werden plötzlich wahnsinnig, es kommt zu seltsamen, unerklärlichen Todesfällen … Und im Inneren der Insel wird ein Dorf entdeckt, wo Menschen gemeinsam mit diesen Affen leben – ein armseliger, offensichtlich aussterbender Stamm, der nur aus Schwachsinnigen zu bestehen scheint … Später erweist sich, dass an allem die seltsamen Affen schuld sind. Denn es sind keine gewöhnlichen Affen, sondern *Paraaffen* – Pseudoaffen, die sich von menschlichen Gedanken ernähren. Sie saugen dem Menschen den Intellekt aus und nutzen ihn so, wie wir die Energie der Sonne nutzen. Nur dass die Sonne davon keinen Schaden nimmt, die Menschen aber den Verstand verlieren und sterben. Wie Sie sehen, ein ziemlich leicht zu durchschauendes Symbol: fette, gierige, nur nach leiblichen Freuden strebende Wesen leben auf Kosten des menschlichen Intellekts und verwandeln aktiv Geistiges in Körperliches, Ideen und Gedanken in Dreck. Und bringen zudem den Träger des Verstandes um. Kleinbürger. Spießer. Pöbel …

So sah es anfänglich aus. Und den ganzen ersten Tag in Gagry befassten wir uns damit, diese Handlungssituation zu bearbeiten und auszubauen. Am zweiten Tag verzichteten wir auf die Affen. Was soll uns das alles bringen – irgendwelche Affen, eine Insel, Eingeborene … Uns interessiert die Gesellschaft! Das Sozium! Die Affen wurden definitiv zu Grabe getragen. Wozu in unser ohnedies kompliziertes Sozium auch noch Affen einbauen? Und außerdem druckt das ja keiner, niemals …

(Von der Affenvariante blieb fortan nur ein kleines Ritual übrig, das uns von Zeit zu Zeit sehr erheiterte: Wenn wir Überlegungen zu einem neuen Sujet anstellten und die Arbeit überhaupt nicht vorangehen wollte, setzte garantiert einer von uns eine bedeutungsvolle Miene auf und schlug folgende Variante vor: »Und dann geraten sie auf eine Insel …«, und der andere fiel sofort ein: »… und da sind so Affen … sonderbare Affen!«)

Also weder Affen noch Insel. Schließlich kann man einen Staat mit nicht näher bestimmter Gesellschaftsordnung nehmen. Dort gibt es keine Affen, sondern eine parallele Evolution! Den *Schatten des Eiweißlebens* auf der Erde. Es existiert nämlich seit unvordenklichen Zeiten auf der Erde ein paralleler Typus von Lebewesen, die keine eigene Form besitzen. Es handelt sich dabei, wie wir in unserem Tagebuch festhielten, um ein *Mimikroid-Protoplasma,* das in die Lebewesen eindringt und sich von ihren Säften ernährt. Es hat seinerzeit schon die Trilobiten vernichtet. Dann die Dinosaurier. Dann hat dieses schreckliche Mimikroid-Protoplasma die Neandertaler überfallen. Das war schwieriger, die Neandertaler hatten schon Anfänge von Verstand, mit ihnen hatte es schwerer zu kämpfen, doch auch die Neandertaler sind bekanntlich aus der Evolution ausgeschert – natürlich vom Protoplasma vernichtet … Und jetzt vermehrt sich dieses Protoplasma massenhaft in Menschen, in unsereinem. Bemerkenswert ist, dass sich ein vom Protoplasma in Besitz genommener Mensch in seinen Lebensäußerungen eigentlich nicht verändert. Er scheint derselbe zu bleiben – nur dass er aufhört, sich für geistige Fragen jeglicher Art zu interessieren. Ihm bleibt nur das Materielle – fressen, saufen, vögeln, gaffen … Was also hindert das Protoplasma daran, die ganze Welt in Besitz zu nehmen? Es ist so: Wenn der Mensch angestrengt nachdenkt, kann das Protoplasma dem nicht standhalten und beginnt sich zu zersetzen, stirbt ab und fließt als ekelhafte, rasch verdunstende saure Flüssigkeit ab …

Derlei wenig appetitliche Bilder standen uns also damals vor Augen. Wie man unschwer erkennt, gab es sowohl eine gesellschaftliche Symbolik und Konzeption, als auch eine für die damalige Zeit neue Handlungssituation. Es war alles da … Und es kam nichts dabei heraus. Ich weiß heute nicht mehr (oder ich erinnere mich nicht), warum. Es lief nicht. Es klemmte. Wieder klemmte es, wie es uns auch schon vier Jahre zuvor ergangen war, als wir am »Fluchtversuch« arbeiteten. Wieder waren wir in einer Sackgasse, und abermals spürten wir Panik – so als bekäme Don Juan plötzlich von einem Arzt mitgeteilt: »Das war's, mein Herr. Tut mir leid, aber Sie können's vergessen. Und zwar für immer.«

Panisch begannen wir in unseren Notizen zu blättern, wo wir wie alle anständigen jungen Schriftsteller eine Unmenge von Sujets, Ideen und Situationen gesammelt hatten. Und bei einer dieser Situationen, die uns seit langem lockte, blieben wir. Stellen Sie sich vor, auf einem Planeten leben zwei Arten vernunftbegabter Lebewesen. Und zwischen ihnen herrscht ein Kampf ums Überleben, ein Krieg. Aber kein Krieg mit technischen Mitteln, wie er dem Erdenmenschen bekannt und vertraut ist, sondern ein biologischer, der für einen außenstehenden, irdischen Beobachter gar nicht wie Krieg aussieht. Die Kriegshandlungen auf dem Planeten werden von einem Erdenmenschen als eine, sagen wir, den Physikern noch unerklärliche Verdichtung der Atmosphäre wahrgenommen, wenn nicht überhaupt als eine Art schöpferische Tätigkeit des fremden Intellekts. Jedenfalls nicht als Krieg. Im Tagebuch werden einige Methoden der Kriegsführung aufgezählt: »Versumpfung, Dschungelbildung, auch Verkalkung (Verteidigungsmethode); direkte Vergiftung durch Krankheiten: Viren, Bakterien; Schwächung der Erbmasse durch mutagene Viren; Vernichtung [alter] und Einführung neuer Instinkte; Viren, die die Männer unfruchtbar machen …« Die Erdenmenschen kommen und finden sich – oje! – inmitten eines solchen Durcheinanders wieder, dass es unmöglich ist, jemandes zielgerichtete Handlungen von den krampfhaften Bewegungen der blinden Natur zu unterscheiden.

Einige Jahre zuvor hatten wir so ein Sujet für attraktiv und vielversprechend gehalten, und jetzt, im Zustand der Panik und der Verzweiflung, beschlossen wir, es damit zu versuchen. Wir setzten uns, wie ich mich erinnere, an den Strand, und vom eisigen Märzwind umweht, von der schon milden Märzsonne gewärmt, begannen wir aufmerksam und vorsichtig die Situation zu entwickeln …

… Die Pandora. Natürlich, der Planet musste die Pandora sein. Der schon lange zuvor von uns erdachte, seltsame und wilde Planet, wo seltsame und gefährliche Wesen lebten. Ein wunderbarer Ort für unsere Ereignisse – ein vom Dschungel bedeckter Planet, ganz von unwegsamem Wald überzogen. Aus diesem Wald ragen an manchen Stellen ähnlich den von Conan Doyle in »Die verlorene Welt« beschriebenen Mesas Amazoniens weiße Felswände auf, unbewohnte Plateaus – und genau dort errichten die Erdenmenschen ihre Stützpunkte. Sie beobachten den Planeten, praktisch ohne sich in das Leben einzumischen und sogar ohne es zu versuchen, weil die Erdenmenschen einfach nicht verstehen, was da vor sich geht. Die Dschungel führen ihr eigenes rätselhaftes Leben. Manchmal verschwinden darin Menschen, manchmal kann man sie finden, manchmal nicht. Die Pandora ist von den Erdbewohnern in eine Art Jagdreservat verwandelt worden. Damals, Mitte der sechziger Jahre, wussten wir noch nichts von Ökologie und hatten noch nie von etwas wie dem Roten Buch der Arten gehört. Deshalb war eine der am meisten verbreiteten Beschäftigungen der Menschen in unserer Zukunft die Jagd. Die Jäger kommen also auf die Pandora, um Tachorge zu schießen, erstaunliche und schreckliche Tiere … Und just auf diesem Planeten lebt schon seit Monaten Gorbowski; niemand begreift, was er hier will und wozu er seine wertvolle Zeit als Raumfahrer und Mitglied des Weltrates vergeudet.

Gorbowski ist ein alter Held von uns, in gewissem Maße das Urbild des Menschen der Zukunft, die Verkörperung von Güte und Klugheit, von Intelligenz im höchsten Sinne des Wortes. Er sitzt am Rande des riesigen Abgrundes und lässt die Beine baumeln, schaut auf den sonderbaren Wald, der sich unter ihm bis zum Horizont erstreckt, und wartet auf etwas.

In der Welt des Mittags sind alle grundlegenden sozialen und viele wissenschaftliche Probleme schon lange gelöst – das Problem menschenähnlicher Roboter bzw. Androiden, das Problem des Kontakts zu anderen Zivilisationen und natürlich das Problem der Erziehung. Der Mensch ist sorglos geworden. Er hat gleichsam den Selbsterhaltungsinstinkt verloren. Es ist der Spielende Mensch entstanden. (Damals also tauchte bei uns zum ersten Mal dieser Begriff auf – der Spielende Mensch.) Alles Notwendige wird automatisch erledigt – womit Milliarden von klugen Maschinen befasst sind. Und Milliarden von Menschen befassen sich nur mit dem, was sie wollen. Wie wir heute Schach, Volleyball oder Schiffe versenken spielen, beschäftigen sie sich mit der Wissenschaft, mit Forschungen, Raumflügen, Tiefseefahrten. So erforschen sie die Pandora – sorglos, leichthin, spielerisch, zum Vergnügen. Der Spielende Mensch …

Gorbowski hat Angst. Gorbowski argwöhnt, dass so eine Situation kein gutes Ende nehmen kann, dass die Menschheit früher oder später im Kosmos auf eine verborgene Gefahr stößt, die er sich jetzt nicht einmal vorstellen kann, und dann steht der Menschheit ein Schock bevor, eine Demütigung, eine Niederlage, der Tod – was auch immer …* Und so wandert Gorbowski mit seinem unheimlichen Gespür für das Ungewöhnliche von Planet zu Planet und sucht das *Seltsame.* Was das genau ist, weiß er selber nicht. Diese wilde und gefährliche Pandora, die die Menschen sich seit etlichen Jahrzehnten leichthin und nur zum Vergnügen erschließen, scheint ihm ein Brennpunkt verborgener Bedrohungen zu sein, auch wenn er nicht weiß, welcher. So sitzt er hier, um in dem Augenblick zur Stelle zu sein, in dem etwas passiert. Er sitzt da, um die Leute an übereilten, unbedachten Handlungen zu hindern, sie wie übermütige Kinder als »Fänger im Roggen« aufzufangen …

(Interessant ist, dass sich im Arbeitstagebuch folgende Notiz erhalten hat: »Als Gorbowski die Lage auf der Pandora überblickt, begreift er, dass hier für die Menschheit keine Gefahr besteht. Und sogleich verliert er das Interesse an dem Planeten. ›Ich will weiterfliegen, es gibt ein paar Planeten, die ich mir ansehen sollte. Zum Beispiel den Regenbogen.‹« Offensichtlich trieb uns damals noch das Problem von »Gorbowskis vorzeitigem Tod« um – ein Problem, zu dessen Lösung wir uns nie durchringen konnten.**)

Gorbowski, die Jäger, die Vorbereitungen zu einer Safari auf der Pandora – das alles geschieht auf dem Berg. Im Wald

* Die Strugatzkis haben dieses Thema – und auch das Motiv des Homo ludens, des Spielenden Menschen, aber in anderem Zusammenhang – später in ihrem Roman »Die Wellen ersticken den Wind« aufgegriffen. – *Anm. d. Übers.*

** In einem frühen Buch der Strugatzkis, »Der ferne Regenbogen«, bleibt Gorbowski angesichts einer gesamtplanetaren Katastrophe, vor der nur die auf dem Planeten Regenbogen lebenden Kinder gerettet werden können, zurück und sieht dem sicheren Tod entgegen; er tritt aber in späteren Werken der Strugatzkis, die offensichtlich auch zu einem späteren Zeitpunkt spielen, wieder auf. – *Anm. d. Übers.*

dagegen geschehen andere Dinge. Ich glaube, in einem Samisdat-Artikel des bekannten, damals in Ungnade gefallenen sowjetischen Genetikers Efroimson hatten wir den ins Auge fallenden Satz gelesen, die Menschheit könne allein durch Jungfernzeugung bestens existieren und sich entwickeln. Man nimmt eine menschliche Eizelle, und unter der Einwirkung schwachen induzierten Stroms beginnt sie sich zu teilen – nach Ablauf einer bestimmten Zeit bekommt man natürlich ein Mädchen – immer ein Mädchen, und zwar eine exakte Kopie der Mutter. Männer sind nicht notwendig. Überhaupt nicht. Und wir besiedelten unseren Wald mit mindestens drei Arten von Lebewesen: erstens die Kolonisten, eine vernunftbegabte Rasse, die einen Krieg gegen Nichthumanoide führt; zweitens die Frauen, die sich von den Kolonisten abgespalten haben, sich parthogenetisch fortpflanzen und dabei sind, ihre eigene, sehr komplizierte biologische Zivilisation aufzubauen; und schließlich die unglücklichen Bauern – Männer und Frauen –, die über den kriegerischen Handlungen einfach vergessen wurden. Sie lebten in den Dörfern vor sich hin … Als Getreide gebraucht wurde, waren sie notwendig. Dann lernte man, Getreide ohne Bauern zu züchten – und vergaß sie. Und jetzt leben sie für sich mit ihrer altertümlichen Technik, ihren altertümlichen Bräuchen, völlig abgeschnitten vom stürmisch dahinfließenden wirklichen Leben. Und in diese wabernde grüne Hölle gerät ein Mensch von der Erde. In der ursprünglichen Fassung ist das unser alter Bekannter Athos-Sidorow. Er lebt dort, vergeht vor Sehnsucht und erforscht diese Welt, ohne herauszukommen, ohne den Weg nach Hause finden zu können …

So also entstehen die ersten Skizzen des Romans, sein Skelett. Wir entwerfen die einzelnen Kapitel. Uns ist klar, dass der Roman nach folgendem Muster aufgebaut sein muss: ein Kapitel »Blick von oben, vom Berg«, ein Kapitel »Blick von unten, aus dem Wald«. Wir denken uns aus, dass die Sprache der Bauern langsam sein muss, zäh und wortreich, und dass sie allesamt unaufhörlich lügen. Aber sie lügen nicht, weil sie schlechte Menschen oder gar amoralisch wären, sondern, weil ihre Welt so eingerichtet ist, dass niemand etwas genau weiß, alles nur gerüchteweise übermittelt wird, und Gerüchte lügen fast immer … Die trägen Bauern, von allen aufgegeben, von niemandem gebraucht, werden zu einer Art Symbol für eine Menschheit, die zum Opfer des gleichgültigen Fortschritts geworden ist. Wie sich zeigt, finden wir es sehr interessant, diese Leute darzustellen, es entsteht eine Art Mitgefühl, eine Bereitschaft, mit ihnen zu leiden, ihre Kränkungen nachzufühlen …

Wir fangen an zu schreiben, ein Kapitel ums andere, ein Kapitel »Gorbowski«, ein Kapitel »Athos-Sidorow«, und allmählich beginnt sich aus der Situation selbst eine Konzeption herauszukristallisieren, die sehr wichtig ist, sehr wesentlich für uns und ganz neu: Es ist die Konzeption des Wechselverhältnisses zwischen dem Menschen und den Gesetzen der Natur/Gesellschaft. Wir wissen, dass alle unsere Bewegungen, moralische wie physische, bestimmten Gesetzen gehorchen. Wir wissen, dass jeder Mensch, der sich diesen Gesetzen entgegenzustellen versucht, früher oder später zerbrochen wird, getroffen, vernichtet, wie in Puschkins *Ehernem Reiter* Jewgeni zerbrochen wurde, weil er die Kühnheit hatte, dem Vollstrecker der Geschichte »Warte nur …« zuzurufen. Und wir wissen, dass über den Lauf der Geschichte nur der gebieten kann, der in völliger Übereinstimmung mit ihren Gesetzen handelt … Aber was soll dann ein Mensch machen, *dem ebendiese Gesetze nicht gefallen*?

Was die physikalischen Gesetze betrifft, ist es einfacher, denn wir haben uns an sie gewöhnt, uns mit ihrer Unerbittlichkeit abgefunden. Oder sie zu umgehen gelernt. Und manchmal, sie uns zunutze zu machen. Der Mensch muss fallen – aber er fliegt. Auch in den Weltraum. Er muss untergehen, lebt aber sogar auf dem Meeresgrund. Und wenn ein unnachgiebiges Naturgesetz es ihm nicht erlaubt, sich zum Beispiel entgegen der Zeitachse zu bewegen – nun ja, dann ist das sicher traurig. Aber es ist eine Tatsache, mit der er sich letzten Endes abfinden kann, und zwar ohne seinen Gefühlen allzu viel Zwang anzutun. Wir nehmen es als Tatsache, die – warum auch immer – weder unseren Stolz noch unsere Würde beeinträchtigt.

Wesentlich schwerer ist es, sich mit der unüberwindlichen Macht der historischen und gesellschaftlichen Gesetze abzufinden. Versuchen Sie sich beispielsweise vorzustellen, wie jene Menschen die Welt empfanden, die vor der Revolution *alles* waren und durch die Revolution zu einem *Nichts* wurden, Menschen, die der privilegierten Klasse angehört hatten. Von Kindheit an wussten sie, dass die Welt für sie da ist, dass Russland für keinen anderen als sie existiert und für sie alles zum Besten steht. Und plötzlich brach die Welt für sie zusammen. Plötzlich waren die sozialen Bedingungen, an die sie sich gewöhnt hatten, irgendwohin verschwunden und völlig neue entstanden, die ihnen gegenüber unerbittlich und grausam waren. Und dabei war den klugen unter diesen Menschen durchaus klar, dass die Gesellschaft sich ihren Gesetzen entsprechend weiterentwickelt hatte. Es war nicht jemandes böser Wille gewesen, der sie in den Dreck geworfen hatte, auf den untersten Boden des Lebens, sondern die blinde, unabänderliche Gesetzmäßigkeit der Geschichte. Wie sollten sie sich dazu verhalten? Wie soll sich ein Mensch zu einem Gesetz der Gesellschaft verhalten, das er für schlecht hält? Kann man die Frage überhaupt so stellen? Ein schlechtes Gesetz der Gesellschaft oder ein gutes – was soll das sein? Dass sich die Produktivkräfte unablässig entwickeln – ist das gut oder schlecht? Dass die Produktivkräfte früher oder später in Widerspruch zu den Produktionsbedingungen geraten, ist ein Gesetz der menschlichen Gesellschaft. Ist das nun gut oder schlecht? Ich erinnere mich, dass wir viel über diese Fragen diskutiert haben. Das war interessant. Und dann – sehr bald – erkannten wir, dass es im Grunde das war, worüber wir schrieben: Das Schicksal unseres Erdenmenschen, der unter die gepeinigten und dem Untergang geweihten Bauern geraten ist – dieses Schicksal enthält, wenn nicht die Antwort, so doch zumindest ebendiese Frage. Denn in unserem Roman existiert und herrscht ja eine voranschreitende Zivilisation, eben jene biologische Zivilisation der Frauen. Und es gibt Reste der früheren Art Homo sapiens, die unter dem Ansturm des »Fortschrittlichen, Progressiven« unweigerlich und notwendigerweise untergehen müssen. Wie also soll unser Erdenmensch, ein Vertreter unserer Art, der in diese Welt geraten ist, sich zu dem Bild verhalten, das sich ihm bietet? Die historische Wahrheit ist aufseiten der äußerst unangenehmen, fremdartigen, selbstzufriedenen und selbstbewussten Amazonen. Das Mitgefühl des Helden ist aber ganz und gar aufseiten der beschränkten, unwissenden, hilflosen und absurden Männer und Frauen, die ihn immerhin gerettet, gesund gepflegt, ihm eine Frau gegeben haben und eine Hütte, die ihn als einen der ihren anerkannt haben ... Was soll ein zivilisierter Mensch tun, wie soll er sich verhalten, wenn er begreift, wohin ein ihm *widerwärtiger* Fortschritt geht? Wie soll er sich zu einem Fortschritt verhalten, wenn ihm dieser zuwider ist?!

Am 6. März schrieben wir die ersten Zeilen: »Von so weit oben sah der Wald aus wie ein riesengroßer, mürber Schwamm ...« Am 20. März beendeten wir die erste Fassung. Wir schrieben schnell. Sobald der Plan in den Einzelheiten ausgearbeitet war, begannen wir sehr schnell zu schreiben. Doch da erwartete uns eine Überraschung: Als wir den letzten Punkt gesetzt hatten, stellten wir fest, dass wir etwas geschrieben hatten, das nichts taugte, nicht passte. Es wurde plötzlich klar, dass es uns gar nicht um unseren Gorbowski ging. Was hatte Gorbowski damit zu tun? Was hatte die lichte Zukunft hier verloren – noch dazu mit Problemen, die wir selber erfunden hatten? Donnerwetter! Um uns herum passiert sonst was, und wir denken uns Probleme und Aufgaben für unsere Nachfahren aus. Als ob unsere Nachfahren nicht selbst mit ihren Problemen klarkämen, wenn es soweit war … Und schon am 21. März beschlossen wir, dass der Roman so nicht bleiben konnte und wir etwas damit machen, etwas Grundlegendes. *Aber was?*

Es war klar, dass die Kapitel, die den Wald betreffen, sich eigneten. Dort war »die Situation mit der Konzeption verschmolzen«, alles war rund und schlüssig. Dieser Roman im Roman kann sogar eigenständig existieren.* Was aber den Gorbowski-Teil anging, so taugt er gar nichts. Aber nicht deshalb, weil er schlecht geschrieben gewesen wäre – nein, geschrieben war er ganz ordentlich –, sondern, weil er mit dem Werk, an dem wir gerade arbeiteten, nichts zu tun hatte. Er *interessierte* uns momentan nicht. Die Gorbowski-Kapitel mussten aus dem Text genommen und beiseitegelegt werden. Sollten sie eine Weile liegen.

(Das taten sie bis Mitte der achtziger Jahre. Zu Beginn der Perestroika, als es möglich wurde, *alles* zu drucken, als einem die Verleger jede zuvor nicht veröffentlichte Arbeit aus den Händen rissen, holten wir unseren »Gorbowski« aus dem Archiv, lasen ihn durch und stellten zu unserer großen Verwunderung fest, dass er gar nicht so übel ist! Der Text hatte die Zeit überdauert, war gut lesbar und konnte, wie uns schien, den neuen Leser durchaus interessieren … So tauchte unsere Erzählung »Unruhe« auf und begann ein eigenes Dasein.)

Die Kapitel herauszunehmen, war leicht. Schwer war es, sie angemessen zu ersetzen. Womit? Eine Antwort auf diese düstere Frage wussten wir zunächst nicht. Die Krise hatte die Hälfte des Romans hervorgebracht, war aber nicht verschwun-

* Er ist nicht nur russisch zunächst separat in einer Anthologie erschienen, sondern auch im Ausland gelegentlich einzeln übersetzt worden, so beispielsweise in der DDR für eine Anthologie, da die staatliche sowjetische Urheberrechtsagentur nur für diese Kapitel eine Lizenz erteilte. – *Anm. d. Übers.*

den, sondern hing noch immer über uns. So eine doppelte Krise (»mit mehrfachen Sprengköpfen«) hatten wir noch nicht erlebt. Aber richtige Verzweiflung stellte sich nicht mehr ein – wir waren (warum auch immer) überzeugt, dass wir mit dem Problem fertigwerden würden.

Das nächste Mal trafen wir uns Ende April. Ich erinnere mich nicht mehr, wer den grundlegenden Einfall hatte, der Inhalt und Wesen der zweiten Romanhälfte bestimmte. Im Tagebuch ist es leider nicht vermerkt. Dort fehlt auch die Formulierung der Idee. Es taucht einfach am 28. März ein Eintrag auf: »Gorbowski – Pfeffer, Athos – Sykow« Und zudem: »1. Entlaufene Maschine; 2. Rekrutierungen für eine Expedition in den Wald; 3. Versucht alle zu überreden, ihn in den Wald mitzunehmen …« Die Idee, dass wir aus dem Roman die Zukunft herausnehmen und durch die Gegenwart ersetzen mussten, erwies sich als brauchbar. Im Tagebuch tauchen neue Namen auf. Es begann die Ausarbeitung der »Pfeffer«-Linie – bereits in der Form, wie sie später umgesetzt wurde. »Kein Treffen mit dem Chef, der manchmal herauskommt, um Gymnastik zu treiben …«, »verabredet sich für morgen mit dem Fahrer«, »wartet im Laster, von dem die Räder abmontiert werden …« Etwas geschah da mit uns, etwas Wichtiges. Es entstand die Idee der »Verwaltung in Sachen Wald« – jener irrwitzigen Parodie auf jedwede staatliche Institution. Irgendwem war es in den Sinn gekommen, dass der eine phantastische Strang, der des Waldes, von einem zweiten ergänzt werden musste, der aber eher symbolisch ist. Keine Science-Fiction, sondern eben symbolisch. Ein Mensch quält sich vergebens, um aus dem Wald herauszukommen, und ein anderer – vom Typ und Charakter her ganz verschieden – unternimmt qualvolle Versuche, in den Wald zu gelangen, um herauszufinden, was dort vor sich geht.

Am 30. April taucht im Tagebuch erstmals das Wort »Verwaltung« auf, gefolgt von der »Organisationsstruktur«: Gruppe

Ausrottung, Gruppe Untersuchung, Gruppe Bewaffneter Schutz, Gruppe Wissenschaftlicher Schutz … Dann ein ausführlicher Plan für das erste Kapitel, Bruchstücke künftiger Überlegungen der Helden und schließlich eine Zeile von grundlegender Bedeutung: »Der Wald ist die Zukunft.«

Genau von da an fügte sich alles zusammen. Der Roman ist jetzt keine Science-Fiction mehr (falls er das zuvor gewesen war) – er wird einfach phantastisch, grotesk, symbolisch – wie Sie wollen. Alles erhielt einen verborgenen Sinn, jede Szene füllte sich mit neuem Inhalt. Was ist der Wald? Der Wald ist die Zukunft. Über die wir nichts wissen. Über die wir nur spekulieren können – in der Regel ohne Grundlage –, von der wir nur bruchstückhafte Vorstellungen haben, die unter der Lupe einer halbwegs eingehenden Analyse leicht zerfallen. Von der Zukunft wissen wir, wenn wir ehrlich sind, ziemlich sicher nur eins: dass sie mit keiner unserer Vorstellungen auch nur im Geringsten übereinstimmt. Wir wissen nicht einmal, ob die Welt der Zukunft gut oder schlecht sein wird. Diese Frage können wir prinzipiell nicht beantworten, weil uns die Zukunft höchstwahrscheinlich grenzenlos fremd sein wird. Sie wird so stark von all unseren Vorstellungen abweichen, dass Begriffe wie »gut«, »schlecht«, »einigermaßen«, »ganz ordentlich« sich nicht auf sie anwenden lassen werden. Sie wird einfach fremdartig und mit nichts vergleichbar sein – wie die Welt einer heutigen Megapolis aus der Sicht eines Kannibalen von der Insel Malait. Ohne Vergleich und ohne Bezug.

Jener »Wald«, den wir schon geschrieben hatten, fügte sich hervorragend in diese Konzeption ein. Warum sich nicht vorstellen, dass die Menschheit in ferner Zukunft mit der Natur verschmilzt, zu einem erheblichen Teil in ihr aufgeht? Der Mensch hört auf, Mensch im gegenwärtigen Sinne des Wortes zu sein. Dazu braucht es gar nicht so viel. Deformieren Sie beim Homo sapiens einen einzigen Instinkt – den Fortpflanzungsinstinkt. Dieser Instinkt gründet sich auf die Heterosexualität, die Zweigeschlechtlichkeit der Art. Nehmen Sie eins der Geschlechter weg – und Sie erhalten völlig neue Wesen. Diese Wesen ähneln den Menschen, sind aber keine Menschen mehr. Sie werden andere, uns fremde moralische Prinzipien haben, andere Vorstellungen, was man soll und was man darf, letzten Endes einen anderen Sinn des Lebens … Also hatten wir nicht einen Monat lang umsonst geschrieben! Wir hatten ein völlig neues Modell der Zukunft entworfen! Und zwar nicht nur eine hypothetische Struktur. Keine erstarrt stabile Welt in der Art von Aldous Huxley oder, sagen wir, Orwell. Nein, es war eine Welt in Bewegung, eine Welt, die noch nicht aufgehört hat sich zu formen, eine Welt, die sich immer noch bildet. Und dabei sind in ihr Reste der Vergangenheit übrig geblieben, die ihr eigenes Leben führen, uns psychologisch nahestehen, die gleichsam das ethische Koordinatensystem vorgeben …

Aus diesem Blickwinkel sah die noch nicht geschriebene Welt der Verwaltung völlig anders aus. Was ist die Verwaltung in unserem neuen, symbolischen Schema? Ganz einfach – sie ist die Gegenwart! Die Gegenwart mit all ihrem Chaos, all ihrer Hirnlosigkeit – und mit der Gewitztheit aus Erfahrung, die erstaunlicherweise gleichzeitig existiert. Die Gegenwart, voller menschlicher Fehler und Irrtümer, durchsetzt vom verknöcherten System gewohnter Unmenschlichkeit. Es ist eben die Gegenwart, in der die Menschen unablässig an die Zukunft denken, für die Zukunft leben, Losungen zum Ruhme der Zukunft verkünden und gleichzeitig diese Zukunft beschmutzen, diese Zukunft ausrotten, auf alle mögliche Art ihre Keime vernichten, danach streben, diese Zukunft in einen asphaltierten Parkplatz zu verwandeln; es ist die Gegenwart, in der sie den Wald, ihre Zukunft, in einen englischen Park mit geschnittenem Rasen verwandeln wollen, damit sich die Zukunft nicht so ausformt, wie sie sein kann, sondern so, wie wir sie heute sehen möchten …

Es ist interessant, dass dieser glückliche Einfall, der es uns erlaubte, den Handlungsstrang der »Verwaltung« zu schreiben, und der den Roman als Ganzes in ein völlig neues Licht tauchte, sich der Masse der Leser nicht erschloss. An den Fingern einer Hand kann man die Leute abzählen, die die Absicht der Autoren vollends verstanden haben. Dabei hatten wir im ganzen Roman Andeutungen verteilt, die unsere Symbolik entschlüsselten. Man sollte meinen, allein die Mottos genügten dazu: die Zukunft als Waldesschlucht, die Zukunft – ein Wald. Sie ist genauso offen wie ein Wald, doch du kannst nichts machen – die Zukunft ist schon erschaffen … Und die Schnecke, die hartnäckig zum Gipfel des Fuji kriecht, ist ja auch ein Symbol für die Bewegung des Menschen zur Zukunft hin – einer sehr langsamen, mühseligen, aber unablässigen Bewegung zu unbekannten Höhen …

So stellt sich die Frage: Müssen wir Autoren es als Niederlage betrachten, dass die Idee, die uns geholfen hat, den Roman gehaltvoll und vieldimensional zu machen, dem Leser im Grunde nicht verständlich ist? Ich weiß nicht. Ich weiß nur, dass es viele Deutungen der »Schnecke« gibt, wobei viele davon durchaus konsistent sind und dem Text in keiner Weise widersprechen. Vielleicht ist es auch gerade gut, dass die »Schnecke« bei verschiedenen Leuten unterschiedlichste Vorstellungen hervorruft? Und vielleicht hat man, je mehr Perspektiven es gibt, umso mehr Gründe, das Werk für gelungen zu halten? Schließlich wurde das Original des Bildes »Die Heldentat des Waldläufers Selivan« vernichtet, da es »ein Kunstwerk ist, das keine zweifache Interpretation zulässt«. Vielleicht besteht die einzige Möglichkeit für ein Kunstwerk zu überdauern gerade darin, nicht eine, sondern viele Deutungsmöglichkeiten zu haben?

Übrigens hat der »Schnecke« die Vielfalt ihrer Deutungsmöglichkeiten wenig geholfen. Vernichtet wurde sie nicht gerade, doch sie war viele Jahre lang verbotene Lektüre. Im

Mai 1968 widmete ein gewisser W. Alexandrow (offensichtlich ein Mann von titanischen Geistesgaben) in der Parteizeitung *Prawda Burjatiens* der »Schnecke« bemerkenswerte Zeilen (ich zitiere mit einigen Kürzungen, die den Sinn der Schmähschrift nicht im Geringsten verändern):

> … Die Autoren sagen nicht, in welchem Land die Handlung spielt, sie sagen nicht, welche Formation die von ihnen geschilderte Gesellschaft hat. Aber im ganzen Aufbau der Erzählung, an den Ereignissen und Überlegungen, die im Roman auftreten, wird deutlich sichtbar, wen sie meinen. Die phantastische Gesellschaft […] ist ein Konglomerat von Menschen, die im Chaos leben, in Unordnung, die mit ziellosen, niemandem nützenden Arbeiten beschäftigt sind und dumme Gesetze und Direktiven befolgen. Es herrschen Angst, Misstrauen, Speichelleckerei und Bürokratie …

Unwillkürlich fragt man sich: War der Verfasser dieser kritischen Bemerkung vielleicht ein verkappter Dissident, der sich in ein Parteiorgan eingeschlichen hatte, um unter respektablem Vorwand die allergerechteste und humanste sowjetische Staatsform mit Schmutz zu bewerfen? Freilich war das nur der erste (wenn auch dümmste) in einer ganzen Reihe von Verrissen der »Schnecke«. Die Folge war, dass der Roman erst in neuerer Zeit, 1988, vollständig und in seiner richtigen Form auf Russisch publiziert wurde. Seinerzeit aber, Ende der sechziger Jahre, wurde die Ausgabe der Zeitschrift *Baikal*, wo der »Verwaltungs«-Teil erschienen war (mit hervorragenden Illustrationen von Sewer Gansowski!), aus den Bibliotheken entfernt und in die Giftschränke gelegt. Diese Publikation wurde im Samisdat weiterverbreitet, geriet in den Westen und erschien im Frankfurter Verlag *Possev*. In der Folge bekamen Leute, bei denen die »Schnecke« bei Hausdurchsuchungen gefunden wurde, Schwierigkeiten – mindestens im Beruf.

Die Autoren selbst liebten beide ihren Roman – mehr noch, sie achteten ihn und hielten ihn für ihr vollkommenstes und bedeutsamstes Werk. In Russland (der UdSSR) blieb die Gesamtauflage des Romans aus verständlichen Gründen relativ gering – etwa 1,2 Millionen Exemplare –, im Ausland aber wird die »Schnecke« gern verlegt: siebenundzwanzig Ausgaben in fünfzehn Ländern* sind ein sicherer dritter Platz hinter »Picknick am Wegesrand« und »Es ist schwer, ein Gott zu sein«.

Die zweite Invasion der Marsmenschen

Ich glaube, bei keinem anderen Werk der Strugatzkis ist ihnen das Schreiben so leichtgefallen und hat so viel Spaß gemacht. Die Idee einer Invasion von Marsianern (und überhaupt von Außerirdischen) auf der Erde der Gegenwart hatte die Autoren seit langem interessiert. So war die Idee etwa schon in den »Gierigen Dingen des Jahrhunderts« kurz aufgetaucht: Dort sagt sich Shilin in düsterer Stimmung, dass die Wells'schen Marsianer heutzutage weder einen Hitzestrahl noch Giftgas bräuchten: Es würde genügen, der Menschheit ein illusorisches Dasein anzubieten, denn sie sei längst reif, unverzüglich und bereitwillig in eine virtuelle Realität einzutauchen. Der Gedanke, dass die heutige Menschheit zum überwiegenden Teil verdammt konformistisch eingestellt ist und ihr Begriffe wie *Ziel, Sinn* und *Bestimmung* in Bezug auf die Gesamtheit der Menschen ganz und gar abgehen – dieser Gedanke führte zwangsläufig zu folgendem Sujetzug: Man braucht die Menschheit nicht zu erobern, man kann sie ohne besondere Mühe einfach kaufen.

Die Erzählung wurde im April 1966 begonnen und vollendet, wobei sich die Rohfassung als so gelungen erwies, dass keine nennenswerten Kürzungen, Korrekturen und Ergän-

* Die Zahlen sind ungefähr der Stand des Jahres 2000. – *Anm. d. Übers.*

zungen notwendig waren. Die Erzählung formte sich auf Anhieb – ein sehr seltener Fall in unserer Praxis!

Unsere Freunde und Bekannten nahmen sie ziemlich kühl auf, die offizielle Kritik zerpflückte sie – vor allem, weil die Autoren es wagten, Worte wie »Patriotismus«, »Orden«, »Veteran«, die uns doch allen heilig sind, Spießbürgern und sonstigen negativen Figuren in den Mund zu legen. Die Autoren selbst liebten die Erzählung trotz allem von Anfang an innig – ohne sie zu begreifen! Wir hatten die Hauptsache nicht verstanden: Gibt es denn nun eigentlich solche Begriffe wie *Ziel, Sinn* und *Bestimmung* in Bezug auf die Gesamtheit der Menschen? Und die damit verkoppelten Begriffe »Ehre«, »Würde« und »Stolz« – abermals im allgemeinmenschlichen, und wenn man so will, sogar im kosmischen Sinne? Oder gibt es sie nicht? Jeder einzelne Mensch kann natürlich sein »Erstgeburtsrecht« gegen ein Linsengericht eintauschen. Und die Menschheit als Ganzes? Kann sie das oder nicht? Und wenn sie es kann: Ist es zulässig oder im Gegenteil schändlich und beschämend? Und wer hat nun wirklich in unserer Erzählung Recht: der alte, erfahrene, nicht übermäßig kluge Gymnasiallehrer für Astronomie oder sein hochtrabend-intellektueller Schwiegersohn?

Diese Frage haben wir für uns selbst niemals zu beantworten vermocht.

Die Last des Bösen

Zum ersten Mal begannen wir schon im Oktober 1981 über diesen Roman nachzudenken. Damals waren wir zusammen mit den Brüdern Wainer* auf eine seltsame, ja geradezu ab-

* Die Brüder Arkadi und Georgi Wainer gehörten zu den bekanntesten sowjetischen Krimi-Autoren, viele ihrer Romane sind auch auf Deutsch erschienen. – *Anm. d. Übers.*

surde Idee gekommen, die uns allerdings vielversprechend erschien: gemeinsam einen phantastischen Krimi zu schreiben, sozusagen »vierköpfig«. Der Krimi sollte aus zwei Teilen bestehen – »Verbrechen« und logischerweise »Strafe« (also »Schuld und Sühne«). Im Teil »Verbrechen« (Arbeitstitel »Der Seelenfänger«) sollte eine ganz und gar phantastische und sogar mystische Situation geschildert werden: wie in irgendeinem Bezirkszentrum in der tiefsten russischen Provinz ein Bleicher Mann (BM), den niemand kennt, umhergeht und lebende Menschenseelen aufkauft. Niemand weiß (oder will auch nur wissen), was das zu bedeuten hat – eine »lebende Menschenseele« – und was man im letzten Viertel des zwanzigsten Jahrhunderts darunter verstehen soll. Diesen Teil des Krimis sollten die Strugatzkis, als Spezialisten fürs Mystisch-Phantastische, schreiben. Den Brüdern Wainer fiel bei dieser Aufteilung der Teil »Strafe« zu: Die Miliz fängt den Bleichen Mann, und die zuständigen Organe eröffnen ein Kriminalverfahren gegen ihn. Was das für ein Kriminalverfahren wäre, wessen man den »Seelenfänger« eigentlich beschuldigen und nach welchem Artikel des Strafgesetzbuches der RSFSR man ihn verurteilen könnte, war keinem der Koautoren klar, und darum entwickelten die Wainers für all diese mystisch-juristischen Probleme lebhaftes professionelles Interesse.

Im November 1981 erfanden wir dann Sergej Kornejewitsch Manochin, den Astronomen (Interessengebiet: Theorie der Doppel- und Mehrfachobjekte im Weltall), das kleine bleiche Männchen Ahasver Kusmitsch Prudkow – den rätselhaften »Seelenfänger« – und den Schauplatz: die Stadt Taschlinsk, eine entfernte Entsprechung jener Bezirksstadt Taschla (im Orenburger Gebiet), wohin beide Strugatzkis 1942/43 evakuiert worden waren. Und zahlreiche Definitionen der Seele wurden auf Vorrat notiert, ein Entwurf für einen Mustervertrag entworfen, mit dem man Ahasver Lukitsch seine Seele überschrieb (»eine besondere immaterielle Substanz, die unabhängig vom Körper existiert«, wie sie das Große Sowjetwörterbuch definiert). Und vieles mehr wurde vorbereitet, um an die Niederschrift des Teils »Verbrechen« alias »Der Seelenfänger« zu gehen. Genau genommen, stellten wir damals einen detaillierten Plan des Romans bis zu der Stelle auf, wo die Miliz Ahasver Kusmitsch abholte. Aber da wurde die Arbeit am »Seelenfänger« unterbrochen – wir wandten uns dem »Lahmen Schicksal« zu.

Anhand der Aufzeichnungen im Tagebuch lässt sich nicht feststellen, wann unser »Bund der Vier« schließlich auseinanderfiel. Eine Zeit lang tauchen im Tagebuch noch Notizen auf, die anscheinend für den »Seelenfänger« bestimmt waren, später aber im »Lahmen Schicksal« verwendet wurden. Zum Beispiel: »Manochin hat so eine Angewohnheit – er verpasst allen Leuten, wo er geht und steht, Spitznamen (natürlich in Gedanken). ›Allunionsdrops‹. Was noch? ›Sanduhr‹ …« Dann aber konzentrieren wir uns voll und ganz auf das »Lahme Schicksal«, schreiben es und schließen es ab, nehmen uns die »Wellen« vor, schreiben sie von Anfang bis Ende, und dann beginnen und beenden wir das Szenarium »Fünf Löffel Elixier«. Erst im Februar 1985 taucht Ahasver Kusmitsch wieder in unseren Arbeitsnotizen auf.

Zu dieser Zeit sind vom »Bund der Vier« nur noch ein paar Schreibmaschinenseiten eines »Vier-Mächte-Protokolls« geblieben, dazu angenehme Erinnerungen an zwei, drei Treffen (zu verschiedenen Zeiten und in verschiedener Zusammensetzung) und vage Erinnerungen an die Eruptionen von Ideen während dieser bemerkenswerten Treffen. Die Strugatzkis blättern mit Vergnügen in dem Protokoll, lesen die vier Jahre alten Tagebuchnotizen durch, das Sujet vom »Seelenfänger« ist ihnen immer noch sympathisch. Aber nun, da die Idee des phantastischen Krimis endgültig ad acta gelegt ist, wittern sie in der Idee mehr als nur die Geschichte von einem dicklichen Mephistopheles am Ende des zwanzigsten Jahrhunderts.

Während eines Treffens in Moskau, das am 15. Februar 1985 beginnt, erörtern sie einen völlig neuen Ansatz: Was würde aus der Menschheit, wenn sie plötzlich das Gefühl der Angst verlöre? Vorzüge und Nachteile der Angst. Die Definition der Angst … Wie Angst entsteht … Einzelne Sätze:

> Die Begleiter des Teufels sind Sterbliche, aber furchtlos wie Unsterbliche …
> Der Antichrist. Ein Versuch. Oder er hat einem Engel nachgegeben, der glaubt, alles menschliche Unglück rühre von der Furcht her …
> Die Geschichte von Ahasver Kusmitsch, dem Seelenaufkäufer, hier mit einbauen? Der Anfang: Christus und der soeben ernannte Antichrist stehen auf dem Dach eines soeben erbauten Hochhauses und unterhalten sich. Der Antichrist ist ein Mensch, dem Christus die Menschheit überantwortet.

Sogar die folgende Idee kommt auf und wird durchdacht: »… die Geschichte zum dritten Buch von ›Der Montag fängt am Samstag an‹ machen …«* Es sind zwanzig Jahre vergangen, und in Solowez ist ein Wolkenkratzer errichtet worden; alle Ereignisse werden aus der Sicht des Sohnes von Sascha Priwalow dargestellt – er ist modern, praktisch bis zum Zynismus, hat aber dennoch nach dem Studium an der Moskauer Universität eine »magische« Karriere eingeschlagen (ganz gegen den Wunsch seines Vaters). Das Forschungsinstitut ist nicht mehr, was es einmal war: »Schlepper« tragen alles weg,

* Der Roman »Der Montag fängt am Samstag an« (1965) spielt in einer sowjetischen Kleinstadt, in der Zauberei mit wissenschaftlichen Methoden erforscht und betrieben wird. Die Strugatzkis hatten mit »Das Märchen von der Troika« bereits eine Fortsetzung veröffentlicht (1968 und 1987 in zwei sehr unterschiedlichen Versionen). – *Anm. d. Übers.*

was nicht niet- und nagelfest ist, es gedeiht das Prinzip »Eine Hand wäscht die andere«, für Cristóbal Junta arbeiten nur noch Zombies und launische Gespenster, bei Edik Amperjan ist der Taschen-Remoralisator ständig in Betrieb, und Junta hat für seine Bedürfnisse einen riesigen, stationären … Und unter diesen Bedingungen, die dem Ernstfall nahekommen, führt Cristóbal Joséwitsch im Zusammenwirken mit Ahasver Kusmitsch ein Experiment zur »Entfurchtung« des wissenschaftlichen Mitarbeiterstabs durch. Dabei kommt ein merkwürdiger Umstand zutage: Das Erste, was die »Entfurchteten« tun, ist, überhaupt nicht mehr zu arbeiten … Und die resümierende Notiz vom 17.2.85: »Die Erkenntnis, ungeheuer weit und hoffnungslos hinter dem Weltniveau zurückzubleiben – in jeder Hinsicht«, »Es gibt keine Sieger und keine Besiegten – alles ist beschissen, alle sind unglücklich, alle unzufrieden …« (Ziemlich symptomatische Sichtweisen am Ende der Stagnationszeit, nicht wahr? Dies denen zur Kenntnis, die sich heute mit so viel hysterischer Nostalgie nach der alten Zeit sehnen, als die Wurst zwei Rubel zwanzig kostete.)

Das war nicht die erste Idee zu einer Fortsetzung des »Montag«, aber auch diese wurde verworfen. Das ganze Jahr 1985 über tauchen im Tagebuch Einträge auf, die zeigen, dass sich die Strugatzkis allmählich der endgültigen Formulierung ihrer neuen literarischen Aufgabe näherten:

> »Man braucht nur an irgendeiner schlechten Eigenschaft des Menschen zu kratzen, und zum Vorschein kommt ihre Grundlage – die Furcht.« S. Solowejtschik (*Nowy Mir*, 3, 1985)
>
> Gründliche Vorbereitung zum Jüngsten Gericht … Der Held wird als Sekretär und Übersetzer eingestellt, man verspricht ihm die Erfüllung eines Wunsches – eine Änderung der Naturgesetze. Er tritt für die Menschheit ein, und man

schlägt ihm vor, »für ihre Sünden zu büßen« … Die Geschichte eines neuen Christus …
Gericht über die Menschheit. Es werden Fälle aus dem Leben untersucht: Gemeinheit, niedrige Gesinnung, Eigennutz, geistige Armut. U. a. seltsame Geschichten aus dem Leben der Japaner, der Bewohner Neuguineas (Kannibalen) usw. – andere Moral, andere Normen.
Die Namen des Demiurgen: Töpfer, Schmied, Weber, Zimmermann … Hephaistos, Gu, Ilmarinen, Chnum, Ptah, Jahwe, Mulungu, Morimo, Mukuru …

Und schließlich:

»… bei den Gnostikern gilt der Demiurg als das schöpferische Prinzip, als der Ursprung der Materie, auf der das Böse lastet.« (J. M. Meletinski: Der Mythos. Wörterbuch, Bd. 1, S. 366)
Titelvariante: »Die Last des Bösen«.

Jetzt war uns ein Handlungsstrang des Romans vollends bewusst geworden, und wir begannen, ihn aktiv zu entwickeln und sogar (beginnend am 25. Januar 1986 in Leningrad) niederzuschreiben. Es ist die Geschichte von der zweiten (verheißenen) Ankunft Jesu Christi auf der Erde. Er ist zurückgekehrt, um zu erfahren, was die Menschheit in den zweitausend Jahren erreicht hat, seit Er ihr seine Wahrheit geschenkt und mit dem Märtyrertod ihre Sünden auf sich genommen hat. Und Er sieht, dass *nichts* Wesentliches geschehen ist, alles ist geblieben, wie es war. Nicht einmal kleinste Fortschritte sind zu sehen, und Er beginnt alles von vorn, noch ohne zu wissen, was er tun und wie er vorgehen wird, um das Böse auszubrennen, das die lebendige, vernunftbegabte Materie durchsetzt hat, die er selbst vor vielen Jahrtausenden erschaffen und so liebevoll verwoben) hat.

Der Jesus-Demiurg hat überhaupt keine Ähnlichkeit mit jenem, der im alten Jerusalem den Tod am Kreuz erlitt – es sind zweitausend Jahre vergangen, er hat Hunderte von Welten durchwandert, Hunderttausende von Heilstaten vollbracht, und es haben Millionen von Ereignissen stattgefunden, von denen jedes einzelne Narben hinterlassen hat. Alles Mögliche hat Er durchmachen müssen, es sind Ihm Dinge widerfahren, die schrecklicher waren als eine primitive Kreuzigung. Er ist schrecklich geworden und hässlich. Er ist nicht wiederzuerkennen. (Ein Umstand, der viele von unseren Lesern in die Irre geführt hat: Die einen sind ungehalten, weil sie unseren Demiurgen für eine misslungene Kopie von Bulgakows Voland halten*, andere werfen den Autoren schlankweg und unbekümmert Satanismus vor, dabei ist unser Demiurg in Wahrheit Jesus Christus zweitausend Jahre später. Wahrlich, »er kam zu den Seinen, und die Seinen nahmen ihn nicht auf«.**)

Jetzt habe ich beim Durchblättern der Arbeitstagebücher entdeckt, dass ich völlig vergessen hatte, wie wir diesen Roman geschrieben haben! Wie sich zeigt, schrieben wir zunächst den einen Handlungsstrang fast (oder vielleicht ganz) zu Ende – die Geschichte um Manochin, Ahasver und den Demiurgen. Dann kamen wir auf die Idee mit dem verdienten Lehrer der Stadt Taschlinsk, G.A. Nossow, mit seiner traurigen Geschichte eines modernen Jeschua Ha-Nozri.*** Erst am 27. Februar 1987 erscheint im Tagebuch der Eintrag:

* Vgl. Anmerkung zu S. 391. – *Anm. d. Übers.*

** Evangelium des Johannes, 1, 11, in der russisch-orthodoxen Fassung. Bei Luther heißt die Stelle: »Er kam in sein Eigentum; und die Seinen nahmen ihn nicht auf.« – *Anm. d. Übers.*

*** Diese hebräische Namensform hat Jesus von Nazareth in Michail Bulgakows Roman »Der Meister und Margarita«. Vgl. Anmerkung zu S. 391. – *Anm. d. Übers.*

»40 Jahre später«. Ein Lehrer, der die Rechte von Leuten verficht, die leben, wie es ihnen gefällt, und dabei niemandem schaden. Die Gesellschaft hasst ihn. Die Schüler verlassen ihn, die Eltern drohen ihm, ebenso der Direktor, die Bezirksabteilung für Volksbildung, die Akademie der Pädagogischen Wissenschaften. Die Welt des Jahres 20??.

Und schon Mitte März waren alle grundlegenden Entscheidungen gefallen: Die Geschichte des Demiurgen ist ein Manuskript Manochins, »das der Autor von seinem Lehrer erhalten hat, nachdem es beim Abriss des alten Wohnheims beim Observatorium gefunden wurde«. »Alle, die sich um eine Stelle als Apostel [des Demiurgen, den wir ab und zu auch noch den Schrecklichen Jeschua nennen] bewerben, schlagen vor, die Menschheit mittels Amputation zu verbessern«; der Demiurg sucht den Großen Therapeuten – aber »sie sind allesamt Chirurgen oder Knocheneinrenker, kein einziger Therapeut darunter« (eine Paraphrase der Worte des sterbenden Jesuitengenerals aus dem »Vicomte de Bragelonne«*); die Geschichte von Kampf und Untergang des Wahren Lehrers wird zum roten Faden des neuen Romans … Diese neue und endgültige Version des Romans beginnen wir Ende April 1987 zu schreiben, und den letzten Punkt in der Reinschrift setzen wir am 18. März 1988.

Es war der letzte Roman der Strugatzkis und der komplizierteste von allen – vielleicht sogar zu kompliziert –, der ungewöhnlichste und sicherlich der am wenigsten populäre. Die Autoren selbst zählten ihn zu ihren besten – zu viele seelische Anstrengungen, zu viele Überlegungen, Diskussionen und besonders liebgewonnene Ideen hatten sie in »Die Last des Bösen« investiert, als dass sie anders davon denken konnten. Hier fand sich unsere seit Jahren gehegte Lieblingsidee

* »Der Vicomte de Bragelonne« ist der letzte Band der Musketier-Trilogie von Alexandre Dumas. – *Anm. d. Übers.*

von dem *Lehrer*: Zum ersten Mal hatten wir versucht, diesen Menschen sozusagen »nach dem Leben« zu zeichnen, und waren mit dem Ergebnis zufrieden. Hier hatten wir unseren alten, seit Jahren gehegten Traum, einen historischen Roman zu schreiben – in der Art von Lion Feuchtwanger und von der Position eines Menschen aus, der partout nicht an die Existenz einer objektiven, verlässlichen historischen Wahrheit glauben will. (»Das war alles anders, ganz anders.«) Hier gab es sogar den Versuch einer vorsichtigen Prognose für die nächsten vierzig Jahre – mochte sie auch von vornherein zum Scheitern verurteilt sein. Denn nichts ist schwerer, als vorherzusagen, was uns im Laufe eines Menschenlebens erwartet (das ist etwas anderes, als Prognosen für die Zeit in fünfhundert oder noch besser tausend Jahren aufzustellen).

Es ist interessant, heute, von der Warte des ausgehenden 20. Jahrhunderts*, diese prognostischen Übungen der Autoren zu betrachten, die sich nach Kräften bemühten, ein glaubwürdiges und möglichst gehaltvolles Bild vom russischen Leben im dritten Jahrzehnt des einundzwanzigsten Jahrhunderts zu zeichnen. Das Bild entstand, als die Perestroika schon in vollem Gange war, als uns klarwurde, dass erhebliche Veränderungen unausweichlich waren und bald eintreten würden; doch wir konnten nicht ahnen, *wie* radikal sie sein würden. In heutigen Begriffen gesprochen, nahmen wir an, Russland (und meinten damit die UdSSR) werde den »chinesischen Weg« einschlagen: eine allmähliche, sehr langsame Liberalisierung der Wirtschaft unter der wachsamen Kontrolle einer etwas reformierten, aber immer noch allmächtigen kommunistischen Partei. Radikalere Veränderungen konnte man sich natürlich ohne weiteres vorstellen – sowohl die Spaltung der Partei als auch den Zerfall der UdSSR, sogar

* Boris Strugatzkis Kommentar stammt aus den späten neunziger Jahren. – *Anm. d. Übers.*

einen Bürgerkrieg –, doch instinktiv glaubten wir einfach nicht an scharfe historische Brüche. Solche Brüche erschienen uns möglich, aber äußerst unwahrscheinlich, und für ganz besonders unwahrscheinlich hielten wir immer, dass die mächtige Staatsmaschinerie, die über Jahrzehnte hinweg aufgebaut worden war, in einem einzigen Augenblick (in historischem Maßstab) zusammenbrechen würde. Zwar hatte sie schon mächtig Rost angesetzt, zeigte Ausfälle und hatte keinerlei Perspektive mehr, aber sie war noch durchaus und auf das Widerwärtigste selbstgenügsam und lebensfähig.

Die Welt, wie wir sie uns »vierzig Jahre danach« vorstellen, unterscheidet sich von der heutigen wesentlich: Sie ist sehr viel stabiler, ruhiger, satter und selbstzufriedener. Sie ist weniger frei, doch ihr totalitärer Charakter sticht nicht ins Auge – die Perestroika ist nicht spurlos an ihr vorübergegangen. Das Stadtkomitee der Partei ist nach wie vor die Autorität Nummer eins, doch sein Einfluss ist im Vergleich zu den Stagnationsjahren wesentlich milder und geläutert. Das ist das heutige China, vielleicht ein wenig anziehender und wohlbestellter als das China Ende der neunziger Jahre, aber keinesfalls unser heutiges Russland, das auf dem ausgetretenen Weg der postindustriellen Zivilisation viel weiter fortgeschritten ist und für diesen Fortschritt teuer bezahlt hat.

Kurzum: Unser Versuch einer mittelfristigen Prognose ist wohl eher misslungen. Doch manchmal, wenn ich die heutigen Ereignisse betrachte – unser schreckliches, verhängnisvolles, knechtisches Streben nach Stabilität um jeden Preis, nach der berüchtigten »Ordnung«, der »starken Hand und dem eisernen Besen« – wenn ich all das betrachte, denke ich ohne jede Befriedigung: Verdammt, vielleicht haben die Strugatzkis sich in den Einzelheiten geirrt, aber das Endergebnis doch richtig erraten? Denn wer kann garantieren, dass wir im Laufe der nächsten Generation das Stadtkomitee der Partei nicht zurückbekommen? Außerdem steht in unserem Roman ja nirgends, *welche Partei* es ist, deren Stadtkomitee kurz nach 2030 in Taschlinsk regiert …

S. Jaroslawzew
oder: Kurze Geschichte eines Pseudonyms

Warum eigentlich »S. Jaroslawzew«? Ich erinnere mich nicht mehr. Das »S« ist klar: alle unsere Pseudonyme begannen mit diesem Buchstaben – S. Bereshkow, S. Witin, S. Pobedin … Doch woher kam »Jaroslawzew«? Ich habe nicht die mindeste Erinnerung.

In unserem wunderbaren Land, wo die Buchhaltung einem Autor keinen einzigen Rubel von seinem Honorar auszahlt, wenn er nicht die vollständigsten Angaben über Personalausweis, Wohnort und Anzahl der Kinder vorlegt – in diesem unserem erstaunlichen Land, sollte man meinen, sollte es völlig unmöglich sein, das Geheimnis eines Pseudonyms zu wahren. Und doch muss ich zugeben, dass sich das »Rätsel S. Jaroslawzew« erfreulich lange hielt.

Natürlich ahnten Tausende von Lesern fast, who is who; Hunderte kamen der richtigen Antwort ziemlich nahe. Aber vielleicht nur ein paar Dutzend kannten die Antwort genau.

Persönlich sind mir die folgenden vier Hypothesen über die Identität von S. Jaroslawzew untergekommen:

1. S. Jaroslawzew sind Arkadi und Boris Strugatzki, die mit Hilfe eines Pseudonyms versuchen, die Zensur zu unterlaufen;
2. S. Jaroslawzew ist Arkadi Strugatzki ohne jede Mitwirkung von Boris Strugatzki;
3. S. Jaroslawzew ist Boris Strugatzki ohne jede Mitwirkung von Arkadi Strugatzki;
4. S. Jaroslawzew ist der junge Schriftsteller Soundso, dessen Manuskripte die Strugatzkis (aus purem Altruismus, im Namen

der Heiligen und Großen Literatur) »frisieren, in Form bringen und dann zur Veröffentlichung durchdrücken«.

Ich weiß noch, wie viel Vergnügen es mir bereitete, mir mit undurchdringlicher Miene derlei Versionen anzuhören und dann in der Art von Roderic Schuchart »Kein Kommentar« zu sagen. Das war lustig. Das war so ein lustiges Spiel.

Doch daran, wie dieses Spiel begann, war gar nichts Lustiges. Alle drei Werke von S. Jaroslawzew wurden in einer für uns außerordentlich schweren Zeit ersonnen und ausgearbeitet – von 1972 bis 1975, als die *Periode des Ausweichenden Verhaltens der Verlage* gerade begonnen hatte. Neue Verträge wurden nicht abgeschlossen und die bestehenden nicht erfüllt. Die Aussichten und Horizonte hüllten sich in Nebel und die Frage, wie weiter und wozu, stellte sich uns in ihrer ganzen hässlichen Schärfe.

Im Januar 1972 begannen wir das Szenarium für einen Trickfilm unter dem Titel *Verfolgungsjagd im Weltraum*. Dieses Szenarium gefiel zunächst Chitruk und einige Zeit später auch Kotenotschkin, doch dann wurde eine obrigkeitliche Entscheidung darüber gefällt (in dem Sinne, dass das sowjetische Volk derlei Trickfilme nicht brauche), und fortan gefiel es niemandem mehr.

Da nahm Arkadi das Szenarium und machte ein Märchen daraus.* So betrat S. Jaroslawzew die Bühne: neunzig Prozent Arkadi Strugatzki und zehn Prozent A. und B. Strugatzki zusammen.

Etwa um dieselbe Zeit erfanden wir das Sujet von einem Mann, dessen Bewusstsein in einer geschlossenen Zeitschleife

* Es handelt sich um den langen Science-Fiction-Abenteuerroman für Kinder »Expedition in die Hölle«. Der Roman wurde in Fortsetzungen im *Pfadfinder des Urals* veröffentlicht, einer der Science Fiction zugetanen Jugendzeitschrift in Swerdlowsk – die beiden ersten Teile 1974, der dritte erst 1984. – *Anm. d. Übers.*

kreist. In diesem Sujet gab es ursprünglich viele interessante Einzelheiten – die vergeblichen Versuche des Helden, in den Lauf der Geschichte einzugreifen … den Generalissimus vor dem Krieg zu warnen, Shdanow vor der Blockade … oder wenigstens den eigenen Vater vor der Verhaftung! Die Idee von der Gesetzmäßigkeit, Vorherbestimmtheit, Unvermeidlichkeit der Geschichte quälte uns, ärgerte und inspirierte uns. Es ist eine Notiz im Tagebuch erhalten geblieben, die zur zweiten Hälfte des Jahres 1979 gehört: »Ein Mann, der viele Leben durchlebt hat. Er hat längst begriffen, dass sich die Geschichte nicht ändern lässt. Jetzt befindet er sich im Stadium des aktiven Altruismus – er rettet einzelne gute Menschen. Doch er kennt sich bei den Menschen nicht aus und rettet immer wieder Schurken und Nichtswürdige …« Natürlich konnte man damals nichts dergleichen schreiben. Also nahm Arkadi das Sujet und schrieb einfach das, was man seinerzeit schreiben konnte. Es entstand die Geschichte von Nikita Woronzow. Das war das zweite Werk S. Jaroslawzews.*

Am 23. Januar 1975 taucht in unserem Arbeitstagebuch der Eintrag auf: »Der Mann, den zu kränken gefährlich ist«, und am folgenden Tag: »Er heißt Kimm.« Das Sujet wurde damals ziemlich detailliert ausgearbeitet – man brauchte sich nur noch hinzusetzen und loszuschreiben. Außer Kimm, der über die rätselhafte Fähigkeit verfügte, gegen seinen Willen Leuten Schaden zuzufügen, die ihm Schaden zufügen wollten, gab es noch: den Gangster Szewc (einen gedungenen Mörder), einen Senator, einen gelehrten General aus dem militärisch-industriellen Komplex (den »Pest-General«), einen Priester, einen masochistischen Bodybuilder … Die Handlung, ziemlich bewegt und voller spannender Abenteuer, sollte in einem

* »Aus dem Leben des Nikita Woronzow« erschien 1984 in der populärwissenschaftlichen Zeitschrit *Wissen ist Macht* in Moskau. – *Anm. d. Übers.*

Kurort in einem kleinen Land spielen, entweder in Griechenland oder auf Malta …

Ich weiß nicht mehr, warum wir den Roman damals nicht schrieben, sondern ein Szenarium zum »Montag …«. Und schon im Mai darauf meldete sich plötzlich Andrej Tarkowski mit der Idee für den künftigen *Stalker*. So kamen wir von unserem Kimm für lange Zeit ab, doch nicht für immer.

In den Tagebüchern wird das Thema mehrfach erwähnt. Es tauchen kleine Ideen und Vorschläge »à propos« auf, Wendungen, Anmerkungen, Entwürfe. Zum Beispiel: »Vielleicht für das LS* ein spez. Kapitel schreiben […] ›Die Jagd auf den Basilisken‹ – auf einen Menschen, den zu kränken gefährlich war« (aus den ersten Tagen des Jahres 1984). »Der Basilisk – ein Mensch, der an jedem, der ihm ein Leid zufügt, schreckliche Rache nimmt, ohne es selbst zu wollen, instinktiv, oft ohne es zu merken. Sich eine Welt vorstellen, wo Basilisken selten, aber normal sind (etwa wie Spitzensportler oder Professoren).« In »Die Last des Bösen« haben wir einen solch machtvollen »Basilisken« sogar in gewissem Maße eingeführt, doch das alles blieb an der Oberfläche. Die Sache richtig in Angriff zu nehmen, fehlte uns die Zeit.

Gründlich widmeten wir uns diesem Sujet erst wieder im Mai 1990. Im Tagebuch steht: »Haben den Unglücklichen Rächer besprochen.« Und weiter: »Wir brauchen die Biografie des UR, mit Stammbaum, ausführlich. Die Geschichte, wie der Mensch in sich den Teufel entdeckt.« Jetzt hieß unser Held Kim Woloschin, und die hauptsächlichen Ereignisse des Romans sollten hier, heute und in unserem Land spielen. Kein Griechenland, kein Malta, keine Senatoren – eine russische Kleinstadt, Gebiets- und Bezirkskomitee, die Miliz, die

* »Das lahme Schicksal« – ein Roman, zu dem die Strugatzkis 1986 die Rahmenhandlung veröffentlichten, in die sie später die älteren »Hässlichen Schwäne« als Binnenhandlung einfügten. – *Anm. d. Übers.*

KGB-Dienststelle … Und das Ganze sollte »Die Geißel Gottes« heißen – wir wussten damals noch nicht, dass es schon ein Werk mit diesem Titel gab.*

Wir diskutierten das neue Sujet das ganze Jahr 1990 hindurch. Wenn es nach mir gegangen wäre, hätten wir es noch länger diskutiert – mir schien, wir hätten noch massenhaft Zeit. Wozu sich beeilen?

Arkadi dachte anders. Vielleicht hatte er ein Vorgefühl. Vielleicht ahnte er etwas. Vielleicht wusste er es. Seine Gesundheit war damals merklich angegriffen, doch er überwand sich und zwang sich zur Arbeit – setzte sich hin und beendete im Frühsommer 1991 das letzte Werk von S. Jaroslawzew: »Ein Teufel unter den Menschen«.** Das dritte und letzte.

Das ist im Grunde die ganze Geschichte des Pseudonyms – eine kurze Geschichte von fast zwanzig Jahren.

Vita brevis, ars longa.

* »Die Geißel Gottes« heißt ein Roman von Jewgeni Samjatin über den Hunnenkönig Attila. – *Anm. d. Übers.*

** Arkadi Strugatzki starb im Oktober 1991. »Ein Teufel unter den Menschen« erschien erst 1993 im Rahmen der ersten russischen Strugatzki-Werkausgabe. – *Anm. d. Übers.*

Anmerkungen

Hier sind Anmerkungen und Querverweise gesammelt, die für das Verständnis der Romane und Erzählungen nicht unbedingt notwendig, aber doch interessant sind. Zum größten Teil handelt es sich um Hinweise auf Werke anderer Autoren, aus denen die Strugatzkis zitieren oder auf die sie anspielen. Hinzu kommen – hauptsächlich zu »Die Last des Bösen« und »Ein Teufel unter den Menschen« – einige Hintergrundinformationen für deutsche Leser, die mit der Geschichte und dem Alltag der Sowjetunion weniger vertraut sind. Die meisten Hinweise auf Zitate verdanke ich den Recherchen, die Viktor Kurilski unter Mitarbeit mehrerer Strugatzki-Kenner durchgeführt und im Internet veröffentlicht hat (www.rusf.ru/abs/ludeni/kur00).

Erik Simon

SEITE 8:
Tief drinnen biegt der Wald hinein …
Das erste der beiden Mottos stammt aus dem Gedicht »Hinter der Wegbiegung« von Boris Pasternak (1958).

SEITE 8:
Ganz langsam krieche, / Schnecke, am Hang des Fuji / zum Gipfel hinan!

Das zweite Motto stammt von Kobayashi Issa (1763–1827), einem der wichtigsten Haiku-Klassiker. Meine Nachdichtung lehnt sich absichtlich eng an die russische Übersetzung von W. Markowa an, die auch von den Strugatzkis benutzt wurde und ein wenig nach »per aspera ad astra« klingt. Mit Blick auf den Roman ist bemerkenswert, dass Dietrich Krusches deutsche Übersetzung (wie auch eine bekannte englische) demselben Haiku eine ganz andere Zielrichtung gibt: »Ja, Schnecke, / besteig den Fuji, aber / langsam, langsam!« Im japanischen Original wiederum steht der Fujiyama im letzten Vers.

SEITE 19:
Sogar Kandid sprach davon, und Kandid wusste alles über den Wald.
Der Name des einen Haupthelden in »Die Schnecke am Hang« ist einem Roman von Voltaire entlehnt: »Candide oder Die beste Welt«. Voltaires Candide ist ein unverbesserlicher Optimist.

SEITE 30:
... Stil und Rhythmik weiblicher Prosa des späten Heian, dargestellt am Makura no sôshi
»Makura no sôshi« ist das 1002 vollendete »Kopfkissenbuch« von Sei Shônagon.

SEITE 69:
Wie viel hat man denn gesät, wie viel Kluges, Gutes und Ewiges?
In Nekrassows Gedicht »Den Säern« lautet ein Vers: »Sät das Vernünftige, Gute, das Ewige«.

Seite 70:
Es ist, als unterweise man den zukünftigen Erbauer von Sonnenstädten am Meer in der Planung von Befestigungsanlagen.
Hier wird auf Tomasso Campanellas »Civitas Solis« (1602) angespielt. Deutsch heißt diese utopische Novelle »Der Sonnenstaat«, in die meisten anderen Sprachen (so ins Englische und Russische) ist der Titel aber korrekter in der Bedeutung »Die Sonnenstadt« übersetzt worden.

Seite 71:
Denn viel teurer als der Nebel bitterer Wahrheiten ist uns …
Hier wird auf Puschkins Gedicht »Der Held« angespielt, wo es heißt:

Viel teurer als der niedren Wahrheit Nebel
Ist mir Betrug, der Hochgefühl verleiht …

(So werden diese beiden Verse in Saltykow-Schtschedrins Satire »Der betrügerische Zeitungsschreiber und der leichtgläubige Leser« zitiert.)

Seite 118:
Guten Tag. Mein Name ist Ahti.
Ahti ist der finnische Gott des Meeres und des Fischens, auch ein Krieger im finnischen Nationalepos »Kalevala« heißt so. Der russische Dichter Nikolai Gumiljow hat letztere Figur in sein Poem »Gondla« übernommen; bei ihm hält Ahti den Haupthelden mit leerem Gerede auf. Die Strugatzkis spielen mit ihrem Herrn Ahti offensichtlich auf die Figur bei Gumiljow an (siehe dazu auch das folgende Zitat).

Seite 118:
»Sie sind nicht Speise, Trank. Sie fasst kein Kuss. Nicht greifbar eilt vorüber die Sekunde …«
Die beiden Verse sind ein Zitat aus Nikolai Gumiljows Gedicht »Der sechste Sinn«.

Seite 120:
Den Pfeil der Zeit, wie Eddington sagen würde …
Der britische Astrophysiker Sir Arthur Stanley Eddington (1882–1944) bezeichnete die Entropie als »Pfeil der Zeit«.

Seite 196 f.:
»… Sag uns bitte: Wie war die Wurzel der Liebe?« […] »War sie bitter?« […] »Die Frucht ist ziemlich süß …«
Aristoteles nannte die Wurzeln der Bildung bitter, die Früchte süß.

Seite 224:
»Ich werde Schlingpflanzen auf euch loslassen«, dachte Pfeffer …
Die Strugatzkis zitieren hier – mit einer geringfügigen Abweichung – die erste Strophe von »Mowglis Lied wider die Menschen« aus Rudyard Kiplings »Das neue Dschungelbuch«:

Ich lass' los gegen euch die flinkfüßigen Ranken,
Die Dschungel gen euch entfessl' ich der Schranken;
Es bersten die Dächer!
Die Pfosten zu Falle!
Und Karela, die bittre Karela,
Begrabe sie alle!

Seite 261:
… an den Mitarbeiter der Gruppe »Wissenschaftlicher Schutz«, H. Toity …
Das ist eine beiläufige Anspielung auf Alexander Beljajews Science-Fiction-Erzählung »Hoity-Toity«. Die Titelfigur darin ist ein Elefant, dem man das Gehirn eines Menschen eingepflanzt hat.

Seite 281:
Die zweite Invasion der Marsmenschen
Der Titel spielt auf H. G. Wells' berühmten Roman »Der Krieg der Welten« (1898) an, in dem die Marsianer die Erde erobern und sich vom Blut der Menschen ernähren.

Seite 286:
Er hat die Blume des Vergnügens gepflückt ...
Die Formulierung stammt aus Nikolai Gogols Komödie »Der Revisor«: »Was wäre auch das Leben wert, wenn man nicht die Blumen des Vergnügens pflücken dürfte?«

Seite 311:
Der dämmrige Verstand meiner ungebildeten Mitbürger [...] gebiert bei kleinsten Schwankungen wahrhaft phantastische Gespenster.
Das ist eine Anspielung auf den Titel von Francisco de Goyas Capricho 43: »Der Traum (Schlaf) der Vernunft gebiert Ungeheuer.«

Seite 386:
Trifili, der Raskolnik
Die Raskolniki waren die »Altgläubigen«, die sich Mitte des 17. Jahrhunderts gegen liturgische Reformen in der russisch-orthodoxen Kirche wandten. Trifili ist möglicherweise eine Erfindung der Strugatzkis (Triphylios war auch ein Beiname des Zeus).

Seite 388:
... eines noch grünen Absolventen des Taschlinsker Lyzeums ...
Ein Lyzeum ist allgemein eine höhere Schule, oft ähnlich einem Gymnasium (nur in Preußen war es eine höhere Mädchenschule). Im zaristischen Russland bedeutete der Begriff eine Elite-Lehranstalt. In diesem Roman dient es speziell der Ausbildung von Pädagogen.

SEITE 391:
Niemand wird zum Beispiel daran zweifeln, dass der Demiurg (ähnlich wie Voland bei Bulgakow) eine durch und durch phantastische Figur ist …
In Michail Bulgakows berühmtem Roman »Der Meister und Margarita« besucht der Teufel in Gestalt des Magiers Voland mit dämonischem Gefolge das Moskau der dreißiger Jahre.

SEITE 393:
Der Begriff »Nichtsesser« stammte von dem Schriftsteller Ilja Warschawski …
Die »Nichtsesser« kommen in einer Episode von Warschawskis Erzählung »Im Weltraum« vor. Dass sie nicht zu essen (und folglich nicht zu arbeiten) brauchen, ist eine Eigenschaft ihrer außerirdischen Natur; die Flöhe fangen sie sich zufällig vom Hund der irdischen Raumfahrer ein.

SEITE 393:
… die stinkenden Nichtstuer, die Chlamydomonaden …
Chlamydomonaden sind eine Untergruppe der Geißelalgen, die zu den primitivsten Pflanzen gehören.

SEITE 395:
Rousseau, Thoreau und dergleichen. »Das Leben in den Wäldern«.
Gemeint ist der Roman »Walden oder Leben in den Wäldern« (1854) von Henry David Thoreau.

SEITE 397:
»We must find a way …«
»Wir müssen eine Methode finden …, um gleichgültige und faule junge Menschen wirklich interessiert und neugierig zu machen – sogar mit chemischen Stimulanzien, wenn es kein besseres Mittel gibt.« Das Zitat stammt aus dem Buch

von D. Gabor »Inventing the Future« (1964). Vgl. Anmerkung zu S. 618 f.

Seite 397:
Bei Schklowski steht etwas ganz Ähnliches: …
In Viktor Schklowskis Buch »Ihre Gegenwart« (1927) heißt es: »Wenn man bei einem Menschenzüchter einen Puschkin bestellen würde, würde dieser Menschenzüchter kaum darauf verfallen, dass man, um einen Puschkin zu erhalten, am besten einen Großvater aus Abessinien kommen lässt.« Ein Urgroßvater Alexander Puschkins mütterlicherseits war der Äthiopier oder Eriträer Abraham Hannibal, der als Kriegsgefangener nach Russland geriet und als »Leibmohr« Peters des Großen bis zum Generalmajor und Gouverneur aufstieg.

Seite 401:
… die noch aus der Anfangszeit der Neuen Ökonomischen Politik zu stammen schien.
Die Neue Ökonomische Politik dauerte von 1921 bis 1927; in dieser Zeit war in der Sowjetunion vorübergehend privates Kleinunternehmertum zugelassen, um die von Revolution und Bürgerkrieg zerrüttete Wirtschaft zu fördern.

Seite 404 f.:
»Sie haben Glück, Chnum …«; »Ich kenne mich da schlecht aus, Ilmarinen …«; »Warum so bombastisch, mein Ptah? …«
Chnum (»der Erbauer«) war der Name eines widderköpfigen Gottes im alten Ägypten. Der Schmied Ilmarinen ist einer der Hauptthelden im finnischen Epos »Kalevala«. Ptah, in der ägyptischen Religion der Hauptgott von Memphis, wurde als der Gestalter der Welt und als Vater der Götter und der Menschen angesehen.

Seite 411:
Ich schreibe schlecht, »trist und fade« …
Die Wendung stammt aus Kapitel 6 von Puschkins »Eugen Onegin«. Dort heißt es: »So schrieb er schwülstig, trist und fade / (›Romantisch‹ wird das heut genannt …)«

Seite 422:
Und da begann der Nushi zu reden.
»Nushi« bedeutet »Oberhaupt« – ein Beispiel für den mit japanischen Wörtern durchsetzten Jargon der »Flora«.

Seite 423:
»Werde zum Schatten vor dem Bösen, armer Sohn des Tuma, und der schreckliche Tscha wird dich nicht fangen können.«
In dem Satz sind drei Formulierungen aus Alexej Tolstois Roman »Aelita« (1922–23) zusammengezogen, und zwar aus dem Kapitel »Aelitas erste Erzählung«, einer Legende der ursprünglichen Marsbewohner von der Eroberung ihres Planeten durch die Bewohner von Atlantis.

Seite 442:
Und der Teuffel, solcherart beschämet, weinte bitterlich.
Der Satz, im Original durch das altertümliche Russisch als Zitat zu erkennen, zieht eine Stelle aus der Teufelslegende »Wie Johannes von Nowgorod auf einem Teufel reiste« mit der Formulierung aus dem Matthäus-Evangelium (26, 75) zusammen, wo sich Petrus seines Verrats an Jesus schämt.

Seite 446 f.:
»Soll das heißen, dass Sie ›das Tier aus dem Meer‹ sind, Sie persönlich?«, …; Und das Tier, das ich sah, …; Und sie beteten den Drachen an …

Die Stellen, die der Demiurg und Kolpakow hier zitieren, stammen aus der Offenbarung des Johannes, vor allem aus dem Kapitel 13.

SEITE 448:
Sät das Vernünftige, Gute, das Ewige.
Das ist ein Vers aus dem Gedicht »Den Säern« von Nikolai Nekrassow (1821–1878).

SEITE 451:
»Ich bin nicht gekommen, Frieden zu senden, sondern das Schwert.«
Evangelium des Matthäus, 10,34.

SEITE 454:
... Artikelchen, in denen er für die Rehabilitierung Faddej Bulgarins eintrat ...
Faddej Bulgarin (1789–1859) war ein russischer Schriftsteller und Journalist, der als Agent des zaristischen Geheimdienstes bei den russischen Intellektuellen seiner Zeit (z.B. Puschkin) verhasst war und später – in der Sowjetunion – als Urbild eines reaktionären Speichelleckers galt.

SEITE 456:
»Zermalme das Scheusal ...«
Mit dem Satz »Écrasez l'infâme« (Zermalmt die/das Schändliche!) wetterte Voltaire des Öfteren – etwa am Schluss von Briefen – gegen die institutionalisierte Kirche und den religiösen Fanatismus.

SEITE 456:
»Wenn sich der Feind nicht ergibt ...«
»Wenn sich der Feind nicht ergibt, wird er vernichtet« ist der Titel eines Artikels von Maxim Gorki.

Seite 456:
»Der Mensch ist des Menschen Freund …«
»Der Mensch ist des Menschen Freund, Genosse und Bruder«, hieß es im Programm der KPdSU von 1961 im Abschnitt »Moralkodex des Erbauers des Kommunismus«.

Seite 472:
»Es gingen die Tölpel nach Hause … Rausche nicht, Mütterchen, du grüner Eichenwald …«
Das Zitat stammt aus »Die Geschichte einer Stadt« (1869) von Michail Saltykow-Schtschedrin.

Seite 485:
»Ich glaube gerade, weil es sinnlos ist«, …
Der Ausspruch wird heute meist in der etwas späteren Fassung des heiligen Augustinus als »credo quia absurdum« zitiert.

Seite 489:
Auf dem Berge Ararat ranken rote Reben satt!
Mit dieser Sprechprobe wollen manche Russen die Juden erkennen, da diese statt des russischen Zungen-R oft ein Zäpfchen-R sprechen.

Seite 495:
Ich bin … Hephaistos, Gu, Ilmarinen, Chnum, Vishvakarma, Ptah …
Vgl. Anmerkung zu S. 404 f. Gu ist ein Schmiedegott in Dahomey, Vishvakarma der Schöpfergott der vedischen Mythologie. Mulungu, Morimo, Mukuru sind Gottesnamen bei Völkern in Ostafrika, Botswana bzw. Namibia.

Seite 503:
Er hat um »Gnade für Gefallne« gebeten?
Die zitierte Formulierung stammt aus Alexander Puschkins Gedicht »Exegi monumentum«: »Weil ich in grimmer Zeit die Freiheit hochgehalten / Und Gnade für Gefallne bat.«

Seite 504:
»Wenn man es kühl, aber gründlich besieht ...«
Die Formulierung stammt aus dem Gedicht »Nur Wehmut und Leere« von Michail Lermontow: »... Das Leben ist, wenn man es kühl, aber gründlich besieht / doch nichts als ein dummer, verächtlicher Scherz.«

Seite 510:
»Und der verfluchte Vampir begann zu zittern ...«
Die Stelle stammt aus »Marko Jakubovic« in Puschkins »Liedern der Westslawen«.

Seite 512:
Die Floren und die Faunen kommen und gehen, doch G.A. muss bleiben, und er bleibt ewiglich.
Hier wird auf den Prediger Salomo (1,4) angespielt (»Ein Geschlecht vergeht, das andere kommt; die Erde bleibt aber ewiglich.«), vor allem jedoch auf den bekannten Ausspruch Stalins aus dem Jahre 1942: »Die Hitler kommen und gehen, das deutsche Volk aber ... bleibt bestehen.«

Seite 515:
Arzt, heile dich selbst.
Bei Luther heißt diese Stelle aus dem Lukas-Evangelium (4,23): »Arzt, hilf dir selber!«

SEITE 518:
Was kriechen Sie denn herum wie Hiob auf dem Misthaufen!
Der Misthaufen kommt im kirchenslawischen Text des Buches Hiob (2, 8) vor. In der Übersetzung Luthers sitzt Hiob in der Asche.

SEITE 524:
Sie heißt Aelita.
Aelita ist die Marsprinzessin in Alexej Tolstois gleichnamigem Science-Fiction-Roman (vgl. Anmerkung zu S. 423), eine ausgesprochen romantisch-lyrische Heldin. In der Sowjetunion sind tatsächlich Mädchen nach ihr benannt worden.

SEITE 527:
Ein Idiot bist du, Bootsmann, und deine Scherze sind idiotisch.
Diese im Russischen recht verbreitete Redewendung gehört zu folgendem Witz:

Ein Kriegsschiff befindet sich im Seegefecht, und der Kapitän sagt: »Bootsmann, ein Torpedo! Wir können nicht ausweichen. Geh und beruhige die Mannschaft, damit keine Panik ausbricht!«

»Zu Befehl!«

Der Bootsmann pfeift die Besatzung an Deck und sagt: »Leute, jetzt werde ich so einen Furz lassen, dass das Schiff in Stücke fällt!«

»Das lügst du! Versuch's doch!«

Der Bootsmann tut es: Es gibt eine gewaltige Explosion. Wie durch ein Wunder überlebt der Bootsmann und rettet den von Bord geschleuderten Kapitän. Der kommt zu sich und stöhnt: »Ein Idiot bist du, Bootsmann, und deine Scherze sind idiotisch. Der Torpedo ist vorbeigegangen!«

Seite 529:
Bei Lem gibt es eine Erzählung, …
Es handelt sich um die »Achtundzwanzigste Reise« in Stanisław Lems »Sterntagebüchern«.

Seite 529:
Das Subaks-Training wurde heute abgesetzt.
Subaks ist eine bei den Strugatzkis häufig erwähnte waffenlose Selbstverteidigungstechnik.

Seite 531:
Mit Rattengift, mit Rattengift!
Das ist die Pointe eines politischen Witzes aus der Sowjetunion. Eine Version geht so: Breschnew erzählt Reagan die Geschichte der UdSSR – Bürgerkrieg, Zwangskollektivierung, Industrialisierung, der Große Vaterländische Krieg, Chruschtschows Mais-Kampagne … Reagan hört aufmerksam zu und fragt dann: »Und warum versuchen Sie es nicht mit Rattengift?«

Seite 531:
Du bist ein Komsomolze? Fein! Willst du denn immer dämlich sein?
Das ist eine Abwandlung des sowjetischen »Komsomolzenliedes«, wo es heißt: »Du bist ein Komsomolze? Fein! Lass immer uns beisammen sein!«

Seite 532:
… die Tjumen und Surgut erschlossen, die BAM gebaut und ihre internationalistische Pflicht erfüllt hätten …
Tjumen und Surgut sind westsibirische Zentren der Förderung und Verarbeitung von Erdgas und Erdöl; die BAM (Baikal-Amur-Magistrale) ist eine 1984 fertiggestellte Bahnlinie, die mit ungeheurem Aufwand nördlich der Transsibirischen Eisenbahn gebaut wurde; die »internationalistische Pflichterfüllung«

spielt auf den Einmarsch der Roten Armee in andere Länder an, vor allem auf das verlustreiche Abenteuer in Afghanistan.

Seite 537:
… Verdienter Erzieher und Verdienter Arbeiter der RSFSR …
Die RSFSR (Russische Sozialistische Föderative Sowjetrepublik), das heutige Russland, war die bei weitem größte Teilrepublik der Sowjetunion.

Seite 539:
»›Zu spät, zu spät‹, röchelte Wolf. Schaum und Blut flossen über sein Kinn.«
Das Zitat stammt aus Kapitel 74 des Science-Fiction-Romans »Geheimnisvolle Strahlen« von Alexej Tolstoi.

Seite 540:
… glücklich, wer diese Welt besucht in ihres Schicksals Augenblicken
Das sind zwei Verse aus dem Gedicht »Cicero« von Fjodor Tjutschew, einem Dichter des 19. Jahrhunderts (bei dem es allerdings statt »glücklich« »selig« heißt).

Seite 550:
»Die erste Kolonne marschiert …«
Das Zitat stammt aus Lew Tolstois »Krieg und Frieden«, wo es mehrfach vorkommt. Sowohl bei Tolstoi als auch bei den Strugatzkis steht es auf Deutsch.

Seite 554:
»Adolf Schicklgruber«, brummte der Demiurg. … »Allerdings wird Ihnen der Name kaum etwas sagen …«
Einem Gerücht zufolge, das in der Sowjetunion auch offiziell verbreitet worden ist, soll Adolf Hitler eigentlich Schicklgru-

ber geheißen haben. Tatsächlich war es der Mädchenname seiner Großmutter, den anfangs auch Hitlers unehelich geborener Vater Alois trug; dieser erhielt aber noch vor Adolfs Geburt den Familiennamen Hitler. Der Adolf Schicklgruber, der das Motorrad-Bild gemalt hat, gehört demnach in eine Parallelwelt.

Seite 560:
»Der Mensch ist ein Seelchen, von einem Leichnam belastet.«
»›Ein Seelchen bist du, von einem Leichnam belastet‹, sagt Epiktet«, heißt es in den »Selbstbetrachtungen« von Mark Aurel (121–180). Der Philosophenkaiser bezog sich dabei auf die von Flavius Arrianus notierten »Unterredungen« Epiktets.

Seite 562:
Die ganze Stadt habe sich schon auf den »Subbotnik« eingestellt …
Subbotnik hieß in der Sowjetunion ein unbezahlter und pro forma freiwilliger Arbeitseinsatz, der meistens am Sonnabend (russisch »subbota«) stattfand.

Seite 565:
›Nicht zum Volk musst du sprechen‹ …
Das ist ein geringfügig abgewandeltes Zitat aus »Also sprach Zarathustra« von Friedrich Nietzsche. Dort steht in »Zarathustras Vorrede«, Abschnitt 9, in der ganz alten Rechtschreibung: »Ein Licht gieng mir auf: nicht zum Volke rede Zarathustra, sondern zu Gefährten! […] Viele wegzulocken von der Heerde – dazu kam ich.«

Seite 568:
… oder sich »allegorische Körperbewegungen erlauben«.
Die merkwürdige Formulierung stammt aus »Eine zeitgenössische Idylle« von Michail Saltykow-Schtschedrin: »Begegnet

einem indes eine unbekannte Dame, so soll man sich nicht vor ihr verneigen, sondern seinen Weg schweigend fortsetzen, ohne sich irgendwelche allegorischen Körperbewegungen zu erlauben.«

SEITE 573:
… und las genüsslich und zum x-ten Mal den Roman »Im Namen des Vaters und des Sohnes«.
Der Roman stammt von I. Schewzow. Dem Autor wurde Anfang der siebziger Jahre von der offiziellen Kritik vorgeworfen, er zeichne ein übel entstelltes Bild von den politischen und kulturellen Zuständen in der UdSSR und verabsolutiere negative Erscheinungen.

SEITE 575:
… schwärzer als schwarz, wie es in dem bekannten Brief eines bekannten Schriftstellers an einen bekannten Historiker heißt.
Gemeint ist ein Brief von Viktor Astafjew an Natan Eidelman aus dem Jahre 1986, der 1990 veröffentlicht wurde.

SEITE 577:
… auf der weiß gekachelten Küchenwand stand mit schwarzem Filzstift geschrieben: »Lasciate ogni speranza.«
»Lasst alle Hoffnung fahren!« steht in Dantes »Inferno« (III. Gesang) über dem Eingang zur Hölle.

SEITE 583:
»Alle ersäufen!« Faust. Puschkin.
Gemeint sind die »Szenen aus dem ›Faust‹« von Alexander Puschkin. Dort heißt es: »Alles ersäufen!«

SEITE 599:
Kater Wasska hört zu, frisst aber trotzdem weiter.
Aus Iwan Krylows Fabel »Der Kater und der Koch«.

Seite 617:
Nein, die Kette der Zeiten reißt offensichtlich niemals ab; denn wahrlich, Liebe ist stark wie der Tod, und ihr Eifer ist fest wie die Hölle. Ihre Glut ist feurig …
Der erste Teil des Zitats spielt auf Shakespeares »Hamlet« an: »Zerrissen ist der Zeiten Kette« ist in der russischen Übersetzung die Stelle, die deutsch »Die Zeit ist aus den Fugen« lautet. Der Rest (»Liebe ist stark …«) stammt aus dem Hohenlied Salomos (8, 6) »Eifer« meint in Luthers Übersetzung »Eifersucht«.

Seite 618 f.:
»The uncommon man wants …«
»Der außergewöhnliche Mensch möchte eine Welt hinterlassen, die sich von der, die er vorgefunden hat, unterscheidet: eine bessere Welt, bereichert durch sein persönliches Schöpfertum. Dafür ist er bereit, auf vieles, wenn nicht auf das ganze Glück zu verzichten, dessen sich der gewöhnliche Mensch erfreut.« Das Zitat stammt aus D. Gabors »Inventing the Future« (1964), Kapitel 9 (»The Paradise of the Common Man«).

Seite 628:
»Man braucht nur an irgendeiner schlechten Eigenschaft des Menschen zu kratzen, und zum Vorschein kommt ihre Grundlage – die Furcht.«
Das Zitat stammt aus einem Artikel mit pädagogischen Überlegungen von S. Solowejtschik, der 1985 in Heft 3 der Zeitschrift *Nowy Mir* (Die neue Welt) erschien.

Seite 629:
»Ecce homo!«, rief er aus, …
»Ecce homo«, »Seht, welch ein Mensch«, sagt im Johannes-Evangelium (19, 5) Pilatus über Christus.

Seite 636:
»Das sind keine Gedanken«, antwortet der Künstler …
Das Motto entstammt dem Artikel »Heinrich Heine« von Dmitri Pissarew, einem russischen Literaturkritiker des 19. Jahrhunderts. Davor wird eine Szene geschildert, in der ein Künstler überaus gekonnt Skizzen hinwirft und sie immer wieder mit etwas ganz anderem übermalt, weil sie, wie er sagt, kein Thema haben, das ihn wirklich fessle.

Seite 639:
Habtacht! Und hervorquellende Soldatenaugen, wie wenn ein Kater ins Futter scheißt.
In Jaroslav Hašeks »Die Abenteuer des braven Soldaten Schwejk während des Weltkriegs« heißt es im Kapitel »In Budapest«: »Wenn Habtacht is, so musst du die Augen herauswälzen, wie wenn ein Kater ins Futter scheißt.«

Seite 640:
Lass uns eilen in das Land, wo man / Auf uns warten kann jahrein, jahraus …
Das ist die Liedversion des Gedichts »Kaum noch Briefe schreiben wir« von N. Tomenko, im ukrainischen Original 1976 veröffentlicht.

Seite 642:
… er sang »Das U-Boot« und »Meine ungestümen Pferde« …
»Meine ungestümen Pferde« und »Das U-Boot« sind Lieder von Wladimir Wyssozki; »An der Straße nach Smolensk« und »Euer Wohlgeboren, Frau Trennung« von Bulat Okudshawa. Die beiden waren die wichtigsten und beliebtesten Liedermacher der Sowjetunion. (Das letztgenannte Lied wurde von Okudshawa in dem Film *Weiße Wüstensonne* gesungen, stammt aber nicht von ihm selbst, sondern vom Komponisten Isaak Schwarz.)

Seite 645:
… bis zehn Uhr im Bett gelegen und ›Das Dach der Welt‹ gelesen.
»Das Dach der Welt« ist ein Abenteuerroman von S. Mstislawski mit autobiografischen Elementen, der in Mittelasien spielt.

Seite 648:
»Und unterdes hat Bonaparte, und unterdes hat Bonaparte die Grenze überschritten.«
Die Verse stammen aus Wladimir Wyssozkis Lied »Die Karten auf den Tisch, ihr Herrn«.

Seite 649:
»Im Westen wieder nichts Neues.«
Hier wird auf den Roman von Erich Maria Remarque »Im Westen nichts Neues« angespielt. Ins Russische (wie auch in andere Sprachen) wurde der Titel als »An der Westfront nichts Neues« übersetzt. In Remarques Roman ist damit die deutsche Westfront im Ersten Weltkrieg gemeint, Woronzow meint aber die sowjetische Westfront gegen die deutschen Truppen im Zweiten Weltkrieg.

Seite 651:
»So ist es. Es war Nikita Sergejewitsch Woronzow …«
»Nikita« und »Sergej« sind häufige russische Namen, die Kombination von Vor- und Vatersname wird daher auch nicht selten sein; dennoch dürfte jeder sowjetische Leser hier unweigerlich an Nikita Sergejewitsch Chruschtschow gedacht haben.

Seite 673:
‚Ach, ihr Wege, endlos, steppenweit' sang er, den ‚Schwarzen Kater' …
»Ach, ihr Wege, endlos, steppenweit« ist ein Lied von Lew Oschanin (Text) und Alexander Nowikow (Melodie). Von Bulat

Okudshawa stammen »Der schwarze Kater« und das »Lied über die Stiefel« (»Es poltert durch die Gasse Stiefelschritt …«). Sie alle wurden erst seit den fünfziger, sechziger Jahren bekannt.

Seite 673:
Er sang: ‚Gemeiner Krieg, ach, was hast du uns angetan' …
So beginnt (in Heinz Czechowskis Nachdichtung) Okudshawas Lied »Auf Wiedersehn, Jungs«.

Seite 674:
… um nur Jack Londons Sternenwanderer zu nennen …
In Jack Londons Roman »The Star Rover«, deutsch »Die Zwangsjacke«, übersteht der Held Gefangenschaft und Folter, indem sein Bewusstsein den Körper verlässt und viele Existenzen in der Vergangenheit durchlebt.

Seite 677:
… einen Platz zwischen Münchhausen und Prutkow sichern wird.
Der Name »Kosma Prutkow« wurde von Alexej K. Tolstoi und von den Gebrüdern Schemtschuschnikow als vorgeblicher Autor und Held satirischer Texte verwendet.

Seite 679:
Doch alle Wahrsager und Augenzeugen brannten bisher auf Scheiterhaufen!
Diese anderthalb Verse stammen aus dem Lied »Die Prophetin Kassandra« von Wladimir Wyssozki.

Seite 681:
»Ein außerordentlich ungleichmäßiger Stil! […] Man merkt sogleich, dass das kein Mensch geschrieben hat. Es fängt ganz ordentlich an und endet eben hundsmäßig.«

Warachassi zitiert hier aus dem »Tagebuch eines Wahnsinnigen« von Nikolai Gogol (Eintrag vom 13. November).

Seite 681:
Außerdem: Das ist die Stimme eines Mannes, keines Knaben.
»Endlich hör ich / Die Stimme eines Mannes, keines Knaben«, sagt in Puschkins Schauspiel »Boris Godunow« Marina zu dem falschen Zarewitsch Dimitri.

Seite 684:
Der Schlaf des Gewissens gebiert Ungeheuer.
Frei nach dem Titel von Francisco de Goyas Capricho 43: »Der Traum (Schlaf) der Vernunft gebiert Ungeheuer«.

Seite 685:
Aber welche Blasphemie / Musst er von dem Mönche hören! …
Aus »Die Disputation« von Heinrich Heine.

Seite 685:
Ein alter Bekannter …, der inzwischen verstorbene Milizmajor S. …
»Miliz« war in der Sowjetunion die Bezeichnung für die Polizei.

Seite 685:
Ein kleines Bezirkszentrum im vormals Nowoisotowsker Gebiet, das jetzt wieder Oldenburger Gebiet heißt.
Gesprochen Nowo-isotowsk. Oldenburg hat nichts mit der deutschen Stadt zu tun, sondern spielt auf die im 18. Jahrhundert gegründeten russischen Städte an, die oft deutsch klingende Namen bekamen und zur Sowjetzeit umbenannt wurden, insbesondere auf Orenburg (1938–1957 Tschkalow). Arkadi Strugatzki wurde Anfang 1942 als Jugendlicher nach Taschla im Gebiet Tschkalow verbracht, nachdem sein Vater

bei der Evakuierung aus dem belagerten Leningrad umgekommen und die Mutter dort zurückgeblieben war.

Seite 688:
… Und dort fingen sie natürlich an, ihn als offenkundigen Kazap gnadenlos zu verprügeln.
»Kazap« wird von Ukrainern und Weißrussen als abfällige Bezeichnung für (Groß-)Russen verwendet.

Seite 691:
Der Henker tanzte nicht auf dem Grab …
Vergleiche »Die Geschichte von Ulenspiegel und Lamme Goedzak« von Charles de Coster, Buch 1, Kapitel 5.

Seite 691:
… dass er eigentlich Klim hieß (zu Ehren des Ersten Marschalls, scheint's …
Kliment Woroschilow, eine Kreatur Stalins, 1925–1940 Volkskommissar für Militärwesen/Verteidigung, 1953–1960 nominelles Staatsoberhaupt der UdSSR.

Seite 696:
»Aber das Lied hat er mir nun doch verdorben, dass ihn …«
»Ech … jetzt hat er uns das Lied verdorben … Idi-ot!«, ist der Schluss von »Nachtasyl« von Maxim Gorki.

Seite 698:
… auf dem Thron machte sich der Große Maister breit …
Die Rede ist von Nikita Chruschtschow. Von ihm blieb außer dem politischen »Tauwetter« und der Sache mit dem Schuh vor allem seine vehemente und überzogene Kampagne für die Einführung von Mais anstelle anderer landwirtschaftlicher Kulturen in Erinnerung.

Seite 699:
... seine kleinen Artikel und Zuschriften zeichnete er anonym als Rabkor ...
Rabkor war eine übliche russische Abkürzung für »Arbeiterkorrespondent«, im DDR-Deutsch hieß es »Volkskorrespondent«.

Seite 702:
Eine Idealistin. Pawka Kortschagin, Oleg Koschewoi und so weiter.
Pawel Kortschagin und Oleg Koschewoi sind Helden in Ostrowskis »Wie der Stahl gehärtet wurde« bzw. Fadejews »Die junge Garde«, die sich heldenhaft für den Aufbau des Kommunismus aufopfern.

Seite 704:
Billy Bones, schoss es mir unnötigerweise durch den Kopf.
Billy Bones ist ein Pirat aus »Die Schatzinsel« von Robert Louis Stevenson. In der sowjetischen Filmfassung trägt er eine schwarze Binde über dem linken Auge.

Seite 710:
Sein Name ist Moissej Naumowitsch Goldberg.
Der Vatersname wird »Na-úmowitsch« gesprochen.

Seite 711:
Am Himmel fliegen lauter schwere Bomber ...
Das ist ein leicht variiertes Fragment von »Rekruten«, einem (auch im Original reimlosen) parodistischen Lied aus der Nachkriegszeit. Mit »Stunderbeker« war wohl ein Studebaker gemeint.

Seite 714:
Alles erträgt er, aus dunkler Vergangenheit ...
In Nekrassows »Der eiserne Weg« lautet die komplette Strophe:

Alles erträgt er, aus dunkler Vergangenheit
Steigt er zur Sonne, zur Freiheit, zum Licht.
Schad nur um eines: das Leben in jener Zeit
Ist nicht für uns, wir erleben es nicht.

Seite 721:
Kotlag, Wolotny Mys […] Worlag, Medweshja swadba […] Surlag, Sopletschistka
Kotlag: System von Lagern im Gebiet von Kotlas im europäischen Nordrussland. Wolotny Mys (Wolotny-Kap) ist der Name des Lagers.
Worlag: System von Lagern im Gebiet von Workuta am Polar-Ural. Der Name des Lagers, Medweshja swadba, bedeutet »Bärenhochzeit«.
Surlag: System von Lagern im Gebiet von Surgut am Ob. Der Lagername Sopletschistka heißt ungefähr »Rotzputzer(in)«.

Seite 724:
Ganz Kaperna schwor irrtümlich Stein und Bein …
Kaperna ist ein fiktiver Ort im Roman »Das purpurrote Segel« von Alexander Grin, die hier zitierte Stelle aber anscheinend eine freie Erfindung »in der Art Grins«.

Seite 725:
… mit Trunksucht, Rowdytum und Schlamperei.
Das ist ein Vers aus einem satirischen Lied von Juli Kim über die Miliz, die »mit Trunksucht, Rowdytum und Schlamperei« kämpft. Die letzte Strophe lautet:

Gibt's keine Diebe mehr und Säufer, dann
ist auch die Zeit für die Miliz vorbei,
und dann erst kommt der schönste Schlendrian
mit Trunksucht, Rowdytum und Schlamperei.

Seite 725:
Doch da fingen manche Schwulitäten an, wie Alexander Halitsch zu sagen pflegte.
Alexander Halitsch oder Galitsch (1918–1977, eigentlich: Ginsburg) war einer der wichtigsten, im Ausland aber kaum wahrgenommenen systemkritischen Dichter und Liedermacher der Sowjetunion. In seinem »Poem über Stalin« gibt es das Lied »Ave Maria« und darin eine Strophe, die sich auf den Machtwechsel nach Stalins Tod bezieht:

In der Folge fingen dann manche Schwulitäten an,
war der finstre Staatsanwalt in Moskau pensioniert,
der Prophetenwitwe aber nach Kalinin schickte man
ein Papier mit Stempel, er sei rehabilitiert.

Seite 726:
... und es geschah die schreckliche Tragödie der Wermutstadt.
»Tschernobyl« bedeutet in einigen slawischen Sprachen (aber nicht mehr im modernen Russisch) »Wermut«. Kurze Zeit nach der Reaktorkatastrophe wurde die auffällige Parallele zu einer Stelle in der Johannesoffenbarung (Kap. 8, Verse 9–11) entdeckt und von manchen Gläubigen als Vorhersage interpretiert.

Seite 728:
»In der Wermutstadt ist ein Stern gefallen«
Vgl. die Johannesoffenbarung, Kap. 8, Vers 9.

Seite 731:
»Die Ereignisse überstürzten sich, es war, als entrolle sich ein Papyrus mit allen Hieroglyphen des Schreckens bis zum Boden.«
Aus »Der Weg zum Ozean« von Leonid Leonow.

Seite 731:
… indem wir Kims Koordinaten in Raum und Zeit während des jeweils nächsten »grausamen Wunders« ermittelten.
Bei »grausame Wunder« handelt es sich um eine Formulierung im Schlusssatz von Stanisław Lems Roman »Solaris«.

Seite 734:
Und ich konnte gerade noch den augenblicklichen Impuls des Postmeisters unterdrücken, aufzuschreien …
Vgl. »Die toten Seelen« von Nikolai Gogol, erstes Buch, zehntes Kapitel.

Seite 740.
Und der Stift stach ihn glatt durch die Wange. (»Gut, dass es nicht ins Auge ging!« …)
Hier wird auf einen sehr alten Witz angespielt: Eine Jungvermählte erzählt ihrer Freundin von der Hochzeitsnacht: »Und dann wirft er sich auf mich und stößt mir mit irgendwas Hartem zwischen die Beine. Gut, dass es nicht ins Auge ging …«

Seite 750:
»Kein Engel, guter Mann! Ein Eggel! …«
Russisch lauten die Wörter »angel« / »aggel«. Übrigens wird »Bote« (»Engel«) im Griechischen »angelos« gesprochen, aber »aggelos« geschrieben. Eine obskure russische Tradition stellt die »aggel« als böse Geister den Engeln Gottes gegenüber.

Seite 756:
… es war, als ob jemand mit dem Rührlöffel in meinem Gehirn herumfuhr.
Aus »Geheimnisvolle Strahlen« von Alexej Tolstoi.

SEITE 758:
Bildung, wie es heißt, Kirchgemeindeschule plus Parteihochschule …
Die Kirchgemeindeschule war die niedrigste Bildungsstufe im zaristischen Russland.

SEITE 758:
»Verstand wird Russland nie verstehen, kein allgemeines Maß es messen …«
Aus einem Gedicht von Fjodor Tjutschew.

SEITE 759:
Vom frühen Morgen an kamen Besucher, die Kittel wurden knapp …
In sowjetischen Krankenhäusern war es üblich, dass auch die Besucher Krankenhauskittel trugen.

SEITE 761:
Der Drache litt Not, denn es geboten über ihn die finstersten und schändlichsten Organe seines Körpers.
In seiner 1860 erschienenen russischen Geschichte vergleicht der Historiker Nikita Akominat (auch: Choniat) die Zustände am Zarenhof mit dem Drachen im Märchen, der Not litt, weil seine Bewegungen von einem tauben und blinden Körperteil aus gesteuert wurden: dem Schwanz.

SEITE 761:
Ein schönes Leben hat Pu der Bär!
So lautet in B. Sachoders russischer Nacherzählung von A. A. Milnes »Pu der Bär« die Liedzeile aus dem 6. Kapitel, der in der deutschen Übersetzung »Singt Ho! der Bär soll leben!« entspricht.

Seite 761:
»Wenn Sie wüssten, wer hier dicht bei is, Sir, …«
Aus »Die Pickwickier« von Charles Dickens.

Seite 764:
»Da gibt es Kaviar zum Schmaus und Käse, Wein und allerlei …«
Die betreffende Strophe aus Alexander Halitschs Lied »Der Chef« lautet:

Da gibt es Kaviar zum Schmaus
und Käse, Wein und allerlei;
ich krieg den Fraß vom Krankenhaus,
doch geht mir das am Arsch vorbei.

Seite 769:
»… Schwache Menschen, wie der Genosse Koba gesagt hätte.«
»Koba« war ein früher Spitzname Stalins. Der Ausspruch bezieht sich auf die (vermutlich wahre) Begebenheit, wie Stalin den Schriftsteller und hohen Literaturfunktionär Alexander Fadejew zwang, seinem Feind Awerbach die Hand zu geben und ihn zu küssen, worauf Stalin abschätzig sagte: »Ein schwacher Mensch bist du, Fadejew.«

Seite 778:
Durch den dichten Tabakrauch / Sprach der alte Schütze auch …
Das ist die letzte Strophe des Gedichts »Das Kesselchen« von S. Smirnow, zugleich ein beliebtes Lied der sowjetischen Frontsoldaten.

Seite 781:
… da, verzeihen Sie, ist der König mit all seinen Mannen überfordert …
Die Formulierung stammt aus dem englischen Nursery Rhyme »Humpty-Dumpty«, wo »der König mit all seinen Mannen« das zerbrochene Ei nicht mehr zusammensetzen kann.

Seite 787:
»Wir gingen durch die Hölle, und ich kann schwören, dort gibt es keine Hexen, keine glühenden Kohlen, keine Teufel, dort gibt es nur den Staub …«
Der Staub taucht in der russischen Übersetzung von Rudyard Kiplings Gedicht »Boots (Infantry Columns)« auf, weil das russische Wort für »Stiefel« zu lang ist und nicht in den Rhythmus passt. Die letzte Strophe lautet im Original:

I-'ave-marched-six-weeks in 'Ell an' certify
It-is-not-fire-devils, dark, or anything,
But-boots-boots-boots-boots-movin' up an' down again,
An' there's no discharge in the war!

Seite 790:
»Sie denken vielleicht, ich habe einen Schwips? Macht nichts! Ich kann Ihnen versichern, man fühlt sich viel ungezwungener …«
Aus »Ein Held unserer Zeit« (Teil »Prinzess Mary«) von Michail Lermontow.

Seite 790:
Ein Untier, plump und vielleicht sogar mit hundert Mäulern …
»Ein Untier, plump, frechwütend und riesig, bellend aus hundert Mäulern« ist als Motto zu Alexander Radistschews »Reise von Petersburg nach Moskau« bekannt geworden, ursprünglich aber ein Vers aus W. Trediakowskis russischer Übersetzung von Fénelons Utopie »Les Aventures de Télémaque« (1699).

Seite 792:
Bringst du sie rechtzeitig – Freiheit; wenn du mich zwingst, wieder herzukommen – Unfreiheit; wenn du den Auftrag nicht ausführst – Tod.

Die Formulierung stammt aus dem Ultimatum Marschall Suworows vor der Einnahme von Ismail im russisch-türkischen Krieg: »Ich bin mit Truppen eingetroffen. Vierundzwanzig Stunden Bedenkzeit – Freiheit; mein erster Schuss – Unfreiheit; Erstürmung – der Tod. Ganz nach Eurem Dafürhalten.«

Seite 798:
Der Opa ist ja alt, ihm kann es schnuppe sein.
Das ist die Schlusszeile eines »Sadistischen Couplets«, einer Art von Versen, wie sie seit langem vor allem unter russischen Schülern kursieren. Dieses lautet komplett:

> Ein alter Opa hat mal einen Waffenfund gemacht:
> 'ne Handgranate – hat sie gleich zum Stadtsowjet gebracht.
> Dort zog er dann am Ring, warf sie zum Fenster rein –
> Der Opa ist ja alt, ihm kann es schnuppe sein.

Seite 800:
Das war kein Kio. Kein Messing.
Emil Theodorowitsch Hirschfeld-Renard, genannt »Kio«, war ein berühmter russisch-sowjetischer Zauberkünstler (wie auch seine Söhne Emil jr. und Igor). Wolf Messing ist als Medium bekannt geworden.

Seite 802:
Der Rächer aus Eldorado
Unter diesem Titel lief in der Sowjetunion (mit russischen Untertiteln) W. Wellmans Film *Robin Hood of El Dorado*.

Seite 806:
»Wie oft schon, Greis, hab ich gehört, dass du den Tod von mir gewehrt.«
Aus dem Poem »Der Mziri« von Michail Lermontow.

Seite 809 f.:
… sie hätten den Teufel … gesehen …: mal auf dem Rauchfang des Bezirkskomitees (»mit dem Kloß zwischen den Zähnen«) …
»Er setzte sich rittlings auf den Rauchfang, der Verfluchte, mit dem Kloß zwischen den Zähnen.« Aus: »Eine Mainacht« von Nikolai Gogol, Kap. 4.

Seite 812 f.:
Eine öffentliche Versammlung jagt jetzt die andere, und dann verdirbt uns auch noch die Wasserfrage.
»Gewöhnliche Menschen. Erinnern an die von früher, bloß die Wohnungsfrage hat sie verdorben.« Aus: »Der Meister und Margarita« von Michail Bulgakow, erstes Buch, Kapitel 12. Dass es hier statt der Wohnungs- die Wasserfrage ist, legt den Gedanken an »Wässerchen« nahe: an Wodka.

Seite 813:
Es ist genug, dass ein jeglicher Tag seine eigene Plage habe.
Matthäus-Evangelium, Kapitel 6, Vers 34.

Seite 813:
Ein kleines Orchester der Hoffnung, vom Stab der Liebe dirigiert.
Aus: »Das Lied vom nächtlichen Moskau« von Bulat Okudshawa.

Seite 816:
Sie rechnen wie der selige Archimedes, mein Porthos.
Hier sind zwei verschiedene Stellen aus den »Drei Musketieren« von Alexandre Dumas und aus dem letzten Band der Musketier-Trilogie, »Der Vicomte de Bragelonne«, zusammengezogen. Die erstere lautet: »›Vierhundertfünfundsiebzig Franken‹,

erklärte Artagnan, der rechnen konnte wie Archimedes.« (Kapitel 28)

SEITE 818:
Und genau da, mein Lieber, werden wir Sie korrigieren!
Das ist die Pointe eines Lenin-Stalin-Witzes. Dass hier Lenin spricht, erkennt der Russe an der Anrede »batjenka«, die Lenin häufig verwendete und die allgemein »mein Lieber« bedeutet, oft auch wörtlich mit »Väterchen« übersetzt wird. Der Witz stammt aus der Zeit, als Stalins Verbrechen teilweise eingestanden, aber als »Fehler« bei der Umsetzung der Lenin'schen Prinzipien verharmlost wurden:

»Jossif Wissarionowitsch, könnten Sie für die Sache der Revolution zehn Menschen erschießen?«

»Natürlich, Wladimir Iljitsch!«

»Sagen Sie, mein Lieber, und könnten Sie zehntausend erschießen?«

»Natürlich, Wladimir Iljitsch!«

»So, so, mein Lieber ... Und wenn es für die Sache der Revolution notwendig wäre, zehn Millionen Menschen zu erschießen? Könnten Sie das?« Lenin wirft Stalin einen raschen Blick zu und blinzelt listig.

»Natürlich, Wladimir Iljitsch!«

»Hm-nein, mein Lieber, genau da werden wir Sie korrigieren!«

SEITE 820:
Im Himmel gibt es nur einen Gott, [...] Alles, was Moskau nicht gehorsam ist, muss ...
Die Stelle stammt aus dem sowjetischen Film *Alexander Newski*; dort sagt das ein katholischer Bischof, und das Ende lautet: »Alles, was Rom nicht gehorsam ist, muss abgetötet werden!«

Seite 824:
Findet sich denn niemand, der mich im Schlaf sacht erdrosselt?
Aus »Zahnräder« von Ryunosuke Akutagawa.

Die wichtigsten Werke der Brüder Strugatzki

DER ZUKUNFTSZYKLUS

(sortiert nach der Chronologie der Handlung)

Atomvulkan Golkonda (1959)
Der Weg zur Amalthea (1960)
Praktikanten (1962)
Die gierigen Dinge des Jahrhunderts (1965)
Mittag, 22. Jahrhundert (1962, erweitert 1967)
Fluchtversuch (1962)
Der ferne Regenbogen (1963)
Es ist schwer, ein Gott zu sein (1964)
Die bewohnte Insel (1969, 1971)
Die dritte Zivilisation (1971)
Der Junge aus der Hölle (1974)
Unruhe (1990; Manuskript 1965)
Ein Käfer im Ameisenhaufen (1979–80)
Die Wellen ersticken den Wind (1985–86)

DIE SCIENCE-FICTION-EINZELROMANE

Die Schnecke am Hang (1966, 1968)
Die zweite Invasion der Marsmenschen (1968)
Das Hotel »Zum Verunglückten Bergsteiger« (1970)
Die hässlichen Schwäne (1972 im Ausland erschienen; später Teil von »Das lahme Schicksal«)

Picknick am Wegesrand (1972)
Eine Milliarde Jahre vor dem Weltuntergang (1976)
Das lahme Schicksal (1986, komplett 1989)
Das Experiment (1989; Manuskript 1968–72)
Die Last des Bösen (1989)
Ein Teufel unter den Menschen (gemeinsam konzipiert, von Arkadi Strugatzki geschrieben; 1993)

FANTASY UND MÄRCHEN

Der Montag fängt am Samstag an (1965)
Das Märchen von der Troika (Fortsetzung zu »Der Montag fängt am Samstag an«; erste Fassung 1987, stark abweichende zweite Fassung 1968)
Expedition in die Hölle (gemeinsam konzipiert, von Arkadi Strugatzki geschrieben; Teile 1 und 2: 1974, Teil 3: 1984)

DIE ROMANE BORIS STRUGATZKIS

Die Suche nach der Vorherbestimmung (1995)
Die Ohnmächtigen (2003)